Druckkündigungen mit diskriminierendem Hintergrund

Schriften zum Recht der Arbeit

Herausgegeben von Olaf Deinert und Rüdiger Krause

Band 1

PETER LANG

Frankfurt am Main · Berlin · Bern · Bruxelles · New York · Oxford · Wien

Elisa Maria Wolf

Druckkündigungen mit diskriminierendem Hintergrund

PETER LANG
Internationaler der Wissenschaften

Bibliografische Information der Deutschen Nationalbibliothek
Die Deutsche Nationalbibliothek verzeichnet diese Publikation in der Deutschen Nationalbibliografie; detaillierte bibliografische Daten sind im Internet über http://dnb.d-nb.de abrufbar.

Zugl.: Göttingen, Univ., Diss., 2011

D 7
ISSN 2191-4079
ISBN 978-3-631-63115-7

www.peterlang.de

Vorwort / Danksagung

Diese Arbeit lag der Juristischen Fakultät der Georg-August-Universität Göttingen im Wintersemester 2010/2011 als Dissertation vor. Sie wurde im Zuge der Drucklegung im Oktober 2011 aktualisiert.

Ich möchte denjenigen danken, die mich während des Promotionsverfahrens begleitet und unterstützt haben.

Besonderer Dank gilt dabei zunächst meinem Doktorvater, Herrn Prof. Dr. Olaf Deinert, der stets ein offenes Ohr für mich hatte und durch wertvolle Anregungen zum Fortgang der Arbeit beigetragen hat.

Für die bereitwillige Übernahme des Zweitgutachtens danke ich Herrn Prof. Dr. Rüdiger Krause.

Nicht zuletzt möchte ich mich von ganzem Herzen bei meiner Familie und meinem Freund Sebastian bedanken. Sie haben mich während des Promotionsverfahrens unentwegt unterstützt, mir stets Mut zugesprochen und mich in meiner Arbeit bestärkt.

Mainz, Oktober 2011

Elisa Maria Wolf

Inhaltsverzeichnis

A. Einführung

I. Untersuchungsgegenstand

Verlangen Dritte unter Androhung von Nachteilen die Entlassung eines bestimmten Arbeitnehmers und kommt der betreffende Arbeitgeber dieser Forderung nach, liegt die typische Situation einer Druckkündigung vor.[1] Die Beurteilung der Rechtmäßigkeit hängt grundsätzlich von der jeweiligen Erscheinungsform der Druckkündigung ab. Liegt dem Entlassungsverlangen des Außenstehenden eine kündigungsrelevante Verhaltensweise des betreffenden Arbeitnehmers bzw. ein in seiner Person wurzelnder Umstand zu Grunde, spricht man von einer unechten Druckkündigung.[2] Eine echte Druckkündigung liegt hingegen vor, wenn die Abberufungsforderung nicht von einem Kündigungsgrund im Sinne des § 1 Abs. 2 KSchG gedeckt ist.[3] In jedem Fall ist die Anerkennung dieser speziellen Kündigungsformen als zulässige Handlungsinstrumente nicht unumstritten.[4]

Seit Inkrafttreten des Allgemeinen Gleichbehandlungsgesetzes (AGG) hat das Rechtsinstitut der Druckkündigung und die damit verbundene Beurteilung ihrer Wirksamkeitsvoraussetzungen erneut Brisanz erfahren. Das Augenmerk liegt insbesondere auf Fällen, in denen das Kündigungsverlangen des druckausübenden Dritten durch einen Grund im Sinne des § 1 AGG motiviert ist bzw. diskri-

---

1 Vgl. APS/*Kiel* § 1 KSchG Rn. 519; Erman/*Belling*, Bd. I, § 626 BGB Rn. 83; ErfK/*Oetker*, § 1 KSchG Rn. 182; *v.Hoyningen-Huene/Linck*, § 1 KSchG Rn. 201; KR/*Griebeling*, § 1 KSchG Rn. 297; *Backmeister/Trittin/Mayer*, § 1 KSchG Rn. 156; Stahlhacke/Preis/Vossen-*Preis*, Rn. 695/970; Fiebig/Gallner/Nägele-*Fiebig*, § 1 KSchG Rn. 419/729; s. konkrete Definition des Begriffs „Druckkündigung" nachfolgend auf S. 21.

2 Vgl. ErfK/*Müller-Glöge*, § 626 BGB Rn. 185; KR/*Griebeling*, § 1 KSchG Rn. 473, KDZ/*Deinert*, § 1 KSchG Rn. 468; *Backmeister/Trittin/Mayer*, § 1 KSchG Rn. 156; Stahlhacke/Preis/Vossen-*Preis*, Rn. 695.

3 Vgl. KR/*Griebeling*, § 1 KSchG Rn. 473; KDZ/*Deinert*, § 1 KSchG Rn. 468; ErfK/*Oetker*, § 1 KSchG Rn. 183; MüKo-BGB/*Hergenröder*, Bd. IV, § 1 KSchG Rn. 245/326; Stahlhacke/Preis/Vossen-*Preis*, Rn. 695; vgl. auch u.a. BAG 19.6.1986 – 2 AZR 563/85, NZA 1987, 21; BAG 4.10.1990 – 2 AZR 201/90 AP § 626 BGB Druckkündigung Nr. 12; BAG 31.1.1996 – 2 AZR 158/95 AP § 626 BGB Druckkündigung Nr. 13.

4 MüKo-BGB/*Hergenröder*, Bd. IV, § 1 KSchG Rn. 147; ErfK/*Oetker*, § 1 KSchG Rn. 184; *Berkowsky*, Die pers.- u. verhaltensbed. K., § 13 Rn. 18ff.; vgl. auch APS/*Kiel*, § 1 KSchG Rn. 521; *Löwisch/Spinner*, § 1 KSchG Rn. 154/334.

minierende Wirkungen entfaltet. Solche Konstellationen werfen die Frage nach der Vereinbarkeit des Druckkündigungsausspruchs mit den Benachteiligungsverboten des AGG auf. Während im Falle einer unechten Druckkündigung die Antidiskriminierungsvorgaben auch erheblichen Einfluss auf die Bestimmung des angeführten Kündigungsgrundes haben können, spitzt sich der Konflikt im Hinblick auf die ohnehin schon stark umstrittene echte Druckkündigung noch weiter zu.[5] In diesem Zusammenhang kommt nicht nur dem arbeitsrechtlichen Benachteiligungsverbot des § 7 AGG, sondern auch den Bestimmungen des § 12 Abs. 3 und 4 AGG eine besondere Bedeutung zu. Letztere verpflichten den Arbeitgeber auch bei von ihm unbeeinflussten Benachteiligungen durch andere Beschäftigte bzw. durch Dritte Schutzmaßnahmen gegenüber dem betroffenen Arbeitnehmer zu ergreifen.

Gegenstand der Untersuchung ist die rechtliche Bewertung von Druckkündigungen, die auf einem diskriminierenden Entlassungsverlangen Außenstehender beruhen. Im Rahmen der nachfolgenden Arbeit wird der Frage nachgegangen, ob bzw. inwieweit die Bestimmungen des AGG eine rechtliche Neubewertung der jeweiligen Druckkündigungsformen erfordern.

Ziel der Arbeit ist gegebenenfalls die Entwicklung einer richtlinienkonformen Lösung von Druckkündigungsfällen, die einen diskriminierenden Hintergrund aufweisen. In diesem Rahmen sollen auch die kollidierenden Interessen der betroffenen Parteien angemessen berücksichtigt werden. Neben dem Persönlichkeitsschutz des betreffenden Arbeitnehmers darf auch nicht außer Acht gelassen werden, dass sich der Arbeitgeber in typischen Druckkündigungsszenarien in einer notstandsähnlichen und wirtschaftlich bedrohlichen Situation befindet.

II. Gang der Untersuchung

In der Arbeit werden zunächst die Grundsätze der Druckkündigung sowie deren historische Entwicklung dargestellt. In diesem Kontext wird insbesondere zwischen echter und unechter Druckkündigung unterschieden, um sodann eine gesonderte Beurteilung der Rechtmäßigkeit der jeweiligen Erscheinungsform zu ermöglichen. Hierbei werden die verschiedenen Positionen der Rechtsprechung und Literatur erläutert und kritisch gewürdigt.

Sodann werden verschiedene kündigungsschutz- und schadensersatzrechtliche Reaktionsmöglichkeiten des Arbeitnehmers sowie damit verbundene Darlegungs- und Beweislastfragen erörtert. Die Überprüfung von insbesondere deliktischen Ersatzansprüchen gegen den Dritten bildet die Grundlage für eine spätere

---

5 Vgl. *Deinert*, RdA 2007, 275, 279.

Untersuchung der Kompensationsmöglichkeiten im Falle einer diskriminierenden Druckausübung.

Im nächsten Schritt beschäftigt sich die Untersuchung mit den Antidiskriminierungsvorgaben. In diesem Gliederungspunkt werden geschichtlicher Hintergrund und Geltungsbereich des AGG, der konkrete Regelungsgehalt sowie die jeweiligen Schutzzwecke der §§ 1, 3, 7 und 12 AGG dargestellt und deren druckkündigungsrechtliche Relevanz erörtert. Zur näheren Bestimmung des diskriminierenden Gehalts eines Druckkündigungsszenarios liegt das Augenmerk hierbei zunächst auf dem Druckverhalten des Dritten. Es wird untersucht, ob bzw. inwieweit Formulierung und Durchsetzung eines verpönten Abberufungsverlangens unter die Tatbestände des § 3 AGG subsumiert werden können. Auf diesem Wege kann ermittelt werden, ob der Druckausübende als potentieller Täter in den Anwendungsbereich des AGG fällt und wenn ja, welche Voraussetzungen sein Entlassungsbegehren erfüllen muss, um gegen § 7 AGG zu verstoßen.

In Anschluss daran wird untersucht, ob bzw. inwieweit der Kündigungsausspruch selbst am Maßstab des AGG zu beurteilen ist. Die Frage der Vereinbarkeit der Druckkündigung mit den Diskriminierungsverboten des AGG hängt entscheidend von der generellen Eröffnung des sachlichen Anwendungsbereichs des AGG im Hinblick auf Kündigungen ab. Um die zwei Themenkomplexe „Druckkündigung" und „AGG" zu verbinden, wird daher zunächst die Auslegungsproblematik des § 2 Abs. 4 AGG thematisiert. Im Anschluss daran erfolgt eine Darstellung und Auseinandersetzung mit der Entscheidung des Bundesarbeitsgerichts vom 6.11.2008, in der die Anwendbarkeit der Diskriminierungsverbote des AGG im Rahmen des Kündigungsschutzgesetzes bestätigt wurde.[6] In diesem Kontext werden die praktischen Konsequenzen der Entscheidung sowie insbesondere deren konkrete Auswirkungen auf den Untersuchungsgegenstand erörtert.

Sodann werden im Hauptteil der Arbeit unechte und echte Druckkündigungen, die einen diskriminierenden Hintergrund aufweisen, gesondert auf ihre Rechtmäßigkeit überprüft.

Im Rahmen der unechten Druckkündigung wird bei der Bestimmung und Bewertung ihres diskriminierenden Gehalts zwischen dem durch den betreffenden Arbeitnehmer gesetzten Kündigungsgrund und dem Verhalten des Dritten unterschieden.

Den zweiten Schwerpunkt der Arbeit bildet die Erforschung der Zulässigkeit einer echten Druckkündigung mit diskriminierendem Hintergrund. Der rechtlichen Beurteilung wird die nationale Rechtsprechung, die eine Druckkündigung

---

6 Vgl. BAG 6.11.2008 – 2 AZR 523/07, NZA 2009, 361ff.

als betriebsbedingte Kündigung unter bestimmten Voraussetzungen anerkennt[7], zugrunde gelegt. Der Frage der Vereinbarkeit des Rechtsinstituts mit den Bestimmungen des AGG wird sodann im Lichte der europäischen Antidiskriminierungsvorgaben beantwortet. Neben den Interessen der betroffenen Parteien werden im Falle eines Auslegungsspielraums auch Aspekte des US-amerikanischen Antidiskriminierungsrechts berücksichtigt.

In einem weiteren Gliederungspunkt werden verschiedene Abwehr- und Kompensationsmöglichkeiten des betroffenen Beschäftigten analysiert. Der Fokus dieses Untersuchungsteils liegt auf etwaigen Veränderungen der bisherigen Zugriffsmöglichkeiten des Arbeitnehmers, die dem diskriminierenden Hintergrund seiner Abberufung geschuldet sind.

Anschließend erfolgen Überlegungen hinsichtlich möglicher Präventivmaßnahmen, durch die der Arbeitgeber bereits die Entstehung diskriminierenden Entlassungsdrucks verhindern könnte.

Die Arbeit endet mit einer Zusammenfassung der wesentlichen Ergebnisse.

---

7 Vgl. BAG 19.6.1986 a.a.O. (Fn. 3); BAG 4.10.1990 a.a.O. (Fn. 3); BAG 31.1.1996 a.a.O. (Fn. 3); LAG Hessen 10.12.1986 – 10 Sa 729/86, LAGE § 1 KSchG Betriebsbedingte Kündigung Nr. 11; LAG Hamm 4.5.1999 – 4 Sa 1298/98, BuW 1999, 920; KDZ/*Däubler*, § 1 KSchG Rn. 468; APS/*Dörner*, § 626 BGB Rn. 339; KR/*Fischermeier*, § 626 BGB Rn. 205.

B. Druckkündigungen in der Bundesrepublik Deutschland

I. Grundlagen

Eine arbeitgeberseitige Kündigung beruht in der Regel auf dem freien Entschluss des Arbeitgebers, das Arbeitsverhältnis mit dem betreffenden Arbeitnehmer zu beenden. Es sind jedoch auch Konstellationen denkbar, in denen die Entlassung durch Druck von dritter Seite hervorgerufen wird. Solche Fälle werden als Druckkündigungen qualifiziert.[8] Kennzeichnend für eine Druckkündigung ist, dass sie vom Arbeitgeber auf Grundlage eines seitens Dritter unter Androhung von Nachteilen formulierten Entlassungsbegehrens ausgesprochen wird.[9] Regelmäßig bezieht sich die Kündigungsforderung auf einen konkreten Arbeitnehmer. Dies ist jedoch nicht zwingend.[10]

Dritte können dabei neben den Geschäftspartnern auch die Belegschaft, eine Gewerkschaft, der Betriebsrat, die Aufsichtsbehörde, Lieferanten oder sonstige außerhalb des konkreten Arbeitsverhältnisses stehende Personen sein.[11] Daneben kann der Druck auch aus der Öffentlichkeit herrühren.[12] In diesem Zusammenhang bietet sich eine grobe Unterscheidung zwischen betriebsinternen und betriebsexternen Dritten an.[13]

Als im Rahmen der Druckausübung in Aussicht gestelltes Verhalten kommt beispielsweise die Verweigerung der Zusammenarbeit mit dem betroffenen Arbeitnehmer durch seine Vorgesetzten bzw. Kollegen oder auch die Ankündigung von Kündigungen durch andere Mitarbeiter in Betracht.[14] Ferner kann der Abbruch von wichtigen Vertragsbeziehungen durch Lieferanten oder Kunden sowie

---

8 *Schleusener*, NZA 1999, 1078, 1079.

9 Vgl. u.a. APS/*Kiel* § 1 KSchG Rn. 519; ErfK/*Oekter*, § 1 KSchG Rn. 182; *v.Hoyningen-Huene/Linck*, § 1 KSchG Rn. 201; KR/*Griebeling*, § 1 KSchG Rn. 297.

10 S. hierzu auch unter Kap. C. IV. 2. b.

11 Vgl. u.a. Palandt/*Weidenkaff*, § 626 BGB Rn. 52; ErfK/*Müller-Glöge*, § 626 BGB Rn. 185; KR/*Fischermeier*, § 626 BGB Rn. 204; KDZ/*Däubler*, § 626 BGB Rn. 169; *Berkowsky*, Die pers.- u. verhaltensbed. K., § 13 Rn. 5.

12 Vgl. KDZ/*Deinert*, § 1 KSchG Rn. 468; *Berkowsky*, Die pers.- u. verhaltensbed. K., § 13 Rn. 5.

13 So auch *Insam*, S. 88.

14 Vgl. u.a. KR/*Griebeling*, § 1 KSchG Rn. 473; APS/*Dörner*, § 626 BGB Rn. 337; ErfK/*Oekter*, § 1 KSchG Rn. 183.

Liefersperren, Boykotthandlungen oder auch die Untersagung der Gewerbeausübung durch Aufsichtsbehörden angedroht werden.[15]

Im Hinblick auf das Druckverhalten des Außenstehenden selbst lassen sich zwei weitere Fallgruppen unterscheiden: Zum einen kann das Kündigungsverlangen des Druckausübenden aufgrund eines tatsächlichen Fehlverhaltens des betreffenden Arbeitnehmers oder wegen eines in dessen Person liegenden Umstandes objektiv gerechtfertigt sein.[16] Insoweit spricht man auch von einer unechten Druckkündigung.[17] Zum anderen sind jedoch auch Sachverhalte denkbar, in denen es zu einer Kündigung kommt, obwohl es an einer (kündigungsschutzrechtlichen) Rechtfertigung der Druckausübung fehlt. In den letztgenannten Fällen hat sich der betreffende Arbeitnehmer entsprechend seines arbeitsvertraglichen Pflichtenkatalogs verhalten. Die Kündigungen werden daher auch als echte Druckkündigungen bezeichnet.[18]

Den einzigen gesetzlich geregelten Fall einer Druckkündigung sieht § 104 BetrVG vor.[19] Hiernach kann der Betriebsrat vom Arbeitgeber die Entlassung eines bestimmten Arbeitnehmers verlangen, wenn dieser durch sein Verhalten den Betriebsfrieden wiederholt ernstlich gefährdet hat.[20] In allen übrigen Fällen fehlt es an einer eindeutigen gesetzlichen Regelung.

II. Historischer Hintergrund

Ein historischer Rückblick bezüglich der rechtlichen Behandlung eines unter Androhung von Nachteilen formulierten Entlassungsbegehrens kann nicht ohne

15 Vgl. KR/*Griebeling*, § 1 KSchG Rn. 473; KR/*Fischermeier*, § 626 BGB Rn. 204; APS/*Dörner*, § 626 BGB Rn. 337; ErfK/*Oekter*, § 1 KSchG Rn. 183; vgl. auch LAG Nürnberg 9.12.2003 – 6 Sa 676/02, NZA-RR 2004, 298.

16 Vgl. MüKo-BGB/*Hergenröder*, Bd. IV, § 1 KSchG Rn. 147; *v.Hoyningen-Huene/Linck*, § 1 KSchG Rn. 202; Fiebig/Gallner/Nägele-*Fiebig*, § 1 KSchG Rn. 419.

17 Vgl. KR/*Griebeling*, § 1 KSchG Rn. 473, KDZ/*Deinert*, § 1 KSchG Rn. 468; *Backmeister/Trittin/Mayer*, § 1 KSchG Rn. 156; Stahlhacke/Preis/Vossen-*Preis*, Rn. 695; vgl. auch u.a. BAG 19.6.1986 a.a.O. (Fn. 3); BAG 4.10.1990 a.a.O. (Fn. 3).

18 Vgl. KR/*Griebeling*, § 1 KSchG Rn. 473; KDZ/*Deinert*, § 1 KSchG Rn. 468; ErfK/*Oetker*, § 1 KSchG Rn. 183; MüKo-BGB/*Hergenröder*, Bd. IV, § 1 KSchG Rn. 245/326; Stahlhacke/Preis/Vossen-*Preis*, Rn. 695; vgl. auch BAG 19.6.1986 a.a.O. (Fn. 3); BAG 4.10.1990 a.a.O. (Fn. 3).

19 Vgl. *Deinert*, RdA 2007, 275, 278.

20 KDZ/*Deinert*, § 1 KSchG Rn. 468; *Deinert*, RdA 2007, 275, 278; Richardi/*Thüsing*, § 104 BetrVG Rn. 15; vgl. auch *Fitting*, § 104 BetrVG Rn. 3; *Löwisch/Spinner*, § 1 KSchG Rn. 334; *v.Hoyningen-Huene/Linck*, § 1 KSchG Rn. 201; DKK/*Bachner*, § 104 BetrVG Rn. 1; MünchArbR/*Matthes*, Bd. II, § 267 Rn. 6.

gleichzeitige Betrachtung der Entwicklung des Kündigungsschutzes erfolgen. Erst mit zunehmender Ausprägung gesetzlicher Kündigungsbeschränkungen ist überhaupt eine Rechtmäßigkeitskontrolle einer auf Druck beruhenden Kündigung möglich gewesen.

1. Grundsatz der Kündigungsfreiheit sowie erste materiell-rechtliche Kündigungsbeschränkungen nach dem Ersten Weltkrieg

Bis zum Ende des Ersten Weltkrieges wurde das Arbeitsrecht im Allgemeinen von wirtschaftlich-liberalen Grundgedanken beherrscht. Es galt der Grundsatz der Kündigungsfreiheit.[21] Die Arbeitsparteien konnten dispositiv festlegen und jederzeit ändern, wann bzw. unter welchen Umständen eine Kündigung wirksam sein sollte. Bis 1918 erfolgten kaum materiell-rechtliche Einschränkungen des Kündigungsrechts.[22] Folglich konnte ein Arbeitnehmer auch auf Grundlage von externem Abberufungsdruck rechtswirksam gekündigt werden.

Nach Ende des Ersten Weltkriegs erfolgten jedoch grundlegende Veränderungen.[23] Neben der Erweiterung der zwingenden Bestimmungen über Kündigungsfristen wurde die Kündigungsfreiheit des Arbeitgebers insbesondere auch in materieller Hinsicht gesetzlich eingeschränkt.[24] Durch §§ 84 und 85 des Betriebsrätegesetzes von 1920[25] (BRG) erfolgte erstmals eine gesetzliche Fixierung konkreter sachlicher Anforderungen an einen Kündigungsgrund. So berechtigten gemäß § 84 Nr. 1 BRG Kündigungen aus diskriminierenden Gründen, wie etwa dem Geschlecht, der politischen, militärischen, konfessionellen oder gewerkschaftlichen Betätigung, den betreffenden Arbeitnehmer zum Einspruch.[26] Ferner gestattete das Gesetz dem Arbeitnehmer auch Einspruch zu erheben, wenn die Kündigung ohne Angabe von Gründen erfolgte oder er sie als unbillige, nicht durch sein Verhalten oder durch die Betriebsverhältnisse bedingte Härte emp-

---

21 KDZ/*Deinert*, Einl. Rn. 19; *v.Hoyningen-Huene/Linck*, Einl. Rn. 1; KR/*Griebeling*, § 1 KSchG Rn. 1; vgl. auch *Wüllenweber*, S. 25, s. auch Überblick über den Stand des gesetzl. Kündigungsschutzes im Jahre 1914 bei *Göller*, S. 34f.

22 APS/*Preis*, Grundlagen A. Rn. 5; vgl. *Göller*, S. 50.

23 Grund hierfür waren Betriebsrätegesetz v. 4.2.1920; Demobilmachungsverordnung v. 12.2.1920 sowie die Stillegungsverordnung v. 8.11.1920.

24 Vgl. *v.Hoyningen-Huene/Linck*, Einl. Rn. 2.

25 RGBl. 1920, S. 147.

26 Bzgl. des konkreten Wortlauts des § 84 Nr. 1 BRG vgl. RGBl. 1920, S. 147; vgl. auch *Göller*, S. 58.

fand.[27] Zudem musste der Arbeitgeber bei Vorliegen bestimmter Voraussetzungen die Kündigung mit der Zahlung einer Entschädigung an den betreffenden Arbeitnehmer kombinieren.[28] Daneben entstanden kündigungsschutzrechtliche Regelungen, die den Ausspruch einer Kündigung von der Zustimmung einer Behörde abhängig machten oder für bestimmte Zeit vollständig ausschlossen.[29]

Insoweit rückte der kündigungsrechtliche Arbeitnehmerschutz vermehrt in den gesetzgeberischen Fokus. Eine Entlassung, die allein auf einem Abberufungsverlangen Außenstehender beruhte, konnten die eingeführten Kündigungsbeschränkungen allerdings faktisch nicht verhindern. Es fehlten Regelungen im Hinblick auf die Fortsetzung des Arbeitsverhältnisses.[30] Selbst in Fällen, in denen die Entlassung als unbillige Härte eingestuft wurde, galt die Kündigung nicht zwangsläufig als unwirksam; vielmehr erhielt der Arbeitgeber ein Wahlrecht zwischen Widerruf der Kündigung und Zahlung einer Abfindung.[31]

Positiv kann allerdings der Umstand gewertet werden, dass bei Verstoß gegen den Kündigungsschutz zumindest eine gerichtliche Feststellung der fehlenden Kündigungsberechtigung des Arbeitgebers erfolgte. Nach Einführung der Arbeitsgerichtsbarkeit im Sinne des Arbeitsgerichtsgesetzes vom 23.12.1926[32] konnte sich insofern eine arbeitsrechtliche Rechtsprechung zum Kündigungsschutz etablieren.[33] So beschäftigte sich das Reichsarbeitsgericht (RAG) in einer Entscheidung vom 11.1.1928 auch erstmals ausführlicher mit der Zulässigkeit eines externen Entlassungsverlangens. Die Kündigung wurde auf Grundlage erheblicher wirtschaftlicher Nachteile für den Betrieb des betreffenden Arbeitgebers als rechtmäßig erachtet.[34] Ähnlich argumentierte das RAG in einer Entscheidung vom 14.11.1931, in der es ausdrücklich auf unberechtigten Druck Dritter einging. Das Gericht betonte die grundsätzliche Möglichkeit einer Kündigung aus wichtigem Grund im Falle einer unberechtigten Druckausübung auf den Arbeitgeber.[35] Das RAG konkretisierte seine Rechtsprechung dahingehend,

---

27 Vgl. RGBl. 1920, S. 147; vgl. auch RdA 1951, 61, 63; *Herschel*, DB 1973, 80, 81; *Preis*, NJW 1998, 1889, 1891.

28 RdA 1951, 61, 64; vgl. auch KR/*Griebeling*, § 1 KSchG Rn. 4; KDZ/*Deinert*, Einl. Rn. 21; *v.Hoyningen-Huene/Linck*, Einl. Rn. 2; *Berkowsky*, Die betriebsbed. K., § 1 Rn. 20.

29 Vgl. v.*Hoyningen-Huene/Linck*, Einl. Rn. 2.

30 Vgl. KR/*Griebeling*, § 1 KSchG Rn. 7.

31 KR/*Griebeling*, § 1 KSchG Rn. 7; vgl. auch RdA 1951, 61, 63.

32 RGBl. I, S. 507.

33 Vgl. *Richter*, S. 38.

34 Vgl. RAG 11.1.1928 – RAG. 34/27, ARS Bd.2, 27; vgl. auch *Richter*, S. 39f.

35 Vgl. RAG 14.11.1931 – RAG. 221/31, ARS Bd.13, 484.; vgl. auch *Richter*, S. 41f.

dass mitentscheidend sei, inwieweit der Arbeitnehmer seine Zwangslage selbst verschuldet habe.[36]

2. Kündigungsschutz im Nationalsozialismus

Nachdem im Jahre 1923 kündigungsschutzrechtliche Ansätze zunächst wieder abgebaut worden waren, kam es in der Zeit des Nationalsozialismus zu neuen Gesetzesvorhaben.[37] Das Gesetz zur Ordnung der nationalen Arbeit (AOG) vom 20.1.1934[38] beseitigte das kollektive Arbeitsrecht der Weimarer Republik zu großen Teilen. So wurde unter anderem der Diskriminierungstatbestand des § 84 Nr. 1 BRG vollständig aufgehoben.[39]

Zugleich sahen die arbeitsrechtlichen Bestimmungen in der Zeit des Nationalsozialismus eine Konkretisierung des Individualarbeitsrechts vor. So schuf das AOG die Möglichkeit der Überprüfung arbeitsvertraglicher Regelungen im Sinne nationalsozialistischer Vorstellungen.[40] Zudem enthielt es erneut eine individualrechtliche Abfindungsregelung, welche erst 1947 im Zuge der Militärregierungen aufgehoben wurde.[41]

Darüber hinaus wurde bei Kriegsbeginn eine Arbeitsplatzwechselverordnung[42] erlassen, die jede Kündigung von dem Einverständnis des Arbeitsamtes abhängig machte.[43] Auch wenn diese Regelungen faktisch den Ausspruch von Kündigungen erschwerten, so war die gesetzgeberische Motivation jedoch keineswegs im Arbeitnehmerschutz zu sehen. Vielmehr dienten besagte Regelungen dem staatlichen Kontrollinteresse in Form der Steuerung sämtlicher Arbeitsverhältnisse.[44] In diesem Zusammenhang erfolgten daher auch vermehrt Kündigungen, die mit politischer Unzuverlässigkeit oder staatsfeindlicher Gesinnung begründet wurden.[45] Auch stieg die Zahl an Entlassungen von Arbeitnehmern „nichtarischer" Abstammung. Das RAG legte zunächst fest, dass die jüdische

---

36 Vgl. bereits Abstellen auf schuldhaftes Verhalten des AN in RAG 14.11.1931 – RAG. 221/31, ARS Bd.13, 484; vgl. auch RAG 25.2.1933 – RAG. 2/33, ARS Bd.17, 474, 478.

37 Vgl. *v.Hoyningen-Huene/Linck*, Einl. Rn. 16/ 17.

38 RGBl. I 1934, S. 45

39 Vgl. hierzu *Richter*, S. 43f.

40 Vgl. u.a. *Herschel*, DB 1973, 80, 81; APS/*Preis*, Grundlagen A. Rn. 12.

41 Vgl. RGBl. I 1934 S. 1193; vgl. auch KDZ/*Deinert*, Einl. Rn. 22; *Berkowsky*, Die betriebsbed. K., § 1 Rn. 23; *Göller*, S. 78.

42 Arbeitsplatzwechselverordnung v. 1.9.1939, RGBl. I 1939, S. 1685.

43 KR/*Griebeling*, § 1 KSchG Rn. 5; *v.Hoyningen-Huene/Linck*, Einl. Rn. 17.

44 APS/*Preis*, Grundlagen A. Rn. 14; *v.Hoyningen-Huene/Linck*, Einl. Rn. 17.

45 Vgl. *König*, RdA 1969, 8; vgl. auch *Rahmstorf*, S. 7; *Richter*, S. 45.

Abstammung für sich allein keinen wichtigen Kündigungsgrund darstelle.[46] Eine Entlassung könne jedoch gerechtfertigt sein, wenn Dritte Druck auf den Arbeitgeber ausüben, weil dieser einen jüdischen Angestellten beschäftige.[47] Rein subjektiv empfundene Gefahren und Konflikte mit öffentlichen Stellen seien jedoch noch nicht ausreichend für eine außerordentliche Kündigung. Aufgrund der Treuepflicht des Arbeitgebers seien kleinere wirtschaftliche Nachteile hinzunehmen.[48]

In der Folgezeit verschärfte das RAG jedoch seine bisherige Rechtsprechung. So hielt es bereits in seinem Urteil vom 13.3.1935 eine fristlose Entlassung eines Arbeitnehmers wegen der Gefahr, die dieser aufgrund seiner politischen Gesinnung für den Betrieb des Arbeitgebers darstelle, für rechtmäßig.[49] Zur Begründung führte das RAG den Druck an, den Parteistellen auf den Arbeitgeber ausgeübt hatten.[50] Noch deutlicher wurde der Wandel der höchstrichterlichen Rechtsprechung durch das Urteil des RAG vom 5.7.1939.[51] In dieser Entscheidung betonte es die überragende Bedeutung der rassepolitischen Anschauungen des Nationalsozialismus. Ob die „nichtarische" Abstammung eine fristlose Entlassung rechtfertige, sei nicht mehr vorwiegend nach den betrieblichen Gefahren für den Arbeitgeber zu beurteilen. Ein viel stärkeres Gewicht müsse dem nationalsozialistischen Gedankengut zukommen. Insofern stelle die jüdische Abstammung bereits für sich genommen einen tauglichen Kündigungsgrund dar.[52]

Insgesamt bedeutete dies in druckkündigungsrechtlicher Hinsicht, dass ein diskriminierender Eingriff in ein Arbeitsverhältnis aufgrund der erheblichen Einflussmöglichkeiten staatlicher Behörden faktisch jederzeit erfolgen konnte. Die Rechtsprechung legitimierte die diskriminierende Druckausübung auch in arbeitsrechtlicher Hinsicht. Ferner wurde durch das zwingende staatliche Zustimmungserfordernis die Möglichkeit der Druckausübung des Staates auf die Abberufungsentscheidung des jeweiligen Arbeitgebers quasi legalisiert.

---

46 Vgl. RAG 28.10.1933 – RAG. 220/33, ARS Bd.19, 207, 208; vgl. auch RAG 13.3.1935 – RAG. 254/34, ARS Bd.23, 194, 196f.

47 Vgl. RAG 28.10.1933 – RAG. 220/33, ARS Bd.19, 207, 208; vgl. auch *König*, RdA 1969, 8.

48 Vgl. RAG 25.11.1933 – RAG. 224/33, ARS Bd.19, 214, 216.

49 Vgl. RAG 13.3.1935 – RAG. 254/34, ARS Bd.23, 194, 196f.

50 Vgl. RAG 13.3.1935 – RAG 254/34, ARS Bd.23, 194, 196f.; zur Frage der Zuständigkeit der drohenden Stelle ausführlich *Richter*, S. 47f.; vgl. auch RAG 12.12.1934 – RAG. 148/34, ARS Bd.22, 215, 217.

51 Vgl. RAG 5.7.1939 – RAG. 198/38, ARS Bd.36, 392, 395f.

52 Vgl. RAG 5.7.1939 – RAG. 198/38, ARS Bd.36, 392, 395f. vgl. auch *König*, RdA 1969, 8.

3. Kündigungsschutz nach dem Zweiten Weltkrieg bis heute

Nachdem der Kündigungsschutz des AOG durch das Kontrollratsgesetz Nr. 40 vom 30.6.1946[53] abgeschafft worden war, existierten bis 1951 primär landesrechtliche Kündigungsschutzgesetze.[54]

Die Besatzungsmächte konnten aufgrund ihrer unbegrenzten Hoheitsgewalt auf den Bestand eines Arbeitsverhältnisses in Form von Entlassungsbefehlen, Weisungen oder Beschäftigungsverboten Einfluss nehmen.[55] Ob die arbeitgeberseitige Befolgung einer solchen Anordnung als eine Form der Druckkündigung zu werten ist, wird nicht einheitlich beurteilt.[56] Dafür spricht in jedem Fall, dass die Entlassung nicht auf einer freien Entscheidung des Arbeitgebers fußte, sondern auf einem externen Befehl.[57]

Im Zuge des Inkrafttretens des Kündigungsschutzgesetzes (KSchG) am 14.8.1951[58] entwickelten sich auch im Hinblick auf Druckkündigungen entsprechende bundeseinheitliche Bewertungsmaßstäbe.[59] Das Bundesarbeitsgericht (BAG) beschäftigte sich fortan insbesondere mit Fällen unberechtigter Entlassungsforderungen, die von Belegschaftsteilen, Kunden oder anderen privaten Personen formuliert wurden.

Mit seiner Entscheidung vom 10.10.1957 erkannte das BAG zunächst die grundsätzliche Möglichkeit einer außerordentlichen Kündigung allein auf Grundlage der Druckausübung seitens des Dritten an.[60] Innerhalb des Anwendungsbereichs des Kündigungsschutzgesetzes stellte es jedoch zugleich hohe Voraussetzungen auf, denen die Drucksituation genügen musste, um den Ausspruch einer echten Druckkündigung zu rechtfertigen.[61] Auf Basis dieser Entscheidung konkretisierte das BAG in der Folgezeit die Zulässigkeitskriterien einer echten Druckkündigung.[62] Ferner stellte es mit seiner Entscheidung vom 19.6.1986 klar,

---

53 Amtsblatt Kontrollrat 1946, S. 229.

54 Vgl. *Göller*, S. 85f.; *Wüllenweber*, S. 188ff.; vgl. auch Überblick über die Kündigungsschutzgesetze einzelner Besatzungszonen in RdA 1951, 61ff.; zu den kündigungsschutzrechtl. Auswirkungen des Wegfalls der Gesetzes zur Ordnung der nationalen Ordnung vgl. *Müller*, DRZ 1948, 122.

55 Vgl. *Poelmann*, DB 1949, 287; *Galperin*, DB 1949, 335;

56 Vgl. u.a. *Poelmann*, DB 1949, 287.

57 Vgl. ausführlich hierzu *Steiner*, S. 14f.; *Richter*, S. 50ff.

58 BGBl. I S. 499.

59 Vgl. *v.Hoyningen-Huene/Linck*, Einl. Rn. 37.

60 Vgl. BAG 10.10.1957 – 2 AZR 32/56, AP § 626 BGB Druckkündigung Nr. 1.

61 Vgl. BAG 10.10.1957 a.a.O. (Fn. 60).

62 Vgl. u.a. BAG 10.10.1957 a.a.O. (Fn. 60); BAG 11.2.1960 – 5 AZR 210/58 AP § 626 BGB Druckkündigung Nr. 3; BAG 26.1.1962 – 2 AZR 244/61 AP § 626 BGB Druckkündigung Nr. 8; BAG 18.9.1975 – 2 AZR 311/74, AP § 626 BGB Druckkündigung Nr.10; BAG

dass eine Druckkündigung entsprechend der aufgestellten Grundsätze auch in Gestalt der ordentlichen Kündigung möglich sei.[63] In derselben Entscheidung ordnete das BAG die Druckkündigung als betriebsbedingte Kündigung ein.[64]

Bis heute wird die Rechtmäßigkeit einer Druckkündigung innerhalb des Anwendungsbereichs des Kündigungsschutzgesetzes auf Basis dieser Grundsätze beurteilt.[65]

Außerhalb des Anwendungsbereichs des Kündigungsschutzgesetzes hat sich die Rechtsprechung des BAG dahingehend gefestigt, dass der betreffende Arbeitnehmer Kündigungsschutz lediglich bei Verletzung zivilrechtlicher Generalklauseln beanspruchen kann.[66] Die für die Unterscheidung maßgebliche Kleinbetriebsklausel des § 23 Abs. 1 KSchG wurde vom Bundesverfassungsgericht (BVerfG) am 27.1.1998 für verfassungsgemäß erklärt.[67] Dementsprechend richtet sich der Prüfungsmaßstab auch im Falle einer außerhalb des Kündigungsschutzgesetzes liegenden Druckkündigung in materieller Hinsicht ausschließlich nach den §§ 138, 242 BGB. Entscheidend ist, ob das (Druck-) Kündigungsrecht sitten- oder treuwidrig ausgeübt wurde. Wie sich im weiteren Verlauf der Arbeit zeigen wird, erlangt diese Frage insbesondere Bedeutung, wenn die Druckkündigung auf diskriminierende Motive gestützt wird.[68]

19.6.1986 a.a.O. (Fn. 3); BAG 31.1.1996 a.a.O. (Fn. 3); hinsichtl. der ausschließlichen Beurteilung einer echten Druckkündigung als betriebsbedingt nicht eindeutig BAG 4.10.1990 a.a.O. (Fn. 3), jedoch i.E. wohl als unechte personenbedingte Druckkündigung zu werten.

63 Vgl. BAG 19.6.1986 a.a.O. (Fn. 3).

64 Vgl. BAG 19.6.1986 a.a.O. (Fn. 3); vgl. auch *Insam*, DB 2005, 2298, 2299.

65 Vgl. u.a. LAG Rheinland-Pfalz 18.2.2008 – 5 Sa 381/07 n.v.; LAG Düsseldorf 21.8.2008 – 5 Sa 240/08 n.v.; LAG Hamburg 3.4.2009 – 6 Sa 47/08, AuR 2009, 319; ArbG Hamburg 23.2.2005 – 18 Ca 131/04, NZA-RR 2005, 306ff.

66 Vgl. BVerfG 27.1.1998 – 1 BvL 15/87, NJW 1998, 1475ff.; vgl. u.a. BAG 23.9.1976 – 2 AZR 309/75, AP § 1 KSchG 1969 Wartezeit Nr. 1; vgl. auch BAG 21.2.2001 – 2 AZR 15/00, NZA 2001, 833ff.; BAG 22.5.2003 – 2 AZR 426/02, AP § 1 KSchG 1969 Wartezeit Nr. 18; APS/*Preis*, Grundlagen J. Rn. 30; *Berkowsky*, NJW 2009, 113ff.

67 Vgl. BVerfG 27.1.1998 a.a.O. (Fn. 66); vgl. im Einzelnen auch HK-*Kraushaar/Kraushaar*, § 242 BGB Rn. 1ff.

68 S. hierzu unter Kap. B. III. 2. b. aa. (2); Kap. F. II. 2. c. bb. (2) (d); Kap. F. IV.

III. Rechtliche Einordnung der unterschiedlichen Erscheinungsformen vor Inkrafttreten des AGG

1. Unechte Druckkündigung

Im Falle einer unechten Druckkündigung besteht die Besonderheit, dass das Entlassungsbegehren des Außenstehenden von einem Kündigungsgrund im Sinne des § 1 Abs. 2 KSchG gedeckt ist.[69] Der Dritte nimmt eine kündigungsrelevante Verhaltensweise des betreffenden Arbeitnehmers bzw. einen in seiner Person wurzelnden Umstand zum Anlass für sein Abberufungsverlangen. Seine Forderung lässt sich somit auf einen objektiven verhaltens- bzw. personenbedingten Kündigungsgrund zurückführen. Insofern kann auch von einer aus kündigungsrechtlicher Sicht gerechtfertigten Forderung gesprochen werden.

a. Bewertung der Zulässigkeit durch Rechtsprechung und Literatur

aa. Nationale Rechtsprechung und herrschende Meinung in der Literatur

Sowohl die höchstrichterliche Rechtsprechung als auch die weit überwiegende Auffassung im Schrifttum halten den Ausspruch einer Kündigung im Falle „unechten“ Drucks für rechtmäßig.[70] Sie begründen ihre Rechtsauffassung mit dem objektiven Vorliegen einer kündigungsrelevanten Verhaltensweise des betreffenden Arbeitnehmers.[71] Nach ihrer Ansicht vermag eine möglicherweise berechtigte Rüge über den Unwertgehalt des unter Androhung von Nachteilen erzeugten Drucks an der Rechtmäßigkeit der Kündigung nichts ändern.[72] Zentrales Argument für die Nichtbeachtung der Druckausübung ist die Berechtigung des Arbeitgebers, in der konkreten Situation sowohl eine außerordentliche als auch eine ordentliche Kündigung auszusprechen.[73] Es kann daher auch von einer

---

69 Vgl. BAG 26.1.1962 a.a.O. (Fn. 62); BAG 18.9.1975 a.a.O. (Fn. 62); Stahlhacke/Preis/Vossen-*Preis*, Rn. 695/971; *Backmeister/Trittin/Mayer*, § 1 KSchG Rn. 156; vgl. auch APS/*Dörner*, § 626 BGB Rn. 338; KR/*Griebeling*, § 1 KSchG Rn. 473, § 626 BGB Rn. 205.

70 Vgl. BAG 26.1.1962 a.a.O. (Fn. 62); BAG 18.9.1975 a.a.O. (Fn. 62); BAG 31.1.1996 a.a.O. (Fn. 3); KDZ/*Däubler*, § 626 BGB Rn. 170; APS/*Dörner*, § 626 BGB Rn. 338; KR/*Fischermeier*, § 626 BGB Rn. 205.

71 Vgl. APS/*Dörner*, § 626 BGB Rn. 338; KR/*Fischermeier*, § 626 BGB Rn. 205; MüKo-BGB/*Hergenröder*, Bd. IV, § 1 KSchG Rn. 245; Fiebig/Gallner/Nägele-*Fiebig*, § 1 KSchG Rn. 208/419.

72 Vgl. u.a. KR/*Griebeling*, § 1 KSchG Rn. 473.

73 Vgl. ErfK/*Müller-Glöge*, § 626 BGB Rn. 185; *Löwisch/Spinner*, § 1 KSchG Rn. 154; *Backmeister/Trittin/Mayer*, § 1 KSchG Rn. 156.

Verdrängung oder Überlagerung der Drucksituation durch den jeweiligen objektiv gegebenen Kündigungsgrund gesprochen werden.

Die herrschende Meinung lässt den ausgeübten Druck jedoch nicht völlig unberücksichtigt. Sie trägt dem Drittverhalten Rechnung, indem sie auf die Möglichkeit der Berücksichtigung der konkreten Drucksituation im Rahmen der bei jeder Kündigung vorzunehmenden Interessenabwägung verweist.[74] So können die seitens des Druckausübenden in Aussicht gestellten Schäden als betriebliche oder wirtschaftliche Interessen des Arbeitgebers in die Abwägung eingestellt werden.[75] Ob im Einzelfall eine außerordentliche oder ordentliche Kündigung gerechtfertigt ist, entscheidet hiernach ebenfalls die jeweilige Drucksituation.[76] Regelmäßig wird eine ordentliche Kündigung geeignet sein, den auf den Arbeitgeber ausgeübten Druck abzubauen. Nur ausnahmsweise sehen Rechtsprechung und große Teile der Literatur eine Druckkündigung in Form der außerordentlichen Kündigung als zulässig an.[77]

bb. Mindermeinung in der Literatur

Zwar wird im Falle einer unechten Druckkündigung die generelle Kündigungsmöglichkeit einhellig bejaht, jedoch kritisieren einzelne Vertreter des Schrifttums die rechtsdogmatische Vorgehensweise der herrschenden Meinung.[78] So sieht *Berkowsky* die Druckkündigung auch im Falle eines gerechtfertigten Abberufungsverlangens ausschließlich als personenbedingte Kündigung an.[79] Nach seiner Auffassung stellt ein etwaiges Fehlverhalten des Arbeitnehmers nicht den wahren Kündigungsgrund dar. Der Arbeitgeber habe die an sich gegebene Kündigungslage nicht als entscheidenden Beweggrund für eine Kündigung gesehen. Vielmehr sei das Verhalten des Druckausübenden bzw. die seitens des Dritten angedrohten wirtschaftlichen Nachteile maßgeblicher Auslöser für den Ausspruch der Kündigung. Dies stelle einen anderen kündigungsbegründenden

---

74 Vgl. MüKo-BGB/*Hergenröder*, Bd. IV, § 1 KSchG Rn. 245; ErfK/*Müller-Glöge*, § 626 BGB Rn. 185; KR/*Fischermeier*, § 626 BGB Rn. 205; KDZ/*Deinert*, § 1 KSchG Rn. 468; KDZ/*Däubler*, § 626 BGB, Rn 170; *Preis*, IndividualArbR § 64 V. 2.; vgl. auch BAG 31.1.1996 a.a.O. (Fn. 3).

75 Stahlhacke/Preis/Vossen-*Preis*, Rn. 971.

76 Vgl. ErfK/*Müller-Glöge*, § 626 BGB Rn. 185.

77 Vgl. BAG 18.9.1975 a.a.O. (Fn. 62); vgl. auch KDZ/*Däubler*, § 626 BGB Rn. 172; ErfK/*Müller-Glöge*, § 626 BGB Rn. 185.

78 Vgl. *Berkowsky*, Die betriebsbed. K., § 6 Rn. 106f.; ähnlich *v.Hoyningen-Huene/Linck*, § 1 Rn. 205.

79 Vgl. *Berkowsky*, Die betriebsbed. K., § 6 Rn. 107.

Sachverhalt dar als derjenige, der die Kündigung möglicherweise auch hätte rechtfertigen können.[80]

b. Stellungnahme

Unabhängig von der konkreten Form der Druckausübung liegen im Falle der unechten Druckkündigung zweifelsohne Tatsachen vor, die den Ausspruch einer Kündigung rechtfertigen. Nicht der durch Dritte erzeugte Druck, sondern das konkrete Verhalten des betreffenden Arbeitnehmers bzw. ein in seiner Person wurzelnder Grund sind in der Regel maßgebend für den Ausspruch der Kündigung.[81] Die konkrete Forderung des Außenstehenden kann in diesem Zusammenhang lediglich als Anstoß für die Kündigung verstanden werden.[82] Zwar ist je nach Intensität der Androhung eine gewisse Nähe zum Tatbestand der Nötigung zu erkennen, mit der Folge, dass die Druckausübung insoweit nach sittlichem Maßstab missbilligenswert sein kann. Dieser Umstand vermag jedoch nichts daran zu ändern, dass darüber hinaus ein eigenständiger Kündigungsgrund im Raum steht.[83] Dieser muss folgerichtig gerade aufgrund seiner selbständigen Existenz auch getrennt von der Druckausübung bewertet werden. Entsprechend orientiert sich die überwiegende Auffassung primär an dem im Einzelfall einschlägigen Kündigungsgrund, lässt hierbei aber den Druck nicht völlig unberücksichtigt, indem sie ihn in die Interessenabwägung einfließen lässt.[84] Eine noch weitergehende Berücksichtigung des Drucks in Form der völligen Aufzehrung der kündigungsrelevanten Umstände würde dazu führen, dass der Arbeitgeber, der in der Regel unverschuldet in eine Drucksituation gerät, trotz Vorliegen eines objektiven Kündigungsgrundes nicht entsprechend seiner gesetzlichen Befugnisse vorgehen dürfte. Er würde damit allein auf Grundlage einer von ihm nicht zu verantwortenden Bedrohung seiner gesetzlichen Kündigungsberechtigung beraubt. Ein solches Ergebnis ist mit Blick auf die grundrechtlich geschützte unternehmerische Handlungsfreiheit des Arbeitgebers zu vermeiden.

Entsprechend kann auch der dargelegten Auffassung von *Berkowsky* nicht gefolgt werden. Er misst der Drucksituation eine derart weitreichende Bedeutung zu, dass er die daneben bestehenden Kündigungsgründe unberücksichtigt lässt

80 Vgl. *Berkowsky*, Die betriebsbed. K., § 6 Rn. 107.

81 Vgl. BAG 18.9.1975 a.a.O. (Fn. 62); *Backmeister/Trittin/Mayer*, § 1 KSchG Rn. 156; KDZ/*Däubler*, § 626 BGB Rn. 170; *Preis*, IndividualArbR § 64 V. 2.

82 Vgl. APS/*Dörner*, § 626 BGB Rn. 338; vgl. auch ErfK/*Müller-Glöge*, § 626 BGB Rn. 185.

83 Vgl. KDZ/*Deinert*, § 1 KSchG Rn. 468.

84 Vgl. BAG 26.1.1962 a.a.O. (Fn. 62); BAG 18.9.1975 a.a.O. (Fn. 62); BAG 31.1.1996 a.a.O. (Fn. 3).

und ausschließlich eine auf dem Druck gründende personenbedingte Kündigung in Betracht zieht.[85] Hierbei verkennt er jedoch, dass der Druck häufig lediglich als Auslöser für die Kenntnisnahme des Arbeitgebers von dem pflichtwidrigen Verhaltens des Arbeitnehmers fungiert.[86] Insgesamt ist daher der höchstrichterlichen Rechtsprechung sowie der überwiegenden Ansicht der Literatur zu folgen.

Wie im Laufe der nachfolgenden Untersuchung aufgezeigt wird, ist jedoch eine erneute Beurteilung der Rechtsfigur der unechten Druckkündigung erforderlich, soweit der Druck nicht nur gesellschaftlich anstößig, sondern darüber hinaus auch diskriminierende Wirkungen erzielt.[87]

2. Echte Druckkündigung

In Fällen echter Druckkündigungen fordern Dritte unter Androhung von Nachteilen die Entlassung eines konkreten Arbeitnehmers, obwohl weder verhaltensbedingte noch in der Person des betreffenden Arbeitnehmers wurzelnde Umstände gegeben sind, die eine Kündigung rechtfertigen würden.[88] Kennzeichnend für das Vorliegen einer echten Drucksituation ist demnach das aus kündigungsrechtlicher Sicht ungerechtfertigte Abberufungsverlangen des Außenstehenden.[89]

a. Bewertung der Zulässigkeit durch Rechtsprechung und Literatur

Die Rechtmäßigkeit des Ausspruchs einer solchen Kündigung, die einzig auf dem Druck eines Außenstehenden basiert, ist umstritten.

aa. Nationale Rechtsprechung

Die nationale Rechtsprechung bejaht die Möglichkeit der sozialen Rechtfertigung bzw. das Vorliegen eines wichtigen Grundes im Rahmen einer echten

85 Zu seinen generellen Zweifeln an der Zulässigkeit einer Druckkündigung vgl. *Berkowsky*, Die pers.- u. verhaltensbed. K. § 13 Rn. 18ff.

86 Vgl. KDZ/*Deinert*, § 1 KSchG Rn. 468; vgl. auch APS/*Dörner*, § 626 BGB Rn. 338; ErfK/*Müller-Glöge*, § 626 BGB Rn. 185.

87 S. hierzu ausführlich unter Kap. E.

88 KR/*Griebeling*, § 1 KSchG Rn. 473; KDZ/*Deinert*, § 1 KSchG Rn. 468; ErfK/*Oetker*, § 1 KSchG Rn. 183; MüKo-BGB/*Hergenröder*, Bd. IV, § 1 KSchG Rn. 245/326; vgl. auch BAG 19.6.1986 a.a.O. (Fn. 3); BAG 4.10.1990 a.a.O. (Fn. 3).

89 Zur Unterscheidung der Begriffe „ungerechtfertigt“ im Sinne kündigungsschutzrechtl. Bestimmungen u. „rechtswidrig“ im haftungsrechtl. Sinne s. unter Kap. B. V. 2. a.

Druckkündigung.[90] Das BAG ordnet die unter Druck erzwungene Entlassung eines Arbeitnehmers der Fallgruppe der betriebsbedingten Gründe zu.[91]

Zugleich werden jedoch strenge Anforderungen an die Wirksamkeit der echten Druckkündigung gestellt.[92] Aufgrund der arbeitsvertraglich begründeten Fürsorgepflicht des Arbeitgebers müsse sich dieser zunächst schützend vor den betroffenen Arbeitnehmer stellen und alles ihm Zumutbare unternehmen, um den Dritten von seiner Drohung abzubringen.[93] Dieses Verhalten fordert das BAG auch dann vom Arbeitgeber, wenn er sich zuvor – beispielsweise gegenüber seinem Geschäftspartner oder der Belegschaft – vertraglich verpflichtet hat, dem Abberufungsverlangen nachzukommen.[94] Eine solche Verpflichtungserklärung habe keinen Einfluss auf arbeitsvertraglich begründete Schutzpflichten gegenüber dem jeweiligen Arbeitnehmer.

Die Rechtsprechung geht nur in dem Fall, dass die Versuche des Arbeitgebers, den betroffenen Arbeitnehmer zu schützen, erfolglos bleiben, von einer Rechtfertigung der Kündigung allein aufgrund des ausgeübten Drucks aus.[95] Voraussetzung für die Wirksamkeit einer echten Druckkündigung sei aber, dass die Kündigung das einzig in Betracht kommende Mittel darstelle, um die drohenden Schäden für den Arbeitgeber abzuwenden.[96] Der Arbeitgeber dürfe zu-

---

90 Vgl. u.a. BAG 10.10.1957 a.a.O. (Fn. 60); BAG 11.2.1960 a.a.O. (Fn.62); BGH 27.3.1961 – II ZR 24/60, AP § 626 BGB Druckkündigung Nr. 5; BAG 26.1.1962 a.a.O. (Fn. 62); BAG 18.9.1975 a.a.O. (Fn. 62); BAG 19.6.1986 a.a.O. (Fn. 3); BAG 4.10.1990 a.a.O. (Fn. 3); BAG 31.1.1996 a.a.O. (Fn. 3); LAG Hessen 10.12.1986 a.a.O. (Fn. 7); LAG Hamm 4.5.1999 a.a.O. (Fn. 7); LAG Rheinland-Pfalz 18.2.2008 a.a.O. (Fn. 65).

91 Vgl. BAG 19.6.1986 a.a.O. (Fn. 3); BAG 31.1.1996 a.a.O. (Fn. 3); LAG Hessen 10.12.1986 a.a.O. (Fn. 7); LAG Hamm 4.5.1999 a.a.O. (Fn. 7); nicht eindeutig BAG 4.10.1990 a.a.O. (Fn. 3), wobei aber im konkreten Fall von einer Einordnung als unechte Druckkündigung auszugehen ist.

92 Vgl. u.a. BAG 10.10.1957 a.a.O. (Fn. 60); BAG 11.2.1960 a.a.O. (Fn. 62); BGH 27.3.1961 a.a.O. (Fn. 90); BAG 26.1.1962 a.a.O. (Fn. 62); BAG 18.9.1975 a.a.O. (Fn. 62); BAG 19.6.1986 a.a.O. (Fn. 3); BAG 4.10.1990 a.a.O. (Fn. 3); BAG 31.1.1996 a.a.O. (Fn. 3).

93 Vgl. u.a. BAG 10.10.1957 a.a.O. (Fn. 60); BAG 11.2.1960 a.a.O. (Fn. 62); BAG 26.1.1962 a.a.O. (Fn. 62); BAG 18.9.1975 a.a.O. (Fn. 62); BAG 19.6.1986 a.a.O. (Fn. 3); BAG 31.1.1996 a.a.O. (Fn. 3).

94 Vgl. BAG 19.6.1986 a.a.O. (Fn. 3).

95 Vgl. u.a. BAG 10.10.1957 a.a.O. (Fn. 60); BAG 11.2.1960 a.a.O. (Fn. 62); BAG 26.1.1962 a.a.O. (Fn. 62); BAG 18.9.1975 a.a.O. (Fn. 62); BAG 19.6.1986 a.a.O. (Fn. 3); BAG 31.1.1996 a.a.O. (Fn. 3).

96 Vgl. u.a. BAG 10.10.1957 a.a.O. (Fn. 60); BAG 19.6.1986 a.a.O. (Fn. 3); BAG 4.10.1990 a.a.O. (Fn. 3); vgl. auch ErfK/*Oetker*, § 1 KSchG Rn. 183; KR/*Griebeling*, § 1 KSchG Rn. 586a; Stahlhacke/Preis/Vossen-*Preis*, Rn. 970.

dem die Drucksituation nicht selbst in vorwerfbarer Weise herbeigeführt haben, wenn er sich auf eben diese berufen wolle.[97]

Das BAG fordert jedoch auch in umgekehrter Weise von dem betreffenden Arbeitnehmer ein gewisses Maß an Handlungsbereitschaft, um die Drucksituation zu entschärfen. Ihn treffe ebenfalls die arbeitsvertraglich begründete Verpflichtung, seinen Arbeitgeber vor schweren Schäden zu bewahren.[98] Aus diesem Grund müsse er gegebenenfalls auch bereit sein, in eine Versetzung einzuwilligen, wenn dadurch die Lage entspannt werden könne.[99]

Insgesamt müssen dem Arbeitgeber schwere wirtschaftliche Nachteile oder die Vernichtung seiner Existenz drohen, um entsprechend der höchstrichterlichen Rechtsprechung von der Wirksamkeit der Druckkündigung auszugehen.[100]

Darüber hinaus sieht das BAG eine Druckkündigung in Form der außerordentlichen Kündigung nur dann als wirksam an, wenn der Arbeitnehmer unter keinen Umständen für die Zeit der ordentlichen Kündigungsfrist weiterbeschäftigt werden kann.[101] Insoweit wendet die Rechtsprechung die allgemein geltenden Grundsätze zur Beurteilung der Rechtmäßigkeit einer Kündigung an.[102]

Ein zwingendes Erfordernis der Anhörung des betroffenen Arbeitnehmers im Vorfeld einer Druckkündigung besteht nach dem BAG weder im Rahmen einer außerordentlichen noch im Falle einer ordentlichen Kündigung. Insoweit sieht das BAG keine Parallelen zu der Rechtsfigur der Verdachtskündigung.[103]

---

97 Vgl. BAG 26.1.1962 a.a.O. (Fn.62); BAG 18.9.1975 a.a.O. (Fn. 62); KR/*Fischermeier*, § 626 BGB Rn. 208; KDZ/*Däubler*, § 626 BGB Rn. 173; MüKo-BGB/*Hergenröder*, Bd. IV, § 1 KSchG Rn. 247.

98 Vgl. BAG 11.2.1960 a.a.O. (Fn. 62); APS/*Dörner*, § 626 BGB Rn. 340; KDZ/ *Däubler*, § 626 BGB Rn. 171; KR/*Fischermeier*, § 626 BGB Rn. 208.

99 Vgl. BAG 11.2.1960 a.a.O. (Fn. 62); APS/*Dörner*, § 626 BGB Rn. 340; KDZ/ *Däubler* § 626 BGB Rn. 171; KR/*Fischermeier*, § 626 BGB Rn. 208.

100 Vgl. u.a. BAG 10.10.1957 a.a.O. (Fn. 60); BAG 11.2.1960 a.a.O. (Fn. 62); BAG 19.6.1986 a.a.O. (Fn. 3); BAG 31.1.1996 a.a.O. (Fn. 3).

101 Vgl. BAG 31.1.1996 a.a.O. (Fn. 3); KDZ/*Däubler*, § 626 BGB Rn. 172.

102 Vgl. u.a. BAG 10.10.1957 a.a.O. (Fn. 60); BAG 18.9.1975 a.a.O. (Fn. 62); BAG 19.6.1986 a.a.O. (Fn. 3); BAG 31.1.1996 a.a.O. (Fn. 3).

103 Vgl. BAG 4.10.1990 a.a.O. (Fn. 3); vgl. auch Stahlhacke/Preis/Vossen-*Preis*, Rn. 970; ErfK/*Oetker*, § 1 KSchG, Rn. 186; HK/*Griebeling*, § 626 BGB Rn. 102; KR/*Griebeling*, § 1 KSchG Rn. 586a; KDZ/*Däubler*, § 626 BGB Rn. 171; a.A. *Backmeister/Trittin/Mayer*, § 1 KSchG Rn. 158; *Breucker*, NZA 2008, 1047, 1049.

bb. Auffassungen in der Literatur

Die überwiegende Auffassung im Schrifttum bejaht ebenfalls die rechtliche Zulässigkeit einer echten Druckkündigung.[104] Große Teile der Literatur haben sich der höchstrichterlichen Rechtsprechung angeschlossen und ordnen die ausgesprochene Kündigung innerhalb des Anwendungsbereichs des Kündigungsschutzgesetzes der Fallgruppe der betriebsbedingten Gründe zu.[105]

Diese Vorgehensweise wird allerdings von einem nicht unerheblichen Kreis des Schrifttums abgelehnt.[106] Zwar wird die Zulässigkeit einer echten Druckkündigung im Falle der Androhung schwerer wirtschaftlicher Nachteile von verschiedenen Kritikern nicht grundsätzlich in Frage gestellt;[107] vielfach wird sie jedoch nicht als betriebsbedingte Kündigung verstanden.[108] Hauptargument dieser Gegenansicht ist die mangelnde Vergleichbarkeit der konkreten Drucksituation mit dem einer betriebsbedingten Kündigung üblicherweise zugrundeliegenden Sachverhalt. So wird im Einzelnen angeführt, dass im Falle ungerechtfertigten Drucks kein dringendes betriebliches Erfordernis vorliege, da keine Beschäftigungsmöglichkeiten im jeweiligen Betrieb entfielen.[109] Auch passe das im Rahmen einer betriebsbedingten Kündigung gemäß § 1 Abs. 3 KSchG bestehende Erfordernis einer Sozialauswahl nicht auf den Fall der Druckkündigung, bei der es gerade um die Entlassung eines bestimmten Arbeitnehmers gehe.[110]

---

104 Vgl. u.a. ErfK/*Müller-Glöge*, § 626 BGB Rn. 185; APS/*Dörner* § 626 Rn. 339; KR/*Fischermeier*, § 626 BGB Rn, 204f.; Fiebig/Gallner/Nägele-*Gallner*, § 1 KSchG Rn. 514/729; *v.Hoyningen-Huene/Linck*, § 1 KSchG Rn. 202ff.; *Löwisch/Spinner*, § 1 KSchG Rn. 330; *Busemann/Schäfer*, Rn. 372/530. vgl. auch *Mayer-Maly*, RdA 1979, 356.

105 Vgl. ErfK/*Müller-Glöge*, § 626 BGB Rn. 185; *Fitting*, § 104 BetrVG Rn. 11; KR/*Fischermeier,* § 626 BGB Rn, 204f.; Fiebig/Gallner/Nägele-*Gallner*, § 1 KSchG Rn. 514/729; *Löwisch/Spinner*, § 1 KSchG Rn. 330; *Busemann/Schäfer*, Rn. 372/530; vgl. auch *Steiner*, S. 114; *v.Hüllen*, S. 54f.

106 Vgl. KDZ/*Deinert*, § 1 KSchG Rn. 468; Stahlhacke/Preis/Vossen-*Preis*, Rn. 695/970; *Deinert*, RdA 2007,275, 282; MünchArbR/*Berkowsky*, Bd. I, § 118 Rn. 12; *Insam*, DB 2005, 2298, 2299; *Blaese*, DB 1988, 178, 179; zweifelnd auch *Preis*, IndividualArbR § 64 V. 2.

107 Vgl. u.a. APS/*Kiel*, § 1 KSchG Rn. 521; *v.Hoyningen-Huene/Linck*, § 1 KSchG Rn. 205; *Insam*, DB 2005, 2298, 2299; *Blaese*, DB 1988, 178, 179.

108 So APS/*Kiel*, § 1 KSchG Rn. 521; *v.Hoyningen-Huene/Linck*, § 1 KSchG Rn. 205; KDZ/*Deinert*, § 1 KSchG Rn. 468; *Deinert*, RdA 2007, 275, 282; *Gamillscheg*, AP § 1 KSchG 1969 Betriebsbedingte Kündigung Nr. 33 (Anm. zu BAG 19.6.1986 – 2 AZR 563/85); *Insam*, DB 2005, 2298, 2299; *Blaese*, DB 1988, 178, 179; MünchArbR/*Berkowsky*, Bd. I, § 118 Rn. 12.

109 Vgl. Stahlhacke/Preis/Vossen-*Preis*, Rn. 970; *Berkowsky*, Die betriebsbed. K., § 6 Rn. 106; *Insam*, DB 2005, 2298, 2299; *Blaese*, DB 1988 178, 179.

110 Vgl. *Blaese*, DB 1988, 178, 179.

Zur Lösung der Problematik werden ebenfalls unterschiedliche Meinungen vertreten. So sehen einige Vertreter der Literatur die echte Druckkündigung ausschließlich als personenbedingte Kündigung an. Der eigentliche Anlass für den von Dritten ausgeübten Druck sei die konkrete Person des betreffenden Arbeitnehmers.[111]

Andere hingegen halten eine echte Druckkündigung nur als außerordentliche Kündigung für zulässig. Aufgrund der fehlenden Möglichkeit einer Subsumtion unter die abschließenden Kündigungsgründe des Kündigungsschutzgesetzes sei eine Kündigung ausschließlich unter den Voraussetzungen des § 626 BGB denkbar. Die Androhung schwerer wirtschaftlicher Nachteile seitens des Dritten könne ein wichtiger Grund im Sinne der Norm darstellen.[112]

Demgegenüber lehnen andere die Rechtsfigur der echten Druckkündigung auch in Gestalt einer außerordentlichen Kündigung ab. Sie gehen insgesamt von der Rechtswidrigkeit einer ausschließlich auf Grundlage einer ungerechtfertigten Forderung ausgesprochenen Kündigung aus.[113] Diese Auffassung knüpft primär an den Grundsatz an, wonach das Recht dem Unrecht nicht zu weichen braucht.[114] Es könne nicht darüber hinweg gesehen werden, dass rechtswidriger Druck zu einer im Übrigen nicht gerechtfertigten Kündigung führe.[115] Insoweit dürfe das Arbeitsrecht keine Möglichkeit schaffen, unberechtigte Forderungen Dritter zu Lasten der Existenz eines Arbeitnehmers durchzusetzen.[116] Insbesondere könne die ungerechtfertigte Entlassung auch nicht durch eine etwaige Zubilligung von Schadensersatz für den betreffenden Arbeitnehmer kompensiert werden.[117] Vielmehr müsse der jeweilige Arbeitgeber drohende Schäden im Wege der Geltendmachung eigener Abwehr- bzw. Schadensersatzansprüche gegen den Druckausübenden bekämpfen.[118]

---

111 Vgl. *v.Hoyningen-Huene/Linck*, § 1 KSchG Rn. 205; *Preis*, IndividualArbR § 64 V. 2.; ähnlich APS/*Kiel*, § 1 KSchG Rn. 521; *Berkowsky*, Die betriebsbed. K., § 6 Rn. 106.

112 So u.a. *Rahmstorf*, S. 85f.; *Insam*, DB 2005, 2298, 2299.

113 So KDZ/*Deinert*, § 1 KSchG Rn. 468; Stahlhacke/Preis/Vossen-*Preis*, Rn. 695/970; *Berkowsky*, Die pers.- u. verhaltensbed. K., § 13 Rn. 19/22.; *Deinert*, RdA 2007, 275, 282.

114 Vgl. u.a. Stahlhacke/Preis/Vossen-*Preis*, Rn. 695/970; *Deinert*, RdA 2007, 275, 282; *Blaese*, DB 1988, 178, 179.

115 Vgl. KDZ/*Deinert*, § 1 KSchG Rn. 468; Stahlhacke/Preis/Vossen-*Preis*, Rn. 970; vgl. *Berkowsky*, Die betriebsbed. K., § 6 Rn. 106; *Deinert*, RdA 2007, 275, 282.

116 Vgl. KDZ/*Deinert*, § 1 KSchG Rn. 468.

117 Vgl. KDZ/*Deinert*, § 1 KSchG Rn. 468; Stahlhacke/Preis/Vossen-*Preis*, Rn. 970.

118 So *KDZ/Deinert, § 1 KSchG Rn. 468*; *Deinert*, RdA 2007, 275, 282.

Vereinzelt wiederum wird die Problematik ausschließlich unter dem Gesichtspunkt der Störung der Geschäftsgrundlage behandelt und damit nach den Grundsätzen des § 313 BGB gelöst.[119]

b. Stellungnahme

Auf den ersten Blick sprechen bereits Gründe des Arbeitnehmerschutzes gegen die Annahme der Zulässigkeit einer echten Druckkündigung.[120] Es ist nur schwer möglich, das Rechtsinstitut der echten Druckkündigung in das System des geltenden Kündigungsschutzrechts einzufügen.[121] Auf der anderen Seite darf jedoch die Gefahr schwerer wirtschaftlicher Nachteile des Arbeitgebers als Folge der Drohung nicht unberücksichtigt bleiben. Zudem kann nicht generell jedes Entlassungsbegehren, das nicht den Anforderungen gesetzlicher Kündigungsgründe genügt, als rechtswidrige Druckausübung verstanden werden.[122]

Zur Bejahung der Rechtmäßigkeit einer echten Druckkündigung ist in jedem Fall eine dogmatische Verortung der Rechtsfigur erforderlich. Kann der ihr zugrunde liegende Sachverhalt nicht unter die gesetzlichen Bestimmungen des Kündigungs- bzw. Kündigungsschutzrechts subsumiert werden, ist der hierauf gründende Ausspruch der Kündigung rechtswidrig. Ginge man dennoch allein aufgrund außerhalb des Gesetzes liegender Umstände von der Zulässigkeit einer echten Druckkündigung aus, so würde diese Vorgehensweise gegen das verfassungsrechtlich verankerte Rechtsstaatsprinzip verstoßen. Entscheidend ist daher, ob die echte Druckkündigung mit den jeweiligen gesetzlichen Bestimmungen einer ordentlichen bzw. außerordentlichen Kündigung vereinbar ist.

aa. Ordentliche Kündigung

(1) Innerhalb des Anwendungsbereichs des KSchG

Ist der Anwendungsbereich des Kündigungsschutzgesetzes eröffnet, muss eine ordentliche Kündigung den Anforderungen des § 1 KSchG genügen. Eine Kündigung ist in einem solchen Fall nur dann sozial gerechtfertigt, wenn personen-,

---

119 So *Blaese*, DB 1988, 178, 180.

120 Vgl. auch *Herschel*, RdA 1953, 41, 41.

121 So auch Stahlhacke/Preis/Vossen-*Preis*, Rn. 970.

122 Zur Abgrenzung kündigungsrechtlicher und haftungsrechtlicher Rechtswidrigkeit s. ausführlich unter Kap. B. V. 2. a.

verhaltens- oder betriebsbedingte Gründe im Sinne des Kündigungsschutzgesetzes vorliegen.[123]

(a) Verhaltensbedingte Kündigung

Die Besonderheit der echten Druckkündigung besteht darin, dass der betreffende Arbeitnehmer seine arbeitsvertraglichen Pflichten ordnungsgemäß erfüllt.[124] Ein Fehlverhalten ist nicht gegeben, weshalb eine verhaltensbedingte Kündigung folgerichtig ausscheiden muss. Jede andere Vorgehensweise verwischt den Unterschied zur unechten Druckkündigung.[125]

(b) Personenbedingte Kündigung

Auch kann echter Druck nicht als personenbedingter Kündigungsgrund qualifiziert werden. Eine personenbedingte Kündigung zeichnet sich typischerweise durch eine kündigungsrechtlich bedeutsame Äquivalenzstörung aus, die der betreffende Arbeitnehmer in der Regel nicht steuern kann.[126] Sie setzt demnach auch kein Verschulden des Arbeitnehmers voraus.[127] Insoweit liegt im Falle der echten Druckkündigung auf den ersten Blick die Annahme nahe, die Entlassung basiere auf einem Grund, der vom betreffenden Arbeitnehmer nicht steuerbar bzw. nicht verschuldet ist, aber dennoch in ihm wurzelt. Jedoch darf hierbei nicht übersehen werden, dass objektiv keine Störung des arbeitsvertraglich verankerten Äquivalenzinteresses vorliegt. Dem betreffenden Arbeitnehmer fehlt im Falle einer echten Druckkündigung weder die vertraglich vorausgesetzte Eignung für die konkret zu verrichtende Arbeit noch die rechtliche oder tatsächliche Leistungsfähigkeit.[128] Eine objektive Leistungsverhinderung oder -einbuße ist nicht

---

123 Vgl. u.a. APS/*Dörner*, § 1 KSchG Rn. 1; ErfK/*Oetker*, § 1 KSchG Rn. 61; KDZ/*Deinert*, § 1 KSchG Rn. 47.

124 Vgl. u.a. BAG 9.4.1987 – 2 AZR 210/86, AP § 1 KSchG 1969 Krankheit Nr. 18; BAG 17.1.1991 – 2 AZR 375/90, AP § 1 KSchG 1969; BAG 23.6.2009 – 2 AZR 103/08, AP § 1 KSchG 1969 Nr. 59; vgl. auch ErfK/*Oetker*, § 1 KSchG Rn. 188.

125 So auch *Insam*, DB 2005, 2298, 2299; vgl. auch *Löwisch/Spinner*, § 1 KSchG Rn. 154; *Breucker*, NZA 2008, 1046, 1047; *Richter*, S. 203.

126 Vgl. u.a. BAG 17.6.1999 – 2 AZR 639/98, EzA § 1 KSchG Wiedereinstellungsanspruch Nr. 4; BAG 18.9.2008 – 2 AZR 976/06, EzA § 1 KSchG Personenbedingte Kündigung Nr. 23; vgl. auch APS/*Dörner*, § 1 KSchG Rn. 119f.; KDZ/*Deinert*, § 1 KSchG Rn. 80; KR/ *Griebeling*, § 1 KSchG Rn. 266f.; ErfK/*Oetker*, § 1 KSchG Rn. 103f.; *Berkowsky*, Die pers.- u. verhaltensbed. K., § 4 Rn. 1/4.

127 Vgl. APS/*Dörner*, § 1 KSchG Rn. 121; ErfK/*Oekter*, § 1 KSchG Rn. 104; Stahlhacke/Preis/Vossen-*Preis*, Rn. 1218.

128 So auch *Deinert*, RdA 2007, 275, 282; vgl. auch *Insam*, DB 2005, 2298, 2299.

erkennbar.[129] Vielmehr möchte der betroffene Beschäftigte seine arbeitsvertraglichen Pflichten nach wie vor erfüllen; es will ihn lediglich der Druckausübende davon abhalten.[130] Allein der Umstand, dass dem Außenstehenden die Person des Arbeitnehmers missfällt, reicht nicht aus, um einen personenbedingten Kündigungsgrund anzunehmen. Die Beurteilung der sozialen Rechtfertigung im Sinne des § 1 Abs. 2 KSchG erfolgt auf Grundlage objektiver Kriterien.[131] Nur auf diese Weise ist ein sachlicher, einheitlicher und damit effektiver Kündigungsschutz der Arbeitnehmer gewährleistet. Subjektive Empfindungen Dritter, die im Widerspruch zur objektiven Bewertung der Arbeitsfähigkeit des betreffenden Arbeitnehmers stehen, müssen daher im Rahmen der kündigungsschutzrechtlichen Kontrolle außen vor bleiben.[132]

Dies widerspricht auch nicht dem BAG, das eine außerordentliche Druckkündigung aufgrund des autoritären Führungsstils eines tariflich unkündbaren Arbeitnehmers als personenbedingte Kündigung eingeordnet hatte.[133] Im konkreten Fall war die Kündigung aufgrund personenbedingter Gründe gerechtfertigt und damit nicht als echte, sondern richtigerweise als unechte Druckkündigung zu qualifizieren.[134]

(c) Betriebsbedingte Kündigung

Der Rechtsprechung und einem großen Teil der Literatur muss insoweit widersprochen werden, als sie eine echte Druckkündigung als betriebsbedingt einordnen. Das Kündigungsschutzgesetz sieht eine betriebsbedingte Kündigung vor, um dem Arbeitgeber im Interesse der Rentabilität seines Betriebs die Möglichkeit zu geben, den Personalbestand dem quantitativ oder qualitativ veränderten Personalbedarf anzupassen.[135] Voraussetzung ist demnach eine Diskrepanz zwischen Bedarf an Arbeitnehmern und aktuellem Bestand.[136] Eine solche liegt jedoch in Fällen ungerechtfertigter Entlassungsbegehren nicht vor. Da sich die betriebsbedingten Gründe im Sinne des § 1 Abs. 2, 3 KSchG ausschließlich auf

---

129 Vgl. *Löwisch/Spinner*, § 1 KSchG Rn. 187.

130 *Berkowsky*, Die pers.- u. verhaltensbed. K., § 13 Rn. 21; vgl. auch *Deinert*, RdA 2007, 275, 282; *Insam*, DB 2005, 2298, 2299.

131 Vgl. u.a. KDZ/*Deinert*, § 1 KSchG Rn. 56; zum objektiven Maßstab des Kündigungsschutzrechts s. ausführlich unter Kap. F. II. 2. c. bb. (2) (a).

132 Vgl. auch *Insam*, DB 2005, 2298, 2299; *Breucker*, NZA 2008, 1046, 1047.

133 Vgl. BAG 31.1.1996 a.a.O. (Fn. 3).

134 Ähnlich KDZ/*Deinert*, § 1 KSchG Rn. 176; *Richter*, S. 205; offen gelassen v. *Insam*, S. 98; anders *v.Hoyningen-Huene/Linck*, § 1 KSchG Rn. 205a.

135 So auch *Löwisch/Spinner*, § 1 KSchG Rn. 249; vgl. auch KDZ/*Deinert*, § 1 KSchG Rn. 352; ErfK/*Oekter*, § 1 KSchG Rn. 213; MünchArbR/*Berkowsky*, Bd. I, § 112 Rn. 1.

136 *Löwisch/Spinner*, § 1 KSchG Rn. 249; Fiebig/Gallner/Nägele-*Gallner*, § 1 KSchG Rn. 626f.

das Bedürfnis des Arbeitgebers nach Arbeitsleistung beziehen, sind sie grundsätzlich von der Person des konkreten Arbeitnehmers unabhängig.[137] Hierin liegt auch der entscheidende Unterschied zur echten Druckkündigung. Bei einer regulären betriebsbedingten Kündigung reduziert sich der Bedarf an Arbeitskräften tatsächlich und insbesondere unabhängig davon, ob der Arbeitgeber personelle Maßnahmen durchführt oder nicht.[138] Hingegen entfallen in der Situation einer echten Druckkündigung nicht generell Beschäftigungsmöglichkeiten; vielmehr bezieht sich das Abberufungsverlangen des Dritten und damit die anschließend ausgesprochene Kündigung regelmäßig allein auf einen bestimmten Arbeitnehmer. Der Personalbedarf minimiert sich daher nicht unabhängig von der begehrten Entlassung. Dementsprechend kommt auch das in § 1 Abs. 3 KSchG verankerte Erfordernis einer Sozialauswahl nicht zum Tragen.[139]

Darüber hinaus kann aufgrund der Drohung des Dritten nicht mehr von einer freien Unternehmerentscheidung gesprochen werden. Diese bildet jedoch die Basis einer betriebsbedingten Kündigungssituation.[140] Aus diesem Grund ist auch eine über den Gesetzeswortlaut hinausgehende, erweiternde und damit analoge Anwendung des Rechtsinstituts der betriebsbedingten Kündigung abzulehnen.[141]

Neben dem Umstand, dass aufgrund der konkreten gesetzlichen Ausgestaltung der betriebsbedingten Kündigung bereits die Annahme einer planwidrigen Regelungslücke fernliegt, sprechen auch Sinn und Zweck des Gesetzes gegen eine extensive Auslegung. Das Kündigungsschutzgesetz zielt auf einen umfassenden Schutz vor ordentlichen Kündigungen ab, die nicht durch einen der drei gesetzlich festgelegten Kündigungsgründe gerechtfertigt sind.[142] Anders als die kündigungsschutzrechtlichen Bestimmungen anderer Länder enthält das KSchG insbesondere keinen Auffangtatbestand für sonstige (wirtschaftliche) Gründe. Während etwa das Kündigungsschutzrecht in Großbritannien eine weitere Kündigungsmöglichkeit im Falle „other substantial reasons" vorsieht[143] und diese zur Rechtfertigung von Druckkündigungen bemüht[144], hat sich der deutsche Gesetz-

---

137 So auch *Deinert*, RdA 2007, 275, 282; *Berkowsky*, Die betriebsbed. K., § 6 Rn. 106; MünchArbR/*Berkowsky*, Bd. I, § 112 Rn. 1.

138 *Blaese*, DB 1988, 178, 180; Stahlhacke/Preis/Vossen-*Preis*, Rn. 970.

139 So auch *Blaese*, DB 1988, 178, 179.

140 Vgl. *Insam*, DB 2005, 2298, 2300.

141 Anders *v.Hüllen*, S. 54f.; *Steiner*, S. 114.

142 Vgl. u.a. KDZ/*Deinert*, § 1 KSchG Rn. 2; APS-*Kiel/Dörner*, § 1 KSchG Rn. 1; ErfK/*Oetker*, § 1 KSchG Rn. 4; vgl. auch *v.Hoyningen-Huene/Linck*, § 1 KSchG Rn. 4.

143 Section 98 (1) (b) Employment Rights Act 1996; vgl. *Sargeant/Lewis*, Employment Law, S. 134; Henssler/Braun-*Hart/Taggart*, S. 540.

144 Vgl. u.a. Scott Packaging & Warehousing Co Ltd v. Paterson (1978) IRLR 166 EAT; Dobie v Burns International Security Services (UK) Ltd (1984) ICR 812 CA; Grootcon (UK) v Keld (1984) IRLR 302 EAT; Davenport v Taptonholme for Elderly People EAT/559/98; K C A

geber bewusst gegen eine solche Ausdehnung des Kündigungsschutzes entschieden. Diese gesetzgeberische Intention wird umgangen, wenn man die betriebsbedingte Kündigungsmöglichkeit zu einer Art Auffangtatbestand für anderweitige wirtschaftliche Belange des Arbeitgebers „umfunktionieren“ würde.[145]

Legt man das Kriterium „dringende betriebliche Erfordernisse“ im Falle echter Druckkündigungen derart weit aus, dass alle Umstände, die sich wirtschaftlich belastend auf den Betrieb auswirken können, erfasst werden, müssten zudem sämtliche Kündigungen als betriebsbedingt qualifiziert werden. Jede wirksame Kündigung basiert nämlich im weiteren Sinne auf einer Beeinträchtigung betrieblicher Interessen.[146] Wie die Dreiteilung des Kündigungsschutzgesetzes jedoch eindeutig erkennen lässt, ist dies nicht im Sinne des Gesetzgebers.

Der betriebsbedingte Kündigungstatbestand kann daher weder direkt noch analog zur Rechtfertigung einer Kündigung auf Grundlage „echten“ Drucks herangezogen werden. Weder der Wortlaut des KSchG noch Sinn und Zweck des Gesetzes legitimieren, dass ein Arbeitnehmer allein aufgrund eines ungerechtfertigten Drohverhaltens eines Außenstehenden seinen Arbeitsplatz verliert.[147] Die Auffassung der Rechtsprechung und der überwiegenden Vertreter der Literatur kann folglich nicht geteilt werden.[148]

(d) Zwischenergebnis

Die echte Druckkündigung ist als ordentliche Kündigung innerhalb des Anwendungsbereichs des Kündigungsschutzgesetzes nicht zu rechtfertigen.

(2) Außerhalb des Anwendungsbereichs des KSchG

Echte Druckkündigungen, die außerhalb des Anwendungsbereichs des Kündigungsschutzgesetzes liegen, können in gesetzlicher Hinsicht ausschließlich am Maßstab der §§ 138, 242 BGB überprüft werden.[149] Entsprechend des BVerfG

Drilling Ltd v Robert Breeds EAT/1130/00; Community Living Concepts v Aitken EAT/0188/01; Martin v J F X-Press Ltd EATS/0010/04; Greenwood v Whiteghyll Plastics Ltd EAT/0219/07; Henderson v Connect (South Tyneside) Ltd EAT/0209/09.

145 Ähnlich auch Stahlhacke/Preis/Vossen-*Preis*, Rn. 970; vgl. auch *Deinert*, RdA 2007, 275, 282.

146 So auch *Berkowsky*, Die pers.- u. verhaltensbed. K., § 13 Rn. 18.

147 Vgl. auch Stahlhacke/Preis/Vossen-*Preis*, Rn. 970.

148 So i.E. auch *Rahmstorf*, S. 53.; *Insam*, S. 101; *Deinert*, RdA 2007, 275, 281f.; *Breucker*, NZA 2008, 1046, 1047; im Hinblick auf überwachungsrechtliche Druckkündigungen ähnlich auch *Richter*, S. 177.

149 Vgl. BVerfG 27.1.1998 a.a.O. (Fn. 66); vgl. auch *Berkowsky*, NJW 2009, 113, 116.

dürfen diese Generalklauseln jedoch nicht mit der Maßgabe angewendet werden, einen dem Kündigungsschutzgesetz vergleichbaren Kündigungsschutz zu konstruieren. Anderenfalls würde die gesetzgeberische Grundentscheidung im Hinblick auf das Kündigungsschutzgesetz außer Acht gelassen.[150] Demnach kann aus den Regelungen der §§ 138, 242 BGB nicht die positive Rechtfertigung der Kündigung durch betriebs-, personen- oder verhaltensbedingte Gründe hergeleitet werden, die das Gesetz nur für einen bestimmten Geltungsbereich vorgesehen hat.[151]

(a) Vereinbarkeit mit § 138 BGB

Eine Kündigung ist nichtig im Sinne des § 138 BGB, wenn in ihr ein dem Anstandsgefühl aller billig und gerecht Denkenden gröblich widersprechendes Gesamtverhalten zum Ausdruck kommt. Sittenwidrig ist eine Kündigung demnach insbesondere dann, wenn sie auf ein besonders verwerfliches Motiv zurückzuführen ist.[152]

In der einer echten Druckkündigung typischerweise zugrundeliegenden Konstellation handelt der Arbeitgeber selbst jedoch nicht aus verwerflicher Gesinnung. Unter Zugrundelegung der höchstrichterlich entwickelten Anforderungen entlässt der Arbeitgeber den betreffenden Arbeitnehmer vielmehr, um erhebliche wirtschaftliche Schäden abzuwenden. Sein Ziel ist allein die Existenzsicherung des Betriebs. Dahingegen kann das Handeln des Außenstehenden häufig als sittlich anstößig qualifiziert werden. Dieser begehrt die Entlassung eines bestimmten Arbeitnehmers, obwohl er weiß, dass diese Forderung objektiv ungerechtfertigt ist. Dennoch versucht er sie durchzusetzen, indem er sich des Mittels der Nötigung bedient. Dieses Verhalten ist je nach Motivation geeignet, den Tatbestand des § 138 BGB zu erfüllen.

Nur ausnahmsweise kann auch dem betreffenden Arbeitgeber der Vorwurf sittenwidrigen Handelns gemacht werden. Ein solcher Fall ist anzunehmen, wenn er ein sittlich anstößiges Motiv des Außenstehenden erkennt, billigt und sich sodann zu eigen macht. Lediglich in dieser Konstellation kann der daraufhin erfolgende Ausspruch der Kündigung selbst als sittenwidrig und damit als nichtig gewertet werden. Im Regelfall wird der Arbeitgeber jedoch ausschließlich

---

150 Vgl. BVerfG 27.1.1998 a.a.O. (Fn. 66); vgl. auch APS/*Preis*, Grundlagen J. Rn. 30; *v.Hoyningen-Huene/Linck*, § 13 KSchG Rn. 87; *Lettl*, NZA-RR 2004, 57, 58.

151 APS/*Preis*, Grundlagen J. Rn. 33; vgl. auch KR/*Friedrich*, § 13 KSchG Rn. 142.

152 Vgl. u.a. BAG 23.11.1961 – 2 AZR 301/61, DB 1962, 243; BAG 2.4.1987- 2 AZR 227/86, DB 1987, 2525, 2526; BAG 16.2.1989 – 2 AZR 347/88, NJW 1990, 141, 142; vgl. auch APS/*Preis*, Grundlagen J. Rn. 36; ErfK/*Kiel*, § 13 KSchG Rn. 14; KDZ/*Däubler*, § 138 BGB Rn. 12.

aufgrund der in Aussicht gestellten wirtschaftlichen Nachteile zum Mittel der Kündigung greifen. Anderenfalls würde der Arbeitgeber auch keinen externen Druck zur Entlassung des betreffenden Arbeitnehmers verspüren. Stimmt der Arbeitgeber mit etwaigen sittenwidrigen Gründen des Dritten überein, liegt keine typische Druckkündigungssituation mehr vor.

Auch wenn der Arbeitgeber weiß, dass sich der betreffende Arbeitnehmer pflichtgemäß verhalten hat, so vermag allein dieser Umstand nicht den Tatbestand der Sittenwidrigkeit begründen. Die Kündigung kann zwar als unsozial eingestuft werden, nicht jedoch als verwerflich im Sinne des § 138 BGB. In der konkreten Fallkonstellation stehen sich annähernd gleichgewichtige Grundrechtspositionen gegenüber. Im Hinblick auf den betroffenen Arbeitnehmer steht ein Eingriff in seine Berufsfreiheit gemäß Art. 12 GG sowie in sein allgemeines Persönlichkeitsrecht im Sinne des Art. 2 Abs. 1 i.V.m. 1 Abs. 1 GG im Raum. Aufgrund der konkreten Existenzgefährdung seines Betriebs droht jedoch in gleichem Maße eine Verletzung der Grundrechte des Arbeitgebers aus Art. 12, 14 GG sowie aus Art. 2 Abs. 1 GG. Der Arbeitgeber handelt damit ausschließlich zum Schutze seiner Grundrechtspositionen und nicht aus sittenwidrigen Motiven. Ein Verstoß gegen § 138 BGB ist folglich abzulehnen.[153]

(b) Vereinbarkeit mit § 242 BGB

In Betracht kommt jedoch ein Verstoß gegen § 242 BGB. Hierfür müsste die Kündigung gegen die Grundsätze von Treu und Glauben verstoßen. Ein solcher Verstoß kann im Falle einer echten Druckkündigung allenfalls dann angenommen werden, wenn die Kündigung willkürlich erfolgt ist.[154]

In der Literatur wird die Auffassung vertreten, dass eine ordentliche Kündigung wegen § 242 BGB nichtig sei, wenn sich der Arbeitgeber nicht auf einen sachbezogenen, im Zusammenhang mit dem Arbeitsverhältnis stehenden Grund stützen kann.[155] Das Merkmal der Sachbezogenheit ist jedoch weit zu verstehen. Demzufolge kann eine Kündigung als frei von Willkür qualifiziert werden, wenn ein „irgendwie einleuchtender Grund“ für ihren Ausspruch anzunehmen ist.[156] Insoweit muss es sich auch nicht zwingend um einen ausschließlich arbeitsvertragsbezogenen Anlass handeln.

---

153 So i.E. auch *Rahmstorf*, S.20ff.; *Richter*, S. 144.

154 Vgl. *Lettl*, NZA-RR 2004, 57, 65; BAG 25.4.2001 – 5 AZR 360/99, NZA 2002, 87, 89; KDZ/*Däubler*, § 242 BGB Rn. 25.

155 So u.a. APS/*Preis*, Grundlagen J. Rn. 52; vgl. auch vgl. *Lettl*, NZA-RR 2004, 57, 65.

156 Vgl. BAG 25.4.2001 a.a.O. (Fn. 154); BAG 6.11.2003 – 2 AZR 690/02, NZA 2005, 218, 221.

Wie bereits im Rahmen des § 138 BGB dargelegt, kann dem Arbeitgeber im Regelfall kein rechtswidriges Verhalten vorgeworfen werden, soweit er nicht eine entsprechende Motivation des Dritten übernommen hat. Das Handlungsmotiv des Arbeitgebers ist allein die Abwendung der wirtschaftlichen Existenzbedrohung und damit die Wahrung eigener grundrechtlich geschützter Positionen. Ein Verstoß gegen § 242 BGB ist demnach regelmäßig zu verneinen.[157]

(c) Zwischenergebnis

Eine ordentliche Druckkündigung ist außerhalb des Anwendungsbereichs des Kündigungsschutzgesetzes bei Einhaltung der hohen Anforderungen der Rechtsprechung in der Regel rechtlich nicht zu beanstanden. Anders verhält es sich nur dann, wenn sich der Arbeitgeber etwaige unsittliche Motive des Dritten zu eigen macht und die Kündigung in Folge einer rechtswidrigen Motivation ausspricht. Im Regelfall wird der Arbeitgeber jedoch das konkrete Vorgehen des Dritten ablehnen und ausschließlich auf Grundlage seiner Zwangssituation handeln.

bb. Außerordentliche Kündigung

(1) Wichtiger Grund

Ein Arbeitsverhältnis kann gemäß § 626 Abs. 1 BGB bei Vorliegen eines wichtigen Grundes gekündigt werden. Dies setzt voraus, dass die Fortsetzung des Vertragsverhältnisses für den Kündigenden unzumutbar ist. Dabei sind sämtliche Umstände zu berücksichtigen und die Interessen beider Vertragsparteien gegeneinander abzuwägen.[158] Da es sich bei dem Merkmal des wichtigen Grundes um einen unbestimmten Rechtsbegriff handelt, ist im konkreten Fall – neben der Prüfung der generellen Eignung als Kündigungsgrund – eine umfassende richterliche Interessenabwägung erforderlich.[159] Zur Vereinheitlichung der Beurteilung des wichtigen Grundes im Allgemeinen hat das BAG jedoch eine Systematisierung der Kündigungsgründe vorgenommen, bei der nach Störung im Leistungsbereich, im Bereich der betrieblichen Verbundenheit aller Mitarbeiter, im per-

---

157 So i.E. auch *Rahmstorf*, S. 24; *Richter*, S. 150ff.

158 Vgl. u.a. BAG 15.11.1955 – 2 AZR 239/54, AP § 626 BGB Nr. 6; BAG 14.11.1984 – 7 AZR 474/83, AP § 626 BGB Nr. 83; BAG 26.4.2006 – 2 AZR 415/05, AP § 626 BGB Nr. 203; vgl. auch APS/*Dörner*, § 626 BGB Rn. 22; MüKo-BGB/*Henssler*, Bd. IV, § 626 BGB Rn. 1; ErfK/*Müller-Glöge*, § 626 BGB Rn. 24ff.; KDZ/*Däubler*, § 626 BGB Rn. 25; Fiebig/Gallner/*Nägele-Gieseler*, § 626 BGB Rn. 48; KR/*Fischermeier*, § 626 BGB Rn. 105.

159 Vgl. ErfK/*Müller-Glöge*, § 626 BGB Rn. 14; Fiebig/Gallner/Nägele-*Gieseler*, § 626 BGB Rn. 48; KR/*Fischermeier*, § 626 BGB Rn. 84; vgl. auch BAG 26.4.2006 a.a.O. (Fn. 158).

sönlichen Vertrauens- und im Unternehmensbereich unterschieden wird.[160] Im Falle einer Druckkündigung kommt eine Subsumtion unter die Fallgruppe des Unternehmensbereichs in Betracht.

Zur weiteren Konkretisierung des Tatbestandsmerkmals des wichtigen Grundes ist ferner das Verhältnis der außerordentlichen zur ordentlichen Kündigung bedeutsam.[161] Um dem im Hinblick auf arbeitgeberseitige Kündigungen etablierten Kündigungsschutz ausreichend Rechnung zu tragen, muss eine außerordentliche Kündigung jedenfalls dann unwirksam sein, wenn sie schon an den Rechtsschranken scheitern müsste, die für eine ordentliche Kündigung gelten.[162] Wie bereits dargelegt, ist eine ordentliche Kündigung im Falle einer echten Drucksituation nicht generell rechtswidrig.[163] Zwar ist sie innerhalb des Anwendungsbereichs des Kündigungsschutzgesetzes nicht zu rechtfertigen, mit der Folge, dass die Dreiteilung der Kündigungsgründe nach dem Vorbild des § 1 Abs. 2 S. 1 KSchG im Rahmen des § 626 BGB nicht herangezogen werden kann. Jedoch sind die Fallgruppen der verhaltens-, personen- oder betriebsbedingten Gründe lediglich als Orientierungshilfen im Rahmen der Bestimmung des wichtigen Grundes zu verstehen.[164] Das Nichtvorliegen dieser führt somit nicht zwangsläufig zur Verneinung der Annahme eines wichtigen Grundes.

§ 626 BGB kann entsprechend seiner Zielrichtung der allgemeine Grundsatz entnommen werden, dass Umstände und Verhaltensweisen, die nicht den Vertragsinhalt des konkreten Arbeitsverhältnisses verletzen oder die Abwicklung stören, als wichtige Gründe ausscheiden.[165] Dieser Regelungsgehalt steht einer außerordentlichen Druckkündigungsmöglichkeit auf den ersten Blick entgegen, denn im Falle einer echten Druckkündigung wird gerade nicht der Inhalt des konkreten Arbeitsvertrags durch den betreffenden Arbeitnehmer gefährdet. Aufgrund des unter Androhung von Nachteilen ausgesprochenen Entlassungsbegehrens kann jedoch zumindest von Umständen ausgegangen werden, welche abstrakt geeignet sind, die Durchführung des Austauschverhältnisses zu stören.

---

160 Vgl. u.a. BAG 6.2.1969 – 2 AZR 241/68, DB 1969, 709; BAG 3.12.1970 – 2 AZR 110/70, AP § 626 BGB Nr. 60; BAG 16.8.1991 – 2 AZR 604/90, AP § 1 KSchG 1969 Verhaltensbedingte Kündigung Nr. 27; BAG 21.11.1996 – 2 AZR 357/95, DB 1997, 832; vgl. auch ErfK/*Müller-Glöge*, § 626 Rn. 15; Staudinger/*Preis*, § 626 BGB Rn. 54.

161 ErfK/*Müller-Glöge*, § 626 BGB Rn. 18; vgl. auch APS/*Dörner*, § 626 BGB Rn. 62; KR/*Fischermeier*, § 626 BGB Rn. 128.

162 Vgl. MüKo-BGB/*Henssler*, § 626 BGB Rn. 2; APS/*Dörner*, § 626 BGB Rn. 61; *Preis*, IndividualArbR § 66 III. 4; Staudinger/*Preis*, § 626 BGB Rn. 7.

163 S. unter Kap. B. III. 2. b. aa. (2).

164 So auch *Deinert*, RdA 2007, 275, 282; *Rahmstorf*, S. 70; vgl. auch APS/*Dörner*, § 626 BGB Rn. 61; MüKo-BGB/*Henssler*, Bd. IV, § 626 BGB Rn. 2/ 77.

165 Vgl. APS/*Dörner*, § 626 BGB Rn. 63; ErfK/*Müller-Glöge*, § 626 BGB Rn. 20.

Zwar fußt die außerordentliche Kündigung regelmäßig auf einem Unwerturteil, da zur Bejahung eines wichtigen Grundes häufig ein aus dem zu missbilligenden Agieren des Arbeitnehmers herrührender Umstand herangezogen wird; dieser Sanktionsgedanke ist jedoch kein Ausschlusskriterium im Rahmen des § 626 BGB.[166] Abzustellen ist vielmehr auf das sogenannte Prognoseprinzip. Danach ist allein maßgebend, ob in der Vergangenheit eingetretene Tatsachen die Annahme rechtfertigen, dass das Arbeitsverhältnis künftig derart belastet sein wird, dass ein weiteres Festhalten an diesem für den Arbeitgeber unzumutbar ist.[167] Insoweit kommen die angedrohten wirtschaftlichen Schäden grundsätzlich als kündigungsrelevante Tatsachen im Sinne der Norm in Betracht.

(2) Interessenabwägung

Eine außerordentliche Kündigung als Folge einer echten Drucksituation wird allerdings regelmäßig an der in einem zweiten Schritt vorzunehmenden Interessenabwägung scheitern.

Unternehmensbezogene Kündigungsgründe führen in der Regel lediglich zu einer ordentlichen Kündigungsmöglichkeit. Insoweit trägt der Arbeitgeber das Betriebs- und Wirtschaftsrisiko und darf dieses nicht auf den Arbeitnehmer abwälzen.[168] In Fällen ungerechtfertigter Abberufungsverlangen Dritter ist zumindest eine Freistellung des betreffenden Beschäftigten im Rahmen der ordentlichen Kündigungsfrist möglich. Dementsprechend ist eine ordentliche Kündigung als Folge des ultima-ratio-Grundsatzes vorrangig auszusprechen.[169] Wie bereits dargelegt, ist eine solche auch nicht generell rechtswidrig.[170] Soweit die ordentliche Kündigung nicht dem Anwendungsbereich des Kündigungsschutzgesetzes unterfällt, ist sie selbst im Rahmen „echten“ Drucks grundsätzlich möglich.

Selbst wenn keine ordentliche Kündigungsmöglichkeit besteht, ist jedoch von der Rechtswidrigkeit einer echten Druckkündigung in Gestalt einer außerordentlichen Kündigung auszugehen. Anders als bei der Bewertung der Zulässigkeit einer außerhalb des Kündigungsschutzgesetzes liegenden ordentlichen Kündigung kommt es für die Rechtmäßigkeit einer außerordentlichen Kündigung

---

166 So auch *Deinert*, RdA 2007, 275, 282; vgl. auch ErfK/*Müller-Glöge*, § 626 BGB Rn. 23; a.A. *Berkowsky*, Die pers.- u. verhaltensbed. K., § 13 Rn. 19.

167 Vgl. KDZ/*Däubler*, § 626 BGB Rn. 33; KR/*Fischermeier*, § 626 BGB Rn. 110; *Preis*, IndividualArbR § 66 III. 4.; *Busemann/Schäfer*, Rn. 342; ErfK/*Müller-Glöge*, § 626 BGB Rn. 19; vgl. auch BAG 9.3.1995 – 2 AZR 497/94, AP § 626 BGB Nr. 123; BAG 21.11.1996 a.a.O. (Fn 160); BAG 19.4.2007 – 2 AZR 180/06, AP § 174 BGB Nr. 20.

168 Vgl. u.a. APS/*Dörner*, § 626 BGB Rn. 62; MüKo-BGB/*Henssler*, Bd. IV, § 626 BGB Rn. 79.

169 ErfK/*Müller-Glöge*, § 626 BGB Rn. 185; vgl. auch KDZ/*Däubler*, § 626 BGB Rn. 172.

170 S. unter Kap. B. III. 2. b. aa. (2).

maßgeblich auf die Zumutbarkeit der Vertragsfortsetzung im Einzelfall an.[171] In Fällen „echten“ Drucks muss es dem Arbeitgeber aufgrund der im Rahmen der Interessenabwägung zu beachtenden Risikoverteilung regelmäßig zugemutet werden, den betreffenden Arbeitnehmer weiter zu beschäftigen und bei Realisierung der angedrohten Nachteile etwaige Schadensersatzansprüche gegenüber dem druckausübenden Dritten geltend zu machen.[172] Wie bereits dargelegt, liegt das Betriebs- und Wirtschaftsrisiko im Allgemeinen beim Arbeitgeber. Es wäre daher ungerechtfertigt, dieses Risiko gerade in Situationen, in denen sich der betreffende Arbeitnehmer pflichtgemäß verhält, auf ihn zu übertragen.[173] Die Kündigungsursache stammt nicht aus der Sphäre des Beschäftigten. Auch wenn das Entlassungsbegehren in der Regel auf einer Ablehnung seiner konkreten Person durch den Außenstehenden fußt, so rechtfertigt diese nicht den Kündigungsausspruch. Anders als in Fällen „unechten“ Drucks beruht die echte Druckkündigung gerade nicht auf Gründen im Verhalten oder in der Person des Arbeitnehmers, sondern allein auf der unter Androhung von Nachteilen ausgesprochenen Abberufungsforderung. Daher liegt der konkrete Kündigungsanlass trotz der personenbezogenen Ablehnungsgründe des Dritten nicht im Verantwortungsbereich des betreffenden Arbeitnehmers. Folgerichtig kann dem Arbeitgeber auch ein Festhalten am Arbeitsverhältnis zugemutet werden. Ihm bleibt die Möglichkeit, den etwaigen Eintritt wirtschaftlicher Schäden durch die Geltendmachung von vertraglichen bzw. deliktischen Ersatzansprüchen gegenüber dem Druckausübenden zu kompensieren.[174]

Diese Lösung ist letztlich auch unter beweisrechtlichen Gesichtspunkten zu befürworten. Im Regelfall agiert der Dritte nämlich im Rahmen des Druckkündigungsszenarios ausschließlich gegenüber dem Arbeitgeber. Der betroffene Arbeitnehmer hingegen erfährt von der ungerechtfertigten Forderung des Dritten häufig erst nach dessen Formulierung und zudem nur aus Berichten des Arbeitgebers. Aufgrund dieser Ausgangssituation ist der Arbeitgeber im Hinblick auf die Darlegung des rechtswidrigen Drittverhaltens daher regelmäßig in einer vorteilhafteren Position als der Beschäftigte. Die schadensersatzrechtlichen Zugriffsmöglichkeiten des Arbeitgebers sind im Vergleich zu denen des betroffenen Arbeitnehmers folglich auch in prozessualer Hinsicht stärker.

---

171 Vgl. u.a. KDZ/*Däubler*, § 626 BGB Rn. 33; KR/*Fischermeier*, § 626 BGB Rn. 110; BAG 19.4.2007 a.a.O. (Fn. 167).

172 So i.E. auch KDZ/*Deinert*, § 1 KSchG Rn. 468; *Deinert*, RdA 2007, 275, 282; ähnlich auch Stahlhacke/Preis/Vossen-*Preis*, Rn. 970.

173 Vgl. auch APS/*Dörner*, § 626 BGB Rn. 62; MüKo-BGB/*Henssler*, Bd. IV, § 626 BGB Rn. 79; ähnlich auch *Steiner*, S. 223f.

174 Hinsichtl. der in Betracht kommenden Anspruchsgrundlagen s. unter Kap. F. VI.

(3) § 626 BGB als schärfste kündigungsrechtliche Maßnahme

Unterstrichen wird dieses Ergebnis im Übrigen auch durch folgende Erwägung: Die Besonderheit der echten Druckkündigung besteht darin, dass es ihr an einem kündigungsrelevanten Umstand mangelt und die Forderung nach Entlassung insoweit ungerechtfertigt ist. Dieses ungerechfertigte Begehren, das zudem im Wege der Androhung von Nachteilen realisiert werden soll, darf nicht zur Begründung der Rechtmäßigkeit einer sofortigen Kündigung und damit zur Legitimation der schärfsten kündigungsrechtlichen Maßnahme gegenüber dem Arbeitnehmer herangezogen werden.[175] Insoweit sind auch die Ansichten von *Rahmstorf* und *Insam* abzulehnen. Beide bejahen die Rechtmäßigkeit einer außerordentlichen Druckkündigung und begründen dies unter anderem mit dem Schutzzweck des § 626 BGB.[176] Hierbei lassen sie jedoch sowohl die gesetzlich angelegte Risikoverteilung als auch die besondere Schutzbedürftigkeit des Arbeitnehmers außen vor.

Anders als bei einer echten ordentlichen Druckkündigung, die außerhalb des Anwendungsbereichs des Kündigungsschutzgesetzes keinen besonderen Kündigungsgrund aufweisen muss, setzt § 626 Abs. 1 BGB sogar das Vorliegen eines wichtigen Grundes voraus. Es wäre mit dem Regelungsgehalt der Norm unvereinbar, wenn dieser, eine sofortige Entlassung auslösender Umstand, allein auf Basis ungerechtfertigten Handelns Dritter angenommen würde.

(4) Zwischenergebnis

Eine echte Druckkündigung entspricht demnach regelmäßig nicht den Anforderungen einer außerordentlichen Kündigung im Sinne des § 626 BGB.

cc. Fazit

Eine echte Druckkündigung ist ausschließlich in Gestalt einer ordentlichen Kündigung außerhalb des Anwendungsbereichs des Kündigungsschutzgesetzes rechtmäßig.

Wie der nachfolgende Gang der Untersuchung zeigen wird, besteht allerdings im Falle diskriminierender Druckausübung erneuter Diskussions- bzw. Beurteilungsbedarf.[177]

---

175 Ähnlich auch KDZ/*Deinert*, § 1 KSchG Rn. 468.

176 Vgl. *Insam*, DB 2005, 2298ff.; *Insam*, S. 101f.; *Rahmstorf*, S. 85f.

177 S. ausführlich hierzu nachfolgend unter Kap. F. II.

IV. Kündigungsschutzrechtliche Reaktionsmöglichkeiten des Arbeitnehmers

Nach der Rechtsprechung des BAG kann eine Druckkündigung bei Beachtung bestimmter Voraussetzungen allein auf Grundlage des objektiv ungerechtfertigten Abberufungsverlangens des Dritten ausgesprochen werden.[178] Folgt man dieser höchstrichterlichen Rechtsprechung, bleibt dem betreffenden Arbeitnehmer häufig nur die Möglichkeit, im Klagewege vorzugehen.

1. Ordentliche Druckkündigung

a. Kündigungsschutzklage

aa. Allgemein

Bei Berücksichtigung der Rechtsprechung, die die echte Druckkündigung innerhalb des Anwendungsbereichs des Kündigungsschutzgesetzes als betriebsbedingte Kündigung einstuft, besteht für den Arbeitnehmer die Möglichkeit, Kündigungsschutzklage zu erheben. Neben der Eröffnung des sachlichen, betrieblichen und persönlichen Geltungsbereichs setzt eine Kündigungsschutzklage die Einhaltung der in § 4 S. 1 KSchG festgelegten Drei-Wochen-Frist voraus.[179] Bei Vorliegen dieser Voraussetzungen ist eine arbeitsgerichtliche Prüfung der sozialen Rechtfertigung der Kündigung im Sinne des § 1 Abs. 2 KSchG gewährleistet. Hat die Klage Erfolg, wird gerichtlich festgestellt, dass das Arbeitsverhältnis durch die Druckkündigung nicht aufgelöst worden ist.[180]

bb. Relevanz des § 9 KSchG in Fällen „echten" Drucks

Ist dem Arbeitnehmer trotz gerichtlicher Feststellung der Sozialwidrigkeit der Kündigung die Fortsetzung des Arbeitsverhältnisses nicht zuzumuten, so hat das Gericht gemäß § 9 Abs. 1 S. 1 KSchG auf Antrag des Arbeitnehmers das Ar-

---

178 S. ausführlich hierzu bereits unter Kap. B. IV. 2. a. aa.

179 Vgl. KR/*Friedrich*, § 4 KSchG Rn. 11; *Busemann/Schäfer*, Rn. 652a; *Preis*, IndividualArbR § 57 II.; ErfK/*Kiel*, § 4 KSchG Rn. 18ff; Stahlhacke/Preis/Vossen-*Vossen*, Rn. 1815; *v.Hoyningen-Huene/Linck*, § 4 KSchG Rn. 8.

180 Vgl. allgemein hierzu u.a. APS-*Ascheid/Hesse*, § 4 KSchG Rn. 18; Fiebig/Gallner/Nägele-*Gallner*, § 4 KSchG Rn. 47; vgl. auch KDZ/*Zwanziger*, § 4 KSchG Rn. 1; zur Möglichkeit eines Wiedereinstellungsanspruchs vgl. *Insam*, S. 135ff. u. *Rahmstorf*, S. 98ff.

beitsverhältnis aufzulösen und den Arbeitgeber zur Zahlung einer angemessenen Abfindung zu verurteilen.[181]

In materieller Hinsicht reicht das regelmäßig mit einer Kündigung einhergehende gespannte Verhältnis zwischen Arbeitgeber und Arbeitnehmer allein noch nicht zur Bejahung des Auflösungsantrags aus.[182] Vielmehr muss sich die Unzumutbarkeit aus weiteren Gründen ergeben, die in der Sphäre des Arbeitgebers begründet sind.[183] So ist von einer unzumutbaren Weiterbeschäftigung auszugehen, wenn die Fortsetzung des Arbeitsverhältnisses zum Zeitpunkt der Entscheidung über den Auflösungsantrag für den Arbeitnehmer zu unerträglichen Bedingungen führt.[184] Die angeführten Tatsachen müssen allerdings in einem inneren Zusammenhang mit der Kündigung oder dem Kündigungsschutzprozess stehen.[185]

Hat der Arbeitgeber entsprechend der Motivation des Dritten die echte Druckkündigung auf Umstände gestützt, die keinen Bezug zum Arbeitsverhältnis aufweisen, liegt eine unzumutbare Weiterbeschäftigung nahe. So kann beispielsweise eine vom Außenstehenden angeführte und vom Arbeitgeber übernommene Kritik an der sexuellen Orientierung des betreffenden Arbeitnehmers die materiellen Voraussetzungen des § 9 Abs. 1 S. 1 KSchG erfüllen.[186] In der Regel wird der Arbeitgeber jedoch die Kündigung mit den angedrohten wirtschaftlichen Schäden begründen, sodass diese Fallgestaltungen in der Praxis eher selten auftreten werden.

Bedeutsamer sind dagegen Konstellationen, in denen der Ausspruch einer echten Druckkündigung auf einem Entlassungsverlangen von Teilen der Belegschaft basiert. Denn auch die hierdurch begründete Befürchtung, der Arbeitnehmer werde im Falle der Wiederaufnahme der Arbeit durch seine Arbeitskollegen

---

181 Vgl. u.a. Stahlhacke/Preis/Vossen-*Vossen*, Rn. 2087; KDZ/*Zwanziger*, § 9 KSchG Rn. 10.

182 Vgl. MüKo-BGB/*Hergenröder*, Bd. IV, § 9 KSchG Rn. 37; APS/*Biebl*, § 9 KSchG Rn. 33; Stahlhacke/Preis/Vossen-*Vossen*, Rn. 2109; BAG 24.9.1992 – 8 AZR 557/91, NZA 1993, 362.

183 Vgl. APS/*Biebl*, § 9 KSchG Rn. 35; KR/*Spilger*, § 9 KSchG Rn. 40; *v.Hoyningen-Huene/Linck*, § 9 Rn. 49f.

184 Vgl. APS/*Biebl*, § 9 KSchG Rn. 33, 36; MüKo-BGB/*Hergenröder*, Bd. IV, § 9 KSchG Rn. 40.

185 Vgl. KR/*Spilger*, § 9 KSchG Rn. 41; *v.Hoyningen-Huene/Linck*, § 9 KSchG Rn. 36a; KDZ/*Zwanziger*, § 9 KSchG Rn. 10a; Stahlhacke/Preis/Vossen-*Vossen*, Rn. 2109; vgl. auch BAG 18.1.1962 – 2 AZR 179/59, AP § 66 BetrVG 1952 Nr. 20.

186 Vgl. APS/*Biebl*, § 9 KSchG Rn. 40; BAG 23.6.1994 – 2 AZR 617/93, NZA 1994, 1080.

nicht ordnungsgemäß behandelt, kann bei Vorliegen konkreter Tatsachen im Einzelfall die Unzumutbarkeit der Weiterbeschäftigung begründen.[187]

Zu beachten ist jedoch im Falle der echten Druckkündigung auch Satz 2 des § 9 Abs. 1 KSchG. Dieser regelt den umgekehrten Fall. Materielle Voraussetzung für die Auflösung des Arbeitsverhältnisses und die Abfindung des Arbeitnehmers ist hiernach neben einem entsprechenden Antrag *des Arbeitgebers* das Vorliegen von Gründen, die eine den Betriebszwecken dienliche weitere Zusammenarbeit zwischen Arbeitgeber und Arbeitnehmer nicht erwarten lassen.[188]

Teilweise wird die Ansicht vertreten, dass dieser Auflösungsanspruch des Arbeitgebers generell herangezogen werden müsse, um die Problematik einer echten Druckkündigung lösen zu können.[189] Es liege eine an sich ungerechtfertigte Kündigung vor. Der Arbeitgeber verhindere wirtschaftliche Nachteile durch den Ausspruch der Druckkündigung, sodass eine Abfindungszahlung an den betroffenen Arbeitnehmer angemessen sei.[190]

Diese Auffassung ist jedoch bereits aus rechtsdogmatischen Gründen abzulehnen. Grundvoraussetzung für eine Abfindung im Sinne des § 9 Abs. 1 KSchG ist, dass die arbeitgeberseitige Kündigung sozialwidrig und damit unwirksam ist. Bei Berücksichtigung der Rechtsprechung des BAG ist die Druckkündigung jedoch gerade rechtswirksam.[191] Die Ausgangssituation weicht damit bereits entscheidend vom Gesetzeswortlaut ab, sodass mangels vergleichbarer Interessenlage auch eine analoge Anwendung abzulehnen ist.

Selbst wenn man entgegen der Rechtsprechung von der Unzulässigkeit einer echten Druckkündigung ausgeht, führt eine generelle Anwendung des § 9 Abs. 1 S. 2 KSchG in diesen Situationen gleichfalls zu mit dem Kündigungsschutz unvereinbaren Ergebnissen. Denn ein Lösungsvorschlag, der voraussetzt, dass Kündigungen trotz Kenntnis ihrer Sozialwidrigkeit auszusprechen sind, um sodann eine anschließende Kündigungsschutzklage von vornherein nur unter der Voraussetzung eines arbeitgeberseitigen Auflösungsantrags zuzulassen, widerspricht Sinn und Zweck des Kündigungsschutzes.[192]

---

187 Vgl. KR/*Spilger*, § 9 KSchG Rn. 41; MüKo-BGB/*Hergenröder*, Bd. IV, § 9 KSchG Rn. 40; Fiebig/Gallner/Nägele-*Fiebig*, § 9 KSchG Rn. 50; krit. hierzu u.a. APS/*Biebl*, § 9 KSchG Rn. 44.

188 Vgl. ErfK/*Kiel*, § 9 KSchG Rn. 12; KR/*Spilger*, § 9 KSchG Rn. 50; vgl. auch BAG 25.4.1980 – 7 AZR 329/78 n.v.

189 So *Schwerdtner*, ArbR I Rn. 213, für den Fall einer zulässigen Druckkündigung; nach *Berkowsky*, Die pers. u. verhaltensbed. K., § 13 Rn. 23ff., als Ausgleich für die nach seiner Ansicht generell unzulässige echte Druckkündigung.

190 Vgl. *Berkowsky*, Die pers.- u. verhaltensbed. K., § 13 Rn. 23; *Schwerdtner*, ArbR I Rn. 213.

191 Vorausgesetzt die konkreten Zulässigkeitskriterien sind erfüllt.

192 Ähnlich auch *Rahmstorf*, S. 128.

Die Regelung des § 9 Abs. 1 S. 2 KSchG kann allenfalls in Fällen, in denen der Arbeitgeber die seitens der Rechtsprechung aufgestellten hohen Wirksamkeitsvoraussetzungen nicht erfüllt, in Betracht gezogen werden, um die drohenden wirtschaftlichen Schäden abzuwenden. Aber auch hier sprechen das Bestandsinteresse des Arbeitnehmers und damit der Grundgedanke des Kündigungsschutzgesetzes gegen eine generelle Bejahung der materiellen Voraussetzungen des Satzes 2. Vielmehr muss je nach den konkreten Umständen des Einzelfalls entschieden werden, ob Tatsachen vorliegen, die gegen eine künftige, den Betriebszwecken dienende Zusammenarbeit sprechen. Naheliegend sind diese, wenn der Dritte seine Drohung trotz Ausspruchs der Kündigung weiter aufrechterhält und konkrete Anzeichen dafür bestehen, dass er die hierin angekündigten erheblichen wirtschaftlichen Nachteile bei Erfolg der Kündigungsschutzklage realisieren wird.[193]

Es bleibt festzuhalten, dass der Arbeitnehmer bei Erhebung einer Kündigungsschutzklage im Falle einer echten Druckkündigung nicht generell mit einer Auflösung seines Arbeitsverhältnisses im Sinne des § 9 Abs. 1 S. 2 KSchG rechnen muss. Umgekehrt kann er unter den Voraussetzungen des § 9 Abs. 1 S. 1 KSchG einen Auflösungsantrag in Betracht ziehen, wenn die Fortsetzung des Arbeitsverhältnisses für ihn eine unzumutbare Belastung darstellt.

b. Kündigungseinspruch

Besteht ein Betriebsrat in dem Betrieb des betreffenden Arbeitnehmers, sieht das Kündigungsschutzgesetz eine weitere Reaktionsmöglichkeit vor. Gemäß § 3 S. 1 KSchG kann der Arbeitnehmer, der die Kündigung für sozial ungerechtfertigt hält, binnen einer Frist von einer Woche nach Kündigung Einspruch beim Betriebsrat einlegen.[194] Erachtet dieser den Einspruch für begründet, so hat er gemäß S. 2 zu versuchen, eine Verständigung mit dem Arbeitgeber herbeizuführen.[195] Ferner hat er auf Verlangen den Arbeitsvertragsparteien seine Stellungnahme schriftlich mitzuteilen.[196]

Die Einschaltung des Betriebsrats ist insbesondere in Fällen, in denen direkte Gespräche mit dem Arbeitgeber bereits gescheitert sind, sinnvoll. Seine Vermittlertätigkeit kann dem Arbeitnehmer unter diesen Voraussetzungen auch in Fällen von Druckkündigungen hilfreich sein. Verständigung im Sinne der Norm meint

---

193 Vgl. hierzu LAG Köln 17.1.1996 – 8 (11) Sa 768/95, NZA 1996, 1100.

194 Vgl. u.a. APS/*Künzl*, § 3 KSchG Rn. 2; ErfK/*Kiel*, § 3 KSchG Rn. 1.

195 Vgl. ErfK/*Kiel*, § 3 KSchG Rn. 1; KDZ/*Zwanziger*, § 3 KSchG Rn. 1.

196 Vgl. KDZ/*Zwanziger*, § 3 KSchG Rn. 4; *v.Hoyningen-Huene/Linck*, § 3 KSchG Rn. 5; ErfK/*Kiel*, § 3 KSchG Rn. 2.

nämlich jede denkbare Art der Bereinigung des Streits und damit nicht nur das Anregen einer Kündigungsrücknahme.[197] Bestehen aus Sicht des Arbeitnehmers andere gleichwertige Beschäftigungsbereiche, in denen möglicherweise der Kontakt zu dem drohenden Kunden bzw. Mitarbeiter ausgeschlossen wäre, kann er demnach auch eine Versetzung über den Betriebsrat anregen.

§ 3 KSchG wirkt allein individualrechtlich. Im Hinblick auf § 102 Abs. 1 S. 1, Abs. 2 BetrVG kommt der Regelung allerdings nur in seltenen Fällen eigenständige praktische Bedeutung zu.[198] Darüber hinaus sollte der Arbeitnehmer in jedem Fall beachten, dass die Einspruchseinlegung die Frist des § 4 S. 1 KSchG nicht beeinflusst.[199]

c. Abfindungsanspruch gemäß § 1a KSchG sowie vertragliche Abfindungsregelungen

Handelt es sich im konkreten Fall um eine echte Druckkündigung, die unter Zugrundelegung der Grundsätze des BAG als betriebsbedingte Kündigung verstanden wird, besteht für den betreffenden Arbeitnehmer unter bestimmten Voraussetzungen eine Alternative zum Kündigungsschutzprozess. Diese ist in der Regelung des § 1a KSchG zu sehen. Sie ist dem Arbeitnehmer allerdings nur zu empfehlen, wenn der Kampf um die Fortsetzung des Arbeitsverhältnisses wenig Aussicht auf Erfolg hat. Sind die hohen Anforderungen, welche die Rechtsprechung an die Rechtmäßigkeit einer echten Druckkündigung stellt, für den Arbeitnehmer erkennbar erfüllt, ist der Weg über den Abfindungsanspruch des § 1a KSchG sinnvoll.

Gemäß § 1a Abs. 1 S. 1 KSchG hat der Arbeitnehmer mit dem Ablauf der Kündigungsfrist einen Anspruch auf Abfindung, wenn der Arbeitgeber wegen dringender betrieblicher Erfordernisse im Sinne des § 1 Abs. 2 S. 1 KSchG kündigt und der Arbeitnehmer bis zum Ablauf der Frist des § 4 S. 1 KSchG keine Kündigungsschutzklage erhebt. Ferner setzt Satz 2 dieser Regelung den Hinweis des Arbeitgebers in der Kündigungserklärung voraus, dass die Kündigung auf dringende betriebliche Erfordernisse gestützt ist und der Arbeitnehmer bei Verstreichenlassen der Klagefrist die Abfindung beanspruchen kann.[200]

---

197 Vgl. KDZ/*Zwanziger*, § 3 KSchG Rn. 7; KR/*Rost*, § 3 KSchG Rn. 20.

198 Vgl. ErfK/*Oetker*, § 3 KSchG Rn. 3; KDZ/*Zwanziger*, § 3 KSchG Rn. 2; APS/*Künzl*, § 3 KSchG Rn. 3.

199 Vgl. u.a. ErfK/*Oetker*, § 3 KSchG Rn. 3; APS/*Künzl*, § 3 KSchG Rn. 10.

200 Zum Regelungsgehalt des § 1a KSchG vgl. u.a. ErfK/*Oetker*, § 1a KSchG Rn. 1; KDZ/*Zwanziger*, § 1a KSchG Rn. 1; Fiebig/Gallner/Nägele-*Nägele*, § 1a KSchG Rn. 1.

Maßgebend ist daher, ob der Arbeitgeber in der konkreten Drucksituation die Kündigungserklärung mit einem solchen doppelten Hinweis versehen hat. Fehlt dieser, entsteht allein mit dem Ablauf der Klagefrist kein Anspruch auf Abfindungszahlung.[201]

Darüber hinaus haben die Arbeitsvertragsparteien jedoch auch die Möglichkeit, das Arbeitsverhältnis durch eine eigenständige vertragliche Vereinbarung gegen Zahlung einer Abfindung aufzulösen.[202] Eine solche Möglichkeit besteht zeitlich gesehen selbst dann noch, wenn der Kündigungsausspruch bereits erfolgt ist.[203] Der Arbeitnehmer kann daher unabhängig von dem Vorliegen der Tatbestandsvoraussetzungen des § 1a Abs. 1 KSchG bei Erhalt der Kündigung an den Arbeitgeber herantreten und den Abschluss einer Abfindungsvereinbarung anregen.

Diese Vorgehensweise ist nicht nur bei dem Fehlen eines Hinweises im Sinne des Satzes 2, sondern insbesondere auch im Falle einer personen- oder verhaltensbedingten Kündigung anzuraten. In diesen Fällen greift nämlich § 1a KSchG ebenfalls nicht ein, sodass Abfindungsansprüche ausschließlich im Wege einer vertraglichen Vereinbarung begründet werden können. Die Anregung einer Abfindungsvereinbarung ist somit insbesondere auch in Fällen unechter Druckkündigungen ratsam.

2. Außerordentliche Druckkündigung

Gemäß § 13 Abs. 1 S. 1 KSchG werden die Vorschriften über das Recht zur außerordentlichen Kündigung eines Arbeitsverhältnisses durch das Kündigungsschutzgesetz nicht berührt. Spricht der Arbeitgeber die Druckkündigung in Form einer außerordentlichen Kündigung aus, erfolgt somit keine Überprüfung der sozialen Rechtfertigung im Sinne des § 1 KSchG. Wegen § 13 Abs. 1 S. 2 KSchG kann die Rechtsunwirksamkeit einer außerordentlichen Kündigung jedoch nur nach Maßgabe des § 4 S. 1 KSchG und der §§ 5 bis 7 KSchG geltend gemacht werden. Insoweit ist auch im Falle einer außerordentlichen Druckkün-

201 Vgl. KR/*Spilger*, § 1a KSchG Rn. 32; KDZ/*Zwanziger*, § 1a KSchG Rn. 8; APS-*Ascheid/Hesse*, § 1a KSchG Rn. 6; Fiebig/Gallner/Nägele-*Nägele*, § 1a KSchG Rn. 5.

202 Vgl. Fiebig/Gallner/Nägele-*Nägele*, § 1a KSchG Rn. 12; ErfK/*Oetker*, § 1a KSchG Rn. 2; KR/*Spilger*, § 1a KSchG Rn. 138.

203 ErfK/*Oetker*, § 1a KSchG Rn. 2.

digung Kündigungsschutzklage innerhalb der dreiwöchigen Klagefrist einzulegen.[204]

Stellt das Gericht zwar fest, dass die außerordentliche Kündigung unbegründet ist, kann jedoch dem Arbeitnehmer die Fortsetzung des Arbeitsverhältnisses nicht zugemutet werden, so hat das Gericht gemäß § 13 Abs. 1 S. 3 KSchG bei entsprechendem Antrag das Arbeitsverhältnis aufzulösen und den Arbeitgeber zur Zahlung einer angemessenen Abfindung zu verurteilen. Insoweit gelten die Beurteilungsgrundsätze des § 9 KSchG im Falle einer außerordentlichen Druckkündigung entsprechend. Einzige Ausnahme ist, dass allein der Arbeitnehmer antragsberechtigt ist.[205]

Eine Abfindungsregelung im Sinne des § 1a KSchG existiert im Falle der außerordentlichen Kündigung nicht. Der Arbeitnehmer ist daher auf eine einvernehmliche Abfindungsabrede mit seinem Arbeitgeber angewiesen.[206] Eine Ausnahme kommt ausschließlich bei einzel- oder tarifvertraglich ordentlich unkündbaren Arbeitnehmern in Betracht. Wenn ihnen gegenüber eine außerordentliche Druckkündigung mit sozialer Auslauffrist ausgesprochen wird, ist eine analoge Anwendung des § 1a KSchG naheliegend.[207]

3. Treu- oder sittenwidrige Druckkündigung

Hält der Arbeitnehmer die Druckkündigung für sitten- oder treuwidrig, kann er dies ebenfalls im Wege einer Kündigungsschutzklage geltend machen. Dies gilt unabhängig davon, ob der Anwendungsbereich des Kündigungsschutzgesetzes eröffnet ist oder nicht.[208] Bedeutsam ist in diesem Zusammenhang jedoch, dass stets die dreiwöchige Klagefrist des § 4 S. 1 KSchG zu beachten ist.[209]

Beruft sich der Arbeitnehmer auf den Tatbestand des § 138 BGB, so sind darüber hinaus wegen § 13 Abs. 2 KSchG die Vorschriften der §§ 9 Abs. 1 S. 1, Abs. 2, 10 bis 12 KSchG zu berücksichtigen.

---

204 Vgl. Fiebig/Gallner/Nägele-*Gieseler*, § 13 KSchG Rn. 2–4; KR/*Friedrich*, § 13 KSchG Rn. 48; *Busemann/Schäfer*, Rn. 355.

205 Vgl. KR/*Friedrich*, § 13 KSchG Rn. 68; ErfK/*Oekter*, § 13 KSchG Rn. 8.

206 ErfK/*Oetker*, § 1a KSchG Rn. 5.

207 Vgl. ErfK/*Oetker*, § 1a KSchG Rn. 5; *v.Hoyningen-Huene/Linck*, § 1 KSchG Rn. 5; KR/*Spilger*, § 1a KSchG Rn. 25; a.A. KDZ/*Zwanziger*, § 1a KSchG Rn. 6.

208 Vgl. ErfK/*Kiel*, § 13 KSchG Rn. 18; Fiebig/Gallner/Nägele-*Gieseler*, § 13 KSchG Rn. 55; KDZ/*Däubler*, § 13 KSchG Rn. 19/22.

209 Vgl. Fiebig/Gallner/Nägele-*Gieseler*, § 13 KSchG Rn. 55.

4. Darlegungs- und Beweislast

a. Unechte Druckkündigung

Im Falle der unechten Druckkündigung sind an die Darlegungs- und Beweislastverteilung keine geringeren Anforderungen zu stellen als an jede andere, aus verhaltens- oder personenbedingten Gründen ausgesprochene Kündigung.[210] Während innerhalb des Anwendungsbereichs des Kündigungsschutzgesetzes den Arbeitnehmer die Darlegungs- und Beweislast für die Anwendbarkeit des Kündigungsschutzgesetzes trifft, ist der Arbeitgeber gemäß § 1 Abs. 2 S. 4 KSchG grundsätzlich darlegungs- und beweispflichtig hinsichtlich der konkreten Tatsachen, welche die von ihm ausgesprochene Kündigung bedingen.[211] So muss er im Rahmen einer ordentlichen Kündigung zunächst Umstände angeben, die eine verhaltens- oder personenbedingte Kündigung rechtfertigen.[212] Im Hinblick auf eine außerordentliche Kündigung genügt er seiner Vortragslast, in dem er Umstände anführt, die das Vorliegen eines wichtigen Grundes begründen können.[213]

Allein aufgrund des neben den objektiven Kündigungsgrund tretenden Drucks entsteht kein Änderungsbedarf bezüglich der allgemeinen Grundsätze der Darlegungs- und Beweislastverteilung im Rahmen des Kündigungsschutzprozesses. Das Verhalten des Dritten erlangt allenfalls im Rahmen der Interessenabwägung Bedeutung und ist hier vom Arbeitgeber als ein für ihn in diesem Fall günstiger Umstand durch entsprechenden Tatsachenvortrag darzulegen und gegebenenfalls zu beweisen.

b. Echte Druckkündigung

Wird mit der Rechtsprechung von der Betriebsbedingtheit einer echten Druckkündigung ausgegangen, so hat der Arbeitgeber innerhalb des Anwendungsbereichs des Kündigungsschutzgesetzes wegen § 1 Abs. 2 S. 4 KSchG darzulegen und zu beweisen, dass die Kündigung durch dringende betriebliche Erfordernisse bedingt ist und eine andere Beschäftigung unmöglich oder unzumutbar ist.[214] Das

---

210 Vgl. LAG Köln 17.1.1996 a.a.O. (Fn. 193); vgl. auch APS/*Dörner*, § 626 BGB Rn. 343.

211 Vgl. ErfK/*Oetker*, § 1 KSchG Rn. 179/206; KR/*Griebeling*, § 1 KSchG Rn. 89/129/260/412; KDZ/*Deinert*, § 1 KSchG Rn. 79; Fiebig/Gallner/Nägele-*Fiebig*, § 1 KSchG Rn. 323.

212 Vgl. KR/*Griebeling*, § 1 KSchG Rn. 89/129/260/412; KDZ/*Deinert*, § 1 KSchG Rn. 79.

213 Vgl. KDZ/*Däubler*, § 626 BGB Rn. 54b; ErfK/*Müller-Glöge*, § 626 BGB Rn. 234; KR/-*Fischermeier*, § 626 BGB Rn. 380ff.

214 Vgl. allgemein hierzu APS/*Kiel*, § 1 KSchG Rn. 648; Fiebig/Gallner/Nägele-*Gallner*, § 1 KSchG Rn. 828.

Gericht muss dem arbeitgeberseitigen Vortrag entnehmen können, weshalb durch inner- oder außerbetriebliche Gründe das Bedürfnis für die Weiterbeschäftigung eines Arbeitnehmers entfallen ist.[215] Allerdings unterscheidet sich die konkrete Darlegungs- und Beweislast im Weiteren danach, ob eine selbstbindende oder gestaltende Unternehmerentscheidung getroffen worden ist.[216] Im Falle einer echten Druckkündigung kann von einer selbstbindenden Entscheidung ausgegangen werden, da die seitens des Dritten konkret angedrohten wirtschaftlichen Nachteile regelmäßig als außerbetriebliche Ursachen verstanden werden können. Insoweit hat der Arbeitgeber grundsätzlich darzulegen, durch welche von außen kommenden Umstände in welchem Bereich eine bestimmte Beschäftigungsmöglichkeit entfällt.[217]

Für die echte Druckkündigung bedeutet dies, dass der Arbeitgeber zunächst darlegen muss, dass hinreichender Druck hinsichtlich eines bestimmten Arbeitnehmers ausgeübt wird.[218] Ferner muss er die unmittelbar bevorstehende Gefahr schwerer wirtschaftlicher Nachteile für seinen Betrieb anführen. Entsprechend der Rechtmäßigkeitskriterien des BAG muss der Arbeitgeber somit auch substantiiert vortragen, inwieweit sich die Gefahr bereits zum Zeitpunkt des Kündigungszugangs konkretisiert hat bzw. wie hoch der angedrohte Schaden einzustufen ist. Hierfür wiederum muss der Arbeitgeber den genauen Drohungsinhalt als Anknüpfungstatsache darlegen und gegebenenfalls beweisen. Dies hat zur Folge, dass die grundsätzlich beschränkte gerichtliche Überprüfungsmöglichkeit der unternehmerischen Entscheidung zwangsläufig erweitert werden muss. Eine Reduktion der Kontrollbefugnis des Gerichts ist nur dann gerechtfertigt, wenn es sich tatsächlich um eine freie unternehmerische Entscheidung handelt. Anders als in den typischen Fällen einer betriebsbedingten Kündigung liegt im Falle „echten" Drucks jedoch gerade keine freie unternehmerische Entschließung des Arbeitgebers vor, sondern in der Regel lediglich eine unter Nötigung erzwungene Entlassung. Damit eine solche dennoch gerechtfertigt ist, hat die Rechtsprechung hohe Anforderungen an ihre Rechtmäßigkeit gestellt. Diese würden jedoch leer laufen, wenn nicht eine vollumfängliche Überprüfung ihrer Einhaltung gewährleistet wäre.

Diese Erweiterung des gerichtlichen Prüfungsumfangs steht auch im Einklang mit der Rechtsprechung des BAG. Das BAG stellt ebenfalls erhöhte Anforderungen an die Begründung einer betriebsbedingten Kündigung, wenn die unter-

215 Vgl. Fiebig/Gallner/Nägele-*Gallner*, § 1 KSchG Rn. 828; KR/*Griebeling*, § 1 KSchG Rn. 553.

216 Vgl. KR/*Griebeling*, § 1 KSchG Rn. 553; ErfK/*Oekter*, § 1 KSchG Rn. 259.

217 Vgl. allgemein hierzu u.a. BAG 7.12.1978 – 2 AZR 155/77, AP § 1 KSchG 1969 Betriebsbedingte Kündigung Nr. 6; ErfK/*Oekter*, § 1 KSchG Rn. 261.

218 Vgl. auch *Berkowsky*, Die betriebsbed. K., § 22 Rn. 118.

nehmerische Entscheidung und der Kündigungsentschluss nur schwer voneinander getrennt werden können.[219] Hauptargument der Rechtsprechung für die erweiterte Darlegungs- und Beweislast des Arbeitgebers ist, dass die der unternehmerischen Entscheidung innewohnende Vermutung der Sachlichkeit nicht greifen kann, wenn sich die Organisationsentscheidung quasi im Kündigungsentschluss erschöpft.[220] Diese zur Frage der Rechtmäßigkeit von Kündigungen zwecks Personalreduzierung entwickelten Grundsätze lassen sich auch auf echte Druckkündigungsfälle übertragen. Auch hier erschöpft sich die unternehmerische Entscheidung gewissermaßen im Kündigungsentschluss des Arbeitgebers, sodass die Sachlichkeit der Unternehmerentscheidung folgerichtig nicht vermutet werden kann. Nur wenn die seitens der Rechtsprechung entwickelten Wirksamkeitsvoraussetzungen echter Druckkündigungen erfüllt sind, ist die Sachlichkeit der Arbeitgeberentscheidung gewährleistet. Die Einhaltung dieser hohen Zulässigkeitsanforderungen des BAG muss daher in vollem Umfang gerichtlich überprüfbar sein.

Hinsichtlich des Kriteriums der Dringlichkeit des betrieblichen Erfordernisses ist ebenfalls der Arbeitgeber darlegungs- und beweisbelastet.[221] So muss er grundsätzlich dartun, dass keine anderen „milderen" unternehmerischen Maßnahmen möglich gewesen sind, mit denen er den betrieblichen Zweck gleich effektiv erreicht hätte.[222] Insofern kommt auch im Rahmen einer betriebsbedingten Kündigung der ultima-ratio-Grundsatz zum Tragen.[223]

Im Hinblick auf echte Druckkündigungen ist dieser Grundsatz jedoch in besonderer Weise zu beachten. Die Rechtsprechung sieht vor, dass der Arbeitgeber sich zunächst schützend vor den betreffenden Arbeitnehmer gestellt und erfolglos sämtliche andere zumutbare Möglichkeiten zum Abbau der Drucksituation ergriffen hat.[224] Diese Anforderungen ähneln der materiellen Prüfung des § 626 Abs. 1 BGB und widersprechen insoweit ebenfalls der eingeschränkten gerichtlichen Kontrolle der unternehmerischen Entscheidung.[225] Insoweit ist auch an dieser Stelle eine vom Normalfall der betriebsbedingten Kündigung abweichende volle Prüfungskompetenz des Gerichts anzunehmen. Neben der Anführung der konkret ergriffenen Schutzmaßnahmen hat der Arbeitgeber – bei entspre-

---

219 Vgl. BAG 17.6.1999 – 2 AZR 522/98, BB 1999, 2300, 2301; BAG 6.7.2006 – 2 AZR 442/05, AP § 1 KSchG 1969 Soziale Auswahl Nr. 82.

220 Vgl. BAG 17.6.1999 a.a.O. (Fn. 219); vgl. auch KDZ/*Deinert*, § 1 KSchG Rn. 388.

221 Vgl. u.a. KDZ/*Deinert*, § 1 KSchG Rn. 432ff.; ErfK/*Oekter*, § 1 KSchG Rn. 259ff.; KR/*Griebeling*, § 1 KSchG Rn. 553ff.

222 *Berkowsky*, Die betriebsbed. K., § 22 Rn. 118.

223 Vgl. APS/*Kiel*, § 1 KSchG Rn. 651; vgl. auch v.*Hoyningen-Huene/Linck*, § 1 KSchG Rn. 203.

224 S. unter Kap. B. III. 2. a.

225 Vgl. APS/*Kiel*, § 1 KSchG Rn. 651.

chender Rüge durch den Arbeitnehmer – auch darzulegen, inwieweit eine anderweitige Beschäftigungsmöglichkeit, bei der ein Kontakt zum Dritten möglicherweise unterbunden wäre, nicht bestanden hat.

Wird die Druckkündigung als außerordentliche Kündigung erklärt, entstehen keine Besonderheiten im Hinblick auf Darlegungs- und Beweislastfrage bzw. hinsichtlich des gerichtlichen Überprüfungsumfangs. Es bleibt bei den allgemeinen Grundsätzen, wonach der Arbeitgeber bei Vorliegen einer außerordentlichen Kündigung in vollem Umfang darlegungs- und beweispflichtig für Tatsachen ist, die einen wichtigen Kündigungsgrund darstellen.[226] Für die Druckkündigung bedeutet dies, dass der Arbeitgeber vortragen und beweisen muss, dass ein hinreichender Druck hinsichtlich eines bestimmten Arbeitnehmers ausgeübt wird, er sich entsprechend des ultima-ratio-Grundsatzes erfolglos schützend vor den betreffenden Arbeitnehmer gestellt hat und ihm erhebliche Nachteile drohen, wenn er dem Druck zeitlich gesehen nicht sofort nachgibt.[227]

5. Fazit

Unechten Druckkündigungen kann der Arbeitnehmer mit den gleichen rechtlichen Mitteln wie auch sonstigen Kündigungen entgegentreten. Insoweit ändert der Umstand, dass zusätzlich Druck seitens eines Dritten ausgeübt wird, auch nichts an der allgemeinen Verteilung der Darlegungs- und Beweislast.

Anders ist es bei echten Druckkündigungen. Geht man mit der überwiegenden Meinung von der Betriebsbedingtheit einer solchen aus, zwingen die hierfür entwickelten strengen Rechtmäßigkeitskriterien des BAG zu einer Erweiterung des Prüfungsumfangs des Gerichts im Hinblick auf die unternehmerische Entscheidung. Insofern erweitert sich auch die Vortrags- und Beweislast des Arbeitgebers.

Bei außerordentlichen Kündigungen wiederum sind diesbezüglich keine Besonderheiten festzustellen.

---

226 Vgl. u.a. BAG 17.8.1972 – 2 AZR 359/71, AP § 626 BGB Ausschlußfrist Nr. 4; BAG 6.8.1987 – 2 AZR 226/87, AP § 626 BGB Nr. 97; vgl. auch ErfK/*Müller-Glöge*, § 626 BGB Rn. 234.

227 So auch *Berkowsky*, Die betriebsbed. K., § 22 Rn. 118.

V. Mögliche Schadensersatzansprüche des Arbeitnehmers

Neben den dargestellten kündigungsrechtlichen Reaktionsmöglichkeiten kommen etwaige Schadensersatzansprüche des betreffenden Arbeitnehmers in Betracht. Als Schadenspositionen stehen der Verlust des Arbeitsplatzes sowie das hierdurch verringerte Einkommen im Mittelpunkt der Untersuchung. Daneben sind jedoch auch etwaige Verletzungen des Persönlichkeitsrechts sowie psychische Gesundheitsschädigungen infolge der Druckausübung zu berücksichtigen.

Wie bereits dargelegt, werden unechte Druckkündigungen nicht auf Grundlage des Drucks, sondern wegen verhaltens- oder personenbedingter Kündigungsgründe ausgesprochen.[228] Aus diesem Grund konzentriert sich die nachfolgende Untersuchung auf Fälle echter Druckkündigungen unter Berücksichtigung der Rechtmäßigkeitskriterien der Rechtsprechung.

Die Untersuchungsergebnisse bilden zudem die Basis für die spätere Beurteilung der Kompensationsmöglichkeiten des Arbeitnehmers im Falle einer Druckkündigung mit diskriminierendem Hintergrund.[229] Auf diese Weise können Unterschiede und damit auch die Bedeutung der Diskriminierung herausgearbeitet werden.

1. Zugriffsmöglichkeiten auf den Arbeitgeber

Ersatzansprüche des Arbeitnehmers gegen seinen Arbeitgeber könnten sich insbesondere aus §§ 280 Abs. 1, 826, 823 Abs. 1 BGB sowie § 904 BGB ergeben.

Unabhängig davon, welche dieser Anspruchsgrundlagen herangezogen wird, muss in jedem Fall ein etwaiges Mitverschulden des betroffenen Beschäftigten berücksichtigt werden. Wehrt sich dieser nicht kündigungsschutzrechtlich gegen die ungerechtfertigte Entlassung, ist sein Untätigbleiben in der Regel als Mitverschulden am entstandenen Schaden im Sinne des § 254 Abs. 2 BGB zu werten.[230]

---

228 S. bereits unter Kap. B. III. 1. b.

229 S. unter Kap. G.

230 So auch *Rahmstorf*, S. 125.

a. §§ 280 Abs. 1, 241 Abs. 2 BGB

aa. Pflichtverletzung

Ein vertraglicher Schadensersatzanspruch gemäß § 280 Abs. 1 BGB setzt neben dem Bestehen eines Schuldverhältnisses, hier in Form des Arbeitsvertrags, eine Pflichtverletzung voraus.[231] Zu denken ist im Falle einer Druckkündigung an eine Verletzung der Fürsorgepflicht. Diese Nebenpflicht wird durch den Abschluss des Arbeitsvertrages begründet.[232] Ihre konkrete Ausgestaltung richtet sich nach der Bestimmung des § 241 Abs. 2 BGB sowie insbesondere nach den Regelungen der §§ 617 bis 619 BGB.[233] Der konkrete Umfang der Schutzverpflichtung hängt vom jeweiligen Vereinbarungszweck, der Verkehrssitte sowie den Anforderungen des redlichen Geschäftsverkehrs ab.[234] Begrenzt wird die Fürsorgepflicht durch das Recht des Arbeitgebers, seine gerechtfertigten Interessen mit den gesetzlich zulässigen Mitteln wahrzunehmen.[235]

Entsprechend der höchstrichterlichen Rechtsprechung muss sich der Arbeitgeber im Falle ungerechtfertigten Drucks zunächst schützend vor den betroffenen Arbeitnehmer stellen und alles ihm Zumutbare unternehmen, um den Dritten von seiner Drohung abzubringen.[236] Nur in dem Fall, dass die Versuche des Arbeitgebers, den Arbeitnehmer zu schützen, erfolglos bleiben, geht die Rechtsprechung von einer Rechtfertigung der allein aufgrund des ausgeübten Drucks ausgesprochenen Kündigung aus.[237] Das BAG setzt demnach die Wahrung des arbeitsvertraglich begründeten Rücksichtnahme- und Schutzgebots zwingend voraus. Sind im konkreten Fall die seitens der Rechtsprechung aufgestellten Wirksamkeitsvoraussetzungen einer echten Druckkündigung erfüllt, ist der Arbeitgeber denknotwendig auch seiner Fürsorgeverpflichtung nachgekommen. Dem Arbeitgeber kann somit im Falle einer rechtswirksamen Druckkündigung regelmäßig keine Pflichtverletzung im Sinne des §§ 280 Abs. 1, 241 Abs. 2 BGB

231 Vgl. Palandt/*Grüneberg*, § 280 BGB Rn. 12; Jauernig/*Stadler*, § 280 BGB Rn. 1, 8ff.

232 Vgl. ausführlich zur Fürsorgeverpflichtung Staudinger/*Olzen*, § 241 BGB Rn. 477ff.

233 Vgl. u.a. Palandt/*Weidenkaff*, § 611 BGB Rn. 96; MüKo-BGB/*Müller-Glöge*, Bd. IV, § 611 BGB Rn. 986ff.; *Preis*, IndividualArbR § 36 S. 419; Staudinger/*Olzen*, § 241 BGB Rn. 497; krit. hinsichtl. des Begriffs HK/*Boemke*, § 611 BGB Rn. 378.

234 Palandt/*Grüneberg*, § 241 BGB Rn. 7; ausführlich zu den Grenzen der Rücksichtnahmepflicht vgl. MünchArbR/*Reichold*, § 83 Rn. 12ff.

235 Palandt/*Weidenkaff*, § 611 BGB Rn. 96; ErfK/*Preis*, § 611 BGB Rn. 616 mit Verweis auf Verhältnismäßigkeitsgrundsatz als Grenze der Fürsorgeverpflichtung.

236 Vgl. u.a. BAG 10.10.1957 a.a.O. (Fn. 60); BAG 11.2.1960 a.a.O. (Fn. 62); BAG 26.1.1962 a.a.O. (Fn. 62); BAG 18.9.1975 a.a.O. (Fn. 62); BAG 19.6.1986 a.a.O. (Fn. 3); BAG 31.1.1996 a.a.O. (Fn. 3).

237 S. im Einzelnen unter Kap. B. III. 2. a. aa.

vorgeworfen werden. Ein Schadensersatzanspruch aus Vertrag kommt folglich nur im Falle einer rechtswidrigen Druckkündigung in Betracht. Hat der Arbeitgeber sich dem Druck ohne Abwendungs- oder Aufklärungsversuche gebeugt oder die Drucksituation selbst schuldhaft herbeigeführt, verletzt er seine vertraglich begründete Pflicht zur Fürsorge.[238]

Eine Ausnahme hiervon ist lediglich in Fällen denkbar, in denen der betreffende Arbeitnehmer noch keinen Kündigungsschutz im Sinne des Kündigungsschutzgesetzes genießt.[239] Zwar besteht zweifelsohne auch hier eine Fürsorgeverpflichtung des Arbeitgebers; allerdings sind Fallgestaltungen denkbar, in denen diese nicht verletzt wird. Das Abberufungsverlangen ist hier nicht am Maßstab der Kündigungsgründe des § 1 Abs. 2 KSchG zu messen, sondern lediglich anhand allgemeiner Wertungsmaßstäbe.[240] Wie bereits dargelegt, verstößt eine Druckkündigung im Allgemeinen nicht gegen §§ 138 bzw. 242 BGB, sodass die Entlassungsforderung streng genommen nicht als ungerechtfertigt im Sinne der allgemeinen kündigungsschutzrechtlichen Bestimmungen eingestuft werden kann. Hieraus wiederum kann gefolgert werden, dass der Arbeitgeber insofern auch nicht pflichtwidrig handelt, wenn er das Arbeitsverhältnis auf Grundlage des Entlassungsbegehrens des Dritten beendet.[241] Voraussetzung ist jedoch in jedem Fall der Ausspruch einer ordentlichen Kündigung. Darüber hinaus darf die Motivation des Dritten nicht sitten- oder gesetzeswidrig sein, da ansonsten die Fürsorgepflicht des Arbeitgebers im Hinblick auf den Persönlichkeitsschutz des betreffenden Arbeitnehmers wieder greifen würde.

bb. Zwischenergebnis

Vertragliche Schadensersatzansprüche scheiden im Falle einer zulässigen Druckkündigung aus. Wenn der Arbeitgeber allerdings die Anforderungen der Rechtsprechung an seine Fürsorgeverpflichtung nicht einhält, kommt ein Ersatzanspruch des Arbeitnehmers gemäß §§ 280 Abs. 1, 241 Abs. 2 BGB in Betracht.

---

238 Vgl. BAG 26.1.1962 a.a.O. (Fn. 62); BAG 18.9.1975 a.a.O. (Fn. 62); BAG 31.1.1996 a.a.O. (Fn. 3); vgl. auch Erman/*Belling*, Bd. I, § 626 BGB Rn. 83; KR/*Etzel*, § 104 BetrVG Rn. 74; GK-BetrVG/*Raab*, § 104 BetrVG Rn. 23; vgl. auch *Rahmstorf*, S. 125.

239 Vgl. MünchArbR/*Matthes*, 2. Aufl., Bd. III, § 359 Rn. 12.

240 Vgl. BVerfG 27.1.1998 a.a.O. (Fn. 66); vgl. *Berkowsky*, NJW 2009, 113, 116.

241 Vgl. MünchArbR/*Matthes*, 2. Aufl., Bd. III, § 359 Rn. 12.

b. § 826 BGB

Ein Anspruch aus § 826 BGB kommt im Fall einer Druckkündigung nur ausnahmsweise in Betracht. Hierfür müssen zwei Voraussetzungen erfüllt sein: Zum einen muss der Dritte sein Kündigungsverlangen auf sittenwidrige Gründe gestützt haben. Zum anderen muss der Arbeitgeber diese rechtswidrige Motivation übernommen haben. Regelmäßig wird jedoch zumindest die letzte Voraussetzung nicht vorliegen. In den typischen Fällen einer echten Druckkündigung lehnt der Arbeitgeber die gesetzeswidrigen Beweggründe des Druckausübenden ab. Er versucht zunächst das ungerechtfertigte Entlassungsbegehren abzuwehren und handelt damit in gewissem Maße unfreiwillig, wenn er sich aufgrund der drohenden wirtschaftlichen Nachteile zum Ausspruch der Kündigung gezwungen sieht. Im Übrigen wäre bereits die Kündigung sittenwidrig im Sinne des § 138 BGB, wenn der Arbeitgeber sich die rechtswidrigen Motive des Dritten zu eigen machen würde.[242]

Darüber hinaus kann dem Arbeitgeber regelmäßig auch nicht die Handlung des Dritten im Sinne der allgemeinen zivilrechtlichen Haftungsnormen zugerechnet werden.[243] Die Voraussetzungen des § 826 BGB sind daher in den typischen druckkündigungsrechtlichen Fallgestaltungen nicht gegeben.

c. § 823 Abs. 1 BGB

Unabhängig von der Frage, ob das Recht am Arbeitsplatz ein sonstiges Recht im Sinne des § 823 Abs. 1 BGB darstellt,[244] ist eine entsprechende Schadensersatzpflicht des Arbeitgebers mangels einer rechtswidrigen Verletzungshandlung des Arbeitgebers regelmäßig abzulehnen. Soweit der Arbeitgeber die im Falle einer Druckkündigung seitens der Rechtsprechung aufgestellten Anforderungen erfüllt und zudem keine rechtswidrige Motivation aufweist, ist sein Verhalten aufgrund der Wahrnehmung berechtigter Interessen als gerechtfertigt anzusehen. Der Unrechtsschwerpunkt liegt in solchen Fallgestaltungen vielmehr auf der ungerechtfertigten Druckausübung des Dritten. Diese stellt in Fällen zulässiger Druckkündigungen die maßgebliche Verletzungshandlung dar.

Wie bereits im Rahmen des § 826 BGB dargelegt, gilt allerdings dann etwas anderes, wenn der Arbeitgeber ausnahmsweise etwaige rechtswidrige Motive des

242 S. hierzu bereits unter Kap. B. III. 2. b. aa. (2) (a).

243 So i.E. auch. *Insam*, S. 123; zur Frage der Zurechnnung diskriminierender Verhaltensweisen des Druckausübenden s. unter Kap. F. II. 2. c. bb. (3) (c) sowie unter Kap. G. III. 1. a. bb.

244 S. hierzu im Einzelnen unter Kap. B. V. 2. g.

Druckausübenden übernommen hat und damit auch die Kündigung selbst auf einer rechtswidrigen Intention basiert.

d. § 904 BGB analog

Der Aufopferungsanspruch des Eigentümers entsprechend § 904 BGB zielt seinem Wesen nach auf die Gewährung eines angemessenen Ausgleichs für eine Rechtsbeeinträchtigung ab, die ohne Abwehrmöglichkeit aufgrund eines vorrangigen Interesses hingenommen werden muss.[245]

aa. Teile der Literatur

Teile der Literatur befürworten in Fällen echter Druckkündigungen eine analoge Anwendung des § 904 S. 2 BGB unter Berücksichtigung der Grundsätze zum öffentlich-rechtlichen Aufopferungsanspruch.[246] Zur Abwendung wirtschaftlicher Nachteile sei die Druckkündigung ausnahmsweise als notstandsähnliche Maßnahme des Arbeitgebers zulässig.[247] Als Ausgleich für den Verlust des Arbeitsplatzes müsse aber dem Arbeitnehmer ein verschuldensunabhängiger Ersatzanspruch eingeräumt werden. Es entspreche der Gerechtigkeit, dass der Arbeitgeber, der sich allein auf Grundlage des Drucks zum Ausspruch der Kündigung gezwungen sehe, dem betreffenden Arbeitnehmer eine Form von Schadensausgleich gewähre. Eine entsprechende Anwendung des § 904 BGB sei daher geeignet, das Rechtsinstitut der Druckkündigung von der ihr anhaftenden Ungerechtigkeit zu befreien.[248] Voraussetzung für die Anerkennung eines Aufopferungsanspruchs sei jedoch, dass der Arbeitnehmer selbst keinen Anlass für die Drucksituation gegeben habe.[249]

Hinsichtlich des Haftungsverhältnisses des Arbeitgebers und des Dritten untereinander wird von einem Teil dieser Literaturmeinung die Auffassung vertreten, dass der genötigte Arbeitgeber, der sich lediglich der ungerechtfertigten Forderung des Dritten gebeugt habe, nicht nach § 426 Abs. 1 BGB anteilig zum

---

245 *Herschel*, RdA 1953, 41, 42; vgl. auch MüKo-BGB/*Säcker*, Bd. VI, § 904 BGB Rn. 1; Palandt/*Bassenge*, § 904 BGB Rn. 1.

246 So u.a. APS/*Dörner*, § 626 BGB Rn. 344; *Herschel*, RdA 1953, 41; KR/*Fischermeier*, § 626 BGB Rn. 209; KDZ/*Däubler*, § 626 BGB Rn. 174; *Breucker*, NZA 2008, 1047, 1050f.; dagegen u.a. *Rahmstorf*, S. 131ff.; *Fitting*, § 104 BetrVG Rn. 11; GK/*Raab*, § 104 Rn. 23; KR/*Etzel*, § 104 BetrVG Rn. 69, 74.

247 So. *Herschel*, RdA 1953, 41.

248 So *Herschel*, RdA 1953, 41, 42.

249 So u.a. ErfK/*Oekter*, § 1 KSchG Rn. 187; *Herschel*, RdA 1953, 41, 42.

Schadensersatz verpflichtet sei.[250] Vielmehr habe der Dritte als Verursacher im Innenverhältnis allein den Schaden zu tragen. Der Arbeitnehmer müsse deshalb den Schadensersatzanspruch gegen den Druckausübenden an den Arbeitgeber abtreten.[251]

bb. Stellungnahme

Wenn mit der Rechtsprechung von der Zulässigkeit der echten Druckkündigung als betriebsbedingte Kündigung ausgegangen wird, ist der Eingriff in den Schutzbereich des Arbeitnehmers bereits kündigungsschutzrechtlich gerechtfertigt. Da die zivilrechtlichen Kündigungsbeschränkungen generell auf Arbeitnehmer Anwendung finden, fehlt es in typischen Fällen zulässiger echter Druckkündigungen damit bereits an einem Sonderopfer des konkret betroffenen Arbeitnehmers.[252] Selbst bei Heranziehung des Aufopferungsgedankens wird der Regelungsgehalt der Bestimmungen des arbeitsrechtlichen Kündigungsschutzes unterlaufen. In schadensersatzrechtlicher Hinsicht sollte vielmehr beim druckausübenden Dritten als Verursacher des Kündigungsszenarios angeknüpft werden.[253] Ein Ausgleichsanspruch des Arbeitnehmers gegen den Arbeitgeber unter Aufopferungsgesichtspunkten ist folglich abzulehnen.

Zum gleichen Ergebnis gelangt man auch, wenn die hier vertretene Auffassung zugrunde gelegt und damit entgegen der Rechtsprechung von der Unzulässigkeit einer echten Druckkündigung innerhalb des Anwendungsbereichs des Kündigungsschutzgesetzes bzw. im Rahmen des § 626 BGB ausgegangen wird.[254] Zum einen fehlt es dann bereits an einer Notstandslage des Arbeitgebers, da insoweit davon ausgegangen wird, dass seine drohende Rechtsbeeinträchtigung keine Vorrangstellung vor den schutzwürdigen Interessen des Arbeitnehmers hat. Zum anderen kann sich der Arbeitnehmer wegen der Unzulässigkeit der Kündigung bereits mittels des kündigungsschutzrechtlichen Instrumentariums wehren.

250 So APS/*Dörner*, § 626 BGB Rn. 344; KR/*Fischermeier*, § 626 BGB Rn. 209; vgl. auch *Breucker*, NZA 2008, 1047, 1051.

251 Vgl. u.a. KR/*Fischermeier*, § 626 BGB Rn. 209; APS/*Dörner*, § 626 BGB Rn. 344.

252 So auch *Rahmstorf*, S. 132; *Insam*, S. 126.

253 Ähnlich auch *Insam*, S. 126.

254 S. unter Kap. B. III. 2. b. cc.

2. Zugriffsmöglichkeiten auf den Dritten

Geht der Arbeitnehmer gegen die Kündigung vor, so wendet er sich gegen die Folgen des ausgeübten Drucks. Darüber hinaus besteht jedoch auch die Möglichkeit, der Druckausübung selbst und damit dem eigentlichen Verursacher entgegenzutreten.[255] Im Falle ungerechtfertigten Drucks kommen daher auch schadensersatzrechtliche Ansprüche des gekündigten Arbeitnehmers gegen den Dritten in Betracht.[256] Mögliche Anspruchsgrundlagen sind insbesondere §§ 280 Abs. 1, 241 Abs. 2 BGB i.V.m. mit den Grundsätzen des Vertrags mit Schutzwirkung zugunsten Dritter, § 823 Abs. 2 BGB i.V.m. §§ 185ff./ § 240 StGB, § 824 BGB, § 826 BGB sowie § 823 Abs. 1 BGB.

Denkbar ist darüber hinaus auch die zeitlich vorgelagerte Geltendmachung eines Unterlassungsanspruchs gemäß § 1004 BGB.[257]

a. Konkrete Motivation des Druckausübenden

Unabhängig von der konkreten Anspruchsgrundlage muss zunächst das Entlassungsbegehren des Dritten näher betrachtet werden.

Die Druckausübung stellt in der Regel einen schwerwiegenden Eingriff in die Rechtsstellung des Arbeitnehmers dar.[258] Der Arbeitsplatz soll dem Arbeitnehmer nicht nur zur wirtschaftlichen Absicherung, sondern auch zur Entfaltung seiner Persönlichkeit dienen.[259] Dementsprechend sind die Folgen einer Druckausübung häufig schwerwiegend für den betroffenen Arbeitnehmer. Dennoch lassen sie nicht unmittelbar auf die Rechtswidrigkeit des Handelns des Dritten schließen.[260] Maßgebend für die Annahme einer rechtswidrigen Vorgehensweise im haftungsrechtlichen Sinne und damit auch für die Begründung von Schadensersatzansprüchen ist vielmehr die konkrete Handlungsmotivation des Außenstehenden im Einzelfall. Diese entscheidet über die Wahrnehmung berechtigter Interessen und somit über die Rechtfertigung seines Handelns.

---

255 Vgl. *Schleusener*, NZA 1999, 1078, 1079.

256 Vgl. ErfK/*Oetker*, § 1 KSchG Rn. 187; *Fitting*, § 104 BetrVG Rn. 11; KR/*Fischermeier*, § 626 BGB Rn. 209; vgl. *Edenfeld*, AP § 823 BGB Nr. 7 (Anm. zu BAG 4.6.1998 – 8 AZR 786/96); KR/*Etzel*, § 104 BetrVG Rn. 74; DKK/*Bachner*, § 104 BetrVG Rn. 10; *Schleusener*, NZA 1999, 1078, 1079ff.; APS/*Dörner*, § 626 BGB Rn. 344; krit. Erman/*Belling*, Bd. I, § 626 BGB Rn. 83.

257 S. hierzu ausführlich unter Kap. G. II. 1. b.; vgl. auch *Schleusener*, NZA 1999, 1078, 1080; *Insam*, S. 120f.

258 Vgl. *Schleusener*, NZA 1999, 1078, 1080.

259 Vgl. BAG 10.11.1955 – 2 AZR 591/54, NJW 1956, 359, 360.

260 Anders KDZ/*Deinert*, § 1 KSchG Rn. 468.

Die kündigungsrechtliche Beurteilung der Zulässigkeit einer echten Druckkündigung hingegen gibt keinen Ausschluss darüber, ob der Dritte unter schadensersatzrechtlichen Gesichtspunkten rechtswidrig gehandelt hat. Insbesondere kann in Fällen „echten" Drucks nicht generell aufgrund der objektiv ungerechtfertigten Entlassungsforderung auf eine rechtswidrige Motivation des Druckausübenden geschlossen werden. Auch wenn der Dritte die Entlassungsforderung auf Gründe stützt, die ihrerseits die ausgesprochene Kündigung objektiv nicht rechtfertigen, bedeutet dies nicht zwangsläufig, dass seine Abberufungsintention rechts- oder sogar sittenwidrig ist.[261] Ebenso ist in umgekehrter Weise denkbar, dass dem Druckausübenden ein rechtswidriges Verhalten vorgeworfen werden kann, obwohl die Druckkündigung im konkreten Fall die Voraussetzungen der Rechtsprechung erfüllt. Es muss somit insgesamt zwischen ungerechtfertigtem Handeln im kündigungsrechtlichen Sinne und rechtswidrigem Handeln in schadensersatzrechtlicher Hinsicht unterschieden werden. Anderenfalls würden beispielsweise den Kollegen oder auch dem Kunden „ungerechtfertigte Fesseln"[262] hinsichtlich ihrer Meinungs- bzw. Handlungsfreiheit anlegt werden.[263] Hinzu kommt, dass der Dritte häufig nicht eindeutig beurteilen vermag, ob seine im Rahmen des Entlassungsbegehrens angeführten Gründe eine soziale Rechtfertigung im Sinne des § 1 Abs. 2 KSchG begründen bzw. die hohen Anforderungen des § 626 Abs. 1 BGB erfüllen. Würde man in einem solchen Fall die haftungsrechtliche Rechtswidrigkeit des Drittverhaltens nicht losgelöst von seiner objektiven kündigungsschutzrechtlichen Bedeutung beurteilen, entstünden unvertretbare Ergebnisse.

Dennoch sind aufgrund der Bedeutung des Arbeitsplatzes erhöhte Anforderungen an die Handlungsgründe des Druckausübenden zu stellen.[264] Das Entlassungsbegehren muss daher zwingend als rechtswidrig im schadensersatzrechtlichen Sinne beurteilt werden, wenn der Druckausübende nicht mehr aus objektiv begründeten und damit berechtigten Interessen handelt.[265] Erforderlich ist insoweit eine Abwägung der kollidierenden Grundrechtspositionen.

---

261 Vgl. BAG 4.6.1998 – 8 AZR 786/96, AP § 823 Nr. 7; APS/*Dörner*, § 626 BGB Rn. 344.

262 BAG 4.6.1998 a.a.O. (Fn. 261).

263 So auch APS/*Dörner*, § 626 BGB Rn. 344.

264 Ähnlich *Schleusener*, NZA 1999,1078, 1080.

265 Vgl. BAG 4.6.1998 a.a.O. (Fn. 261); APS/*Dörner*, § 626 BGB Rn. 344.

b. §§ 280 Abs. 1, 241 Abs. 2 BGB i.V.m. den Grundsätzen des Vertrags mit Schutzwirkung zugunsten Dritter

Regelmäßig besteht keine eigenständige vertragliche oder gesetzliche Sonderverbindung zwischen dem Arbeitnehmer und dem Druckausübenden. Selbst wenn der Druck von einem Kollegen bzw. einem Belegschaftsteil ausgeübt wird, kann nicht zwingend von einer vertraglichen Beziehung im Sinne des § 280 Abs. 1 BGB ausgegangen werden.[266] Zwar werden mit Abschluss des Arbeitsvertrages auch Rücksichtnahme- bzw. Treuepflichten der Beschäftigten begründet, die unter anderem zur Wahrung der betrieblichen Ordnung verpflichten.[267] Auch wenn diese Nebenverpflichtungen regelmäßig den Umgang der Mitarbeiter untereinander betreffen,[268] erwachsen hieraus dennoch keine eigenständigen Rechtsverhältnisse zwischen den Kollegen. Unmittelbarer Adressat der arbeitsvertraglichen Pflichten des Arbeitnehmers ist im Regelfall allein der Arbeitgeber.[269] Das Verhältnis unter Arbeitskollegen kann vielmehr mit der Beziehung von Grundstücksnachbarn verglichen werden.[270] Auch hier existiert ein Bereich des notwendigen Miteinander-Auskommens, der jedoch nach der Rechtsprechung des BGH kein eigenständiges Schuldverhältnis im Sinne des § 280 Abs. 1 BGB begründet.[271]

Vor diesem Hintergrund kommt ein Anspruch aus § 280 Abs. 1 BGB allenfalls auf Grundlage eines Vertrags mit Schutzwirkung zugunsten Dritter in Betracht. Hierfür müssten jedoch die Vertragsbeziehungen zwischen dem Arbeitgeber und dem Druckausübenden den Schutz des Arbeitnehmers miteinschließen.[272] Schutzwirkungen zugunsten Dritter können grundsätzlich aus schuldrechtlichen Verpflichtungsvereinbarungen jeglicher Art entstehen.[273] Damit die Haftung des Schuldners jedoch nicht unüberschaubar weit ausgedehnt wird, ist eine Einbeziehung in die vertraglichen Sorgfalts- und Obhutspflichten

---

266 Ähnlich Wendeling-Schröder/Stein-*Stein*, § 15 AGG Rn. 102.

267 Vgl. u.a. ErfK/*Preis*, § 611 BGB Rn. 738; Staudinger/*Olzen*, § 241 BGB Rn. 499; Staudinger/*Richardi*, § 611 BGB Rn. 469; *Grunewald*, NZA 1993, 1071.

268 HK/*Kreuder*, § 611 BGB Rn. 493; *Grunewald*, NZA 1993, 1071.

269 Vgl. insoweit auch *Riesenhuber*, JZ 1999, 711, 712.

270 Ähnlich Wendeling-Schröder/Stein-*Stein*, § 15 AGG Rn. 102.

271 Vgl. u.a. BGH 21.10.1983 – V ZR 166/82, DB 1984, 714f.; BGH 10.7.1987 – V ZR 285/85, DB 1988, 113f.; BGH 22.2.1991 – V ZR 308/89, NJW 1991, 1671ff.; BGH 21.1.2008 – IX ZR 216/06, NZM 2008, 253f.; vgl. auch Palandt/*Bassenge*, § 903 BGB Rn. 13; *Adomeit/Mohr*, § 7 AGG Rn. 25.

272 Vgl. u.a. MüKo-BGB/*Gottwald*, Bd. II, § 328 BGB Rn. 115; Staudinger/*Jagmann*, § 328 BGB Rn. 83ff.

273 U.a. Palandt/*Grüneberg*, § 328 BGB Rn. 15.

nur unter strengen Voraussetzungen möglich.[274] Erforderlich sind demnach eine gewisse Leistungsnähe des Arbeitnehmers, ein für den Druckausübenden erkennbares Einbeziehungsinteresse des Arbeitgebers sowie die Schutzbedürftigkeit des betreffenden Beschäftigten.[275] Maßgebend sind die Besonderheiten des konkreten Einzelfalls. In Druckkündigungsfällen kommt es daher insbesondere auch auf die Person des Druckausübenden an.

aa. Betriebsinterne Druckausübende

Fordern beispielsweise Arbeitskollegen die Entlassung, gehen von den betreffenden Arbeitsverträgen nicht zwingend Schutzwirkungen zugunsten des betroffenen Beschäftigten aus.[276] Hier kann es je nach Einzelfall bereits an einer Leistungsnähe fehlen. Nicht in jedem Fall kommt der betreffende Arbeitnehmer nämlich typischerweise mit der Leistung seiner Kollegen, die arbeitsvertraglich gegenüber dem Arbeitgeber geschuldet ist, in Berührung. Allein die Eingliederung der Beschäftigten in einen Betrieb bedeutet nicht zwangsläufig, dass untereinander zugleich eine wechselseitige Leistungsnähe begründet wird. In Betracht kommt ein solcher Kontakt jedoch im Falle einer vereinbarten Team- bzw. Kooperationsarbeit.[277] In solchen Konstellationen können die Arbeitnehmer bestimmungsgemäß mit den Leistungen ihrer Kollegen in Berührung kommen, weil sie (arbeitsvertraglich) verpflichtet sind, mit anderen Beschäftigten zusammenzuwirken. Kollegen werden in diesen Fällen typischerweise in gleicher Weise Gefahren ausgesetzt wie der Arbeitgeber.[278]

Kann dementsprechend im konkreten Fall eine Leistungsnähe angenommen werden, stellt sich sodann die Frage eines Einbeziehungsinteresses des Arbeitgebers. Mit Blick auf seine Fürsorgeverpflichtung gegenüber den Beschäftigten liegt die Annahme eines „Wohl- und Weheverhältnisses“[279] und damit eines

274 U.a. MüKo-BGB/*Gottwald*, Bd. II, § 328 BGB Rn. 119; BGH 20.4.2004 – X ZR 250/02, NJW 2004, 3035, 3037; Palandt/*Grüneberg*, § 328 BGB Rn. 16.

275 Vgl. Palandt/*Grüneberg*, § 328 BGB Rn. 16–18; MüKo-BGB/*Gottwald*,§ 328 BGB, Bd. II, Rn. 120–127; Jauernig/*Stadler*, § 328 BGB Rn. 24–27; Staudinger/*Jagmann*, § 328 BGB Rn. 96–106.

276 Vgl. auch BAG 4.6.1998 a.a.O. (Fn. 261).

277 Vgl. hierzu ausführlich *Liu*, S. 143f.

278 So auch *Liu*, S. 144; *Riesenhuber*, JZ 1999, 711, 713; a.A. *Insam*, S. 110.

279 Vgl. hierzu u.a. BGH 16.10.1963 – VIII ZR 28/62, NJW 1964, 33; BGH 2.11.1983 – IVa ZR 20/82, NJW 1984, 355; BGH 26.6.2001 – X ZR 231/99, DB 2001, 2090, 2091; Palandt/*Grüneberg*, § 328 BGB Rn. 17a; vgl. auch MüKo-BGB/*Gottwald*, Bd. II, § 328 BGB Rn. 121; Staudinger/*Jagmann*, § 328 BGB Rn. 88.

Interesses an der Einbeziehung des Schutzes seiner Beschäftigten im Rahmen des jeweiligen Arbeitsverhältnisses nahe.[280]

Die Gläubigernähe ist für Arbeitnehmer, deren Tätigkeitsfeld eine Kooperation mit anderen Beschäftigten voraussetzt, auch erkennbar. Durch die arbeitsvertragliche Festlegung der zu erbringenden Arbeitsleistung werden sie von dem Näheverhältnis zu (bestimmten) Kollegen in Kenntnis gesetzt. Zugleich eröffnet ihnen der Arbeitsvertrag sowohl Einblicke in die konkrete Ausgestaltung der Fürsorgeverpflichtung des Arbeitgebers als auch in sein Interesse an der Wahrung des Betriebsfriedens durch die Beschäftigten. Das Einbeziehungsinteresse des Arbeitgebers ist für sie daher erkennbar.[281] Insbesondere ist der Kreis derjenigen, die in den Schutzbereich einbezogen werden, überschaubar.[282]

Darüber hinaus ist der betreffende Arbeitnehmer im Falle der Ausübung ungerechtfertigten Entlassungsdrucks durch einen Teil seiner Kollegen auch schutzbedürftig.[283] Mit Ausnahme von etwaigen deliktischen Ansprüchen bestehen für ihn keine eigenen Zugriffsmöglichkeiten auf den bzw. die Druckausübenden.[284]

bb. Betriebsexterne Druckausübende

Wird das Kündigungsbegehren von einem Kunden oder einem sonstigen betriebsexternen Dritten geäußert, muss untersucht werden, ob der individuelle Vertragsinhalt eine besondere Nähe zum betreffenden Arbeitnehmer vorsieht. Regelmäßig wird sich jedoch die Vereinbarung nicht auf einen konkreten Mitarbeiter des Arbeitgebers beziehen. Vielmehr wird etwa die Zuteilung eines Kunden in der Verantwortung des Arbeitgebers liegen und daher ausschließlich von diesem im Rahmen seines arbeitsvertraglich begründeten Direktionsrechts vorgenommen. Die wirtschaftliche Machstellung eines Großkunden oder eines bedeutsamen Lieferanten impliziert für sich genommen grundsätzlich noch keine erhöhte Gefahr für die Rechtsgüter des betroffenen Arbeitnehmers.[285] Soweit die vertraglichen Beziehungen zwischen dem Arbeitgeber und dem Dritten nicht erkennbar auf die Betrauung des betreffenden Arbeitnehmers mit dem indivi-

---

280 So auch *Riesenhuber*, JZ 1999, 711, 713; anders hingegen *Rahmstorf*, S. 134, der eine Einbeziehung anderer AN in den Schutzbereich der Arbeitsverträge ohne Begründung ablehnt; vgl. zur konkreten Schutzverpflichtung des AG im Falle eines Abberufungsverlangens eines Belegschaftsteils BAG 4.10.1990 a.a.O. (Fn. 3).

281 So i.E. auch *Liu*, S. 144; *Riesenhuber*, JZ 1999, 711, 713.

282 Vgl. *Riesenhuber*, JZ 1999, 711, 713.

283 Zu den konkreten Anforderungen an das Kriterium der Schutzbedürftigkeit vgl. u.a. Staudinger/*Jagmann*, § 328 BGB Rn. 106.

284 Hinsichtl. der deliktischen Ansprüche s. nachfolgend ausführlich unter Kap. B. V. 2. c. bis g.

285 Ähnlich *Rahmstorf*, S. 134.

duellen Vertragsgegenstand abzielen, stellen diese daher im Regelfall keine Verträge mit Schutzwirkung zugunsten Dritter dar.

cc. Zwischenergebnis

Wird ungerechtfertigter Druck von Arbeitskollegen ausgeübt, kommen Schadensersatzansprüche des betroffenen Arbeitnehmers über die Grundsätze des Vertrags mit Schutzwirkung zugunsten Dritter in Betracht.[286] Zur Bestimmung der Pflichtverletzung kann insoweit an die ungerechtfertigte Druckausübung bzw. an die Verdrängung des Mitarbeiters von seinem Arbeitsplatz angeknüpft werden. Konkret kann dem drohenden Belegschaftsteil die Missachtung der Interessen des Kollegen und damit die Verletzung von Rücksichtnahmepflichten vorgeworfen werden. Entscheidend wird in diesem Kontext die Frage der Wahrnehmung berechtigter Interessen durch die Druckausübenden sein.[287] Beruht das Kündigungsbegehren auf objektiv nicht nachvollziehbaren Gründen, kann der betroffene Arbeitnehmer grundsätzlich den Arbeitsplatzverlust als kausale Schadensposition geltend machen. Zwar wurde die Kündigung unmittelbar durch den Arbeitgeber ausgesprochen. Entscheidend für die Frage der Kausalität des Schadenseintritts ist jedoch, dass dies allein aufgrund des Drucks der Dritten erfolgte.

Beruht das Druckkündigungsszenario auf einem ungerechtfertigten Entlassungsbegehren eines Kunden bzw. einer sonstigen betriebsexternen Person, sind Ansprüche des betroffenen Arbeitnehmers nur bei entsprechender Ausgestaltung der Geschäftsbeziehung im Einzelfall denkbar. Das Hauptaugenmerk liegt in solchen Konstellationen daher auf Ansprüchen aus unerlaubter Handlung.

c. § 823 Abs. 2 BGB i.V.m. §§ 185ff. StGB

Ein Anspruch gemäß § 823 Abs. 2 BGB setzt die Erfüllung des in einem Schutzgesetz normierten Tatbestandes voraus.[288] Die Straftatbestände der §§ 185ff. StGB erfüllen die Anforderungen an ein Schutzgesetz im Sinne der Norm.[289]

286 So auch *Riesenhuber*, JZ 1999, 711, 714; *Breucker*, NZA 2008, 1047, 1050; a.A. MüKo-BGB/*Gottwald*, Bd. II, § 328 BGB Rn. 149; Palandt/*Grüneberg* § 328 BGB Rn. 19; *Rahmstorf*, S. 134; *Liu*, S. 144.

287 S. hierzu bereits unter Kap. B. V. 2. a.

288 Palandt/*Sprau*, § 823 BGB Rn. 56; Jauernig/*Teichmann*, § 823 BGB Rn. 43ff.; MüKo-BGB/*Wagner*, Bd. V, § 823 BGB Rn. 346; zu der Definition eines Schutzgesetzes vgl. u.a. auch BGH 26.2.1993 – V ZR 74/92, MDR 1983, 540f.; BGH 11.1.2005 – VI ZR 34/04, VersR 2005, 515.

Darüber hinaus muss der geltend gemachte Schaden jedoch auch dem Schutzbereich der Norm unterfallen.[290] Der sachliche Schutzbereich wird in den typischen Fällen echter Druckkündigung regelmäßig nicht eröffnet sein. Die Straftatbestände der §§ 185ff. StGB dienen ausschließlich dem Schutz der Ehre und der Persönlichkeit des Tatopfers.[291] Soweit der Arbeitnehmer Schadensersatz für den Verlust seines Arbeitsplatzes begehrt, greift dieser Schutzzweck jedoch nicht ein.[292] Der Arbeitnehmer kann daher weder den Schaden, der ihm durch den Verlust des Arbeitsplatzes entstanden ist, noch die hierdurch verursachte Minderung seines Erwerbseinkommens geltend machen.[293]

Ersatzfähig im Sinne der Anspruchsgrundlage sind daher regelmäßig allenfalls immaterielle Schäden infolge einer etwaigen Beleidigungshandlung des Dritten. Hierbei ist zu beachten, dass der Druckausübende häufig keine Beleidigung unmittelbar gegenüber dem Arbeitnehmer aussprechen wird. Vielmehr kommt es entscheidend auf das Verhalten gegenüber dem Arbeitgeber an, da der Dritte seinen Unmut sowie sein Begehren in den typischen Druckkündigungsszenarien primär ihm gegenüber kommuniziert. Eine Beleidigung im Sinne des § 185 StGB muss jedoch auch nicht zwingend gegenüber dem Tatopfer geäußert werden. Der Straftatbestand erfasst auch Werturteile, die der Täter über den Betroffenen gegenüber einem Dritten äußert.[294] Die Tathandlung muss zudem nicht zwingend wörtlich oder schriftlich erfolgen. Möglich ist auch eine schlüssige Handlung, soweit die Erklärung für den Kenntnisnehmenden in ihrem beleidigenden Sinne verständlich ist.[295] Inhalt der Äußerung muss in jedem Fall eine Missachtung bzw. Nichtachtung des Opfers sein.[296]

Allein die Tatsache, dass der Druckausübende eine aus kündigungsrechtlicher Perspektive ungerechtfertigte Abberufung begehrt, bedeutet nicht zwangsläufig auch einen strafrechtlich relevanten Angriff auf die Ehre des betreffenden Arbeitnehmers. Maßgebend sind die Umstände des individuellen Druckkündigungsszenarios. So liegt beispielsweise eine Missachtung im Sinne des § 185

---

289 Vgl. Palandt/*Sprau*, § 823 BGB Rn. 69; st. Rspr.: u.a. BGH 17.5.1960 – VI ZR 90/59, BB 1960, 685; BAG 4.6.1998 a.a.O. (Fn. 261); BAG 18.1.2007 – 8 AZR 234/06; AP § 823 BGB Nr. 17.

290 Vgl. u.a. Palandt/*Sprau*, § 823 BGB Rn. 57; vgl. u.a. auch BGH 12.3.1968 – VI ZR 178/66, VersR 1968, 593; BAG 4.6.1998 a.a.O. (Fn. 261).

291 Vgl. *Fischer*, Vorb. § 185ff. StGB Rn. 1.

292 So auch BAG 4.6.1998 a.a.O. (Fn. 261); vgl. auch BAG 18.1.2007 a.a.O. (Fn. 289); *Schleusener*, NZA 1999, 1078, 1080; *Insam*, S. 111.

293 Vgl. BAG 4.6.1998 a.a.O. (Fn. 261); *Schleusener*, NZA 1999, 1078, 1079.

294 Vgl. u.a. *Fischer*, § 185 StGB Rn. 5f.

295 Vgl. *Fischer*, § 185 StGB Rn. 5; vgl. u.a. auch BGH 5.2.2009 – 4 StR 594/08, NStZ-RR 2009, 172.

296 Vgl. u.a. BGH 15.3.1989 – 2 StR 662/88, NJW 1989, 3028; *Fischer*, § 185 StGB Rn. 8.

StGB nahe, wenn sich aus der Formulierung des Entlassungsverlangens objektiv erkennbar ergibt, dass der Kündigungsdruck allein wegen der Ablehnung der sexuellen Identität des betreffenden Arbeitnehmers ausgeübt wird.[297]

In einem zweiten Schritt ist jedoch auch in solchen Konstellationen stets zu überprüfen, ob es sich bei der Äußerung des Druckausübenden tatsächlich um ein Werturteil handelt. Denn nur ein solches begründet im Falle der Kundgabe gegenüber dem Arbeitgeber den Tatbestand des § 185 StGB.[298] Stützt der Dritte seine Kündigungsforderung hingegen auf ehrverletzende Umstände, die dem Beweis zugänglich sind, kommt ein Ersatzanspruch aus § 823 Abs. 2 BGB nur im Falle der Erfüllung des § 186 StGB bzw. § 187 StGB in Betracht. Die Tatbestände der üblen Nachrede und der Verleumdung setzen die Behauptung einer nicht erweislich wahren bzw. einer unwahren Tatsache voraus.[299] Diese Anforderung ist jedoch in Druckkündigungsfällen nicht zwingend erfüllt. Insbesondere hängt die Durchsetzung der Entlassungsforderung regelmäßig nicht davon ab, dass der Druckausübende eine unwahre Tatsache behauptet. Ihn trifft insofern keine Pflicht zur Begründung seines Entlassungsbegehrens, sodass er im Falle verwerflicher Handlungsmotive auch nicht gezwungen ist, unwahre Gründe vorzuschieben. Demzufolge kommt ein Schadensersatzanspruch aus § 823 Abs. 2 BGB i.V.m. §§ 185ff. StGB nur bei entsprechender Fallgestaltung in Betracht.

d. § 823 Abs. 2 BGB i.V.m. § 240 StGB

Zwar kann auch § 240 StGB als Schutzgesetz im Sinne des § 823 Abs. 2 BGB qualifiziert werden,[300] jedoch fällt der Arbeitnehmer in Druckkündigungsfällen regelmäßig nicht in den persönlichen Schutzbereich des Strafgesetzes.[301] In der typischen Druckkündigungssituation richtet der Außenstehende seine Entlassungsforderung an den Arbeitgeber. Dieser wird durch die Androhung wirtschaftlicher Nachteile für seinen Betrieb unter Druck gesetzt. Selbst wenn die Druckausübung die materiellen Anforderungen einer Nötigung im Sinne des

---

297 S. hierzu ausführlich unter Kap. G. III. 2. d.

298 Vgl. u.a. *Fischer*, § 185 StGB Rn. 5; genauer zum Tatsachenbegriff s. nachfolgend unter Kap. B. V. 2. e; zur Abgrenzung Tatsache – Werturteil s. unter Kap. G. III. 2. d.

299 Zu den konkreten Voraussetzungen vgl. *Fischer*, § 186 StGB Rn. 2ff., § 187 StGB Rn. 2ff.; vgl. u.a. auch BGH 12.1.1960 – I ZR 30/58, BB 1960, 265.

300 Vgl. u.a. Palandt/*Sprau*, § 823 BGB Rn. 69; Erman/*Schiemann*, Bd. II, § 823 BGB Rn. 160; BGH 26.2.1962 – II ZR 22/61, NJW 1962, 910; BAG 18.1.2007 a.a.O. (Fn. 289).

301 So i.E. auch BAG 4.6.1998 a.a.O. (Fn. 261); *Schleusener*, NZA 1999, 1078, 1079; *Insam*, S. 111.

§ 240 StGB erfüllt, so ist Adressat dieser ausschließlich der Arbeitgeber.[302] Ein Anspruch des Arbeitnehmers gemäß § 823 Abs. 2 BGB i.V.m. § 240 StGB scheidet damit ebenfalls aus.

e. § 824 BGB

Ein Schadensersatzanspruch im Sinne des § 824 BGB kommt in Betracht, wenn der druckausübende Dritte unwahre Tatsachen behauptet, die geeignet sind, Nachteile für die gegenwärtige wirtschaftliche Stellung des Arbeitnehmers oder auch seine wirtschaftlichen Zukunftsaussichten herbeizuführen.[303] Hinsichtlich der Schädigungseignung und der Unwahrheit der Tatsache genügt bereits ein fahrlässiges Handeln des Dritten.[304]

Eine Tatsachenbehauptung zeichnet sich zunächst dadurch aus, dass sie sich auf konkrete, nach Zeit und Raum bestimmte, vergangene oder gegenwärtige Geschehnisse oder Zustände der Außenwelt und des menschlichen Seelenlebens bezieht.[305] Maßgebliches Abgrenzungskriterium zum Werturteil ist daher, ob der Aussagegehalt einer objektiven Klärung und damit dem Beweis zugänglich ist.[306] Die Abgrenzung gestaltet sich im Einzelfall schwierig, sodass bereits aus diesem Grund der Erfolg einer hierauf gestützten Klage als unsicher zu bewerten ist.[307] Zudem ist das Entlassungsbegehren in der Regel vom subjektiven Eindruck des Druckausübenden getragen. Die Beanstandungen werden daher häufig dem Beweis nicht zugänglich sein und müssen auf Grundlage der Meinungsfreiheit im Zweifel als Werturteile eingeordnet werden.[308]

Darüber hinaus wird sich der Außenstehende regelmäßig auch bedeckt halten und seine wahren Gründe für das Entlassungsbegehren nicht Preis geben.[309] So

---

302 Zu den konkreten Voraussetzungen des § 240 StGB vgl. *Fischer*, § 240 StGB Rn. 2ff.

303 Vgl. MüKo-BGB/*Wagner*, Bd. V, § 824 BGB Rn. 9; Palandt/*Sprau*, § 824 BGB Rn. 2ff.; Staudinger/*Hager*, § 824 BGB Rn. 5ff.

304 Vgl. Palandt/*Sprau*, § 824 BGB Rn. 10; MüKo-BGB/*Wagner*, Bd. V, § 824 BGB Rn. 43; Staudinger/*Hager*, § 824 BGB Rn. 11; vgl. u.a. auch BGH 25.4.1967 – VI ZR 208/65, MDR 1967, 753.

305 Vgl. Erman/*Schiemann*, Bd. II, § 824 BGB Rn. 2; Jauernig/*Teichmann*, § 824 BGB Rn. 4; Palandt/*Sprau*, § 824 BGB Rn. 2; BGH 25.11.1997 – VI ZR 306/96, NJW 1998, 1223; BGH 22.4.2008 – VI ZR 83/07, MDR 2008, 916, 917.

306 Vgl. u.a. BGH 30.1.1996 – VI ZR 386/94, NJW 1996, 1131, 1133; BGH 25.11.1997 a.a.O. (Fn. 305); BGH 24.1.2006 – XI ZR 384/03, NJW 2006, 830, 836; zur Abgrenzungsfrage s. auch unter Kap. G. III. 2. d.

307 So auch *Schleusener*, NZA 1999, 1078, 1080.

308 Vgl. zum weiten Meinungsbegriff Palandt/*Sprau*, § 824 BGB Rn. 4; *Schleusener*, NZA 1999, 1078, 1080.

309 Vgl. *Deinert*, RdA 2007, 275, 278.

kann ein Kunde beispielsweise zur Begründung seines Entlassungsbegehrens schlichtweg anführen, dass er mit dem betreffenden Arbeitnehmer nicht „auf einer Wellenlänge liege" und die weitere Zusammenarbeit mit diesem aufgrund der Antipathie ablehne. In einem solchen Fall ist der ausgeübte Entlassungsdruck zwar nach kündigungsrechtlichem Maßstab ungerechtfertigt, jedoch liegt dem Abberufungsverlangen keine unwahre Tatsachenbehauptung zugrunde. Insgesamt hängt die Erfüllung der Anspruchsvoraussetzungen von der individuellen Drucksituation ab. Wird das Entlassungsbegehren im konkreten Fall auf Tatsachen gestützt, so ist im Übrigen zu berücksichtigen, dass der Arbeitnehmer darlegungs- und beweisbelastet hinsichtlich der Unwahrheit der Behauptung und des Verschuldens des Dritten ist. Selbst bei Nachweis der Unwahrheit wird die Kenntnis bzw. fahrlässige Unkenntnis des Druckausübenden nicht vermutet.[310]

Es kann folglich festgehalten werden, dass § 824 BGB unter Umständen als Anspruchsgrundlage in Betracht kommt. Jedoch bestehen regelmäßig in prozessualer Hinsicht Darlegungs- und Beweisprobleme des Arbeitnehmers.

f. § 826 BGB

Der Tatbestand des § 826 BGB setzt zunächst einen Verstoß gegen die guten Sitten voraus. Ein solcher ist im Allgemeinen anzunehmen, wenn die Handlung gegen das Anstandsgefühl aller billig und gerecht Denkenden verstößt.[311]

In Druckkündigungsszenarien kommt ein Anspruch des Arbeitnehmers gegen den Dritten aus § 826 BGB grundsätzlich in Betracht, wenn Letzterer rechtswidrig die Entlassung des betreffenden Arbeitnehmers verursacht hat.[312] Wie bereits dargelegt, kann aber nicht unmittelbar von der fehlenden kündigungsschutzrechtlichen Rechtfertigung auf die Rechtwidrigkeit des Drittverhaltens im deliktischen Sinne geschlossen werden. Vielmehr ist stets eine getrennte und einzelfallbezogene Prüfung erforderlich. Als Leitlinie ist hierbei jedoch zu berücksichtigen, dass der Verlust des Arbeitsplatzes einen erheblichen Eingriff darstellt, sodass hohe Anforderungen an die Rechtfertigung der Motivation des Druckaus-

---

310 Jauernig/*Teichmann*, § 824 BGB Rn. 12; Palandt/*Sprau*, § 824 BGB Rn. 13; vgl. auch MüKo-BGB/*Wagner*, Bd. V, § 824 BGB Rn. 66.

311 Vgl. u.a. BGH 15.3.1990 – III ZR 248/88, NJW-RR 1990, 750, 751; BGH 19.7.2004 – II ZR 217/03, NJW 2004, 2668; 2670; BGH 18.12.2008 – VII ZR 201/06, NJW 2009, 835, 836; Palandt/*Sprau*, § 826 BGB Rn. 4; vgl. auch MüKo-BGB/Wagner, Bd. V, § 826 BGB Rn. 8ff.; Jauernig/*Teichmann*, § 826 BGB Rn. 3; Erman/*Schiemann*, Bd. II, § 826 BGB Rn. 3; Staudinger/*Oechsler*, § 826 BGB Rn. 24ff.

312 Vgl. BAG 18.9.1975 a.a.O. (Fn. 62); ErfK/*Oetker*, § 1 KSchG Rn. 187; *Steiner*, S. 285; vgl. auch Wertung i.R.v. § 104 BetrVG: *Fitting*, § 104 BetrVG Rn. 11; GK-BetrVG/*Raab*, § 104 BetrVG Rn. 23.

übenden zu stellen sind. Der Kündigungsdruck muss seinerseits durch objektiv nachvollziehbare Interessen des Dritten gerechtfertigt sein. Anderenfalls ist die Entlassung des Arbeitnehmers als unverhältnismäßig und somit als rechtswidrig einzustufen.[313] Das Vorliegen einer sittenwidrigen Schädigung ist folglich eine Frage der individuellen Druckkündigungssituation.

Darüber hinaus muss der Vorsatz des Dritten die Art und Richtung des Schadens sowie die gesamten Schadensfolgen umfassen.[314] Erforderlich ist ferner, dass der Druckausübende die tatsächlichen Umstände kennt, die sein Verhalten als sittenwidrig erscheinen lassen.[315] Diese Anforderung ist etwa im Falle eines Tatsachenirrtums nicht erfüllt. Nimmt der Außenstehende Umstände an, die bei tatsächlichem Vorliegen ein berechtigtes Interesse darstellen würden, ist eine sittenwidrige Schädigung zu verneinen.[316] Dies gilt grundsätzlich auch dann, wenn der Schädiger die tatsächlichen Verhältnisse grob fahrlässig verkennt.[317]

Zumeist wird der Dritte von der Berechtigung seiner Forderung ausgehen. Auch wenn seine Beweggründe nicht für eine personen- oder verhaltensbedingte Kündigung ausreichen, so sind sie häufig grundrechtlich verankert. So wird sich beispielsweise ein Kunde auf seine unternehmerische Handlungsfreiheit oder sich – ebenso wie etwa ein Arbeitskollege – auf seine Meinungsfreiheit berufen. Erst wenn der Arbeitnehmer persönlich angegriffen wird und die Belange des Druckausübenden nicht mehr objektiv nachvollziehbar sind, ist an ein sittenwidriges Vorgehen zu denken.

Folglich ist ein Anspruch aus § 826 BGB des Arbeitnehmers gegen den Druckausübenden nicht ausgeschlossen. In prozessualer Hinsicht ist die Darlegungs- und Beweislast des Beschäftigten als Geschädigter zu berücksichtigen.[318]

---

313 S. unter Kap. B. V. 2. a.

314 Vgl. MüKo-BGB/*Wagner*, Bd. V, § 826 BGB Rn. 25; Palandt/*Sprau*, § 826 BGB Rn. 10f.; Erman/*Schiemann*, Bd. II, § 826 BGB Rn. 15; Staudinger/*Oechsler*, § 826 BGB Rn. 75ff.

315 Vgl. u.a. BGH 6.6.1962 – V ZR 125/60, NJW 1962, 1766; BGH 27.3.1984 – VI ZR 246/81, WM 1984, 744,746; Palandt/*Sprau*, § 826 BGB Rn. 11.; *Schleusener*, NZA 1999,1078, 1080.

316 Vgl. *Schleusener*, NZA 1999, 1078, 1080; Palandt/*Sprau*, § 826 BGB Rn. 11; MüKo-BGB/*Wagner*, Bd. V, § 826 BGB Rn. 24; vgl. auch u.a. BGH 20.6.1963 – II ZR 185/61, NJW 1963, 1872, 1873; BGH 15.9.1999 – I ZR 98/97, DB 2000, 417, 418.

317 Vgl. BGH 6.6.1962 a.a.O. (Fn. 315); BGH 27.3.1984 a.a.O. (Fn. 315); vgl. auch MüKo-BGB/*Wagner*, Bd. V, § 826 BGB Rn. 27.

318 Vgl. MüKo-BGB/*Wagner*, Bd. V, § 826 BGB Rn. 47; Palandt/*Sprau*, § 826 BGB Rn. 18; vgl. u.a. auch BGH 19.7.2004 – II ZR 218/03, NJW 2004, 2664, 2667.

g. § 823 Abs. 1 BGB

Letztlich kann sich ein Anspruch des Arbeitnehmers auf Schadensersatz auch aus § 823 Abs. 1 BGB ergeben. Im Vergleich zu § 826 BGB ist für den Arbeitnehmer vorteilhaft, dass ein Vorgehen über § 823 Abs. 1 BGB – bei Vorliegen der übrigen Anspruchsvoraussetzungen – bereits im Falle leichter Fahrlässigkeit möglich ist.

§ 823 Abs. 1 BGB setzt zunächst eine Rechtsgutverletzung voraus. Als verletzte Rechtspositionen kommen in Fällen echter Druckkündigungen grundsätzlich das Recht am Arbeitsplatz sowie das zivilrechtliche allgemeine Persönlichkeitsrecht des betreffenden Arbeitnehmers in Betracht. Während letzteres in verfassungskonformer Anwendung und Auslegung der Generalklauseln als sonstiges Recht den Schutz der absoluten Rechte genießt,[319] ist dies bei dem Recht am Arbeitsplatz umstritten.[320]

aa. Recht am Arbeitsplatz als sonstiges Recht

(1) Rechtsprechung

Die Einordnung des Rechts am Arbeitsplatz als Schutzgut des § 823 Abs. 1 BGB wird von der Rechtsprechung des BAG nicht einheitlich bewertet. Während der 1. Senat in einer Entscheidung aus dem Jahre 1970 zur Anerkennung des Rechts tendiert hatte, nahm hingegen der 8. Senat in einer jüngeren Entscheidung eine ablehnende Haltung ein.[321] An letzt genannter Entscheidung haben sich auch Land- bzw. Oberlandesgerichte orientiert und eine Einordnung des Rechts am Arbeitsplatz als sonstiges Recht im Sinne des § 823 Abs. 1 BGB verneint.[322]

Der 8. Senat ließ erkennen, dass er weder das „Recht am Arbeitsplatz" im Sinne eines räumlich-gegenständlichen Bereichs, noch das „Recht am Arbeitsverhältnis" im Sinne eines alleinigen Verfügungsrechts des Arbeitnehmers als

---

319 Vgl. Palandt/*Sprau*, § 823 BGB Rn. 84; MüKo-BGB/*Wagner*, Bd. V, § 823 BGB Rn. 178; Jauernig/*Teichmann*, § 823 BGB Rn. 12; Erman/*Schiemann*, Bd. II, § 823 BGB Rn. 48; st. Rspr.: u.a. BGH 25.5.1954 – I ZR 211/53, BGHZ 13, 334ff.; BGH 1.12.1999 – I ZR 49/97, NJW 2000, 2195ff.; BGH 26.10.2006 – I ZR 182/04, NJW 2007, 689.

320 Vgl. eingehende Untersuchung von *Ebert*, S. 152.

321 Vgl. BAG 30.9.1970 – 1 AZR 535/69, AP § 70 BAT Nr. 2 (Tendenz wurde im Rahmen eines ober dictums aufgezeigt); BAG 4.6.1998 a.a.O. (Fn. 261), wobei das BAG im konkreten Fall die Frage offen gelassen hat.

322 So u.a. LG Frankfurt a.M. 26.10.1999 – 2/26 O 166/98, NJW-RR 2000, 831; OLG Koblenz 23.1.2003 – 5 U 13/03, NJW 2003, 1673.

absolutes Recht im Sinne von § 823 Abs. 1 BGB anerkennt.[323] Zur Begründung führte er die Relativität des Arbeitsverhältnisses an. Ein absolutes Recht im Sinne von § 823 Abs. 1 BGB sei dadurch gekennzeichnet, dass es nicht nur relativ in Bezug auf einzelne andere, sondern im Verhältnis zu allen anderen Personen existiere. Eine derartige Ausschlussfunktion könne dem Recht am Arbeitsplatz als Bündelung schuldrechtlicher Beziehungen der Arbeitsvertragsparteien nicht beigemessen werden. Die rechtlichen Schutzwirkungen des Arbeitsverhältnisses beträfen ausschließlich die Beziehung zum Arbeitgeber und seien damit nicht „absolut" im Sinne des § 823 Abs. 1 BGB.[324]

(2) Literatur

Die Literatur ist ebenfalls geteilter Auffassung. Grundlage des Meinungsstreits ist größtenteils der gesetzlich geregelte Fall einer Druckkündigung in § 104 BetrVG. Auch wenn die Befürworter eines Schadensersatzanspruchs das Recht am Arbeitsplatz jeweils auf unterschiedliche Weise definieren, berufen sie sich zur Begründung der Anerkennung dennoch vermehrt auf den Schutzgehalt des Art. 12 GG.[325] Verliere der Arbeitnehmer aufgrund einer echten Druckkündigung seine Arbeitsstelle, so müsse ihm wegen der Bedeutung des Arbeitsplatzes für seine Existenz ein Schadensersatzanspruch nach § 823 Abs. 1 BGB zustehen.[326] Der dem Arbeitnehmer zu ersetzende Schaden bestehe unter anderem in dem durch die Kündigung entgehenden Arbeitsentgelt.[327]

Die Gegenansicht verneint eine Einordnung als absolutes Recht unter Bezugnahme auf die Begründung des 8. Senats des BAG.[328] Auch sie führen an, dass § 823 Abs. 1 BGB nur sogenannte Jedermann-Rechte schütze und das Recht am

---

323 Vgl. BAG 4.6.1998 a.a.O. (Fn. 261); vgl. auch LG Frankfurt a.M. 26.10.1999 a.a.O. (Fn. 322).

324 Vgl. BAG 4.6.1998 a.a.O. (Fn. 261); vgl. auch OLG Koblenz 23.1.2003 a.a.O. (Fn. 322).

325 Vgl. hierzu ausführlich *Riesenhuber*, JZ 1999, 711, 715; *Edenfeld*, AP § 823 BGB Nr. 7 (Anm. zu BAG 4.6.1998 – 8 AZR 786/96); vgl. auch *Deinert*, AiB 1999, S. 112, 113 (Anm. zu BAG 4.6.1998 – 8 AZR 786/96); *Fitting*, § 104 BetrVG Rn. 11; KDZ/*Däubler*, § 626 BGB 174; KR/*Fischermeier*, § 626 BGB Rn. 209; KR/*Etzel*, § 104 BetrVG Rn. 74; *Schleusener*, NZA 1999, 1078, 1081.

326 So *Deinert*, AiB 1999, S. 112, 113 (Anm. zu BAG 4.6.1998 – 8 AZR 786/96); *Fitting*, § 104 BetrVG Rn. 11; KR/*Fischermeier*, § 626 BGB Rn. 209; so i.E. auch APS/*Dörner*, § 626 BGB Rn. 344; *Steiner*, S. 249ff., der maßgeblich auf die Arbeitsplatzbezogenheit des Eingriffs abstellt.

327 So KR/*Etzel*, § 104 BetrVG Rn. 74.

328 Vgl. *Riesenhuber*, JZ 1999, 711, 715f.; Palandt/*Sprau*, § 823 BGB Rn. 20; vgl. auch *Edenfeld*, AP § 823 BGB Nr. 7 (Anm. zu BAG 4.6.1998 – 8 AZR 786/96); GK/*Raab*, § 104 BetrVG Rn. 23.

Arbeitsplatz nicht als solches qualifiziert werden könne.[329] Bereits der Entstehungstatbestand in Form des Abschlusses eines Arbeitsvertrags stehe dem Normzweck des § 823 Abs. 1 BGB entgegen. Zudem müsse berücksichtigt werden, dass der Arbeitnehmer in kündigungsrechtlicher Hinsicht lediglich relativen Schutz erfahre, mit der Folge, dass das Recht am Arbeitsplatz nicht als absolutes Recht verstanden werden könne.[330]

(3) Stellungnahme

Allein der Umstand, dass das Recht am Arbeitsplatz durch den Abschluss eines Arbeitsvertrags begründet wird, schließt die Einordnung als absolutes Recht nicht aus.[331] So werden auch andere sonstige Rechte im Sinne des § 823 Abs. 1 BGB auf Grundlage einer relativen Vereinbarung begründet. Beispiele hierfür sind das Pfandrecht, der Nießbrauch oder die Dienstbarkeit an einer Sache.[332] Insoweit ist ein sachlicher Differenzierungsgrund nicht ersichtlich.

Zudem spricht der verfassungsrechtlich gewährleistete Schutz der Berufsfreiheit für eine Anerkennung des Rechts am Arbeitsplatz als absolutes Recht. Der Schutzbereich des Art. 12 GG umfasst das Recht auf freie Wahl des Arbeitsplatzes. Geschützt wird demnach auch der Einzelne in seinem Entschluss, eine konkrete Beschäftigungsmöglichkeit in dem gewählten Beruf fortzusetzen und somit ein Recht am Arbeitsplatz.[333] Diese grundrechtliche Wertung muss bei der Rechtsanwendung berücksichtigt werden.[334]

Auch legt die allgemeine Anerkennung des Rechts am eingerichteten und ausgeübten Gewerbebetrieb als sonstiges Recht im Sinne des § 823 Abs. 1 BGB eine entsprechende Beurteilung des Rechts am Arbeitsplatz nahe. Es ist kein sachlicher Grund erkennbar, der es rechtfertigen würde, die Erwerbstätigkeit des Unternehmers, nicht aber diejenige des Arbeitnehmers, zu schützen.[335] Dies bestätigt auch die sogenannte Schutzpflichtlehre des BVerfG. Hiernach enthalten Grundrechte zugleich eine Schutzpflicht des Staates, die dazu dient, etwaige

---

329 So u.a. *Edenfeld*, AP § 823 BGB Nr. 7(Anm. zu BAG 4.6.1998 – 8 AZR 786/96); *Riesenhuber*, JZ 1999, 711, 715f.

330 So *Riesenhuber*, JZ 1999, 711, 715f.

331 Ähnlich auch *Deinert*, AiB 1999, 112, 113 (Anm. zu BAG 4.6.1998 – 8 AZR 786/96).

332 Vgl. *Schleusener*, NZA 1999, 1078, 1081.

333 Vgl. *Deinert*, AiB 1999, 112, 113 (Anm. zu BAG 4.6.1998 – 8 AZR 786/96); *Schleusener*, NZA 1999, 1078, 1081; BVerfG 24.4.1991 – 1 BvR 1341/90, NJW 1991, 1667; Jarass/Pieroth-*Jarass*, Art. 12 GG Rn. 11; *Pieroth/Schlink*, § 21 Rn. 878/891.

334 Zur Ausstrahlungswirkung von Grundrechten auf das bürgerliche Recht vgl. u.a. BVerfG 15.1.1958 – 1 BvR 400/51, NJW 1958, 257; BVerfG 19.5.1992 – 1 BvR 126/85, NJW 1992, 2409ff.

335 So auch *Steiner*, S. 250f.

Verletzungen durch andere Grundrechtsträger zu verhindern.[336] Dem Gesetzgeber kommt bezüglich der Ausgestaltung und des Umfangs der Schutzpflicht grundsätzlich ein weiter Beurteilungsspielraum zu.[337] Begrenzt wird dieser jedoch durch das sogenannte Untermaßverbot, das sicherstellen soll, dass der Schutz im Einzelfall nicht uneffektiv bleibt.[338] In einem Arbeitsverhältnis hat der Arbeitgeber im Verhältnis zu seinen Arbeitnehmern regelmäßig eine wirtschaftlich überlegene Stellung inne.[339] Es fehlt insoweit an einem Kräftegleichgewicht der beteiligten Grundrechtsträger, sodass der Schutzverpflichtung aus Art. 12 GG besondere Bedeutung zukommt.[340] Verfügt der Arbeitgeber über grundrechtlich verbürgte Positionen eines Arbeitnehmers, müssen staatliche Regelungen ausgleichend eingreifen, um den Grundrechtsschutz des wirtschaftlich schwächeren Arbeitnehmers zu sichern.[341] Gerade in echten Druckkündigungsfällen tritt die strukturell unterlegene Position des Arbeitnehmers deutlich zu Tage. Obwohl dieser seine arbeitsvertraglichen Pflichten ordnungsgemäß erfüllt, ist der Arbeitgeber nach der Rechtsprechung des BAG aufgrund des Drucks befugt, das Arbeitsverhältnis zu beenden. Die staatliche Schutzverpflichtung gebietet daher eine Anerkennung des Rechts am Arbeitsplatz als Schutzgut im Sinne des § 823 Abs. 1 BGB.

Aber selbst wenn der Gegenansicht gefolgt und namentlich ein Recht am Arbeitsplatz als sonstiges Recht verneint würde, bestünde unabhängig davon zumindest die Möglichkeit einer Verletzung des allgemeinen Persönlichkeitsrechts.[342] Unstreitig soll der Arbeitsplatz nicht nur der wirtschaftlichen Absicherung, sondern auch der Persönlichkeitsentfaltung des jeweiligen Arbeitnehmers dienen.[343] Der Schutzbereich dieses allgemein anerkannten sonstigen Rechts im Sinne des § 823 Abs. 1 BGB muss folgerichtig zumindest als eröffnet angesehen werden, wenn der Arbeitnehmer seinen Arbeitsplatz ohne eigenes Zutun verliert.

---

336 Vgl. BVerfG 25.2.1975 – 1 BvF 1/74, NJW 1975, 573ff.; BVerfG 28.5.1993 – 2 BvF 2/90, NJW 1993, 1751ff. bzgl. Art. 2 Abs. 2 GG; BVerfG 7.2.1990 – 1 BvR 26/84, BB 1990, 440 bzgl. Art. 12 GG; vgl. auch KDZ/*Däubler*, Vorb. GG Rn. 13; ErfK/*Dieterich*, Einl. GG Rn. 38.

337 Vgl. u.a. BVerfG 28.5.1993 a.a.O. (Fn. 336); BVerfG 29.11.1995 – 1 BvR 2203/95, NJW 1996, 651.

338 Vgl. u.a. BVerfG 28.5.1993 a.a.O. (Fn. 336); ErfK/*Dieterich*, Einl. GG Rn. 38; ausführlich zum Untermaßverbot *Klein*, JuS 2006, 960.

339 Vgl. u.a. BVerfG 28.1.1992 – 1 BvR 567/89, NZA 1992, 270; BAG 30.10.1969 – 3 AZR 119/69, NJW 1970, 1145; BAG 23.9.2003 – 1 AZR 576/02, NZA 2004, 440ff.

340 Vgl. BVerfG 7.2.1990 – 1 BvR 26/84, BB 1990, 440.

341 Vgl. BVerfG 7.2.1990 a.a.O. (Fn. 340); vgl. auch KDZ/*Däubler*, Vorb. GG Rn. 14.

342 Ähnlich *Steiner*, S. 250f.; vgl. insoweit auch MüKo/*Wagner*, Bd. V, § 823 BGB Rn. 176; zum Begriff des privatrechtlichen Persönlichkeitsrechts vgl. MünchArbR/*Reichold*, § 86 Rn. 1ff.

343 Vgl. BAG 10.11.1955 a.a.O. (Fn. 259); vgl. u.a. auch HK/*Kreuder*, § 611 BGB Rn. 1.

Dafür spricht letztlich auch die anderenfalls bestehende Schutzlosigkeit des Arbeitnehmers im Rahmen einer Druckkündigungssituation. Geht man mit der Rechtsprechung von der Rechtmäßigkeit einer echten Druckkündigung aus, müssen dem betreffenden Beschäftigten zumindest Kompensationsmöglichkeiten auf sekundärer Ebene bleiben. Eine zusätzliche Versagung eines Anspruchs aus § 823 Abs. 1 BGB gegen den Dritten, der ein rechtswidriges Entlassungsbegehren verfolgt, würde den Arbeitnehmer jeglichen Reaktionspotenzials berauben.[344]

Zwar kommen in Druckkündigungsfällen, die von Kollegen ausgelöst werden, Ansprüche aus § 280 Abs. 1 BGB i.V.m. den Grundsätzen eines Vertrags mit Schutzwirkung zugunsten Dritter in Betracht, jedoch hängt die Annahme einer bestimmungsgemäßen Leistungsnähe vom konkreten Einzelfall ab. Zudem werden in Geschäftsbeziehungen zu betriebsexternen Personen Schutzwirkungen zugunsten der Beschäftigten nicht zwingend begründet.

Darüber hinaus kann eine Verweisung auf Ansprüche aus §§ 824 bzw. 826 BGB nicht als ausreichend angesehen werden, da diese, wie dargelegt, in der Praxis nur schwer beweisbar sind.[345]

bb. Rechtswidrige Verletzungshandlung

Maßgebliche Verletzungshandlung ist die im Wege der Druckausübung realisierte Entlassung des Arbeitnehmers. Anders als bei den absolut geschützten Rechten des § 823 Abs. 1 BGB wird allerdings bei der Verletzung eines sonstigen Rechts nicht von dem Verletzungserfolg auf die Rechtswidrigkeit der Handlung geschlossen.[346] Vielmehr ist die Rechtwidrigkeit sogenannter offener Verletzungstatbestände im Rahmen einer Gesamtabwägung sämtlicher Umstände des Einzelfalls – und damit auch losgelöst von einer kündigungsschutzrechtlichen Beurteilung – zu ermitteln.[347]

Wie bereits im Rahmen des § 826 BGB dargestellt, wird sich der Druckausübende häufig auf seine unternehmerische Handlungsfreiheit oder aber auf seine Meinungsfreiheit berufen. Letzt genanntes Grundrecht kann sogar das Recht umfassen, Dritte zum Boykott aufzurufen.[348] Das gegenüber dem Arbeitgeber geäußerte Entlassungsbegehren kann nach dem BAG durchaus mit der Wir-

344 So auch *Deinert*, AiB 1999, 112, 113 (Anm. zu BAG 4.6.1998 – 8 AZR 786/96).

345 Vgl. auch *Deinert*, AiB 1999, 112, 113 (Anm. zu BAG 4.6.1998 – 8 AZR 786/96).

346 Vgl. u.a. BAG 4.6.1998 a.a.O. (Fn. 261).

347 Vgl. u.a. BGH 21.6.1996 – VI ZR 261/64, JZ 1967, 174, 175; BAG 4.6.1998 a.a.O. (Fn. 261); BGH 11.3.2008 – VI ZR 189/06, NJW-RR 2008, 913ff.; BGH 17.11.2009 – VI ZR 226/08, VersR 2010, 220, 221 vgl. auch *Steiner*, S. 256.

348 Vgl. u.a. BVerfG 15.1.1958 a.a.O. (Fn. 334); BVerfG 15.11.1982 – 1 BvR 108/80, DB 1983, 171f.

kungsweise eines Boykottaufrufs verglichen werden.[349] Entscheidend für die Bejahung der Rechtswidrigkeit in haftungsrechtlicher Hinsicht ist somit die Wahrnehmung berechtigter Interessen durch den Druckausübenden.[350] Erst wenn seine Beweggründe nach objektivem Maßstab nicht mehr nachvollziehbar sind, ist von einer rechtswidrigen Verletzungshandlung im Sinne des § 823 Abs. 1 BGB auszugehen.[351] Dies ist wiederum vom konkreten Einzelfall abhängig.

3. Ergebnis

Soweit die echte Druckkündigung entsprechend der Voraussetzungen der Rechtsprechung als zulässig bewertet wird, ist die Bejahung eines Schadensersatzanspruchs des Arbeitnehmers gegen den Arbeitgeber nicht konsequent.[352]

Allerdings kommen je nach konkreter Fallgestaltung Schadensersatzansprüche des Arbeitnehmers gegen den Druckausübenden in Betracht. So kann im konkreten Einzelfall ein Anspruch aus §§ 280 Abs. 1, 241 Abs. 2 BGB i.V.m. den Grundsätzen des Vertrags mit Schutzwirkung zugunsten Dritter gegeben sein. Darüber hinaus kommen Ansprüche aus § 826 BGB und § 823 Abs. 1 BGB in Betracht. Sämtliche Ansprüche sind jedoch im Falle „echten“ Drucks problembehaftet. Eine Schutzwirkung zugunsten der Beschäftigten ist insbesondere in Kunden- bzw. Lieferantenbeziehungen häufig nicht angelegt, sodass vertragliche Ansprüche nicht zwingend greifen. Im Falle des § 826 BGB sind zudem mögliche Darlegungs- und Beweislastschwierigkeiten des Arbeitnehmers zu bedenken. Darüber hinaus setzt ein Anspruch aus § 823 Abs. 1 BGB die Anerkennung des Rechts am Arbeitsplatz als sonstiges Recht im Sinne der Norm voraus. Selbst wenn man nach hier vertretener Auffassung zumindest von der Eröffnung des Schutzbereichs des allgemeinen Persönlichkeitsrechts ausgeht, wird es dem Arbeitnehmer häufig Schwierigkeiten bereiten, die Rechtswidrigkeit der Verletzungshandlung zu beweisen. In jedem Fall ist die Motivation des Druckausübenden entscheidend für die Bejahung eines Schadensersatzanspruchs.

Die dargestellten Probleme im Rahmen des § 823 Abs. 1 BGB wirken sich in gleichem Maße auf die Beurteilung eines Unterlassungsanspruchs im Sinne des § 1004 Abs. 1 BGB aus. Auch hier ist eine Verletzung der von § 823 Abs. 1 BGB geschützten Rechtsgüter Grundvoraussetzung. Zudem entspricht das Fehlen einer Duldungspflicht im Sinne des § 1004 Abs. 2 BGB der Rechtswidrigkeit

---

349 Vgl. BAG 4.6.1998 a.a.O. (Fn. 261).

350 Vgl. BAG 4.6.1998 a.a.O. (Fn. 261); APS/*Dörner*, § 626 BGB Rn. 344.

351 S. unter Kap. B. V. 2. a.

352 So i.E. auch Erman/*Belling*, Bd. I, § 626 BGB Rn. 83.

der Rechtsgutbeeinträchtigung.[353] Insofern wird an dieser Stelle auf eine ausführliche Darstellung verzichtet. Eine solche erfolgt jedoch im Rahmen der Erörterung möglicher Abwehrmaßnahmen gegen diskriminierenden Entlassungsdruck.[354]

353 Vgl. u.a. Palandt/*Bassenge*, § 1004 BGB Rn. 34; MüKo-BGB/*Baldus*, Bd. VI, § 1004 BGB Rn. 90.

354 S. unter Kap. G. II. 1. b.

C. Druckkündigungsrechtlich relevante Grundlagen des AGG

Seit Inkrafttreten des AGG hat das Rechtsinstitut der Druckkündigung und die damit verbundene Beurteilung ihrer Wirksamkeitsvoraussetzungen neue Brisanz erfahren. Das Augenmerk liegt insbesondere auf Fällen, in denen das Entlassungsverlangen des druckausübenden Dritten verpönt motiviert ist bzw. diskriminierende Wirkungen entfaltet.

Wenn im Rahmen der nachfolgenden Untersuchung von einer „Druckkündigung mit diskriminierendem Hintergrund" die Rede ist, sind damit grundsätzlich Fälle gemeint, in denen die Druckkündigung ihre AGG-rechtliche Bedeutung infolge eines diskriminierenden Drittverhaltens erhält.[355]

Bevor letztlich die Frage einer rechtlichen Neubewertung der Rechtsfigur der Druckkündigung beantwortet werden kann, sind zunächst die konkreten Anforderungen für die Entstehung ihres diskriminierenden Gehaltes näher zu betrachten. Hierfür muss das Verhalten des Druckausübenden unter AGG-rechtlichen Gesichtspunkten untersucht werden. Nur auf diesem Wege kann ermittelt werden, ob er als potentieller Täter in den Anwendungsbereich des AGG fällt und wenn ja, welche Voraussetzungen sein Entlassungsbegehren erfüllen muss, um eine Diskriminierung im Sinne des AGG darzustellen. Insoweit sind insbesondere §§ 1 und 3 AGG von Bedeutung.

Ferner stehen die druckkündigungsrechtlich relevanten Bestimmungen der §§ 7 und 12 AGG im Vordergrund dieses Kapitels. Neben der Entstehungsgeschichte des AGG ist der jeweilige allgemeine Regelungsinhalt der benannten Vorschriften Anknüpfungspunkt für die spätere Untersuchung der Rechtmäßigkeit einer Druckkündigung mit diskriminierendem Hintergrund.

355 Im Falle „unechten" Drucks kann der diskriminierende Hintergrund zusätzl. auch i.R.d. Bestimmung des Kündigungsgrundes entstehen: s. hierzu ausführlich unter Kap. E. I.

I. Historischer Hintergrund

1. Antidiskriminierungsrichtlinien

Die Bestimmungen des AGG in ihrer konkreten Gestalt sind Resultat verschiedener europarechtlicher Richtlinien.[356] Diese sogenannten Antidiskriminierungsrichtlinien präzisieren den allgemeinen gemeinschaftsrechtlichen Gleichbehandlungsgrundsatz, der vom Europäischen Gerichtshof (EuGH) bereits seit den siebziger Jahren als ungeschriebenes Grundrecht der Gemeinschaft angesehen wird und dessen Bedeutung insbesondere in der sogenannten „Mangold"-Entscheidung des EuGH vom 22.11.2005 hervorgehoben wurde.[357] Zu Beginn der Entwicklung des Diskriminierungsschutzes der Europäischen Gemeinschaft standen Ungleichbehandlungen aufgrund des Geschlechts im Vordergrund.[358] Schon auf Grundlage des EWG-Vertrags von 1957 existierte hinsichtlich der Vergütung ein Verbot der Diskriminierung wegen des Geschlechts.[359] Konkretisiert wurde diese Norm durch die Richtlinien 75/117EWG[360] und

---

356 Grundlage waren die RL 2000/43/EG des Rates v. 29.6.2000 zur Anwendung des Gleichbehandlungsgrundsatzes ohne Unterschied der Rasse oder der ethnischen Herkunft (sog. Antirassismus-Richtlinie), die RL 2000/78/EG des Rates v. 27.11.2000 zur Festlegung eines allgemeinen Rahmens für die Verwirklichung der Gleichbehandlung in Beschäftigung und Beruf (sog. Rahmen-Richtlinie 2000/78/EG), die RL 2002/73/EG des Europäischen Parlaments und des Rates v. 23.9.2002 zur Änderung der Richtlinie 76/207/EWG des Rates zur Verwirklichung des Grundsatzes der Gleichbehandlung v. Männern u. Frauen hinsichtlich des Zugangs zur Beschäftigung, zur Berufsbildung und zum beruflichen Aufstieg sowie in Bezug auf die Arbeitsbedingungen (sog. Genderrichtlinie), nunmehr RL 2006/54/EG des Rates zur Verwirklichung des Grundsatzes der Chancengleichheit u. Gleichbehandlung v. Männern u. Frauen in Arbeits- u. Beschäftigungsfragen (Neufassung) v. 5.7.2006, sowie die RL 2004/113/EG des Rates v. 13.12.2004 zur Verwirklichung des Grundsatzes der Gleichbehandlung von Frauen und Männern beim Zugang zu und bei der Versorgung mit Gütern und Dienstleistungen; hinsichtl. des konkreten Inhalts der RL vgl. *Thüsing*, Europ. ArbR, § 3 Rn 50–105.

357 Vgl. EuGH 22.11.2005 – C–144/04 (Mangold), NJW 2005, 3695ff.; in dieser Entscheidung hat der EuGH die Frage aufgeworfen, ob das Verbot der Alterdiskriminierung als Ausprägung eines allgemeinen europarechtlichen Antidiskriminierungsgrundsatzes losgelöst von der Umsetzung durch den nationalen Gesetzgeber unmittelbare Wirkung zwischen den Bürgern entfalten kann; vgl. hierzu auch EuGH 19.10.1977 – C–117/76 (Ruckdeschel), Slg. 1977, 1753 Rn. 7; Däubler/Bertzbach-Brors, § 10 AGG Rn. 7; Rust/Falke-*Laskowski*, Einl. Rn. 354ff.

358 Vgl. *Busch/Kocher/Welkoborsky*, S. 30ff.; vgl. auch Däubler/Bertzbach-*Däubler*, Einl. Rn. 32–40.

359 Geregelt wurde dies in Art. 119 des EWG-Vertrags.

360 RL 75/117/EWG des Rates v. 10.2.1975 zur Angleichung der Rechtsvorschriften der Mitgliedstaaten über die Anwendung des Grundsatzes des gleichen Entgelts für Männer u. Frauen, ABl. EG Nr. L 45 S. 19.

76/207/EWG[361]. Letztere erweiterte den Anwendungsbereich des Benachteiligungsverbots auf sämtliche Beschäftigungsbedingungen sowie für den Zugang zur Beschäftigung bzw. Berufsbildung und für die Beendigung des Beschäftigungsverhältnisses. Insofern bestand bereits ab diesem Zeitpunkt ein umfassendes Diskriminierungsverbot zur Verwirklichung des Grundsatzes der Gleichbehandlung von Männern und Frauen.[362]

Im Jahr 2002 wurde die Richtlinie 76/207/EWG durch die Richtlinie 2002/73/EG[363] reformiert und sodann mit Wirkung vom 15.8.2009 durch die Richtlinie 2006/54/EG[364] ersetzt.[365]

Durch die am 13.12.2004 vom Rat erlassene Richtlinie 2004/113/EG[366] wurde zudem das Verbot der Geschlechtsdiskriminierung auf bestimmte Bereiche des Zivilrechts erweitert.[367]

Im Laufe der Zeit wurde der europäische Diskriminierungsschutz auch auf weitere verpönte Merkmale ausgedehnt. Insbesondere in den neunziger Jahren konnte in verschiedenen europäischen Ländern ein starker Anstieg rassistisch motivierter Gewalttaten beobachtet werden, mit der Folge, dass das Jahr 1997 zum „Europäischen Jahr gegen Rassismus" ausgerufen wurde.[368] Entsprechend wurde mit der Richtlinie 2000/43/EG[369] vom 29.6.2000 ein Benachteiligungsverbot hinsichtlich der Merkmale „Rasse" und „ethnische Herkunft" geschaffen.[370]

---

361 RL 76/207/EWG des Rates v. 9.2.1976 zur Verwirklichung des Grundsatzes des Gleichbehandlung v. Männern u. Frauen hinsichtlich des Zugangs zur Beschäftigung, zur Berufsbildung u. zum beruflichen Aufstieg sowie in Bezug auf die Arbeitsbedingungen, ABl. EG Nr. L 39 S. 40.

362 Vgl. ausführlich zur Rspr. des EuGH hinsichtl. Diskriminierungen wegen des Geschlechts *Busch/Kocher/Welkoborsky*, S. 30ff.

363 RL 2002/73/EG a.a.O. (Fn. 356), ABl. EG Nr. L 269 S. 15.

364 RL 2006/54/EG a.a.O. (Fn. 356), ABl. EG Nr. L 204/23; mit ihrer Umsetzung sind die ihr zugrundeliegenden RL 75/117/EWG, 76/207/EWG, 86/378/EWG u. 97/80/EG am 15.8.2009 außer Kraft getreten.

365 Vgl. *Thüsing*, Europ. ArbR, § 3 Rn. 12; *Thüsing*, Arbeitsrechtl. Diskriminierungsschutz, Rn. 17; *Bauer/Göpfert/Krieger*, Einl. 17.

366 RL 2004/113/EG a.a.O. (Fn. 356), ABl. EG Nr. L 373, S. 37.

367 Vgl. *Bauer/Göpfert/Krieger*, Einl. Rn. 16; *Busch/Kocher/Welkoborsky*, S. 34; hinsichtl. der Ausnahmen v. Geltungsbereich dieser RL vgl. Rudolf/Mahlmann-*Mahlmann*, § 3 Rn. 61.

368 *Busch/Kocher/Welkoborsky*, S. 33.

369 RL 2000/43/EG a.a.O. (Fn. 356), ABl. EG Nr. L 180 S. 22.

370 Vgl. *Bauer/Göpfert/Krieger*, Einl. Rn. 16; Schleusener/Suckow/Voigt-*Schleusener*, § 1 AGG Rn. 3; *Thüsing*, Europ. ArbR, § 3 Rn. 14: diese RL erfasst nicht nur das ArbeitsR, sondern auch „den Zugang zu und die Versorgung mit Gütern und Dienstleistungen, die der Öffentlichkeit zur Verfügung stehen, einschließlich Wohnraum".

Darüber hinaus folgte am 27.11.2000 die Richtlinie 2000/78/EG[371] zur Festlegung eines allgemeinen Rahmens für die Verwirklichung der Gleichbehandlung in Beschäftigung und Beruf. Diese sogenannte Rahmenrichtlinie erweiterte den Anwendungsbereich der Diskriminierungsverbote um die verpönten Merkmale „Alter“, „Behinderung“, „sexuelle Ausrichtung“, „Weltanschauung“ und „Religion“ im Bereich der öffentlichen und privaten Arbeitsbeziehungen.[372] Sie bildete gemeinsam mit den Richtlinien 2000/43/EG, 2002/73/EG und 2004/113/EG die Grundlage des AGG.[373] Diese verpflichteten den deutschen Gesetzgeber zur Umsetzung des Diskriminierungsschutzes im Bereich Beschäftigung und Beruf sowie im zivilrechtlichen Bereich und gaben hierfür entsprechende Definitionen für die unterschiedlichen Arten von Diskriminierung vor.[374] Ferner enthielten die Antidiskriminierungsvorgaben explizite Verpflichtungen zur Schaffung von wirksamen, verhältnismäßigen und abschreckenden Sanktionen bei Verstößen gegen das Gleichbehandlungsgebot.[375]

Sämtliche benannte Richtlinien fußen auf dem Selbstverständnis der Europäischen Union, nicht nur als Wirtschafts-, sondern auch als Wertegemeinschaft zu agieren.[376] Gesetzlich verwirklicht ist dieser Grundgedanke in der Bestimmung des Art. 19 des Vertrags über die Arbeitsweise der Union (AEUV), ex-Art. 13 des Vertrags zur Gründung der Europäischen Gemeinschaft (EGV).[377] Hiernach ist die Europäische Union ermächtigt, im Rahmen der ihr übertragenen Zuständigkeiten geeignete Vorkehrungen zu treffen, um Diskriminierungen auf Grund-

---

371 RL 2000/78/EG a.a.O. (Fn. 356), ABl. EG Nr. L 303 S. 16.

372 Diese RL erfasst im Gegensatz zur RL 2000/43/EG ausschließlich Arbeitsbeziehungen; vgl. Rudolf/Mahlmann-*Mahlmann*, § 3 Rn. 105; ausführlich zu den RL 2000/43/EG, 2000/78/EG u. ihren Auswirkungen auf das dt. ArbeitsR vgl. *Högenauer*, S. 83ff.

373 Vgl. u.a. Däubler/Bertzbach-*Däubler*, Einl. Rn. 3; *Nollert-Borasio/Perreng*, § 1 AGG Rn. 1, *Busch/Kocher/Welkoborsky*, S. 21f; *Rühl/Schmid/Viethen*, S. 1f.; Schleusener/Suckow/Voigt-*Schleusener*, § 1 AGG Rn. 2; vgl. ausführlich *Horn*, S. 23ff.

374 Im Bereich Beschäftigung u. Beruf hinsichtl. der Merkmale: Rasse, ethnische Herkunft, Religion, Weltanschauung, Behinderung, Alter, sexuelle Identität u. Geschlecht; im Bereich Zivilrechtsverkehr hinsichtl. der Merkmale: Rasse, ethnische Herkunft, Geschlecht, wobei die beiden erst benannten Merkmale sich auch auf das Sozialrecht erstrecken sollen; vgl. Schleusener/Suckow/Voigt-*Schleusener*, § 1 AGG Rn. 4/5.

375 Vgl. Art. 15 RL 2000/43/EG a.a.O. (Fn. 369), Art. 17 RL 2000/78/EG a.a.O. (Fn. 371), Art. 6, 8d RL 1976/207/EWG in der Fassung des Art. 1 RL 2002/73/EG a.a.O. (Fn. 363); s. hierzu auch ausführlich unter Kap. G. III.

376 *Boemke/Danko*, § 1 Rn. 3; vgl. auch Däubler/Bertzbach-*Blanke/Graue*, Einl. Rn. 196.

377 Vgl. *Husmann*, NZS 2010, 655, 656; *Thüsing*, Arbeitsrechtl. Diskriminierungsschutz, Rn. 16; *Richardi*, NZA 2006, 881, 881.

lage der verpönten Merkmale zu bekämpfen.[378] Die Norm entfaltet keine unmittelbare Wirkung, sondern stellt eine EU-Kompetenz zur Schaffung entsprechenden Sekundärrechts dar.[379] Ziel der Antidiskriminierungsrichtlinien war es demnach, diese Ermächtigung „mit Leben zu füllen".[380]

Insgesamt können den europäischen Vorgaben zwei grundlegende Regelungszwecke entnommen werden. Zum einen soll der Schutz des Einzelnen vor diskriminierenden Handlungen verstärkt werden. Zum anderen zielen die Vorgaben auf ein Umdenken in der Gesellschaft hin, um Diskriminierungen bereits präventiv zu verhindern.[381]

2. Konkrete Umsetzung in der Bundesrepublik Deutschland

Durch das AGG hat das deutsche Arbeitsrecht eine zusätzliche europarechtliche Prägung erhalten.[382] Allerdings gestaltete sich die nach Art. 249 EGV, jetzt Art. 288 AEUV, erforderliche Umsetzung der Richtlinien in das nationale Recht zunächst schwierig.[383]

Für die Richtlinie 2000/43/EG galt eine Umsetzungsfrist bis zum 19.7.2002, für die Richtlinie 2000/78/EG bis zum 2.12.2003 bzw. hinsichtlich des Merkmals „Alter" bis zum 3.12.2006. Die Richtlinien 2002/73/EG und 2004/113/EG sahen ferner Fristen bis zum 5.10.2005 bzw. 21.12.2007 vor.[384]

Nachdem zunächst der Vorschlag getrennter Gesetze zum Schutz vor Diskriminierungen in den Bereichen „Beschäftigung und Beruf" und „Zivilrechtsverkehr" verworfen worden war,[385] legte die Bundesregierung sodann im Jahr 2004

378 *Boemke/Danko*, § 1 Rn. 3; *Schrader/Schubert*, Rn. 32; vgl. auch *Thüsing*, Europ. ArbR, § 3 Rn. 15; *Rühl/Schmid/Viethen*, S. 1; *Richardi*, NZA 2006, 881, 881; vgl. ausführlich hierzu *Högenauer*, S. 74ff.

379 Vgl. u.a. Rudolf/Mahlmann-*Mahlmann*, § 3 Rn. 54.

380 So *Thüsing*, Europ. ArbR, § 3 Rn. 14/15; *Thüsing*, Arbeitsrechtl. Diskriminierungsschutz, Rn. 15; *Thüsing*, ZfA 2001, 397; zur weiteren Entwicklung des Diskriminierungsschutzes auf EU-Ebene (insbes. im Hinblick auf Art. 21 der EU-Grundrechtscharta).

381 Wendeling-Schröder/Stein-*Wendeling/Schröder*, Einl. Rn. 2.

382 Vgl. *Thüsing*, ZfA 2001, 397; Däubler/Bertzbach-*Däubler*, Einl. Rn. 5; zum Diskriminierungsschutz vor Inkrafttreten des AGG vgl. auch *Boemke/Danko*, § 1 Rn. 4ff.

383 *Boemke/Danko*, § 1 Rn. 8; *Thüsing*, Arbeitsrechtl. Diskriminierungsschutz, Rn. 18; Wendeling-Schröder/Stein-*Wendeling-Schröder*, Einl. Rn. 11.

384 Vgl. Auflistung in Rust/Falke-*Rust*, Einl. Rn. 273; vgl. auch *Bauer/Göpfert/Krieger*, Einl. Rn. 20.

385 Vgl. Wendeling-Schröder/Stein-*Wendeling-Schröder*, Einl. Rn. 13.

den Entwurf eines einheitlichen Antidiskriminierungsgesetzes vor.[386] Dieser wurde nach einigen Änderungen am 17.6.2005 durch den Bundestag als sogenanntes „Gesetz zum Schutz vor Diskriminierung" und damit als einheitliches „Antidiskriminierungsgesetz" (ADG) verabschiedet. [387] Allerdings durchlief das ADG aufgrund vorgezogener Neuwahlen nicht mehr den Bundesrat.[388] Die Veränderung der Mehrheitsverhältnisse im Bundestag sowie der Grundsatz der sachlichen Diskontinuität führten zur formellen Erledigung des konkreten Gesetzesvorhabens.[389]

Infolge des fruchtlosen Ablaufs der europarechtlichen Umsetzungsfristen hinsichtlich der Richtlinien 2000/43/EG und 2000/78/EG stellte der EuGH im Jahr 2005 bezüglich der Antirassismus-Richtlinie sowie im Jahr 2006 bezüglich der Rahmenrichtlinie jeweils einen Verstoß Deutschlands gegen die Verpflichtung zur Umsetzung fest.[390] Aufgrund drohender Zwangsgelder wurde letztlich am 29.6.2006 das „Allgemeine Gleichbehandlungsgesetz" (AGG) verabschiedet,[391] welches zum 18.8.2006 in Kraft getreten ist.[392] Es bildet den Art. 1 des Gesetzes zur Umsetzung europäischer Richtlinien zur Verwirklichung der Gleichbehandlung vom 14.8.2006 und damit den Hauptbestandteil eines Artikelgesetzes.[393]

Bis auf wenige Ausnahmen entspricht das AGG dem 2005 verabschiedeten ADG.[394] Die Zielvorgaben der Antidiskriminierungsrichtlinien wurden vom deutschen Gesetzgeber im Hinblick auf die verpönten Merkmale vollumfänglich

---

386 Vgl. ausführlich hierzu *Busch/Kocher/Welkoborsky*, S. 21f.; *Thüsing*, Arbeitsrechtl. Diskriminierungsschutz, Rn. 18.

387 Vgl. BT-Drs. 15/4538.

388 Vgl. *Bauer/Göpfert/Krieger*, Einl. Rn. 31; *Boemke/Danko*, § 1 Rn. 8; vgl. im Einzelnen zur Entstehungsgeschichte: Däubler/Bertzbach-*Däubler*, Einl. Rn. 8ff; *Rühl/Schmid/Viethen*, S. 4ff. (eingeteilt in Legislaturperioden).

389 Vgl. Schleusener/Suckow/Voigt-*Schleusener*, § 1 AGG Rn. 1; *Boemke/Danko*, § 1 Rn. 8; vgl. auch *Klumpp*, NZA 2005, 848ff.

390 Vgl. EuGH 28.4.2005 – C–329/04, EuZW 2005, 444 sowie EuGH 23.2.2006 – C–43/05, EuZW 2006, 216; vgl. *Bauer/Göpfert/Krieger*, Einl. Rn. 22.

391 Abstimmungsergebnis in beiden Abstimmungen (zweite u. dritte Lesung): 443 Ja-Stimmen, 111 Nein-Stimmen u. 17 Enthaltungen, Plenumsprotokoll 16/43, S. 4038ff.; vgl. Wendeling-Schröder/Stein-*Wendeling-Schröder*, Einl. Rn. 14.

392 BGBl. I S. 1879; zu den Änderungen des AGG nach Inkrafttreten vgl. *Bauer/Göpfert/Krieger*, Einl. Rn. 32a; Rust/Falke-*Rust*, Einl. Rn. 423; *Rühl/Schmid/Viethen*, S. 1; *Freckmann*, BB 2007, 1049.

393 Vgl. *Rühl/Schmid/Viethen*, S. 1; *Thüsing*, Arbeitsrechtl. Diskriminierungsschutz, Rn. 19; *Hanau*, ZIP 2006, 2189.

394 *Boemke/Danko*, § 1 Rn. 8; vgl. auch Däubler/Bertzbach-*Däubler*, Einl. Rn. 10; *Busch/Kocher/Welkoborsky*, S. 22.

übernommen.[395] Entsprechend bezweckt das AGG im Arbeitsrecht gemäß § 1 den Schutz vor Benachteiligungen „aus Gründen der Rasse oder wegen der ethnischen Herkunft, des Geschlechts, der Religion oder Weltanschauung, einer Behinderung, des Alters oder der sexuellen Identität".[396] Verwirklicht wird der Diskriminierungsschutz durch das Benachteiligungsverbot, welches für das Arbeitsrecht in § 7 AGG und für den Zivilrechtsverkehr in § 19 AGG festgelegt ist.[397]

II. Geltungsbereich des AGG

Der sachliche Anwendungsbereich des AGG wird durch § 2 AGG festgelegt. Hiernach erstrecken sich die Diskriminierungsverbote des AGG unter anderem auf Benachteiligungen in Bezug auf Beschäftigungs- und Arbeitsbedingungen einschließlich Arbeitsentgelt und Entlassungsbedingungen, insbesondere in individual- und kollektivrechtlichen Vereinbarungen und Maßnahmen bei der Durchführung und Beendigung eines Beschäftigungsverhältnisses sowie beim beruflichen Aufstieg (§ 2 Abs. Abs. 1 Nr. 2 AGG).[398]

Darüber hinaus legt § 6 Abs. 1 AGG den persönlichen Schutzbereich des arbeitsrechtlichen Benachteiligungsverbots fest.[399] Geschützt werden hiernach Beschäftigte. Neben Arbeitnehmern fasst der Gesetzgeber unter diesen Begriff auch andere Dienstverpflichtete, wie etwa Auszubildende und Personen, die wegen ihrer wirtschaftlichen Unselbstständigkeit als arbeitnehmerähnliche Personen anzusehen sind. Gemäß § 6 Abs. 2 AGG fallen auch Bewerber für ein Beschäftigungsverhältnis sowie Personen, deren Beschäftigungsverhältnis beendet ist, unter den Geltungsbereich des 2. Abschnitts des AGG.[400]

---

395 Vgl. *Schrader/Schubert*, Rn. 39; für den Zivilrechtsverkehr erfolgt eine Erweiterung der europarechtlichen Vorgaben auf sämtliche verpönten Merkmale im Sinne des § 1 AGG (ausgenommen „Weltanschauung), s. § 19 AGG.

396 Vgl. u.a. Rust/Falke-*Rust*, § 1 AGG Rn. 2; Däubler/Bertzbach-*Däubler*, Einl. Rn. 1; *Bauer/Göpfert/Krieger*, Einl. Rn. 2; *Richardi*, NZA 2006, 881, 882; vgl. auch *Willemsen/Schweibert*, NJW 2006, 2583, 2583.

397 *Bauer/Göpfert/Krieger*, Einl. Rn. 8; vgl. auch *Rühl/Schmid/Viethen*, S. 14.

398 Vgl. Rust-Falke-*Rust*, § 7 AGG Rn. 5; Wendeling-Schröder/Stein-*Wendeling-Schröder*, § 7 AGG Rn. 8; vgl. auch *Annuß*, BB 2006, 1629, 1630; *Willemsen/Schweibert*, NJW 2006, 2583, 2584.

399 Vgl. u.a. ErfK/*Schlachter*, § 6 AGG Rn. 1; *Willemsen/Schweibert*, NJW 2006, 2583, 2584.

400 Vgl. Däubler/Bertzbach-*Schrader/Schubert*, § 6 AGG Rn. 21bff.; Schleusener/Suckow/Voigt-*Schleusner*, § 6 AGG Rn. 13f.; *Thüsing*, Arbeitsrechtl. Diskriminierungsschutz, Rn. 117; *Preis*, IndividualArbR § 34 II. 4. b.

Eine Begrenzung des Täterkreises sieht das AGG im Hinblick auf das arbeitsrechtliche Diskriminierungsverbot bzw. die Benachteiligungstatbestände hingegen nicht vor.[401] Zwar wird in § 6 Abs. 2 AGG der Begriff des Arbeitgebers explizit definiert, jedoch kann hieraus nicht zugleich auf eine ausschließliche Passivlegitimation seiner Person geschlossen werden. Auch § 7 AGG ist seinem Wortlaut nach nicht auf den Arbeitgeber oder etwa Vorgesetzte beschränkt. Daneben verdeutlicht insbesondere der Regelungsgehalt des § 12 Abs. 4 AGG, dass Beschäftigte innerhalb ihres Arbeitsumfeldes auch diskriminierenden Handlungen betriebsexterner Dritter ausgesetzt sein können. Der Wortlaut des AGG spricht daher insgesamt für eine weite Auslegung des potentiellen Täterkreises.

Bestätigt wird dies auch durch die Gesetzesbegründung. Der nationale Gesetzgeber betont in ihr, dass sich das arbeitsrechtliche Benachteiligungsverbot nicht nur an den Arbeitgeber, sondern auch an Arbeitskollegen und Dritte, wie beispielsweise Kunden des Arbeitgebers richtet.[402] Da § 7 AGG zwingend die Erfüllung eines Benachteiligungstatbestandes im Sinne des § 3 AGG voraussetzt, muss folgerichtig auch davon ausgegangen werden, dass Dritte je nach Einzelfall in der Lage sind, die Handlungsformen des § 3 AGG zu verwirklichen.

Ferner verdeutlicht der konkrete Regelungsgehalt des § 7 Abs. 3 AGG, dass die Einbeziehung von Dritten in den Geltungsbereich des Diskriminierungsverbots nicht als unverbindlicher Aufruf zu verstehen ist.[403] Die Regelung knüpft ausdrücklich rechtliche Folgen an diskriminierende Verhaltensweisen von Beschäftigten und stellt sie zumindest insoweit dem Arbeitgeber gleich. Vor dem Hintergrund, dass der Gesetzgeber Kunden im Rahmen der Gesetzesbegründung ausdrücklich als Adressaten des Diskriminierungsverbotes aufgeführt hat, muss auch im Falle verpönter Verhaltensweisen betriebsexterner Personen von einer rechtsverbindlichen Verpflichtung ausgegangen werden.[404]

Diese Beurteilung entspricht auch den europäischen Vorgaben. So geht insbesondere aus Art. 2 Abs. 2 b) ii) der Richtlinie 2000/78/EG unmissverständlich hervor, dass sich die Richtlinie neben dem Arbeitgeber auch an weitere Personen richtet. Würden Arbeitskollegen oder Kunden aus dem Anwendungsbereich der Benachteiligungstatbestände bzw. des arbeitsrechtlichen Diskriminierungsverbotes ausgeklammert, wäre zudem die europäische Vorgabe eines umfassenden

---

401 So i. E. auch *Bauer/Göpfert/Krieger*, § 7 AGG Rn. 6; *Nollert-Borasio/Perreng*, § 7 AGG Rn. 4; Schleusener/Suckow/Voigt-*Schleusener*, § 7 AGG Rn. 4; Wendeling-Schröder/Stein-*Wendeling-Schröder*, § 7 AGG Rn. 7; vgl. auch *Annuß*, BB 2006, 1629, 163.; anders hingegen *Adomeit/Mohr*, § 12 AGG Rn. 42; *Preis*, IndividualArbR § 34 II. 4. b.

402 Vgl. BT-Drs. 16/1780, S. 34.

403 Vgl. Däubler/Bertzbach-*Däubler*, § 7 AGG Rn. 294; *Wank*, Sonderbeilage NZA 2004/Heft 22, 16, 17.

404 Vgl. KDZ/*Zwanziger*, 7. Aufl., § 7 AGG Rn. 8.

Schutzes von Beschäftigten vor Benachteiligungen im Arbeitsleben nicht gewahrt. So bestätigt insbesondere die Situation einer Druckkündigung, dass auch Außenstehende in der Lage sind, in bestehende Arbeitsverhältnisse zum Nachteil der betroffenen Beschäftigten einzugreifen.[405]

Folglich ist davon auszugehen, dass sich das arbeitsrechtliche Diskriminierungsverbot des AGG nicht nur verbindlich an den Arbeitgeber, sondern auch an sämtliche Dritte richtet, welche die tatbestandlichen Voraussetzungen des § 3 AGG erfüllen.[406]

III. Die verpönten Merkmale im Überblick (§ 1 AGG)

Ob eine Druckkündigung im konkreten Fall einen diskriminierenden Hintergrund aufweist, hängt häufig maßgeblich von der Motivation des Dritten ab. Um den Anwendungsbereich des AGG zu eröffnen, muss diese zumindest auf einem der in § 1 AGG abschließend genannten Gründe beruhen. Insofern ist ein Überblick über die einzelnen Definitionen der verpönten Merkmale für die Beurteilung des diskriminierenden Gehalts einer Druckkündigung unerlässlich.

1. Rasse und ethnische Herkunft

Weder das EU-Recht noch das AGG gehen davon aus, dass tatsächlich verschiedene Rassen existieren.[407] Dementsprechend ist mit dem Begriff „Rasse" im Sinne des § 1 AGG die durch Vorurteile geprägte Vorstellung über Rassen und deren spezifische Eigenschaften gemeint.[408] Zur Präzisierung des Merkmals wird daher vielfach auf das Internationale Übereinkommen zur Beseitigung jeder Form von Rassendiskriminierung vom 7.3.1996[409] zurückgegriffen.[410] „Rassen-

---

405 S. hierzu ausführlich nachfolgend unter Kap. C. IV. 2.

406 So i.E. auch *Bauer/Göpfert/Krieger*, § 7 AGG Rn. 6; *Nollert-Borasio/Perreng*, § 7 AGG Rn. 4; Schleusener/Suckow/Voigt-*Schleusener*, § 7 AGG Rn. 4; Wendeling-Schröder/Stein-*Wendeling-Schröder*, § 7 AGG Rn. 7; vgl. auch *Annuß*, BB 2006, 1629, 1630; *Wank*, Sonderbeilage NZA 2004/Heft 22, 16, 17; anders hingegen *Adomeit/Mohr*, § 12 AGG Rn. 42.

407 KDZ/*Zwanziger*, 7. Aufl., § 1 AGG Rn. 20; *Bauer/Göpfert/Krieger*, § 1 AGG Rn. 14; vgl. auch *Rühl/Schmid/Viethen*, S. 21.

408 Däubler/Bertzbach-*Däubler*, § 1 AGG Rn. 23; KDZ/*Zwanziger*, 7. Aufl., § 1 AGG Rn. 20.

409 Convention for the Elimination of All Forms of Radical Discrimination – CERD; von der Bundesrepublik durch Gesetz vom 9.5.1969, BGBl. II 1969 S. 961, ratifiziert.

diskriminierung“ ist hiernach jede auf der Rasse, Hautfarbe, der Abstammung, dem nationalen Ursprung oder dem Volkstum beruhende Unterscheidung.[411] In den Anwendungsbereich des AGG fallen dementsprechend Ungleichbehandlungen wegen der Hautfarbe oder anderer körperlicher Merkmale, die mit einer bestimmten, nach biologischen Kriterien definierten Gruppe von Menschen in Verbindung gebracht werden.[412]

Der Begriff „ethnische Herkunft“ kann als Zugehörigkeit zu einer Gruppe von Menschen, die kulturell, sozial und historisch eine Einheit bilden, definiert werden.[413] Die ethnische Abstammung umfasst jedoch nicht die Staatsangehörigkeit einer Person, es sei denn, diese wird erkennbar nur vorgeschoben.[414] Bei einer scheinbar allein auf die Staatsangehörigkeit bezogenen Differenzierung ist daher zu überprüfen, ob für diese nicht in Wirklichkeit die Zugehörigkeit zur Volks- und Kulturgemeinschaft tragend ist.[415]

2. Geschlecht

Der Begriff des Geschlechts umfasst die biologische Zuordnung zu einer Geschlechtsgruppe, nicht die sexuelle Ausrichtung der Betroffenen. Neben dem weiblichen und männlichen Geschlecht erfasst § 1 AGG auch zwischengeschlechtliche Menschen.[416] Darüber hinaus fallen nach der Rechtsprechung des EuGH auch Transsexuelle in den Anwendungsbereich des Merkmals.[417]

---

410 Vgl. u.a. Schleusener/Suckow/Voigt-*Schleusener*, § 1 AGG Rn. 41; Däubler/Bertzbach-*Däubler*, § 1 AGG Rn. 27; Rust/Falke-*Rust*, § 1 AGG Rn. 15; *Thüsing*, Arbeitsrechtl. Diskriminierungsschutz, Rn. 177; vgl. auch *Schiek*, AuR 2003, 44, 45.

411 Vgl. Art. 1. Abs. 1 CERD; vgl. auch Schleusener/Suckow/Voigt-*Schleusener*, § 1 AGG Rn. 41.

412 Rudolf/Mahlmann-*Voggenreiter*, § 8 Rn. 23.

413 Rust/Falke-*Rust*, § 1 AGG Rn. 20; vgl. auch Schleusener/Suckow/Voigt-*Schleusener*, § 1 AGG Rn. 42; *Schiek*, AuR 2003, 44, 46.

414 Vgl. Art. 3 Abs. 2 RL 2000/43/EG a.a.O. (Fn. 369); vgl. auch *Rühl/Schmid/Viethen*, S. 22; Schleusener/Suckow/Voigt-*Schleusener*, § 1 AGG Rn. 44.

415 Däubler/Bertzbach-*Däubler*, § 1 AGG Rn. 34; Schleusener/Suckow/Voigt-*Schleusener*, § 1 AGG Rn. 44; Rust/Falke-*Rust*, § 1 AGG Rn. 19.

416 Str. ist die Zuordnung zu „Geschlecht“ bzw. „sexuelle Identität“ bei Benachteiligungen zwischengeschlechtlicher Menschen u. Transsexuellen; vgl. Däubler/Bertzbach-*Däubler*, § 1 AGG Rn. 45; ErfK/*Schlachter*, § 1 AGG Rn. 5; *Bauer/Göpfert/Krieger*, § 1 AGG Rn. 25; *Rühl/Schmid/Viethen*, S. 22.

417 Vgl. EuGH 7.1.2004 – C–117/01, NJW 2004, 1440; vgl. auch *Thüsing*, Arbeitsrechtl. Diskriminierungsschutz, Rn. 182; für die Anwendung des Merkmals „sexuelle Identität“ ErfK/*Schlachter*, § 1 AGG Rn. 5.

3. Religion und Weltanschauung

Hinsichtlich der Begriffsbestimmungen der Merkmale „Religion“ und „Weltanschauung“ kann sich an der höchstrichterlichen Rechtsprechung zu Art. 4 GG orientiert werden.[418] Hiernach sind die Begriffe „Religion“ und „Weltanschauung“ als eine mit der Person des Menschen verbundene Gewissheit über bestimmte Aussagen zum Weltganzen sowie zur Herkunft und zum Ziel des menschlichen Lebens zu verstehen.[419] Die Religion legt eine den Menschen überschreitende und damit transzendentale Wirklichkeit zugrunde, während sich die Weltanschauung auf innerweltliche Bezüge beschränkt.[420]

Das Merkmal „Religion“ zielt im Allgemeinen auf die Zugehörigkeit zu einer religiösen Gemeinschaft ab. Geschützt wird der Einzelne in dem Recht, seine Überzeugungen den Anforderungen der Religion entsprechend zu praktizieren.[421] Bei einer Weltanschauung hingegen kommt es auf die Zugehörigkeit zu einer Gemeinschaft nicht an. Vielmehr genügen die subjektiv individuellen Vorstellungen, soweit diese eine Weltsicht widerspiegeln.[422] Allgemeine Überzeugungen, die keine Aussage zum Weltganzen enthalten, liegen außerhalb des Schutzbereichs.[423]

---

418 Vgl. *Bauer/Göpfert/Krieger*, § 1 AGG Rn. 27; Schleusener/Suckow/Voigt-*Schleusener*, § 1 AGG Rn. 49.

419 Vgl. BAG 22.3.1995 – 5 AZB 21/94, NJW 1996, 143; ErfK/*Schlachter*, § 1 AGG Rn. 7; Schleusener/Suckow/Voigt-*Schleusener*, § 1 AGG Rn. 49.

420 Vgl. u.a. BVerfG 19.10.1971 – BvR 387/65, JZ 1972, 83; BAG 22.3.1995 a.a.O. (Fn. 419); vgl. auch *Thüsing*, Arbeitsrechtl. Diskriminierungsschutz, Rn. 17; Rust/Falke-*Rust*, § 1 AGG Rn. 65; Schleusener/Suckow/Voigt-*Schleusener*, § 1 AGG Rn. 49.

421 Vgl. Däubler/Bertzbach-*Däubler*, § 1 AGG Rn. 55; ErfK/*Schlachter*, § 1 AGG Rn. 7; vgl. auch BVerfG 19.10.1971 a.a.O. (Fn. 420); vgl. ausführlich zu Problematik der kleinen Organisationen Däubler/Bertzbach-*Däubler*, § 1 AGG Rn. 53f.

422 So auch ErfK/*Schlachter*, § 1 AGG Rn. 8; vgl. auch *Bauer/Göpfert/Krieger*, § 1 AGG Rn. 30; *Rühl/Schmid/Viethen*, S. 24; a.A. *Hanau*, ZIP 2006, 2189, 2190f., nach dem im Richtlinientext ein engerer Zusammenhang von „Religion und Weltanschauung“ als im GG vorgesehen sei, da diese vom Richtliniengeber zu einem Merkmal zusammengefasst worden seien; *Hanau* versteht „Weltanschauung“ im AGG-rechtlichen Kontext daher lediglich als Alternative oder Ersatz für „Religion“.

423 Vgl. *Rühl/Schmid/Viethen*, S. 24; *Bauer/Göpfert/Krieger*, § 1 AGG Rn. 32.

4. Behinderung

Der Begriff „Behinderung“ kann in Anlehnung an § 2 Abs. 1 SGB IX bestimmt werden.[424] Hiernach weisen Menschen eine Behinderung auf, wenn ihre „körperliche Funktion, geistige Fähigkeit oder seelische Gesundheit mit hoher Wahrscheinlichkeit länger als sechs Monate von dem für ihr Alter typischen Zustand abweichen und daher ihre Teilhabe am Leben in der Gesellschaft beeinträchtigt ist.[425] Im Gegensatz zum Diskriminierungsverbot des § 81 Abs. 2 SGB IX erfasst das AGG nicht nur Schwerbehinderte, sondern schützt sämtliche Behinderte.[426]

5. Alter

Das Merkmal „Alter“ meint das biologische Alter im Sinne der vergangenen Zeit des Lebens eines Menschen und kann damit auch als Lebensalter definiert werden. Es greift dementsprechend nicht nur bei ungerechtfertigten Benachteiligungen, die an das fortgeschrittene Alter anknüpfen.[427]

6. Sexuelle Identität

Der Begriff der sexuellen Identität im Sinne des AGG umfasst die identitätsprägende sexuelle Ausrichtung einer Person.[428] Die biologische Beschaffenheit

---

424 Vgl. BT-Drs. 16/1780, S. 31.

425 Vgl. *Bauer/Göpfert/Krieger*, § 1 AGG Rn. 38; Rust/Falke-*Rust*, § 1 AGG Rn. 76; ErfK/*Schlachter*, § 1 AGG Rn. 9; *Düwell*, BB 2006, 1741; vgl. auch BAG 22.10.2009 – 8 AZR 642/08, NZA 2010, 280; vgl. in diesem Kontext auch EuGH 11.7.2006 – C–13/05 (Chacón Navas), NZA 2006, 839ff.

426 Vgl. BAG 3.4.2007- 9 AZR 823/06, NZA 2007, 1098; BAG 18.11.2008 – 9 AZR 643/07, AP § 81 SGB IX Nr. 16; zur Begriffsbestimmung vgl. auch BAG 28.4.2011 – 8 AZR 515/10, NJW 2011, 2458, 2459; Schleusener/Suckow/Voigt-*Schleusener*, § 1 AGG Rn. 68; *Thüsing*, Arbeitsrechtl. Diskriminierungsschutz, Rn. 201.

427 Vgl. Art. 6 Abs. 1 S. 2 b), c) RL 2000/78/EG a.a.O. (Fn. 371); BT-Drs. 16/1780, S. 31; *Bauer/Göpfert/Krieger*, § 1 AGG Rn. 46; *Rühl/Schmid/Viethen*, S. 24; *Thüsing*, Arbeitsrechtl. Diskriminierungsschutz, Rn. 212; Rust/Falke-*Rust*, § 1 AGG Rn. 83; Rudolf/Mahlmann-*Voggenreiter*, § 8 Rn. 35; ErfK/*Schlachter*, § 1 AGG Rn. 11; s. auch zum Merkmal „Alter“ *Körner*, NZA 2008, 497ff.; vgl. zum Verbot der Diskriminierung wegen des Alters ausführlich *Linsenmaier*, Sonderbeilage RdA 2003/Heft 5, 22ff.

428 ErfK/*Schlachter*, § 1 AGG Rn. 13; *Rühl/Schmid/Viethen*, S. 24; zur Frage, ob auch reine sexuelle Neigungen u. Vorlieben erfasst werden vgl. Schleusener/Suckow/Voigt-*Schleusener*, § 1 AGG Rn. 74.

hingegen wird nicht geschützt, da diese bereits unter das Merkmal „Geschlecht" gefasst werden kann.[429] Der Begriff der sexuellen Identität umfasst sowohl heterosexuelle, homosexuelle und bisexuelle Menschen.[430] Benachteiligungen Transsexueller können bereits dem Merkmal „Geschlecht" zugeordnet werden, soweit nicht unmittelbar an die sexuelle Ausrichtung des transsexuellen Menschen angeknüpft wird.[431] Gleiches gilt für Benachteiligungen zwischengeschlechtlicher Menschen.[432]

Im Hinblick auf die Einheit der Rechtsordnung ist der Schutzbereich des AGG ausschließlich auf Verhaltensweisen begrenzt, die nicht strafbewehrt ist.[433] Pädophilie, Nekrophilie und Sodomie fallen daher nicht unter den Begriff der sexuellen Identität im Sinne des § 1 AGG.[434]

IV. Begriffe „Diskriminierung" und „Benachteiligung" (§ 3 AGG)

Ein Druckkündigungsszenario erlangt AGG-rechtliche Bedeutung durch eine diskriminierende Verhaltensweise des druckausübenden Dritten im Sinne des § 3 AGG.

1. Definitionen

Nach dem allgemeinen Sprachgebrauch kann eine Diskriminierung als rechtswidrige bzw. sozial verwerfliche Ungleichbehandlung verstanden werden. Dis-

---

429 ErfK/*Schlachter*, § 1 AGG Rn. 13; vgl. auch *Adomeit/Mohr*, § 1 AGG Rn. 54.

430 Schleusener/Suckow/Voigt-*Schleusener*, § 1 AGG Rn. 73; ErfK/*Schlachter*, § 1 AGG Rn. 13; str. ist die Zuordnung im Hinblick auf zwischengeschlechtliche u. transsexuelle Menschen, vgl. u.a. Däubler/Bertzbach-*Däubler*, § 1 AGG Rn. 45; ErfK/*Schlachter*, § 1 AGG Rn. 5; *Bauer/Göpfert/Krieger*, § 1 AGG Rn. 25.

431 So Schleusener/Suckow/Voigt-*Schleusener*, § 1 AGG Rn. 73; zur Problematik der Zuordnung von Transsexualität vgl. *Thüsing*, Arbeitsrechtl. Diskriminierungsschutz, Rn. 215.

432 Vgl. diesbzgl. Däubler/Bertzbach-*Däubler*, § 1 AGG Rn. 45.

433 So auch KDZ/*Zwanziger*, AGG Rn. 30; Schleusener/Suckow/Voigt-*Schleusener*, § 1 AGG Rn. 75; vgl. auch *Thüsing*, Arbeitsrechtl. Diskriminierungsschutz, Rn. 215; anders Däubler/Bertzbach-*Däubler*, § 1 AGG Rn. 94, der die Frage unter Rückgriff auf Art. 2 Abs. 5 der Rahmenrichtlinie löst.

434 Vgl. *Bauer/Göpfert/Krieger*, § 1 AGG Rn. 52; *Rühl/Schmid/Viethen*, S. 25; Schleusener/Suckow/Voigt-*Schleusener*, § 1 AGG Rn. 75.

kriminierungen treffen Personen in ihrer Würde, in ihrer freien Persönlichkeitsentfaltung sowie in ihrem Recht auf Gleichbehandlung.[435]

Das AGG enthält nicht den europarechtlichen Begriff der Diskriminierung; vielmehr ist dieser durch den Begriff „Benachteiligung“ ersetzt worden. Der Gesetzgeber hat sich damit bewusst für einen objektiv vergleichenden Ansatz entschieden.[436] Die Intention der Legislative ist die Betonung der Rechtfertigungsmöglichkeit einer nachteilhaften Verfahrensweise gewesen. Entsprechend der Gesetzesbegründung soll durch den Begriff „Benachteiligung“ verdeutlicht werden, dass nicht jede unterschiedliche Behandlung, die mit der Zufügung eines Nachteils verbunden ist, einen gesetzeswidrigen und damit diskriminierenden Gehalt aufweist.[437] Nach diesem Verständnis liegt somit eine Benachteiligung vor, wenn jemand wegen eines der verpönten Merkmale ungünstiger behandelt wird als eine Person, die das betreffende Merkmal nicht aufweist.[438] Entsprechend dem deutschen Gesetzgeber wird eine solche Benachteiligung erst dann zu einer Diskriminierung, wenn die §§ 5, 8 bis 10 bzw. 20 AGG im konkreten Fall nicht greifen.[439]

Da die Antidiskriminierungsrichtlinien ausschließlich von Diskriminierungen sprechen, die aus einem der im AGG übernommenen Rechtfertigungsgründe berechtigt sein können, ist eine Gleichsetzung der Begriffe „Diskriminierung“ und „Benachteiligung“ zumindest aus europarechtlicher Sicht möglich.[440]

---

435 Däubler/Bertzbach-*Blanke/Graue*, Einl. Rn. 219; vgl. zum Diskriminierungsbegriff auch *Högenauer*, S. 91; *Linsenmaier*, Sonderbeilage RdA 2003/Heft 5, 22, 24f.

436 *Bauer/Göpfert/Krieger*, Einl. Rn. 10; Wendeling-Schröder/Stein-*Wendeling-Schröder*, § 1 AGG Rn. 4.

437 Vgl. BT-Drs. 16/1780, S. 30; vgl. auch *Busch/Kocher/Welkoborsky*, S. 52; Rust/Falke-*Rust*, § 1 AGG Rn. 2; *Nollert-Borasio/Perreng*, § 3 AGG Rn. 1; Wendeling-Schröder/Stein-*Wendeling-Schröder*, § 1 AGG Rn. 4.

438 Vgl. Vgl. BT-Drs. 16/1780, S. 32; vgl. auch Däubler/Bertzbach-*Schrader/Schubert*, § 3 AGG Rn. 15; ErfK/*Schlachter*, § 3 AGG Rn. 2.

439 Vgl. Wendeling-Schröder/Stein-*Wendeling-Schröder*, § 1 AGG Rn. 4; krit. hierzu zumindest hinsichtl. einer mittelbaren Benachteiligung *Nollert-Borasio/Perreng*, § 3 AGG Rn. 1.

440 Vgl. jeweiligen Wortlaut in Art. 2 Abs. 2 der RL 2000/43/EG a.a.O. (Fn. 369), 2000/78/EG a.a.O. (Fn. 356), 2002/73/EG a.a.O. (Fn. 356) u. 2004/113 a.a.O. (Fn. 356); *Nollert-Borasio/Perreng*, § 3 AGG Rn. 1; so auch Wendeling-Schröder/Stein-*Wendeling-Schröder*, § 1 AGG Rn. 5.

2. Erscheinungsformen im Sinne des § 3 AGG und deren druckkündigungsrechtliche Relevanz

Der Begriff der Benachteiligung wird in § 3 AGG konkretisiert. Entsprechend des Wortlauts der Antidiskriminierungsrichtlinien werden hiernach unmittelbare und mittelbare Benachteiligungen, Belästigungen bzw. sexuelle Belästigungen sowie entsprechende Anweisungen vom sachlichen Anwendungsbereich des Gesetzes erfasst. Das Gesetz definiert diese Erscheinungsformen unabhängig von der Person des Handelnden. Wie bereits dargelegt, kann eine Benachteiligung daher nicht nur durch den Arbeitgeber, sondern auch durch andere Beschäftigte und externe Dritte erfolgen.[441] Insofern ist eine Diskriminierung, die durch einen Außenstehenden im Rahmen eines Druckkündigungsszenarios realisiert wird, grundsätzlich möglich. Ob bzw. inwieweit jedoch das Verhalten des Druckausübenden tatsächlich unter § 3 AGG subsumiert werden kann, hängt von den konkreten Anforderungen der einzelnenTatbestände ab.

a. Unmittelbare Benachteiligung

§ 3 Abs. 1 S. 1 AGG regelt den Fall der unmittelbaren Benachteiligung. Eine solche liegt vor, wenn eine Person eine weniger günstige Behandlung erfährt als eine andere Person in vergleichbarer Lage erfährt, erfahren hat oder erfahren würde.[442] Satz 2 betrifft den Sonderfall der Schwangerschaft und der Mutterschaft.

aa. Objektive Ausgangslage

Das erste Element dieser Legaldefinition ist die „objektive Ausgangslage"[443] in Form eines Vergleichs, der eine weniger günstige Behandlung des betreffenden Beschäftigten verdeutlicht.[444] Eine unmittelbare Behandlung setzt demnach voraus, dass sich die Behandlung einer Person in negativer Hinsicht von der Be-

441 S. bereits ausführlich unter Kap. C. II.

442 Vgl. BT-Drs. 16/1780, S. 32; vgl. u.a. auch BAG 28.4.2011 a.a.O. (Fn. 426); *Adomeit/Mohr*, § 3 AGG Rn. 7; Däubler/Bertzbach-*Schrader/Schubert*, § 3 AGG Rn. 15; ErfK/*Schlachter*, § 3 AGG Rn. 2; KDZ/*Zwanziger*, AGG Rn. 36; *Rühl/Schmid/Viethen*, S. 15; Schleusener/Suckow/Voigt-*Schleusener*, § 3 AGG Rn. 1; *Richardi*, NZA 2006, 881, 883; vgl. u.a. auch BAG 22.10.2009 a.a.O. (Fn. 425).

443 Vgl. EuGH 9.11.1993 – C-132/92 (Birds Eye Walls), Slg. I-5579 Rn. 20.

444 U.a. Rust/Falke-*Rust*, § 3 AGG Rn. 17; Rudolf/Mahlmann-*Voggenreiter*, § 8 Rn. 12.

handlung einer anderen Person in einer vergleichbaren Situation unterscheidet.[445] § 3 Abs. 1 AGG enthält keine konkreten Angaben zur Bestimmung der Vergleichsperson. Erforderlich ist daher eine Gesamtbetrachtung im konkreten Einzelfall.[446] Kriterien können hierbei unter anderem die Art der Tätigkeit, die Hierarchieebene, das Arbeitsverhalten, Vorbildung und Arbeitsplatzgestaltung oder auch die Arbeitsbedingungen sein.[447] Wie sich aus der Formulierung „erfahren würde" ergibt, genügt bereits eine hypothetische Vergleichsperson.[448] Maßgebend ist aber in jedem Fall, dass die Vergleichsperson im Unterschied zum betreffenden Beschäftigten nicht das streitgegenständliche verpönte Merkmal aufweist.[449]

Im Falle verpönten Entlassungsdrucks können Kollegen des betreffenden Arbeitnehmers herangezogen werden, die ein vergleichbares Arbeitsverhalten in einem ähnlichen Tätigkeitfeld aufweisen und ebenfalls im Kontakt zu dem druckausübenden Dritten stehen. Je nach Druckkündigungsszenario sind auch Fälle denkbar, in denen auf einen ehemaligen Mitarbeiter als Vergleichsperson zurückgegriffen werden muss. Handelt es sich beispielsweise bei dem Druckausübenden um einen Kunden, der seinen neu zugewiesenen Kundenberater aus diskriminierenden Motiven ablehnt, so kommt als Vergleichsperson auch der Vorgänger des betreffenden Arbeitnehmers in Betracht. Darüber hinaus kann auch auf eine hypothetische Vergleichsperson abgestellt werden.

Resultat des Vergleichs muss in jedem Fall eine objektiv nachteilhafte Behandlung des betreffenden Beschäftigten bzw. die konkrete Gefahr einer solchen sein.[450] Eine Benachteiligung ist in jeder Form der Zurücksetzung zu sehen.[451] Im

---

445 *Bauer/Göpfert/Krieger*, § 3 AGG Rn. 11; vgl. auch *Schiek*, NZA 2004, 873, 874.

446 Vgl. ErfK/*Schlachter*, § 3 AGG Rn. 3; Rust/Falke-*Rust*, § 3 AGG Rn. 19; Wendeling-Schröder/Stein-*Wendeling-Schröder*, § 3 AGG Rn. 10; vgl. auch *Däubler*, ZfA 2006, 479, 481; zu den Problemen bei der Ermittlung des maßgeblichen Vergleichsmaßstabs vgl. *Diller/Krieger/Arnold*, NZA 2006, 887, 891.

447 Däubler/Bertzbach-*Schrader/Schubert*, § 3 AGG Rn. 18/20; *Däubler*, ZfA 2006, 479, 481.

448 Vgl. ErfK/*Schlachter*, § 3 AGG Rn. 3; *Nollert-Borasio/Perreng*, § 3 AGG Rn. 7; Däubler/Bertzbach-*Schrader/Schubert*, § 3 AGG Rn. 24; so auch bereits vor der Umsetzung der EG-Richtlinien *Schiek*, NZA 2004, 873, 874.

449 Vgl. *Bauer/Göpfert/Krieger*, § 3 AGG Rn. 11; *Nollert-Borasio/Perreng*, § 3 AGG Rn. 6; *Rühl/Schmid/Viethen*, S. 60; vgl. auch Schleusener/Suckow/Voigt-*Schleusener*, § 3 AGG Rn. 12.

450 Vgl. Däubler/Bertzbach-*Schrader/Schubert*, § 3 AGG Rn. 27a; *Rühl/Schmid/Viethen*, S. 16; Wendeling-Schröder/Stein-*Wendeling-Schröder*, § 3 AGG Rn. 5; gegen eine Begriffsausdehnung auf Fälle der konkreten Gefahr einer Benachteiligung vgl. *Thüsing*, Arbeitsrechtl. Diskriminierungsschutz, Rn. 237ff.

451 Vgl. BT-Drs. 16/1780, S. 32; vgl. auch MüKo-BGB/*Thüsing*, Bd. I/2, § 3 AGG Rn. 9; *Nollert-Borasio/Perreng*, § 3 AGG Rn. 3; Däubler/Bertzbach-*Schrader/Schubert*, § 3 AGG Rn. 15; *Rühl/Schmid/Viethen*, S. 60; Wendeling-Schröder/Stein-*Wendeling-Schröder*, § 3 AGG Rn. 4;

Falle einer diskriminierend motivierten Drucksituation ist die weniger günstige Behandlung in der seitens des Dritten erzwungenen Entlassung zu sehen. Auch wenn der Arbeitgeber die Kündigung ausspricht, darf zugleich nicht übersehen werden, dass diese Zurücksetzungshandlung vom Druckausübenden infolge seiner Machtstellung erzwungen wird. Die Zurücksetzungsmacht beruht in typischen Druckkündigungsfällen auf der wirtschaftlichen Bedeutung des Außenstehenden. So kann etwa die Geschäftsbeziehung zu einem bestimmten Großkunden oder Lieferanten entscheidend für den Fortbestand eines Betriebs sein. Eine entsprechende wirtschaftliche Bedrohung kann auch von betriebsinternen Personen ausgehen, wenn diese sich zu einer größeren Gruppe zusammenschließen. In beiden Konstellationen erreichen die Dritten eine Machtposition, die es ihnen ermöglicht, die Entlassung eines Beschäftigten durchzusetzen. Der jeweilige Druckausübende bedient sich des Arbeitgebers als formell Kündigungsberechtigten unter Zuhilfenahme von Drohmitteln, um sein Entlassungsverlangen zu verwirklichen.[452] Er selbst realisiert über das Mittel der Druckausübung die Kündigung des potentiell benachteiligten Arbeitnehmers, während er eine entsprechende Forderung und ihre Durchsetzung im Hinblick auf andere vergleichbare Arbeitnehmer unterlässt.[453]

Der Umstand, dass er keine rechtliche Zurücksetzungsbefugnis besitzt, steht der Annahme einer unmittelbaren Benachteiligungshandlung nicht entgegen. Weder die europäischen Vorgaben noch das nationale Recht verlangen eine solche rechtliche Stellung des Handelnden. Gerade Druckkündigungsszenarien verdeutlichen, dass auch eine wirtschaftliche Machstellung einen folgenschweren Eingriff in ein Arbeitsverhältnis ermöglicht.[454]

bb. Ungleichbehandlung wegen eines verpönten Merkmals

Weiterhin setzt die Legaldefinition voraus, dass die Ungleichbehandlung wegen eines geschützten Merkmals im Sinne des § 1 AGG erfolgt.[455] Erforderlich ist in jedem Fall ein Kausalzusammenhang zwischen dem untersagten Merkmal und

---

Thüsing, Arbeitsrechtl. Diskriminierungsschutz, Rn. 236; vgl. auch *Wisskirchen*, DB 2006, 1491.

452 S. ausführlich zur Rolle des AG unter Kap. F. II. 2. c. bb. (3) (c) sowie unter II. 3. d. cc. (6) (c).

453 So i.E. auch *Deinert*, RdA 2006, 275, 280.

454 Vgl. ausführlich hierzu i.R.d. nachfolgenden Bestimmung des Anweisungsbegriffs unter d.

455 Vgl. *Adomeit/Mohr*, § 3 AGG Rn. 41; ErfK/*Schlachter*, § 3 AGG Rn. 2; Rust/Falke-*Rust*, § 3 AGG Rn. 20; *Bauer/Göpfert/Krieger*, § 3 AGG Rn. 7; MüKo-BGB/*Thüsing*, Bd. I/2, § 3 AGG Rn. 9; Wendeling-Schröder/Stein-*Wendeling-Schröder*, § 3 AGG Rn. 6; s. zur Bedeutung des Merkmals i.R. unechter u. echter Druckkündigungen mit diskriminierendem Hintergrund s. unter Kap. E. II. 2. b. aa. (2) (b); Kap. F. II. 2. c. bb.

der Schlechterstellung des betreffenden Arbeitnehmers.[456] Eine absichtliche oder schuldhafte Benachteiligung setzt § 3 Abs. 1 S. 1 AGG nicht voraus.[457] Gleichwohl lässt sich das Kausalitätserfordernis im Rahmen des Tatbestandes der unmittelbaren Benachteiligung regelmäßig nicht ohne Rückgriff auf die subjektive Handlungsintention des Handelnden ermitteln.[458] Entsprechend der Gesetzesbegründung muss das Handeln des Täters objektiv erkennbar durch einen Grund im Sinne § 1 AGG motiviert sein bzw. sich auf einen solchen zurückführen lassen.[459] Das verpönte Merkmal muss allerdings nicht der einzige Beweggrund für die Benachteiligungshandlung sein. Es genügt, wenn das Merkmal lediglich Bestandteil eines Motivbündels ist, das die Entscheidung beeinflusst hat.[460]

Eine weniger günstige Behandlung, die ausschließlich auf anderen, nicht in § 1 AGG aufgeführten Gründen beruht, stellt keine Benachteiligung im Sinne des § 3 Abs. 1 AGG dar. Differenziert der Druckausübende aus unsachlichen Motiven wie beispielsweise auf Grundlage von Sympathie oder Aussehen des betreffenden Beschäftigten, wird ein solches Verhalten nicht von § 3 bzw. § 7 AGG erfasst. Voraussetzung ist allerdings stets, dass tatsächlich kein Bezug zu den Merkmalen des § 1 AGG vorliegt.[461]

Unerheblich ist ferner, ob der Druckausübende offen an ein Merkmal im Sinne des § 1 AGG angeknüpft. Möglich ist vielmehr auch eine unmittelbare Be-

---

456 Vgl. u.a. BAG 27.1.2011 – 8 AZR 580/09, NJW 2011, 2070, 2072; BAG 28.4.2011 – 8 AZR 515/10, NJW 2011, 2458, 2460; Schleusener/Suckow/Voigt-*Schleusener*, § 3 AGG Rn. 12; Rust/Falke-*Rust*, § 3 AGG Rn. 20; *Rühl/Schmid/Viethen*, S. 15; vgl. Hinweis in Entwurfsbegründung BT-Drs. 16/2022, S. 34 auf die Gefahr, dass die „wahren" Gründe für benachteiligendes Verhalten in der Praxis häufig verschleiert werden.

457 Vgl. Rust/Falke-*Rust*, § 3 AGG Rn. 20; Däubler/Bertzbach-*Schrader/Schubert*, § 3 AGG Rn. 38; vgl. auch EuGH 22.4.1997 – C–180/95 (Draehmpaehl), NJW 1997, 1839; BGH 27.1.2011 a.a.O. (Fn. 456); BAG 28.4.2011 a.a.O. (Fn. 456); für das Erfordernis vorsätzlichen Handelns im Falle einer unmittelbaren Benachteiligung vgl. *Adomeit/Mohr*, § 3 AGG Rn. 26.

458 Vgl. BT-Drs. 16/1780, S. 46; so auch *Maier-Reimer*, NJW 2006, 2577, 2579; Rust/Falke-*Rust*, § 3 AGG Rn. 20; Däubler/Bertzbach-*Deinert*, § 15 AGG Rn. 30a; *Preis*, IndividualArbR § 34 II. 4. c. aa.

459 Vgl. BT-Drs. 16/1780, S. 32; vgl. u.a. auch *Hey*, § 3 AGG Rn. 5; Rust/Falke-*Rust*, § 3 AGG Rn. 20; *Preis*, ZESAR 2007, 208, 313; BAG 22.10.2009 a.a.O. (Fn. 425); BAG 28.4.2011 a.a.O. (Fn. 456), wonach eine überwiegende Wahrscheinlichkeit für eine gesetzeswidrige Motivation der Kündigungsentscheidung oder deren Verknüpfung mit einem verpönten Merkmal erforderlich, aber auch ausreichend ist.

460 Vgl. hierzu Entwurfsbegründung BR-Drs. 329/06, S. 33; BT-Drs. 16/1780, S. 32; BAG 5.2.2004 – 8 AZR 112/03, NZA 2004, 540; BAG 12.9.2006 – 9 AZR 807/05, NZA 2007, 507; BAG 22.10.2009 a.a.O. (Fn. 425); BAG 19.8.2010 – 8 AZR 530/09, NZA 2010, 1412, 1415; BAG 27.1.2011 – 8 AZR 483/09, NZA 2011, 689, 691; BAG 28.4.2011 a.a.O. (Fn. 456); Däubler/Bertzbach-*Schrader/Schubert*, § 3 AGG Rn. 37; Wendeling-Schröder/Stein-*Wendeling-Schröder*, § 3 AGG Rn. 7; *Däubler*, ZfA 2006, 479, 483.

461 Vgl. Schleusener/Suckow/Voigt-*Schleusener*, § 3 AGG Rn. 16.

nachteiligung in Form einer verdeckten Ungleichbehandlung. Eine solche liegt vor, wenn der Handelnde zwar nicht explizit auf ein verpöntes Merkmal abstellt, dabei jedoch zwangsläufig merkmalsspezifisch im Sinne des § 1 AGG unterscheidet.[462] Die neutrale Formulierung erweist sich in solchen Situationen regelmäßig als Tarnungsversuch.[463] Um die Verwendung sogenannter Stellvertretermerkmale und damit eine Umgehung der geschützten Merkmale zu verhindern, erfasst § 3 Abs. 1 AGG auch diese Erscheinungsform einer unmittelbaren Benachteiligung.[464] So sind Druckkündigungsszenarien denkbar, in denen beispielsweise ein Lieferant seine Entlassungsforderung gegenüber dem Arbeitgeber pauschal mit der Unfreundlichkeit des betreffenden Arbeitnehmers oder angeblichen sprachlichen Defiziten begründet. Ist jedoch objektiv erkennbar, dass dem Lieferanten allein die Tatsache missfällt, mit einem Ausländer zusammenarbeiten zu müssen, ist der Tatbestand des § 3 Abs. 1 AGG erfüllt.[465]

cc. Zwischenergebnis im Hinblick auf Druckkündigungen

Das Abberufungsverlangen eines Dritten kann eine unmittelbare Benachteiligung im Sinne des § 3 Abs. 1 AGG begründen, soweit es auf einem verpönten Merkmal im Sinne des § 1 AGG fußt.[466] Auf Grundlage der in typischen Druckkündigungsfällen zu Tage tretenden Vormachtstellung des Dritten gegenüber dem Arbeitgeber ist eine Zurücksetzung des betreffenden Arbeitnehmers möglich.[467] Seine wirtschaftlichen Einflussmöglichkeiten versetzen den Dritten in die Lage, quasi über die Person des Arbeitgebers in das betreffende Arbeitsverhältnis einzugreifen und seine verpönten Motive durchzusetzen.

Da der Druckausübende häufig seine wahre Motivation nicht Preis geben wird, ist insbesondere die Fallgruppe der verdeckten Diskriminierung bedeutsam.[468]

---

462 Vgl. Rust/Falke-*Rust*, § 3 AGG Rn. 23; Wendeling-Schröder/Stein-*Wendeling-Schröder*, § 3 AGG Rn. 3.

463 Schleusener/Suckow/Voigt-*Schleusener*, § 3 AGG Rn. 15.

464 So u.a. auch *Thüsing*, Arbeitsrechtl. Diskriminierungsschutz, Rn. 241; Rust/Falke-*Rust*, § 3 AGG Rn. 23; *Nollert-Borasio/Perreng*, § 3 AGG Rn. 5; *Däubler*, ZfA 2006, 479, 485f.

465 Vgl. auch *Deinert*, RdA 2007, 275, 278; BAG 28.4.2011 a.a.O. (Fn. 456), wonach sowohl die Kündigungsbegründung als auch andere äußere Umstände Aufschluss über die Kündigungsmotivation geben können.

466 So i. E. auch KDZ/*Zwanziger*, AGG Rn. 37.

467 Vgl. hinsichtl. des Erfordernisses der Zurücksetzung die Gesetzesbegründung BT-Drs. 16/1780, S. 32.

468 S. unter Kap. E. II. 1. a. bb. (1).

b. Mittelbare Benachteiligung

Der Tatbestand der mittelbaren Benachteiligung bezieht sich auf Ungleichbehandlungen, die in gruppenspezifischen Ergebnissen zu Tage treten.[469] Es soll verhindert werden, dass durch eine Differenzierung nach scheinbar neutralen Kriterien letztlich eine diskriminierende Wirkung erzielt wird.[470] § 3 Abs. 2 AGG dient damit der Durchsetzung des eigentlichen Verbots der unmittelbaren Benachteiligung.[471] Insofern sind mittelbare Benachteiligungen auch subsidiär gegenüber unmittelbaren Benachteiligungen. Die Abgrenzung der beiden Erscheinungsformen ist im Hinblick auf ihre unterschiedlichen Rechtfertigungsanforderungen von Bedeutung.[472]

Eine mittelbare Benachteiligung liegt gemäß § 3 Abs. 2 AGG vor, wenn neutral erscheinende Vorschriften, Kriterien oder Verfahren Personen mit einem der geschützten Merkmale gegenüber anderen Personen in besonderer Weise benachteiligen können, es sei denn, die betreffenden Maßnahmen sind durch ein rechtmäßiges Ziel sachlich gerechtfertigt und die Mittel sind zur Erreichung dieses Ziels angemessen und erforderlich.[473]

aa. Anschein der Neutralität

Den Anschein der Neutralität erweckt eine Maßnahme, wenn sie keine unmittelbare Anknüpfung an einen in § 1 AGG genannten Grund enthält.[474] Ist hingegen eine derartige Anknüpfung erkennbar, liegt keine mittelbare, sondern gegebenenfalls eine unmittelbare Benachteiligung in verdeckter Begehungsweise vor.[475] Im Gegensatz zu den Fällen der verdeckten Benachteiligung muss bei der mittelbaren Benachteiligung zumindest die Möglichkeit bestehen, dass eine benachteiligende Maßnahme verschiedene Personengruppen erfasst, die sich hinsichtlich

---

469 KR/*Treber*, § 3 AGG Rn. 44.

470 ErfK/*Schlachter*, § 3 AGG Rn. 6; Schleusener/Suckow/Voigt-*Schleusener*, § 3 AGG Rn. 72; Wendeling-Schröder/Stein-*Wendeling-Schröder*, § 3 AGG Rn. 17.

471 *Bauer/Göpfert/Krieger*, § 3 AGG Rn. 20; *Busch/Kocher/Welkoborsky*, S. 36.

472 Vgl. *Bauer/Göpfert/Krieger*, § 3 AGG Rn. 23; *Hanau*, ZIP 2006, 2189, 2196; zu den konkreten Anforderungen der jeweiligen Rechtfertigungsmöglichkeiten vgl. *Wisskirchen*, DB 2006, 1491ff.; *Annuß*, BB 2006, 1629, 1630f.

473 Vgl. BT-Drs. 16/1780, S. 32; die Definition entspricht Begriffsbestimmung in Art. 2 Abs. 2 b) i) RL 2000/78/EG a.a.O. (Fn. 371), Art. 2 Abs. 2 b) RL 2000/43/EG a.a.O. (Fn. 369) u. Art. 2 Abs. 2 RL 2002/73/EG a.a.O. (Fn. 363); vgl. auch *Adomeit/Mohr*, § 3 AGG Rn. 8; *Thüsing*, Arbeitsrechtl. Diskriminierungsschutz, Rn. 251; Schleusener/Suckow/Voigt-*Schleusener*, § 3 AGG Rn. 71; *Däubler*, ZfA 2006, 479, 488; *Richardi*, NZA 2006, 881, 883.

474 *Bauer/Göpfert/Krieger*, § 3 AGG Rn. 22; vgl. auch ErfK/*Schlachter*, § 3 AGG Rn. 6.

475 *Bauer/Göpfert/Krieger*, § 3 AGG Rn. 22; vgl. auch KR/*Treber*, § 3 AGG Rn. 44.

der verpönten Merkmale unterscheiden. Während bei § 3 Abs. 1 AGG die Motivation des Handelnden im Vordergrund steht, sind für den Tatbestand des § 3 Abs. 2 AGG hingegen die objektiven Benachteiligungswirkungen maßgebend.[476]

Der Wortlaut des § 3 Abs. 2 AGG legt nahe, dass eine mittelbare Benachteiligung nicht in einer konkreten Einzelmaßnahme, sondern ausschließlich in der Aufstellung oder Anwendung einer allgemeinen Regel durch den Handelnden liegen kann.[477] Ein solches Verständnis hat auch Auswirkungen auf die Beurteilung verpönten Entlassungsdrucks. Eine Subsumtion gestaltet sich schwieriger als im Falle einer unmittelbaren Benachteiligung. Grund hierfür ist, dass der Dritte in der Regel die Kündigung eines bestimmten Arbeitnehmers und damit die Vornahme einer Einzelmaßnahme fordert. Diese typischen Druckkündigungsszenarien liegen daher außerhalb des Anwendungsbereichs des § 3 Abs. 2 AGG. Allerdings ist die Konkretisierung des Abberufungsbegehrens auf einen bestimmten Arbeitnehmer nicht zwingende Voraussetzung für das Vorliegen einer Druckkündigung. Grundsätzlich sind auch Fallgestaltungen denkbar, in denen der Dritte unter Androhung von Nachteilen die Abberufung mehrerer Arbeitnehmer fordert und dabei mittelbar diskriminierend agiert.[478] Deutlich wird dies in dem nachfolgenden Beispielsfall:

Die Geschäftsleitung eines mittelständischen Betriebs, der sich auf Sanitärarbeiten spezialisiert hat (Firma A), wird von einem Großkunden zu einem Gespräch gebeten. In diesem äußert der Kunde seinen Unmut über die langsame Arbeitsweise der Mitarbeiter der Firma A. Er habe zwischenzeitlich ein anderes Sanitärunternehmen (Firma B) für den Bau einer bestimmten Anlage beauftragt und dabei festgestellt, dass dieses die Arbeiten im Vergleich zur Firma A wesentlich zügiger erledigt habe. Aufgrund der langjährigen Geschäftsbeziehungen zur Firma A würden sie jedoch von einem Wechsel zur Firma B absehen, soweit die Firma A zu langsam arbeitende Mitarbeiter entlasse bzw. austausche.

Wenn die Firma A nun zur Vermeidung des Verlustes des Großkunden mehrere Kündigungen wegen Leistungsmängeln ausspricht, kann dies unter Umständen eine mittelbare Diskriminierung wegen des Alters begründen. Dies ist dem Umstand geschuldet, dass mit zunehmendem Alter häufig die Leistungsfähigkeit

---

476 Vgl. *Maier-Reimer*, NJW 2006, 2577, 2579; KR/*Treber*, § 3 AGG Rn. 44; *Preis*, ZESAR 2007, 308, 311; Däubler/Bertzbach-*Däubler*, § 1 AGG Rn. 20.

477 Vgl. Schleusener/Suckow/Voigt-*Schleusener*, § 3 AGG Rn. 74; *Högenauer*, S. 98; vgl. auch *Wisskirchen*, DB 2006, 1491, 1491.

478 So auch KDZ/*Deinert*, § 1 KSchG Rn. 468.

nachlässt und daher die Erfüllung des Kundenbegehrens insbesondere ältere Arbeitnehmer trifft.[479]

bb. Vergleichsweise besondere Betroffenheit

Wie sich zudem der Legaldefinition des § 3 Abs. 2 AGG entnehmen lässt, stellen scheinbar neutrale Maßnahmen nur dann eine mittelbare Benachteiligung dar, wenn sie geeignet sind, Personen wegen eines verpönten Merkmals im Sinne des § 1 AGG gegenüber anderen Personen in besonderer Weise zu benachteiligen.[480] Zur Verwirklichung des Tatbestandes reicht eine abstrakte Gefährdung nicht aus.[481] Vielmehr muss der betreffende Arbeitnehmer von der mittelbaren Diskriminierung konkret betroffen sein. Entsprechend der Gesetzesbegründung genügt jedoch ebenso wie im Rahmen des § 3 Abs. 1 AGG das Vorliegen einer hinreichend konkreten Gefahr.[482]

Zur Feststellung der Benachteiligung sieht § 3 Abs. 2 AGG die Bildung von Vergleichsgruppen vor.[483] Diese müssen möglichst genau die von dem überprüften Merkmal betroffenen Personen einbeziehen.[484] Für (Druck-) Kündigungen ist der maßgebliche Adressatenkreis grundsätzlich die Belegschaft des Arbeitgebers.[485] Der Nachweis einer Benachteiligung „in besonderer Weise" kann mittels einer Statistik erbracht werden. Aus dieser muss hervorgehen, dass ein wesentlich höherer Anteil der Gruppe, die ein Merkmal im Sinne des § 1 AGG aufweist, durch eine Maßnahme benachteiligt wird.[486] Ein solcher statistischer Nachweis ist jedoch nicht zwingend erforderlich. Vielmehr kann die Ungleich-

---

479 Vgl. auch *Deinert*, RdA 2007, 275, 278; zur Frage der Rechtfertigung eines solchen Entlassungsbegehrens s. nachfolgend unter Kap. C. IV. 2. b. cc.

480 Zum Wortlaut „benachteiligen können" vgl. Wendeling-Schröder/Stein-*Wendeling-Schröder*, § 3 AGG Rn. 25.

481 Vgl. BT-Drs. 16/1780, S.33.

482 Vgl. BT-Drs. 16/1780, S.33; Däubler/Bertzbach-*Schrader/Schubert*, § 3 AGG Rn. 51; *Rühl/Schmid/Viethen*, S. 17.

483 MüKo-BGB/*Thüsing*, Bd. I/2, § 3 AGG Rn. 33; vgl. auch ErfK/*Schlachter*, § 3 AGG Rn. 7; *Bauer/Göpfert/Krieger*, § 3 AGG Rn. 24; Wendeling-Schröder/Stein-*Wendeling-Schröder*, § 3 AGG Rn. 22.

484 Vgl. EuGH 30.11.1993 – C–189/91, DB 1994, 50; *Nollert-Borasio/Perreng*, § 3 AGG Rn. 12a.

485 Vgl. allgemein hierzu *Thüsing*, Arbeitsrechtl. Diskriminierungsschutz, Rn. 260.

486 *Nollert-Borasio/Perreng*, § 3 AGG Rn. 13; vgl. auch EuGH 27.10.1993 – C–127/92 (Enderby), NZA 1994, 797; in der nationalen Rspr. ist eine Quote von mehr als 90% anerkannt, vgl. BAG 20.11.1990 – 3 AZR 613/89, NZA 1991, 635; in der Lit. werden Werte von ca. 75% für ausreichend erachtet, vgl. ErfK/*Schlachter*, § 3 AGG Rn. 7; Wendeling-Schröder/Stein-*Wendeling-Schröder*, § 3 AGG Rn. 23.

behandlung auch auf andere Weise plausibel gemacht werden.[487] Außer durch eine stärkere zahlenmäßige Beeinträchtigung kann eine mittelbare Benachteiligung zudem durch die besondere Intensität der Beeinträchtigung begründet werden.[488]

§ 3 Abs. 2 AGG setzt ebenso wie § 3 Abs. 1 AGG kein Verschulden des Handelnden voraus.[489]

cc. Rechtfertigungsmöglichkeit auf Tatbestandsebene

Der Begriff der mittelbaren Benachteiligung weist im Gegensatz zur unmittelbaren Benachteiligung bereits tatbestandlich die Möglichkeit einer Rechtfertigung auf.[490] Entsprechend des Gesetzeswortlauts kommt es maßgeblich darauf an, ob die Maßnahme durch ein rechtmäßiges Ziel gerechtfertigt ist. Zudem ist zu überprüfen, ob das Mittel zum Erreichen dieses Ziels auch angemessen und notwendig ist.[491] Rechtmäßig ist ein Ziel, wenn es nach objektiven Maßstäben billigenswert ist.[492] Beispiel hierfür ist die Steigerung der Produktivität oder das Funktionieren des Unternehmens.[493] Die Angemessenheit bzw. Notwendigkeit des Mittels lässt sich im Wege einer Zweck-Mittel-Relation ermitteln. Diese ist nach dem Maßstab der Verhältnismäßigkeit zu bewerten.[494]

Im Hinblick auf Druckkündigungen mit diskriminierendem Hintergrund muss differenziert werden. Dem Arbeitgeber werden regelmäßig schwere wirtschaftliche Nachteile durch den Dritten angedroht, sodass er die Kündigung zur Abwendung betrieblicher Schäden ausspricht. Dieses Ziel ist objektiv billigenswert. Auf dieses kommt es jedoch im Rahmen der Beurteilung der diskriminierenden Druckausübung nicht an. Entscheidend für die Bewertung der Rechtfertigung des

---

487 Vor Erlass der Antidiskriminierungsrichtlinien wurde hinsichtl. einer Diskriminierung wegen des Geschlechts zwingend ein statistischer Nachweis gefordert; vgl. *Däubler*, ZfA 479, 487; Wendeling-Schröder/Stein-*Wendeling-Schröder*, § 3 AGG Rn. 24.

488 Vgl. *Bauer/Göpfert/Krieger*, § 3 AGG Rn. 27.

489 Vgl. Däubler/Bertzbach-*Schrader/Schubert*, § 3 AGG Rn. 62; *Bauer/Göpfert/Krieger*, § 3 AGG Rn. 29.

490 Insoweit ist der Benachteiligungsbegriff des dt. Gesetzgebers nicht konsequent verwendet worden; s. hierzu unter Kap. C. IV. 1.

491 Vgl. BT-Drs. 16/1780, S. 33; ErfK/*Schlachter*, § 3 AGG Rn. 9; *Nollert-Borasio/Perreng*, § 3 AGG Rn. 19; *Rühl/Schmid/Viethen*, S. 17; Wendeling-Schröder/Stein-*Wendeling-Schröder*, § 3 AGG Rn. 18; vgl. u.a. auch BAG 28.1.2010 – 2 AZR 764/08, NZA 2010, 625.

492 Vgl. u.a. Däubler/Bertzbach-*Schrader/Schubert*, § 3 AGG Rn. 58.

493 So auch *Bauer/Göpfert/Krieger*, § 3 AGG Rn. 33; *Däubler*, ZfA 2006, 476, 488.

494 Vgl. Däubler/Bertzbach-*Schrader/Schubert*, § 3 AGG Rn. 56; *Bauer/Göpfert/Krieger*, § 3 AGG Rn. 34.

verpönten Druckverhaltens sind allein die Handlungsgründe des Außenstehenden im konkreten Einzelfall.

Im oben aufgeführten Beispielsfall steht eine mittelbare Benachteiligung wegen des Alters im Raum. Fraglich ist, welche Motive des Druckausübenden in diesem Kontext als objektiv billigenswert angesehen werden können. Unstreitig scheidet eine Rechtfertigung aus, wenn die Abberufungsgründe des Dritten selbst diskriminierender Natur sind.[495] Anderenfalls würde der Regelungsgehalt des § 3 Abs. 2 AGG, die Verhinderung einer Umgehung des Verbots unmittelbarer Diskriminierung durch das Vorschieben scheinbar neutraler Kriterien, ignoriert.[496]

Verfolgt der Großkunde jedoch im konkreten Fall keine verpönten, sondern beispielsweise rein wirtschaftliche Motive, kommt es entscheidend darauf an, ob diese als legitime Handlungsziele im Sinne des § 3 Abs. 2 AGG qualifiziert werden können.

Nach der Rechtsprechung des EuGH ist eine mittelbare Benachteiligung in jedem Fall durch solche Ziele gerechtfertigt, die auch unmittelbare Benachteiligungen rechtfertigen.[497] Im Falle einer unmittelbaren Benachteiligung wegen des Alters kommt als Rechtfertigungstatbestand insbesondere § 10 AGG in Betracht, der auf Art. 6 der Richtlinie 2000/78/EG beruht. Dieser nennt in Absatz 1 als legitime Gründe zur Rechtfertigung einer Benachteiligung wegen des Alters „rechtmäßige Ziele aus den Bereichen Beschäftigungspolitik, Arbeitsmarkt und berufliche Bildung“.[498] Wie der Wortlaut durch das Wort „insbesondere“ verdeutlicht, sind diese Ziele nicht abschließend zu verstehen. Kennzeichnend ist jedoch, dass alle drei aufgeführten Bereiche im Allgemeininteresse liegen.[499] Letzteres wirft die Frage auf, ob Individualinteressen im Umkehrschluss als illegitime Handlungsziele angesehen werden müssen. Bejaht man einen solchen Ausschluss persönlicher Handlungsziele, stellt sich wiederum die Frage, ob dieser auch für das „rechtmäßige Ziel“ im Rahmen des § 3 Abs. 2 AGG gilt. Wäre dies der Fall, könnten im Beispielsfall folgerichtig individuelle wirtschaftliche Motive des Kunden keine Rechtfertigung herbeiführen.

Nach der Rechtsprechung des EuGH rechtfertigen persönliche Beweggründe des Benachteiligenden, wie etwa eine beabsichtigte Kostenreduzierung oder Verbesserung der Wettbewerbsfähigkeit, allein nicht eine Benachteiligung we-

---

495 Vgl. EuGH 31.3.1981 – 96/80, NJW 1981, 2639; BAG 28.1.2010 a.a.O. (Fn. 491); vgl. auch ErfK/*Schlachter*, § 3 AGG Rn. 9.

496 Zum Regelungsgehalt des § 3 Abs. 2 AGG s. bereits unter Kap. C. IV. 2. b.

497 Vgl. EuGH 5.3.2009 – Rs C–388/07 (Age Concern England), NZA 2009, 305; vgl. u.a. auch *Nollert-Borasio/Perreng*, § 3 AGG Rn. 19.

498 Art. 6 RL 2000/78/EG a.a.O. (Fn. 371).

499 Vgl. EuGH 5.3.2009 a.a.O. (Fn. 497); vgl. auch MüKo/*Thüsing*, § 10 AGG Rn. 12.

gen des Alters. Der EuGH stützt seine Entscheidung auf Art. 6 Abs. 1 der Richtlinie 2000/78/EG, wonach die Rechtfertigung einer Altersdiskriminierung von der Verfolgung sozialpolitischer Ziele abhängig sei.[500]

Zu beachten ist jedoch, dass sich diese Rechtsprechung ausschließlich auf unmittelbare Benachteiligungen wegen des Alters bezieht. Hierauf hat auch der EuGH in seiner Entscheidung vom 5.3.2009 ausdrücklich hingewiesen.[501] Die Rechtfertigungsanforderungen des EuGH im Hinblick auf Art. 6 Abs. 1 der Richtlinie 2000/78 können daher nicht ohne Weiteres auf mittelbare Benachteiligungen im Sinne des Art. 2 Abs. 2 Buchst. b der Richtlinie 2000/78 übertragen werden.[502] Auch wenn sich die Wortlaute des Art. 2 Abs. 2 Buchst. b und des Art. 6 Abs. 1 der Richtlinie 2000/78 ähneln, sind die jeweiligen Anwendungsbereiche nicht völlig deckungsgleich.[503] Dies verdeutlicht auch der Richtlinientext in Art. 6 Abs. 1 der Richtlinie 2000/78, wonach der spezielle Rechtfertigungstatbestand für Altersdiskriminierungen „ungeachtet des Artikels 2 Absatz 2" von den Mitgliedsstaaten im nationalen Recht aufgegriffen werden kann. Art. 2 Abs. 2 Buchst. b der Richtlinie 2000/78 spricht allein von einer sachlichen Rechtfertigung durch ein „rechtmäßiges Ziel" und beschränkt dieses anders als Art. 6 Abs. 1 der Richtlinie 2000/78 nicht weiter.[504]

Entsprechend hat auch das BAG in seiner Entscheidung vom 28.1.2010 betont, dass mittelbare Benachteiligungen auch im Falle privat autonom bestimmter Handlungsziele, wie etwa betriebliche Notwendigkeiten oder Anforderungen an persönliche Fähigkeiten der Beschäftigten, gerechtfertigt sein können.[505] Die Diskriminierungsverbote dienten dazu, das wirtschaftliche Geschehen von sachlich nicht gerechtfertigten Erwägungen der Marktteilnehmer freizuhalten; zugleich sei es jedoch nicht ihr Sinn, dem Arbeitgeber eine Arbeitsorganisation vorzuschreiben, die nach seiner Vorstellung zu schlechten Arbeitsergebnissen führe. Aus diesem Grund sei auch das Ziel einer möglichst optimalen Erledigung der anfallenden Arbeit durch die Arbeitnehmer als rechtmäßiges Ziel im Sinne des § 3 Abs. 2 AGG zu qualifizieren.[506]

---

500 Vgl. EuGH 20.3.2003 – Rs C–187/00, NZA 2003, 506; EuGH 5.3.2009 a.a.O. (Fn. 497); vgl. hierzu auch ErfK/*Schlachter*, § 10 AGG Rn. 1.

501 Vgl. EuGH 5.3.2009 a.a.O. (Fn. 497); vgl. hierzu auch BAG 28.1.2010 a.a.O. (Fn. 491), NZA 2010, 625, 626.

502 So auch BAG 28.1.2010 a.a.O. (Fn. 501); vgl. auch BAG 26.5.2009 – 1 AZR 198/08, NZA 2009, 849.

503 EuGH 5.3.2009 a.a.O. (Fn. 497).

504 Zur RL 2000/78/EG s. Fn. 371.

505 Vgl. BAG 28.1.2010 a.a.O. (Fn. 501); vgl. auch ErfK/*Schlachter*, § 3 AGG Rn. 9; *Bauer/Göpfert/Krieger*, § 3 AGG Rn. 33.

506 Vgl. BAG 28.1.2010 a.a.O. (Fn. 501).

Demzufolge bietet sich im Falle einer mittelbaren Benachteiligung wegen des Alters eine Unterscheidung danach an, ob der Benachteiligende ein sach- und aufgabenbezogenes – wenn auch individuelles – Ziel verfolgt oder aus rein wirtschaftlichen Motiven handelt, die einer aufgabenbezogenen Grundlage entbehren.[507] Nur im letzten Fall ist eine Rechtfertigung ausgeschlossen.

Geht es dem Großkunden im Beispielsfall etwa um bestimmte Qualifikationen und Fertigkeiten der von der Firma A eingesetzten Arbeitnehmer, kann dieses Ziel als rechtmäßig gemäß § 3 Abs. 2 AGG angesehen werden, wenn die Anforderungen aufgabenbezogen und in Einklang mit der Rechtsordnung gestellt werden.[508]

Liegt ein rechtmäßiges Ziel vor, ist des Weiteren zu prüfen, ob das Druckverhalten auch angemessen und notwendig zum Erreichen des sachbezogenen Ziels ist. Konkret stellt sich die Frage der Verhältnismäßigkeit der Druckausübung des Dritten. Die Angemessenheit des eingesetzten Mittels kann allerdings nicht losgelöst von der Frage der betroffenen Interessen des Kunden beurteilt werden.[509] Das Gewicht des verfolgten Interesses bzw. Regelungsziels entscheidet mit darüber, ob das Drittverhalten tatsächlich als verhältnismäßige Vorgehensweise qualifiziert werden kann. Bedeutsam ist daher, welche konkreten schützenswerten Interessen mit der Druckausübung verfolgt werden und damit den Grundrechten der betreffenden Arbeitnehmer entgegenstehen. Dies ist eine Frage des konkreten Einzelfalls.

In jedem Fall ist im Rahmen einer Abwägung der entgegenstehenden Interessen zu berücksichtigen, dass der Verlust des Arbeitsplatzes und damit eine besonders einschneidende Maßnahme für die betreffenden Beschäftigten im Raum steht.

dd. Zwischenergebnis im Hinblick auf Druckkündigungen

Das Kündigungsverlangen des Dritten kann grundsätzlich eine mittelbare Benachteiligung im Sinne des § 3 Abs. 2 AGG auslösen. Insofern sind auch Druckkündigungen mit mittelbar diskriminierendem Hintergrund denkbar.

Wie bereits im Rahmen der unmittelbaren Benachteiligung dargelegt, ist der druckausübende Außenstehende in den typischen Druckkündigungsszenarien

507 Ähnlich ErfK/*Schlachter*, § 3 AGG Rn. 9; *Bauer/Göpfert/Krieger*, § 3 AGG Rn. 33.

508 Vgl. ErfK/*Schlachter*, § 3 AGG Rn. 9; Däubler/Bertzbach-*Schrader/Schubert*, § 3 AGG Rn. 58.

509 Vgl. u.a. Däubler/Bertzbach-*Schrader/Schubert*, § 3 AGG Rn. 56; Schleusener/Suckow/Voigt-Schleusener, § 3 AGG Rn. 92.

aufgrund seiner wirtschaftlichen Machtposition in der Lage, den betreffenden Arbeitnehmer zurückzusetzen.[510]

Anders als in den Fällen einer unmittelbaren Benachteiligungshandlung kann der Druckausübende jedoch ein mittelbar benachteiligendes Vorgehen bei Vorliegen sachlicher Gründe leichter rechtfertigen.

Aus den in der Vergangenheit zu entscheidenden Fällen des BAG kann jedoch abgeleitet werden, dass sich das Kündigungsverlangen des Außenstehenden zumeist auf einen bestimmten Arbeitnehmer konzentriert. Dem Tatbestand des § 3 Abs. 2 AGG kommt insoweit eher eine untergeordnete Bedeutung zu.

c. Belästigung / sexuelle Belästigung

Die Absätze 3 und 4 des § 3 AGG bestimmen, dass Belästigungen sowie sexuelle Belästigungen als Benachteiligungen gelten und insofern ebenfalls dem Diskriminierungsverbot unterliegen.[511] Entsprechend der europäischen Vorgaben hat der nationale Gesetzgeber diese Handlungsweisen denselben rechtlichen Konsequenzen wie verpönten Ungleichbehandlungen unterstellen wollen.[512]

aa. Unerwünschte Verhaltensweisen

Der Begriff „Belästigung" steht in der deutschen Übersetzung der EU-Richtlinien für das englische Wort „harassment". Dieses hat die Bedeutung einer Bedrohung bzw. einer starken Belästigung.[513] Dem Wortlaut des § 3 Abs. 3 AGG entsprechend qualifiziert auch der deutsche Gesetzgeber die Belästigung nur dann als Benachteiligung im Sinne des AGG, „wenn unerwünschte Verhaltensweisen, die mit einem in § 1 AGG genannten Grund im Zusammenhang stehen, bezwecken oder bewirken, dass die Würde der betreffenden Person verletzt und ein von Einschüchterungen, Anfeindungen, Erniedrigungen, Entwürdigungen oder Beleidigungen gekennzeichnetes Umfeld geschaffen wird.[514] Diese gesetzli-

---

510 S bereits unter Kap. C. IV. 2. a. cc. sowie ausführlich zur Rolle des AG unter Kap. F. II. 2. c. bb. (3) (c) sowie unter II. 3. d. cc. (6) (c).

511 § 3 Abs. 3, 4 AGG beruhen auf den Vorgaben der RL 2000/43/EG a.a.O. (Fn. 369), 2000/78/EG a.a.O. (Fn. 358) u. 2002/73/EG a.a.O. (Fn. 350); vgl. *Thüsing*, Europ. ArbR, § 3 Rn. 32 sowie *Bauer/Göpfert/Krieger*, § 3 AGG Rn. 39, die beide die Systemwidrigkeit betonen.

512 Vgl. BT-Drs. 16/1780, S. 33.

513 *Nollert-Borasio/Perreng*, § 3 AGG Rn. 27; vgl. auch *Däubler*, ZfA 2006, 479, 489; *Adomeit/Mohr*, § 3 AGG Rn. 117.

514 Vgl. BT-Drs. 16/1780, S. 33; vgl. u.a. auch BAG 24.9.2009 – 8 AZR 705/08, EzA § 3 AGG Nr. 1.

che Umschreibung enthält Indizien für die erforderliche Intensität des Eingriffs in die Persönlichkeitsrechte.[515] Das belästigende Verhalten muss sich in jedem Fall auf die verpönten Merkmale des § 1 AGG beziehen.[516] Diese Voraussetzung eint den Belästigungsbegriff mit den Ungleichbehandlungstatbeständen der Absätze 1 und 2.

Als Sonderfall der Belästigung ist in § 3 Abs. 4 AGG die sexuelle Belästigung definiert. Der Begriff der sexuellen Belästigung baut zwar auf der Struktur des Belästigungsbegriffs des Absatzes 3 auf, unterscheidet sich jedoch vor allem durch den sexuellen Kontext.[517] Anders als im Rahmen des § 3 Abs. 3 AGG muss das unerwünschte Verhalten nicht wegen eines verpönten Merkmals im Sinne des § 1 AGG erfolgen, sondern sexuell bestimmt sein.[518] § 3 Abs. 4 AGG enthält einen nicht abschließenden Beispielskatalog für typische Fälle sexuell bestimmter Verhaltensweisen.[519]

Belästigendes sowie sexuell belästigendes Verhalten können sowohl verbaler als auch nonverbaler Art sein.[520] Da bei den Absätzen 3 und 4 jeweils der Unwert der Tat in ihr selbst liegt, bedarf es zur Bejahung der Unerwünschtheit keines Vergleichs.[521] Maßgeblich ist vielmehr, ob ein objektiver Dritter davon ausgehen kann, dass das Verhalten unter den gegebenen Umständen von dem Betroffenen nicht erwünscht ist oder nicht akzeptiert wird. Erfasst werden hierbei nicht nur strafrechtlich relevante Verhaltensweisen.[522]

Im Rahmen eines Druckkündigungsszenarios stellt das auf ein Merkmal des § 1 AGG gestützte Entlassungsbegehren des Dritten für einen objektiven Beobachter eine unerwünschte Verhaltensweise gegenüber dem betreffenden Beschäftigten dar. Zwar verübt der Außenstehende die Belästigung in der Regel

---

515 Vgl. *Rühl/Schmid/Viethen*, S. 17; Wendeling-Schröder/Stein-*Wendeling-Schröder*, § 3 AGG Rn. 26; Rudolf/Mahlmann-*Voggenreiter*, § 8 Rn. 18.

516 ErfK/*Schlachter*, § 3 AGG Rn. 13; vgl. auch KDZ/*Zwanziger*, AGG Rn. 45; Wendeling-Schröder/Stein-*Wendeling-Schröder*, § 3 AGG Rn. 28; *Rühl/Schmid/Viethen*, S. 17f.

517 Vgl. BT-Drs. 16/1780, S. 33; Rudolf/Mahlmann-*Voggenreiter*, § 8 Rn. 19; zur Auslegung des Gesetzeswortlauts „in Bezug auf § 2 Abs. 1 Nr. 1 bis 4" vgl. *Bauer/Göpfert/Krieger*, § 3 AGG Rn. 48.

518 Rudolf/Mahlmann-*Voggenreiter*, § 8 Rn. 19; vgl. auch Wendeling-Schröder/Stein-*Wendeling-Schröder*, § 3 AGG Rn. 41; *Nollert-Borasio/Perreng*, § 3 AGG Rn. 37; Däubler/Bertzbach-*Schrader/Schubert*, § 3 AGG Rn. 76.

519 Vgl. BT-Drs. 16/1780, S. 33; *Nollert-Borasio/Perreng*, § 3 AGG Rn. 38; *Rühl/Schmid/Viethen*, S. 18; Rudolf/Mahlmann-*Voggenreiter*, § 8 Rn. 19.

520 Däubler/Bertzbach-*Schrader/Schubert*, § 3 AGG Rn. 67; *Bauer/Göpfert/Krieger*, § 3 AGG Rn. 41; *Rühl/Schmid/Viethen*, S. 17; Schleusener/Suckow/Voigt-*Schleusener*, § 3 Rn. 92.

521 *Bauer/Göpfert/Krieger*, § 3 AGG Rn. 39; Wendeling-Schröder/Stein-*Wendeling-Schröder*, § 3 AGG Rn. 28.

522 Vgl. BT-Drs. 16/1780, S. 33; vgl. auch Rudolf/Mahlmann-*Voggenreiter*, § 8 Rn. 18; *Rühl/Schmid/Viethen*, S. 17; Wendeling-Schröder/Stein-*Wendeling-Schröder*, § 3 AGG Rn. 29.

nicht unmittelbar gegenüber dem Arbeitnehmer; dies ist jedoch auch nicht zwingende Voraussetzung für den Belästigungsbegriff des AGG. Weder der nationale Gesetzgeber noch die europäischen Richtlinien sehen ein solches tatbestandseinschränkendes Unmittelbarkeitskriterium vor.

Eine sexuelle Belästigung ist im Rahmen der Ausübung des Entlassungsdrucks hingegen nur schwer vorstellbar.

bb. Verletzung der Würde / Schaffung eines feindlichen Umfeldes

Die Belästigung muss eine Verletzung der Würde der betroffenen Person bezwecken oder bewirken. Objektiv geringfügige Eingriffe fallen demnach aus dem Anwendungsbereich des AGG heraus.[523] Wie dem Gesetzeswortlaut entnommen werden kann, muss der verpönte Erfolg nicht zwingend eintreten. Ausreichend ist auch die verpönte Absicht zur Erfüllung des Diskriminierungstatbestandes.[524]

Darüber hinaus wird der Tatbestand des § 3 Abs. 3 AGG durch eine weitere Voraussetzung eingegrenzt. Der Handelnde muss neben der Würdeverletzung auch ein feindliches Umfeld verursachen.[525] In der Regel wird ein feindliches Umfeld durch länger andauernde, systematische Belästigungen geschaffen.[526] Ausnahmsweise können auch eine einzige besonders grobe Belästigung sowie eine drohende Wiederholungsgefahr ausreichen.[527] Realisiert ein Dritter die Entlassung eines Beschäftigten auf Grundlage verpönter Motive, liegt die Annahme einer besonders groben Belästigung nahe. Je nach Beharrlichkeit des Außenstehenden und der Widerstandsmöglichkeiten des Arbeitgebers kann auch eine Wiederholungsgefahr gegeben sein. Ob die hohen Voraussetzungen des § 3 Abs. 3 AGG erfüllt sind, entscheiden letztlich die individuellen Umstände des konkreten Einzelfalls.

---

523 Däubler/Bertzbach-*Schrader/Schubert*, § 3 AGG Rn. 70; *Bauer/Göpfert/Krieger*, § 3 AGG Rn. 43; vgl. auch BAG 24.9.2009 a.a.O. (Fn. 514).

524 Vgl. *Bauer/Göpfert/Krieger*, § 3 AGG Rn. 43f.; *Nollert-Borasio/Perreng*, § 3 AGG Rn. 31; *Rühl/Schmid/Viethen*, S. 18; Wendeling-Schröder/Stein-*Wendeling-Schröder*, § 3 AGG Rn. 31.

525 *Adomeit/Mohr*, § 3 AGG Rn. 134; MüKo-BGB/*Thüsing*, Bd. I/2,§ 3 AGG Rn. 58; *Nollert-Borasio/Perreng*, § 3 AGG Rn. 28; *Rühl/Schmid/Viethen*, S. 18; vgl. auch BAG 24.9.2009 a.a.O. (Fn. 514).

526 Vgl. BT-Drs.16/1780, S. 33; vgl. auch Däubler/Bertzbach-*Schrader/Schubert*, § 3 AGG Rn. 74; *Nollert-Borasio/Perreng*, § 3 AGG Rn. 27.

527 So auch BAG 24.9.2009 a.a.O. (Fn. 514); Däubler/Bertzbach-*Schrader/Schubert*, § 3 AGG Rn. 74; ErfK/*Schlachter*, § 3 AGG Rn. 15; *Nollert-Borasio/Perreng*, § 3 AGG Rn. 27; Wendeling-Schröder/Stein-*Wendeling-Schröder*, § 3 AGG Rn. 36; vgl. auch *Thüsing*, Arbeitsrechtl. Diskriminierungsschutz, Rn. 284.

cc. Zwischenergebnis im Hinblick auf Druckkündigungen

Das Drittverhalten wird in den typischen Druckkündigungsszenarien nicht den Tatbestand der sexuellen Belästigung erfüllen. Hingegen kann das Abberufungsverlangen grundsätzlich als Belästigung eingestuft werden. Wie dargelegt, reicht jedoch allein ein objektiv unerwünschtes Verhalten nicht aus, um den Tatbestand des § 3 Abs. 3 AGG zu erfüllen. Vielmehr erfordert der Gesetzeswortlaut daneben eine bezweckte bzw. bewirkte Würdeverletzung sowie die Schaffung eines feindlichen Umfeldes. Diese Voraussetzungen sind einer Druckkündigungssituation nicht zwingend immanent. Schwierigkeiten im Rahmen der Subsumtion bereitet insbesondere der Umstand, dass der Dritte den Druck ausschließlich gegenüber dem Arbeitgeber ausübt und damit nicht unmittelbar in das Umfeld des Arbeitnehmers eingreift. Aufgrund seiner Machtstellung gegenüber dem Arbeitgeber muss er daher zur Realisierung seiner Forderung nicht zwangsläufig ein feindliches Umfeld schaffen.

Zwar sind Fallkonstellationen denkbar, in denen der Dritte – etwa im Vorfeld der Formulierung seiner Entlassungsforderung – an den betreffenden Arbeitnehmer herantritt und diesen wiederholt belästigt, um ihn möglicherweise zu einer Eigenkündigung zu bewegen. Ein solches zusätzliches diskriminierendes Verhalten ist jedoch weder der Regelfall noch zwingend für die Rechtsfigur der Druckkündigung und ist damit konsequenter Weise auch unabhängig von dieser zu beurteilen.

Ob der Dritte durch die Formulierung und Realisierung seines verpönten Entlassungsverlangens den Tatbestand des § 3 Abs. 3 AGG verwirklicht, bleibt folglich eine Frage des Einzelfalls.

d. Anweisung zur Benachteiligung

aa. Allgemein

Gemäß § 3 Abs. 5 S. 1 AGG gilt auch die Anweisung zur Benachteiligung einer Person aus einem in § 1 AGG genannten Grund als Benachteiligung.[528] Zweck der Ausweitung des Benachteiligungsverbots auf bestimmte Handlungen im Vorfeld ist die Stärkung des Schutzes von potentiell Betroffenen.[529] Konkret soll

528 § 3 Abs. 5 AGG setzt den jeweiligen Art. 2 Abs. 4 der RL 2000/43/EG a.a.O. (Fn. 369), 2000/78/EG a.a.O. (Fn. 356) u. 2002/73/EG a.a.O. (Fn. 356) um; vgl. BT-Drs. 16/1780, S. 33; vgl. auch ErfK/*Schlachter*, § 3 AGG Rn. 19; KDZ/*Zwanziger*, AGG Rn. 53; Schleusener/Suckow/Voigt-*Schleusener*, § 3 AGG Rn. 161; *Däubler*, ZfA 2006, 479, 490.

529 Vgl. *Adomeit/Mohr*, § 3 AGG Rn. 151; *Thüsing*, Sonderbeilage NZA 2004/Heft 22, 3. 7.

mit § 3 Abs. 5 AGG unterbunden werden, dass sich ein verpönt Handelnder der eigenen diskriminierungsrechtlichen Verantwortung aufgrund des Ausnutzens der eigenen Stellung entziehen kann.[530]

Was konkret eine Anweisung ist, wird vom Gesetz nicht klar definiert. Für den im Hinblick auf Druckkündigungen relevanten arbeitsrechtlichen Anwendungsbereich des § 2 Abs. 1 Nr. 1 bis 4 AGG liefert jedoch Satz 2 des § 3 Abs. 5 AGG Anhaltspunkte für eine Begriffsbestimmung.[531] Hiernach liegt eine Anweisung insbesondere vor, wenn jemand eine Person zu einem benachteiligenden Verhalten bestimmt.[532] Diese Formulierung weist Parallelen zum Begriff der Anstiftung im strafrechtlichen Sinne auf.[533] Im Rahmen von § 26 StGB bedeutet „bestimmen“ das vorsätzliche Hervorrufen eines Tatentschlusses.[534] Dieses Begriffsverständnis kann zunächst als Orientierungshilfe im Rahmen des § 3 Abs. 5 AGG herangezogen werden.[535]

Der Wortlaut des § 3 Abs. 5 S. 2 AGG („benachteiligen kann“) verdeutlicht, dass zur Tatbestandsverwirklichung nicht zwingend erforderlich ist, dass die angewiesene Person die Benachteiligung tatsächlich ausführt.[536] Zudem verlangt § 3 Abs. 5 AGG nicht, dass der Angewiesene seiner Ausführungshandlung selbst verpönte Motive zugrunde legt.[537] Entscheidend ist allein die Intention des Anweisenden. Die Weisung selbst muss vorsätzlich erfolgen.[538] Ob der Angewiesene selbst diskriminierend handelt, ist im Rahmen des § 3 Abs. 5 AGG irrelevant. Der AGG-rechtliche Anweisungsbegriff erfasst folgerichtig auch Fälle mittelbarer Täterschaft und geht damit weiter als der strafrechtliche Anweisungstat-

530 Vgl. Wendeling-Schröder/Stein-*Wendeling-Schröder*, § 3 AGG Rn. 50; Rudolf/Mahlmann-*Voggenreiter*, § 8 Rn. 20; vgl. auch *Däubler*, ZfA 2006 479, 490; *Thüsing*, Sonderbeilage NZA 2004/Heft 22, 3, 7.

531 Däubler/Bertzbach-*Deinert*, § 3 AGG Rn. 83f.

532 Vgl. BT-Drs. 16/1780, S. 8.

533 *Adomeit/Mohr*, § 3 AGG Rn. 156; *Thüsing*, Arbeitsrechtl. Diskriminierungsschutz, Rn. 302; Däubler/Bertzbach-*Deinert*, § 3 AGG Rn. 84.

534 Vgl. *Fischer*, § 26 StGB, Rn. 3; vgl. auch u.a. BGH 8.1.1985 – 1 StR 686/84, NJW 1985, 924; BGH 20.1.2000 – 4 StR 400/99, StV 2000, 260f.; BGH 5.8.2008 – 3 StR 224/08, NStZ 2009, 393.

535 So auch *Bauer/Göpfert/Krieger*, § 3 AGG Rn. 66; *Thüsing*, Arbeitsrechtl. Diskriminierungsschutz, Rn. 302; Däubler/Bertzbach-*Deinert*, § 3 AGG Rn. 84.

536 Schleusener/Suckow/Voigt-*Schleusener*, § 3 AGG Rn. 163; *Nollert-Borasio/Perreng*, § 3 AGG Rn. 45.

537 Vgl. *Bauer/Göpfert/Krieger*, § 3 AGG Rn. 66.

538 Vgl. BT-Drs. 16/1780, S. 33; vgl. auch *Thüsing*, Europ. ArbR, § 3 Rn. 33; KDZ/*Zwanziger*, AGG Rn. 54.

bestand.[539] Nicht erforderlich ist jedoch, dass sich der Anweisende der Verbotswidrigkeit seines Verhaltens bewusst ist.[540]

bb. Einschränkung des weiten Anweisungsbegriffs

Zur Vermeidung einer uferlosen Anwendung des § 3 Abs. 5 AGG wird der Tatbestand überwiegend durch das Erfordernis einer Weisungsgebundenheit des Angewiesenen eingegrenzt.[541]

(1) Unterschiedliche Begriffsverständnisse

Umstritten ist in diesem Zusammenhang jedoch, ob die Weisungsgebundenheit des Angewiesenen eine rechtliche Anweisungsbefugnis des Anweisenden voraussetzt oder ob auch Fälle rein faktischer Weisungsmöglichkeiten erfasst werden. Im Falle einer Begrenzung des persönlichen Anwendungsbereichs des Anweisungstatbestandes ausschließlich auf Personen, die rechtlich legitimiert sind, Weisungen zu erteilen, bleiben regelmäßig lediglich der Arbeitgeber oder Vorgesetzte als potentielle Täter übrig.[542] Legt man hingegen ein weites Begriffsverständnis zugrunde und lässt eine faktische Weisungsmöglichkeit ausreichen, können auch weitere Personen eine Anweisung im Sinne des § 3 Abs. 5 AGG erteilen.[543]

Die unterschiedlichen Interpretationsansätze wirken sich insbesondere auch in druckkündigungsrechtlicher Hinsicht aus. Je nach Weite des Begriffsverständnisses erfüllt bereits die Formulierung des Entlassungsverlangens den Tatbestand des § 3 Abs. 5 AGG.

---

539 So auch *Bauer/Göpfert/Krieger*, § 3 AGG Rn. 66.

540 Vgl. BT-Drs. 16/1780, S. 33; vgl. auch Rust/Falke-*Rust*, § 3 AGG Rn. 92; *Thüsing*, Europ. ArbR, § 3 Rn. 33; vgl. auch ErfK/*Schlachter*, § 3 AGG Rn. 19; MüKo-BGB/*Thüsing*, Bd. I/2, § 3 AGG Rn. 73.

541 So u.a. Däubler/Bertzbach-*Deinert*, § 3 AGG Rn. 85; ErfK/*Schlachter*, § 3 AGG Rn. 19; Schleusner/Suckow/Voigt-*Schleusener*, § 3 AGG Rn. 138f.; Wendeling-Schröder/Stein-*Wendeling-Schröder*, § 3 AGG Rn. 52.

542 So u.a. *Adomeit/Mohr*, § 3 AGG Rn. 158; *Müller-Bonanni/Sagan*, ArbRB 2007, 50, 51; *Rolfs*, NJW 2007, 1489, 1492 (ohne Begründung); *Annuß*, BB 2006, 1629, 1632 (ohne Begründung); vgl. auch *Bauer/Göpfert/Krieger*, § 3 AGG Rn. 64; Wendeling-Schröder/Stein-*Wendeling-Schröder*, § 3 AGG Rn. 51; *Thüsing*, Arbeitsrechtl. Diskriminierungsschutz, Rn. 304; *Nollert-Borasio/Perreng*, § 3 AGG Rn. 43; MüKo-BGB/*Thüsing*, Bd. I/2, § 3 AGG Rn. 79.

543 So Däubler/Bertzbach-*Deinert*, § 3 AGG Rn. 85; vgl. auch KDZ/*Zwanziger*, AGG Rn. 53; *Thüsing*, Sonderbeilage NZA 2004/Heft 22, 3, 8.

(2) Stellungnahme

Der Wortlaut des § 3 Abs. 5 AGG enthält keine Einschränkungen hinsichtlich der Person des Anweisenden. Nach allgemeinem Wortverständnis umfasst der Begriff „Anweisung“ sowohl Anleitungen und Instruktionen als auch Aufträge und Befehle.[544] Dies spiegelt sich auch in den Antidiskriminierungsrichtlinien wider. Dort werden beispielsweise die Begriffe „instruction“ im englischen, „enjoidre“ im französischen oder auch „opdracht“ im niederländischen Text verwendet.[545] Übersetzt werden können die ersten beiden Wörter als „Instruktionen“ bzw. „Anleitungen“ und das letzt genannte als „Auftrag“.[546] Sämtlichen Begriffen ist die Möglichkeit der Einflussnahme bzw. das Nutzen der eigenen Machtstellung gegenüber dem Angewiesenen immanent. Eine solche übergeordnete Position wird nach allgemeiner Lebenserfahrung jedoch nicht ausschließlich auf rechtlichem Wege begründet.[547] Vielmehr kann sich eine entsprechende Weisungsmöglichkeit auch auf Grundlage tatsächlicher Überlegenheit ergeben. So können insbesondere wirtschaftliche Umstände eine entsprechende Befehlsmacht konstituieren.[548] Dass die faktische Weisungsmacht eines Dritten gegenüber dem betreffenden Arbeitgeber mindestens vergleichbar weitreichend und absolut sein kann wie die rechtliche begründete Weisungsbefugnis des Arbeitgebers gegenüber seinen Beschäftigten, wird in Druckkündigungsfällen besonders deutlich. Es existiert insoweit kein sachlicher Grund für die Begrenzung des Täterkreises des § 3 Abs. 5 AGG lediglich auf Arbeitgeber und weisungsbefugte Vorgesetzte.

Auch der historische Hintergrund des § 3 Abs. 5 AGG spricht für ein weites Begriffsverständnis. Der Tatbestand der Anweisungsdiskriminierung beruht auf einem Änderungsantrag des Europäischen Parlaments, die Benachteiligungsformen um „ein Verhalten, das Anregungen, Anweisungen oder Druck zur Anwendung von Diskriminierungen beinhaltet“, zu konkretisieren.[549] Auch wenn letztlich lediglich der Begriff „Anweisung“ verwendet wurde, so darf im Rah-

---

544 Vgl. *Duden*, Das Synonymwörterbuch, S. 99.

545 *Däubler*, ZfA 2006, 479, 490 mit weiteren ausländischen Begriffen u. weiteren Nachweisen; vgl. auch *Thüsing*, Sonderbeilage NZA 2004/Heft 22, 3. 8.

546 Vgl. *Däubler*, ZfA 2006, 479, 490.

547 Zwar wurden im britischen Antidiskriminierungsrecht bereits vor Erlass der Antidiskriminierungsrichtlinien unter „instruction“ nur Handlungen subsumiert, die von einer rechtlichen Anordnungsbefugnis („authority“) gedeckt sind. Fälle faktischer Weisungsmacht wurden jedoch schon zu diesem Zeitpunkt der rechtlichen Weisungsmacht gleichgestellt, vgl. insoweit einheitliche Regelung beider Anweisungsformen in section 16 C des Disability Discrimination Act 1995.

548 So auch Däubler/Bertzbach-*Deinert*, § 3 AGG Rn. 85.

549 Abänderung 28 des Europ. Parlaments hinsichtl. Art. 2 Abs. 3a (neu), ABl. EG 23.2.2001, C 59/269; vgl. hierzu auch Rust/Falke-*Rust*, § 3 AGG Rn. 89.

men der konkreten Begriffsbestimmung der Kontext, in welchem dieser eingeführt wurde, nicht unberücksichtigt bleiben. Nicht nur der europäische Hintergrund, sondern auch die Intention des nationalen Gesetzgebers spricht für eine weite Auslegung des Anweisungsbegriffs. Wie die ausdrückliche Gleichstellung mit Benachteiligungen im Sinne des § 3 Abs. 1 AGG verdeutlicht, wollte der nationale Gesetzgeber durch den Tatbestand des § 3 Abs. 5 AGG unterbinden, dass sich ein Täter durch das Ausnutzen von Hierarchien der eigenen Verantwortung für eine von ihm intendierte Benachteiligung entzieht.[550] Hierarchien entstehen jedoch nicht allein auf Grundlage rechtlicher Befugnisse. Eine Befehlsmacht im Sinne eines Über-Unterordnungsverhältnisses kann vielmehr auch auf einer faktischen Weisungsmöglichkeit beruhen. Zur Vermeidung entsprechender ungerechtfertigter Lücken im Schutzbereich der Regelung sind daher Fälle tatsächlicher Weisungsmacht ebenfalls unter § 3 Abs. 5 AGG zu subsumieren.[551] Folglich kann auch der druckausübende Dritte grundsätzlich eine Anweisung im Sinne des § 3 Abs. 5 AGG gegenüber dem Arbeitgeber erteilen.

cc. Zwischenergebnis im Hinblick auf Druckkündigungen

Lässt man wie vorliegend eine faktische Anweisungsmöglichkeit ausreichen, ist in der Formulierung der Abberufungsforderung eines druckausübenden Dritten grundsätzlich eine Anweisung im Sinne des § 3 Abs. 5 AGG zu sehen.

Soweit jedoch der begehrte Ausspruch der Druckkündigung infolge der Androhung schwerer wirtschaftlicher Nachteile tatsächlich durchgesetzt wird, ist das Drittverhalten in jedem Fall auch als Benachteiligung im Sinne des § 3 Abs. 1–3 AGG zu qualifizieren. Dem Tatbestand des § 3 Abs. 5 AGG kommt allerdings besondere Bedeutung zu, soweit der Druckausübende seine Forderung noch nicht realisiert hat bzw. die Durchsetzung endgültig scheitert.

3. Ergebnis

Ein Druckkündigungsszenario kann infolge eines diskriminierenden Drittverhaltens eine AGG-rechtlich bedeutsame Einfärbung erhalten. Soweit sich das Entlassungsverlangen auf ein verpöntes Merkmal zurückführen lässt, können verschiedene Benachteiligungsformen des § 3 AGG erfüllt sein.

Das auf § 1 AGG basierende Abberufungsverlangen des Dritten kann sowohl eine unmittelbare als auch eine mittelbare Benachteiligung begründen.

---

550 Vgl. BT-Drs. 16/1780, S. 8.

551 Vgl. auch Däubler/Bertzbach-*Deinert*, § 3 AGG Rn. 85.

In Betracht kommt zudem die Erfüllung des Tatbestandes der Belästigung. Hierfür muss der Außenstehende jedoch die Würde des betreffenden Arbeitnehmers verletzen sowie ein feindliches Umfeld schaffen. Diese Voraussetzungen sind in Fällen diskriminierend motivierter Entlassungsforderungen nicht zwingend erfüllt, sodass eine Zuordnung letztlich vom individuellen Druckkündigungsszenario abhängt.

In üblichen Druckkündigungsfällen bildet die Entlassungsforderung des Dritten regelmäßig hingegen kein Mittel zur sexuellen Belästigung eines Arbeitnehmers.

Die Frage nach einer etwaigen Rechtfertigung des diskriminierenden Verhaltens des Druckausübenden beurteilt sich grundsätzlich nach den Rechtfertigungstatbeständen des AGG, wobei diese in den typischen Druckkündigungskonstellationen regelmäßig nicht einschlägig sein werden. Denkbar ist allenfalls eine tatbestandliche Rechtfertigung im Falle eines mittelbar diskriminierenden Entlassungsverlangens.

Der Tatbestand des § 3 Abs. 5 AGG ist insbesondere in Fällen bedeutsam, in denen der Arbeitgeber trotz der Druckausübung die geforderte Kündigung nicht ausspricht. Wird der betreffende Arbeitnehmer trotz der diskriminierenden Abberufungsforderung des Dritten nicht entlassen, fehlt es nämlich in der Regel an einer Zurücksetzung im Sinne des § 3 Abs. 1, 2 AGG. Der Diskriminierungsvorwurf konzentriert sich in solchen Fällen daher auf die Erfüllung des Anweisungstatbestandes nach § 3 Abs. 5 AGG.

Soweit jedoch der Dritte den Ausspruch der Druckkündigung und damit zugleich seine diskriminierenden Motive infolge der Androhung schwerer wirtschaftlicher Nachteile durchgesetzt, erschöpft sich sein Verhalten nicht mehr allein in einer Anweisung. Vielmehr muss sein Vorgehen dann auch als (vollendete) Benachteiligung im Sinne des § 3 Abs. 1, 2 AGG qualifiziert werden.

Etwaige Besonderheiten, die bei der Ermittlung des diskriminierenden Gehalts einer echten sowie einer unechten Druckkündigung zu berücksichtigen sind, werden jeweils bei der konkreten Bewertung der unterschiedlichen Erscheinungsformen dargestellt.[552]

---

552 S. zu den Besonderheiten im Rahmen einer unechten Druckkündigung unter Kap. E. II. sowie einer echten Druckkündigung unter Kap. F. II. 2.

V. Schutzzwecke und Regelungsinhalte der §§ 7, 12 AGG

Im Hinblick auf Druckkündigungen, die einen diskriminierenden Hintergrund aufweisen, sind neben §§ 1 und 3 AGG insbesondere auch die Bestimmungen des § 7 AGG und des § 12 AGG von Bedeutung.

Nachfolgend wird ein allgemeiner Überblick über Schutzzweck und Regelungsinhalt der jeweiligen Norm gegeben, auf den im Rahmen der späteren Überprüfung der Rechtmäßigkeit einer Druckkündigung zurückgegriffen wird.

1. § 7 AGG (Benachteiligungsverbot)

a. Allgemein

§ 7 Abs. 1 AGG verkörpert die Kernaussage des AGG bezüglich des arbeitsrechtlichen Bereichs: Die Untersagung von ungerechtfertigten Benachteiligungen wegen eines in § 1 AGG genannten Grundes.[553] § 7 Abs. 1 Hs. 2 AGG stellt klar, dass das Diskriminierungsverbot auch greift, wenn die Person, welche die Benachteiligung begeht, das Vorliegen eines in § 1 genannten Grundes nur annimmt.[554] Voraussetzung für einen Verstoß gegen § 7 Abs. 1 AGG ist demnach, dass die Ungleichbehandlung durch ein verpöntes Merkmal motiviert ist bzw. sich auf ein solches zurückführen lässt.[555] Diese Anforderung ist ebenso wie im Rahmen der Tatbestände des § 3 AGG der Formulierung „wegen" zu entnehmen.[556]

Darüber hinaus kommt das Benachteiligungsverbot nur dann zur Anwendung, wenn für die Benachteiligung im Sinne des § 3 AGG weder eine einzelfallbezogene Rechtfertigung greift, noch eine der für bestimmte Merkmale mögliche

---

553 Vgl. *Bauer/Göpfert/Krieger*, § 7 AGG Rn. 1; *Rühl/Schmid/Viethen*, S. 57; *Nollert-Borasio/Perreng*, § 7 AGG Rn. 1; Wendeling-Schröder/Stein-*Wendeling-Schröder*, § 7 AGG Rn. 1; vgl. auch *Wisskirchen*, DB 2006, 1491; *Willemsen/Schweibert*, NJW 2006, 2583, 2588.

554 Vgl. diesbzgl. u.a. auch BAG 28.5.2009 – 8 AZR 536/08, EzA § 8 AGG Nr. 1.

555 Vgl. BT-Drs. 16/17805, S. 32; BAG 28.4.2011 a.a.O. (Fn. 456); *Adomeit/Mohr*, § 7 AGG Rn. 2.

556 Vgl. Wendeling-Schröder/Stein-*Wendeling-Schröder*, § 7 AGG Rn. 14; *Bauer/Göpfert/Krieger*, § 7 AGG Rn. 13; zur konkreten Bedeutung dieses Tatbestandsmerkmals in Fällen unechter u. echter Druckkündigungen mit diskriminierendem Hintergrund s. ausführlich unter Kap. E. II. 2. b. aa.; Kap. F. II. 2. c. bb.

allgemeine Ausnahme vorliegt. Die Rechtfertigungstatbestände der §§ 5, 8 bis 10 AGG sind dementsprechend stets zu berücksichtigen.[557]

Wie bereits unter dem Gliederungspunkt C. II dargelegt, richtet sich das Benachteiligungsverbot des § 7 Abs. 1 AGG an jedermann. Gegen die Norm kann somit nicht nur der Arbeitgeber, sondern auch ein betriebsinterner oder betriebsexterner Druckausübender verstoßen.[558]

Wie ebenfalls ausgeführt, unterfällt ein Arbeitnehmer dem persönlichen Schutzbereich des arbeitsrechtlichen Diskriminierungsverbotes, soweit es sich um einen Beschäftigten im Sinne des § 6 Abs. 1 AGG handelt. In sachlicher Hinsicht gilt das AGG in Fällen diskriminierenden Entlassungsdrucks wegen § 2 Abs. 1 Nr. 2 AGG.[559]

Die Rechtsfolgen des Benachteiligungsverbotes sind nur fragmentarisch geregelt. § 7 Abs. 2 AGG weist auf die Unwirksamkeit von Vereinbarungen hin, während einseitige Akte unter § 7 Abs. 1 AGG gefasst werden können.[560] § 7 Abs. 1 AGG ordnet jedoch nicht eigenständig die Unwirksamkeit der Maßnahme an, sodass ein Rückgriff auf allgemeine zivilrechtliche Bestimmungen nahe liegt.[561]

b. Besonderheit des § 7 Abs. 3 AGG

Die Regelung des § 7 Abs. 3 AGG bezieht sich auf das Interesse des Arbeitgebers an einem diskriminierungsfreien Betrieb.[562] Die Bestimmung legt fest, dass ein Verstoß gegen das Benachteiligungsverbot durch Arbeitgeber oder Beschäftigte eine Verletzung vertraglicher Pflichten impliziert.[563] Eine Pflichtverletzung

---

557 Vgl. Rust/Falke-*Rust*, § 7 AGG Rn. 6; Schleusener/Suckow/Voigt-*Schleusener*, § 7 AGG Rn. 6; *Annuß*, BB 2006, 1629, 1630f.; *Wisskirchen*, DB 2006, 1491ff.; vgl. auch BAG 28.5.2009 a.a.O. (Fn. 554).

558 So auch *Bauer/Göpfert/Krieger*, § 7 AGG Rn. 6; *Nollert-Borasio/Perreng*, § 7 AGG Rn. 4; Schleusener/Suckow/Voigt-*Schleusener*, § 7 AGG Rn. 4; Wendeling-Schröder/Stein-*Wendeling-Schröder*, § 7 AGG Rn. 7; *Annuß*, BB 2006, 1629, 1630; anders *Adomeit/Mohr*, § 12 AGG Rn. 42.

559 S. bereits unter Kap. C. II.; zur Frage der Auslegung des § 2 Abs. 4 AGG s. nachfolgend unter Kap. D.

560 So auch *Rühl/Schmid/Viethen*, S. 58.

561 So auch Däubler/Bertzbach-*Däubler*, § 7 Rn. 1; Schleusener/Suckow/Voigt-*Schleusener*, § 7 AGG Rn. 6; zur Frage der Berücksichtigung des § 7 AGG i.R.v. Kündigungsschutzprozessen s. nachfolgend unter Kap. D.

562 Vgl. Wendeling-Schröder/Stein-*Wendeling-Schröder*, § 7 AGG Rn. 30.

563 Vgl. *Adomeit/Mohr*, § 7 AGG Rn. 19f.; MüKo-BGB/*Thüsing*, Bd. I/2, § 7 AGG Rn. 21; *Busch/Kocher/Welkoborsky*, S. 54f.;Schleusener/Suckow/Voigt-*Schleusener*, § 7 AGG Rn. 81.

wird demnach unabhängig vom konkreten Vertragsinhalt fingiert.[564] Wie bereits erörtert, verdeutlicht § 7 Abs. 3 AGG, dass das arbeitsrechtliche Diskriminierungsverbot nicht lediglich als unverbindliche Handlungsanweisung gegenüber Beschäftigten zu verstehen ist.[565]

Darüber hinaus korrespondiert § 7 Abs. 3 AGG im Falle einer Benachteiligung durch Arbeitskollegen oder Vorgesetzte mit dem Pflichtenprogramm des Arbeitgebers aus § 12 AGG.[566]

2. § 12 AGG (Maßnahmen und Pflichten des Arbeitgebers)

a. Allgemein

§ 12 AGG enthält präventive und reaktive Maßnahmen, die der Arbeitgeber ergreifen muss, um Benachteiligungen von Beschäftigten durch Arbeitskollegen oder Dritte entgegenzuwirken.[567] Die Verpflichtung des Arbeitgebers gründet auf seiner Herrschaft über den Arbeitsbereich.[568]

Bereits nach § 241 Abs. 2 BGB trifft den Arbeitgeber die Pflicht, seine Arbeitnehmer vor Persönlichkeitsverletzungen zu schützen. Insbesondere muss er seine Beschäftigten vor systematischen Anfeindungen, Schikanierungen und Diskriminierungen am Arbeitsplatz durch andere Arbeitnehmer oder Vorgesetzte bewahren.[569] § 12 AGG erweitert die arbeitsvertraglich begründeten Schutzpflichten des Arbeitgebers im Hinblick auf die Schaffung bzw. Erhaltung eines diskriminierungsfreien Arbeitsumfeldes.[570] Während § 12 Abs. 1 und 2 AGG die Organisationspflicht des Arbeitgebers betreffen, stellen die Absätze 3 und 4 die arbeitsvertragliche Fürsorgeverpflichtung in den Vordergrund. Dementsprechend

---

564 KDZ/*Zwanziger*, 7. Aufl., § 7 AGG Rn. 8; ErfK/*Schlachter*, § 7 AGG Rn. 7.

565 S. bereits unter Kap. C. II.

566 Vgl. MüKo-BGB/*Thüsing*, Bd. I/2, § 7 AGG Rn. 21; KDZ/*Zwanziger*, 7. Aufl., § 7 AGG Rn. 8.

567 Däubler/Bertzbach-*Buschmann*, § 12 AGG Rn. 2; vgl. auch Rust/Falke-*Falke*, § 12 AGG Rn. 1; *Thüsing*, Arbeitsrechtl. Diskriminierungsschutz, Rn. 681f.; *Schrader/Schubert*, Rn. 139; *Hanau*, ZIP 2006, 2189, 2199; *Grobys*, NJW 2006, 2950, 2951; *Gehlhaar*, NZA 2009, 825, 826.

568 Vgl. Wendeling-Schröder/Stein-*Stein*, § 12 AGG Rn. 1.

569 Vgl. Palandt/*Weidenkaff*, § 611 Rn. 99a; MüKo-BGB/*Roth*, Bd. II, § 241 BGB Rn. 93f.

570 Vgl. *Boemke/Danko*, § 8 Rn. 15; Rust/Falke-*Falke*, § 12 AGG Rn. 3; Schleusener/Suckow/Voigt-*Suckow*, § 12 AGG Rn. 1; Rust/Falke-*Falke*, § 12 AGG Rn. 6; *Willemsen/Schweibert*, NJW 2006, 2583, 2588; vgl. u.a. auch BAG 29.4.2004 – 1 ABR 30/02, EzA § 77 BetrVG 2001 Nr. 8.

kann die Norm insgesamt als gesetzliche Konkretisierung der betrieblichen Schutzpflichten des Arbeitgebers qualifiziert werden.[571]

Verletzt der Arbeitgeber seine Pflichten aus § 12 AGG, sieht die Norm selbst keine konkrete Rechtsfolge vor. Jedoch folgt aus der dogmatischen Einordnung, dass sich der Arbeitgeber im Falle eines Verstoßes gegen § 12 AGG aus eigenem Verschulden schadensersatzpflichtig machen kann.[572]

b. Maßnahmen und Pflichten des Arbeitgebers im Einzelnen

§ 12 Abs. 1 und 2 AGG beziehen sich auf das gesetzgeberische Präventivanliegen.[573] Die Generalklausel des § 12 Abs. 1 S. 1 AGG verpflichtet den Arbeitgeber, die erforderlichen Maßnahmen zum Schutz der Beschäftigten vor Benachteiligungen wegen eines der in § 1 AGG genannten Gründe zu treffen.[574] In Satz 2 wird klar gestellt, dass der Schutzauftrag auch vorbeugende Maßnahmen umfasst. Dabei sind insbesondere strukturelle Ursachen von Benachteiligungen in den Blick zu nehmen.[575] Die Beurteilung der Erforderlichkeit einer Maßnahme hängt von dem individuellen Sachverhalt ab.[576] Maßgeblich ist eine objektive Wertung und nicht die subjektive Einschätzung des Arbeitgebers bzw. Arbeitnehmers.[577] Welche Handlungen geboten sind, kann je nach Betriebsgröße unterschiedlich zu beurteilen sein.[578] Die Verpflichtung kann in jedem Fall immer nur

571 So auch Rust/Falke-*Falke*, § 12 AGG Rn. 35; ähnlich Schleusener/Suckow/Voigt-*Suckow*, § 12 AGG Rn. 1; *Göpfert/Siegrist*, ZIP 2006, 1710, 1711.

572 Für eine Haftung gem. § 15 AGG u.a. Rust/Falke-*Falke*, § 12 AGG Rn. 4; Wendeling-Schröder/Stein-*Stein*, § 12 AGG Rn. 11; anders u.a. *Annuß*, BB 2006, 1629, 1635; *Boemke/Danko*, § 8 Rn. 20; *Thüsing*, Arbeitsrechtl. Diskriminierungsschutz, Rn. 692, die eine Haftung gem. § 280 Abs. 1 BGB u. § 823 Abs. 2 BGB i.V.m. § 12 AGG annehmen; s. hierzu ausführlich unter Kap. G. III. 1. b.

573 Schleusener/Suckow/Voigt-*Suckow*, § 12 AGG Rn. 5f.; vgl. auch Däubler/Bertzbach-*Buschmann*, § 12 AGG Rn. 6; *Thüsing*, Arbeitsrechtl. Diskriminierungsschutz, Rn. 681; Wendeling-Schröder/Stein-*Stein*, § 12 AGG Rn. 3; Rust/Falke-*Falke*, § 12 AGG Rn. 8.

574 Vgl. Däubler/Bertzbach-*Buschmann*, § 12 AGG Rn. 6; Rust/Falke-*Falke*, § 12 AGG Rn. 7; *Busch/Kocher/Welkoborsky*, S. 54; Schleusener/Suckow/Voigt-*Suckow*, § 12 AGG Rn. 4.

575 Vgl. Rust/Falke-*Falke*, § 12 AGG Rn. 13; Schleusener/Suckow/Voigt-*Suckow*, § 12 AGG Rn. 9, der für Einzelmaßnahmen auf die Absätze 3, 4 verweist.

576 Vgl. BT-Drs. 16/1780, S. 37; vgl. auch Rust/Falke-*Falke*, § 12 AGG Rn. 9; Däubler/Bertzbach-*Buschmann*, § 12 AGG Rn. 11.

577 Vgl. BT-Drs. 16/1780, S. 37; vgl. auch *Boemke/Danko*, § 8 Rn. 16; *Thüsing*, Arbeitsrechtl. Diskriminierungsschutz, Rn. 682; Wendeling-Schröder/Stein-*Stein*, § 12 AGG Rn. 7.

578 Vgl. BT-Drs. 16/1780, S. 37; vgl. auch *Boemke/Danko*, § 8 Rn. 16; *Nollert-Borasio/Perreng*, § 12 AGG Rn. 2.

soweit gehen, wie der Arbeitgeber rechtlich und tatsächlich zur Pflichterfüllung in diesem Bereich in der Lage ist.[579]

Nach § 12 Abs. 2 S. 1 AGG soll der Arbeitgeber in geeigneter Art und Weise auf die Unzulässigkeit von Benachteiligungen hinweisen. Die Durchführung von entsprechenden Schulungen ist zwar nicht zwingend vorgesehen, dennoch legt das AGG diese Form der Prävention nahe.[580] Werden Schulungen in geeigneter Weise durchgeführt, gilt dies gemäß § 12 Abs. 2 S. 2 AGG als Erfüllung der Verpflichtung aus Absatz 1.[581] Das Tatbestandsmerkmal der Eignung kann nicht für sämtliche Betriebe einheitlich definiert werden; vielmehr richtet es sich nach der Erforderlichkeit und den konkret vorhandenen Möglichkeiten des Arbeitgebers.[582]

§ 12 Abs. 3 und 4 AGG sind hingegen repressiven Charakters.[583] Sie erweitern das Pflichtenprogramm des Arbeitgebers im Hinblick auf Diskriminierungen durch betriebsinterne bzw. betriebsexterne Dritte. Da diese Absätze im Hinblick auf Druckkündigungen von besonderer Relevanz sind, ist eine nähere Untersuchung ihrer allgemeinen Anforderungen unerlässlich.

c. Anforderungen des § 12 Abs. 3 AGG

Die Bestimmung des § 12 Abs. 3 AGG erlegt dem Arbeitgeber auch bei von ihm unbeeinflussten Benachteiligungen durch andere Beschäftigte bestimmte Schutzpflichten gegenüber dem Betroffenen auf. Verstoßen Beschäftigte gegen das Benachteiligungsverbot des § 7 Abs. 1 AGG, hat der Arbeitgeber gemäß § 12 Abs. 3 AGG die im Einzelfall geeigneten, erforderlichen und angemessenen Maßnahmen zur Unterbindung der Benachteiligung wie Abmahnung, Umsetzung, Versetzung oder Kündigung zu ergreifen.[584] Die gesetzlich genannten

579 Vgl. BT-Drs. 16/1780, S. 37; vgl. auch *Thüsing*, Arbeitsrechtl. Diskriminierungsschutz, Rn. 682; Däubler/Bertzbach-*Buschmann*, § 12 AGG Rn. 25; *Boemke/Danko*, § 8 Rn. 16; Wendeling-Schröder/Stein-*Stein*, § 12 AGG Rn. 10.

580 Vgl. BT-Drs. 16/1780, S. 37; vgl. auch Rust/Falke-*Falke*, § 12 AGG Rn. 16; *Busch/Kocher/Welkoborsky*, S. 54; Däubler/Bertzbach-*Buschmann*, § 12 AGG Rn. 19; *Schrader/Schubert*, Rn. 143.

581 U.a. *Busch/Kocher/Welkoborsky*, S. 54; zu Schulungen im Einzelnen vgl. Rust/Falke-*Falke*, § 12 AGG Rn. 20ff.; *Nollert-Borasio/Perreng*, § 12 AGG Rn. 5; Schleusener/Suckow/Voigt-*Suckow*, § 12 AGG Rn. 13; Wendeling-Schröder/Stein-*Stein*, § 12 AGG Rn. 13ff.

582 Däubler/Bertzbach-*Buschmann*, § 12 AGG Rn. 21; zum Begriff der Geeignetheit vgl. auch *Nollert-Borasio/Perreng*, § 12 AGG Rn. 5.

583 Schleusener/Suckow/Voigt-*Suckow*, § 12 AGG Rn. 18.

584 Däubler/Bertzbach-*Buschmann*, § 12 AGG Rn. 22; Rust/Falke-*Falke*, § 12 Rn. 34; Schleusener/Suckow/Voigt-*Suckow*, § 12 AGG Rn. 19; *Boemke/Danko*, § 8 Rn. 32, geht von einer lediglich klarstellenden Funktion des Abs. 3 aus.

Maßnahmen haben Beispielcharakter und sind daher nicht abschließend zu verstehen.[585] Welche Handlungsschritte im Einzelfall zu ergreifen sind, hängt unter anderem von der Schwere des Eingriffs, dem Grad des Verschuldens sowie von einer etwaigen Wiederholungsgefahr ab.[586]

Wie der Wortlaut des § 12 Abs. 3 AGG verdeutlicht, wird die Handlungspflicht des Arbeitgebers nur ausgelöst, wenn ein Verstoß gegen ein Benachteiligungsverbot tatsächlich vorliegt.[587] Ferner kann dem Gesetzeszweck entnommen werden, dass sich die Pflicht des Arbeitgebers auf Benachteiligungen konzentriert, die Beschäftigte im Zusammenhang mit ihrer arbeitsvertraglich geschuldeten Tätigkeit verüben.[588]

Zwischen Arbeitskollegen werden in der Praxis grundsätzlich Belästigungen und sexuelle Belästigungen im Vordergrund stehen. Dies fußt auf dem Umstand, dass zumindest gleichgestellte Beschäftigte in der Regel nicht die Möglichkeit haben, Kollegen unmittelbar bzw. mittelbar zu benachteiligen. Grund hierfür ist, dass sie regelmäßig nicht in der Lage sind, eine Zurücksetzung des betreffenden Beschäftigten zu bewirken.[589] Anders ist dies allerdings in typischen Druckkündigungsszenarien, die von betriebsinternen Dritten verursacht werden. Schließt sich ein nicht unerheblicher Teil der Belegschaft zusammen, um vom Arbeitgeber die Entlassung eines bestimmten Arbeitnehmers aus diskriminierenden Gründen zu fordern, kann dieser unter Umständen eine Zurücksetzung durchsetzen. Untermauert der Belegschaftsteil seine benachteiligende Forderung durch die Androhung einer wirtschaftlich belastenden Kündigungswelle, ist dieses Verhalten damit nicht nur geeignet, eine Belästigung zu begründen, sondern auch eine unmittelbare bzw. mittelbare Benachteiligung im Sinne des § 3 Abs. 1, 2 AGG.[590]

Eine Benachteiligung durch andere Beschäftigte ist darüber hinaus in Fällen denkbar, in denen Vorgesetzte aus diskriminierenden Gründen handeln. Sind

---

585 Vgl. BT-Drs. 16/1780, S. 37; *Nollert-Borasio/Perreng*, § 12 AGG Rn. 11; Schleusener/Suckow/Voigt-*Suckow*, § 12 AGG Rn. 22; *Schrader/Schubert*, Rn. 144.

586 Vgl. Däubler/Bertzbach-*Buschmann*, § 12 AGG Rn. 26; *Nollert-Borasio/Perreng*, § 12 AGG Rn. 8; Rust/Falke-*Falke*, § 12 Rn. 39.

587 Rust/Falke-*Falke*, § 12 Rn. 39; vgl. auch Wendeling-Schröder/Stein-*Stein*, § 12 AGG Rn. 26 u. 30.

588 S. zum Gesetzeszweck bereits unter Kap. C. IV. 2. a.; vgl. auch Rust/Falke-*Falke*, § 12 Rn. 39; *Boemke/Danko*, § 8 Rn. 35; vgl. auch Wendeling-Schröder/Stein-*Stein*, § 12 AGG Rn. 1.

589 Vgl. *Simon/Greßlin*, BB 2007, 1782; vgl. hinsichtl. des Erfordernisses der Zurücksetzung auch BT-Drs. 16/1780, S. 32.

590 S. bereits unter Kap. C. IV. 2. a./b.; zudem kann ein nicht unerheblicher Belegschaftsteil als Kollektiv u.U. auch eine faktische Weisungsmöglichkeit gegenüber dem AG erlangen, sodass § 3 Abs. 5 AGG ebenfalls in Betracht kommt.

diese berechtigt zur Ausübung von Arbeitgeberrechten, besteht die Möglichkeit der Zurücksetzung im Sinne einer unmittelbaren bzw. mittelbaren Benachteiligung. Zudem sind sie unstreitig aufgrund ihrer rechtlichen Anweisungsbefugnis zu diskriminierenden Handlungen im Sinne des § 3 Abs. 5 AGG in der Lage.[591] Ein durch Vorgesetzte erzeugter Kündigungsdruck, der auf den Gründen des § 1 AGG beruht, fällt demnach ebenfalls in den Anwendungsbereich des § 12 Abs. 3 AGG.

d. Anforderungen des § 12 Abs. 4 AGG

Erfolgt die Benachteiligung der Beschäftigten nicht durch Kollegen, sondern durch betriebsexterne Dritte, greift die Reaktionspflicht des § 12 Abs. 4 AGG.[592] Die Bestimmung trägt dem Umstand Rechnung, dass Beschäftigte im Rahmen ihrer Tätigkeitsausübung häufig mit anderen Personen, wie zum Beispiel mit Lieferanten bzw. Kunden des Arbeitgebers oder aber auch mit Beschäftigten aus anderen Unternehmen, in Kontakt treten.[593] Um im gleichen Maße wie bei Absatz 3 eine uferlose Ausdehnung der Verpflichtung zu vermeiden, ist § 12 Abs. 4 AGG ebenfalls auf benachteiligende bzw. belästigende Verhaltensweisen beschränkt, die in einem zeitlichen und sachlichen Zusammenhang mit der Erbringung der arbeitsvertraglichen Leistung des Beschäftigten stehen.[594]

Wie bereits dargestellt, können betriebsfremde Dritte unter bestimmten Voraussetzungen unmittelbare bzw. mittelbare Benachteiligungen sowie Belästigungen begehen oder auch entsprechende Anweisungen erteilen.[595] Mit welchen konkreten Schutzmaßnahmen der Arbeitgeber hierauf reagieren muss, ist gesetzlich nicht umschrieben.[596] Insbesondere enthält § 12 Abs. 4 AGG im Gegensatz zu Absatz 3 keine exemplarischen Orientierungshilfen. Dies liegt daran, dass der Arbeitgeber gegenüber betriebsexternen Dritten häufig nicht über ein vergleichbares Handlungsspektrum verfügt. Zudem können die konkreten Vertragsbeziehungen sehr unterschiedlich ausgestaltet sein.[597] Zur Bestimmung der adäquaten

591 S. unter Kap. C. IV. 2. d.; vgl. auch *Simon/Greßlin*, BB 2007, 1782, 1788.

592 Vgl. *Nollert-Borasio/Perreng*, § 12 AGG Rn. 18; Schleusener/Suckow/Voigt-*Suckow*, § 12 AGG Rn. 33; *Busch/Kocher/Welkoborsky*, S. 55; vgl. auch *Göpfert/Siegrist*, ZIP 2006, 1710, 1711; *Schrader/Schubert*, Rn. 145.

593 Rust/Falke-*Falke*, § 12 AGG Rn. 51.

594 So auch Däubler/Bertzbach-*Buschmann*, § 12 AGG Rn. 29; Rust/Falke-*Falke*, § 12 AGG Rn. 52.

595 S. für Druckkündigungsfälle bereits unter Kap. C. IV. 2.

596 Vgl. *Nollert-Borasio/Perreng*, § 12 AGG Rn. 19; *Thüsing*, Arbeitsrechtl. Diskriminierungsschutz, Rn. 690.

597 Rust/Falke-*Falke*, § 12 AGG Rn. 54.

Abwehrmaßnahme ist daher auf den Grundsatz der Verhältnismäßigkeit zurückzugreifen.[598] Geeignetheit, Erforderlichkeit und Angemessenheit der Maßnahme hängen wiederum von der individuellen Fallgestaltung ab.[599]

598 So auch Schleusener/Suckow/Voigt-*Suckow*, § 12 AGG Rn. 37f.

599 Vgl. Däubler/Bertzbach-*Buschmann*, § 12 AGG Rn. 30.

D. Schutz vor Diskriminierungen im Kündigungsschutzrecht

Im Rahmen der Kapitels C wurde festgestellt, dass das auf Basis eines verpönten Differenzierungsgrundes formulierte Entlassungsverlangen eines druckausübenden Dritten grundsätzlich eine Benachteiligung im Sinne des § 3 AGG darstellen kann. Ob jedoch auch die aus diesem benachteiligenden Drittverhalten resultierende Druckkündigung am Maßstab des AGG (§§ 7, 12 AGG) zu überprüfen ist, hängt entscheidend von der generellen Eröffnung des sachlichen Anwendungsbereichs des AGG im Hinblick auf Kündigungen ab.

I. Regelungsbereich des § 2 Abs. 4 AGG

1. Entstehungsgeschichte

§ 2 Abs. 4 AGG lautet wie folgt: „Für Kündigungen gelten ausschließlich die Bestimmungen zum allgemeinen und besonderen Kündigungsschutz." Die auf den ersten Blick eindeutige Aussage des Gesetzgebers in § 2 Abs. 4 AGG ist vor dem Hintergrund der europäischen Vorgaben in 2000/43/EG, 2000/78/EG und 2002/73/EG überraschend.[600] Dies liegt daran, dass keine der benannten EG-Richtlinien eine Ausnahme von dem arbeitsrechtlichen Diskriminierungsschutz für den Bereich des Kündigungsrechts vorsieht. Vielmehr erstrecken die insoweit gleich lautenden Art. 3 Abs. 1 c) der Richtlinien ihren jeweiligen sachlichen Anwendungsbereich übereinstimmend auch auf Entlassungsbedingungen und damit auch auf die einzelstaatlichen Kündigungsvoraussetzungen.[601] Ein Blick in die Gesetzgebungsgeschichte gibt Aufschluss darüber, wie es zu der konkreten Ausgestaltung des § 2 Abs. 4 AGG gekommen ist.[602]

---

600 So auch Rust/Falke-*Bertelsmann*, § 2 AGG Rn. 240; vgl. auch ErfK/*Schlachter*, § 2 AGG Rn. 16; *Schrader*, DB 2006, 2571, 2580.

601 Vgl. Art. 3 Abs. 1 c der RL 2000/43/EG a.a.O. (Fn. 356), 2000/78/EG a.a.O. (Fn. 369) u. 2002/73/EG a.a.O. (Fn. 356); vgl. EuGH 11.7.2006 (Chacón Navas) a.a.O. (Fn. 425); vgl. auch Däubler/Bertzbach-*Däubler*, § 2 AGG Rn. 260; *Nollert-Borasio/Perreng*, § 2 AGG Rn. 58; *Boemke/Danko*, § 4 Rn. 66; *Sagan*, NZA 2006, 1257; *Hamacher/Ulrich*, NZA 2007, 657, 658; *Freckmann*, BB 2007, 1049; *Adomeit/Mohr*, NJW 2009, 2255, 2256.

602 Vgl. *Bayreuther*, DB 2006, 1842; Wendeling-Schröder/Stein-*Stein*, § 2 AGG Rn. 42.

Der im Dezember 2004 gefasste Entwurf eines Gesetzes zur Umsetzung europäischer Antidiskriminierungsrichtlinien enthielt im Gegensatz zur aktuellen Gesetzesfassung noch keine Sonderregelungen für Kündigungen.[603] Anders lautete allerdings bereits das ADG. Angelehnt an die Beschlussempfehlung des Ausschusses für Familie, Senioren, Frauen und Jugend hieß es in § 2 Abs. 4 des ADG-E: „Für Kündigungen gelten vorrangig die Bestimmungen des Kündigungsschutzgesetzes".[604] Entsprechend der Begründung sollte der neu eingeführte Absatz 4 der Klarstellung dienen, dass die Vorschriften des KSchG durch das AGG unberührt blieben.[605]

Der im Juni 2006 vorgelegte Entwurf für ein Allgemeines Gleichbehandlungsgesetz übernahm zunächst den Wortlaut des § 2 Abs. 4 AGG mit derselben Begründung.[606] Obwohl demzufolge im Rahmen des Gesetzgebungsverfahrens noch von einer „vorrangigen" Anwendung des Kündigungsrechts gesprochen wurde, kam es letztlich zu einer Änderung des Gesetzeswortlautes im Sinne der aktuellen Fassung. Diese Änderung greift eine Formulierung des Bundesrates auf, der in seiner Stellungnahme gegenüber dem Bundestag angeregt hatte, in der endgültigen Gesetzesfassung klarzustellen, dass ausschließlich die Bestimmungen des Kündigungsschutzgesetzes gelten, wenn die Benachteiligung in einer Kündigung zu Tage tritt.[607] Der Rechtsausschuss nahm in seiner Beschlussempfehlung an den Deutschen Bundestag dieses Anliegen auf und empfahl ebenfalls die Änderung des Wortlautes von „vorrangig" auf „ausschließlich".[608] Entsprechend der Gesetzesbegründung sei dies sachgerechter, weil die Regelungen des KSchG und des BGB speziell auf Kündigungen zugeschnitten seien.[609]

„Bestimmungen zum allgemeinen Kündigungsschutz" im Sinne der Norm sind die Regelungen des Kündigungsschutzgesetzes, insbesondere das Erforder-

---

603 Vgl. BT-Drs. 15/4538, S. 5; vgl. *Thüsing*, Arbeitsrechtl. Diskriminierungsschutz, Rn. 103; Rust/Falke-*Bertelsmann*, § 2 AGG Rn. 240; *Horn*, S. 161.

604 Vgl. BR-Drs. 445/05; BR-Drs. 329/06, S. 33; vgl. auch *Kamanabrou*, RdA 2007, 199; *Horn*, S. 161.

605 Vgl. BR-Drs. 329/06, S. 33; vgl. auch *Thüsing*, Arbeitsrechtl. Diskriminierungsschutz, Rn. 103; Rust/Falke-*Bertelsmann*, § 2 AGG Rn. 240; Wendeling-Schröder/Stein-*Stein*, § 2 AGG Rn. 42; krit. hierzu Däubler/Bertzbach-*Däubler*, § 2 AGG Rn. 256ff.

606 Vgl. BT-Drs. 16/1780, S. 32, in der ebenfalls von einer „vorwiegenden" Anwendbarkeit des KSchG gesprochen wird; vgl. auch *Thüsing*, Arbeitsrechtl. Diskriminierungsschutz, Rn. 104; Wendeling-Schröder/Stein-*Stein*, § 2 AGG Rn. 43.

607 Vgl. BT-Drs. 16/1852, S. 2; vgl. auch Rust/Falke-*Bertelsmann*, § 2 AGG Rn. 240; Wendeling-Schröder/Stein-*Stein*, § 2 AGG Rn. 42; *Boemke/Danko*, § 4 Rn. 50.

608 Vgl. BT-Drs. 16/2022, S. 8, 26f.; vgl. hierzu *Schiefer*, DB 2009, 733, 733; *Kamanabrou*, RdA 2007, 199.

609 Vgl. BT-Drs. 16/2022, S. 12; vgl. auch Däubler/Bertzbach-*Däubler*, § 2 AGG Rn. 257/258; *Kamanabrou*, RdA 2007, 199; *Freckmann*, BB 2007, 1049.

nis einer sozialen Rechtfertigung im Sinne des § 1 KSchG sowie die Frist des § 4 S. 1 KSchG.[610] Der Gesetzesbegründung kann entnommen werden, dass der allgemeine Kündigungsschutz auch die Regelungen des Bürgerlichen Gesetzbuchs umfasst. Gemeint sind daher unter anderem §§ 626f. BGB sowie die zivilrechtlichen Generalklauseln § 138 BGB und § 242 BGB.[611] Entsprechend des nationalen Gesetzgebers gehören zum besonderen Kündigungsschutz im Sinne des § 2 Abs. 4 AGG Regelungen, die nur für bestimmte Arbeitnehmergruppen gelten. Beispiele hierfür sind § 15 KSchG, § 9 MuSchG, §§ 18f. BErzGG, §§ 85ff. sowie § 96 Abs. 3 SGB IX.[612]

2. Auslegungsmöglichkeiten

Vor dem Hintergrund der europäischen Antidiskriminierungsvorgaben ruft § 2 Abs. 4 AGG rechtliche Bedenken hervor.[613] Zudem ist der reine Wortlaut des AGG in sich inkonsistent.[614] Einerseits ordnet § 2 Abs. 4 AGG an, dass für Kündigungen ausschließlich kündigungsschutzrechtliche Bestimmungen greifen. Auf der anderen Seite legt § 2 Abs. 1 Nr. 2 AGG ausdrücklich fest, dass das Benachteiligungsverbot auch für Entlassungsbedingungen, insbesondere in individual- und kollektivrechtlichen Vereinbarungen und Maßnahmen bei der Durchführung und Beendigung eines Beschäftigungsverhältnisses, zur Anwendung kommt.[615]

Darüber hinaus hat sich der Zielkonflikt zwischen Kündigungs- und Diskriminierungsschutz durch die „Mangold“-Entscheidung des EuGH zugespitzt.[616]

---

610 Vgl. BT-Drs. 16/2022, S. 26f.; vgl. auch Rust/Falke-*Bertelsmann*, § 2 AGG Rn. 238; *Bauer/Göpfert/Krieger*, § 2 AGG Rn. 57; *Diller/Krieger/Arnold*, NZA 2006, 887, 888.

611 Vgl. BT-Drs. 16/2022, S. 12; vgl. auch *Thüsing*, Arbeitsrechtl. Diskriminierungsschutz, Rn. 104; *Bauer/Göpfert/Krieger*, § 2 AGG Rn. 57; *Boemke/Danko*, § 4 Rn. 53; *Freckmann*, BB 2007, 1049; *Mohr*, ZfA 2007, 361, 365.

612 Vgl. BT-Drs. 16/1780, S. 26f.; vgl. auch *Thüsing*, Arbeitsrechtl. Diskriminierungsschutz, Rn. 104; Rust/Falke-*Falke/Bertelsmann*, § 2 AGG Rn. 238; *Löwisch*, BB 2006, 2189.

613 Vgl. *Freckmann*, BB 2007, 1049; *Mohr*, ZfA 2007, 361, 363; *Hein*, NZA 2008, 1033; *Kock*, ZIP 2006, 1551, 1552 (Anm. zu EuGH 11.7.2006 – C 13/05); vgl. auch *Preis*, ZESAR 2007, 308, 308; *Adomeit/Mohr*, NJW 2009, 2255, 2256; *Horn*, S. 160; *Nollert-Borasio/Perreng*, § 2 AGG Rn. 58; Wendeling-Schröder/Stein-*Stein*, § 2 AGG Rn. 39; MüKo-BGB/*Thüsing*, Bd. I/2, § 2 AGG Rn. 17 ff mit eingehender Begründung der Europarechtswidrigkeit der Regelung; beachte auch Beanstandung der Europäischen Kommission v. 31.12.2008 – 2007/23620 K (2008) 0103, AuR 2008, 145f.

614 Vgl. Däubler/Bertzbach-*Däubler*, § 2 AGG Rn. 259; Wendeling-Schröder/Stein-*Stein*, § 2 AGG Rn. 40; *Gaul/Niklas*, NZA-RR 2009, 457, 458.

615 Vgl. *Gaul/Niklas*, NZA-RR 2009, 457, 458; *Lingemann/Beck*, NZA 2009, 577.

616 EuGH 22.11.2005 (Mangold) a.a.O. (Fn. 357).

Der EuGH betonte in ihr ein Grundrecht auf Nichtdiskriminierung wegen des Alters sowie die damit einhergehende Verpflichtung nationaler Gerichte, kollidierendes Privatrecht nicht anzuwenden.[617] Vor diesem Hintergrund war bislang umstritten, welche Bedeutung den Diskriminierungsverboten sowie den ergänzenden Bestimmungen des AGG im Rahmen der Beurteilung von Kündigungen beizumessen ist.[618]

Die unterschiedlichen Positionen in Literatur und Rechtsprechung lassen sich in drei Grundströmungen zusammenfassen.[619] Zum einen wird vertreten, dass § 2 Abs. 4 AGG europarechtswidrig sei.[620] Aus diesem Grund könnten die deutschen Gerichte diese dem europäischen Recht entgegenstehende Bestimmung des nationalen Rechts unangewendet lassen.[621] In diesem Zusammenhang wird vielfach auf die Grundsätze der „Mangold"-Entscheidung des EuGH verwiesen.[622] Folge wäre die Beurteilung von Kündigungen sowohl nach dem nationalen Kündigungsrecht als auch nach den übrigen Bestimmungen des AGG.

Zum anderen wird vertreten, dass § 2 Abs. 4 AGG entsprechend der europarechtlichen Vorgaben ausgelegt werden könne.[623] Folgerichtig müssten nach

617 Vgl. EuGH 22.11.2005 (Mangold) a.a.O. (Fn. 357); vgl. *Mohr*, ZfA 2007, 361, 363; *Adomeit/Mohr*, NJW 2009, 2255; vgl. in diesem Zusammenhang auch *Horn*, S. 174f. / 185ff.; *Thüsing*, ZIP 2005, 2149ff.; *Preis*, NZA 2006, 401ff.; *Wenckebach*, AuR 2008, 70, 71 (Anm. zu ArbG Bielefeld 25.4.2007 – 6 Ca 2886/06).

618 Vgl. BAG 6.11.2008 a.a.O. (Fn. 6), 361, 363f.; *Gaul/Niklas*, NZA-RR 2009, 457, 458; *Horn*, S. 162.

619 Vgl. *Gaul/Niklas*, NZA-RR 2009, 457, 458; für eine Unterteilung in zwei Varianten vgl. *Kock*, ZIP 2006, 1551, 1552 (Anm. zu EuGH 11.7.2006 – C 13/05).

620 Vgl. Däubler/Bertzbach-*Däubler*, § 2 AGG Rn. 262a; *Sagan*, NZA 2006, 1257; Schleusener/Suckow/Voigt-*Scheusener*, § 2 AGG Rn. 29ff.; *Nollert-Borasio/Perreng*, § 2 AGG Rn. 58; *Bayreuther*, DB 2006, 1842, 1846 (teilw. europarechtswidrig); *Wenckebach*, AuR 2008, 70, 71; *Thüsing*, BB 2007, 1506, 1507; *Freckmann*, BB 2007, 1049; so auch ArbG Osnabrück 5.2.2007 – 3 Ca 677/06, DB 2007, 1200 u. 3 Ca/724/06, NZA 2007, 626; zu den Grenzen nationaler Gesetzesauslegung vgl. ausführlich *Horn*, S. 33f.

621 Für eine gänzliche Unanwendbarkeit des § 2 Abs. 4 AGG u.a. *Thüsing*, Arbeitsrechtl. Diskriminierungsschutz, Rn. 106; ähnlich Schleusener/Suckow/Voigt-*Schleusener*, § 2 AGG Rn. 31; Däubler/Bertzbach-*Däubler*, § 2 AGG Rn. 263; *Däubler*, AiB 2006, 738; *Thüsing*, BB 2007, 1506, 1507; *Sagan*, NZA 2006, 1257, 1259; *Wisskrichen*, DB 2006, 1491, 1495; so auch ArbG Osnabrück 5.2.2007 a.a.O. (Fn. 620).

622 Vgl. *Wenckebach*, AuR 2008, 70, 71 (Anm. zu ArbG Bielefeld 25.4.2007 – 6 Ca 2886/06); vgl. auch *Hein*, NZA 2008, 1033, 1034f.; krit. im Hinblick auf eine Übertragung der Grundsätze der „Mangold"-Entscheidung vgl. *Thüsing*, ZIP 2005, 2149, 2150f.; *Preis*, NZA 2006, 401, 405f; vgl. auch *Adomeit/Mohr*, § 2 AGG Rn. 215.

623 So u.a. Rust/Falke-*Bertelsmann*, § 2 AGG Rn. 271–275; Wendeling-Schröder/Stein-*Stein*, § 2 AGG Rn. 41/60ff.; *Bauer/Göpfert/Krieger*, § 2 AGG Rn. 59a; ErfK/*Schlachter*, § 2 AGG Rn. 16; *Mohr*, ZfA 2007, 361, 366; *Diller/Krieger/Arnold*, NZA 2006, 889f.; wohl auch *Annuß*, BB 2006, 1630; *Willemsen/Schweibert*, NJW 2006, 2584, 2585; *Löwisch*, BB 2006,

dieser Auffassung auch die Kündigungsbestimmungen europarechtskonform angewendet werden.[624] Konsequenz wäre eine Berücksichtigung der europäischen Diskriminierungsverbote im Rahmen des nationalen Kündigungsrechts.

Darüber hinaus gibt es Stimmen in der Literatur, die in § 2 Abs. 4 AGG lediglich eine Teilbereichsausnahme sehen und dementsprechend bei der Anwendbarkeit des AGG sowie der Kündigungsbestimmungen differenzieren.[625] Hierbei wird der Wortlaut des § 2 Abs. 4 AGG wiederum unterschiedlich ausgelegt. Insbesondere wird nicht einheitlich beurteilt, ob sich § 2 Abs. 4 AGG auch auf Kündigungen außerhalb des KSchG erstreckt. Ferner ist umstritten, ob Schadensersatz- bzw. Entschädigungsansprüche im Sinne des § 15 AGG von § 2 Abs. 4 AGG erfasst werden.[626] In diesem Zusammenhang wird insbesondere diskutiert, ob zumindest Entschädigungsansprüche als Sanktionen für diskriminierende Kündigungen unabhängig bzw. neben der kündigungsrechtlichen Unwirksamkeitsfolge greifen.[627]

II. Rechtsprechung des BAG

Am 6.11.2008 ergingen acht Parallelentscheidungen des BAG, in denen mit im Wesentlichen gleicher Begründung die Frage der Auslegung des § 2 Abs. 4 AGG

2189, 2190; *Hamacher/Ulrich*, NZA 2007, 657, 661; *Preis*, ZESAR 2007, 308, 309; *Hein*, NZA 2008, 1033, 1038; vgl. auch LAG Düsseldorf 16.4.2008 – 2 Sa 1/08, ZIP 2009, 190, 192; i. E. offen gelassen u.a. *Schrader*, DB 2006, 2571, 2580.

624 So u.a. *Horn*, S. 169; *Wendeling-Schröder*, AuR 2007, 389; ErfK/*Schlachter*, § 2 AGG Rn. 16f.; Wendeling-Schröder/Stein-*Stein*, § 2 AGG Rn. 39ff.

625 Vgl. u.a. *Diller/Krieger/Arnold*, NZA 2006, 887, 890, die eine eingeschränkte Anwendung des AGG in Form des § 15 Abs. 2 AGG für Kündigungen, die sowohl ein diskriminierendes Motiv als auch einen obj. Kündigungsgrund aufweisen, befürworten; dagegen u.a. *Adomeit/Mohr*, § 2 AGG Rn. 216; *Sagan*, NZA 2006, 1257, 1260; für eine Interpretation des § 2 Abs. 4 AGG als besondere Beweislastregelung vgl. *Bayreuther*, DB 2006, 1842, 1844; *Adomeit/Mohr*, § 2 AGG Rn. 216.

626 Vgl. Wendeling-Schröder/Stein-*Stein*, § 2 AGG Rn. 49ff.; gegen die generelle Anwendbarkeit von § 15 AGG trotz teilweise ähnlicher Grundannahme u.a. *Adomeit/Mohr*, § 2 AGG Rn. 216; *Bauer/Göpfert/Krieger*, § 2 AGG Rn. 69; *Hamacher/Ulrich*, NZA 2007, 657, 659; *Hanau*, ZIP 2006, 2189, 2192; *Sagan*, NZA 2006, 1257, 1260; für eine (eingeschränkte) Anwendung des § 15 Abs. 2 AGG *Diller/Krieger/Arnold*, NZA 2006, 887, 890 sowie Palandt/*Ellenberger*, § 2 AGG Rn. 16.

627 So *Diller/Krieger/Arnold*, NZA 2006, 889, 890; *Freckmann*, BB 2007, 1049, 1051; *Schrader*, DB 2006, 2571; vollumfänglich ablehnend *Adomeit/Mohr*, § 2 AGG Rn. 216; *Bauer/Göpfert/Krieger*, § 2 AGG Rn. 69; offen gelassen ErfK/*Schlachter*, § 2 AGG Rn. 17.

erörtert wurde.[628] Das BAG bestätigte seine hierin geäußerte Rechtsauffassung zudem in seinen Urteilen vom 12.3.2009 und 22.10.2009.[629]

1. Entscheidungsinhalt im Hinblick auf § 2 Abs. 4 AGG

Mit seiner Grundsatzentscheidung vom 6.11.2008 hat der 2. Senat das Verhältnis des AGG zum KSchG präzisiert.[630] Hierfür hat er sich an seiner Rechtsprechung zum Verbot einer Diskriminierung wegen Schwerbehinderung im Sinne der § 84 Abs. 1 SGB IX und § 84 Abs. 2 SGB IX orientiert.[631] Die Diskriminierungsverbote des AGG – einschließlich der ebenfalls im AGG vorgesehenen Rechtfertigungen für unterschiedliche Behandlungen – seien bei der Auslegung der unbestimmten Rechtsbegriffe des Kündigungsschutzgesetzes in der Weise zu beachten, dass sie Konkretisierungen des Begriffs der Sozialwidrigkeit darstellen.[632] § 2 Abs. 4 AGG stehe der Anwendung der materiellen Diskriminierungsverbote in ihrer näheren gesetzlichen Ausgestaltung im Rahmen des Kündigungsschutzes nach dem KSchG auch nicht entgegen.[633] Die Regelung könne vielmehr im Sinne der europäischen Vorgaben interpretiert werden.[634]

In seiner Urteilsbegründung hat das BAG zunächst angeführt, dass mit einer entsprechenden Auslegung ein Widerspruch zwischen § 2 Abs. 1 Nr. 2 AGG einerseits und § 2 Abs. 4 AGG andererseits vermieden werden könne.[635] Insoweit betont der 2. Senat, dass es den Auslegungsgrundsätzen widerspräche, ein Gesetz ohne Not in einem Sinne zu verstehen, der dem Verbot des Selbstwiderspruchs

---

628 Vgl. BAG 6.11.2008 – 2 AZR 523/07 (Grundsatzentscheidung), NZA 2009, 361–367; Az. der weiteren Urteile: 2 AZR 701/07, 709/07, 748/07, 749/07, 777/07, 796/07, 945/07, 980/07.

629 Vgl. BAG 12.3.2009 – 2 AZR 418/07, NZA 2009, 1023–1028; BAG 22.10.2009 a.a.O. (Fn. 425); ähnlich auch in BAG 26.5.2009 – 1 AZR 198/08 hinsichtl. der Berücksichtigung des Alters in Sozialplänen.

630 BAG 6.11.2008 a.a.O. (Fn. 628).

631 Vgl. BAG 7.12.2006 – 2 AZR 182/06, NZA 2007, 617, 619f.; BAG 12.7.2007 – 2 AZR 716/06, NZA 2008, 173, 175f.

632 Vgl. BAG 6.11.2008 a.a.O. (Fn. 628), NZA 2009, 361, 363; ErfK/*Schlachter*, § 2 AGG Rn. 17; Wendeling-Schröder/Stein-*Stein*, § 2 AGG Rn. 60; vgl. auch *Benecke*, AuR 2009, 326, 328; *Schiefer*, DB 2009, 733, 734; *Lingemann/Beck*, NZA 2009, 577; *Schunder*, NJW-Spezial 2009, 242; *Adomeit/Mohr*, NJW 2009, 2255.

633 Vgl. BAG 6.11.2008 a.a.O. (Fn. 632); vgl. auch u.a. Anm. hierzu von *Lingemann/Beck*, NZA 2009, 577; *Baeck/Winzer*, NZG 2009, 491.

634 Vgl. BAG 6.11.2008 a.a.O. (Fn. 632); ähnlich u.a. auch *Deinert*, RdA 2007, 275, 277; *Gaul/Niklas*, NZA-RR 2009, 457, 458.

635 Vgl. BAG 6.11.2008 a.a.O. (Fn. 628), NZA 2009, 361, 364; vgl. auch *Gaul/Niklas*, NZA-RR 2009, 437, 458; *Adomeit/Mohr*, NJW 2009, 2255, 2256.

zuwiderliefe und daher als der deutlichste Fall von „Un-Sinn" bezeichnet werden könne. Es müsse davon ausgegangen werden, dass der Gesetzgeber weder sinnlose noch unanwendbare Gesetzesnormen aufstellen wolle, sodass zur Vermeidung von Normwidersprüchen, wenn möglich, eine Auslegung zu wählen sei, bei der die Norm Bestand haben könne und bei der Widersprüche vermieden würden.[636]

Das BAG betont, dass dem Zweck der europäischen Vorgaben, diskriminierenden Kündigungen entgegenzutreten, nur bei einer Berücksichtigung der Diskriminierungsverbote entsprochen werden könne.[637] Insbesondere könne auch den Begründungen zu den verschiedenen Gesetzentwürfen keine Absicht zur generellen Herausnahme von diskriminierenden Kündigungen aus dem gesetzlichen Schutzbereich entnommen werden.[638] Der Wortlaut des § 2 Abs. 4 AGG bezwecke lediglich die Verhinderung eines zweiten Kündigungsrechts, dass neben das bereits bestehende Kündigungsschutzrecht trete.[639]

Das BAG versteht § 2 Abs. 4 AGG als vom Gesetzgeber vorgesehenen Wegweiser. Die Norm bestimme ausschließlich, auf welche Weise die Diskriminierungsverbote des AGG in das nationale Kündigungsschutzrecht einzufügen seien.[640] Die Regelung wolle den Diskriminierungsverboten auch für das Kündigungsrecht Geltung verschaffen bzw. erhalten. Für den Weg, auf dem dies geschehe, seien allerdings „ausschließlich die Bestimmungen zum allgemeinen und besonderen Kündigungsschutz" maßgebend.[641] Verstöße gegen die Diskriminierungsverbote des AGG seien dementsprechend nach den kündigungsrechtlichen Maßstäben zu werten, sodass diese innerhalb des Anwendungsbereichs des KSchG im Rahmen der Prüfung der sozialen Rechtfertigung einfließen.[642] In diesem Zusammenhang betont das BAG, dass die durch die Anwendung des Kündigungsschutzgesetzes ermöglichte Unwirksamkeitsfolge einer diskriminie-

636 Vgl. BAG 6.11.2008 a.a.O. (Fn. 635); vgl. auch *Adomeit/Mohr*, NJW 2009, 2255; ausführlich zum Begriff der richtlinienkonformen Auslegung *Schlachter*, ZfA 2007, 249, 259ff.

637 Vgl. BAG 6.11.2008 a.a.O. (Fn. 628), NZA 2009, 361, 365; vgl. auch *Gaul/Niklas*, NZA-RR 2009, 437, 458.

638 Vgl. diesbzgl. BT-Drs. 16/1780, S. 32 u. 16/2022, S. 12.

639 Vgl. BAG 6.11.2008 a.a.O. (Fn. 637); vgl. auch *Lingemann/Beck*, NZA 2009, 577; *Adomeit/Mohr*, NJW 2009, 2255; ErfK/*Schlachter*, § 2 AGG Rn. 17.

640 Vgl. BAG 6.11.2008 a.a.O. (Fn. 637); vgl. auch *Adomeit/Mohr*, NJW 2009, 2255; *Lingemann/Beck*, NZA 2009, 577; *Schiefer*, DB 2009, 733; *Baeck/Winzer*, NZG 2009, 491.

641 Vgl. *Schunder*, NJW-Spezial 2009, 242, 243; *Eckert*, DStR 2009, 979, 980.

642 Vgl. BAG 6.11.2008 a.a.O. (Fn.632); vgl. auch *Mohr*, ZfA 2007, 361, 368; *Deinert*, RdA 2007, 275, 277.

renden Kündigung im Übrigen die schärfste kündigungsrechtliche Reaktion darstelle.[643]

2. Stellungnahme

a. Allgemein

Mit seiner Entscheidung vom 6.11.2008 hat der 2. Senat des BAG das Verhältnis des allgemeinen Kündigungsschutzrechts gegenüber dem Antidiskriminierungsrecht im Sinne der europäischen Vorgaben konkretisiert.[644] Das BAG entkräftet hierdurch die von der Europäischen Kommission aufgrund der Urteile des ArbG Osnabrück mit Schreiben vom 31.1.2008 geäußerte Befürchtung, das deutsche Recht würde keinen ausreichenden Schutz vor diskriminierenden Kündigungen gewähren.[645]

Die Vorgehensweise des BAG orientiert sich konsequent an dem Erfordernis einer europarechtskonformen Auslegung.[646] Hiernach ist unter mehreren möglichen Auslegungen diejenige maßgeblich, die dem in den Richtlinien zum Ausdruck gekommenen Zweck eines wirksamen und abschreckenden Schutzes gegen diskriminierende Entlassungen gerecht wird.[647]

Der Wortlaut des § 2 Abs. 4 AGG kann dahingehend verstanden werden, dass der Diskriminierungsschutz bei Kündigungen sich nicht nach dem AGG richtet. Bei einer solchen Interpretation wird der Schutzzweck des AGG im Hinblick auf Kündigungen nicht aufgehoben, sondern lediglich in den Anwendungsbereich der Kündigungsschutzbestimmungen verschoben.[648] Dem BAG ist aufgrund dieser Auslegungsmöglichkeit zuzustimmen, dass die Frage, ob § 2 Abs. 4 AGG europarechtswidrig ist, fehlgeht.[649] Entscheidend ist allein, dass die nationalen

643 Vgl. BAG 6.11.2008 a.a.O. (Fn. 632).

644 Ähnlich *Gaul/Niklas*, NZA-RR, 457, 462; vgl. auch ErfK/*Schlachter*, § 2 AGG Rn. 17; *Deinert*, RdA 2007, 275, 277; *Adomeit/Mohr*, NJW 2009, 2255.

645 So auch *Adomeit/Mohr*, NJW 2009, 2255, 2256; *Thüsing*, RdA 2008, 307, 309; vgl. ArbG Osnabrück 5.2.2007 a.a.O. (Fn. 620).

646 Vgl. ausführlich zum Erfordernis der richtlinienkonformen Auslegung nationalen Rechts *Horn*, S. 28ff.; *Schlachter*, ZfA 2007, 249, 259ff.

647 Vgl. EuGH 4.7.2006 – C–212/04 (Adeneler), NJW 2006, 2465, 2467; vgl. auch EuGH 5.10.2004 – C–397/01 (Pfeiffer), BB 2004, 2353, 2358; vgl. auch *Meinel*, BB 2004, 2352, 2359 (Anm. zu EuGH 5.10.2004 – C–397/01 bis C–403/01).

648 So auch KDZ/*Zwanziger*, AGG Rn. 64; *Adomeit/Mohr*, NJW 2009, 2255.

649 Zustimmend auch *Adomeit/Mohr*, NJW 2009, 2255, 2256; krit. hingegen *Schunder*, NJW-Spezial 2009, 242, 243, der von der Europarechtswidrigkeit der Norm ausgeht u. die Auslegung des BAG daher für konstruiert hält; vgl. auch *Schiefer*, DB 2009, 733, 736.

Kündigungsbestimmungen entsprechend der europarechtlichen Vorgaben ausgelegt werden.[650] Zur Vermeidung einer Kollision unterschiedlicher gesetzlicher Wertungsmaßstäbe bettet das BAG die Diskriminierungsverbote gewissermaßen in das Kündigungsschutzrecht ein, indem er sie bei der Auslegung der unbestimmten Rechtsbegriffe des Kündigungsrechts berücksichtigt.[651] Auf diesem Weg wird eine Verdoppelung des Rechtsschutzes im Hinblick auf Kündigungen vermieden, ohne den Diskriminierungsschutz des betreffenden Arbeitnehmers zu vernachlässigen.[652] Es verbleibt insoweit grundsätzlich bei dem Prüfungsmaßstab und den Rechtsfolgen des Kündigungsrechts. In diesem Rahmen können die Diskriminierungsverbote samt den jeweiligen Rechtfertigungstatbeständen jedoch ihre AGG-rechtlich vorgesehene Wirkung entfalten.[653]

Der Urteilsbegründung kann darüber hinaus entnommen werden, dass das BAG auch die Fristen des Kündigungsschutzgesetzes für anwendbar hält, wenn die Kündigung auf einer Diskriminierung basiert.[654] Diese Vorgehensweise ist konsequent, denn sie entspricht der Grundaussage, Kündigungen weiterhin am Maßstab des Kündigungsrechts zu prüfen.[655]

Fraglich ist jedoch, ob sich diese innerstaatliche Barriere auch mit den Antidiskriminierungsrichtlinien vereinbaren lässt. Aus Gründen der Rechtssicherheit muss es den Mitgliedstaaten grundsätzlich möglich sein, auch Ansprüche, die in den Anwendungsbereich der europäischen Vorgaben fallen, bestimmten Ausschlussfristen zu unterstellen.[656] Dies bestätigen auch die Antidiskriminierungsrichtlinien, die gemäß Art. 7 Abs. 3 der Richtlinie 2000/43/EG, Art. 9 Abs. 3 der Richtlinie 2000/78/EG und Art. 6 Abs. 4 der Richtlinie 2002/73/EG einzelstaatliche Regelungen über Fristen für die Rechtsverfolgung betreffend den Gleichbehandlungsgrundsatz zulassen.[657]

---

650 So auch *Kamanabrou*, RdA 2007, 199, 200; *Hanau*, ZIP 2006, 2189; *Thüsing*, Arbeitsrechtl. Diskriminierungsschutz, Rn. 106; KDZ/*Zwanziger*, AGG Rn. 64.

651 Vgl. *Schwarze*, JA 2009, 463, 464 (Anm. zu BAG 6.11.2008 – 2 AZR 523/07); ähnlich auch *Richardi*, NZA 2006, 881, 886.

652 So auch *Adomeit/Mohr*, NJW 2009, 2255, 2256.

653 Vgl. BT-Drs. 16/2022, S. 26.

654 Vgl. zur Anwendbarkeit der Frist des § 4 KSchG auch Wendeling-Schröder/Stein-*Stein*, § 2 AGG Rn. 62; *Löwisch*, BB 2189, 2190; *Adomeit/Mohr*, NJW 2009, 2255, 2256.

655 So auch *Benecke*, AuR 2009, 326, 329; *Hamacher/Ulrich*, NZA 2007, 657, 659; Sagan, NZA 2006, 1257.

656 Vgl. hierzu EuGH 29.10.2009 – C–63/08 (Pontin), EzA Richtlinie 92/85 EG-Vertrag 1999 Nr. 4.

657 Art. 7 Abs. 2 RL 2000/43/EG a.a.O (Fn. 356); Art. 9 Abs. 3 RL 2000/78/EG a.a.O. (Fn. 371); Art. 6 Abs. 4 RL 2002/73/EG a.a.O. (Fn. 363); vgl. hierzu auch EuGH 8.7.2010 – C–246/09 (Bulicke), NJW-Spezial 2010, 500 betreffend Ausschlussfristen für Schadensersatzansprüche wegen Diskriminierungen.

Zur Gewährleistung eines effektiven Diskriminierungsschutzes im Sinne der Richtlinien kommt es jedoch entscheidend darauf an, dass die Rechte der Benachteiligten hierdurch nicht so ausgestaltet werden, dass deren Ausübung praktisch unmöglich gemacht wird. Darüber hinaus darf eine einschränkende Bestimmung nicht weniger günstig sein als vergleichbare innerstaatliche Rechtsbehelfe vor Erlass der europäischen Vorgaben.[658]

Die Klagefrist nach § 4 KSchG lässt sich mit diesen Grundsätzen vereinbaren. Sie ist mit einer Länge von drei Wochen grundsätzlich nicht unzumutbar kurz bemessen.[659] Darüber hinaus kann die Gefahr, dass ein gekündigter Arbeitnehmer erst nach Ablauf der Klagefrist Kenntnis von dem diskriminierenden Gehalt seiner Kündigung erlangt, durch eine nachträgliche Zulassung der Klage nach § 5 KSchG gebannt werden.

Ferner verstößt die Erstreckung des Fristerfordernisses nicht gegen den Gleichwertigkeitsgrundsatz, da diskriminierende Kündigungen auch vor Erlass der Antidiskriminierungsrichtlinien der Klagefrist des § 4 KSchG unterstellt wurden.[660]

b. Weiterhin bestehender Klärungsbedarf

Auch wenn das BAG mit seiner Grundsatzentscheidung vom 6.11.2008 die Frage der Auslegung des § 2 Abs. 4 AGG einer ersten Klärung zugeführt hat, bleiben dennoch Fragen offen.[661]

So hat der 2. Senat nicht ausdrücklich entschieden, wie diskriminierende Kündigungen außerhalb des Anwendungsbereichs des Kündigungsschutzgesetzes zu behandeln sind. Diesbezüglich kann jedoch auf die bereits vor Erlass der Antidiskriminierungsrichtlinien bestehende Rechtsprechung des BAG zurückgegriffen werden.[662] Hiernach ist eine Kündigung, die auf diskriminierenden Umständen beruht und damit gegen § 7 Abs. 1 AGG verstößt, als sitten- bzw.

---

658 Vgl. EuGH 18.9.2003 – C–125/01, NJW 2004, 436; EuGH 8.7.2010 a.a.O. (Fn. 657).

659 So i.E. auch *Linneweber*, ZESAR 2010, 454, 460; *Hamacher/Ulrich*, NZA 2007, 657, 659.

660 Als Unwirksamkeitsgrund wurde insbesondere auf § 138 StGB abgestellt; § 4 S. 1 KSchG unterstellte schon vor Erlass der Antidiskriminierungsrichtlinien die Geltendmachung dieses Unwirksamkeitsgrundes der dreiwöchigen Klagefrist.

661 Vgl. *Gaul/Niklas*, NZA-RR, 457, 462; *Adomeit/Mohr*, NJW 2009, 2255.

662 So auch ErfK/*Schlachter*, § 2 AGG Rn. 17; *Schwarze*, JA 2009, 463, 465 (Anm. zu BAG 6.11.2008 – 2 AZR 523/07); *Hamacher/Ulrich*, NZA 2007, 657, 658; *Bayreuther*, DB 2006, 1842, 1846; *Mohr*, ZfA 2007, 361, 367; vgl. LAG Baden-Württemberg 18.6.2007 – 4 Sa 14/07, AuA 2007, 624; vgl. bereits frühere Rspr. BAG 23.6.1994 a.a.O. (Fn. 186); BAG 21.2.2001 a.a.O. (Fn. 66); BAG 25.4.2001 a.a.O. (Fn. 154); BAG 22.5.2003 (Fn. 66).

treuwidrig zu bewerten.[663] Entsprechend der Grundsätze des BAG ändert § 2 Abs. 4 AGG hieran nichts.[664] Wie der 2. Senat nachvollziehbar ausgeführt hat, würde jede andere Interpretation dem europarechtlich vorgegebenen Schutzzweck zuwiderlaufen. Zur Vermeidung von Rechtsunsicherheiten sind daher die seitens des BAG entwickelten Grundsätze auch bei der Anwendung der zivilrechtlichen Generalklauseln außerhalb des KSchG heranzuziehen.[665] Dementsprechend kann die Sitten- bzw. Treuwidrigkeit einer diskriminierenden Kündigung nicht mehr allein bei Vorliegen von sachlichen Gründen ausgeschlossen sein; vielmehr sind die Diskriminierungsverbote des AGG sowie insbesondere ihre Rechtfertigungsvoraussetzungen ebenfalls als Konkretisierungen der Begrifflichkeiten zu berücksichtigen.[666]

Gleiches muss auch für die Beurteilung außerordentlicher Kündigungen gelten. Erfolgt eine außerordentliche Kündigung wegen eines verpönten Merkmals, so liegt kein anzuerkennender Grund im Sinne des § 626 Abs. 1 BGB vor.[667] Entsprechend der Grundsatzentscheidung vom 6.11.2008 müssen die §§ 7 bis 10 AGG somit auch in die Beurteilung des wichtigen Grundes einfließen. Anderenfalls würde den europarechtlichen Vorgaben nicht ausreichend Rechnung getragen. Ferner liegt eine Übertragung der Ausführungen des BAG hinsichtlich der Berücksichtigung der Diskriminierungsverbote im Rahmen der Sozialauswahl auf die Interessenabwägung im Sinne des § 626 Abs. 1 BGB nahe.[668]

Insgesamt ist jedoch zu beachten, dass die Grundsätze des BAG nur dann problemlos angewendet bzw. übertragen werden können, wenn die betreffende Kündigung ausschließlich auf einer diskriminierenden Grundlage beruht.[669] Ungeklärt hingegen ist nach wie vor die rechtliche Behandlung von Kündigungen, die zwar grundsätzlich von einem objektiven Kündigungsgrund gedeckt sind,

---

663 Vgl. BAG 23.6.1994 a.a.O. (Fn. 186); *Hamacher/Ulrich*, NZA 2007, 657, 658; *Bayreuther*, DB 2006, 1842, 1846; *Mohr*, ZfA 2007, 361, 367; *Hein*, NZA 2008, 1033, 1035; vgl. auch *Hanau*, ZIP 2006, 2189, 2192; *Diller/Krieger/Arnold*, NZA 2006, 887, 888; *Preis*, ZESAR 2007, 308, 309; *Bauer/Göpfert/Krieger*, § 2 AGG Rn. 62; *Bayreuther*, DB 2006, 1842, 1846; *Willemsen/Schweibert*, NJW 2006, 2583, 2584; krit. hierzu *Thüsing*, Arbeitsrechtl. Diskriminierungsschutz, Rn. 110/113 mit Hinweis auf die Unterschiede des § 242 BGB im Vergleich zum AGG.

664 So auch *Preis*, ZESAR 2007, 308, 310.

665 Ähnlich Wendeling-Schröder/Stein-*Stein*, § 2 AGG Rn. 64; *Richardi*, NZA 2006, 881, 886; *Hanau*, ZIP 2006, 2189, 2192.

666 So auch *Kamanabrou*, RdA 2007, 199, 203.

667 So auch Wendeling-Schröder/Stein-*Stein*, § 2 AGG Rn. 68; *Löwisch*, BB 2189, 2190.

668 Vgl. hierzu Wendeling-Schröder/Stein-*Stein*, § 2 AGG Rn. 68; hinsichtl. der rechtl. Behandlung einer Exempelkündigung vgl. *Löwisch*, BB 2006, 2189, 2190.

669 Vgl. hierzu *Horn*, S. 122; vgl. auch BAG 23.6.1994 a.a.O. (Fn. 186).

aber gleichzeitig diskriminierend wirken.[670] Im Einzelnen wird auf diese Problematik in den Kapiteln E und F eingegangen.[671]

Darüber hinaus geht aus dem Urteil vom 6.11.2008 nicht hervor, ob bzw. inwieweit § 2 Abs. 4 AGG die Anwendung anderer Bestimmungen des AGG ausschließt.[672] Der 2. Senat hat diese Frage ausdrücklich offen gelassen, weil sie nicht entscheidungserheblich gewesen ist.[673] Neben der Frage der Heranziehung der Beweiserleichterung aus § 22 AGG ist daher nicht geklärt worden, ob und inwieweit Ersatzansprüche im Sinne des AGG in Kündigungsfällen geltend gemacht werden können.[674] Auch in den nachfolgenden Entscheidungen des BAG erfolgte keine eindeutige Stellungnahme. Allerdings konnte dem Urteil des 8. Senats vom 22.10.2009 zumindest im Hinblick auf § 15 Abs. 2 AGG die Tendenz entnommen werden, dass die Entschädigungsregelung in Kündigungsfällen trotz § 2 Abs. 4 AGG anwendbar ist.[675] Das BAG führte in diesem Kontext aus, dass auch bisher auf § 823 Abs. 1 BGB gestützte Entschädigungen für erlittene immaterielle Schäden bei der Geltendmachung einer Persönlichkeitsrechtsverletzung im Zusammenhang mit dem Ausspruch einer unwirksamen Kündigung nicht ausgeschlossen gewesen seien.[676]

Da jedoch in Druckkündigungsfällen auch die Frage der Anwendbarkeit von Sekundäransprüchen im Sinne des § 15 Abs. 1 AGG sowie von § 22 AGG von Bedeutung ist, erfolgt eine vertiefte Auseinandersetzung mit der Problematik in Kapitel G.[677]

3. Auswirkungen auf den Untersuchungsgegenstand

Wie bereits in Kap. C. V. dargelegt, sind die Regelungsgehalte der § 7 AGG und § 12 AGG für die Beurteilung von Druckkündigungen, die einen diskriminierenden Hintergrund aufweisen, von erheblicher Bedeutung. Maßgeblich für die nachfolgende Untersuchung ist daher, ob die benannten Bestimmungen vor dem

---

670 Vgl. zur Bewertung v. Motivbündeln i.R.d. § 15 Abs. 2 AGG BAG 22.10.2009 a.a.O. (Fn. 425).

671 S. unter Kap. E. II. 2. b. aa. (2) (a) sowie unter Kap. F. II. 2. c. bb. (2) (c).

672 So auch *Lingemann/Beck*, NZA 2009, 577; *Adomeit/Mohr*, NJW 2009, 2255, 2256.

673 Vgl. BAG 6.11.2008 a.a.O. (Fn. 635).

674 Vgl. *Gaul/Niklas*, NZA-RR 2009, 457, 462; *Baeck/Winzer*, NZG 2009, 491 (Anm. zu BAG 6.11.2008 – 2 ARZ 523/07); ErfK/*Schlachter*, § 2 AGG Rn. 17.

675 Vgl. BAG 22.10.2009 a.a.O. (Fn. 425); vgl. auch *Löw*, BB 2010, 643f. (Anm. zu BAG 22.10.2009 – 8 AZR 642/08).

676 Vgl. BAG 22.10.2009 a.a.O. (Fn. 425).

677 S. hierzu unter Kap. G. IV. 1.; Kap. G. III. 1. a.

Hintergrund der Grundsatzentscheidung des BAG bei der Überprüfung der Rechtmäßigkeit herangezogen werden können.

a. Berücksichtigung des Benachteiligungsverbotes aus § 7 AGG

Zur Vermeidung unterschiedlicher Prüfungsansätze betont das BAG, dass § 7 Abs. 1 AGG nicht als eigenständige Unwirksamkeitsnorm anzuwenden sei.[678] Dementsprechend kann auch im Rahmen der Überprüfung von Druckkündigungen, die auf einem diskriminierenden Entlassungsverlangen gründen, nicht auf § 134 BGB zurückgegriffen werden. Dennoch beeinflussen die Diskriminierungsverbote des AGG die Beurteilung der sozialen Rechtfertigung bzw. der Rechtmäßigkeit einer Kündigung, indem sie das Kündigungsschutzrecht im Sinne ihrer Regelungsinhalte und Wertungen konkretisieren. So ist entsprechend der Ausführungen des BAG das Verbot des § 7 Abs. 1 AGG in seiner konkreten Ausgestaltung im Rahmen der Beurteilung der sozialen Rechtfertigung einer Kündigung zu beachten. Wie bereits dargelegt, muss dies auch für die Auslegung des Begriffs des wichtigen Grundes im Sinne des § 626 Abs. 1 BGB gelten. Auch hier fehlt es regelmäßig an einem anerkennenswerten Grund, wenn die Kündigung maßgeblich auf diskriminierenden Gründen im Sinne des AGG beruht.[679] Darüber hinaus sind die Generalklauseln des BGB im Lichte der Diskriminierungsverbote anzuwenden.[680] Diese Vorgehensweise ist insbesondere im Hinblick auf Druckkündigungen, die außerhalb des Anwendungsbereichs des KSchG liegen, von Bedeutung.[681]

§ 7 Abs. 1 AGG verfügt demzufolge über eine Art Ausstrahlwirkung auf die unbestimmten Rechtsbegriffe des nationalen Kündigungsrechts. Auch Druckkündigungen, die auf einem diskriminierenden Abberufungsverlangen fußen, unterliegen demnach im Rahmen der Überprüfung ihrer Sozialwidrigkeit bzw. im Rahmen ihrer Rechtmäßigkeitskontrolle auf Grundlage des § 626 BGB bzw. der §§ 138, 242 BGB den Wertungen des § 7 AGG und seiner Rechtfertigungsmöglichkeiten.

678 Vgl. BAG 6.11.2008 a.a.O. (Fn. 635); vgl. auch *Schiefer*, DB 2009, 733, 734.

679 S. bereits unter Kap. D. II. 2. b.

680 Für eine richtlinienkonforme Auslegungsmöglichkeit der Kündigungsschutzbestimmungen auch *Deinert*, RdA 2007, 275, 277.

681 S. bereits unter Kap. D. II. 2. b.; vgl. auch *Boemke/Danko*, § 4 Rn. 72.

b. Berücksichtigung des Pflichtenprogramms aus § 12 AGG

Der Regelungsgehalt des § 12 AGG ist in der benannten Grundsatzentscheidung des BAG nicht relevant gewesen. Auch ansonsten hat sich die höchstrichterliche Rechtsprechung mit der Bedeutung des § 12 AGG im Rahmen von Kündigungsszenarien noch nicht beschäftigen müssen. Dies beruht auf der Tatsache, dass eine Berücksichtigung der Norm im Rahmen der Beurteilung der Rechtmäßigkeit einer Kündigung gegenüber dem Diskriminierungsopfer ausschließlich in Druckkündigungsfällen denkbar ist. In anderen Kündigungsszenarien bestehen hingegen regelmäßig keine direkten Berührungspunkte zwischen der Rechtmäßigkeitskontrolle einer Kündigung und der Einhaltung der Voraussetzungen des § 12 AGG. Vielmehr erlegt die Regelung dem Arbeitgeber üblicherweise losgelöst von etwaigen Kündigungssituationen präventive und repressive Pflichten auf.[682] Die Frage einer Einschränkung des Anwendungsbereichs des § 12 AGG wegen § 2 Abs. 4 AGG stellt sich demzufolge in den meisten Kündigungsfällen erst gar nicht.

In Druckkündigungssituationen besteht allerdings die Besonderheit, dass Dritte auf den Bestand des Arbeitsverhältnisses Einfluss nehmen. Wie dargelegt, können Dritte sowohl betriebsinterne als auch betriebsexterne Personen sein.[683] Verfolgen diese diskriminierende Motive, kommen insbesondere den Absätzen 3 und 4 des § 12 AGG besondere Bedeutung zu. Da sich das diskriminierende Drittverhalten auf den Ausspruch einer Kündigung bezieht, stellt sich folgerichtig ausnahmsweise auch die Frage der Anwendbarkeit des § 12 AGG vor dem Hintergrund des § 2 Abs. 4 AGG.

Die Frage der konkreten dogmatischen Verortung von § 12 Abs. 3, 4 AGG in echten sowie in unechten Druckkündigungsfällen muss an dieser Stelle jedoch noch nicht entschieden werden.[684] Unter Berücksichtigung der Ausführungen des BAG ist eine Beschränkung durch § 2 Abs. 4 AGG nämlich unabhängig davon, ob § 12 Abs. 3, 4 AGG ausnahmsweise im Rahmen der Wirksamkeitskontrolle der Kündigung oder auch in Druckkündigungssituationen ausschließlich auf schadensersatzrechtlicher Ebene Bedeutung erlangen, zu verneinen.

---

682 S. unter Kap. C. V. 2.

683 S. unter Kap. B. I.

684 Bzgl. der Bedeutung von § 12 AGG in unechten Druckkündigungsfällen s. unter Kap. E. II. 2. b. bb.; zur Verortung des § 12 AGG in echten Druckkündigungsszenarien s. unter Kap. F. II. 3. a.

aa. Variante 1: Berücksichtigung des § 12 AGG in Druckkündigungsszenarien im Rahmen der kündigungsrechtlichen Beurteilung

Soweit der Pflichtenkatalog des § 12 AGG im Rahmen eines Druckkündigungsszenarios ausnahmsweise bereits auf Ebene der Rechtmäßigkeitsbewertung berücksichtigt wird, entsteht eine mit den Diskriminierungsverboten vergleichbare Situation. Das BAG hat in seiner Grundsatzentscheidung klar gestellt, dass die Diskriminierungsverbote des AGG im Rahmen der Bestimmung der Sozialwidrigkeit einer Kündigung zwingend zu beachten seien.[685] Legt man die diesbezüglichen Ausführungen des BAG zugrunde, ist von einer Berücksichtigung des AGG-rechtlichen Regelungsgehalts des § 12 AGG in Druckkündigungsfällen auszugehen. § 12 Abs. 3 und 4 AGG beziehen sich auf die Fürsorgeverpflichtung des Arbeitgebers. Bei Berücksichtigung der Druckkündigungs-Rechtsprechung tangieren sie daher in vergleichbarer Weise wie die Diskriminierungsverbote des AGG die Frage der sozialen Rechtfertigung bzw. des wichtigen Grundes. Sie konkretisieren im Rahmen der Frage der Wirksamkeit einer Kündigung ebenfalls die unbestimmten Rechtsbegriffe des Kündigungsrechts. Zur Gewährleistung eines umfassenden Diskriminierungsschutzes steht § 2 Abs. 4 AGG folgerichtig der Berücksichtigung von § 12 Abs. 3, 4 AGG in Fällen diskriminierenden Drucks nicht entgegen.

bb. Variante 2: Berücksichtigung des § 12 AGG in Druckkündigungsszenarien ausschließlich auf schadensersatzrechtlicher Ebene

Räumt man § 12 Abs. 3, 4 AGG in Druckkündigungsfällen hingegen keine besondere Stellung im Rahmen der Wirksamkeitsbewertung der Kündigung ein, bleibt es bei ihrer üblichen Berücksichtigung auf schadensersatzrechtlicher Ebene. § 12 AGG stellt insoweit keine eigenständige Anspruchsgrundlage dar, sondern konkretisiert lediglich die allgemeinen betrieblichen Pflichten des Arbeitgebers im Hinblick auf die Diskriminierung durch betriebsinterne bzw. betriebsexterne Dritte. Im Falle einer Verletzung der Regelung greifen allgemeine zivilrechtliche Anspruchsgrundlagen wie insbesondere §§ 280 Abs. 1, 241 Abs. 2 AGG.[686] Zur Vermeidung von Wertungswidersprüchen zwischen Kündigungs- und Antidiskriminierungsrecht ist § 12 AGG im Rahmen der Bestimmung des Umfangs der Verpflichtung des Arbeitgebers gegenüber dem druck-

685 Vgl. BAG 6.11.2008 a.a.O. (Fn. 632).

686 Zum Streitstand hinsichtl. der Anwendbarkeit des § 15 AGG s. nachfolgend unter Kap. G. III. 1. a.

ausübenden Dritten zu berücksichtigen.[687] Da § 12 AGG insoweit ebenfalls lediglich als konkretisierende Norm zu verstehen ist, steht § 2 Abs. 4 AGG ihrer Anwendung nicht entgegen.

cc. Zwischenergebnis

Dem Zweck der europäischen Antidiskriminierungsrichtlinien, diskriminierende Kündigungen zu verhindern, kann in Druckkündigungsszenarien nur dann umfassend entsprochen werden, wenn die Wertungen der § 12 Abs. 3, 4 AGG entsprechende Berücksichtigung im Rahmen der Auslegung nationaler Bestimmungen finden.[688] Führt man die Grundaussagen des BAG konsequent weiter, steht § 2 Abs. 4 AGG ihrer Berücksichtigung in Druckkündigungsfällen nicht entgegen. Ob und in welcher konkreten Weise sich die Regelungen im Rahmen der jeweiligen Erscheinungsformen der Druckkündigungen auswirken, wird in den nachfolgenden Kapiteln näher untersucht.

III. Ergebnis im Hinblick auf Druckkündigungen mit diskriminierendem Hintergrund

Die Rechtmäßigkeit von Druckkündigungen, die auf einem diskriminierenden Entlassungsverlangen eines Außenstehenden fußen, ist entsprechend des BAG im Lichte der § 7 Abs. 1 und § 12 Abs. 3, 4 AGG zu beurteilen. § 2 Abs. 4 AGG ist dahingehend europarechtskonform auszulegen.

Das Benachteiligungsverbot des § 7 Abs. 1 AGG erlangt zwar keine eigenständige Bedeutung, jedoch ist sein Regelungsgehalt im Rahmen der nationalen kündigungsschutzrechtlichen Bestimmungen zwingend zu berücksichtigen. Ähnliches gilt für § 12 AGG. Die Absätze 3 und 4 dieser Regelung definieren den Inhalt der Schutzpflichten des Arbeitgebers und stellen insoweit Konkretisierungen des § 241 Abs. 2 BGB dar. Zur Wahrung der europarechtlichen Antidiskriminierungsvorgaben müssen die Wertungen des § 12 Abs. 3, 4 AGG auch dann bei der Auslegung der nationalen Bestimmungen berücksichtigt werden, wenn diese Bedeutung im Rahmen eines (Druck-) Kündigungsszenarios erlangen.

---

687 S. ausführlich unter Kap. E. II. 2. b. bb.; Kap. F. II. 3.

688 Vgl. hinsichtl. Diskriminierungsverbote *Gaul/Niklas*, NZA-RR 2009, 437, 458.

E. Unechte Druckkündigungen mit diskriminierendem Hintergrund

Eine erste Verbindung von Druckkündigungs- und Antidiskriminierungsrecht wurde in Kapitel C vorgenommen, indem unter anderem die generelle Anwendbarkeit der Begriffsbestimmungen des § 3 AGG auf das Entlassungsverlangen eines Dritten beleuchtet wurde.[689] Diese konnte hinsichtlich der Handlungsformen der unmittelbaren und mittelbaren Benachteiligung, der Belästigung sowie des Anweisungstatbestandes bejaht werden, ohne dass es in diesem Kontext auf eine Unterscheidung nach unechten und echten Druckkündigungsszenarien ankam.[690] Nachdem anschließend in Kapitel D die Anwendbarkeit der Diskriminierungsverbote des AGG auf Kündigungen im Allgemeinen sowie die Berücksichtigung von § 12 Abs. 3, 4 AGG im Rahmen von Druckkündigungsszenarien bejaht wurde,[691] ist nunmehr der Weg für eine konkrete Untersuchung der unterschiedlichen Erscheinungsformen der Druckkündigung am Maßstab des AGG geebnet.

Ebenso wie im Rahmen der Beurteilung der Wirksamkeit von Druckkündigungen im Allgemeinen wird auch an dieser Stelle mit der Überprüfung der Rechtmäßigkeit unechter Druckkündigungen begonnen.

Bevor jedoch eine konkrete Überprüfung am Maßstab der §§ 7 und 12 AGG erfolgen kann, sind zunächst die verschiedenen Möglichkeiten der Entstehung eines diskriminierenden Hintergrundes im Falle unechter Druckkündigungen genauer in den Blick zu nehmen.

I. Möglichkeiten der Entstehung eines diskriminierenden Hintergrundes im Allgemeinen

Im Allgemeinen erlangt ein Kündigungsszenario seinen diskriminierenden Hintergrund, wenn es Benachteiligungen des betreffenden Arbeitnehmers im Sinne des § 3 AGG in sich birgt. Wie bereits in Kapitel C angedeutet, wird die AGG-rechtliche Bedeutung in Druckkündigungsfällen regelmäßig durch eine diskrimi-

---

689 S. unter Kap. C. IV. 2

690 S. unter Kap. C. IV. 2./3.

691 S. unter Kap. D. III.

nierend motivierte Druckausübung in Form des unter Androhung von Nachteilen formulierten Abberufungsverlangens des Dritten begründet.[692] Denkbar ist zudem der Eintritt mittelbar diskriminierender Folgen einer Entlassungsforderung. Dies gilt sowohl für echte als auch für unechte Druckkündigungssituationen.

Im Vergleich zu echten Druckkündigungsszenarien besteht im Fall einer unechten Druckkündigung jedoch noch eine weitere Besonderheit. Neben die Druckausübung tritt ein eigenständiger Kündigungsgrund. Dementsprechend muss auch bei der Bestimmung und Bewertung des diskriminierenden Gehalts der Kündigung eine Unterscheidung zwischen dem bestehenden Kündigungssachverhalt und dem konkreten Druckverhalten des Dritten erfolgen.

Der diskriminierende Hintergrund kann sich folgerichtig in unechten Druckkündigungsfällen nicht nur aus einem entsprechend motivierten bzw. wirkenden Entlassungsverlangen des Dritten ergeben. Daneben können unechte Druckkündigungen ihre AGG-rechtliche Relevanz auch im Rahmen der Bestimmung der Kündigungsberechtigung erlangen.[693] Da die beiden Fallgestaltungen regelmäßig unterschiedliche Konsequenzen nach sich ziehen, ist eine getrennte Beurteilung erforderlich.

II. Besonderheiten der unterschiedlichen Fallgestaltungen und ihre rechtliche Bewertung

1. AGG-rechtlich bedeutsame Einfärbung des Kündigungsgrundes (Fallgruppe 1)

a. Relevante Konstellationen

Eine unechte Druckkündigung zeichnet sich durch einen unabhängig von der Druckausübung bestehenden Kündigungsgrund aus. Dieser kann entweder in dem Verhalten oder auch in der Person des betreffenden Arbeitnehmers begründet sein.[694] Konsequenterweise können die Diskriminierungsverbote des AGG bereits im Rahmen der Feststellung des Kündigungssachverhalts relevant werden. Insofern kann die unechte Druckkündigung einen diskriminierenden Hintergrund auch losgelöst von der Druckausübungsmotivation des Dritten erhalten.[695]

692 S. Ausführungen zu Beginn des Kap. C. sowie nachfolgend unter Kap. E. II. 2.
693 Vgl. *Deinert*, RdA 2007, 275, 279.
694 S. ausführlich zu den Grundsätzen der unechten Druckkündigung unter Kap. B. III. 1.
695 Ähnlich auch *Deinert*, RdA 2007, 275, 279.

aa. Offensichtliche Relevanz von § 1 AGG als Kündigungsgrund (Variante 1)

Entsprechend des BAG ist ein Verstoß gegen die Diskriminierungsverbote des AGG im Rahmen der Rechtmäßigkeitsüberprüfung der Kündigung zu berücksichtigen.[696] In Fällen unechter Druckkündigung hat dies zunächst zur Folge, dass ein angeführter Kündigungsgrund, der mit den Antidiskriminierungsbestimmungen unvereinbar ist, folgerichtig auch nicht zur Begründung der Rechtmäßigkeit des Kündigungsausspruchs herangezogen werden kann.

Da eine Begründung der Entlassung durch unmittelbares Abstellen auf diskriminierende Umstände bereits vor Erlass des AGG gegen § 242 bzw. § 138 BGB verstieß, konnten diese Konstellationen schon damals keine Kündigung begründen.[697] Insofern sind Fälle, in denen als Kündigungsgrund ausdrücklich ein verpöntes Merkmal im Sinne des § 1 AGG angeführt wird, auch nach Inkrafttreten des AGG nicht anders zu beurteilen.

Gleiches gilt für Kündigungen, die allein auf gängigen Klischeevorstellungen in Bezug auf die weibliche oder männliche Arbeitskraft oder das Arbeitsverhalten behinderter oder älterer Menschen gestützt werden.[698] Auch hier liegt die Treuwidrigkeit der Kündigung bzw. ein Verstoß gegen die Diskriminierungsverbote des AGG nahe.

Unechte Druckkündigungssachverhalte, in denen der Dritte das Entlassungsbegehren ausdrücklich mit einem Merkmal im Sinne des § 1 AGG begründet, werden in der Praxis jedoch nur selten vorkommen.[699]

bb. Versteckte Relevanz von § 1 AGG als Kündigungsgrund (Variante 2)

Praxisnäher sind dagegen Konstellationen, in denen die AGG-rechtliche Relevanz des angeführten Kündigungssachverhaltes erst auf den zweiten Blick zu erkennen ist. Von Bedeutung für die Untersuchung sind daher die schwieriger zu beurteilenden Konstellationen, in denen der Dritte einen zunächst diskriminierungsfrei erscheinenden Kündigungsgrund anführt, den der Arbeitgeber sodann dem Kündigungsausspruch zugrundelegt. In diesem Kontext gilt es wiederum zu unterscheiden:

---

696 S. ausführlich unter Kap. D. II.

697 Vgl. BAG 23.6.1994 a.a.O. (Fn. 186) betreffend eines Verstoßes gg. § 242 BGB im Falle einer Kündigung wegen eines bestimmten Sexualverhaltens eines AN; vgl. auch *Preis*, ZESAR 2007, 308, 309f.

698 Däubler/Bertzbach-*Däubler*, § 7 AGG Rn. 206; vgl. auch *Hanau*, ZIP 2006, 2189, 2191; *Thüsing*, Arbeitsrechtl. Diskriminierungsschutz, Rn. 50.

699 Vgl. Däubler/Bertzbach-*Däubler*, § 1 AGG Rn. 14.

(1) Bewusstes Täuschungsverhalten

Zum einen sind Fälle denkbar, in denen ein unwahrer Kündigungsgrund vorgeschoben wird, um das tatsächliche Abstellen auf ein verpöntes Merkmal zu verdecken.[700] Beispiel hierfür wäre das Berufen auf in Wirklichkeit nicht vorhandende Sprachbarrieren zwecks Durchsetzung einer Entlassung eines Ausländers.[701] Kann die wahre Handlungsmotivation des Dritten durch den Nachweis der Unwahrheit des angeführten Kündigungssachverhalts aufgedeckt werden, liegt auch hier ein Verstoß gegen die Diskriminierungsverbote des AGG auf der Hand. Folge ist zunächst, dass nicht mehr auf den konkret angeführten Kündigungsgrund abgestellt werden kann, da dieser nie bestand.

(2) Kein Täuschungsverhalten

(a) Beispiele

Zum anderen sind Fallgestaltungen denkbar, in denen der Dritte kein Täuschungsverhalten an den Tag legt. Gemeint sind die weit aus schwieriger zu beurteilenden Sachverhalte, in denen sich der Außenstehende auf einen tatsächlich vorliegenden Kündigungsgrund beruft, dieser jedoch bei genauerer Analyse eine Benachteiligung von Merkmalsträgern bedeutet.[702] Beispiele hierfür bilden Entlassungsbegehren wegen objektiv bestehenden Leistungsmängeln, die jedoch mit bestimmten verpönten Merkmalen im Zusammenhang stehen. So können etwa die verminderte Reaktionsfähigkeit eines älteren Arbeitnehmers oder auch die geringere körperliche Stärke von Frauen Gründe für Leistungsdefizite im Arbeitsalltag sein, die Dritte zum Anlass der Formulierung einer Entlassungsforderung gegenüber dem Arbeitgeber nehmen. Häufig angeführtes Beispiel ist in diesem Zusammenhang ferner die Unterbrechung der Arbeitstätigkeit durch einen Muslimen für Gebetspausen.[703] Sieht sich dieser aufgrund seiner religiösen Überzeugung hierzu verpflichtet, erwartet er regelmäßig entsprechende Rück-

700 S. bereits zur verdeckten Diskriminierung unter Kap. C. IV. 2. a.

701 Vgl. auch Bsp. bei *Deinert*, RdA 2007, 275, 278; Däubler/Bertzbach-*Däubler*, § 7 AGG Rn. 214.

702 Vgl. hierzu allgemein *Thüsing*, Arbeitsrechtl. Diskriminierungsschutz, Rn. 240.

703 Vgl. LAG Hamm 26.2.2002 – 5 Sa 1582/01, NZA 2002, 1090; BAG 10.10.2002 – 2 AZR 472/01, AP § 1 KSchG 1969 Nr. 44; *Deinert*, RdA 2007, 275, 279; *Bauer/Göpfert/Krieger*, § 1 AGG Rn. 34; Schleusener/Suckow/Voigt-*Schleusener*, § 3 AGG Rn. 123; Däubler/Bertzbach-*Däubler*, § 7 AGG Rn. 235f.; vgl. zur Kopftuch-Problematik auch BVerfG 30.7.2003 – 1 BvR 792/03, BB 2003, 1956ff; BVerfG 24.9.2003 – 2 BvR 1436/02 NJW 2003, 3111ff.

sichtnahme seitens seines Vorgesetzten oder seiner Kollegen. Fühlen sich Letztere jedoch aufgrund der für sie spürbaren Mehrarbeit ungerecht behandelt, kann deren Unmut unter Umständen zu einem Druckkündigungsszenario führen. Zur Untermauerung der Entlassungsforderung kann der Belegschaftsteil beispielsweise dem Arbeitgeber androhen, anderenfalls selbst „geschlossen“ zu kündigen.

(b) „Merkmalsursprung“ eines Kündigungsgrundes

In den letztgenannten Beispielen beruft sich der Handelnde nicht unmittelbar auf einen Grund im Sinne des § 1 AGG. Dennoch bildet dieser bei genauerem Hinsehen den Auslöser für die kündigungsrelevante Pflichtverletzung. Die Fälle zeichnen sich durch eine Art Merkmalsursprung bzw. einen Merkmalszusammenhang aus.[704] Der im betrieblichen Verhalten oder in der Person des Beschäftigten gründende Kündigungssachverhalt stellt sich nämlich bei weiterer Rückverfolgung der Kausalkette und damit in einem zweiten Schritt als Folge einer Eigenschaft aus § 1 AGG dar.[705]

Ob der Schutzbereich des AGG auch im Falle eines bloßen „Merkmalsursprungs“ betrieblicher Betätigung bzw. Leistung eröffnet ist, wird nicht einheitlich beurteilt. Während teilweise eine weite Auslegung des AGG-rechtlichen Diskriminierungsschutzes und damit auch die Einbeziehung eines Merkmalszusammenhangs befürwortet wird,[706] sind andere hingegen für einen generellen Anwendungsausschluss des AGG hinsichtlich „merkmalsbedingter Betätigungen im Betrieb“.[707]

(c) Stellungnahme

Der Wortlaut des § 3 AGG spricht auf den ersten Blick gegen eine Berücksichtigung merkmalsbedingter Verhaltensweisen oder Zustände innerhalb des Schutzbereichs des AGG. So wird nämlich ausschließlich in § 3 Abs. 1 S. 2 AGG auf

---

704 „Merkmalsbedingte Betätigung im Betrieb“ nach *Hanau*, ZIP 2006, 2189, 2191; „merkmalbezogenes Verhalten“ nach *Deinert*, RdA 2007, 275, 279; „mit einem unterlaubten Merkmal in Zusammenhang stehendes Merkmal“ nach *Thüsing*, Arbeitsrechtl. Diskriminierungsschutz, Rn. 240.

705 Däubler/Bertzbach-*Däubler*, § 1 AGG Rn. 14 mit Hinweis auf Formulierung des § 3 Abs. 1 S. 2 im ADG-Entwurf (BT-Drs. 15/4538, S. 5).

706 So u.a. *Bauer/Göpfert/Krieger*, § 3 AGG Rn. 19; KDZ/*Zwanziger*, 7. Aufl., § 3 AGG Rn. 5; Däubler/Bertzbach-*Däubler*, § 1 AGG Rn. 14.

707 So *Hanau*, ZIP 2006, 2189, 2191; vgl. auch *Adomeit/Mohr*, § 8 AGG Rn. 61; Wendeling-Schröder/Stein-*Wendeling-Schröder*, § 3 AGG Rn. 12; offen gelassen *Thüsing*, Arbeitsrechtl. Diskriminierungsschutz, Rn. 240.

einen derartigen Merkmalszusammenhang eingegangen. Dort heißt es: „Eine unmittelbare Benachteiligung wegen des Geschlechts liegt in Bezug auf § 2 Abs. 1 Nr. 1 bis 4 auch im Falle einer ungünstigeren Behandlung einer Frau wegen Schwangerschaft oder Mutterschaft vor.“[708] Auch wenn hiernach eine Erweiterung ausdrücklich nur hinsichtlich des Merkmals „Geschlecht“ formuliert wird, begründet dies allerdings nicht zwangsläufig die Annahme eines generellen Anwendungsausschlusses für Fälle außerhalb des § 3 Abs. 1 S. 2 AGG.[709] Ein solcher Rückschluss lässt sich bereits nur schwer mit der europäischen Vorgabe eines umfassenden Diskriminierungsschutzes vereinbaren. Dies bestätigt unter anderem die deutsche Fassung des Art. 4 Abs. 1 der Richtlinie 2000/78/EG, in der unmissverständlich von einer Benachteiligung aufgrund eines Merkmalszusammenhangs ausgegangen wird.[710]

Auch im Rahmen der nationalen Gesetzesbegründung zu § 3 Abs. 1 S. 2 AGG wird zunächst allgemein von einer tatbestandlichen Einbeziehung von Unterscheidungen, die einen untrennbaren Merkmalszusammenhang aufweisen, gesprochen.[711] Die Beschränkung des Satzes 2 auf die Situation von Schwangerschaft und Mutterschaft begründet der Gesetzgeber lediglich mit einem Verweis auf die Rechtsprechung des EuGH in der Rechtssache „Dekker“.[712] Der Gesetzesbegründung kann dementsprechend nicht entnommen werden, dass andere Konstellationen mit vergleichbaren Merkmalsbezügen zwingend außerhalb des AGG-rechtlichen Schutzbereichs liegen.

In der Praxis wird nur selten unmittelbar an ein Merkmal im Sinne des § 1 AGG angeknüpft.[713] Weit aus häufiger sind nicht nur verdeckte Benachteiligungen, sondern auch Maßnahmen, die sich auf Merkmale, Eigenschaften oder auch Verhaltensweisen des Arbeitnehmers beziehen, die wiederum in einem Zusammenhang mit einem geschützten Merkmal stehen.[714] Schließt man solche Konstellationen von vornherein aus dem Anwendungsbereich des § 3 AGG aus, würde sich die Wirkung der Diskriminierungsverbote insbesondere im Hinblick auf Einzelmaßnahmen drastisch minimieren.[715] Zur Gewährleistung eines effektiven Diskriminierungsschutzes ist daher von einem entsprechend weiten Anwen-

---

708 Vgl. auch BT-Drs. 16/1780, S. 32.

709 Ähnlich auch KDZ/*Zwanziger*, 7. Aufl., § 3 AGG Rn. 5, der § 3 Abs. 1 S. 2 AGG lediglich als „Ausdruck eines allgemeinen Rechtsgedankens“ versteht.

710 Vgl. Art. 4 Abs. 1 RL 2000/78/EG a.a.O. (Fn. 371); vgl. zudem Formulierungen in Art. 2 Abs. 3 der RL 2000/78/EG a.a.O. (Fn. 371) u. 2000/43/EG a.a.O. (Fn. 356).

711 Vgl. BT-Drs. 16/1780, S. 32.

712 Vgl. BT-Drs. 16/1780, S. 32; EuGH 8.11.1990 – C–177/88 (Dekker), DB 1991, 286.

713 Vgl. Däubler/Bertzbach-*Däubler*, § 1 AGG Rn. 14.

714 Vgl. hierzu auch *Thüsing*, Sonderbeilage NZA 2004/Heft 22, 3, 4f.

715 So auch Däubler/Bertzbach-*Däubler*, § 1 AGG Rn. 14.

dungsbereich des § 7 Abs. 1 AGG auch in Bezug auf die anderen Merkmale des § 1 AGG auszugehen.[716] In diesem Kontext ist auch kein sachlicher Differenzierungsgrund zwischen Merkmalen, die einen Bezug zu einem Grund im Sinne des § 1 AGG aufweisen und betrieblichen Verhaltensweisen, die auf einem verpönten Grund beruhen, erkennbar. Die Regelungen des AGG sind folglich dergestalt auszulegen, dass der arbeitsrechtliche Diskriminierungsschutz auch Merkmale, Eigenschaften und Handlungsweisen des Arbeitnehmers umfasst, die auf einem Diskriminierungsgrund gründen.[717]

Vor diesem Hintergrund können je nach Einzelfall die gesetzlichen Voraussetzungen der mittelbaren oder aber auch der unmittelbaren Benachteiligung erfüllt sein.[718] Zur Abgrenzung der beiden Benachteiligungsformen kommt es entsprechend allgemeiner Grundsätze auf den Anschein der Neutralität der Benachteiligungshandlung an. Bedeutsam ist insofern die Frage, ob es sich um eine Einzel- oder Kollektivmaßnahme handelt. Ferner spielen die Offenkundigkeit der Merkmalsbetroffenheit sowie die Erkennbarkeit des Merkmalsbezugs der gerügten Verhaltensweise eine entscheidende Rolle für die Unterscheidung.[719]

Eigenschaften und Verhaltensweisen, die einen Merkmalszusammenhang aufweisen, können allerdings nicht grenzenlos berücksichtigt werden.[720] Vor dem Hintergrund, dass die unmittelbare Benachteiligung im Vergleich zu § 3 Abs. 2 AGG nur engen Rechtfertigungsmöglichkeiten unterliegen soll, muss die Gefahr einer Überdehnung ihres Anwendungsbereichs vermieden werden.

(aa) Begrenzung durch erhöhte Anforderungen an die Merkmalsbeziehung

Dem kann zum einen bereits dadurch entgegen gewirkt werden, dass man nicht jede Merkmalsbeziehung in den Schutzbereich des § 3 AGG miteinbezieht. Zur konkreten Ermittlung einer allgemeinen tatbestandlichen Grenze liegt ein Rückgriff auf Ausführungen des nationalen Gesetzgebers im Rahmen der Gesetzesbe-

---

716 Ähnlich auch Däubler/Bertzbach-*Däubler*, § 7 AGG Rn. 204.

717 So u.a. auch *Bauer/Göpfert/Krieger*, § 3 AGG Rn. 19; Däubler/Bertzbach-*Däubler*, § 1 AGG Rn. 14/16; zweifelnd Wendeling-Schröder/Stein-*Wendeling-Schröder*, § 3 AGG Rn. 12; allgemein zu den Anforderungen an den Kausalzusammenhang zwischen Benachteiligung und Merkmal vgl. BAG 28.4.2011 a.a.O. (Fn. 456).

718 Für eine Übertragung des Grundsatzes des § 3 Abs. 1 S. 2 AGG auf unmittelbare Benachteiligungen im Allgemeinen *Bauer/Göpfert/Krieger*, § 3 AGG Rn. 19; dagegen Wendeling-Schröder/Stein-*Wendeling-Schröder*, § 3 AGG Rn. 12; für eine Berücksichtigung merkmalsbezogener Benachteiligungen ausschließlich als mittelbare Benachteiligungen u.a. *Hey*, § 3 AGG Rn. 8f; für einen generellen Ausschluss merkmalsbedingter Betätigungen im Betrieb aus dem Anwendungsbereich des AGG *Hanau*, ZIP 2006, 2189, 2191.

719 S. unter Kap. C. IV. 2 b. aa.

720 Vgl. insoweit auch *Thüsing*, Sonderbeilage NZA 2004/Heft 22, 3, 4.

gründung zu § 3 Abs. 1 S. 2 AGG nahe. Hiernach ist ein untrennbarer Merkmalszusammenhang erforderlich.[721] Die Begründung bezog sich allerdings nur auf „Merkmale", die mit einem Diskriminierungsgrund in Beziehung stehen. Das Kriterium der Untrennbarkeit lässt sich jedoch auch auf „Verhaltensweisen" des betreffenden Beschäftigten, die einen Merkmalsursprung aufweisen, übertragen. Dies verdeutlichen beispielsweise die Maßstäbe zur Festlegung des grundrechtlichen Schutzumfangs religiöser Betätigungen. Auch wenn sich das AGG auf die Abwehr bzw. Sanktionierung von Benachteiligungen konzentriert und damit Betätigungen eines Merkmalsträgers nicht in gleichem Umfang wie das GG schützt,[722] steht dies einer Orientierung an der tatbestandlichen Grenzlinie des Grundrechts grundsätzlich nicht im Wege.

Auch im Rahmen des Art. 4 GG sind Verhaltensweisen, die einen Merkmalsbezug aufweisen, von Bedeutung. Zur Vermeidung einer uferlosen Ausweitung des Grundrechtsschutzes wird der Schutzbereich des Art. 4 GG vielfach auf Betätigungen begrenzt, die für den religiösen oder weltanschaulichen Auftrag notwendig sind.[723] Gefordert wird demnach auch hier ein zwingender Zusammenhang von Betätigung und Merkmal „Religion", dessen Anführen vom Grundrechtsträger plausibel dargelegt werden muss. Nicht ausreichend ist hingegen, wenn jemand bloß behauptet, sein Handeln sei glaubensgeleitet oder -verpflichtet.[724]

An diesen Grundsätzen kann sich auch im Hinblick auf Betätigungen, die mit anderen Merkmalen des § 1 AGG in Zusammenhang stehen, orientiert werden. So lassen sich auch Verhaltensweisen oder Eigenschaften, die etwa mit der sexuellen Identität oder dem Alter begründet werden, auf einen objektiv zwingenden und damit untrennbaren Merkmalszusammenhang im Sinne des AGG-Gesetzgebers überprüfen.

Um einer Missbrauchsgefahr entgegenzutreten, sind der Beurteilung des Merkmalszusammenhangs in jedem Fall objektive Maßstäbe zugrunde zu legen.

---

721 Vgl. BT-Drs. 16/1780, S. 32.

722 So auch *Preis*, ZESAR 2007, 308, 311.

723 Vgl. BVerwG 23.11.2000 – 3 C 40.99, NJW 2001, 1225ff.; ausführlich hierzu *Pieroth/Schlink*, § 12 Rn. 552ff.; vgl. parallel hierzu Eingrenzung des Schutzbereichs der Glaubens- u. Gewissensfreiheit des Art. 4 GG: Jarass/Pieroth-*Jarass*, Art. 4 GG Rn. 13; für einen weiten Schutz religiöser Betätigung BVerfG 19.10.1971 a.a.O. (Fn. 420); offen gelassen BVerfG 24.10.2006 – 2 BvR 1908/03, BVerfGK 9, 371ff.

724 Vgl. BVerfG 5.2.1991 – 2 BvR 263/86, BVerfGE 83, 341, 353; BVerwG 23.11.2000 a.a.O. (Fn. 723); *Pieroth/Schlink*, § 12 Rn. 552ff.

(bb) Begrenzung durch Gesetzeszweck

Des Weiteren muss eine Schranke in jedem Fall dort gezogen werden, wo die Ergebnisse in einem evidenten Widerspruch zum Gesetzeszweck stehen.[725] Die Vertreter eines generellen Anwendungsausschlusses begründen ihre Auffassung mit der Gefahr faktischer Bevorzugung von Merkmalsträgern.[726] Auch wenn diese Auffassung verkennt, dass nicht generell jede Einbeziehung merkmalstypischen Verhaltens in den Diskriminierungsschutz des AGG zugleich eine Ungleichbehandlung im Verhältnis zu „merkmalslosen" Mitarbeitern bedeutet,[727] kann ihre Argumentation dennoch zur Begründung einer Schutzbereichsbegrenzung für den Einzelfall herangezogen werden.[728]

Die Diskriminierungsverbote des AGG bezwecken den Schutz vor Ungleichbehandlungen wegen (regelmäßig unveränderlichen) persönlichen Eigenschaften und damit den Schutz vor Verletzungen der Persönlichkeit bzw. der Menschenwürde.[729] Dieser wird im Rahmen eines bestehenden Arbeitsverhältnisses in erster Linie durch die Abwehr von benachteiligenden Handlungen und damit durch die Sicherung des status quo erreicht. Eine Bevorzugung von Merkmalsträgern außerhalb des Anwendungsbereichs des § 5 AGG ist jedoch gesetzlich nicht vorgesehen. Die ungezielte bzw. faktische Privilegierung entspricht somit nicht der gesetzgeberischen Vorstellung zur Abwehr einer Benachteiligung.[730] Die Schlechterstellung anderer Arbeitnehmer zugunsten eines Merkmalsträgers würde nämlich im Ergebnis eine erneute Ungleichbehandlung bedeuten. Vor solchen will das Antidiskriminierungsrecht jedoch – abseits des § 5 AGG – gerade schützen. Aus diesem Grund ist im Falle eines objektiven Merkmalsursprungs des kündigungsrelevanten Verhaltens genau zu untersuchen, ob eine Einbeziehung in den Schutzbereich des § 3 Abs. 1 AGG tatsächlich ein Ungleichgewicht zu Lasten merkmalsloser Arbeitnehmer und damit eine faktische

---

725 Ähnlich auch *Deinert*, RdA 2007, 275, 279.

726 Vgl. *Hanau*, ZIP 2006, 2189, 2191; *Adomeit/Mohr*, § 8 AGG Rn. 61; *Preis*, ZESAR 2007, 308, 311, der jedoch betont, dass sich die „notwendige Dogmatik […] nur anhand der einzelnen Merkmale festmachen" lässt.

727 Vgl. Schlussfolgerungen von *Deinert*, RdA 2007, 275 für den Fall der Gebetspausen eines Muslims.

728 So auch *Deinert*, RdA 2007, 275, 279; vgl. auch *Bauer/Göpfert/Krieger*, § 3 AGG Rn. 19, die einen Merkmalszusammenhang grundsätzlich als ausreichend erachten, jedoch in § 1 AGG Rn. 36 auf das Risiko der Benachteiligung Merkmalsloser am Bsp. „Religion" hinweisen.

729 Vgl. *Preis*, ZESAR 2007, 308, 311; *Hanau*, ZIP 2006, 2190, 2191; vgl. auch *Thüsing*, Arbeitsrechtl. Diskriminierungsschutz, Rn. 48; Däubler/Bertzbach-*Däubler*, § 1 AGG Rn. 5.

730 Vgl. zum Erfordernis der unmittelbaren u. gezielten Wirkung einer positiven Maßnahme i.R.d. § 5 AGG Däubler/Bertzbach-*Hinrichs*, § 5 AGG Rn. 19.

Bevorzugung des betreffenden Merkmalsträgers bedeutet.[731] Anstelle eines pauschalen Ausschlusses merkmalsbedingten Verhaltens ist folglich eine individuelle Sachverhaltsanalyse vorzunehmen. Nur auf diesem Weg können einerseits Lücken im Diskriminierungsschutz vermieden werden, ohne jedoch andererseits im Einzelfall über den Gesetzeszweck hinauszuschießen.

(cc) Begrenzung durch allgemeine Rechtfertigungsgründe des AGG

Neben der Begrenzung in Fällen faktischer Bevorzugung besteht zudem eine Anwendungsbeschränkung durch die allgemeinen Rechtfertigungsmöglichkeiten des AGG.

Im Gegensatz zu § 3 Abs. 2 AGG sieht die unmittelbare Benachteiligungsform keine Rechtfertigungsmöglichkeit auf Tatbestandsebene vor. Unmittelbar benachteiligende Maßnahmen können lediglich über §§ 8 bis 10 AGG gerechtfertigt werden. Im Rahmen der rechtlichen Beurteilung benachteiligender Maßnahmen, die sich auf merkmalsbedingte Verhaltensweisen oder Eigenschaften eines Arbeitnehmers beziehen, ist zunächst an die zentrale Rechtfertigungsmöglichkeit des § 8 Abs. 1 AGG zu denken. Hiernach ist eine unterschiedliche Behandlung wegen eines Grundes im Sinne des § 1 AGG zulässig, wenn dieser Grund eine wesentliche und entscheidende berufliche Anforderung der Tätigkeitsart oder ihrer Ausübungsbedingungen darstellt. Voraussetzung ist in jedem Fall, dass der Zweck rechtmäßig und die Anforderungen angemessen ist.[732] Gründe für eine Untersagung merkmalsbedingter Verhaltensweisen können hiernach unter anderem tätigkeitsbezogene Sicherheitsstandards sein.[733] Macht beispielsweise ein Mitarbeiter seinen Arbeitgeber darauf aufmerksam, dass ein Kollege ein religiös bestimmtes Kleidungsstück trägt, das sich aufgrund seiner Beschaffenheit leicht in den Arbeitsmaschinen verfangen kann, ist im Falle einer entsprechenden Arbeitgeberreaktion eine Rechtfertigung über § 8 Abs. 1 AGG möglich.[734]

In Fällen merkmalstypischer Leistungsmängel erscheinen entsprechende Arbeitgeberreaktionen häufig zunächst als in AGG-rechtlicher Hinsicht neutrale

---

731 Vgl. hierzu *Deinert*, RdA 2007, 275, 279.

732 Vgl. u.a. *Adomeit/Mohr*, § 8 Rn. 1; *Bauer/Göpfert/Krieger*, § 8 AGG Rn. 18ff.; Wendeling-Schröder/Stein-*Wendeling-Schröder*, § 8 AGG Rn. 4; vgl. hierzu auch BAG 28.5.2009 a.a.O. (Fn. 554).

733 Vgl. *Adomeit/Mohr*, § 8 AGG Rn. 62, der allerdings von einer mittelbaren Benachteiligung ausgeht u. daher bereits eine Rechtfertigung über § 3 Abs. 2 AGG annimmt.

734 Zweifelhaft ist, ob in einem solchen Fall überhaupt eine Benachteiligung „wegen“ eines verpönten Merkmals vorliegt, vgl. *Hey*, § 8 AGG Rn. 31; zu der Problematik „customer preferences“ s. nachfolgend unter Kap. F. II. 2. c. bb. (3) (d).

Maßnahmen. Der Merkmalszusammenhang ist etwa bei Kollektivmaßnahmen zur Verhinderung von Leistungsdefiziten oder auch bei allgemeinen Verhaltensregeln vielfach nicht zwingend.[735] Es besteht zumindest die Möglichkeit, dass diese merkmalsunabhängig wirken und damit verschiedene Personengruppen betreffen. Aus diesem Grund ist regelmäßig der Tatbestand der mittelbaren Benachteiligung für die Beurteilung eines Verstoßes gegen § 7 Abs. 1 AGG maßgebend.[736] § 3 Abs. 2 AGG sieht bereits selbst einen Ausschluss für Maßnahmen vor, die durch ein rechtmäßiges Ziel sachlich gerechtfertigt und deren Mittel zur Erreichung dieses Ziels angemessen und erforderlich sind.[737] Aufgrund dieser tatbestandlichen Rechtfertigungsmöglichkeit erübrigt sich im Falle einer mittelbaren Benachteiligung regelmäßig ein Rückgriff auf § 8 AGG.[738]

Knüpft man im Beispiel der Gebetspausen an die für den Muslim benachteiligende Festlegung der Arbeitszeiten an, stellt auch diese eine mittelbare Benachteiligung wegen der Religion dar.[739] Entsprechend baut auch eine infolge der Nichteinhaltung ausgesprochene (Druck-) Kündigung auf einer solchen auf.[740] In der Festlegung einheitlicher Arbeitszeiten für alle Arbeitnehmer ungeachtet ihrer Religion kann jedoch ein legitimes Ziel im Sinne des § 3 Abs. 2 AGG gesehen werden, mit der Folge des tatbestandlichen Ausschlusses einer mittelbaren Benachteiligung.[741] Die betrieblichen Interessen des Arbeitgebers sind grundsätzlich sachlich geeignet, Gebetspausen bei Störungen des Arbeitsablaufs zu verweigern und bei Nichteinhaltung der Vorgaben mit entsprechenden kündigungsrechtlichen Maßnahmen zu reagieren.[742]

(dd) Begrenzung durch kündigungsrechtliche Grundsätze

Bildet die benachteiligende Maßnahme die Grundlage für eine Kündigung oder ist die Kündigung selbst als benachteiligende Vorgehensweise zu qualifizieren, sind auch kündigungsrechtliche Anforderungen zu berücksichtigen. Die Recht-

---

735 Vgl. Bsp. „Kopftuchverbot" bei *Nollert-Borasio/Perreng*, § 3 AGG Rn. 10.

736 Vgl. *Hey*, § 3 AGG Rn. 8f; *Hanau*, ZIP 2006, 2189, 2191.

737 S. ausführlich unter Kap. C. IV. 2 b. cc.

738 Vgl. *Nollert-Borasio/Perreng*, § 8 AGG Rn. 2; *Adomeit/Mohr*, § 8 AGG Rn. 62.

739 Vgl. *Adomeit/Mohr*, § 8 AGG Rn. 61; *Hey*, § 3 AGG Rn. 9; *Thüsing*, Arbeitsrechtl. Diskriminierungsschutz, Rn. 349.

740 Vgl. zur Unterscheidung unmittelbar u. mittelbar diskriminierender Kündigungen Däubler/Bertzbach-*Däubler*, § 7 AGG Rn. 204ff. u. Rn. 262ff.

741 So Schleusener/Suckow/Voigt-*Schleusener*, § 3 AGG Rn. 123; *Thüsing*, Arbeitsrechtl. Diskriminierungsschutz, Rn. 349; krit. (mit Verweis auf die am Christentum orientierte Festlegung der Arbeitszeiten) *Deinert*, RdA 2007, 275, 279.

742 *Adomeit/Mohr*, § 8 AGG Rn. 61; vgl. auch LAG Hamm 18.1.2002- 5 Sa 1782/01, NZA 2002, 675; LAG Hamm 26.2.2002 a.a.O. (Fn. 703).

mäßigkeit einer (unechten Druck-) Kündigung ist insbesondere durch den Verhältnismäßigkeitsgrundsatz und das Prinzip der ultima ratio begrenzt.[743] Hiernach ist die Kündigung das äußerste Mittel. Sie kommt erst dann in Betracht, wenn anderweitige personelle Maßnahmen zur Beseitigung der betrieblichen Beeinträchtigung nicht ausreichen. Es gilt somit das Gebot des schonendsten Eingriffs.[744]

Bevor demnach merkmalsbedingte Verhaltensweisen des betreffenden Arbeitnehmers zum Ausspruch einer Kündigung herangezogen werden, muss der Arbeitgeber zunächst weniger einschneidende Lösungswege in Betracht ziehen, um die Konfliktsituation zu entschärfen.[745] Im Beispielsfall der arbeitshinderlichen, religiös bestimmten Kleidung müsste der Arbeitgeber etwa zunächst überprüfen, ob es nicht Möglichkeiten gibt, das streitgegenständliche Kleidungsstück „tätigkeitskonform“ zu präparieren. Auch sind anderweitige Beschäftigungsmöglichkeiten zu bedenken, bei denen die Bekleidung kein Sicherheitsrisiko darstellt. Ebenso muss der Arbeitgeber im Beispielszenario der gerügten Gebetspausen vorrangig versuchen, einen Kompromiss hinsichtlich der Arbeitszeitenregelung bzw. eine angepasste Pausengestaltung seiner Arbeitnehmer zu erreichen.[746]

b. Rechtliche Konsequenzen für die unechte Druckkündigung

Je nach konkreter Ausgestaltung der Druckkündigungssituation besteht die Möglichkeit, dass der auf den ersten Blick gegebene Kündigungsgrund nachträglich durch eine Filterung im Sinne der Diskriminierungsverbote wegfällt. Die Unvereinbarkeit des angeführten Kündigungsgrundes mit dem AGG kann offensichtlich sein oder aber auch erst auf den zweiten Blick zu Tage treten. Die erst genannte Variante konnte bereits vor Inkrafttreten des AGG wegen Verstoßes gegen §§ 138, 242 BGB nicht zur Rechtfertigung einer (Druck-) Kündigung herangezogen werden. Die Untauglichkeit eines Kündigungsgrundes, der augenscheinlich an ein Merkmal im Sinne des § 1 AGG anknüpft, wurde durch das BAG bestätigt.[747]

---

743 Vgl. KDZ/*Deinert*, § 1 KSchG Rn. 60; APS/*Preis*, Grundlagen H Rn. 55ff.; J. Rn. 57; APS/*Dörner*, § 1 KSchG Rn. 66 *v.Hoyningen-Huene/Linck*, § 1 KSchG Rn. 203f.

744 KDZ/*Deinert*, § 1 KSchG Rn. 60.

745 Ähnlich auch *Deinert*, RdA 2007, 275, 279; Däubler/Bertzbach-*Däubler*, § 7 AGG Rn. 237; vgl. auch BAG 31.1.1996 – 2 AZR 158/95, NZA1996, 581; LAG Düsseldorf 14.2.1963 – 7 Sa 581/62, DB 1963, 522; LAG Hamm 26.2.2002 a.a.O. (Fn. 703); LAG Nürnberg 9.12.2003 a.a.O. (Fn. 15), 298; ArbG Hamburg 23.2.2005 a.a.O. (Fn. 65).

746 So auch *Deinert*, RdA 2007, 275, 279; Däubler/Bertzbach-*Däubler*, § 7 AGG Rn. 237/237a; LAG Hamm 26.2.2002 a.a.O. (Fn. 703).

747 Vgl. BAG 6.11.2008 a.a.O. (Fn. 628); s. hierzu unter Kap. D. II., Kap. E. II. 1. a. aa.

Gleiches gilt für Fälle, in denen der Dritte das Vorliegen eines AGG-konformen Kündigungsgrundes vortäuscht, um seine wahren diskriminierenden Beweggründe „heimlich“ durchzusetzen.[748] Zwar ist der diskriminierende Gehalt des Abberufungsverlangens hier nicht sofort erkennbar (Variante 2); bei Enttarnung des Täuschungsverhaltens ergeben sich jedoch im Ergebnis keine Unterschiede zur Variante 1. Auch hier ist kein Kündigungsgrund gegeben, auf den der Dritte seine Entlassungsforderung und der Arbeitgeber den Kündigungsausspruch stützen könnte.

Beruht die Entlassungsforderung hingegen tatsächlich auf einem Fehlverhalten des betreffenden Arbeitnehmers bzw. auf einem in seiner Person liegenden Umstand, ist zu differenzieren: Nur wenn die streitgegenständliche Eigenschaft oder Verhaltensweise des Beschäftigten in einem denknotwendigen und damit untrennbaren Zusammenhang mit einem verpönten Merkmal steht, weist der Kündigungsgrund eine AGG-rechtliche Relevanz auf.[749] Die tatsächliche Eröffnung des Schutzbereichs des § 3 i.V.m. § 1 AGG hängt letztlich von der Wahrung des Gesetzeszweckes ab. Dementsprechend ist ein Verstoß gegen § 7 AGG jedenfalls im Falle einer faktischen Privilegierung von Merkmalsträgern zu verneinen. Liegt eine solche Bevorzugung im Einzelfall vor oder greift ein allgemeiner Rechtfertigungsgrund des AGG, ändert sich mangels diskriminierenden Hintergrundes nichts an der bisherigen Rechtmäßigkeitsbewertung der unechten Druckkündigung. Der Kündigungsgrund hält einer AGG-Kontrolle im Ergebnis stand. Es bleibt insoweit bei den allgemeinen Grundsätzen.[750]

Anderes gilt hingegen in Fällen, in denen der angeführte Kündigungssachverhalt eine Diskriminierung bedeutet. Ist der Kündigungsgrund – wie bereits eingangs schon für Variante 1 und Täuschungsfälle der Variante 2 festgestellt – nicht mit § 7 Abs. 1 AGG vereinbar, muss dieser Verstoß entsprechend des BAG im Rahmen der Beurteilung der Rechtmäßigkeit der Kündigung zwingend berücksichtigt werden. Folge wäre im Falle einer „normalen“ Kündigung grundsätzlich deren Unwirksamkeit.[751]

In unechten Druckkündigungsfällen gilt jedoch etwas anderes. Sie zeichnen sich durch eine Art „Notanker“ bzw. „Reserverad“ aus. Dieses ist in dem wirtschaftlichen Druck, den der Dritte auf den Arbeitgeber ausübt, zu sehen. Normalerweise besteht in unechten Druckkündigungsszenarien kein Anlass, auf die Druckausübung als potentiellen Kündigungsgrund zurückzugreifen. Eine Rechtfertigung des Kündigungsausspruchs wird bekanntlich bereits über den davon

748 S. unter Kap. E. II. 1. a. bb. (1).

749 S. unter Kap. E. II. 1. a. bb. (2) (b).

750 Bzgl. der druckkündigungsrechtlichen Grundsätzen s. im Einzelnen unter Kap. B.

751 Vgl. BAG 6.11.2008 a.a.O. (Fn. 632).

losgelöst bestehenden Kündigungsgrund erreicht. Fällt dieser jedoch infolge seines diskriminierenden Gehalts weg, gewinnt die wirtschaftliche Bedrohung des Arbeitgebers durch den Dritten nunmehr eigenständige Bedeutung. Diese Fallkonstellationen können mangels objektiven Kündigungsgrundes nicht mehr als unechte Druckkündigungen gewertet werden. Folgerichtig ist eine Rechtfertigung nur noch im Wege des Rückgriffs auf die Rechtsfigur der echten Druckkündigung möglich. Aus Sicht des Arbeitgebers muss das Notanker nun ausgeworfen bzw. das Reserverad angebracht werden. Es findet somit eine Verlagerung von unechten zu echten Druckkündigungssituationen statt.[752]

Liegt ein solcher Fall der „nachträglich" eingetretenen echten Druckkündigung vor, ist in einem nächsten Schritt zu überprüfen, ob die Druckausübung selbst auf diskriminierenden Motiven des Dritten beruht. Ist dies der Fall, liegt eine echte Druckkündigung mit diskriminierendem Hintergrund vor. Von einer solchen ist unter anderem auch in der angeführten Fallvariante eines vorgetäuschten Kündigungsgrundes zwecks „heimlicher" Durchsetzung diskriminierender Motive auszugehen.[753] Wie solche echten Druckkündigungen mit diskriminierendem Hintergrund rechtlich zu bewerten ist, wird im nächsten Kapitel untersucht.[754]

Basiert das Abberufungsverlangen hingegen nicht auf diskriminierenden Beweggründen des Druckausübenden, bleibt es bei den allgemeinen Grundsätzen echter Druckkündigungen. Eine Neubewertung ist in solchen Fällen nicht erforderlich. In diesem Kontext stellt sich allenfalls die Frage der Zulässigkeit einer „nachträglichen" Auswechslung des Kündigungsgrundes. Maßgebend für die Beurteilung der Rechtmäßigkeit ist die objektive Sachlage zum Zeitpunkt des Zugangs der Kündigungserklärung.[755] Sowohl der Kündigungsgrund als auch die Druckausübung sind dem Kündigungsausspruch und damit auch dem Zugang zeitlich vorgelagert. Folgerichtig liegt kein Fall von nachträglich entstandenen Kündigungsumständen vor. Maßgebend ist demnach allein, dass der Kündigungssachverhalt einen Kündigungsgrund im Sinne des § 1 Abs. 2 KSchG bzw. einen wichtigen Grund gemäß § 626 Abs. 1 BGB darstellt.[756] Handelt es sich wie vorliegend um zwei eigenständige Lebenssachverhalte, die unterschiedliche Kündigungsgründe begründen können, sind diese getrennt auf ihre Rechtferti-

752 So auch *Deinert*, RdA 2007, 275, 279.

753 S. unter Kap. E. II. 1. a. bb. (1).

754 S. nachfolgend unter Kap. F.

755 St. Rspr.: vgl. u.a. BAG 15.8.1984 – 7 AZR 536/82, NZA 1985, 357, 358; BAG 27.11.2003 – 2 AZR 48/03, NZA 2004, 477, 478; BAG 21.4.2005 – 2 AZR 241/04, NZA 2005, 1307, 1308; vgl. u.a. auch APS/*Dörner*, § 1 KSchG Rn. 70; ErfK/*Oekter*, § 1 KSchG Rn. 91; KDZ/*Deinert*, § 1 KSchG Rn. 72; KR/*Griebeling*, § 1 KSchG Rn. 235.

756 Vgl. ErfK/*Oetker*, § 1 KSchG Rn. 95; *v.Hoyningen-Huene/Linck*, § 1 KSchG Rn. 261.

gungsmöglichkeit zu überprüfen.[757] Insofern bestehen auch in Fällen unechter Druckkündigungen keine rechtlichen Bedenken gegen eine isolierte Überprüfung der Kündigungsrelevanz des wirtschaftlichen Drucks. Der Umstand, dass sich der Arbeitgeber erst in einem zweiten Schritt auf diesen stützt, ändert daran nichts. Die nachträgliche Berufung auf bereits vor der Kündigung entstandene Kündigungsgründe, die der Arbeitgeber zunächst nicht zur Begründung der Kündigung angeführt hat, ist vor dem Hintergrund, dass keine Pflicht zur Angabe eines bestimmten Kündigungsgrundes besteht, zulässig.[758] Zwar sieht § 626 Abs. 2 S. 3 BGB eine Mitteilungsverpflichtung für außerordentliche Kündigungen vor, jedoch beeinträchtigt eine Verletzung dieser Pflicht nach überwiegender Auffassung grundsätzlich nicht die Wirksamkeit der Kündigung.[759]

2. AGG-rechtlich bedeutsame Einfärbung der Druckausübungsmotivation (Fallgruppe 2)

a. Grundkonstellation

Verstößt der Kündigungsgrund selbst nicht gegen die Diskriminierungsverbote des AGG, bedeutet dies nicht zwangsläufig, dass die unechte Druckkündigung als AGG-konform zu werten ist. Vielmehr kann sich ein diskriminierender Hintergrund auch aus dem Verhalten des Dritten ergeben.[760] Während eine AGG-rechtlich bedeutsame Einfärbung des Kündigungsgrundes grundsätzlich in jedem Kündigungsszenario eine Rolle spielen kann,[761] ist diese zweite Fallgestaltung ausschließlich in Druckkündigungsfällen denkbar.

Insofern ist losgelöst von dem angeführten Kündigungsgrund die Druckausübung näher in den Blick zu nehmen. Diese zeichnet sich bekanntlich durch ein Entlassungsverlangen aus, das der Dritte unter Androhung von Nachteilen gegenüber dem Arbeitgeber äußert. Während die Drucksituation in echten Druckkündigungsfällen die Grundlage für den Kündigungsausspruch bildet, kommt ihr in Konstellationen unechter Druckkündigungen geringere Bedeutung zu. Das

757 Vgl. u.a. BAG 22.7.1982 – 2 AZR 30/81, NJW 1983, 700; KDZ/*Deinert*, § 1 KSchG Rn. 77; ErfK/*Oetker*, § 1 KSchG Rn. 95; KR/*Griebeling*, § 1 KSchG Rn. 257.

758 Vgl. u.a. BAG 18.9.1986 – 2 AZR 642/85, n.v.; ErfK/*Oetker*, § 1 KSchG Rn. 95; KR/*Griebeling*, § 1 KSchG Rn. 238/245.

759 Vgl. u.a. BAG 17.8.1972 – 2 AZR 415/71, DB 1973, 481; KR/*Fischermeier*, § 626 BGB Rn. 35; KDZ/*Däubler*, § 626 BGB Rn. 232.

760 S. bereits hierzu unter Kap. C. IV. 3.

761 Insofern sind ausschließlich die Konsequenzen für die Beurteilung der unechten Druckkündigung spezifisch.

Entlassungsverlangen des Dritten ist hier aufgrund des bestehenden Kündigungsgrundes eher als Begleitumstand zu verstehen.[762]

Trotz des maßgeblichen Abstellens auf den bestehenden Kündigungsgrund darf nicht übersehen werden, dass die Druckausübung dennoch in gewisser Weise mitursächlich für die Beendigung des Arbeitsverhältnisses ist. Der seitens des Dritten aufgebaute Druck hat sozusagen „den Stein ins Rollen gebracht" und ist damit nicht unerheblich für den Verlauf des Kündigungsszenarios. Die Beeinflussung der Rechtmäßigkeitsbewertung durch die Druckausübung wird auch durch die Vorgehensweise der herrschenden Meinung deutlich. Diese berücksichtigt in unechten Druckkündigungsfällen nämlich die durch den Dritten geschaffene Drucksituation des Arbeitgebers zumindest im Rahmen der Interessenabwägung.[763]

Vor diesem Hintergrund stellt sich die Frage, ob bzw. inwieweit eine unechte Druckkündigung mit den Antidiskriminierungsvorgaben vereinbar ist, wenn die Motivation des Außenstehenden zur Druckausübung auf einem Merkmal im Sinne des § 1 AGG beruht. In solchen Fallgestaltungen ist zwar der objektive Kündigungsgrund selbst aus AGG-rechtlicher Perspektive nicht zu beanstanden; die Intention für sein tatsächliches Anführen sowie die konkrete Form der Durchsetzung im Wege der Druckausübung lassen sich jedoch auf einen verpönten Grund zurückzuführen. Die Kündigung weist in solchen Fällen trotz objektiver Kündigungsberechtigung einen diskriminierenden Hintergrund auf.

Zwar ist grundsätzlich auch ein mittelbar diskriminierendes Vorgehen des Druckausübenden denkbar, jedoch setzt der Tatbestand des § 3 Abs. 2 AGG nicht zwingend eine verpönte Motivation des Handelnden voraus. Entscheidend sind vielmehr die objektiven Benachteiligungswirkungen des Vorgehens. In unechten Druckkündigungsszenarien können solche mittelbar diskriminierenden Wirkungen insbesondere im angeführten Kündigungsgrund wurzeln. Die nachfolgende Untersuchung konzentriert sich jedoch auf Konstellationen, in denen die Druckausübung – losgelöst vom angeführten Kündigungsgrund – diskriminierend motiviert ist und damit primär auf Fälle unmittelbar diskriminierenden Drittverhaltens.

Im Falle einer unmittelbar benachteiligenden Druckausübung wird der Dritte seine verpönten Beweggründe regelmäßig nicht offen legen. Es ist nur schwer vorstellbar, dass er seine Handlungsmotivation ausdrücklich gegenüber dem Arbeitgeber erläutert.[764] So wirkt der Fall, dass der Druckausübende das tatsächliche Fehlverhalten eines Arbeitgebers rügt und dabei beispielsweise ausdrück-

762 Vgl. APS/*Dörner*, § 626 BGB Rn. 338; vgl. auch ErfK/*Müller-Glöge*, § 626 BGB, Rn. 185.

763 S. bereits unter Kap. B. III. 1. a. aa.

764 Ähnlich Däubler/Bertzbach-*Däubler*, § 7 AGG Rn. 233.

lich betont, „der Behinderte sei ihm eh schon lange ein Dorn im Auge gewesen", reichlich konstruiert. Denkbar sind insoweit eher unmittelbare Benachteiligungen in verdeckter Form.[765]

In unechten Druckkündigungsfällen besteht zudem aus Sicht des Dritten der Vorteil des Rückgriffs auf einen „echten" Kündigungsgrund, sodass er regelmäßig nicht in Erklärungsnot geraten wird. Der Arbeitgeber wird vielmehr davon ausgehen, dass sich die Motivation zur Druckausübung in der Verärgerung des Dritten über das kündigungsrelevante Verhalten des betreffenden Arbeitnehmers erschöpft.

Ungeachtet der damit einhergehenden Beweisprobleme steht in materiellrechtlicher Hinsicht ein diskriminierendes Drittverhalten im Raum, das wie dargelegt den Kündigungsausspruch zumindest mitbeeinflusst.[766] Die diskriminierende Motivation des Druckausübenden zwingt daher zur AGG-rechtlichen Überprüfung der Wirksamkeit von unechten Druckkündigungen, die unter die Fallgruppe 2 subsumiert werden können.

b. Beurteilung der Rechtmäßigkeit vor dem Hintergrund der §§ 7, 12, AGG

Liegt objektiv ein rechtlich nicht zu beanstandender Kündigungsgrund vor, den der Dritte aber subjektiv aus diskriminierenden Gründen anführt und durch entsprechend motivierten Druck durchsetzen will (Fallgruppe 2), stellt sich die Frage der Rechtmäßigkeit einer solchen unechten Druckkündigung vor dem Hintergrund des AGG. Die diskriminierende Motivation des Druckausübenden haftet dem Kündigungsszenario in gewisser Weise an und muss daher im Rahmen ihrer rechtlichen Bewertung berücksichtigt werden.[767]

Entsprechend des BAG sind die Diskriminierungsverbote des AGG bei der Auslegung der maßgeblichen Kündigungsschutzbestimmungen zu beachten.[768] Zwar ist § 7 Abs. 1 AGG nicht als eigenständige Unwirksamkeitsnorm zu verstehen; seine Wertungen werden jedoch in der Weise berücksichtigt, dass sie sowohl die Beurteilung der sozialen Rechtfertigung bzw. des wichtigen Grundes als auch die Interpretation der zivilrechtlichen Generalklauseln mitbestimmen.

---

765 Vgl. KDZ/*Deinert*, § 1 KSchG Rn. 468; zum Benachteiligungsbegriff s. ausführlich unter Kap. C. IV.

766 Zur Anwendbarkeit u. Bedeutung des § 22 AGG in Druckkündigungsfällen s. nachfolgend unter Kap. G. IV. 1.

767 Ähnlich *Deinert*, RdA 2007, 275, 280.

768 S. ausführlich unter Kap. D. II. 3. a.

Wie in den Kapiteln C und D bereits angedeutet, sind auch die Regelungen des § 12 Abs. 3 und 4 AGG in Druckkündigungsfällen, die einen diskriminierenden Hintergrund aufweisen, von Bedeutung.[769] Wie weit die inhaltlichen Anforderungen der Norm konkret in unechten Druckkündigungsszenarien zu ziehen sind und welche Auswirkungen ein etwaiger Verstoß gegen § 12 AGG im Hinblick auf den Kündigungsausspruch hat, wird im Nachfolgenden näher analysiert.

Maßgeblich für die weitere Untersuchung ist die Frage, ob überhaupt ein Verstoß gegen das Diskriminierungsverbot des § 7 AGG bzw. gegen die Schutzverpflichtung aus § 12 Abs. 3, 4 AGG vorliegt.

aa. Vereinbarkeit mit dem Regelungsgehalt des § 7 Abs. 1 AGG

(1) AGG-rechtliche Qualifikation des Drittverhaltens

§ 7 Abs. 1 AGG verbietet Benachteiligungen von Beschäftigten wegen eines in § 1 AGG genannten Grundes. Wie bereits dargelegt, richtet sich das Diskriminierungsverbot des § 7 Abs. 1 AGG nicht ausschließlich an den Arbeitgeber. Vielmehr können auch betriebsinterne oder betriebsexterne Dritte gegen die Bestimmung verstoßen.[770] Vor diesem Hintergrund wurde bereits in Kapitel C allgemein festgestellt, dass das Abberufungsverlangen des Druckausübenden sowohl die Benachteiligungsformen des § 3 Abs. 1 S. 1, Abs. 2, Abs. 3 AGG als auch den Anweisungstatbestand des § 3 Abs. 5 AGG erfüllen kann.[771]

Der Gesetzeswortlaut verdeutlicht durch das Wort „wegen“, dass das verpönte Merkmal der Maßnahme zugrunde liegen muss.[772] Während im Rahmen des § 3 Abs. 2 AGG die Folgen der Zurücksetzung maßgebend sind, lässt sich indes das Kausalitätserfordernis im Rahmen der übrigen Benachteiligungsformen in der Regel nur durch die Berücksichtigung der inneren Beweggründe des Handelnden ermitteln.[773] Insofern kommt es maßgebend auf die Motivation des Täters an.[774]

---

769 S. bereits unter Kap. C. V. 2.; D. II. 3. b.

770 S. unter Kap. C. II.; vgl. auch *Bauer/Göpfert/Krieger*, § 7 AGG Rn. 6; *Nollert-Borasio/Perreng*, § 7 AGG Rn. 4; Schleusener/Suckow/Voigt-*Schleusener*, § 7 AGG Rn. 4; Wendeling-Schröder/Stein-*Wendeling-Schröder*, § 7 AGG Rn. 7; *Annuß*, BB 2006, 1629, 1630.

771 S. ausführlich unter Kap. C. IV. 2./3.

772 Vgl. BAG 28.4.2011 a.a.O (Fn. 456); *Preis*, ZESAR 2007, 208, 313; Rust/Falke-*Rust*, § 3 AGG Rn. 20; für das Erfordernis vorsätzlichen Handelns im Falle einer unmittelbaren Benachteiligung vgl. *Adomeit/Mohr*, § 3 AGG Rn. 26.

773 So u.a. auch *Bauer/Göpfert/Krieger*, § 7 AGG Rn. 10; vgl. auch BT-Drs. 16/1780, S. 46; wohl enger fassend Schleusener/Suckow/Voigt-*Schleusener*, § 3 AGG Rn. 13.

774 So auch *Deinert*, RdA 2007, 275, 279; *Hey*, § 7 AGG Rn. 6; *Bauer/Göpfert/Krieger*, § 7 AGG Rn. 10; *Adomeit*, NJW 2006, 2169, 2171; BAG 28.4.2011 a.a.O (Fn. 456); vgl. auch Hinweis

Dabei ist nicht erforderlich, dass der verpönte Beweggrund den einzigen Handlungsanreiz darstellt.[775] Insbesondere muss der Entlassungsdruck nicht ausschließlich auf einer dem Dritten missfallenden Eigenschaft im Sinne des § 1 AGG gründen. Gerade in unechten Druckkündigungssituationen kann das Abberufungsverlangen zusätzlich auch durch das tatsächlich vorliegende kündigungsrelevante Verhalten des betreffenden Beschäftigten motiviert sein. Ein Verstoß gegen § 7 Abs. 1 AGG setzt im Falle eines solchen Motivbündels lediglich voraus, dass der Grund nach § 1 AGG zumindest nicht unbedeutend im Verhältnis zu den anderen Motiven ist.[776] Ist demnach das unechte Druckkündigungsszenario dergestalt gelagert, dass dem Dritten der Kündigungsgrund gerade recht kommt, um endlich den ohnehin wegen etwa seiner ethnischen Herkunft unbeliebten Beschäftigten los zu werden, ist ein Verstoß des Druckausübenden gegen § 7 Abs. 1 AGG naheliegend. Dieser kann allenfalls noch über die allgemeinen Rechtfertigungstatbestände des AGG verhindert werden, wobei diesen im Hinblick auf das Drittverhalten eine eher untergeordnete Rolle zukommt.

Steht fest, dass die Vorgehensweise des Außenstehenden im Falle der Ausübung von „unechtem“, aber diskriminierend motivierten Druck regelmäßig mit § 7 Abs. 1 AGG unvereinbar ist, bleibt dennoch die Frage offen, welche Auswirkungen dies auf die Beurteilung der Kündigung selbst hat.

(2) Auswirkungen auf den Kündigungsausspruch

Verstößt das im Wege der Druckausübung formulierte Kündigungsverlangen gegen das Benachteiligungsverbot des § 7 Abs. 1 AGG, bedeutet dies nicht zwingend, dass die Kündigung selbst AGG-widrig ist. Es darf nämlich nicht übersehen werden, dass in Fällen unechter Druckkündigungen unabhängig von der Druckausübung ein rechtlich nicht zu beanstandender Kündigungsgrund existiert.

(a) Allgemeine Problematik: Kündigungsrechtliche Mischtatbestände

Eine verpönte Motivation des Handelnden zieht bei der Bewertung von Kündigungen im Allgemeinen folgendes Problem nach sich: Liegt – wie in unechten

---

auf Gefahr, dass die „wahren Gründe für benachteiligendes Verhalten in der Praxis häufig verschleiert werden, BT-Drs. 16/2022, S. 34.

775 S. ausführlich unter Kap. C. IV. 2. a. bb.; vgl. auch BAG 5.2.2004 a.a.O. (Fn. 460); BAG 12.9.2006 a.a.O. (Fn. 460).

776 Vgl. BT-Drs 16/1780, S. 32; BAG 22.10.2009 a.a.O. (Fn. 425); *Bauer/Göpfert/Krieger*, § 7 AGG Rn. 14; *Preis*, ZESAR 2007, 308, 313f., nach dem das Motiv maßgeblich für die ausgesprochene Kündigung sein muss; s. auch unter Kap. C. IV. 2. a. bb.

Druckkündigungsszenarien – objektiv ein Kündigungsgrund vor, ist dieser entsprechend der Kündigungsschutzbestimmungen grundsätzlich ausschlaggebend für die Rechtmäßigkeitsbewertung der Kündigung. Auf die subjektive Handlungsintention kommt es nach kündigungsrechtlichem Maßstab hingegen regelmäßig nicht an.[777] Wird mit dem Ausspruch der Kündigung jedoch ein diskriminierendes Motiv verfolgt, steht ein Verstoß gegen die Diskriminierungsverbote des AGG im Raum. Ein solcher soll jedoch entsprechend des BAG gerade Berücksichtigung bei der Überprüfung der Rechtmäßigkeit einer Kündigung finden.[778] Das BAG hat bisher offen gelassen, wie Konstellationen zu bewerten sind, in denen die objektiv gerechtfertigte Kündigung zumindest auch auf einem AGG-widrigen Beweggrund fußt. Das gleiche Problem stellt sich auch bei anderen Kündigungsformen. So ist beispielsweise die Frage des Vorliegens eines wichtigen Grundes ebenfalls anhand objektiver Kriterien zu messen.[779] Ähnliches gilt für ordentliche Kündigungen außerhalb des Anwendungsbereichs des Kündigungsschutzgesetzes, wenn zwar an sich billigenswerte Kündigungsumstände vorhanden sind, jedoch zusätzlich ein diskriminierendes Motiv vorliegt.[780]

Auch hier besteht ein Wertungswiderspruch zwischen Kündigungsrecht und Antidiskriminierungsrecht. Zwar hat das BAG in der Vergangenheit entschieden, dass Kündigungen auf Basis verpönter Merkmale treuwidrig im Sinne des § 242 BGB sind;[781] jedoch bezog sich diese Rechtsprechung auf Kündigungen, die ausschließlich auf einem diskriminierenden Grund beruhten. Begründet der Arbeitgeber die Kündigung etwa mit dem Sexualverhalten des Arbeitnehmers, mangelt es bereits an einem objektiven Kündigungsgrund.[782] Gleiches gilt, wenn ein angebliches Fehlverhalten des Beschäftigten vorgetäuscht wird, um diskriminierende Motive unerkannt durchzusetzen.[783] Die angeführte Problematik einer Wertungskollision hingegen liegt abseits dieser Fallgestaltungen. Sie bezieht sich auf Sachverhalte, in denen die Kündigung – etwa in Form eines Motivbündels – einerseits auf einen objektiven Kündigungsgrund und andererseits auf einen verpönten Grund gestützt wird. Diese Konstellationen werfen bedeutungsträchti-

777 Vgl. BAG 2.6.1960 – 2 AZR 91/58, AP § 626 BGB Nr. 42; *v.Hoyningen-Huene/Linck*, § 1 KSchG Rn. 227; KDZ/*Deinert*, § 1 KSchG Rn. 56f.; ErfK/*Oetker*, § 1 KSchG Rn. 91; Rust/Falke-*Bertelsmann*, § 2 AGG Rn. 246; *Diller/Krieger/Arnold*, NZA 2006, 887, 889; *Hein*, NZA 2008, 1033, 1035.

778 Vgl. BAG 6.11.2008 a.a.O. (Fn. 632); s. ausführlich unter Kap. D. II. 1.

779 Vgl. ErfK/*Müller-Glöge*, § 626 BGB Rn. 54; KDZ/*Däubler*, § 626 BGB Rn. 36b; KR/*Fischermeier*, § 626 BGB Rn. 105.

780 Vgl. *Diller/Krieger/Arnold*, NZA 2006, 887, 888.

781 Vgl. BAG 23.6.1994 a.a.O. (Fn. 186).

782 Vgl. BAG 23.6.1994 a.a.O. (Fn. 186); vgl. auch *Horn*, S. 48.

783 S. hierzu bereits ausführlich unter Kap. E. II. 1. a. bb. (1).

ge Fragen auf: Führt der Verstoß gegen das AGG trotz Vorliegens eines objektiven Kündigungsgrundes zur Unwirksamkeit der Kündigung? Wird der kündigungsrechtliche Maßstab durch das AGG erweitert oder bleibt es bei einer strikt objektiven Beurteilung des Kündigungssachverhalts zum Zeitpunkt des Kündigungszugangs?[784]

Die Bewertung dieser Fälle gestaltet sich nicht zuletzt wegen der in der Praxis bestehenden Beweisnot als schwierig.

(b) Konkrete Lösung in unechten Druckkündigungsfällen

Die Frage der rechtlichen Behandlung von derartigen Mischtatbeständen muss jedoch an dieser Stelle nicht entschieden werden, da die unechte Druckkündigung insoweit Besonderheiten aufweist.[785]

Normalerweise geht das diskriminierende Verhalten in den benannten Problemfällen vom Arbeitgeber aus, sodass sich objektive Kündigungsberechtigung und diskriminierende Motivation in einer Person vereinigen.[786] In Druckkündigungsfällen besteht jedoch die Besonderheit, dass zwei Akteure am Kündigungsszenario beteiligt sind. Diese besetzen verschiedene „Rollen" und weisen zudem jeweils eine unterschiedliche Motivation auf.

(aa) Konsequente Unterscheidung nach Akteuren

Diese besondere Sachlage in unechten Druckkündigungskonstellationen ermöglicht eine getrennte Betrachtung und Bewertung von diskriminierendem und diskriminierungsfreiem Verhalten. Die Entstehung eines Mischtatbestandes und die damit einhergehenden Wertungsprobleme können vollständig vermieden werden, indem man zwischen Druckausübung und Kündigungsrecht unterscheidet.[787] Die Trennung lässt sich aufgrund der angeführten Personenverschiedenheit in Druckkündigungssituationen besonders „plastisch" vollziehen, da jedem Akteur quasi bildlich ein eigener gesetzlicher Prüfungsmaßstab zugeordnet werden kann.

Die diskriminierende Motivation wird zumeist allein vom druckausübenden Dritten verfolgt. Das Handeln des Arbeitgebers hingegen ist nicht von einem verpönten Beweggrund getragen. Vielmehr agiert dieser regelmäßig aufgrund

784 Vgl. auch *Deinert*, RdA 2007, 275, 280.
785 S. Stellungnahme zum Streitstand i.R. echter Druckkündigungsfällen unter Kap. F. II. 2. c. bb. (2) (d).
786 Vgl. u.a. *Hein*, NZA 2008, 1033, 1035; *Horn*, S.55.
787 So auch *Deinert*, RdA 2007, 275, 280.

objektiv nachvollziehbarer Handlungsmotive. Neben der Sicherung der wirtschaftlichen Existenz seines Betriebs kann sein Handeln insbesondere in Fällen „unechten“ Drucks auf das Vorliegen eines Kündigungsgrundes zurück geführt werden. In den seltensten Fällen wird der Arbeitgeber daher die diskriminierende Motivation des Dritten übernehmen. Anderenfalls würde der Arbeitgeber auch keinen externen Druck zur Entlassung des betreffenden Arbeitnehmers verspüren, sondern aus freien Stücken handeln. Eine typische Druckkündigungssituation würde gerade ausbleiben.[788]

(bb) AGG-konformer Kündigungsausspruch

Neben der Motivation des Arbeitgebers ist regelmäßig auch der von ihm herangezogene Kündigungsgrund mit den Diskriminierungsverboten des AGG vereinbar. Entscheidend ist nämlich, dass sich die Rechtmäßigkeit der Kündigung in Fällen „unechten“ Drucks auch ohne Berücksichtigung des Drittverhaltens und dementsprechend ohne den AGG-Verstoß begründen lässt.[789] Die Druckausübung und damit auch ihr diskriminierender Hintergrund sind zwar kausal im Sinne der Conditio-sine-qua-non-Formel für den Ausspruch der Kündigung. Dennoch bildet die Druckausübung nicht das rechtfertigende Fundament der Entlassung. Kündigungsgrundlage ist vielmehr ein objektiv vorliegender Kündigungsgrund, der den Arbeitgeber auch ohne die Drucksituation zum Ausspruch einer Kündigung legitimieren würde. Auch wenn das diskriminierende Drittverhalten als Antrieb zum Ausspruch der Kündigung qualifiziert werden kann, ist dieses letztlich für die Rechtfertigung der Entlassung unerheblich. Der Arbeitgeber wurde infolge der Druckausübung lediglich angestoßen, einen objektiven Kündigungsgrund zum Anlass einer Kündigung zu nehmen. Maßgebend ist insoweit, dass der Arbeitgeber als einzig Kündigungsberechtigter den Kündigungsausspruch nicht auf einen Grund im Sinne des § 1 AGG stützt und damit nicht „wegen“ eines verpönten Merkmals im Sinne des § 7 Abs. 1 AGG handelt.

Weder seine Motivation noch der von ihm herangezogene Kündigungsgrund verstoßen gegen die Diskriminierungsverbote des AGG. Insbesondere ist der Kündigungsgrund nicht vom diskriminierenden Verhalten des Dritten infiltriert worden. Die zentrale Frage, ob die Kündigung selbst infolge des AGG-widrigen Drittverhaltens mit dem Diskriminierungsverbot des § 7 AGG unvereinbar ist, muss dementsprechend verneint werden. Jede andere Bewertung würde dazu führen, dass der Arbeitgeber einem bestehenden Kündigungsgrund allein wegen eines von ihm nicht beeinflussbaren Drittverhaltens nicht nachgehen dürfte. Ihn

788 S. insoweit bereits unter Kap. B. III. 2. b. aa. (2) (a).

789 So auch *Deinert*, RdA 2007, 275, 280.

würden AGG-rechtliche Sanktionen treffen, obwohl er selbst kein AGG-widriges Verhalten an den Tag gelegt hat.

(c) Durchsetzung der Trennlinie durch Veränderung der bisherigen Bewertungsmaßstäbe?

Der Vorwurf, dass das Verlangen des Dritten Auslöser für die Kündigung war, könnte vollständig entkräftet werden, wenn man die rechtswidrige Druckausübung im Rahmen der Bewertung der Rechtmäßigkeit der Kündigung vollständig außen vor ließe. Hierdurch könnte zudem die Gefahr gebannt werden, dass das diskriminierende Verhalten des Druckausübenden die Kündigungsentscheidung des Arbeitgebers infiltriert und damit die gesamte Kündigung AGG-widrig einfärbt. Zur Vermeidung jeglichen Eindringens der Diskriminierung in die Rechtmäßigkeitskontrolle der ausgesprochenen Kündigung liegt es dementsprechend nahe, das Drittverhalten auch im Rahmen der Verhältnismäßigkeitsbewertung der ausgesprochenen Kündigung unberücksichtigt zu lassen.[790] Eine solche Vorgehensweise würde eine nicht unerhebliche Veränderung der bisherigen Beurteilungsgrundsätze in vergleichbaren diskriminierungsfreien unechten Druckkündigungssituationen bedeuten. Wie dargelegt, findet der Druck des Dritten in „normalen" unechten Druckkündigungsfällen Eingang in die Überprüfung der Kündigungsberechtigung, indem er die Interessenabwägung mitbeeinflusst.[791]

Fraglich ist jedoch, ob eine solche Herausnahme des wirtschaftlichen Drucks in unechten Druckkündigungsfällen, die auf verpönten Drittmotiven beruhen, zwingend ist. Bedeutet die Berücksichtigung wirtschaftlicher Gefahren für den Betrieb im Rahmen der Interessenabwägung zugleich eine Berücksichtigung diskriminierender Druckmotive? Der Kern dieser Frage stellt das Hauptproblem der Wirksamkeitsbewertung echter Druckkündigungen mit diskriminierendem Hintergrund dar. Geht man mit der Rechtsprechung von der Zulässigkeit des Rechtsinstituts im Allgemeinen aus, stellt sich auch hier die Frage, ob der betriebsbedingte Kündigungsgrund infolge der verpönt motivierten Druckausübung wegfällt.

Es empfiehlt sich insoweit, die Frage nach der AGG-Konformität der Berücksichtigung wirtschaftlicher Nachteile im Rahmen der Interessenabwägung einer unechten Druckkündigung erst im Anschluss an die Untersuchung echter Druckkündigungen zu beantworten.[792] Ergibt sich im nachfolgenden Kapitel, dass der

790 So i.E. *Deinert*, RdA 2007, 275, 280; KDZ/*Deinert*, § 1 KSchG Rn. 468.
791 S. hierzu bereits unter Kap. B. III. 1.
792 Zur Beantwortung dieser Frage s. unter Kap. F. V.

diskriminierende Druck dem Arbeitgeber die bisherige betriebsbedingte Kündigungsberechtigung entzieht, könnten hieraus zwingende Rückschlüsse für die Frage der Ausklammerung der wirtschaftlichen Zwangslage im Rahmen der Interessenabwägung unechter Druckkündigungen gezogen werden.

(d) Fazit

Trennt man die Kündigungsberechtigung des Arbeitgebers und das diskriminierende Druckverhalten des Dritten, hält der Kündigungsausspruch einer rechtlichen Wirksamkeitskontrolle im Lichte des arbeitsrechtlichen Benachteiligungsverbots stand.

bb. Bedeutung und Auswirkungen des § 12 AGG

(1) Auswirkungen auf die Wirksamkeitsbewertung der Kündigung

§ 12 AGG erlegt dem Arbeitgeber bestimmte Organisations- und Schutzpflichten auf, die der Abwehr von Diskriminierungen gegenüber seinen Beschäftigten dienen. Die Absätze 3 und 4 enthalten Handlungsanweisungen für den Arbeitgeber für den Fall, dass einer seiner Beschäftigten durch einen Kollegen bzw. durch einen Dritten benachteiligt wurde.[793] Wie bereits dargelegt, handelt es sich bei diesen Bestimmungen um spezielle Ausprägungen der Fürsorgeverpflichtung des Arbeitgebers.[794] Aus dieser Einordnung als besondere arbeitsvertragliche Nebenpflichten folgt, dass ihre Missachtung grundsätzlich zu Schadensersatzansprüchen des Diskriminierungsopfers gegen den Arbeitgeber führen kann.[795]

Ob es bei dieser rein schadensersatzrechtlichen Rechtsfolge auch in Fällen unechter Druckkündigungen mit diskriminierendem Hintergrund bleibt, lässt sich im Wege eines Vergleichs mit echten Druckkündigungsszenarien beantworten: In echten Druckkündigungsfällen kommt der Fürsorgeverpflichtung des Arbeitgebers eine besondere Bedeutung zu, denn sie besitzt bereits Relevanz im Rahmen der Wirksamkeitsbewertung der Kündigung. Der Arbeitgeber ist nach der Rechtsprechung verpflichtet, seine Beschäftigten vor dem ungerechtfertigten Druck des Dritten zu schützen. Er muss daher zunächst durch andere Maßnah-

---

793 Hinsichtl. des allgemeinen Regelungsgehalts des § 12 AGG s. bereits unter Kap. C. V. 2.

794 S. unter Kap. C. V. 2. b.; vgl. auch Rust/Falke-*Falke*, § 12 AGG Rn. 35; *Nollert-Borasio/Perreng*, § 12 AGG Rn. 16/21.

795 So u.a. auch *Thüsing*, Arbeitsrechtl. Diskriminierungsschutz, Rn. 692; Schleusener/Suckow/Voigt-*Suckow*, § 12 AGG Rn. 55; *Grobys*, NJW 2006, 2950; *Nollert-Borasio/Perreng*, § 12 AGG Rn. 21; anders KDZ/*Zwanziger*, 7. Aufl., § 12 AGG Rn. 10, der von einem Verstoß des AG gg. § 7 AGG infolge des Unterlassens der Verpflichtung aus § 12 Abs. 3, 4 AGG ausgeht.

men versuchen, den Druckausübenden von seinem Entlassungsverlangen abzubringen.[796] Diese Schutzverpflichtung ist ausdrücklich vom BAG als tatbestandliche Rechtmäßigkeitsvoraussetzung der echten Druckkündigung ausgestaltet worden. Ist der ungerechtfertigte Druck zusätzlich diskriminierender Natur, greift § 12 AGG demzufolge als lex specialis der allgemeinen Fürsorgepflicht zum Druckabbau. Konsequenterweise ist die Norm ausnahmsweise bereits für die Beurteilung der Wirksamkeit einer Arbeitgebermaßnahme und damit auf kündigungsrechtlicher Ebene von Bedeutung.[797] In unechten Druckkündigungsfällen gelten diese besonderen Rechtmäßigkeitskriterien hingegen nicht. Da der wirtschaftliche Druck und damit einhergehende finanzielle Nachteile des Arbeitgebers nicht den tatsächlichen Kündigungsgrund bilden, besteht denknotwendig auch keine kündigungsrechtlich relevante Verpflichtung zum Druckabbau. In unechten Druckkündigungsfällen, die einen diskriminierenden Hintergrund aufweisen, bleibt es somit bei der allgemeinen Bedeutung des § 12 AGG auf Sekundärebene.

Diese Vorgehensweise ist mit Blick auf die Ausführungen zu § 7 Abs. 1 AGG auch konsequent. Wie dargelegt, gründet die Kündigung nicht auf der benachteiligenden Druckausübung, sondern auf einem davon losgelöst bestehenden Kündigungsgrund. Ist die Kündigung nicht durch die diskriminierende Motivation des Druckausübenden infiltriert, kann sich § 12 AGG folgerichtig nicht auf deren Wirksamkeit beziehen. Die AGG-rechtlichen Schutzpflichten sind somit insbesondere nicht in der Lage, die unabhängig von der Drucksituation bestehende Kündigungsmöglichkeit aufzuzehren.

In unechten Druckkündigungsszenarien weist das Verhalten bzw. ein in der Person des Arbeitnehmers gründender Umstand objektiv Kündigungsrelevanz auf. Der Arbeitnehmer ist daher nicht vergleichbar schützenswert wie der von einer echten Druckkündigung betroffene Beschäftigte. Dementsprechend besteht auch kein Anlass, die unechte Druckkündigung über eine entsprechende Anwendung des § 12 AGG auf Rechtmäßigkeitsebene zu bekämpfen. Der unabhängig von dem Drittverhalten objektiv gerechtfertigte Kündigungsausspruch kann folglich nicht zwecks Sanktionierung des diskriminierenden Gehaltes des Entlassungsverlangens untersagt werden.

---

796 Zu den konkreten Anforderungen der Rspr. an die Schutzverpflichtung des AG s. bereits unter Kap. B. III. 2. a. aa.

797 S. hierzu ausführlich unter Kap. F. II. 3. a.

(2) Unterbindung einer Umgehung der kündigungsrechtlichen Wertungen auf Sekundärebene

Das Pflichtenprogramm des § 12 Abs. 3, 4 AGG kann auch auf Sekundärebene in jedem Fall nur so weit gehen, wie es sich auf die Diskriminierung bezieht. Anderenfalls bestünde die Gefahr, dass auf zweiter Stufe die Rechtmäßigkeitsbeurteilung der Kündigung untergraben würde. Es entstünden Wertungswidersprüche, wenn einerseits die Rechtswirksamkeit der Kündigung feststeht, in schadensersatzrechtlicher Hinsicht jedoch dem Arbeitgeber sein Nachgeben hinsichtlich der Entlassungsforderung und damit faktisch der Kündigungsausspruch zum haftungsrechtlichen Vorwurf gemacht würde. Das BAG hat in seiner Grundsatzentscheidung vom 6.11.2008 bestätigt, dass eine solche zweigleisige Vorgehensweise von Kündigungs- und Antidiskriminierungsrecht vom Gesetzgeber nicht gewollt ist.[798] Dementsprechend ist dem diskriminierenden Drittverhalten losgelöst vom Kündigungsszenario und damit ohne eine faktische Bewertung des Kündigungsausspruchs des Arbeitgebers entgegen zu treten.

So ist in unechten Druckkündigungsszenarien vom Arbeitgeber zu verlangen, dass er den Dritten mit seiner diskriminierenden Grundhaltung konfrontiert, seine Ablehnung verdeutlicht sowie weitere persönlichkeitsverletzende Benachteiligungen untersagt. In jedem Fall muss der Druckausübende darauf aufmerksam gemacht werden, dass es allein auf das objektive kündigungsrelevante Verhalten des Beschäftigten ankomme und eine entsprechende personelle Maßnahme unabhängig von seiner Eigenschaft im Sinne des § 1 AGG erfolgen werde. Geht das diskriminierende Verhalten von einem betriebsinternen Dritten aus, ist je nach Fallgestaltung auch eine personelle Maßnahme wie beispielsweise eine Abmahnung denkbar.[799] Wie weit die Sekundärpflichten im Einzelnen gehen, ist an dieser Stelle nicht zu entscheiden.[800]

Insgesamt spielt für das Pflichtenprogramm des § 12 Abs. 3, 4 AGG die Erkennbarkeit der diskriminierenden Motivation des Dritten eine bedeutende Rolle. Vor allem in unechten Druckkündigungsszenarien bleibt die diskriminierende Haltung des Dritten häufig verborgen und kann dementsprechend nur schwer bewiesen werden. Ferner ist zu beachten, dass der Beschäftigte infolge des objektiv bestehenden Kündigungsgrundes regelmäßig keine schadensersatzrechtliche Kompensation für den Verlust seines Arbeitsplatzes beanspruchen kann. Ein

---

798 Vgl. BAG 6.11.2008 a.a.O. (Fn. 628).

799 Vgl. KDZ/*Deinert*, § 1 KSchG Rn. 468; zu den allgemeinen Anforderungen des § 12 Abs. 3 AGG s. unter Kap. C. V. 2. c.

800 S. hierzu aber ausführlich unter Kap. F. II. 3. d.

etwaiger Schadensersatzanspruch beschränkt sich auf Persönlichkeitsverletzungen des betroffenen Beschäftigten.[801]

(3) Zwischenergebnis

Das Pflichtenprogramm der Absätze 3 und 4 des § 12 AGG wirkt sich in Fällen unechter Druckkündigungen nicht auf die Beurteilung der Wirksamkeit der Kündigung aus. Im Übrigen können die von § 12 Abs. 3, 4 AGG generell geforderten Schutzmaßnahmen nicht so weit verstanden werden, dass sie den Arbeitgeber zwingen, einen objektiv vorliegenden Kündigungsgrund zu ignorieren. Wenn der betroffene Beschäftigte ein kündigungsrelevantes Verhalten aufweist oder ein in seiner Person liegender Umstand eine Kündigung rechtfertigt, ist der diskriminierende Gehalt der Druckausübung auf kündigungsrechtlicher Ebene irrelevant. Die diskriminierende Motivation verwirklicht sich insoweit nicht im Kündigungsausspruch. Dementsprechend ist das Unterlassen des Kündigungsausspruchs denknotwendig auch nicht als erforderliche Gegenmaßnahme des Arbeitgebers im Sinne des § 12 Abs. 3, 4 AGG zu verstehen.

Auswirkungen kann § 12 AGG daher in unechten Druckkündigungsszenarien lediglich in schadensersatzrechtlicher Hinsicht haben. Welche Maßnahmen der Arbeitgeber gegen die Diskriminierung zu ergreifen hat, ist einzelfallabhängig. In jedem Fall darf die Feststellung der Rechtmäßigkeit der Kündigung nicht auf Sekundärebene in Frage gestellt werden.

III. Gesamtergebnis der rechtlichen Bewertung

Eine unechte Druckkündigung kann ihre AGG-rechtliche Relevanz sowohl durch einen entsprechend eingefärbten Kündigungsgrund als auch allein auf Grundlage einer diskriminierenden Abberufungsmotivation des Dritten erhalten.

Ist bereits der angeführte Kündigungsgrund mit den Diskriminierungsverboten des AGG unvereinbar, muss dieser Verstoß entsprechend des BAG zwingend in die allgemeine Wirksamkeitsbewertung der Kündigung einfließen. Im Falle einer unechten Druckkündigung bedeutet dies jedoch nicht deren Unwirksamkeit. Dem nachträglichen Wegfall des Kündigungsgrundes schließt sich vielmehr eine zweite Rechtmäßigkeitskontrolle auf Basis des wirtschaftlichen Drucks an. Der Kündigungssachverhalt wird somit nicht mehr als unechte, sondern als echte Druckkündigung beurteilt. Maßgeblich ist sodann die Motivation des Dritten zur Druckausübung. Diese entscheidet darüber, ob die echte Druckkündigung einer

801 S. ausführlich unter Kap. G. III.

zweiten AGG-Kontrolle im Rahmen der allgemeinen Wirksamkeitsbewertung unterliegt oder ob es bei den bisherigen druckkündigungsrechtlichen Grundsätzen bleibt.[802]

Hält der Kündigungsgrund einer Überprüfung anhand der Diskriminierungsverbote des AGG stand, kann die unechte Druckkündigung allenfalls noch im Falle eines verpönten Abberufungsmotivs des Dritten AGG-rechtliche Bedeutung erlangen. Weder § 7 Abs. 1 AGG noch § 12 Abs. 3, 4 AGG ändern jedoch letztlich etwas an der Beurteilung der Rechtmäßigkeit einer solchen unechten Druckkündigung. Insoweit bleibt es bei den allgemeinen Rechtmäßigkeitsanforderungen.

Erst nach Beurteilung der AGG-Konformität einer echten Druckkündigung mit diskriminierendem Hintergrund kann jedoch abschließend beurteilt werden, ob die kündigungsrechtliche Ausklammerung des Drittverhaltens zwangsläufig auch die Nichtberücksichtigung wirtschaftlicher Gefahren für den Betrieb im Rahmen der Interessenabwägung bedeutet. Insoweit bleibt die Frage etwaiger Veränderungen der bisherigen Prüfungsmaßstäbe in Fällen „unechten“ Drucks an dieser Stelle noch offen.[803]

---

802 S. ausführlich unter Kap. F.

803 Zur abschließenden Beantwortung dieser Frage s. unter Kap. F. V.

F. Echte Druckkündigungen mit diskriminierendem Hintergrund

I. Maßgebliche Konstellationen

Wie bereits unter Kapitel C dargelegt, stehen im Zentrum der Untersuchung Druckkündigungen, die ihren diskriminierenden Hintergrund infolge eines verpönten Drittverhaltens erhalten. Im Unterschied zu unechten Druckkündigungen weisen echte Druckkündigungen keinen von der Drucksituation losgelösten Kündigungsgrund auf, der eine weitere AGG-rechtlich relevante Einfärbung des Druckkündigungsszenarios mit sich bringen könnte. Die nachfolgende Untersuchung echter Druckkündigungen konzentriert sich daher auf den brisanten Fall der diskriminierenden Druckausübung.

Darüber hinaus sind allenfalls noch Konstellationen denkbar, in denen der Arbeitgeber selbst verpönte Handlungsmotive verfolgt oder solche vom Dritten billigend übernimmt. In solchen Fällen ist jedoch schon das Vorliegen einer Drucksituation fraglich.[804] Zudem liegt bereits allein auf Grundlage des Arbeitgeberverhaltens ein Verstoß gegen die Diskriminierungsverbote des AGG nahe, sodass die betreffenden Fallgestaltungen auch vor diesem Hintergrund keiner weiteren Vertiefung bedürfen.

Druckkündigungsspezifische Konflikte mit dem AGG entstehen somit primär auf Grundlage eines verpönten Abberufungsverlangens. Verweigert etwa ein Großteil der Belegschaft die weitere Zusammenarbeit mit einem homosexuellen Kollegen, weil sie allein aufgrund seiner sexuellen Orientierung eine HIV-Infizierung befürchten, ist ein echtes Druckkündigungsszenario mit diskriminierendem Hintergrund „vorprogrammiert".

Wie bereits unter Kapitel E angedeutet, werden solche Druckkündigungssituationen, in denen das Entlassungsbegehren ausdrücklich auf ein Merkmal im Sinne des § 1 AGG gestützt wird, in der Praxis eher selten auftreten.[805] Der diskriminierende Gehalt der Entlassungsforderung lässt sicher regelmäßig nur indirekt erschließen.[806] Der Außenstehende wird seine Motivation nur in Einzelfällen

---

804 S. bereits unter Kap. B. III. 2. b. aa. (2) (a).

805 S. unter Kap. E. II. 2. a.; s. auch Unterscheidung nach Merkmalen bei *Deinert*, RdA 2007, 275, 278.

806 So auch *Adomeit*, NJW 2006, 2169, 2171.

– wie möglicherweise in Konstellationen, in denen er sich wirtschaftlich derart überlegen fühlt, dass er sich der Durchsetzung seiner Forderung sicher ist – offen legen. Demzufolge werden Gerichte häufiger versteckt diskriminierende Kündigungsforderungen zu bewerten haben. Denkbar sind auch mittelbar benachteiligende Drucksituationen, wobei diese eher einen Ausnahmefall darstellen.[807] Der diskriminierende Gehalt muss dann anhand von Indizien ermittelt werden, wobei in diesem Zusammenhang die Regelung des § 22 AGG hilfreich sein kann.[808]

Anders als in unechten Druckkündigungsfällen hat der Fordernde in Fällen „echten" Drucks zumindest nicht die Möglichkeit, eine etwaige verpönte Motivation hinter einem tatsächlich bestehenden Abberufungsanlass zu verbergen. Da der betreffende Beschäftigte in echten Druckkündigungsfällen bekanntlich gerade kein kündigungsrelevantes Verhalten an den Tag gelegt hat, besteht insoweit für ihn ein Vorteil auf Beweisebene.

II. Beurteilung der Rechtmäßigkeit der Druckkündigung vor dem Hintergrund der §§ 7, 12 AGG

1. Allgemein

Legt man der rechtlichen Beurteilung einer echten Druckkündigung die Auffassung der Rechtsprechung zugrunde, ist diese grundsätzlich sowohl als betriebsbedingte ordentliche als auch als außerordentliche Kündigung denkbar.[809] Das BAG ging jedoch im Rahmen seiner vergangenen Entscheidungen stets von Druckkündigungsfällen ohne diskriminierenden Hintergrund aus. Demzufolge drängt sich die Frage einer Neubewertung der Rechtmäßigkeitskriterien in Fällen einer AGG-widrigen Druckausübung auf.

Wie bereits unter Kapitel C erörtert, kann die Entlassungsforderung des Dritten – mit Ausnahme der sexuellen Belästigung – grundsätzlich jede Benachteiligungsform des § 3 AGG erfüllen.[810] In der Praxis konzentriert sich das Abberufungsverlangen jedoch regelmäßig auf einen bestimmten Beschäftigten, sodass der Schwerpunkt der nachfolgenden Untersuchung dementsprechend auf unmittelbar diskriminierendem Kündigungsdruck liegt.

---

807 S. hierzu bereits ausführlich unter Kap. C. IV. 2. b.

808 Zur Anwendbarkeit u. Bedeutung des § 22 AGG in Druckkündigungsfällen s. nachfolgend unter Kap. G. IV. 1.; vgl. auch BAG 28.4.2011 a.a.O. (Fn. 456).

809 S. ausführlich unter Kap. B. III. 2. a. aa.

810 S. unter Kap. C. IV. 3.

Wie bereits in Kapitel C erwähnt, kommt eine Rechtfertigung des benachteiligenden Entlassungsbegehrens nur in seltenen Fällen in Betracht.[811] Das Drittverhalten wird demzufolge regelmäßig gegen § 7 Abs. 1 AGG verstoßen.

Für den vorliegenden Untersuchungsgegenstand kommt es jedoch entscheidend darauf an, ob infolge eines solchen diskriminierenden Entlassungsverlangens die bisherige betriebsbedingte Legitimation einer Druckkündigung entfällt und die echte Druckkündigung selbst als AGG-widrig einzustufen ist. Maßgebende Normen für die Beurteilung einer echten Druckkündigung mit diskriminierendem Hintergrund sind insoweit ebenfalls §§ 7 und 12 AGG.

2. Vereinbarkeit der Druckkündigung mit § 7 Abs. 1 AGG

a. Ausgangsproblematik: Vergleich mit unechter Druckkündigung

Im Gegensatz zu unechten Druckkündigungen beruhen echte Druckkündigungen allein auf der Druckausübung. Dies ist dem Umstand geschuldet, dass das Drittverhalten die einzige Grundlage für den Kündigungsausspruch bildet. Ein davon losgelöster Kündigungssachverhalt ist in Fällen „echten" Drucks bekanntlich nicht gegeben.[812] Übt nun der Dritte den wirtschaftlichen Druck aus verpönten Gründen aus, fußt die Kündigung zumindest indirekt auf einer diskriminierenden Vorgehensweise. Das Drittverhalten muss zwangsläufig zur Begründung ihrer Betriebsbedingtheit herangezogen werden. Wie im Rahmen der unechten Druckkündigung diskutiert, sollte das diskriminierende Drittverhalten jedoch gerade keinen Einfluss auf die Beurteilung der Kündigungsberechtigung haben. In Fällen „unechten" Drucks könnte eine AGG-rechtliche Relevanz der Kündigung allein durch Herausnahme des verpönten Drittverhaltens im Rahmen der Kündigungsrechtfertigung vollständig unterbunden werden.[813] Eine derartige strikte Trennungsmöglichkeit zwischen dem Kündigungsgrund und der Handlungsweise des Außenstehenden ist jedoch in echten Druckkündigungssituationen schwer vorstellbar. Da die echte Druckkündigung selbst im Falle einer diskriminierungsfreien Forderung nur unter strengen Voraussetzungen zulässig erachtet wird, liegt zumindest auf den ersten Blick die Annahme ihrer Unzulässigkeit im Sinne des § 7 Abs. 1 AGG nahe. Ob die echte Druckkündigung jedoch tatsächlich

---

811 Denkbar ist eine Rechtfertigung meist lediglich im Falle einer mittelbar diskriminierenden Druckausübung; s. hierzu unter Kap. C. IV. 2. b. cc.

812 S. bereits ausführlich unter Kap. B. III. 2.

813 S. bereits unter Kap. E. II. 2. b. aa. (2) (c); zur abschließenden Beantwortung der unter Kap. E. aufgeworfenen Frage s. unter Kap. F. V.

AGG-widrig ist, wenn die Entlassungsforderung des Dritten auf einem verpönten Grund basiert, wird nachfolgend im Einzelnen untersucht.

b. Kündigungsrechtliche Einkleidung

Ebenso wie bei unechten Druckkündigungen ist der Regelungsgehalt des § 7 Abs. 1 AGG auch im Rahmen der rechtlichen Bewertung echter Druckkündigungen in der Weise zu berücksichtigen, dass er die Bestimmungen des nationalen Kündigungsrechts konkretisiert. Insoweit kann auf die Darstellung und Auslegung des Urteils des BAG vom 6.11.2008 in Kapitel D verwiesen werden.[814]

Unabhängig davon, ob die soziale Rechtfertigung gemäß § 1 Abs. 2 KSchG oder das Vorliegen eines wichtigen Grundes im Sinne des § 626 Abs. 1 BGB überprüft werden soll, stellt sich jedoch im Rahmen beider Regelungsbereiche die Frage der Vereinbarkeit des Kündigungssachverhalts mit dem AGG-rechtlichen Benachteiligungsverbot. Aus diesem Grund werden nachfolgend zunächst echte Druckkündigungen losgelöst von der konkreten Kündigungsform anhand der tatbestandlichen Anforderungen des § 7 Abs. 1 AGG überprüft.[815]

Um den Einfluss des diskriminierenden Hintergrundes klar herausarbeiten zu können, werden der Untersuchung ausschließlich solche echten Druckkündigungsszenarien zugrunde gelegt, welche die bisherigen Rechtmäßigkeitskriterien des BAG erfüllen. Nur auf diesem Wege ist sichergestellt, dass sich die Neubewertung allein auf den diskriminierenden Gehalt bezieht.

c. Voraussetzungen des § 7 Abs. 1 AGG im Einzelnen

§ 7 Abs. 1 AGG verbietet Benachteiligungen von Beschäftigten wegen eines in § 1 AGG genannten Grundes. Die echte Druckkündigung muss dementsprechend selbst eine Benachteiligung im Sinne des § 3 AGG darstellen bzw. eine solche enthalten, um die Unwirksamkeitsfolge der allgemeinen kündigungsrechtlichen Bestimmungen auszulösen.[816]

---

814 S. im Einzelnen unter Kap. D. II. 1.

815 Zu den konkreten Auswirkungen dieser Prüfung auf die unterschiedlichen Kündigungsformen s. unter Kap. F. IV.

816 Vgl. Däubler/Bertzbach-*Däubler*, § 7 AGG Rn. 198ff.

aa. Zurücksetzung infolge der Kündigung

Mit Ausnahme der Belästigung setzen die Benachteiligungsformen des AGG im Allgemeinen eine nachteilhafte Ungleichbehandlung mit vergleichbaren anderen Beschäftigten voraus.[817] Eine solche ist im Falle der Druckkündigung eines bestimmten Beschäftigten regelmäßig anzunehmen. Die Zurücksetzung ist darin zu sehen, dass andere vergleichbare, aber merkmalslose Kollegen nicht gekündigt werden.[818]

Die Kündigung als personelle Einzelmaßnahme wird regelmäßig eine unmittelbare Zurücksetzung bewirken.[819] Möglich ist jedoch auch, dass im Rahmen der Kündigung auf einen Kündigungsgrund abgestellt wird, der lediglich mittelbar benachteiligende Wirkung hat. In diesen Fällen entscheidet dann folgerichtig die AGG-rechtliche Einfärbung des Kündigungsgrundes über die Vereinbarkeit der Kündigung mit den Diskriminierungsverboten.[820]

bb. Merkmalsbezug der Kündigung

Die Zurücksetzung in Form der Kündigung muss gerade „wegen" eines verpönten Grundes im Sinne des § 1 AGG erfolgen.[821]

Die Kündigungserklärung selbst knüpft als gestaltende Willenserklärung nicht an ein Diskriminierungsmerkmal an.[822] Jedoch kann die Kündigungsintention des Arbeitgebers Aufschluss über einen Bezug der Erklärung zu einem Merkmal gemäß § 1 AGG geben. Der Kündigungsanlass wiederum erschließt sich in der Regel aus der objektiven Kündigungsbegründung.[823] Zur Bestimmung des Merkmalsbezugs einer Kündigung kommt es somit maßgebend auf den konkre-

---

817 Vgl. MüKo-BGB/*Thüsing*, Bd. I/2, § 3 AGG Rn. 9; *Nollert-Borasio/Perreng*, § 3 AGG Rn. 3; Däubler/Bertzbach-*Schrader/Schubert*, § 3 AGG Rn. 15; *Rühl/Schmid/Viethen*, S. 60; Wendeling-Schröder/Stein-*Wendeling-Schröder*, § 3 AGG Rn. 4; *Thüsing*, Arbeitsrechtl. Diskriminierungsschutz, Rn. 236; vgl. auch *Wisskirchen*, DB 2006, 1491.

818 S. zu den Anforderungen an die Vergleichsperson bereits unter Kap. C. IV. 2. a. aa.

819 Vgl. ausführlich zu unmittelbar benachteiligenden Kündigungen Däubler/Bertzbach-*Däubler*, § 7 AGG Rn. 204ff.

820 Ähnlich auch Däubler/Bertzbach-*Däubler*, § 7 AGG Rn. 262 unter dem Stichwort „mittelbar diskriminierende Kündigungen".

821 Vgl. BT-Drs. 16/1780, S. 32; vgl. auch BAG 28.4.2011 a.a.O. (Fn. 456); *Adomeit/Mohr*, § 3 AGG Rn. 41; ErfK/*Schlachter*, § 3 AGG Rn. 2; Wendeling-Schröder/Stein-*Wendeling-Schröder*, § 3 AGG Rn. 6.

822 Vgl. BAG 22.10.2009 a.a.O. (Fn. 425).

823 Vgl. BAG 22.10.2009 a.a.O. (Fn. 425); BAG 28.4.2011 a.a.O. (Fn. 456), wonach sich eine diskriminierende Kündigungsmotivation sowohl aus der Kündigungsbegründung als auch aus anderen äußeren Umständen ergeben kann.

ten Kündigungssachverhalt an. Insofern ist eine nähere Betrachtung des Kündigungsgrundes einer echten Druckkündigung unerlässlich.

(1) Objektive und subjektive Komponente einer echten Druckkündigung

Nach der Rechtsprechung bilden die wirtschaftlichen Nachteile, die der Außenstehende dem Arbeitgeber androht, den maßgeblichen Kündigungsgrund für eine echte Druckkündigung.[824] In diesem Zusammenhang fragt jedoch das BAG grundsätzlich nicht nach dem konkreten Anlass für die Druckausübung. Streng genommen ist allein die Tatsache maßgebend, dass Druck auf den Arbeitgeber ausgeübt wird, der objektiv geeignet ist, die wirtschaftliche Existenz seines Betriebs konkret zu gefährden. Die Motivation des Dritten spielt insofern keine entscheidende Rolle.[825] Dies ist dem Umstand geschuldet, dass das Kündigungsrecht im Allgemeinen objektiv ausgerichtet ist und dementsprechend auch von der Rechtsprechung objektiv bewertet wird. So wie das wahre Entlassungsmotiv des Arbeitgebers in „normalen" Kündigungsfällen grundsätzlich irrelevant ist, lässt die Rechtsprechung auch in echten Druckkündigungsfällen die subjektive Handlungsintention des Dritten außen vor. Maßgebend ist insgesamt allein das Vorliegen eines sachlich rechtfertigenden Kündigungsgrundes.[826]

Die Druckkündigung ist entsprechend des BAG grundsätzlich infolge in Aussicht gestellter schwerwiegender wirtschaftlicher Nachteile und damit rein sachlich gerechtfertigt. Sie beruht auf der objektiv vorliegenden Drucksituation des Arbeitgebers, die wiederum seitens des Dritten ausgelöst wurde.

Bleiben jedoch diskriminierende Motive generell unberücksichtigt, führt dies im Falle diskriminierender Handlungsgründe zwangsläufig zu einem Konflikt mit den Anforderungen des AGG-rechtlichen Diskriminierungsschutzes. Wie bereits in den Kapiteln C und E dargelegt, lässt sich ein Verstoß gegen § 7 AGG – zumindest im Falle einer unmittelbaren Benachteiligung – nicht ohne einen Blick auf die Motivation des Handelnden bewerten.[827] Vor diesem Hintergrund stellt sich die Frage, ob der primär objektive Maßstab des Kündigungsrechts in Fällen diskriminierender Handlungsmotive möglicherweise um eine subjektive Komponente erweitert werden muss und wenn ja, ob dies auch für Fälle diskriminierender Drittmotivationen wie in Druckkündigungsfällen gilt.

---

824 S. ausführlich unter Kap. B. III. 2. a. aa.

825 Vgl. auch *Deinert*, RdA 2007, 275, 279.

826 Vgl. ErfK/*Oetker*, § 1 KSchG Rn. 64; KDZ/*Deinert*, § 1 KSchG Rn. 56; vgl. auch BAG 11.4.1985 – 2 AZR 239/84, NZA 1986, 674.

827 S. unter Kap. C. IV. 2. a. bb.; Kap. E. II. 2. b. aa. (1); vgl. auch BT-Drs. 16/1780, S. 46; *Maier-Reimer*, NJW 2006, 2577, 2579.

In einem ersten Schritt soll dementsprechend zunächst überprüft werden, wie sich diskriminierende Motive des Arbeitgebers auf die Bewertung einer „normalen“ Kündigung nach den kündigungsrechtlichen Bestimmungen auswirken. Dieser Problemkreis wurde bereits im Rahmen der unechten Druckkündigung unter dem Schlagwort „Mischtatbestände“ angesprochen, bedurfte aber dort keiner Entscheidung.[828] Im Falle einer echten Druckkündigung ist dies anders, da die diskriminierend motivierte Druckausübung in jedem Fall Einfluss auf die Begründung des Kündigungsausspruchs hat. Dementsprechend ist eine Klärung des generellen Verhältnisses von objektiven und subjektiven Beweggründen an dieser Stelle unumgänglich.

Erst wenn festgestellt wurde, dass die einem Kündigungsgrund zugrunde liegende Motivation im Rahmen der Rechtmäßigkeitsüberprüfung generell zu berücksichtigen ist, kann in einem zweiten Schritt über eine mögliche Übertragung dieser Lösung im Falle verpönter Drittmotive und damit über die Konsequenzen für echte Druckkündigungen nachgedacht werden.

(2) Kündigungsrechtliche Relevanz diskriminierender Motive im Allgemeinen

(a) Prüfungsmaßstab des Kündigungsschutzrechts

Sowohl die Kündigungsschutzbestimmungen des Kündigungsschutzgesetzes als auch § 626 Abs. 1 BGB stellen grundsätzlich allein darauf ab, ob objektiv ausreichende Gründe für eine Kündigung vorliegen oder nicht.[829] Ob der Arbeitgeber die rechtfertigenden Umstände kennt und falls ja, ob diese auch den tatsächlichen Beweggrund für sein Handeln bilden, ist im Allgemeinen irrelevant.[830] Das Kündigungsrecht trennt demnach zwischen objektivem Kündigungsgrund und subjektiver Kündigungsursache.[831] Die Rechtmäßigkeit einer Kündigung hängt allein davon ab, ob sich ein verständiger Dritter in der Rolle des Arbeitgebers zum Kündigungsausspruch veranlasst gesehen hätte.[832] Hiervon ist bereits

828 S. unter Kap. E. II. 2. b. aa. (2) (a).

829 Vgl. Rust/Falke-*Bertelsmann*, § 2 AGG Rn. 246; KDZ/*Deinert*, § 1 KSchG Rn. 57; Stahlhacke/Preis/Vossen-*Preis*, Rn. 896; *Diller/Krieger/Arnold*, NZA 2006, 887, 889; *Löwisch/Spinner*, § 1 KSchG Rn. 70; vgl. auch *Boemke/Danko*, § 4 AGG Rn. 51; *Hein*, NZA 2008, 1033, 1035.

830 Vgl. u.a. KDZ/*Deinert*, § 1 KSchG Rn. 56; ErfK/*Oetker*, § 1 KSchG Rn. 64, vgl. auch BAG 11.4.1985 a.a.O. (Fn. 826).

831 Vgl. *Diller/Krieger/Arnold*, NZA 2006, 887, 889; vgl. auch BAG 11.4.1985 a.a.O. (Fn. 826); zu den praktischen Folgen von Motiven u. sachlichem Grund vgl. *Diller*, NZA 2006, 569, 570.

832 Vgl. u.a. BAG 25.11.1982 – 2 AZR 140/81, DB 1983, 1047; BAG 17.6.1999 a.a.O. (Fn. 126).

auszugehen, wenn ein objektiv rechtfertigender Grund bei Kündigungszugang vorgelegen hat.[833]

Diese objektive Ausrichtung unterscheidet das deutsche Kündigungsrecht von den Kündigungsschutzbestimmungen anderer Länder.[834] Während die Wirksamkeit einer Kündigung nach deutschen Regeln erst positiv begründet werden muss, wirken andere Rechtsordnungen in umgekehrter Weise.[835] So basiert unter anderem das Kündigungsrecht der USA auf der Grundannahme der Zulässigkeit einer Kündigung.[836] Ihre Wirksamkeit wird regelmäßig nur dann in Frage gestellt, wenn der Arbeitgeber aus verwerflichen Motiven handelt.[837] Anders als in Deutschland ist die subjektive Seite insofern als Korrektiv zu verstehen, das im Falle der Verletzung eines Diskriminierungsverbotes zum Tragen kommt.[838]

(b) Prüfungsmaßstab des AGG

Während sich der Diskriminierungsschutz in die „Negativliste“[839] des US-amerikanischen Kündigungsrechts ohne Weiteres integrieren lässt, bereiten die deutschen Kündigungsschutzbestimmungen diesbezüglich Probleme.

Denn auch die europäischen Antidiskriminierungsrichtlinien gehen im Grundsatz von der Wirksamkeit einer Kündigung aus, es sei denn, diese beruht auf diskriminierenden Motiven des Arbeitgebers.[840] Entsprechend kommt es auch nach der Grundstruktur des AGG maßgeblich auf die subjektive Willensrichtung des Handelnden an.[841] Wie §§ 3 und 7 AGG verdeutlichen, ist die objektive Tatsache einer Benachteiligung nicht allein maßgebend. Vielmehr greift der AGG-

833 Vgl. *v.Hoyningen-Huene/Linck*, § 1 KSchG Rn. 227; KR/*Griebeling*, § 1 KSchG Rn. 209a; *Hamacher/Ulrich*, NZA 2007, 657, 658; *Hein*, NZA 2008, 1033, 1035; *Diller/Krieger/Arnold*, NZA 2006, 887, 889; so auch st. Rspr. seit BAG 2.6.1960 a.a.O. (Fn. 777).

834 Vgl. u.a. *Boemke/Danko*, § 4 AGG Rn. 51.

835 Vgl. *Diller/Krieger/Arnold*, NZA 2006, 887, 888; *Boemke/Danko*, § 4 AGG Rn. 51; vgl. *Tödtmann/Schauer*, NZA 2003, 1187, 1188.

836 Vgl. *Kittner/Kohler*, Beilage 4 BB 2000/Heft 13, 1, 4ff.; *Tödtmann/Schauer*, NZA 2003, 1187, 1188; vgl. u.a. Texas Dep't of Community Affairs v. Burdine (1981), 450 U.S. 248, 253; Kollstad v. American Dental Association (1999) U.S. 98–208.

837 Vgl. *Diller/Krieger/Arnold*, NZA 2006, 887, 888; *Boemke/Danko*, § 4 AGG Rn. 51; ausführlich zu den einzelnen Ausnahmetatbeständen von der „at will“-Doktrin *Kittner/Kohler*, Beilage 4 BB 2000/Heft 13, 1, 10ff.

838 *Diller/Krieger/Arnold*, NZA 2006, 887, 888.

839 So *Diller/Krieger/Arnold*, NZA 2006, 887, 888.

840 *Horn*, S. 48; vgl. auch *Diller/Krieger/Arnold*, NZA 2006, 887; Rust/Falke-*Bertelsmann*, § 2 AGG Rn. 246.

841 Vgl. Rust/Falke-*Bertelsmann*, § 2 AGG Rn. 246; *Adomeit*, NJW 2006, 2169, 2171; *Diller/Krieger/Arnold*, NZA 2006, 887, 889; *Deinert*, RdA 2007, 275, 279; *Hamacher/Ulrich*, NZA 2007, 657, 658; *Bauer/Göpfert/Krieger*, § 7 AGG Rn. 10; s. zudem bereits unter Kap. E.

rechtliche Diskriminierungsschutz regelmäßig erst dann ein, wenn die Benachteiligung aus einem verpönten Grund erfolgt.[842] Zwar setzt das AGG keine absichtliche oder schuldhafte Begehung der Benachteiligung voraus; in jedem Fall muss das Merkmal aber zumindest Mit-Auslöser der Zurücksetzung sein.[843] Eine solche Kausalität lässt sich – mit Ausnahme des Tatbestandes des § 3 Abs. 2 AGG – nur durch die Berücksichtigung der inneren Beweggründe des Handelnden ermitteln,[844] denen jedoch wiederum im Kündigungsschutzrecht bisher keine Bedeutung zugemessen wurde.[845]

(c) Problematische Konstellation

Der Konflikt zwischen Kündigungsrecht und AGG wirkt sich nicht aus, solange der Arbeitgeber sein Handeln ausschließlich auf einen Beweggrund im Sinne des § 1 AGG stützt. In diesem Fall liegt kein objektiver Kündigungsgrund vor; die Kündigung ist folgerichtig unwirksam.[846]

Die Frage nach einem Paradigmenwechsel im Kündigungsrecht bezieht sich vielmehr auf solche Fallkonstellationen, in denen neben einen objektiven Kündigungsgrund gleichzeitig verpönte Motive treten. Derartige Mischtatbestände verdeutlichen das Auseinanderfallen von objektivem Kündigungssachverhalt und subjektivem Kündigungsanlass. Kündigungen können dementsprechend theoretisch nach dem Kündigungsschutzgesetz gerechtfertigt, aber dennoch diskriminierend sein.[847] Es stellt sich daher die Frage, wie solche Konstellationen zu lösen sind, in denen ein objektiver Kündigungssachverhalt – wie etwa betriebsbedingte Gründe – und zugleich eine subjektiv intendierte Benachteiligung im Sinne des AGG aufeinander treffen.[848]

(d) Lösung unter Berücksichtigung der BAG-Rechtsprechung

Das BAG ist in seiner Entscheidung vom 6.11.2008 nicht explizit auf das Problem der Bewertung von derartigen Mischtatbeständen eingegangen. Dennoch

---

842 Vgl. Schleusener/Suckow/Voigt-*Schleusener*, § 3 AGG Rn. 12; *Diller/Krieger/Arnold*, NZA 2006, 887, 889; *Benecke*, AuR 2007, 229, 231.

843 Vgl. *Bauer/Göpfert/Krieger*, § 7 AGG Rn. 14; Rust/Falke-*Rust*, § 3 AGG Rn. 20; *Preis*, ZESAR 2007, 208, 313; für das Erfordernis vorsätzlichen Handelns im Falle einer unmittelbaren Benachteiligung vgl. *Adomeit/Mohr*, § 3 AGG Rn. 26.

844 S. bereits unter Kap. C. IV. 2. a. bb. sowie unter Kap. E. II. 2. b. aa. (1).

845 Ähnlich auch *Sagan*, NZA 2006, 1257.

846 So auch *Diller/Krieger/Arnold*, NZA 2006, 887, 888; *Benecke*, AuR 2007, 229, 230.

847 Vgl. *Thüsing*, Arbeitsrechtl. Diskriminierungsschutz, Rn. 107; *Boemke/Danko*, § 4 Rn. 63.

848 Ähnlich auch *Bayreuther*, DB 2006, 1842, 1843; *Hamacher/Ulrich*, NZA 2007, 657, 658; *Hein*, NZA 2008, 1033, 1035; *Kamanabrou*, RdA 2007, 199, 200.

können seinen Formulierungen zu § 2 Abs. 4 AGG wegweisende Anknüpfungspunkte entnommen werden. Das BAG führt insoweit aus, dass die Vorschriften des AGG „im Rahmen der gesetzlichen Vorgaben des Kündigungsschutzgesetzes" zu berücksichtigen seien.[849] Diese Formulierung verdeutlicht zunächst einmal, dass das Kündigungsschutzrecht nach wie vor den maßgeblichen Prüfungsrahmen bildet. Dies wird dadurch unterstrichen, dass § 7 Abs. 1 AGG nicht als eigenständige Unwirksamkeitsnorm zur Anwendung kommen soll. Auch wenn hierdurch auf den ersten Blick die Schlussfolgerung nahe liegt, dass weiterhin ausschließlich der Prüfungsmaßstab des Kündigungsrechts gelten soll, kann diese jedoch durch den weiteren Entscheidungsinhalt entkräftet werden.[850] Es darf nämlich nicht übersehen werden, dass das BAG gleichzeitig betont, die Diskriminierungsverbote seien bei der Bewertung der Rechtmäßigkeit zwingend zu beachten. Auch in seinen nachfolgenden Entscheidungen führt das Gericht aus, dass insbesondere die Kündigungsmotivation bzw. die der Kündigungsentscheidung zugrunde liegenden Überlegungen Aufschluss über einen Bezug der Kündigungserklärung zu einem Merkmal gemäß § 1 AGG geben.[851] Zur Ermittlung der Kündigungsintention verweist das BAG insbesondere auf die objektiven Kündigungsumstände. Der Entscheidungsbegründung kann jedoch nicht entnommen werden, dass das BAG von einer zwingenden Deckungsgleichheit der äußeren Umstände mit den inneren Beweggründen ausgeht.[852]

Die Berücksichtigung subjektiver Kündigungsmotive entspricht auch der europäischen Vorgabe einer effektiven Realisierung umfassenden Diskriminierungsschutzes.[853] Ließe man die verpönte Motivation im Rahmen der Rechtmäßigkeitsüberprüfung einer Kündigung im Falle des Vorliegens eines objektiven Kündigungsgrundes von vornherein außen vor, würde dies denknotwendig dazu führen, dass das Ausmaß an Diskriminierungsschutz ausschließlich von der jeweiligen Höhe an gesetzlich vorgesehener Kontrolldichte im Rahmen der Kündigungsgründe abhängig wäre.[854] Eine solche Vorgehensweise würde zu Rechtsunsicherheiten führen, die mit den Schutzzwecken der Antidiskriminierungsrichtlinien unvereinbar wären.[855] Vor dem Hintergrund der unterschiedlichen

---

849 Vgl. BAG 6.11.2008 a.a.O. (Fn. 628).

850 Für ein ausschließliches Abstellen auf den Maßstab des Kündigungsrechts u.a. *Boemke/Danko*, § 4 Rn. 50; *Löwisch*, BB 2006, 2189, 2191.

851 Vgl. BAG 22.10.2009 a.a.O. (Fn. 425); BAG 28.4.2011 a.a.O. (Fn. 456).

852 Vgl. BAG 22.10.2009 a.a.O. (Fn. 425); BAG 28.4.2011 a.a.O. (Fn. 456).

853 Vgl. im Einzelnen RL 2002/73/EG a.a.O. (Fn. 363); RL 2004/113/EG a.a.O. (Fn. 366); RL 2000/43/EG a.a.O. (Fn. 369); RL 2000/78/EG a.a.O. (Fn. 371).

854 *Horn*, S. 48.

855 Ähnlich auch *Sagan*, NZA 2006, 1257, 1258f.

Wirkungsweisen von Kündigungsrecht und AGG bedeutet dies zwangsläufig eine Erweiterung des bisherigen kündigungsrechtlichen Prüfungsmaßstabs.[856]

Fraglich ist jedoch, ob die Erweiterung des kündigungsrechtlichen Maßstabs soweit geht, dass ein objektiv bestehender Kündigungsgrund allein aufgrund eines verpönten Kündigungsanlasses nachträglich wegfällt. Bedeutung im Rahmen der Rechtmäßigkeitskontrolle der Kündigung erlangt ein diskriminierendes Handlungsmotiv in jedem Fall dann, wenn dieses bereits Eingang in den Kündigungsgrund gefunden hat.[857] Liegt etwa der Kündigungsgrund in einem Verstoß des Arbeitnehmers gegen eine diskriminierende Handlungsanweisung, wird der (denknotwendig vorgeschaltete) AGG-widrige Handlungsanlass des Arbeitgebers „automatisch" im Rahmen der Prüfung des Kündigungssachverhalts im Sinne des § 1 Abs. 2 KSchG bzw. § 626 BGB mit berücksichtigt.

Basiert jedoch der Kündigungsgrund nicht selbst auf diskriminierenden Arbeitsvorgaben, muss ein verpönter Kündigungsanlass des Arbeitgebers jedenfalls dann Beachtung finden, wenn dieser den tatsächlich wahren bzw. zumindest einen mitentscheidenden[858] Grund für den Kündigungsausspruch darstellt.[859] Entsprechend der Gesetzesbegründung reicht nämlich bereits ein Bündel aus verpönten und AGG-konformen Motiven aus, um von einer Benachteiligung „wegen" eines Grundes im Sinne des § 1 AGG zu sprechen.[860]

Ist eine Kündigung zwar sozial gerechtfertigt, steht jedoch beispielsweise unabhängig davon im Raum, dass der Arbeitgeber seinen Kündigungsentschluss maßgebend wegen der Religion oder des Geschlechts des Beschäftigten getroffen hat, würde eine Nichtberücksichtigung des faktisch tragenden Kündigungsmotivs den Diskriminierungsschutz weitgehend untergraben.[861] Solche, in der

---

856 Ähnlich *Kamanabrou*, RdA 2007, 199, 200; a.A. *Diller/Krieger/Arnold*, NZA 2006, 887, 890.

857 Vgl. insoweit auch *Benecke*, AuR 2007, 229, 230.

858 „Mitentscheidend" ist ein verpönter Grund, wenn er nicht bloß untergeordnete Bedeutung für den Kündigungsausspruch hat.

859 Entsprechende Vorgehensweise bei § 612a BGB: vgl. ErfK/*Preis*, § 612a BGB Rn. 11; *Hein*, NZA 2008, 1033, 1036; BAG 22.5.2003 a.a.O. (Fn. 66); BAG 14.3.2007 – 5 AZR 420/06, NZA 2007, 862; vgl. auch *Preis*, ZESAR 2007, 308, 313f., nach dem das Motiv maßgeblich für die ausgesprochene Kündigung sein muss; anders u.a. *Benecke*, AuR 2007, 229, die eine Berücksichtigung des diskriminierenden Gehalts ausschließlich auf Schadensersatzebene befürwortet.

860 Vgl. BT-Drs. 16/1780, S. 32; BAG 22.10.2009 a.a.O. (Fn. 425); BAG 27.1.2011 a.a.O. (Fn. 460); BAG 28.4.2011 a.a.O. (Fn. 456).

861 Vgl. *Bayreuther*, DB 2006, 1842, 1843; *Kamanabrou*, RdA 2007, 199, 200; Däubler/Bertzbach-*Däubler*, § 7 AGG Rn. 214; vgl. auch Hinweis des Gesetzgebers auf die praktische Gefahr, dass die wahren Gründe für benachteiligendes Verhalten oft verschleiert werden, BT-Drs. 16/2022, S. 34

Literatur auch unter den Schlagworten „Exempelkündigung“[862] bzw. „herausgreifende Kündigung“[863] diskutierte Konstellationen enthalten trotz objektiv gegebenem Kündigungssachverhalt letztlich eine offensichtliche Ungleichbehandlung des Gekündigten mit anderen vergleichbaren Beschäftigten.[864] Die subjektive Kündigungsintention des Arbeitgebers hat sich in diesen Fällen quasi äußerlich erkennbar und damit nach objektiv messbaren Kriterien manifestiert. Dies hat zur Folge, dass die gesamte Kündigung nicht mehr als rechtmäßig bewertet werden kann.[865] Ist ein diskriminierender Handlungsanlass nämlich offensichtlich, kann zwangsläufig auch nicht mehr von einem objektiv rechtfertigenden Kündigungssachverhalt ausgegangen werden.[866] Der Kündigungsgrund wird in solchen Fällen nur vorgeschoben und ist damit in Wirklichkeit zumindest nicht der allein tragende Umstand.[867] Um einen Rechtsmissbrauch zu verhindern, muss er zwangsläufig hinter dem „wahren“ diskriminierenden Kündigungsgrund im Sinne des § 1 AGG zurücktreten.[868]

Die spezifische Wirkungsweise des deutschen Kündigungsrechts wird durch die Berücksichtigung diskriminierender Kündigungsmotive im Rahmen der Kündigungsüberprüfung auch nicht aufgehoben. Die nationalen Bestimmungen werden lediglich um Diskriminierungsschutzaspekte erweitert, wenn diese für den Kündigungsausspruch ausschlaggebend waren. Es entsteht hierdurch auch keine Doppelung des Kündigungsschutzes, soweit der subjektive Regelungsgehalt des AGG ausschließlich als Korrektiv in Fällen offensichtlicher Diskriminierungen eingreift.

Überdies ist eine solche Vorgehensweise dem Kündigungsrecht auch nicht fremd. Schon vor Inkrafttreten des AGG wurden nämlich kündigungsrelevante Diskriminierungen entsprechend über § 138 bzw. § 242 BGB berücksichtigt.[869] So wurde eine Kündigung, die auf einem verwerflichen Motiv beruhte, ebenfalls als unwirksam im Sinne des § 138 BGB eingeordnet.[870] Auch im Rahmen der

---

862 *Löwisch*, BB 2006, 2189, 2190.

863 KDZ/*Deinert*, § 1 KSchG Rn. 67; HK/*Bufalica*, § 1 KSchG Rn. 59; *v.Hoyningen-Huene/Linck*, § 1 KSchG Rn. 224.

864 Vgl. *Löwisch*, BB 2006, 2189, 2190; vgl. auch *Bauer/Göpfert/Krieger*, § 2 AGG Rn. 63.

865 Zur Frage der diesbzgl. Darlegungslast des betreffenden AN *Bayreuther*, DB 1842, 1843f.; vgl. auch *Löwisch*, BB 2006, 2189, 2190.

866 Ähnlich auch KDZ/*Deinert*, § 1 KSchG Rn. 57.

867 Vgl. generell zu Motivbündeln auch BAG 5.2.2004 a.a.O. (Fn. 460); BAG 12.9.2006 a.a.O. (Fn. 460); BAG 22.10.2009 a.a.O. (Fn. 425).

868 Ähnlich auch *Kamanabrou*, RdA 2007, 199, 200; anders hingegen KR/*Griebeling*, § 1 KSchG Rn. 209a/b.

869 Vgl. BAG 23.6.1994 a.a.O. (Fn. 186); BAG 22.5.2003 a.a.O. (Fn. 66); vgl. auch *Hamacher/Ulrich*, NZA 2007, 657, 658. *Mohr*, ZfA 2007, 361, 367f.

870 Vgl. *Preis*, ZESAR 2007, 308, 310.

betriebsbedingten Kündigung findet im Hinblick auf die unternehmerische Entscheidung des Arbeitgebers eine zumindest eingeschränkte Überprüfung des subjektiven Kündigungsanlasses statt.[871] In diesem Kontext hat das BAG bereits angedeutet, dass eine unternehmerische Entscheidung, die auf einem diskriminierenden Motiv beruht, als missbräuchlich zu werten sei.[872] Darüber hinaus lassen auch die Regelungen des § 613a Abs. 4 BGB bzw. § 612a BGB erkennen, dass sich das nationale Kündigungsrecht einer Berücksichtigung von bestimmten Motiven im Rahmen der Kündigungsbewertung nicht vollständig verschließt.[873]

Im Falle einer erkennbar relevanten diskriminierenden Kündigungsmotivation ist daher das Kündigungsrecht im Sinne der Diskriminierungsverbote und damit europarechtskonform dahingehend auszulegen, dass die Kündigung unwirksam ist.[874] Ein Rückgriff auf die Generalklauseln des BGB ist insoweit nicht zwingend erforderlich.[875] Das BAG hat in seiner Entscheidung vom 6.11.2008 verdeutlicht, dass die Kündigungsgründe des Kündigungsschutzgesetzes auslegungsfähig und im Falle einer Unvereinbarkeit mit den Diskriminierungsverboten des AGG sogar zwingend auslegungsbedürftig sind.[876] Nichts anderes kann konsequenterweise im Rahmen der Bestimmung des wichtigen Grundes gemäß § 626 Abs. 1 BGB gelten.[877] Der Überprüfungsrahmen der sozialen Rechtfertigung bzw. des wichtigen Grundes kann daher im Falle offensichtlich diskriminierender Kündigungsmotive lediglich um die Frage erweitert werden, ob diese ausschlaggebend für den Kündigungsausspruch gewesen sind. Ist dies der Fall, kann folgerichtig nicht mehr auf den vorgeschobenen objektiven Kündigungssachverhalt abgestellt werden. Diesem muss seine Wirksamkeit folglich versagt werden.

Ist das verpönte Motiv hingegen nur eines unter mehreren und nicht entscheidend für den Kündigungsausspruch, wird der objektiv gegebene Kündigungsgrund nicht verdrängt.[878] Insofern bleibt es bei der Wirksamkeit der Kündigung. Dem Schutzanliegen des AGG wird insoweit Rechnung getragen, dass etwaige

---

871 Vgl. u.a. KDZ/*Deinert*, § 1 KSchG Rn. 357f.; APS/*Kiel*, § 1 KSchG Rn. 463.

872 Vgl. BAG 22.4.2004 – 2 AZR 385/03, NZA 2004, 1158, 1159; vgl. auch *Preis*, ZESAR 2007, 308, 310; *Hamacher/Ulrich*, NZA 2007, 657, 661.

873 Vgl. *Deinert*, RdA 2007, 275, 277; *Hamacher/Ulrich*, NZA 2007, 657, 658.

874 Ähnlich auch *Kamanabrou*, RdA 2007, 199, 200; KDZ/*Deinert*, § 1 KSchG Rn. 67; a.A. *Diller/Krieger/Arnold*, NZA 2006, 887, 888.

875 Für eine Vorgehensweise über §§ 138; 242 BGB u.a. *Mohr*, ZfA 2007, 361, 368; *Hamacher/ Ulrich*, NZA 2007, 657, 658/661; *Hein*, NZA 2008, 1033, 1035; *Kamanabrou*, RdA 2007, 199, 200.

876 Vgl. BAG 6.11.2008 a.a.O. (Fn. 628).

877 S. bereits unter Kap. D. II. 2. b.

878 Ähnlich *Hamacher/Ulrich*, NZA 2007, 657, 658; Palandt/*Ellenberger*, § 3 AGG Rn. 2.

Persönlichkeitsverletzungen auf Schadensersatzebene berücksichtigen werden können.[879]

(e) Zwischenergebnis

Ein diskriminierender Kündigungsanlass des Arbeitgebers ist unabhängig von der objektiven Rechtfertigung einer Kündigung im Rahmen ihrer Rechtmäßigkeitskontrolle zu berücksichtigen, soweit die Diskriminierung den wahren bzw. faktisch (mit-) entscheidenden Handlungsgrund bildet. In solchen Fällen sind die objektiv rechtfertigenden Umstände nicht imstande, den offensichtlichen benachteiligenden Charakter der Kündigung zu überdecken.[880] Würde eine solche Vorgehensweise ablehnt und weiterhin – unabhängig von einer etwaigen diskriminierenden Grundlage – an den Beurteilungskriterien vor Inkrafttreten des AGG festgehalten, liefe der Regelungsgehalt der Diskriminierungsverbote in Kündigungsfällen weitgehend leer.[881]

Die Berücksichtigung des verpönten Kündigungsmotivs hebt das kündigungsrechtliche System auch nicht auf. Vielmehr bleibt es dem Grunde nach bei einem objektiven Beurteilungsmaßstab.[882] Er wird nur dann um subjektive Motive erweitert, wenn sich diese im Kündigungsausspruch äußerlich erkennbar und damit objektiv nachweisbar manifestiert haben. In allen anderen Fällen sind diskriminierende Motive ausschließlich auf schadensersatzrechtlicher Ebene zu bekämpfen.

(3) Druckkündigungsrechtliche Relevanz der diskriminierenden Drittmotivation

(a) Übertragbarkeit des unter Gliederungspunkt (2) gefundenen Ergebnisses auf echte Druckkündigungsfälle

Fraglich ist, ob die Grundsätze zur Berücksichtigung einer verpönten Handlungsintention im Falle objektiv rechtfertigender Kündigungsumstände sich auf echte Druckkündigungssituationen übertragen lassen.

Fest steht zunächst, dass der Arbeitgeber selbst im Rahmen des Kündigungsausspruchs nicht unmittelbar an ein Merkmal im Sinne des § 1 AGG anknüpft.

879 Für eine ausschließliche Anwendung v. Schadensersatzregelungen u.a. *Diller/Krieger/Arnold*, NZA 2006, 887, 889; krit. hierzu u.a. KDZ/*Deinert*, § 1 KSchG Rn. 67.

880 Ähnlich auch *Kamanabrou*, RdA 2007, 199, 200; vgl. auch *Löwisch*, BB 2006, 2189, 2190, der zum gleichen Ergebnis im Falle einer Exempelkündigung kommt.

881 So auch Däubler/Bertzbach-*Däubler*, § 7 AGG Rn. 214; ähnlich auch *Hamacher/Ulrich*, NZA 2007, 657, 659.

882 Vgl. insoweit auch *Löwisch*, BB 2006, 2189, 2191.

Der tragende Grund für die Entlassung ist regelmäßig das Interesse an der Abwehr wirtschaftlicher Schäden. Der diskriminierende Gehalt des Kündigungsszenarios beruht vielmehr auf einer verpönten Druckausübungsmotivation des Dritten. Zweifel an der AGG-widrigkeit des Abberufungsverlangens selbst bestehen insoweit nicht, wenn dieses maßgeblich wegen eines Grundes im Sinne des § 1 AGG formuliert wird.[883]

Zugleich darf jedoch nicht übersehen werden, dass die diskriminierende Forderung des Druckausübenden wiederum den Kündigungsausspruch auslöst und insofern den Kündigungsanlass bildet. Der betriebsbedingte Kündigungsgrund wird durch das Drittverhalten bestimmt.

Vor diesem Hintergrund stellt sich die zentrale Frage, ob die verpönte Motivation des Dritten ebenfalls geeignet ist, den objektiven betriebsbedingten Kündigungssachverhalt zu verdrängen? Bedeutet die Berücksichtigung tragender Motive innerhalb der Kündigungsbewertung zwangsläufig auch die Einbeziehung von entsprechenden Drittmotiven?

(b) Generelle Vergleichbarkeit

Eine AGG-widrige Infiltration des objektiven Kündigungsgrundes durch die (in der Entlassungsforderung zum Ausdruck kommende) verpönte Intention des Außenstehenden erfordert zunächst, dass dieser eine mit der Motivation des Arbeitgebers vergleichbare kündigungsrechtliche Bedeutung zukommt. Grundvoraussetzung für eine Berücksichtigung des Drittmotivs im Rahmen der Kündigungsbewertung ist demnach eine generelle Vergleichbarkeit der kündigungsrechtlichen Einflussmöglichkeiten von Arbeitgeber und Druckausübendem. Nur wenn dem Dritten eine entsprechende Rolle im Kündigungsszenario zukommt, ist eine Übertragung des Ergebnisses unter (2) in Fällen echter Druckkündigungen überhaupt denkbar.

Für eine Vergleichbarkeit spricht zunächst die wirtschaftlich bedeutsame Position, die der Dritte in typischen Druckkündigungsszenarien einnimmt. Sie ermöglicht ihm die Beeinflussung des Kündigungsausspruchs infolge der Inszenierung des betriebsbedingten Kündigungsgrundes. Der unter Druck gesetzte Arbeitgeber wird von ihm quasi als eine Art Werkzeug benutzt, um sein verpöntes Entlassungsbegehren durchzusetzen. Der Druckausübende besitzt dementsprechend im Verhältnis zum betreffenden Arbeitnehmer eine arbeitgeberähnliche Machtstellung.

---

883 S. bereits ausführlich unter Kap. C. IV. 2.

(c) Entscheidende Unterschiede in Druckkündigungsfällen

Ginge man jedoch allein aufgrund des Einflusses des Dritten auf den Kündigungsausspruch von der Unvereinbarkeit der Kündigung mit dem AGG aus, würde dies widersprüchliche Konsequenzen mit sich bringen. Es darf insgesamt nicht übersehen werden, dass Druckkündigungssituationen zwei Akteure hervorbringen, die regelmäßig unterschiedliche Handlungsmotive verfolgen. Der Arbeitgeber ist trotz der Machtposition des Druckausübenden weiterhin am Kündigungsszenario beteiligt. Er als Kündigungsberechtigte ist nach wie vor derjenige, der die Kündigung ausspricht und insbesondere für die damit verbundenen Folgen einstehen bzw. haften muss. Würde der verpönten Motivation des Druckausübenden dennoch die gleiche kündigungsrechtliche Bedeutung zugemessen wie der des Arbeitgebers, würde dies denknotwendig zu einer faktischen Zurechnung des diskriminierenden Drittverhaltens führen. Dem Arbeitgeber kann jedoch weder die Motivation des Dritten noch seine entsprechende Handlungsweise angelastet werden.[884] Eine Zurechnung von inneren Tatsachen bzw. subjektiven Willensrichtungen ist dem nationalen Recht fremd. Darüber hinaus muss eine Zurechnung nach zivilrechtlichen Maßstäben selbst dann ausscheiden, wenn ausschließlich an die Benachteiligungshandlung des Dritten angeknüpft wird.[885] Eine solche setzt nämlich denknotwendig die Wahrnehmung von Arbeitgeberpflichten voraus.[886] In Druckkündigungsfällen handelt der Außenstehende jedoch gerade eigenmächtig und ist auch im Übrigen infolge der Druckausübung eher als Gegenspieler des Arbeitgebers zu verstehen. Ist eine Zurechnung demnach ausgeschlossen, muss es im Rahmen der Wirksamkeitsbeurteilung der Kündigung auch weiterhin ausschließlich auf den Kündigungsanlass des Arbeitgebers ankommen. Sein Handlungsgrund ist folgerichtig auch entscheidend für die Beurteilung der Vereinbarkeit der Kündigung mit den Diskriminierungsverboten.

Der Kündigungsberechtigte selbst weist in echten Druckkündigungsszenarien kein benachteiligendes Kündigungsmotiv auf. Er verfolgt in der Regel objektiv nachvollziehbare Gründe. So ist aufgrund der mit dem Entlassungsverlangen verbundenen Drohung häufig die wirtschaftliche Existenz des Arbeitgebers gefährdet. Je nach konkreter Person des Druckausübenden handelt der Arbeitgeber beispielsweise zur Aufrechterhaltung des Betriebsfriedens oder auch zur Verhinderung des Verlustes eines sogenannten Key Accounts. Der Kündigungsaus-

884 Vgl. allgemein ErfK/*Schlachter*, § 7 AGG Rn. 8; *Barth*, BB 2009, 2646, 2650.

885 Vgl. zur allgemeinen Bedeutung einer Zurechnung nach § 278 BGB i.R.d. AGG u.a. *Bauer/Göpfert/Krieger*, § 7 AGG Rn. 35ff.; *Göpfert/Siegrist*, ZIP 2006, 1710, 1711.

886 Vgl. *Simon/Greßlin*, BB 2007, 1782, 1783; *Waltermann*, JuS 2009, 193, 196; *Kock*, MDR 2006, 1088, 1091.

spruch ist daher maßgeblich durch die Abwehr wirtschaftlicher Nachteile motiviert. Der Kündigungsanlass des Arbeitgebers wird in den typischen Fallgestaltungen daher mit dem objektiven betriebsbedingten Kündigungsgrund korrespondieren.

Zwar kann das Drittverhalten in echten Druckkündigungsfällen im Rahmen der Kündigungsbewertung nicht völlig außen vor gelassen werden. Anders als in unechten Druckkündigungsszenarien ist die Druckausübung nämlich maßgeblich für die Betriebsbedingtheit der Kündigung und erlangt damit zumindest mittelbare Bedeutung im Rahmen des Kündigungsgrundes. Die Trennung von Druckausübung und selbständigem Kündigungsrecht gestaltet sich insoweit in echten Druckkündigungsfällen schwieriger. Entscheidend ist jedoch, dass das benachteiligende Drittverhalten gerade nicht „wegen" seines verpönten Anlasses zur Begründung der Kündigung herangezogen wird.[887] Allein durch die Berücksichtigung des wirtschaftlichen Drucks als Kündigungsgrund knüpft der Arbeitgeber nicht selbst an ein Merkmal im Sinne des § 1 AGG an.[888] Kündigungsgrundlage werden allein die nachteilhaften Auswirkungen des Drittverhaltens und nicht die verpönte Abberufungsintention des Außenstehenden. Die diskriminierenden Drittmotive haben keine Bedeutung für die Kündigungsentscheidung des Arbeitgebers.[889] Dementsprechend stützt dieser die Kündigung auch nicht auf solche. Dies gilt unabhängig davon, ob der Arbeitgeber die diskriminierende Druckausübungsmotivation des Außenstehenden wahrnimmt oder nicht.

Selbst im Falle der Kenntnisnahme bestimmen die Drittmotive regelmäßig nicht die Kündigungsentscheidung. Der Arbeitgeber wird nämlich in den maßgeblichen Fällen der Abberufung eines Arbeitnehmers, welcher kein kündigungsrelevantes Verhalten an den Tag gelegt hat, grundsätzlich ablehnend gegenüber stehen und demgemäß auch nicht die ungerechtfertigten Motive des Dritten übernehmen. Anderenfalls würde nämlich schon kein Handlungsdruck mehr bestehen, sondern der Arbeitgeber aus freien Stücken agieren.[890]

Zur Vermeidung einer faktischen Zurechnung fremder Handlungsintentionen muss die Frage nach einer diskriminierenden Einfärbung der Kündigung in Fäl-

---

887 Anders *Thüsing*, Arbeitsrechtl. Diskriminierungsschutz, Rn. 690.

888 Vgl. auch BAG 24.9.2009 a.a.O. (Fn. 514), der im Falle einer Benachteiligung durch Dritte auf eine subjektive Billigung durch Vorgesetzte abstellt; zum Erfordernis eines subjektiven Anknüpfens an ein verpöntes Merkmal vgl. auch Däubler/Bertzbach-*Schrader/Schubert*, § 3 AGG Rn. 37.

889 Vgl. *Annuß*, BB 2006, 1629, 1631, der betont, dass das betreffende Merkmal bei der Entscheidungsfindung zwar nicht die einzige, aber eine unmittelbare Rolle spielen muss.

890 S. hierzu bereits unter Kap. B. II. 2. b. aa. (2) (a); vgl. diesbzgl. auch BAG 24.9.2009 a.a.O. (Fn. 514), das u.a. darauf abstellt, ob diskriminierende Handlungen Dritter v. Vorgesetzten gebilligt wurden.

len, in denen ein Dritter Einfluss auf das Bestehen eines objektiven Kündigungsgrundes hat, ausschließlich anhand der inneren Handlungsgründe des Kündigungsberechtigten beurteilt werden.[891]

Auch wenn die Vorgehensweise des BAG im Rahmen seines Urteils vom 6.11.2008 zunächst den Eindruck vermittelt, als würde bereits eine rein objektive AGG-rechtliche Einfärbung des Kündigungssachverhalts zum Wegfall des Kündigungsgrundes führen,[892] darf dabei Folgendes nicht übersehen werden: Der vom BAG zu entscheidende Sachverhalt bildete ein „normales" Kündigungsszenario ab. In einem solchen kann der Kündigungsgrund ohne weiteres allein auf objektiv benachteiligende Tendenzen untersucht werden, denn diese können ausschließlich Aufschluss über einen entsprechenden Handlungsantrieb bzw. eine Merkmalsanknüpfung des Arbeitgebers geben. Das Tatbestandsmerkmal „wegen" hängt damit in üblichen Kündigungsfällen zwangsläufig mit dem vom Arbeitgeber zugrundegelegten Kündigungsgrund zusammen. Allein anhand objektiver Indizien kann auf entsprechende arbeitgeberseitige Motive geschlossen werden. Im Umkehrschluss muss seine subjektive Kündigungsintention auch nicht näher beleuchtet werden, wenn sie sich bereits in dem von ihm angeführten Kündigungsgrund widerspiegelt.[893]

Dies ist in Druckkündigungsfällen jedoch gerade anders. Der Druckausübende kann Einfluss nehmen auf Kündigungsgrund und Kündigungsausspruch, ohne dass er hierzu vertraglich bzw. gesetzlich legitimiert ist. Allein durch die richterrechtliche Anerkennung ungerechtfertigten Drucks Außenstehender als mögliche Kündigungsgrundlage sind nun faktisch zwei unterschiedliche Personen am Kündigungsszenario beteiligt.[894] Dementsprechend reicht es hier nicht wie in üblichen Kündigungsfällen aus, den Kündigungsgrund allein nach objektiv benachteiligenden Indizien zu untersuchen; letztere lassen nämlich nicht zwangsläufig auf eine entsprechende Motivation des Arbeitgebers schließen. Während der Arbeitgeber in „normalen" Kündigungsszenarien den Kündigungsanlass und damit eine etwaige AGG-widrige Einfärbung des Kündigungsgrundes steuern kann, ist er in Druckkündigungssituationen indes häufig nicht in der Lage, das Drittverhalten zu verhindern. Gerade im Falle einer Druckkündigung wirkt demzufolge das Tatbestandsmerkmal „wegen" nicht nur als Mittel zum Kausalitätsnachweis, sondern auch als Korrektiv in subjektiver Hinsicht. Für die Überprüfung der Kündigung selbst muss es daher auch in echten Druckkündigungsfällen

---

891 Ähnlich *Bauer/Göpfert/Krieger*, § 7 AGG Rn. 10; ErfK/*Schlachter*, § 7 AGG Rn. 8.

892 Vgl. insoweit BAG 6.11.2008 a.a.O. (Fn. 628).

893 Ausnahme: Der Kündigungsanlass ist diskriminierender Natur u. bildet den wahren bzw. einen mitentscheidenden Kündigungsgrund, s. bereits unter Kap. F. II. 2. c. bb. (2) (e).

894 Vgl. insoweit auch hinsichtl. der Ermittlung des Merkmals „wegen" im Falle einer Entscheidung durch eine Personenmehrheit *Bauer/Göpfert/Krieger*, § 7 AGG Rn. 10.

ausschließlich auf die Motivation desjenigen ankommen, der die Kündigung ausspricht.[895] Wie bereits dargelegt, hat die AGG-widrige Druckerzeugungsintention des Dritten regelmäßig keine Bedeutung für die arbeitgeberseitige Kündigungsentscheidung.[896] Allein die Auswirkungen des Drittverhaltens, nicht der Handlungsanlass des Druckausübenden werden Kündigungsgrundlage. Der Arbeitgeber knüpft dementsprechend bei Kündigungsausspruch in keiner Weise an ein Merkmal im Sinne des § 1 AGG an.

Der einzige Berührungspunkt von verpönter Drittforderung und Kündigung besteht letztlich darin, dass sich der Druckausübende zur Durchsetzung der angestrebten Zurücksetzung des betreffenden Arbeitnehmers der Person des Arbeitgebers quasi als verlängerten Arm bedient. Die maßgeblichen Fallgestaltungen sind dementsprechend vergleichbar mit den typischen Konstellationen einer mittelbaren Täterschaft im Sinne des StGB.[897] Der Druckausübende nutzt den „merkmalslos" handelnden Arbeitgeber einzig als „Zurücksetzungswerkzeug", um seine diskriminierenden Motive durchzusetzen. Entsprechend der strafrechtlichen Rechtsfolgen hat diese Vorgehensweise auch in AGG-rechtlicher Hinsicht ausschließlich Konsequenzen für den Dritten als einzigen Diskriminierungstäter.[898] Je nach Intensität seiner Druckausübung setzt der Außenstehende seine Forderung durch oder nicht. Reicht der Druck aus, um die Kündigungsforderung zu realisieren, begeht allein er eine vollendete Benachteiligung im Sinne des § 7 AGG.[899] Wie dargelegt, kann dem Arbeitgeber lediglich eine Zurücksetzung in Form des Kündigungsausspruchs vorgeworfen werden, nicht aber eine verpönte Handlungsintention.

Reicht der diskriminierende Druck nicht aus, um den Arbeitgeber in eine wirtschaftlich nachteilhafte Position zu bringen, wird er denknotwendig auch keine Druckkündigung aussprechen. In diskriminierungsrechtlicher Hinsicht hat dies zur Folge, dass der Dritte „nur" den Anweisungstatbestand des § 3 Abs. 5 AGG erfüllt.[900]

---

895 Vgl. auch Erfordernis eines Zurechnungszusammenhangs bei Däubler/Bertzbach-*Schrader/Schubert*, § 3 AGG Rn. 37.

896 Vgl. *Annuß*, BB 2006, 1629, 1631, der betont, dass das betreffende Merkmal bei der Entscheidungsfindung zwar nicht die einzige, aber eine unmittelbare Rolle spielen muss.

897 Zu den strafrechtlichen Anforderungen an die Konstellation einer mittelbaren Täterschaft vgl. *Fischer*, § 25 StGB Rn. 4; BGH 15.9.1988 – 4 StR 352/88, NJW 1989, 912ff.; BGH 26.7.1994 – 5 StR 98/94, StV 1994, 534ff.; BGH 23.9.2003 – 3 StR 294/03, NStZ-RR 2004, 9f.; s. hierzu auch nachfolgend unter Kap. F. II. 3. d. cc. (6) (c).

898 Vgl. hinsichtl. der strafrechtlichen Täterkonstruktion *Fischer*, § 25 StGB Rn. 4.

899 S. hierzu bereits unter Kap. C. IV. 2. a. cc.; i.E. ebenfalls für die Möglichkeit der Verwirklichung eines Benachteiligungstatbestandes in mittelbarer Täterschaft *Bauer/Göpfert/Krieger*, § 3 AGG Rn. 66.

900 Anders *Thüsing*, Arbeitsrechtl. Diskriminierungsschutz, Rn. 298/690.

Entscheidend ist, dass die Anweisung in beiden Fallvarianten in AGG-rechtlicher Hinsicht fehlschlägt, denn der Dritte ruft regelmäßig keinen verpönten Tatentschluss in der Person des Arbeitgebers hervor. Auch wenn die Druckkündigung ausgesprochen wird und damit das Drittbegehren faktisch befriedigt wird, darf nicht übersehen werden, dass der Arbeitgeber nicht verpönt motiviert handelt und demnach selbst keine Diskriminierung begeht.

Durch die kündigungsrechtliche Berücksichtigung der Drucksituation findet der verpönte Gehalt des Drittverhaltens allenfalls mittelbar Eingang in den Kündigungsausspruch. Folgerichtig könnte dem Arbeitgeber höchstens ein Benachteiligungsvorwurf im Sinne des § 3 Abs. 2 AGG gemacht werden,[901] da hier nicht die Motivation des Handelnden, sondern vielmehr die objektiven Wirkungen seines Handelns im Vordergrund stehen.[902] Wie bereits in Kapitel C angedeutet, wäre ein solcher Verstoß jedoch infolge der konkret drohenden schweren wirtschaftlichen Gefahren bereits auf Tatbestandsebene gerechtfertigt.[903]

Gleiches gilt im Übrigen, wenn das Abberufungsverlangen lediglich mittelbar diskriminierend wirkt. Auch hier ist das Anknüpfen des Arbeitgebers an die in Aussicht gestellten wirtschaftlichen Schäden bereits ein tauglicher Sachgrund im Sinne des § 3 Abs. 2 AGG für die von ihm infolge des Drucks ausgesprochenen Kündigungen.

Die Ungerechtigkeit, die hierin insgesamt für den betreffenden Arbeitnehmer zu erblicken ist, der aufgrund des diskriminierenden Drittverhaltens seinen Arbeitsplatz verliert, beruht allein auf der generellen Möglichkeit, ungerechtfertigten Druck von dritter Seite zur Begründung einer Kündigung heranziehen zu dürfen.[904] Dadurch, dass die Rechtsprechung unbegründeten Entlassungsdruck als betriebsbedingten Kündigungsgrund einstuft, wird der Nährboden für derartige Folgeprobleme geschaffen. Im Falle einer diskriminierenden Druckausübung durch einen Außenstehenden werden die Schwächen einer solchen Vorgehensweise lediglich besonders deutlich.

---

901 Der Vorwurf einer mittelbaren Benachteiligung setzt eine entsprechende Anwendung des § 3 Abs. 2 AGG im Falle v. Einzelmaßnahmen wie einer Druckkündigung voraus.

902 Vgl. *Preis*, ZESAR 2007, 308, 311; *Maier-Reimer*, NJW 2006, 2577, 2579; Däubler/Bertzbach-*Däubler*, § 1 AGG Rn. 20.

903 S. unter Kap. C. IV. 2. b.

904 So auch *Deinert*, RdA 2007, 275, 283.

(d) Vereinbarkeit der Lösung mit den „customer preferences"-Grundsätzen im Rahmen des § 8 AGG unter Berücksichtigung der US-amerikanischen Rechtsprechung

Im Rahmen des allgemeinen Rechtfertigungsgrundes des § 8 AGG wird die Einflussnahme Dritter auf die Festlegung bzw. Gestaltung des Arbeitsplatzprofils ebenfalls diskutiert. In diesem Zusammenhang wird eine Berücksichtigung von Kundenwünschen zur arbeitgeberseitigen Begründung einer entsprechenden beruflichen Anforderung vielfach abgelehnt, wenn die Kundenwünsche auf diskriminierenden Vorurteilen oder Klischees beruhen.[905] Der rechtliche Umgang mit dieser Problematik lehnt sich an das US-amerikanische Antidiskriminierungsrecht an, welchem im Rahmen der Entwicklung der europäischen Vorgaben eine Orientierungs- bzw. Vorbildfunktion zukommt.[906] Die US-amerikanische Rechtsprechung lehnt die Rechtfertigung einer Benachteiligung auf Grundlage sogenannter „customer preferences" grundsätzlich ab.[907] Sie betont ebenso wie die guidelines der Equal Employment Opportunity Commission (EEOC), dass Vorlieben von Kunden und Mitarbeitern im Allgemeinen nicht geeignet seien, eine unmittelbare geschlechtsspezifische Diskriminierung zu legitimieren.[908]

Diese Vorgehensweise im Rahmen des § 8 Abs. 1 AGG spricht auf den ersten Blick dafür, dass der Arbeitgeber diskriminierenden Motiven Dritter in keinem Fall nachgeben darf, um eine Zementierung von Vorurteilen zu vermeiden.[909] Ob hieraus – losgelöst von den Voraussetzungen des § 8 Abs. 1 AGG – ein allgemeiner Rechtsgrundsatz abgeleitet werden kann, der auch in Fällen echter Druckkündigungen einen Verstoß des Arbeitgebers gegen § 7 AGG nach sich zieht, ist jedoch zu bezweifeln. Auch wenn die Problematik „customer preferences" im Rahmen des § 8 Abs. 1 AGG zunächst den Eindruck entstehen lässt, dass Fälle diskriminierender Drittmotive letztlich doch generell geeignet sind,

---

905 Vgl. u.a. *Bauer/Göpfert/Krieger*, § 8 AGG Rn. 29; *Thüsing*, Arbeitsrechtl. Diskriminierungsschutz, Rn. 334; Däubler/Bertzbach-*Brors*, § 8 AGG Rn. 10f.; s. auch Nichtberücksichtigung unsubstantiierter Berufung auf diskriminierende Kundenwünsche durch EuGH 10.7.2008 – C–54/07 (Feryn), NZA 2008, 929; zu den unterschiedlichen Auffassungen im Einzelnen s. *Krause*, FS Adomeit 2009, 377, 383f.; *Lobinger*, EuZA 2009, 365, 372ff.

906 Vgl. *Thüsing*, Sonderbeilage NZA 2004/Heft 22, 3; *Krause*, FS Adomeit 2009, 377, 381.

907 Vgl. u.a. Grdl. Diaz v. Pan Am World Airways, 442 F.2d 385 (5th Cir. 1971); Dothard v. Rawlinson, 433 U.S. 321 (1977); vgl. auch *Thüsing*, Arbeitsrechtl. Diskriminierungsschutz, Rn. 334; *Thüsing*, RdA 2001, 319, 323f.(zu § 611a BGB); *Bauer/Göpfert/Krieger*, § 8 AGG Rn. 29; *Krause*, FS Adomeit 2009, 377, 381.

908 Vgl. „Sex as a bona fide occupational qualification": 29 C.F.R. § 1604.2 a) iii); vgl. auch Diaz v. Pan Am World Airways, 442 F.2d 385 (5th Cir. 1971); Dothard v. Rawlinson, 433 U.S. 321 (1977).

909 Vgl. *Kock*, MDR 2006, 1088, 1090.

die streitgegenständliche arbeitgeberseitige Maßnahme AGG-widrig einzufärben, kann diesem durch eine nähere Betrachtung der Anwendungsfälle des § 8 Abs. 1 AGG entgegen getreten werden. Es bestehen nämlich nicht unerhebliche Unterschiede zwischen den Problemfällen des Rechtfertigungstatbestandes und echten Druckkündigungssituationen, denen ein diskriminierendes Drittverhalten zugrunde liegt.

In den maßgeblichen Konstellationen des § 8 Abs. 1 AGG kann bereits das Anführen einer bestimmten Marktausrichtung ausschlaggebend sein,[910] während in Druckkündigungen hingegen konkreter Druck erfolgen muss, dessen diskriminierender Gehalt zudem für den Arbeitgeber nicht zwingend erkennbar ist. Ferner ist zu beachten, dass § 8 Abs. 1 AGG auf einer direkten Merkmalsanknüpfung des Arbeitgebers aufbaut.[911] Anders als in den typischen Druckkündigungsfällen zeichnet der Arbeitgeber mit der Festlegung eines generellen merkmalsabhängigen Anforderungsprofils die diskriminierende Einstellung der Kunden bewusst nach. Hierdurch macht er das verpönte Merkmal zur Grundlage der eigenen unternehmerischen Entscheidung.[912] In den Problemfällen der Norm verstößt der Arbeitgeber daher selbst gegen § 7 Abs. 1 AGG, weil er ein benachteiligendes Merkmal, das sich in Kundenerwartungen widerspiegelt, aufgreift und über die Formulierung eines entsprechenden Unternehmenskonzeptes rechtfertigen will.[913] In Druckkündigungsszenarien hingegen werden die verpönten Motive des Dritten vom Arbeitgeber nicht übernommen, sondern regelmäßig abgelehnt. Diese Unterschiede bestätigen, dass der Arbeitgeber mit dem Ausspruch der Druckkündigung keine eigenständige Benachteiligung im Sinne des § 7 Abs. 1 AGG begeht.

Darüber hinaus wird vielfach selbst innerhalb des Anwendungsbereichs des § 8 AGG eine Grenze für Fälle wirtschaftlicher Existenzbedrohungen befürwortet.[914] So wird argumentiert, dass der Unternehmer nicht in Kauf nehmen müsse, den Bestand seines Unternehmens zur Durchsetzung des AGG zu gefährden. Er selbst könne deshalb ausnahmsweise nach Kriterien im Sinne des § 1 AGG differenzieren, wenn die Fortführung seiner unternehmerischen Tätigkeit auf dem

910 Vgl. u.a. *Boemke/Danko*, § 6 Rn. 9; *Annuß*, BB 2006, 1629, 1632f.

911 Vgl. *Nollert-Borasio/Perreng*, § 8 AGG Rn. 2.

912 Vgl. parallel hierzu im Hinblick auf § 611a BGB a.F. *Thüsing*, RdA 2001, 319, 325; vgl. auch BAG 28.5.2009 a.a.O. (Fn. 554).

913 Vgl. Däubler/Bertzbach-*Brors*, § 8 AGG Rn. 15; *Linsenmaier*, Sonderbeilage RdA 2003/Heft 5, 22, 26.

914 Vgl. *Thüsing*, Arbeitsrechtl. Diskriminierungsschutz, Rn. 337; *Thüsing*, RdA 2001, 319, 325; anders Däubler/Bertzbach-*Brors*, § 8 AGG Rn. 17, wonach zumindest eine Beeinträchtigung der Wettbewerbsfähigkeit hingenommen werden muss; differenzierend *Krause*, FS Adomeit 2009, 377, 390.

Spiel stehe.[915] Zur Eindämmung einer Missbrauchsgefahr wird innerhalb dieser Ansicht vielfach ein konkreter Tatsachenvortrag des Arbeitgebers gefordert.[916] Anderenfalls könnte er in sämtlichen Benachteiligungssituationen schlichtweg auf entsprechende Kundenvorlieben verweisen; der Schutzzweck des § 7 AGG würde leer laufen.[917]

Auch US-amerikanische Gerichte knüpfen unter engen Voraussetzungen ausnahmsweise an wirtschaftliche Umstände zwecks Rechtfertigung einer Ungleichbehandlung an. So betonte etwa das zuständige District Court im Fall EEOC v. Audrey Sedita, dass Einwände von weiblichen Fitnessklub-Mitgliedern gegen männliche Kursleiter zwar grundsätzlich nicht geeignet seien, geschlechtsspezifische Unterscheidungen über ein entsprechendes berufliches Anforderungsprofil zu rechtfertigen; anders sei dies jedoch, wenn eine konkrete Gefahr für die wirtschaftliche Existenz des Unternehmens bestünde.[918] Im zu entscheidenden Fall hatten 10.000 Kunden schriftlich gegenüber einem Fitnessclub-Inhaber erklärt, dass sie ihre Mitgliedschaft im Falle der Einstellung von Männern kündigen würden.[919]

Dieser Ausnahmetatbestand korrespondiert mit der Rechtsprechung in Druckkündigungsfällen, die der Bewertung im Rahmen dieses Kapitels zugrunde gelegt wurde. Berücksichtigt man schwerwiegende wirtschaftliche Gefahren in bestimmten Ausnahmefällen selbst innerhalb des Anwendungsbereichs des § 8 AGG, kann folglich auch kein absoluter Rechtsgrundsatz abgeleitet werden, wonach diskriminierenden Drittforderungen in keinem Fall nachgegangen werden darf.

(e) Bestätigung der Trennung durch den Regelungsgehalt des § 12 AGG

Die Trennung zwischen AGG-widrigem Drittverhalten und AGG-konformer Kündigung in Druckkündigungsfällen wird im Übrigen durch den Regelungsgehalt des § 12 AGG bestätigt. Die Norm verdeutlicht das generelle Erfordernis

---

915 Vgl. *Boemke/Danko*, § 6 Rn. 9; *Thüsing*, Arbeitsrechtl. Diskriminierungsschutz, Rn. 337; vgl. auch zu § 611a BGB a.F. *Eich*, NJW 1980, 2329, 2331; anders hingegen KR/*Pfeiffer*, 7. Aufl., § 611a BGB Rn. 54.

916 So *Boemke/Danko*, § 6 Rn. 9; *Annuß*, BB 2006, 1629, 1633; vgl. auch EuGH 10.7.2008 – (Feryn) a.a.O. (Fn. 905), der den unsubstantiierten AG-seitigen Verweis auf entsprechende Kundenwünsche unberücksichtigt lässt; vgl. diesbzgl. auch *Lobinger*, EuZA 2009, 365, 371ff.

917 Vgl. ErfK/*Schlachter*, § 8 AGG Rn. 3; Schleusener/Suckow/Voigt-*Schleusener*, § 8 AGG Rn. 16.

918 Problematik wird ebenfalls unter dem Stichwort „bona fide qualification" diskutiert; vgl. *EEOC v. Audrey Sedita*, 755 F. Supp. 808, 810–11 (N.D. Ill. 1991); vgl. hierzu auch *Thüsing*, Arbeitsrechtl. Diskriminierungsschutz, Rn. 337.

919 Vgl. *Thüsing*, Arbeitsrechtl. Diskriminierungsschutz, Rn. 337.

einer Trennung zwischen Arbeitgeberverhalten und Dritthandlungen. Die Absätze 3 und 4 der Bestimmung bestätigen, dass Verstöße gegen § 7 Abs. 1 AGG durch betriebsinterne bzw. -externe Dritte nicht „automatisch" dem Arbeitgeber zugerechnet werden können, Letzerer aber dennoch bei entsprechendem AGG-widrigen Drittverhalten nicht passiv bleiben darf.[920] Die Absätze 3 und 4 des § 12 AGG legen fest, inwieweit der Arbeitgeber in Fällen diskriminierenden Drittverhaltens zum Handeln verpflichtet ist, indem sie ihm gewisse Schutzverpflichtungen im Hinblick auf seine Beschäftigte auferlegen.[921] § 12 AGG baut insofern die erforderliche Brücke zwischen diskriminierenden Eingriffen Dritter in den Betrieb und einer diesbezüglichen Abwehrverpflichtung bzw. Haftung des Arbeitgebers.

Wie weit die Schutzpflichten des Arbeitgebers in echten Druckkündigungsfällen konkret reichen und insbesondere inwieweit sie geeignet sind, den Kündigungsausspruch selbst zu beeinflussen, wird nachfolgend unter dem Gliederungspunkt 3. untersucht.

(f) Zwischenergebnis

Ein erkennbar diskriminierender Kündigungsanlass ist grundsätzlich im Rahmen der kündigungsrechtlichen Bewertung zu berücksichtigen, wenn dieser tragend für den Kündigungsausspruch ist. Insoweit ist das AGG-widrige Handlungsmotiv auch geeignet, einen objektiv bestehenden Kündigungsgrund zu verdrängen.

Allerdings lassen sich diese allgemeinen Grundsätze zur Berücksichtigung einer verpönten Motivation nicht auf Fälle diskriminierender Drittmotive im Rahmen eines Druckkündigungsszenarios übertragen. Für den Ausspruch der Kündigung und damit denknotwendig auch für ihre rechtliche Bewertung kommt es trotz der Machtstellung des Dritten nach wie vor ausschließlich auf die Beweggründe des Kündigungsberechtigten an.

Der Arbeitgeber legt der Kündigung allein durch die Berücksichtigung des Drucks im Rahmen des betriebsbedingten Kündigungsgrundes nicht zugleich auch die diskriminierenden Drittmotive zugrunde. Eine solch weite Auslegung des Merkmals „wegen" würde eine faktische Zurechnung der Drittmotivation zu Lasten des Arbeitgebers und damit eine unzulässige Vermischung unterschiedlich intendierter Handlungsstränge bedeuten.[922] Der Arbeitgeber knüpft ausschließlich an die Auswirkungen des Drittverhaltens an. Allein der Dritte verübt

---

920 Vgl. auch BT-Drs. 16/1780, S. 38.

921 Zum allgemeinen Regelungsgehalt der Abs. 3 u. 4 s. bereits unter Kap. C. V. 2. c./d.

922 Ähnlich in Bezug auf § 15 AGG *Kock*, MDR 2006, 1088, 1091.

durch seine verpönte Entlassungsforderung eine Benachteiligung im Sinne des § 7 Abs. 3 AGG.

Die diskriminierenden Motive des Druckausübenden erlangen nur dann Bedeutung im Rahmen der Kündigungsbewertung, wenn der Arbeitgeber sie billigt bzw. übernimmt und damit selbst zur Kündigungsgrundlage macht. Dies ist jedoch in typischen Druckkündigungsfällen gerade nicht der Fall.

Diesem Ergebnis widerspricht auch nicht die Vorgehensweise im Falle diskriminierender Kundenwünsche, welche sich im Rahmen des § 8 AGG in Anlehnung an die US-amerikanische Rechtsprechung entwickelt hat. Die typische Handlungsweise des Arbeitgebers im Rahmen der maßgeblichen Problemkonstellationen der Norm ist mit seinem Verhalten in echten Druckkündigungssituationen nicht vergleichbar. Zudem wird selbst im Falle einer eigenständigen Benachteiligung durch den Arbeitgeber ausnahmsweise eine Rechtfertigung bei bestimmten wirtschaftlichen Gefahren für den Betrieb befürwortet.

Die Trennung von Dritt- und Arbeitgeberverhalten im Rahmen echter Druckkündigungen wird ferner durch den Regelungsgehalt des § 12 AGG bestätigt.

cc. Verstoß gegen § 7 Abs. 1 AGG durch Duldung des diskriminierenden Drittverhaltens?

Letztlich ist ein Verstoß des Arbeitgebers gegen das arbeitsrechtliche Diskriminierungsverbot nur noch denkbar, wenn die Kündigung als Ausdruck des pflichtwidrigen Duldens des diskriminierenden Drittverhaltens verstanden würde. Ein solches rechtliches Zurechnungskonstrukt setzt jedoch zunächst voraus, dass der Arbeitgeber die verpönte Handlungsintention des Außenstehenden erkennt. Wie bereits dargelegt, ist dies mit Blick auf die Möglichkeit verdeckter (Dritt-) Benachteiligungen nicht zwingend der Fall.[923]

Selbst wenn aber die verpönten Beweggründe des Druckausübenden offenkundig sind, bedeutet dies nicht zugleich ein Verstoß des Arbeitgebers gegen § 7 Abs. 1 AGG.[924] Zwar kann argumentiert werden, dass der Arbeitgeber mit dem Ausspruch der Kündigung kommuniziert, dass er das Drittverhalten hinnimmt bzw. Gegenmaßnahmen unterlässt und er damit letztlich selbst benachteiligend agiert. Eine solche Lösung würde jedoch den Regelungsgehalt des § 12 AGG übergehen. Die Norm kann nicht nur zur generellen Bestätigung der AGG-rechtlichen Unterscheidung von Arbeitgeber- und Drittverhalten herangezogen werden.[925] Vielmehr hat der Gesetzgeber durch sie auch zum Ausdruck gebracht,

923 S. bereits unter Kap. E. II. 2. a sowie unter Kap. F. I.

924 Das BAG hat diese Frage in seiner Entscheidung v. 24.9.2009 a.a.O. (Fn. 514) offen gelassen.

925 S. bereits unter Kap. F. II. 2. c. bb. (3) (e).

inwieweit dem Arbeitgeber selbst ein Verstoß gegen das AGG vorgeworfen werden kann, wenn er eine Benachteiligung seiner Arbeitnehmer durch betriebsinterne bzw. -externe Personen duldet. Insbesondere verdeutlichen die Bestimmungen der Absätze 3 und 4 den konkreten Haftungsumfang des Arbeitgebers in Fällen diskriminierenden Drittverhaltens. Demnach bedeutet das Nichtergreifen von Abwehrmaßnahmen nicht zugleich eine eigenständige Benachteiligung durch Unterlassen bzw. Dulden im Sinne des § 7 Abs. 1 AGG.[926] Nimmt man eine solche Rechtsfolge unabhängig von den Anforderungen des § 12 AGG an, bedeutete dies denknotwendig eine grenzenlose Einstandspflicht des Arbeitgebers für Dritte. Der Regelungsgehalt des § 12 Abs. 3, 4 AGG wäre überflüssig. Zur Vermeidung eines solchen Ergebnisses ist zwischen einem eigenständigen arbeitgeberseitigem Verstoß gegen § 7 Abs. 1 AGG einerseits und einem Drittverstoß gegen § 7 AGG, mit der Folge des Eingreifens des § 12 AGG im Hinblick auf die Beurteilung des Arbeitgeberverhaltens andererseits, zu unterscheiden.[927]

Dies gilt selbst für den Fall der Nichterfüllung der Anforderungen des § 12 AGG. Zwar besteht hier nicht die Gefahr der Umgehung seiner tatbestandlichen Voraussetzungen, jedoch wird die gesetzgeberische Wertung auf Rechtsfolgenebene untergraben. Es sprechen bereits gesetzessystematische Anforderungen gegen eine „Konnexität" von § 7 Abs. 1 AGG und § 12 AGG. Das Benachteiligungsverbot des § 7 Abs. 1 AGG und die Schutzverpflichtung des Arbeitgebers aus § 12 AGG befinden sich in unterschiedlichen Unterabschnitten des AGG und verweisen auch im Übrigen nicht aufeinander.[928] Hierdurch wird die gesetzgeberische Intention einer Trennung der beiden Anwendungsbereiche deutlich. Die Regelungsgehalte der Normen weisen zudem inhaltliche Unterschiede auf, die nicht über die Konstruktion einer Unterlassungstäterschaft umgangen werden dürfen.[929] Während § 7 Abs. 1 AGG eine verpönt motivierte Benachteiligungshandlung des Arbeitgebers fordert, setzt eine Verletzung des § 12 AGG hingegen nicht zwangsläufig voraus, dass die Vernachlässigung der Fürsorgepflicht „wegen" eines Merkmals im Sinne des § 1 AGG erfolgt.

926 Ähnlich zur Frage der Gleichsetzung einer Verletzung des § 12 AGG mit einem Verstoß gg. § 7 AGG *Simon/Greßlin*, BB 2007, 1782, 1784; im Ergebnis so auch *Kock*, MDR 2006, 1088, 1091; *Göpfert/Siegrist*, ZIP 2006, 1710, 1711; anders hingegen *Nollert-Borasio/Perreng*, § 12 AGG Rn. 16.

927 Vgl. *Hey*, § 12 AGG Rn. 16; ähnlich auch Schleusener/Suckow/Voigt-*Schleusener*, § 8 AGG Rn. 16.

928 So auch *Simon/Greßlin*, BB 2007, 1782, 1784; anders KDZ/*Zwanziger*, 7. Aufl., § 12 AGG Rn. 10.

929 *Simon/Greßlin*, BB 2007, 1782, 1784.

Verwirklicht sich in der Kündigung das pflichtwidrige Dulden einer offenkundigen Drittdiskriminierung, verstößt der Arbeitgeber damit nicht zwingend gegen die Regelung des § 7 Abs. 1 AGG.[930] Wie bereits dargelegt, handelt der Arbeitgeber in Fällen diskriminierenden Entlassungsdrucks nicht „wegen" eines Grundes im Sinne des § 1 AGG.[931] Dementsprechend ist der Vorwurf unterlassener Gegenmaßnahmen in echten Druckkündigungsszenarien, die auf einem verpönten Drittverhalten beruhen, ausschließlich anhand der Tatbestandsvoraussetzungen und Rechtsfolgen des § 12 AGG zu ermitteln. Auf die Frage, inwieweit diese Auswirkungen auf die Wirksamkeitsbewertung der Druckkündigung haben, wird im weiteren Verlauf der Untersuchung eingegangen.

d. Konsequenzen für die rechtliche Bewertung von echten Druckkündigungen unter Berücksichtigung des § 7 Abs. 1 AGG

Die echte Druckkündigung ist trotz des diskriminierenden Drittverhaltens mit dem Regelungsgehalt des § 7 Abs. 1 AGG vereinbar. Das arbeitsrechtliche Diskriminierungsverbot wird ausschließlich durch das Verhalten des Druckausübenden verletzt. Grund für die Kündigung ist bei Zugrundelegung der Rechtsprechung weiterhin allein die konkrete Gefahr schwerer wirtschaftlicher Nachteile. Weder kann dem Arbeitgeber ein aktiver Verstoß gegen § 7 Abs. 1 AGG, noch eine Verletzung der Norm infolge eines im Kündigungsausspruch zum Ausdruck kommenden Duldens der Drittdiskriminierung vorgeworfen werden. Für Letzteres kommt es entscheidend auf die Frage einer Verletzung der Pflichten aus § 12 Abs. 3, 4 AGG an.

§ 12 AGG ist auf Konstellationen, in denen die Diskriminierung von einem Dritten ausgeht, zugeschnitten.[932] Die Vereinbarkeit des Arbeitgeberverhaltens ist demnach in den maßgeblichen Druckkündigungsfällen ausschließlich an den tatbestandlichen Anforderungen dieser Norm zu überprüfen.

Eine solche Vorgehensweise wird zudem den schützenswerten Interessen der Beteiligten gerecht. Zum einen muss sich der Arbeitgeber nicht die von ihm abgelehnte diskriminierende Motivation des Dritten zurechnen lassen, mit der Folge, dass er die Kündigung nicht „wegen" eines verpönten Grundes ausspricht. Auf der anderen Seite wird jedoch den Schutzinteressen des betreffenden Arbeitnehmers Rechnung getragen, indem den Arbeitgeber dennoch Reaktions-

---

930 Vgl. auch ErfK/*Schlachter*, § 12 AGG Rn. 7.

931 S. ausführlich unter Kap. F. II. 2. c. bb. (3) (f).

932 Vgl. zur parallelen Vorgehensweise i.R.d. § 8 AGG Schleusener/Suckow/Voigt-*Schleusener*, § 8 AGG Rn. 16.

pflichten über § 12 Abs. 3 und 4 AGG treffen. Je nach Reichweite dieser Verpflichtung sind zudem schadensersatzrechtliche Sanktionen des diskriminierenden Drittverhaltens denkbar.[933]

3. Beeinflussung der Kündigungsbewertung durch § 12 Abs. 3, 4 AGG

a. Grundsätzliche Bedeutung der Absätze 3 und 4 im Rahmen echter Druckkündigungsszenarien

Wie bereits in Kapitel C ausgeführt, enthält § 12 AGG verschiedene Pflichten, die der Arbeitgeber zum Zwecke der Durchsetzung des Diskriminierungsschutzes im Rahmen seines Betriebs erfüllen muss.[934] Während § 12 Abs. 1 AGG eine generelle (präventive) Schutzverpflichtung konstituiert, konkretisieren die Absätze 3 und 4 die Reaktionspflichten des Arbeitgebers in Fällen diskriminierenden Drittverhaltens.[935]

Die Durchführung einer geeigneten Schulung im Sinne des § 12 Abs. 2 S. 2 AGG entlastet den Arbeitgeber lediglich hinsichtlich seiner Präventivverpflichtung aus § 12 Abs. 1 AGG.[936] Dies verdeutlicht bereits der Regelungsgehalt der Norm. Eine Schulung dient der generellen Sensibilisierung der Beschäftigten für diskriminierendes Verhalten und ist insoweit im Regelfall abstrakt ausgerichtet. Bereits konkret eingetretene Diskriminierungen rufen hingegen einen zusätzlichen fallspezifischen Handlungsbedarf hervor. Dies bestätigt auch die systematische Stellung von § 12 Abs. 2 S. 2 AGG und § 12 Abs. 3, 4 AGG.[937] Handelt es sich bei dem Druckausübenden um einen Beschäftigten, entbinden den Arbeitgeber demzufolge auch zeitnah durchgeführte Schulungsmaßnahmen nicht von seinen Reaktionspflichten aus § 12 Abs. 3 AGG.

In den maßgeblichen Druckkündigungsszenarien liegt die Diskriminierung in der unter Druckausübung realisierten Abberufungsforderung des Dritten begründet. Wie dargelegt, ist aber bereits in der Formulierung der Entlassungsforderung eines druckausübenden Dritten eine Anweisung im Sinne des § 3 Abs. 5 AGG zu

933 S. im Einzelnen nachfolgend unter Kap. G. III.

934 S. bereits ausführlich unter Kap. C. V. 2.

935 Vgl. u.a. *Göpfert/Siegrist*, ZIP 2006, 1710, 1711.

936 Vgl. Däubler/Bertzbach-*Buschmann*, § 12 AGG Rn. 2/19; Schleusener/Suckow/Voigt-*Suckow*, § 12 AGG Rn. 17; Wendeling-Schröder/Stein-*Stein*, § 12 AGG Rn. 3f.; *Willemsen/Schweibert*, NJW 2006, 2583, 2590; anders *Göpfert/Siegrist*, ZIP 2006, 1710, 1717.

937 So auch u.a. Schleusener/Suckow/Voigt-*Suckow*, § 12 AGG Rn. 17.

sehen.[938] Setzt der Druckausübende seine Forderung – trotz eines entgegenstehenden Willens des Arbeitgebers – unter Zuhilfenahme von Drohmitteln durch, verwirklicht er zudem den unmittelbaren bzw. mittelbaren Benachteiligungsbegriff des § 3 AGG. Wie im Rahmen des § 7 AGG erörtert, wird der Arbeitgeber von ihm lediglich als „Werkzeug“ zur Vollziehung der Zurücksetzung benutzt.

Vor diesem Hintergrund muss zur Gewährleistung eines effektiven Diskriminierungsschutzes des betreffenden Arbeitnehmers das Pflichtenprogramm der Absätze 3 und 4 in zeitlicher Hinsicht bereits vor Ausspruch der Druckkündigung greifen. Zu diesem Zeitpunkt hat der Dritte bereits die Anweisung in Form der Formulierung des Entlassungsbegehrens vorgenommen, sodass eine Diskriminierung im Sinne des § 7 Abs. 1 AGG i.V.m. § 3 Abs. 5 AGG vorliegt, auf die es seitens des Arbeitgebers zu reagieren gilt. Würde hingegen erst an den Zeitpunkt nach Durchsetzung des Kündigungsausspruchs und damit nach Vollendung der Benachteiligung im Sinne des § 3 Abs. 1, 2 AGG angeknüpft, kämen die gesetzlich geforderten Gegenmaßnahmen zu spät.

Grundsätzlich wirkt sich eine Verletzung der Schutzpflichten des § 12 AGG lediglich auf Schadensersatzebene aus.[939] Wie bereits im Rahmen der Beurteilung unechter Druckkündigungen mit diskriminierendem Hintergrund angedeutet, gelten für echte Druckkündigungen insoweit jedoch Besonderheiten: Der AGG-Verstoß des Außenstehenden liegt in seiner verpönt motivierten Entlassungsforderung, die unter Druckerzeugung durchgesetzt werden soll, begründet. Die Pflichten nach § 12 Abs. 3, 4 AGG konzentrieren sich folgerichtig auf den Abbau des diskriminierenden Entlassungsdrucks. Nach der Rechtsprechung muss dem Druck des Dritten jedoch bereits in Fällen diskriminierungsfreier Druckkündigungen entgegengewirkt werden. Entsprechend des BAG gebietet es die Fürsorgeverpflichtung des Arbeitgebers, zunächst anderweitige Maßnahmen zu ergreifen, um den Störer von seinem Vorhaben abzubringen.[940] Unabhängig davon, ob die Druckkündigung einen diskriminierenden Hintergrund aufweist oder nicht, wird demnach gefordert, dass sich der Arbeitgeber zunächst schützend vor den Arbeitnehmer stellt und alles Zumutbare unternimmt, um den Druck abzubauen und die Druckkündigung abzuwenden.[941] Bei Zugrundelegung dieser allgemeinen Anforderungen des BAG ist die arbeitsvertraglich begründete Fürsorgeverpflichtung bereits im Rahmen der Wirksamkeitsbewertung der Kün-

---

938 S. ausführlich unter Kap. C. IV. 2. d.

939 Vgl. *Grobys*, NJW 2006, 2950; *Gehlhaar*, NZA 2009, 825, 826; *Göpfert/Siegrist*, ZIP 2006, 1710, 1711.

940 Zu möglichen Fürsorgehandlungen im Falle innerbetrieblicher Konflikte mit Druckkündigungspotenzial vgl. *Riesenhuber*, JZ 1999, 711, 717.

941 S. zu den konkreten Anforderungen der Rspr. an die Schutzverpflichtung bereits ausführlich unter Kap. B. III. 2. a. aa.

digung und damit quasi auf „Primärebene“ zu berücksichtigen. Denn die Erfüllung der Fürsorgepflicht ist nach der Rechtsprechung eine Rechtmäßigkeitsanforderung.

Dies bedeutet für Fälle echter Druckkündigungen mit diskriminierendem Hintergrund Folgendes: Wenn bereits ohne diskriminierenden Hintergrund Maßnahmen zum Druckabbau Auswirkungen auf die Rechtmäßigkeitsbewertung der Druckkündigung haben, dann muss dies im Wege des Erstrechtschlusses auch in Fällen diskriminierenden Drucks gelten. § 12 AGG konkretisiert die allgemeine Fürsorgeverpflichtung in echten Druckkündigungsszenarien und kann insoweit als lex specialis verstanden werden.[942] Die tatbestandliche Verpflichtung wird wegen § 12 AGG somit darauf erweitert, auch anderweitige Maßnahmen gegen die in der Druckausübung zu Tage tretende Diskriminierung zu ergreifen. Ist folglich die Druckausübung verpönt motiviert, bestimmt sich der Umfang der Fürsorgemaßnahmen nicht mehr allein nach der arbeitsvertraglichen Schutzpflicht; er wird vielmehr durch die speziellen Anforderungen des § 12 AGG präzisiert.

Wird der Regelungsgehalt des § 12 AGG missachtet, führt dies folgerichtig dazu, dass die Norm in echten Druckkündigungsfällen ausnahmsweise auf Ebene der Rechtmäßigkeitsbewertung einer Kündigung Bedeutung erlangt. Im Unterschied zu unechten Druckkündigungen kann die Verletzung der Schutzverpflichtung aus § 12 AGG daher zur Unwirksamkeit der echten Druckkündigung führen.

Dies hat wiederum zur Folge, dass trotz Ablehnung der Unwirksamkeitsfolge im Sinne des § 7 Abs. 1 AGG letztlich doch noch eine weitere Möglichkeit besteht, die echte Druckkündigung infolge ihres diskriminierenden Gehalts zu Fall zu bringen.

Maßgebend für die nachfolgende Rechtmäßigkeitskontrolle sind letztlich die konkreten Anforderungen der Absätze 3 und 4 des § 12 AGG. Diese AGG-rechtlichen Bestimmungen entscheiden darüber, wie weit der Arbeitgeber gehen muss, um den Arbeitnehmer im Falle diskriminierenden Drucks zu schützen. Entscheidend ist, ob § 12 Abs. 3 und 4 AGG dem Arbeitgeber im Falle diskriminierenden Drucks mehr abverlangen, als die allgemeine Fürsorgeverpflichtung in diskriminierungsfreien Druckkündigungsfällen.

---

942 Vgl. Rust/Falke-*Falke*, § 12 AGG Rn. 35, der § 12 Abs. 3 AGG ebenfalls als „spezifische Ausformung der Fürsorgepflicht des Arbeitgebers“ bezeichnet.

b. Grundvoraussetzung: Erkennbarkeit der diskriminierenden Druckausübungsmotivation (Nachfrage- bzw. Nachforschungspflicht des Arbeitgebers, § 12 Abs. 1 AGG)

Im Rahmen einer Druckkündigung spürt der Arbeitgeber zweifelsohne den Druck des Dritten, denn dieser wird bekanntlich infolge der Androhung wirtschaftlicher Nachteile aktiv kommuniziert. Der Arbeitgeber weiß insoweit, was er auf Grundlage seiner arbeitsvertraglichen Fürsorgeverpflichtung bekämpfen muss. Aus diesem Grund kann § 241 Abs. 2 BGB auch gegen den Druckausbau gerichtete Maßnahmen erfordern. Die Kenntnis bzw. das Erfahren der ungerechtfertigten Druckausübung ist denknotwendige Voraussetzung für eine entsprechende Abwehr.

Im Falle einer Druckkündigung mit diskriminierendem Hintergrund ist der Entlassungsdruck zwar in gleichem Maße greifbar, allerdings ist nicht immer die diskriminierende Motivation des Außenstehenden erkennbar.

Der Arbeitgeber wird häufig nicht herausfinden können, was den Dritten zur Druckausübung konkret veranlasst hat. Dies ist dem Umstand geschuldet, dass die Rechtsprechung ungerechtfertigten und damit zwangsläufig auch unbegründeten Druck als potentiellen Kündigungsgrund anerkennt.

Zur Gewährleistung eines effektiven Diskriminierungsschutzes im Sinne der europäischen Vorgaben gebietet jedoch die Schutzverpflichtung des Arbeitgebers aus § 12 Abs. 1 AGG, dass dieser den Dritten in jedem Fall nach dem Motiv für die Druckausübung fragen muss. Teilt der Druckausübende ihm daraufhin diskriminierende Gründe mit, kann er konkret der Diskriminierung entgegentreten. Unterrichtet der Arbeitgeber den betroffenen Beschäftigten von der diskriminierenden Intention des Dritten, erhöht dies zudem die Rechtsschutzmöglichkeiten des Diskriminierungsopfers. Denn der Benachteiligte hat hierdurch die Möglichkeit, bereits vor Ausspruch der Kündigung gerichtlich gegen den verpönten Druck vorzugehen.

Bleiben dem Arbeitgeber allerdings die verpönten Beweggründe des Fordernden trotz der Nachfrage verborgen, kann er folgerichtig auch keine Gegenmaßnahmen im Hinblick auf den diskriminierenden Gehalt der Drucksituation ergreifen.[943] In diesen Fällen bleibt es somit bei den Schutzmaßnahmen im Sinne der allgemeinen Fürsorgeverpflichtung. Die Beurteilungsgrundsätze erfahren keine AGG-rechtliche Konkretisierung; der Pflichteninhalt und -umfang bemisst sich weiterhin wie in „gewöhnlichen“ Druckkündigungsszenarien.

---

943 Ähnlich Wendeling-Schröder/Stein-*Stein*, § 12 AGG Rn. 29; vgl. auch BAG 16.5.2007 – 8 AZR 709/06, NZA 2007, 1154, 1165.

Die Frage einer möglichen Erweiterung der Fürsorgeverpflichtung über § 12 Abs. 3, 4 AGG in Fällen diskriminierenden Drucks stellt sich allerdings auch dann, wenn die verpönte Intention des Außenstehenden für den Arbeitgeber objektiv erkennbar ist. Hat der Druckausübende seine wahren Motive trotz Nachfrage des Arbeitgebers nicht offenbart, können nämlich gleichwohl andere Umstände die Annahme eines diskriminierenden Hintergrundes des Entlassungsverlangens begründen. Ist die diskriminierende Motivation beispielsweise aufgrund entsprechender Verhaltensauffälligkeiten des Dritten im Vorfeld des Druckkündigungsszenarios naheliegend, ist der Arbeitgeber folgerichtig auch in der Lage, das Pflichtenprogramm des § 12 Abs. 3, 4 AGG zu erfüllen.[944]

Entgegen einer Meinung in der Literatur beschränkt sich der Anwendungsbereich der AGG-rechtlichen Fürsorgeverpflichtung nicht nur auf Fälle arbeitgeberseitiger Kenntnis von festgestellten Benachteiligungen.[945] Würde die Schutzverpflichtung des Arbeitgebers ausschließlich von seiner positiven Kenntnis abhängen, bestünde die Gefahr einer Umgehung des Diskriminierungsschutzes. Der Arbeitgeber könnte sich stets darauf berufen, dass er die diskriminierende Motivation nicht wahrgenommen habe und ein Drittverstoß daher nicht feststehe. Zur Vermeidung eines solchen Missbrauchs müssen die Schutzpflichten der Absätze 3 und 4 bereits im Falle objektiv erkennbarer diskriminierender Handlungsgründe des Druckausübenden greifen.[946] Der Anwendungsbereich der AGG-rechtlichen Fürsorgeverpflichtung ist folglich eröffnet, sobald der Arbeitgeber von den verpönten Neigungen des Druckausübenden (infolge der Nachfrage) weiß oder solche zumindest objektiv erkennbar gewesen sind und vom Arbeitgeber daher hätten wahrgenommen werden müssen.[947]

Drängt sich der verpönte Gehalt der Drittforderung einer objektiven Vergleichsperson in der Situation des Arbeitgebers auf, gebietet bereits die Generalklausel des § 12 Abs. 1 AGG, dass der Arbeitgeber diesem konkreten Diskriminierungsverdacht nachgeht.[948] Dementsprechend muss zur Rechtfertigung solcher Aufklärungsmaßnahmen auch nicht auf § 13 AGG zurückgegriffen werden.[949] Insbesondere in Druckkündigungsfällen agiert der Täter nicht unmittelbar ge-

944 Vgl. *Thüsing*, Arbeitsrechtl. Diskriminierungsschutz, Rn. 682; vgl. auch *Willemsen/Schweibert*, NJW 2006, 2583, 2590; *Hey*, § 12 AGG Rn. 17.

945 So aber u.a. Wendeling-Schröder/Stein-*Stein*, § 12 AGG Rn. 27.

946 Vgl. auch BAG 16.5.2007 a.a.O. (Fn. 943), wonach eine Veranlassung des AG zum Ergreifen v. Schutzmaßnahmen gefordert wird.

947 Ähnlich i.E. *Willemsen/Schweibert*, NJW 2006, 2683, 2590.

948 Vgl. *Göpfert/Siegrist*, ZIP 2006, 1710, 1712; *Hey*, § 12 AGG Rn. 17; ablehnend im Falle eines nicht konkreten Verdachts Schleusener/Suckow/Voigt-*Suckow*, § 12 AGG Rn. 20; *Bauer/Göpfert/Krieger*, § 12 AGG Rn. 30.

949 Vgl. insoweit *Adomeit/Mohr*, § 12 AGG Rn. 27.

genüber seinem Opfer, sondern wendet sich ausschließlich an den Arbeitgeber. Eine Beschwerde des betroffenen Arbeitnehmers im Sinne des § 13 AGG bleibt daher häufig aus. Konkrete Anhaltspunkte für eine verpönte Handlungsintention sind regelmäßig der unmittelbaren Kommunikation des Außenstehenden mit dem Schutzverpflichteten im Rahmen der Formulierung des Entlassungsbegehrens zu entnehmen. Um den Regelungsgehalt der Schutzverpflichtung zu wahren, muss § 12 Abs. 1 AGG denknotwendig auch weniger einschneidende Aufklärungsmaßnahmen im Vorfeld ermöglichen.

Insbesondere im Falle unmittelbarer bzw. mittelbarer Benachteiligungen hat der Arbeitgeber regelmäßig auch die organisatorische Möglichkeit, entsprechende Nachforschungen, wie etwa in Form von Anhörungen des potentiellen Diskriminierungstäters und seines möglichen Opfers, durchzuführen.[950] Bestätigt sich der Verdacht, greifen die Reaktionspflichten der Absätze 3 und 4. Erweisen sich die Anhaltspunkte für eine verpönte Motivation des Dritten hingegen als falsch, kommen die Absätze 3 und 4 des § 12 AGG nicht zum Tragen.

c. Unterscheidung nach Person des Druckausübenden

Ist der diskriminierende Hintergrund des Kündigungsverlangens offenkundig, muss der Arbeitgeber grundsätzlich geeignete, erforderliche und angemessene Gegenmaßnahmen ergreifen. Insofern stimmen die Absätze 3 und 4 des § 12 AGG überein. Je nach dem, ob das Entlassungsbegehren von Beschäftigten oder betriebsexternen Dritten durchgesetzt wird, unterscheiden sich jedoch die tatsächlichen Abwehrmöglichkeiten des Arbeitgebers. Während er gegenüber seinen Beschäftigten unter anderem zur Vornahme personeller Einzelmaßnahmen befugt ist, sind die Zugriffsoptionen etwa gegenüber Kunden oder Lieferanten eingeschränkter.[951] Diese Unterschiede sind im Rahmen der nachfolgenden Beurteilung der konkreten Reichweite der Absätze 3 und 4 zu berücksichtigen.

d. Konkrete Reichweite der Absätze 3 und 4 in Druckkündigungsfällen

Die arbeitsvertraglich begründete Fürsorgeverpflichtung konzentriert sich in üblichen Druckkündigungsfällen auf die Abwehr der unter Einsatz von Druck-

950 Wendeling-Schröder/Stein-*Stein*, § 12 AGG Rn. 30; vgl. auch *Göpfert/Siegrist*, ZIP 2006, 1710, 1712ff.

951 Vgl. Däubler/Bertzbach-*Buschmann*, § 12 AGG Rn. 30; Wendeling-Schröder/Stein-*Stein*, § 12 AGG Rn. 47; vgl. auch BT-Drs. 16/1780, S. 37, in der betont wird, dass „gerade in Kundenbeziehungen die Form einer angemessenen Reaktion anhand der konkreten Umstände des Einzelfalls zu bestimmen" ist.

mitteln formulierten Entlassungsforderung. Dies gilt grundsätzlich in gleichem Maße auch für die Schutzpflichten des § 12 Abs. 3, 4 AGG in Druckkündigungsszenarien, die auf einem AGG-widrigen Drittverhalten basieren. Die Fürsorgemaßnahmen beziehen sich ebenfalls auf die Abwehr des Kündigungsverlangens, denn die diskriminierende Motivation des Dritten kommt in ihm zum Ausdruck und wird letztlich durch die Durchsetzung der Forderung verwirklicht.

Welche Maßnahmen im Einzelnen vom Arbeitgeber zu verlangen sind, um den Druckausübenden in echten Druckkündigungssituationen von seiner diskriminierenden Vorgehensweise abzuhalten, bestimmt sich nicht mehr allein nach der allgemeinen Fürsorgeverpflichtung des § 241 Abs. 2 BGB, sondern wird vielmehr durch die Anforderungen von § 12 Abs. 3, 4 AGG als lex specialis konkretisiert.[952] Möglicherweise sieht diese Norm jedoch eine andere Grenze vor, als die Fürsorgeverpflichtung in diskriminierungsfreien Druckkündigungsfällen. Denkbar ist auch, dass der Arbeitgeber versuchen muss, den Druckausübenden nicht nur von seiner ungerechtfertigten Forderung, sondern auch explizit von dem diskriminierenden Gehalt dieser abzubringen. Der Prüfungsmaßstab würde sich hierdurch in Fällen diskriminierenden Drucks verändern.

Vor diesem Hintergrund gilt es nachfolgend, zwei zentrale Fragenkreise zu beantworten:

1. Bringt das Schutzprogramm des § 12 Abs. 3, 4 AGG inhaltliche Veränderungen der allgemeinen Fürsorgehandlungen in Druckkündigungssituationen mit sich? Ist der Arbeitgeber im Falle eines verpönt motivierten Entlassungsverlangens noch zu anderen Maßnahmen verpflichtet, um den betreffenden Beschäftigten vor dem diskriminierenden Begehren des Druckausübenden zu schützen?
2. Verändert sich das Fürsorgespektrum möglicherweise auch im Hinblick auf seine bisherigen Grenzen? Muss der Arbeitgeber in Fällen diskriminierenden Abberufungsdrucks mehr hinnehmen und riskieren, um seinen Arbeitnehmer zu schützen, als in üblichen Druckkündigungsszenarien?

Zur Beantwortung dieser Fragestellungen sind zunächst die tatbestandlichen Anforderungen der Absätze 3 und 4 des § 12 AGG zu betrachten. Sowohl in § 12 Abs. 3 als auch in Abs. 4 AGG wird von „geeigneten“, „erforderlichen“ und „angemessenen“ Maßnahmen gesprochen, die der Arbeitgeber zur Abwendung der Diskriminierung ergreifen muss.[953] Welche Abwehrhandlungen hiernach vom Arbeitgeber in echten Druckkündigungssituationen konkret gefordert werden können, wird nachfolgend untersucht.

952 S. bereits unter Kap. F. II. 3. a.

953 Vgl. *Bauer/Göpfert/Krieger*, § 12 AGG Rn. 32/41.

aa. Geeignetheit

Die konkrete Abwehrhandlung des Arbeitgebers muss zur Unterbindung der Benachteiligung geeignet sein. Dieser unbestimmte Rechtsbegriff umschreibt die generelle Tauglichkeit des eingesetzten Mittels im konkreten Einzelfall.[954]

In Fällen echter Druckkündigungen kommen grundsätzlich verschiedene Maßnahmen zur Unterbindung des diskriminierenden Drucks in Betracht.

Unabhängig davon, ob der Druck von betriebsinternen oder aber von betriebsexternen Dritten ausgeübt wird, können je nach konkreter Sachlage bereits Gespräche mit dem Drohenden geeignet sein, um die Diskriminierung abzubauen. Konfrontiert der Arbeitgeber den Täter mit der Illegalität seines Handelns, indem er ihn auf den diskriminierenden Gehalt seines Begehrens hinweist, besteht zumindest die Möglichkeit, dass dieser seine Forderung überdenkt und zurückzieht.[955] Distanziert sich der Arbeitgeber gegenüber dem Druckausübenden in diesem Zusammenhang ausdrücklich von der verpönten Vorgehensweise und fordert ihn auf, sein diskriminierendes Verhalten zu ändern, kann dies somit im Einzelfall eine taugliche Schutzmaßnahme darstellen.[956]

Ferner kann in der konkreten Konstellation auch die Hinzuziehung des betreffenden Beschäftigten zu Vermittlungsgesprächen förderlich sein.[957] Je nach individueller Situation ist möglicherweise auch die Einschaltung eines Mediators geeignet, um die diskriminierende Forderung zu Fall zu bringen.[958]

Darüber hinaus kann auch eine räumliche Trennung von Täter und Opfer geeignet sein, um die Benachteiligung des betreffenden Arbeitnehmers zu unterbinden.[959]

Unter Berücksichtigung des Maßregelungsverbotes in § 16 AGG sind vorrangig entsprechende Maßnahmen gegenüber dem Druckausübenden zu treffen.[960] Vor dem Hintergrund der eingeschränkten Zugriffsmöglichkeiten gegenüber betriebsexternen Dritten ist jedoch zumindest subsidiär auch an eine Versetzung oder Herausnahme des Benachteiligten aus der Geschäftsbeziehung zu denken.[961] So kann je nach Einzelfall möglicherweise eine vorübergehende Umsetzung des

954 Vgl. Schleusener/Suckow/Voigt-*Suckow*, § 12 AGG Rn. 39.

955 Ähnlich *Simon/Greßlin*, BB 2007, 1781, 1788.

956 Vgl. *Thüsing*, Arbeitsrechtl. Diskriminierungsschutz, Rn. 691; *Boemke/Danko*, § 8 Rn. 50.

957 Vgl. Schleusener/Suckow/Voigt-*Suckow*, § 12 AGG Rn. 47; KDZ/*Däubler*, § 626 BGB Rn. 171.

958 So auch KDZ/*Däubler*, § 626 BGB Rn. 171.

959 Vgl. Rust/Falke-*Falke*, § 12 AGG Rn. 41; *Nollert-Borasio/Perreng*, § 12 AGG Rn. 20; Wendeling-Schröder/Stein-*Stein*, § 12 AGG Rn. 34f.

960 Vgl. ErfK/*Schlachter*, § 12 AGG Rn. 3.

961 Vgl. *Simon/Greßlin*, BB 2007, 1781, 1788.

Opfers auf einen anderen Arbeitsplatz unumgänglich sein, um diesen vor weiteren Diskriminierungshandlungen zu schützen. Eine solche Ausnahme vom Regelungsgehalt des § 16 Abs. 2 AGG entspricht zudem der Rechtsprechung in echten Druckkündigungsfällen. So betont das BAG, dass die Drucksituation des Arbeitgebers auch Fürsorgehandlungen des betroffenen Arbeitnehmers auslösen kann.[962] Obwohl Letzterer keinen kündigungsrechtlich relevanten Anlass für seine Entlassung gesetzt habe, müsse er dennoch auf Grundlage seiner arbeitsvertraglich begründeten Fürsorgeverpflichtung kooperativ agieren. Insbesondere treffe ihn die Pflicht, seinen Arbeitgeber vor schweren Schäden zu bewahren. Aus diesem Grund müsse er gegebenenfalls auch bereit sein, in eine Umsetzung oder Versetzung seiner Person einzuwilligen, wenn dadurch die Lage entspannt werden könne.[963] Erkennt man diese Rechtsprechung des BAG im Allgemeinen an, müssen die von ihr entwickelten Grundsätze konsequenterweise auch im Falle diskriminierenden Drucks gelten. Auslöser der Fürsorgemaßnahmen des Arbeitnehmers ist allein die Zwangssituation seines Arbeitgebers. Diese wiederum besteht unabhängig davon, ob der Dritte diskriminierende Motive verfolgt oder nicht. Wie dargelegt, handelt der Arbeitgeber selbst nicht verpönt motiviert, sodass allgemeine Fürsorgehandlungen des betreffenden Arbeitnehmers auch nicht treuwidrig erscheinen.[964]

Ebenfalls geeignet zur Abwehr des diskriminierenden Drittverhaltens ist zweifelsohne die Zurückweisung der Forderung. Kommt der Arbeitgeber dem Begehren des Druckausübenden nicht nach, bleibt es bei einem erfolglosen Benachteiligungsversuch. Die Durchsetzung des AGG-widrigen Verhaltens wird hierdurch untergraben und die Vollendung der Benachteiligung durch den Dritten damit unterbunden. Gleichzusetzen hiermit ist die Verhinderung weiteren Kontaktes zum betreffenden Arbeitnehmer. Auch hierdurch werden Benachteiligungshandlungen der Druckausübenden in jedem Fall wirksam abgewehrt.[965]

Während Konfrontationsgespräche, Hinweise, Aufforderungen oder die Zurückweisung der Abberufungsforderung sowohl im Falle des § 12 Abs. 3 AGG als auch innerhalb des Anwendungsbereichs des § 12 Abs. 4 AGG in Betracht kommen, bestehen darüber hinaus jedoch auch täterspezifische Gegenmaßnahmen.

---

962 Vgl. BAG 11.2.1960 a.a.O. (Fn.62).

963 Vgl. BAG 11.2.1960 a.a.O. (Fn. 62); vgl. auch APS/*Dörner* § 626 BGB Rn. 340; KDZ/*Däubler* § 626 BGB Rn. 171; KR/*Fischermeier*, § 626 BGB Rn. 208.

964 S. unter F. II. 2. c. bb. (3) (f); so i.E. auch Wendeling-Schröder/Stein-*Stein*, § 12 AGG Rn. 47.

965 Vgl. *Hey*, § 12 AGG Rn. 26.

(1) Betriebsinterne Dritte (§ 12 Abs. 3 AGG)

Wie dargelegt, kann der Arbeitgeber auf Grundlage des Arbeitsverhältnisses auf Beschäftigte im Allgemeinen „besser" zugreifen als auf betriebsexterne Personen.[966] Die Bestimmung des § 12 Abs. 3 AGG verdeutlicht durch die Aufführung möglicher Maßregeln wie etwa Abmahnung, Umsetzung, Versetzung und Kündigung die Spannbreite der Abwehr im Falle betriebsinterner Täter. Die Aufzählung ist jedoch nicht abschließend zu verstehen.[967]

Insbesondere durch Maßnahmen wie Versetzung oder Kündigung des Täters kann der Kontakt zum Opfer langfristig verhindert werden. Diese Maßnahmen kommen grundsätzlich auch in Druckkündigungsfällen als taugliche Gegenmittel in Betracht.

§ 12 Abs. 3 AGG enthält keine eigenständige Rechtsgrundlage für die benannten arbeitsrechtlichen Maßregeln. Sanktioniert der Arbeitgeber ein benachteiligendes Verhalten durch einen Beschäftigten, beurteilt sich die Zulässigkeit der jeweiligen Maßnahme vielmehr nach allgemeinen arbeitsrechtlichen Grundsätzen.[968] Diese begrenzen das Abwehrspektrum im Sinne des § 12 Abs. 3 AGG somit bereits auf Ebene der Geeignetheit.[969]

In Druckkündigungsfällen verhält sich der drohende Belegschaftsteil nicht gesetzeskonform gegenüber dem betreffenden Kollegen. Es besteht eine arbeitsvertragliche Nebenverpflichtung der Beschäftigten, die AGG-rechtlichen Vorgaben am Arbeitsplatz einzuhalten.[970] Wie dargelegt, werden diese Pflichten jedoch in Fällen „echten", diskriminierenden Entlassungsdrucks nicht eingehalten. Das Verhalten des druckausübenden Mitarbeiters ist in solchen Konstellationen insbesondere nicht mit § 7 Abs. 1 AGG vereinbar und stört daher nicht unerheblich das Betriebsklima.[971] Dementsprechend kommen personelle Einzelmaßnahmen unter dem Gesichtspunkt „verhaltensbedingter Gründe" in Betracht.

(2) Betriebsexterne Dritte (§ 12 Abs. 4 AGG)

Während die erwähnte Kontaktverhinderung in Fällen des Absatzes 3 durch Versetzung oder Kündigung erreicht werden kann, sind die Möglichkeiten ge-

---

966 Vgl. u.a. auch *Thüsing*, Arbeitsrechtl. Diskriminierungsschutz, Rn. 691.

967 Vgl. Schleusener/Suckow/Voigt-*Suckow*, § 12 AGG Rn. 22; *Hey*, § 12 AGG Rn. 18.

968 Vgl. Däubler/Bertzbach-*Buschmann*, § 12 AGG Rn. 25; *Hey*, § 12 AGG Rn. 18; Wendeling-Schröder/Stein-*Stein*, § 12 AGG Rn. 32.

969 Vgl. Schleusener/Suckow/Voigt-*Suckow*, § 12 AGG Rn. 42.

970 So auch *Simon/Greßlin*, BB 2007, 1782, 1789.

971 S. unter Kap. C. IV. 3.

genüber betriebsexternen Dritten begrenzter.[972] Neben (Mediations-) Gesprächen kommen zwar auch hier Ermahnungen der Diskriminierungstäter oder Umverteilungen der Ansprechpartner in Betracht. Letztlich werden jedoch insbesondere Maßnahmen zur räumlichen Trennung häufig den benachteiligten Beschäftigten treffen.[973]

Als Substitut für die Kündigung im Rahmen des Absatzes 3 kann der Abbruch der Geschäftsbeziehung zum betreffenden Kunden oder Lieferanten angesehen werden. Fraglos eignet sich auch diese Maßnahme zur Abwehr des diskriminierenden Entlassungsdrucks.

Insgesamt ist jedoch entscheidend, ob sämtliche der benannten Maßnahmen auch erforderlich und angemessen sind.

bb. Erforderlichkeit

(1) Begriffsbestimmung

Die Erforderlichkeit von Maßnahmen im Sinne des § 12 AGG ist gesetzlich nicht abschließend definiert. Grundsätzlich kann eine Schutzhandlung des Arbeitgebers als erforderlich eingestuft werden, wenn sie von mehreren in Betracht kommenden gleichermaßen effektiven Maßnahmen das mildeste Mittel darstellt.[974]

Nach der Regierungsbegründung zum AGG kommt es für die Beurteilung des Merkmals „Erforderlichkeit" nicht auf die subjektiven Einschätzungen des Arbeitgebers bzw. des Arbeitnehmers an.[975] Entscheidend ist vielmehr eine einzelfallabhängige Auslegung anhand objektiver Kriterien. Es handelt sich insoweit um einen unbestimmten Rechtsbegriff, der gerichtlich überprüfbar ist.[976] Das Gesetz geht jedoch im Einklang mit dem europarechtlichen Schutzauftrag davon aus, dass Maßnahmen grundsätzlich erforderlich sind.[977] Allerdings hängt die Reichweite der Verpflichtung davon ab, inwieweit die Erfüllung sowohl in tatsächlicher als auch in rechtlicher Hinsicht für den betreffenden Arbeitgeber möglich ist. Maßgebend sind insofern seine konkreten Einfluss- bzw. Zugriffs-

---

972 ErfK/*Schlachter*, § 12 AGG Rn. 5; vgl. auch *Thüsing*, Arbeitsrechtl. Diskriminierungsschutz, Rn. 691.

973 ErfK/*Schlachter*, § 12 AGG Rn. 3; vgl. auch *Hey*, § 12 AGG Rn. 26.

974 Vgl. BGH 25.3.2004 – 2 AZR 341/03, AP § 626 BGB Nr. 189; LAG Niedersachen 29.11.2008 – 1 Sa 547/08, NZA-RR 2009, 249; LAG Niedersachen 13.10.2009 – 1 Sa 832/09, AA 2010, 36; vgl. auch Rust/Falke-*Falke*, § 12 AGG Rn. 43.

975 Vgl. BT-Drs. 16/1780, 37.

976 Vgl. Däubler/Bertzbach-*Buschmann*, § 12 AGG Rn. 11.

977 Däubler/Bertzbach-*Buschmann*, § 12 AGG Rn. 11.

möglichkeiten. Sowohl die Schwere der Benachteiligung als auch ein etwaiges Fehlverhalten des Täters in der Vergangenheit sind in diesem Zusammenhang bedeutsame Kriterien.[978]

Insgesamt wird dem Arbeitgeber jedoch ein gewisser Ermessensspielraum zugebilligt.[979] Er muss nur solche Handlungen vornehmen, die er im konkreten Einzelfall als erforderlich ansehen darf. Der Betroffene hat insoweit lediglich einen Anspruch auf Ausübung rechtsfehlerfreien Ermessens.[980] Nur wenn sich das Ermessen nach objektiver Betrachtung auf Null reduziert und damit ausnahmsweise nur eine bestimmte Maßnahme in Betracht kommt, hat das Diskriminierungsopfer – unter dem Vorbehalt der Angemessenheit – einen Anspruch auf Durchführung.[981]

(2) Bedeutung in Druckkündigungsfällen

In Druckkündigungsszenarien sind Gespräche, in denen der Dritte mit der AGG-widrigkeit seines Handelns konfrontiert wird und der Arbeitgeber auf die Akzeptanz des Diskriminierungsopfers hinwirkt, im Allgemeinen als mildeste Mittel einzustufen. Gleichermaßen mild aus Täterperspektive sind Hinweise, Aufforderungen und Ermahnungen, das diskriminierende Verhalten zu unterlassen.[982]

Als belastender können hingegen Maßnahmen wie die Abmahnung, Umsetzung oder Versetzung von druckausübenden Kollegen im Sinne des Absatzes 3 angesehen werden.[983] Dieser Vorgehensweise entspricht innerhalb des Anwendungsbereichs des § 12 Abs. 4 AGG am ehesten die Umverteilung der Ansprechpartner, da hierdurch ebenfalls der weitere Kontakt von Täter und Opfer unterbunden werden kann.[984]

Sind Umsetzung bzw. Versetzung des Druckausübenden oder auch die Zuweisung eines anderen Sachbearbeiters nicht erfolgsversprechend oder sind solche Mittel bereits aus tatsächlichen Gründen nicht möglich, können in einem weiteren Schritt räumliche Trennungsmaßnahmen gegenüber dem Benachteiligten in Betracht gezogen werden.[985] Zum Schutze des betreffenden Beschäftigten

978 Vgl. BT-Drs. 16/1780, S. 37; vgl. auch Däubler/Bertzbach-*Buschmann*, § 12 AGG Rn. 25.

979 Vgl. BAG 25.10.2007 – 8 AZR 593/06, NZA 2008, 223, 226; vgl. auch *Bauer/Göpfert/Krieger*, § 12 AGG Rn. 32; *Hey*, § 12 AGG Rn. 19; *Mückl*, BB 2008, 1842, 1845

980 Vgl. BAG 25.10.2007 a.a.O. (Fn. 979); vgl. auch Schleusener/Suckow/Voigt-*Suckow*, § 12 AGG Rn. 47.

981 Vgl. BAG 25.10.2007 a.a.O. (Fn. 979); vgl. krit. Würdigung v. *Gehlhaar*, NZA 2009, 825ff.

982 Vgl. *Bauer/Göpfert/Krieger*, § 12 AGG Rn. 42; *Boemke/Danko*, § 8 Rn. 38.

983 Vgl. *Boemke/Danko*, § 8 Rn. 38; vgl. auch *Nollert-Borasio/Perreng*, § 12 AGG Rn. 19f.

984 Vgl. Wendeling-Schröder/Stein-*Stein*, § 12 AGG Rn. 47.

985 Vgl. ErfK/*Schlachter*, § 12 AGG Rn. 3; *Simon/Greßlin*, BB 2007, 1781, 1788.

vor der endgültigen Auflösung seines Arbeitsverhältnisses (als Folge des wirtschaftlichen Drucks), sind solche Maßnahmen trotz des Maßregelungsverbots des § 16 AGG zumindest subsidiär heranzuziehen, soweit gegen den Täter selbst nicht vorgegangen werden kann.[986]

Zu den schwersten Maßnahmen aus Sicht des Druckausübenden gehören in jedem Fall seine Kündigung oder auch der Abbruch von Geschäftskontakten zu ihm.[987] Als für den betriebsinternen bzw. -externen Dritten weniger belastend kann allenfalls noch die endgültige Zurückweisung der Entlassungsforderung angesehen werden. In diesem Zusammenhang ist jedoch zu beachten, dass das Ignorieren der Druckausübung und die Ablehnung des Kündigungsausspruchs regelmäßig ebenfalls zur Kündigung bzw. zur Auflösung des Geschäftsverhältnisses führen werden. Einziger Unterschied hierbei ist, dass die kontaktbeendende Maßnahme vom Druckausübenden selbst vorgenommen wird, indem er seine Drohung realisiert.

Im Konkreten bedeutet diese Art „Stufenmodell" für Druckkündigungsfälle Folgendes: Der Druckausübende muss in jedem Fall zunächst mit der Gesetzeswidrigkeit seines Handelns konfrontiert werden und durch Hinweise oder Ermahnungen zum Überdenken seines Verhaltens aufgefordert werden.[988] Häufig sind solche Gespräche in echten Druckkündigungsfällen jedoch nicht ausreichend, um den Täter von seinem Entlassungsverlangen abzubringen. Dieser fühlt sich aufgrund seiner wirtschaftlichen Machtstellung überlegen und wird daher trotz der vor Augen geführten Rechtswidrigkeit nicht selten auf die Erfüllung seiner Forderung beharren. Vor dem Hintergrund, dass ungerechtfertigter Druck nach der Rechtsprechung grundsätzlich zulässig ist, um die Kündigung eines bestimmten Arbeitnehmers durchzusetzen, kann der Betroffene daher häufig nur über eine räumliche Trennung geschützt werden.

Eine solche Vorgehensweise ist bereits in „normalen" Druckkündigungsszenarien als Folge der allgemeinen Fürsorgeverpflichtung anzudenken. Unabhängig von dem diskriminierenden Hintergrund der Druckkündigung sind jedoch Konstellationen nicht ausgeschlossen, in denen etwa eine Versetzung der Beteiligten oder anderweitige Kundenbetreuungsmöglichkeiten aufgrund der betrieblichen Gegebenheiten bzw. der Kapazität nicht möglich sind. Bewirken demnach im konkreten Einzelfall weder leichte noch mittelschwere Abwehrmittel einen Druckabbau, können auch weitergehende Maßnahmen erforderlich werden,

---

986 Vgl. Wendeling-Schröder/Stein-*Stein*, § 12 AGG Rn. 47.

987 Vgl. *Boemke/Danko*, § 8 Rn. 52; Däubler/Bertzbach-*Buschmann*, § 12 AGG Rn. 30; *Nollert-Borasio/Perreng*, § 12 AGG Rn. 8/19.

988 Vgl. *Thüsing*, Arbeitsrechtl. Diskriminierungsschutz, Rn. 691; *Boemke/Danko*, § 8 Rn. 50.

durch die der Arbeitgeber jedoch Gefahr läuft, den Vertragspartner zu verlieren.[989]

Wie dargelegt, kann die arbeitgeberseitige Zurückweisung der Entlassungsforderung in echten Druckkündigungssituationen regelmäßig als effektivste Möglichkeit eingestuft werden, um die diskriminierend motivierte Drohung endgültig abzuwehren. Verweigert der Arbeitgeber die Erfüllung des verpönten Begehrens, fehlen dem Druckausübenden nämlich die Mittel zur Durchsetzung der Benachteiligung.

Betrachtet man die Wirkungen einer solchen Vorgehensweise, entspricht sie den „härtesten" Abwehrmitteln im Rahmen des § 12 AGG. Wie bereits ausgeführt, ist die endgültige Zurückweisung des Kündigungsverlangens in seiner Rechtsfolgenintensität mit der Auflösung der Geschäftsbeziehung bzw. der Kündigung von betriebsinternen Druckausübenden gleichzusetzen. Kommt der Arbeitgeber nämlich der Forderung nicht nach, muss damit gerechnet werden, dass der Dritte seine Drohung wahrmachen wird. Der Arbeitgeber muss demnach in beiden Varianten mit den Folgen des Abbruchs des Vertragsverhältnisses zurechtkommen. Vor diesem Hintergrund muss auch die Frage nach der Angemessenheit einer entsprechenden Verpflichtung für beide Abwehrmöglichkeiten einheitlich beurteilt werden.

(3) Zwischenergebnis

In bestimmten Druckkündigungsszenarien kann die Zurückweisung der verpönt motivierten Forderung oder auch die Auflösung des Vertragsverhältnisses zum Druckausübenden erforderlich sein. Konfrontative Gespräche bzw. Ermahnungen oder auch Maßnahmen zur räumlichen Trennung sind zwar aus Tätersicht weniger einschneidend, jedoch aufgrund der Machtstellung des Dritten in vielen Fällen nicht gleich effektiv. Je nach Sachlage gibt es häufig kein gleichermaßen wirksames, aber milderes Mittel zur Unterbindung des diskriminierenden Drucks. Entscheidend ist folglich, ob die endgültige Zurückweisung der Kündigungsforderung oder auch die Auflösung von Vertragsbeziehungen zum Druckausübenden im konkreten Fall als angemessene Reaktionen im Sinne der Absätze 3 und 4 eingestuft werden können.

Ginge die Schutzverpflichtung des § 12 Abs. 3 bzw. 4 AGG als lex specialis zur allgemeinen Fürsorgeverpflichtung in Fällen AGG-widrigen Drucks so weit, dass der Arbeitgeber dem Entlassungsverlangen unter keinen Umständen nach-

---

989 Vgl. *Göpfert/Siegrist*, ZIP 2006, 1710, 1715.

kommen dürfte, würde dies denknotwendig die Unzulässigkeit des Kündigungsausspruchs bedeuten.[990]

cc. Angemessenheit

(1) Begriffsbestimmung

Das Kriterium der Angemessenheit dient der Berücksichtigung der konkreten Umstände des Einzelfalls. Aus diesem Grund lassen sich auch keine allgemeingültigen Beurteilungsregeln aufstellen.[991] In der Gesetzesbegründung wird betont, dass insbesondere in Kundenbeziehungen die Form einer angemessenen Reaktion anhand der konkreten Umstände des Einzelfalls zu bestimmen ist.[992] Maßgebend können hierbei unter anderem Faktoren wie die Schwere der Verfehlung, eine etwaige Wiederholungsgefahr oder auch mögliche Auswirkungen auf das Betriebsklima sein.[993]

Während sich das Kriterium der Geeignetheit ausschließlich an den Schutzinteressen des betroffenen Beschäftigten orientiert, konzentriert sich die Überprüfung der „Erforderlichkeit" zusätzlich auch auf eine mögliche Schonung des Diskriminierenden. Vor diesem Hintergrund muss im Rahmen der Beurteilung der Angemessenheit eine nächste Erweiterung vorgenommen werden. Je nach Sachlage können nämlich bei Vornahme einer bestimmten Maßnahme auch Belange des Arbeitgebers tangiert sein.[994] Bliebe seine konkrete Situation im Rahmen des § 12 Abs. 3, 4 AGG generell außen vor, bestünde im Einzelfall die Gefahr einer Verpflichtung zu tatsächlich unmöglichen Handlungen. Eine solche Divergenz von gesetzlicher Pflicht und praktischer Umsetzungsmöglichkeit kann nur vermieden werden, wenn im Rahmen der Angemessenheitsprüfung sämtliche relevanten Umstände des konkreten Sachverhalts und damit auch schutzwürdige Interessen des Arbeitgebers berücksichtigt werden.

---

990 Zur Bedeutung des § 12 AGG in echten Druckkündigungsfällen s. bereits unter Kap. F. II. 3. a.

991 Rust/Falke-*Falke*, § 12 AGG Rn. 44.

992 Vgl. BT-Drs. 16/1780, S. 37; vgl. auch Rust/Falke-*Falke*, § 12 AGG Rn. 54; *Nollert-Borasio/Perreng*, § 12 AGG Rn. 18.

993 Vgl. Schleusener/Suckow/Voigt-*Suckow*, § 12 AGG Rn. 51.

994 Vgl. auch *Nollert-Borasio/Perreng*, § 12 AGG Rn. 21; Schleusener/Suckow/Voigt-*Suckow*, § 12 AGG Rn. 52; *Bauer/Göpfert/Krieger*, § 12 AGG Rn. 42.

(2) Grenze der Verpflichtung

Hieran schließt sich denknotwendig die Frage an, welche Folgen die Berücksichtigung der konkreten Situation des Arbeitgebers im Einzelfall nach sich zieht. Anders gefragt: Wo genau verläuft die Grenze seiner Handlungspflichten? Ab wann sind Maßnahmen aufgrund seiner Belange nicht mehr angemessen im Sinne der Absätze 3 und 4?

Wie bereits erwähnt, muss eine Grenze in jedem Fall dort gezogen werden, wo die Umsetzung der betreffenden Maßnahmen rechtlich oder tatsächlich unmöglich ist.[995] Entsprechend ist auch ein gewisser Bezug der Diskriminierung zur beruflichen Tätigkeit unerlässlich. Der Arbeitgeber kann diskriminierenden Verhaltensweisen von Kollegen oder Kunden nicht in jeder denkbaren Situation entgegenwirken. Eine Grenze muss daher auch im Falle von Benachteiligungen außerhalb des Bereichs der Arbeit greifen.[996] Maßgebend ist insoweit, ob die Benachteiligung einen objektiven Zusammenhang zum Arbeitsplatz aufweist.[997]

Insgesamt sind diese Beschränkungen jedoch für die Beurteilung des Pflichtenprogramms im Rahmen der maßgeblichen Druckkündigungskonstellationen nicht ausschlaggebend. Dem Arbeitgeber wird es regelmäßig sowohl in rechtlicher als auch in tatsächlicher Hinsicht möglich sein, zumindest die Entlassungsforderung abschließend zurückzuweisen. Zudem weist das diskriminierende Verhalten des Druckausübenden zweifelsohne einen objektiven Bezug zum beruflichen Umfeld auf, sodass Einwirkungsmöglichkeiten grundsätzlich auch in räumlicher Hinsicht bestehen.

Bedeutung im Rahmen der Wirksamkeitsbewertung echter Druckkündigungen, die einen diskriminierenden Hintergrund aufweisen, erlangt vielmehr die Frage einer Grenzerweiterung auf Fälle faktischer Unzumutbarkeit der Pflichterfüllung.

(3) „Zumutbarkeit“ als einschränkendes Kriterium?

Ausdrücklich nimmt das Gesetz keine Beschränkung des Pflichtenprogramms auf „zumutbare“ Maßnahmen vor.[998] Möglicherweise kann jedoch dem Kriterium der Angemessenheit ein entsprechender Ausschluss von unzumutbaren Abwehrhandlungen entnommen werden.

---

995 Vgl. BT-Drs. 16/1780, S. 37; vgl. auch Däubler/Bertzbach-*Buschmann*, § 12 AGG Rn. 25; *Hey*, § 12 AGG Rn. 4.

996 Ähnlich auch Wendeling-Schröder/Stein-*Stein*, § 12 AGG Rn. 1/ 25.

997 Vgl. Däubler/Bertzbach-*Buschmann*, § 12 AGG Rn. 10; *Hey*, § 12 AGG Rn. 4; *Thüsing*, Arbeitsrechtl. Diskriminierungsschutz, Rn. 684; LAG Hessen 2.5.2000 – 7 Sa 1291/99 n.v.

998 *Busch/Kocher/Welkoborsky*, S. 55.

Der Rechtsbegriff der „Angemessenheit“ ist grundsätzlich Ausdruck einer Verhältnismäßigkeitsprüfung im engeren Sinne.[999] Der Verhältnismäßigkeitsgrundsatz wiederum kann aus dem Rechtsstaatsprinzip und den Freiheitsgrundrechten des Grundgesetzes abgeleitet werden.[1000] Im Öffentlichen Recht impliziert er das Gebot einer sachlich-gerechten Abwägung aller durch die staatliche Entscheidung tangierten Interessen.[1001] Bedeutsam ist insbesondere die Intensität der Betroffenheit und damit zwangsläufig auch das Kriterium der Zumutbarkeit.[1002]

Anders als im Verfassungsrecht können in arbeitsrechtlichen Konstellationen jedoch auch die Interessen des Eingreifenden betroffen sein. Der Arbeitgeber ist selbst Grundrechtsträger. Je nach rechtlich vorgesehenem Interpretationsspielraum müssen daher etwaige Beschränkungen seiner unternehmerischen Entscheidungsfreiheit in der rechtlichen Bewertung der streitgegenständlichen Maßnahme berücksichtigt werden.[1003] Zur Gewährleistung eines verfassungsgemäßen Interessensausgleichs sind daher im Falle einer gesetzlich angelegten Verhältnismäßigkeitskontrolle die jeweiligen Zumutbarkeitsgrenzen der Arbeitsparteien zu ermitteln. So beurteilt sich etwa im Kündigungsrecht die Frage, ob eine bestimmte Verhaltensweise des Arbeitnehmers dem Arbeitgeber zugemutet werden kann, insbesondere nach dem ultima ratio-Grundsatz.[1004]

In den Fällen des § 12 Abs. 3, 4 AGG liegt eine ähnliche Situation vor. Auch wenn Adressat der Abwehrmittel ein Dritter ist, darf nicht übersehen werden, dass sich das Pflichtenprogramm der Absätze 3 und 4 letztlich auf das Fürsorgeverhältnis des Arbeitgebers zu seinen Beschäftigten bezieht. Belastende Maßnahmen gegenüber dem Diskriminierungstäter bedeuten zugleich eine begünstigende Vorgehensweise gegenüber dem betroffenen Arbeitnehmer. Die Frage, wie weit der Arbeitgeber gehen *darf*, wird in Fällen des § 12 Abs. 3, 4 AGG im Hinblick auf das Diskriminierungsopfer lediglich durch die Frage, wie weit er gehen *muss*, ersetzt. Seine grundrechtlich geschützte unternehmerische Position

---

999 So auch *Bauer/Göpfert/Krieger*, § 12 AGG Rn. 32/41; Rust-Falke-*Falke*, § 12 AGG Rn. 56; ähnlich auch BAG 22.1.2009 – 8 AZR 906/07, MDR 2009, 1399 hinsichtlich der Angemessenheitsprüfung i.R.d. § 10 AGG.

1000 *Voßkuhle*, JuS 2007, 429; vgl. auch *Stückmann/Kohlepp*, RdA 2000, 331, 332.

1001 Vgl. Jarass/Pieroth-*Jarass*, Art. 20 GG Rn. 86; *Pieroth/Schlink*, § 6 Rn. 299ff.; *Voßkuhle*, JuS 2007, 429, 430; vgl. u.a. auch BVerfG 7.11.1979 – 2 BvR 513/73, 2 BvR 558/74, NJW 1980, 1327; BVerfG 14.8.1996 – 2 BvR 801/96, NStZ-RR 1997, 24f.; BVerfG 13.6.2002 – 1 BvR 736/02, NJW 2002, 2163; BVerfG 14.10.2008 – 1 BvR 928/08, NVwZ 2008, 1338ff.

1002 Vgl. Jarass/Pieroth-*Jarass*, Art. 20 GG Rn. 86; *Voßkuhle*, JuS 2007, 429, 430.

1003 Vgl. auch APS/*Preis*, Grundlagen A. Rn. 23.

1004 Vgl. zur Zumutbarkeitsgrenze des AG in Fällen krankheitsbedingter Fehlzeiten u.a. BAG 29.4.1999 – 2 AZR 431/98, NZA 1999, 978; vgl. auch *v.Hoyningen-Huene/Linck*, § 1 KSchG Rn. 207; *Stückmann/Kohlepp*, RdA 2000, 331.

kann demnach auch im Falle der Beurteilung von repressiven Schutzmaßnahmen im Sinne des § 12 AGG nicht außen vor bleiben.[1005]

Wie dargelegt, orientiert sich ein Interessenausgleich ebenso wie im Rahmen des allgemeinen arbeitsrechtlichen Verhältnismäßigkeitsgrundsatzes am Kriterium der Zumutbarkeit.[1006] Hierdurch wird das Mindestmaß der arbeitgeberseitigen Schutzverpflichtung festgelegt.[1007] Demzufolge eröffnet das Tatbestandsmerkmal der Angemessenheit auch in § 12 Abs. 3, 4 AGG die Tore für Fragen der tatsächlichen Zumutbarkeit bestimmter Pflichten.[1008]

Der Umstand, dass keine uneingeschränkte Einstandspflicht des Arbeitgebers statuiert werden sollte, wird zudem durch den Regelungsgehalt des § 12 Abs. 2 S. 2 AGG bestätigt. Die Bestimmung betont, dass der Arbeitgeber keinen Erfolg seiner Abwehrversuche schuldet.[1009] Ein erfolgloses Bemühen im Sinne der Norm kann jedoch nicht ohne Berücksichtigung eines Belastbarkeitslimits des Arbeitgebers im Sinne des ultima ratio-Prinzips ermittelt werden. Neben die rechtliche oder tatsächliche Unmöglichkeit tritt folglich das Kriterium faktischer Unzumutbarkeit als weiterer Grenzpfeiler des § 12 Abs. 3, 4 AGG.

(4) Ermittlung der konkreten Zumutbarkeitsgrenze

Der Annahme einer solchen Zumutbarkeitsgrenze schließt sich die Frage an, was konkret dem Arbeitgeber nicht zugemutet werden kann. Wann muss eine erforderliche Maßnahme im Einzelfall als unzumutbar im Sinne der Norm gewertet werden? Die Beantwortung dieses Fragenkreises hat erhebliche Auswirkungen auf die Beurteilung von Druckkündigungen mit diskriminierendem Hintergrund. Sie entscheidet darüber, ob die Zumutbarkeitsgrenzen von allgemeiner und AGG-rechtlicher Fürsorgepflicht identisch sind oder der Arbeitgeber in Fällen

---

1005 So i.E. auch Rust/Falke-*Falke*, § 12 AGG Rn. 56; Schleusener/Suckow/Voigt-*Suckow*, § 12 AGG Rn. 51f.; *Nollert-Borasio/Perreng*, § 12 AGG Rn. 21; *Bauer/Göpfert/Krieger*, § 12 AGG Rn. 41; vgl. auch APS/*Preis*, Grundlagen AS. Rn. 32.

1006 Vgl. LAG Niedersachen 29.11.2008 a.a.O. (Fn. 974); Schleusener/Suckow/Voigt-*Suckow*, § 12 AGG Rn. 51; *Nollert-Borasio/Perreng*, § 12 AGG Rn. 21.

1007 Vgl. Parallele zu Schutzansprüchen im Öffentlichen Recht (Untermaßverbot): *Pieroth/Schlink*, § 6 Rn. 308/310; BVerfG 28.5.1983 – 2 BvF 2/90, 2 BvF 4/92, 2 BvF 5/92, BVerfGE 203, 254; BVerfG 28.5.1993 – 2 BvF 2/90, 2 BvF 4/92, 2 BvF 5/92, NJW 1993, 1751ff.; BVerfG 15.10.2009 – 1 BvR 3474/08, NVwZ 2009, 1489ff.

1008 Ebenfalls für eine Zumutbarkeitsgrenze Schleusener/Suckow/Voigt-*Suckow*, § 12 AGG Rn. 51; ErfK/*Schlachter*, § 12 AGG Rn. 5; Wendeling-Schröder/Stein-*Stein*, § 12 AGG Rn. 48.; *Nollert-Borasio/Perreng*, § 12 AGG Rn. 21; *Bauer/Göpfert/Krieger*, § 12 AGG Rn. 41; dagegen *Busch/Kocher/Welkoborsky*, S. 55.

1009 Ähnlich auch *Thüsing*, Arbeitsrechtl. Diskriminierungsschutz, Rn. 694.

diskriminierenden Drucks mehr aushalten, riskieren bzw. hinnehmen muss als in üblichen Druckkündigungsfällen.

(a) Effektiver Diskriminierungsschutz als europäische Vorgabe

Die europäische Vorgabe eines effektiven Diskriminierungsschutzes[1010] setzt zwangsläufig einen restriktiven Umgang mit der Frage der Unzumutbarkeit der Pflichterfüllung voraus. Es darf nicht übersehen werden, dass eine Persönlichkeitsverletzung des betreffenden Diskriminierungsopfers im Raum steht. In Druckkündigungsfällen kommt hinzu, dass der Arbeitsplatz sowie das Grundrecht des betroffenen Beschäftigten aus Art. 12 GG auf dem Spiel stehen. Intensität und Auswirkungen der abzuwehrenden Diskriminierung können demnach in den maßgeblichen Druckkündigungssituationen als besonders schwerwiegend eingestuft werden.

Käme der Arbeitgeber diskriminierenden Vorstellungen und Wünschen Dritter durch den Ausspruch einer entsprechenden Kündigung in jedem Fall nach, wären die Diskriminierungsverbote des AGG wirkungslos.[1011] Er darf daher Kundenbeziehungen nicht generell über die Rechte seiner Beschäftigten stellen.[1012] Auch wirtschaftliche Einbußen des Arbeitgebers müssen zum Schutz der Beschäftigten vor Benachteiligungen durch Dritte in bestimmten Fällen in Kauf genommen werden.[1013] So kann dem Arbeitgeber zum Beispiel im Falle eines Massengeschäftes der Verlust eine einzelnen Kunden zugemutet werden.[1014]

Ähnliches gilt innerhalb des Anwendungsbereichs des § 12 Abs. 3 AGG. Verändert sich das Betriebsklima etwa durch verpönt motivierte Unmutsäußerungen innerhalb der Belegschaft betreffend eines bestimmten Arbeitnehmers, bedeutet dies nicht zugleich, dass dem Arbeitgeber entsprechende Schutzmaßnahmen nicht zugemutet werden können.

1010 Vgl. hierzu im Einzelnen RL 2000/43/EG a.a.O. (Fn. 369), ABl. EG Nr. L 180 S. 22; RL 2000/78/EG a.a.O. (Fn. 371), ABl. EG Nr. L 303 S. 16; RL 2002/73/EG a.a.O. (Fn. 363), ABl. EG Nr. L 269 S. 15; RL 2004/113/EG a.a.O. (Fn. 366), ABl. EG Nr. L 373, S. 37.

1011 Vgl. Däubler/Bertzbach-*Däubler*, § 7 AGG Rn. 214; *Schiek*, AuR 2003, 44, 48; *Wisskirchen*, DB 2006, 1491, 1493.

1012 So auch *Busch/Kocher/Welkoborsky*, S. 55.

1013 Vgl. *Wisskirchen*, DB 2006, 1491, 1493; *Bauer/Göpfert/Krieger*, § 12 AGG Rn. 42.

1014 So auch KDZ/*Zwanziger*, 7. Aufl., § 12 AGG Rn. 7; *Nollert-Borasio/Perreng*, § 12 AGG Rn. 21; Rust/Falke-*Falke*, § 12 AGG Rn. 57.

Anders ist jedoch möglicherweise zu gewichten, wenn angesichts des Verhaltens von Kunden oder Belegschaftsteilen die Funktionsfähigkeit oder der Fortbestand des fraglichen Betriebsbereichs gefährdet ist.[1015]

(b) Kriterium der wirtschaftlichen Belastbarkeit

Die Frage der Zumutbarkeit konzentriert sich im Hinblick auf den Arbeitgeber letztlich auf die Frage seiner wirtschaftlichen Belastbarkeit.[1016] Diese muss unter Berücksichtigung des Ausmaßes und der Folgen der Diskriminierung für den betreffenden Beschäftigten bewertet werden.

So wird von einem Teil der Literatur vertreten, dass die Grenze zur Unzumutbarkeit jedenfalls dann erreicht sei, wenn der Arbeitgeber bei Vornahme der Abwehrhandlung schwere wirtschaftliche Nachteile befürchten müsse.[1017]

Hiernach ist für das Ergebnis der Interessenabwägung zunächst der finanzielle Umfang der befürchteten Einbuße von Bedeutung.[1018] Die wirtschaftlichen Nachteile müssen in jedem Fall erheblich sein, um den Schutzinteressen des betreffenden Arbeitnehmers entgegengesetzt werden zu können. Belästigt etwa ein einzelner Gast eine Service-Mitarbeiterin eines Restaurants aufgrund ihres Geschlechts, muss der Arbeitgeber im Regelfall nicht mit hohen wirtschaftlichen Verlusten rechnen, wenn er dem Gast den weiteren Aufenthalt in seinen Räumlichkeiten untersagt.[1019] Anders ist dies hingegen bei langjährigen, wirtschaftlich bedeutsamen Geschäftsbeziehungen. Der Abbruch des geschäftlichen Kontakts zu einem Key Account kann unter Umständen den finanziellen Ruin des Betriebs bedeuten.[1020]

Entsprechend kann auch innerhalb des § 12 Abs. 3 AGG unterschieden werden: Während diskriminierende Forderungen eines einzigen Arbeitnehmers im Regelfall nicht geeignet sind, um schwere wirtschaftliche Gefahren für den Betrieb auszulösen, kann dies im Falle des Zusammenschlusses mehrerer Beschäftigten wiederum anders sein. Drohen Letztere etwa wie in typischen Druckkün-

---

1015 So Däubler/Bertzbach-*Däubler*, § 7 AGG Rn. 214; vgl. auch *Thüsing*, Arbeitsrechtl. Diskriminierungsschutz, Rn. 691.

1016 Vgl. auch *Nollert-Borasio/Perreng*, § 12 AGG Rn. 21.

1017 So *Thüsing*, Arbeitsrechtl. Diskriminierungsschutz, Rn. 694; *Simon/Greßlin*, BB 2007, 1782, 1788; ähnlich auch *Bauer/Göpfert/Krieger*, § 12 AGG Rn. 42; ErfK/*Schlachter*, § 12 AGG Rn. 5; *Hey*, § 12 AGG Rn. 26; Wendeling-Schröder/Stein-*Stein*, § 12 AGG Rn. 47.

1018 Vgl. Wendeling-Schröder/Stein-*Stein*, § 12 AGG Rn. 47; *Nollert-Borasio/Perreng*, § 12 AGG Rn. 21.

1019 Vgl. *Nollert-Borasio/Perreng*, § 12 AGG Rn. 21

1020 Vgl. *Simon/Greßlin*, BB 2007, 1782, 1788; *Bauer/Göpfert/Krieger*, § 12 AGG Rn. 42; ErfK/*Schlachter*, § 12 AGG Rn. 4; *Thüsing*, Arbeitsrechtl. Diskriminierungsschutz, Rn. 694.

digungsfällen mit ihrer „geschlossenen“ Kündigung, kann je nach Einzelfall die künftige Funktionstüchtigkeit des Betriebs konkret gefährdet sein.[1021] Ein größerer Teil der Belegschaft kann somit in vergleichbarer Intensität wie betriebsexterne Dritte agieren und damit ebenfalls erhebliche wirtschaftliche Nachteile auslösen.

Entsprechend der Auffassung in der Literatur schaffen die Belange des Arbeitgebers ferner nur dann ein Gegengewicht zur schwerwiegenden Belastung des Diskriminierungsopfers, wenn die Gefahr wirtschaftlicher Schäden auch konkret besteht. Befürchtet der Arbeitgeber Umsatzeinbußen bei Vornahme der Abwehrhandlung, ohne dass hierfür konkrete Anhaltspunkte bestehen, rechtfertigt dies keinesfalls eine Beschränkung des Diskriminierungsschutzes.[1022] Deutlich wird dies unter anderem im sogenannten Kopftuchfall.[1023] In dem vom BAG zu entscheidenden Fall begründete die Arbeitgeberin die Kündigung einer muslimischen Mitarbeiterin mit zu erwartenden Umsatzrückgängen. Sie befürchtete, dass Kunden sich durch das Kopftuch der betreffenden Arbeitnehmerin gestört fühlen könnten und daher in Zukunft dem Kaufhaus fern bleiben würden. Das BAG sah die Kündigung als rechtsunwirksam an. Es ließ hierbei jedoch offen, ob entsprechende Kundenwünsche überhaupt geeignet sein können, einen entsprechenden Kündigungsausspruch zu rechtfertigen. Das Gericht stützte seine Entscheidung vielmehr darauf, dass die Arbeitgeberin im konkreten Fall ihre allgemeine Vermutung wirtschaftlicher Gefahren nicht substantiiert dargelegt hatte. Ebenso hat auch der EuGH in der Rechtssache „Feryn“ den pauschalen Verweis eines Arbeitgebers auf diskriminierende Kundenwünsche unberücksichtigt gelassen.[1024]

(5) Bezug zur Druckkündigungs-Rechtsprechung

Der in der Literatur befürwortete Ausschluss bestimmter Abwehrmaßnahmen im Falle schwerwiegender finanzieller Schäden für den Betrieb entspricht den Wirksamkeitsanforderungen der Rechtsprechung an echte Druckkündigungssituationen. So rechtfertigt das BAG die Kündigung eines an sich gesetzeskonform handelnden Arbeitnehmers nur, wenn sich der Arbeitgeber infolge des Drittverhaltens in einer notstandsähnlichen Zwangslage befindet.[1025] Entscheidend ist,

1021 Vgl. hierzu u.a. BAG 18.9.1975 a.a.O. (Fn. 62); BAG 4.10.1990 a.a.O. (Fn. 3); vgl. auch LAG Rheinland-Pfalz 17.9.2009 – 11 Sa 350/09, n.v.

1022 Vgl. *Thüsing*, Arbeitsrechtl. Diskriminierungsschutz, Rn. 691.

1023 Vgl. BAG 10.10.2002 a.a.O. (Fn. 703).

1024 Vgl. EuGH 10.7.2008 (Feryn) a.a.O. (Fn. 905).

1025 Vgl. zur Verwendung des Begriffs „Notstand“ im Strafrecht *Fischer*, § 34 StGB Rn. 2ff.; § 35 StGB Rn. 6.

dass der Arbeitgeber im Falle der Zurückweisung der Entlassungsforderung mit dem Kontaktabbruch von wirtschaftlich bedeutsamen Geschäftspartnern oder aber mit einer finanziell belastenden Kündigungswelle des drohenden Belegschaftsteils rechnen muss. Berücksichtigt man die Anforderungen der Rechtsprechung an eine Druckkündigungssituation, hat der Arbeitgeber somit im Falle der Nichterfüllung des Drittbegehrens schwere wirtschaftliche Nachteile bzw. seine Existenzgefährdung zu befürchten. Zudem kann die Gefahr wirtschaftlicher Schäden infolge des Erfordernisses einer unmittelbaren Drohung in den maßgeblichen Druckkündigungsszenarien – anders als im Kopftuchfall – auch als konkret gewertet werden. Die Anforderungen an übliche Druckkündigungsfälle korrespondieren insoweit vollumfänglich mit der Begrenzung der Handlungspflicht aus § 12 Abs. 3, 4 AGG durch Teile der Literatur.

Lässt man entsprechend der Literaturmeinung die Schutzinteressen des Beschäftigten bei wirtschaftlichen Gefahren erheblichen Ausmaßes für den Betrieb ausnahmsweise hinter den Belangen des Arbeitgebers zurücktreten, erfahren Druckkündigungen mit diskriminierendem Hintergrund im Hinblick auf ihre Zumutbarkeitsgrenze folgerichtig keine Neubewertung. Insbesondere wäre der Arbeitgeber in den maßgeblichen Fällen nicht verpflichtet, die Forderung endgültig zurückzuweisen bzw. die Geschäftsbeziehung abzubrechen. Die Zulässigkeit der Druckkündigung würde dementsprechend nicht insgesamt in Frage gestellt.

(6) Stellungnahme

Die Begrenzung des Pflichtenprogramms über das Kriterium der Angemessenheit in Fällen konkreter, wirtschaftlicher Gefahren für den Betrieb ist nur dann möglich, wenn sie mit dem europäischen Diskriminierungsschutzauftrag vereinbar ist.

(a) Vereinbarkeit mit den europäischen Vorgaben

Während in Art. 10 der Richtlinie 2000/43, Art. 12 der Richtlinie 2000/78/EG und Art. 8 der Richtlinie 76/207/EG die Bekanntmachungspflicht des Arbeitgebers im Sinne des § 12 Abs. 5 AGG jeweils ausdrücklich festgelegt ist, fehlen entsprechend konkrete Vorgaben des Richtliniengebers hinsichtlich der Ausgestaltung von Reaktionspflichten des Arbeitgebers. Die Antidiskriminierungsrichtlinien sehen insgesamt keine explizite Verpflichtung des Arbeitgebers zur Vornahme von repressiven Abwehrmaßnahmen gegenüber Beschäftigten oder Dritten vor. Die Handlungsverpflichtung aus § 12 AGG beruht vielmehr auf dem generellen Gebot eines umfassenden Diskriminierungsschutzes im Arbeitsrecht.

So wird in den Richtlinien ausgeführt, dass der Arbeitgeber insbesondere die Förderung der Gleichbehandlung am Arbeitsplatz gewährleisten müsse.[1026]

Das Gebot weitreichender Protektion vor Benachteiligungen in der Arbeitswelt gilt jedoch auch nach den europäischen Vorgaben nicht uneingeschränkt.[1027] Entsprechend der Absätze 3 und 4 des § 12 AGG kann den Antidiskriminierungsrichtlinien insgesamt ebenfalls eine Begrenzung der arbeitgeberseitigen Schutzverpflichtung nach dem Grundsatz der Verhältnismäßigkeit entnommen werden. Aus verschiedenen Regelungsbereichen der europäischen Vorgaben geht hervor, dass der Diskriminierungsschutz nicht um jeden Preis zu erfolgen hat. So begrenzt etwa Art. 2 Abs. 2 ii) i.V.m. Art. 5 der Richtlinie 2000/78/EG die Handlungspflicht des Arbeitgebers hinsichtlich des Merkmals „Behinderung" ausdrücklich auf Maßnahmen, die den Arbeitgeber nicht unverhältnismäßig belasten. Dieser Regelung kann bereits entnommen werden, dass die Frage, ob Schutzpflichten dem Arbeitgeber finanziell tatsächlich zugemutet werden können, auch aus europarechtlicher Sicht nicht unberücksichtigt bleibt. Zudem wird in Art. 2 Abs. 5 der Richtlinie 2000/78/EG betont, dass im einzelstaatlichen Recht vorgesehene Maßnahmen, die zum Schutz der Rechte und Freiheiten anderer notwendig sind, durch die Richtlinie nicht berührt werden sollen. In gleichem Sinne wird in Art. 8b Abs. 3 2002/73/EG bezüglich des Merkmals „Geschlecht" festgelegt, dass die Verpflichtung des Arbeitgebers zum Schutze seiner Beschäftigten in Einklang mit den nationalen Rechtsvorschriften und Gepflogenheiten zu beurteilen ist. Auch wenn sich Art. 8 primär auf die Zusammenarbeit der Sozialpartner bezieht, lässt die Regelung dennoch dahinterstehende Wertungen des europäischen Richtliniengebers erkennen. Die Norm verdeutlicht, dass den nationalen Gepflogenheiten eine nicht unerhebliche Rolle im Rahmen der Festlegung von Art und Umfang des Fürsorgeprogramms des Arbeitgebers gegenüber seinen Beschäftigten zukommen soll. Dies bestätigt auch die Begründungserwägung 9 der Richtlinie 2002/73/EG, wonach die Arbeitgeber ersucht werden sollen, „Maßnahmen zu ergreifen, um im Einklang mit den innerstaatlichen Rechtsvorschriften und Gepflogenheiten gegen alle Formen der sexuellen Diskriminierung vorzugehen".

Überdies wird die Berücksichtigung nationaler Besonderheiten weder im Rahmen des Art. 8b Abs. 3 2002/73/EG noch in der Begründungserwägung 9 ausschließlich auf innerstaatliche Gepflogenheiten zugunsten der Beschäftigten begrenzt.

1026 Vgl. Art. 8b Abs. 3 RL 2002/73/EG a.a.O. (Fn. 363); Art. 2 Abs. 2ii RL 2000/78/EG a.a.O. (Fn. 371); vgl. auch Art. 2 Abs. 4, 5 RL 76/207/EWG a.a.O. (Fn. 361).

1027 Ähnlich auch *Thüsing*, Arbeitsrechtl. Diskriminierungsschutz, Rn. 694.

Da die Reichweite der arbeitsvertraglichen Fürsorgeverpflichtung im innerstaatlichen Recht durch das Rechtsinstitut der echten Druckkündigung bestimmt wird, kann insoweit ebenfalls von einer Gepflogenheit im Sinne der Richtlinien gesprochen werden. Nach dieser ist die Zumutbarkeitsgrenze des Arbeitgebers im Falle schwerwiegender wirtschaftlicher Gefahren erreicht.

Auch werden im Rahmen des US-amerikanischen Diskriminierungsschutzes, der als Vorbild für die europäische Antidiskriminierungsentwicklung gilt,[1028] entsprechende Ausnahmen im Falle schwerwiegender wirtschaftlicher Nachteile des Unternehmens befürwortet.[1029] Wie im Rahmen des § 8 Abs. 1 AGG unter dem Stichwort „customer preferences" erörtert, haben Gerichte selbst bei ausdrücklicher Aufforderung zu einem diskriminierenden Arbeitgeberverhalten (in Form der Festlegung eines generellen Anforderungsprofils) eine äußerste Grenze für Fälle konkret zu erwartender betrieblicher Existenzschäden eingeräumt.[1030] Wenn hiernach selbst unmittelbar benachteiligende Verhaltensweisen des Arbeitgebers über das Kriterium der wirtschaftlichen Belastbarkeit gerechtfertigt werden können, muss dies erst recht dann gelten, wenn es um Benachteiligungshandlungen Dritter geht, denen der nicht verpönt handelnde Arbeitgeber entgegentreten soll.

Bestätigt wird dies auch durch einen Blick auf die möglichen Folgen uneingeschränkten Diskriminierungsschutzes im Rahmen des § 12 Abs. 3, 4 AGG. So drängt sich im Einzelfall die Frage auf, welchen Nutzen ein absoluter Schutzauftrag gegenüber dem Einzelnen abwirft, wenn hierdurch möglicherweise gleichzeitig der Betrieb funktionsunfähig wird und letztlich die Weiterbeschäftigung sämtlicher Arbeitnehmer auf dem Spiel steht.

Hat der Arbeitgeber bei Vornahme einer bestimmten Abwehrmaßnahme mit schweren wirtschaftlichen Nachteilen zu rechnen oder steht etwa der Bestand des Betriebes auf dem Spiel, kann der Schutzauftrag des AGG somit nicht einschränkungslos gelten.[1031] Eine Begrenzung der Fürsorgeverpflichtung in solchen Konstellationen ist mit den Antidiskriminierungsvorgaben der EU vereinbar.

1028 Vgl. *Thüsing*, Sonderbeilage NZA 2004/Heft 22, 3.

1029 Vgl. EEOC v. Audrey Sedita a.a.O. (Fn. 918); allgemein zu diskriminierenden Kündigungen vgl. *Brors*, RdA 2003, 223, 226 (US-amerikanische Rspr. 2001/2002); vgl. diesbzgl. u.a. auch Speedy v. Rexnord Corp. 243 F.3d 397 (7th Circ. 2001); Texas Dep't of Community Affairs v. Burdine (1981), 450 a.a.O. (Fn. 836); Kollstad v. American Dental Association (1999) a.a.O. (Fn. 836).

1030 S. bereits unter Kap. F. II. 2. c. bb. (3) (d).

1031 So i.E. auch *Thüsing*, Arbeitsrechtl. Diskriminierungsschutz, Rn. 694; vgl. auch *Simon/ Greßlin*, BB 2007, 1782, 1788; *Bauer/Göpfert/Krieger*, § 12 AGG Rn. 42; ErfK/*Schlachter*, § 12 AGG Rn. 5; KR/*Griebeling*, § 1 KSchG Rn. 586a; HK/*Griebeling* § 626 BGB Rn. 101.

(b) Bestätigung durch Sinn und Zweck der Druckkündigungs-Rechtsprechung

Die Durchbrechung der Schutzverpflichtung des § 12 Abs. 3, 4 AGG in Fällen schwerer wirtschaftlicher Gefahren für den Betrieb wird im Übrigen durch Sinn und Zweck der Rechtsprechung in Druckkündigungsfällen bestätigt. Die Wirksamkeitsanforderungen der Rechtsprechung in echten Druckkündigungsfällen sollen einen Ausgleich zwischen den Schutzinteressen des betroffenen Arbeitnehmers und des unter Druck gesetzten Arbeitgebers schaffen. Da dem Beschäftigten kein kündigungsrelevantes Fehlverhalten vorgeworfen werden kann und die ungerechtfertigte Forderung zudem schwere Folgen für ihn bedeutet, ist er zweifelsohne besonders schutzbedürftig. Hierauf reagiert die Rechtsprechung, indem sie hohe Anforderungen an die Drucksituation des Arbeitgebers stellt. Das BAG verlangt schwerwiegende wirtschaftliche Gefahren, die konkret bestehen und auf keinem anderen, milderen Weg abgewehrt werden können.[1032] Nur wenn diese Voraussetzungen erfüllt sind, sieht die Rechtsprechung ausnahmsweise ein Übergewicht der Arbeitgeberinteressen als gegeben an. Wie auch der Richtlinientext unter anderem in Art. 8b Abs. 3 2002/73/EG erkennen lässt, liegt es nahe, sich zur Festlegung der Grenze unzumutbarer Abwehrpflichten im Rahmen des § 12 Abs. 3, 4 AGG an solchen Konstellationen zu orientieren, in denen die nationalen Gerichte Arbeitgeberinteressen trotz besonderer Schutzbedürftigkeit des Arbeitnehmers letztlich überwiegen lassen.[1033]

Das Rechtsinstitut der echten Druckkündigung bildet im innerstaatlichen Recht die einzige Möglichkeit, die allgemein zwingenden gesetzlichen Anforderungen an eine Kündigungssituation zu durchbrechen. Vor diesem Hintergrund definiert die Rechtsprechung in echten Druckkündigungskonstellationen im Grunde die äußerste Grenze dessen, was sie einem Arbeitgeber an Abwehrpflichten zumuten will. Aufgrund des schweren Ausmaßes des Drittverhaltens für den betreffenden Beschäftigten erfolgt letztlich zu seinen Gunsten eine zweifache Erweiterung der Belastbarkeit des Arbeitgebers: Zum einen stellt das BAG hohe Anforderungen an die wirtschaftlichen Folgen des Drittverhaltens, zum anderen verlangt es die Erfüllung eines Fürsorgespektrums im Sinne des ultima ratio-Prinzips.[1034] Eine Zusammenschau beider Schutzmechanismen ergibt ein Stufenverhältnis, innerhalb dessen die endgültige Zurückweisung des Entlassungsbegehrens oder der Kontaktabbruch zum Druckausübenden abstrakt gesehen als

1032 Vgl. u.a. BAG 10.10.1957 a.a.O. (Fn. 60); BAG 11.2.1960 a.a.O. (Fn. 62); BAG 26.1.1962 a.a.O. (Fn. 62); BAG 18.9.1975 a.a.O. (Fn. 62); BAG 19.6.1986 a.a.O. (Fn. 3); BAG 31.1.1996 a.a.O. (Fn. 3).

1033 So auch *Thüsing*, Arbeitsrechtl. Diskriminierungsschutz, Rn. 694; *Hanau*, ZIP 2006, 2189, 2199.

1034 S. ausführlich unter Kap. B. III. 2. a. aa.

letzte in Betracht kommende Fürsorgemittel des Arbeitgebers eingeordnet werden. Ihre Ergreifung wird dem Arbeitgeber jedoch nicht zugemutet, soweit und solange schwerwiegende Nachteile für den Betrieb zu befürchten sind. In solchen Ausnahmefällen stellt die Abweisung des Drittverlangens für die nationalen Gerichte folglich keine angemessene Fürsorgemaßnahme im Sinne des § 241 Abs. 2 BGB dar.

Erkennt man die Wirksamkeitsgrundsätze einer echten Druckkündigung im Sinne des BAG an, ist es letztlich nur konsequent, auch im Falle diskriminierenden Drucks eine entsprechende Zumutbarkeitsgrenze zu ziehen.

Wie bereits dargelegt, kann das Rechtsinstitut der echten Druckkündigung insoweit als nationale Gepflogenheit zum Schutze der Rechte des Arbeitgebers im Sinne der europäischen Vorgaben angesehen werden. Nach dieser reichen bereits schwerwiegende wirtschaftliche Nachteile aus, um die Unzumutbarkeit des Arbeitgebers trotz drohender Entlassung des Arbeitnehmers zu rechtfertigen. Eine Existenzgefährdung ist hingegen nicht zwingend erforderlich. Entsprechend der Antidiskriminierungsrichtlinien gilt es, diese nationale Vorgehensweise bei der Auslegung des Handlungsumfangs zu berücksichtigen. Die spezielle Pflicht, gegen diskriminierende Abberufungsforderungen Dritter vorzugehen, ist demnach in gleicher Weise zu begrenzen wie die allgemeine Pflicht, ungerechtfertigte Abberufungsforderungen Dritter abzuwehren.

Selbst bei Ablehnung eines derartigen Einflusses der Druckkündigungsgrundsätze im Rahmen der Bestimmung des europäischen Antidiskriminierungsauftrags, darf folgendes nicht übersehen werden: Die Diskriminierung kommt vorliegend im Kündigungsverlangen und damit im Rahmen der Druckausübung zum Ausdruck. Das AGG-widrige Drittverhalten und der ungerechtfertigte Druck fallen somit quasi zusammen. Auch wenn in den AGG-relevanten Fällen die Forderung des Dritten nicht nur unbegründet, sondern auch diskriminierend ist, bestätigt letztlich ein Vergleich der Auswirkungen eine entsprechende Begrenzung des Pflichtenprogramms in § 12 Abs. 3, 4 AGG. Entscheidend ist nämlich, dass der Verlust des Arbeitsplatzes ausschließlich der Anerkennung ungerechtfertigten Drucks als Kündigungsgrundlage geschuldet ist. Die schweren Auswirkungen treten damit unabhängig von dem diskriminierenden Gehalt des Druckkündigungsszenarios ein. Der zusätzliche Unrechtsvorwurf, den eine diskriminierende Entlassungsforderung im Gegensatz zu diskriminierungsfreien Begehren regelmäßig auslöst, ist demnach ausschließlich in der durch den Arbeitsverlust zum Ausdruck kommenden Persönlichkeitsverletzung des betreffenden Beschäftigten zu sehen. Eine solche ist jedoch auch in üblichen Druckkündigungsszenarien nicht ausgeschlossen.[1035]

1035 S. unter Kap. B. V. 2. g. aa. (3).

Zudem kann diesem Verstoß in zweifacher Hinsicht entgegengetreten werden: Zum einen kann dem Schutzauftrag des AGG durch eine zumindest inhaltliche Erweiterung der Handlungspflichten des Arbeitgebers in Fällen diskriminierenden Drucks Rechnung getragen werden. Wie im Einzelnen dargelegt, ist der Arbeitgeber gemäß § 12 Abs. 3, 4 AGG verpflichtet, den Druckausübenden mit der Gesetzeswidrigkeit seines Verhaltens zu konfrontieren.[1036] Hierdurch besteht im Vergleich zu üblichen Druckkündigungsszenarien eine weitere Möglichkeit, den Beschäftigten vor der Beendigung seines Arbeitsverhältnisses zu bewahren. Es ist nämlich nicht ausgeschlossen, dass sich der Druckausübende infolge der vor Augen geführten AGG-widrigkeit seines Handelns „bekehren" und die Forderung fallen lässt.

Lässt sich der Dritte trotz dieser zusätzlichen Abwehrmöglichkeit nicht von seinem Vorhaben abbringen, ist zum anderen eine Kompensation auf schadensersatzrechtlicher Ebene möglich.[1037]

(c) Bestätigung durch strafrechtliche Bewertung von Drucksituationen

Die Möglichkeit des Kündigungsausspruchs trotz AGG-widrigen Drittverhaltens bzw. der Schutz von Arbeitgeberinteressen im Falle schwerwiegender wirtschaftlicher Nachteile entspricht letztlich auch strafrechtlichen Wertungen:

Wie dargelegt, erinnert die Frage eines arbeitgeberseitigen Verstoßes gegen § 7 Abs. 1 AGG infolge des Kündigungsausspruchs an Konstellationen mittelbarer Täterschaft im Sinne des § 25 Abs. 1 Alt. 2 StGB. Auch in diesen erfüllt der Tatmittler regelmäßig nicht selbst einen Straftatbestand.[1038]

Im Rahmen der Auslegungsproblematik des § 12 AGG korrespondiert die Situation des Arbeitgebers hingegen mit derjenigen eines Nötigungsnotstands.[1039] Anders als im Rahmen des § 7 Abs. 1 AGG benötigt der Arbeitgeber innerhalb des Anwendungsbereichs des § 12 Abs. 3, 4 AGG regelmäßig Kenntnis von den illegalen Drittmotiven. Dennoch handelt er – wie auch in den typischen Konstellationen eines Nötigungsnotstandes – allein aufgrund der seitens des Druckausübenden geschaffenen Zwangssituation.

Ähnlich wie im Rahmen des strafrechtlichen Konstrukts rechtfertigt bzw. entschuldigt nicht jeder angedrohte Nachteil durch den Dritten das Handeln des

1036 S. unter Kap. F. II. 3. d. aa.

1037 So i.E. auch *Deinert*, RdA 2007, 275, 283.

1038 Vgl. *Fischer*, § 25 StGB Rn. 4; *Wessels/Beulke*, StrafR AT, § 13 Rn. 537; vgl. u.a. BGH 15.9.1988 a.a.O. (Fn. 897).; BGH 26.7.1994 a.a.O. (Fn. 897); BGH 23.9.2003 a.a.O. (Fn. 897).

1039 Ausführlich zum strafrechtlichen Konstrukt *Wessels/Beulke*, StrafR AT, § 10 Rn. 443.

unter Druck Gesetzten.[1040] Vielmehr setzt etwa ein entschuldigender Notstand im Sinne des § 35 StGB eine konkrete Gefahr für elementare Rechtsgüter des Bedrohten sowie die Wahrung des ultima ratio-Prinzips voraus.[1041] Überträgt man die hierin enthaltene Wertung auf die betriebliche Gefahrensituation des Arbeitgebers, kann die Funktionsfähigkeit bzw. der Fortbestand des Betriebs in diesem Bereich analog ebenfalls als zentrales Schutzgut angesehen werden. Die strafrechtliche Vorgehensweise bestätigt somit, dass ein schädigendes Verhalten, das im Wege der Nötigung seitens Dritter erzwungen wird, im Falle einer konkreten Gefährdung besonders schützenswerter Rechtsgüter des Täters entschuldigt werden muss.

Zwar scheidet eine Lösung arbeitsrechtlicher Problemstellungen anhand strafrechtlicher Beurteilungsmaßstäbe bereits aufgrund der unterschiedlichen Zielvorgaben der jeweiligen Regelungsgebiete aus. Dies bedeutet jedoch nicht zwingend auch, dass die Berücksichtigung gebietsfremder Wertungen insgesamt ausgeschlossen ist. Dem Strafrecht können Grundsätze zur individuellen Vorwerfbarkeit gesetzeswidrigen Verhaltens entnommen werden, die in bestimmten Konstellationen zumindest als Orientierungshilfe dienen. Aufgrund des Einsatzes eines Nötigungsmittels durch den Druckausübenden liegt in echten Druckkündigungsszenarien eine Orientierung an entsprechenden strafrechtlichen Dreieckskonstellationen nahe.

(7) Zwischenergebnis

Dem Arbeitgeber kann es auch bei diskriminierenden Entlassungsbegehren unzumutbar sein, den Eintritt schwerer Schäden für den Betrieb zu riskieren.[1042] Die Antidiskriminierungsrichtlinien sowie § 12 AGG stehen der Möglichkeit des Ausspruchs einer echten Druckkündigung nicht im Wege. Das Kriterium der Angemessenheit öffnet über den Verhältnismäßigkeitsgrundsatz insoweit die Tore für eine Berücksichtigung der Arbeitgeberinteressen. Auch wenn im konkreten Druckkündigungsszenario mildere Maßnahmen als die Zurückweisung der Forderung oder der Kontaktabbruch zum Drohenden nicht erfolgreich waren, reduziert sich das Auswahlermessen des Arbeitgebers dennoch nicht auf letzt genannte Handlungen. Bedeutet die Schutzmaßnahme im konkreten Fall schwere

---

1040 Für eine Rechtfertigung im Strafrecht u.a. *Freund*, § 4 Rn. 51; *Frister*, Kap. 17 Rn. 18; die überwiegende Auffassung löst diese Fälle auf Schuldebene über § 35 StGB: stellvertretend hierfür vgl. *Wessels/Beulke*, StrafR AT § 10 Rn. 443.

1041 Vgl. *Fischer*, § 35 StGB Rn. 2ff.

1042 So i.E. auch *Deinert*, RdA 2007, 275, 283; ähnlich KR/*Griebeling*, § 1 KSchG Rn. 586a, der eine entsprechende Zumutbarkeitsgrenze auch in Fällen rechtswidriger Drohung zieht.

wirtschaftliche Nachteile bzw. führt sie zur Funktionsuntüchtigkeit des Betriebs, muss den Arbeitgeberinteressen insoweit Vorrang gewährt werden.

Erkennt man die Grundsätze der Rechtsprechung zur echten Druckkündigung an, ist es konsequent, im Rahmen der speziellen Schutzpflichten der § 12 Abs. 3 und 4 AGG die gleichen Zumutbarkeitsgrenzen wie im Rahmen der allgemeinen Fürsorgepflicht im Sinne des § 241 Abs. 2 BGB zu befürworten.

Eine solche Einschränkung der Schutzverpflichtung des Arbeitgebers ist mit den Antidiskriminierungsrichtlinien vereinbar. Auch diese greifen zur Bestimmung des Handlungsspektrums des Arbeitgebers ausdrücklich auf das Verhältnismäßigkeitsprinzip bzw. auf das Kriterium der Belastbarkeit zurück und lassen zudem nationale Gepflogenheiten bei der Festlegung des arbeitgeberseitigen Schutzprogramms nicht unberücksichtigt.

e. Konsequenzen für die Beurteilung der Rechtmäßigkeit vor dem Hintergrund des AGG

Soweit schwere wirtschaftliche Nachteile für den Betrieb drohen, zwingt § 12 AGG den Arbeitgeber nicht, die diskriminierende Forderung des Druckausübenden zu ignorieren und den Kündigungsausspruch zu verweigern. Die Zumutbarkeitsgrenze des Pflichtenprogramms aus § 12 Abs. 3, 4 AGG entspricht insoweit dem „Auslöser“ für die Anerkennung des Rechtsinstituts der echten Druckkündigung im nationalen Recht. Ein Blick auf die jeweiligen Folgen einer diskriminierungsfreien Druckkündigung und einer solchen auf Grundlage diskriminierenden Drucks verdeutlicht, dass die Beendigung des Arbeitsverhältnisses nicht der Diskriminierung, sondern vielmehr der allgemeinen Anerkennung der Zulässigkeit einer Druckkündigung anhaftet. Erkennt man ihre Rechtmäßigkeit entsprechend der BAG-Grundsätze an, ist selbst im Falle eines verpönt motivierten Entlassungsverlangens der Kündigungsausspruch weiterhin möglich.

Dies bedeutet jedoch nicht zugleich, dass eine Druckkündigung mit diskriminierendem Hintergrund insgesamt keine Besonderheiten im Rahmen der Wirksamkeitsbeurteilung aufweist.[1043] Auch wenn § 12 Abs. 3 und 4 AGG die üblichen Fürsorgepflichten des Arbeitgebers im Falle diskriminierenden Drucks nicht dergestalt erweitern, dass der Ausspruch einer Druckkündigung unzulässig ist, bestehen dennoch inhaltliche Neuerungen. Diese betreffen sowohl die Ermittlung des diskriminierenden Gehalts der Drittforderung als auch die konkrete Bekämpfungsart und -weise.

1043 Anders *Deinert*, RdA 2007, 275, 283.

Zur Gewährleistung eines effektiven Diskriminierungsschutzes im Sinne der europäischen Vorgaben muss der Arbeitgeber den Dritten in jedem Fall nach dem Grund für seine Entlassungsforderung fragen. Dies gebietet seine Schutzverpflichtung aus § 12 Abs. 1 AGG, die das bisherige Fürsorgeprogramm des Arbeitgebers insoweit erweitert.

Im Hinblick auf die konkrete Abwehr des diskriminierenden Drucks gilt Folgendes: In Druckkündigungsfällen beziehen sich sowohl die allgemeine Fürsorgepflicht als auch die Schutzverpflichtung aus § 12 Abs. 3, 4 AGG auf die Abwehr der (verpönt motivierten) Entlassungsforderung. Insoweit ähneln sich die Fürsorgemittel in Fällen AGG-konformen und AGG-widrigen Drucks weitgehend. Wie dargelegt, sind auch im Rahmen des § 12 Abs. 3, 4 AGG je nach Einzelfall vorrangig räumliche Trennungsmöglichkeiten zu erwägen. Im Falle AGG-widrigen Drucks besteht jedoch eine weitere, diskriminierungsspezifische Schutzmöglichkeit, die sich zum Druckabbau eignet. Die Absätze 3 und 4 des § 12 AGG erfordern in jedem Fall eine Konfrontation des Täters mit dem diskriminierenden Gehalt seines Verhaltens. Entsprechend muss der Arbeitgeber auch in Druckkündigungsszenarien den Druckausübenden auf die Gesetzeswidrigkeit seiner Entlassungsforderung aufmerksam machen und sich von den diskriminierenden Motiven erkennbar distanzieren. Sowohl gegenüber Beschäftigten als auch bei betriebsexternen Dritten ist ein Konfrontationsgespräch, in dem der Arbeitgeber den Täter auf den AGG-Verstoß hinweist, entsprechend ermahnt und zum Überdenken der Forderung auffordert, in jedem Fall als taugliches Mittel zur Abwehr der Diskriminierung anzusehen.[1044] Es besteht nämlich zumindest die Möglichkeit, dass der Dritte infolge der vor Augen geführten Folgen seines rechtswidrigen Handelns das verpönte Kündigungsbegehren zurückzieht. Die Konfrontation des Druckausübenden mit der Illegalität seiner Forderung ist demnach geeignet, den Entlassungsdruck abzubauen und den Beschäftigten auf diesem Wege vor dem Verlust seines Arbeitsplatzes zu schützen. Beruht die Druckausübung auf Gründen im Sinne des § 1 AGG, muss der Arbeitgeber zur Verhinderung der Durchsetzung der verpönten Forderung somit zusätzliche Schutzmaßnahmen ergreifen.

Konsequenz ist eine Erweiterung der tatbestandlich relevanten Fürsorgeanforderungen in Druckkündigungssituationen mit diskriminierendem Hintergrund. Wie erläutert, wirkt sich ein Verstoß gegen § 12 Abs. 3, 4 AGG auf die Wirksamkeitsbewertung einer echten Druckkündigung mit diskriminierendem Hintergrund aus.[1045] Die Einhaltung der arbeitsvertraglichen Fürsorgepflicht ist maßgebend für die Rechtmäßigkeit der echten Druckkündigung. Die Rechtsprechung

---

1044 S. ausführlich unter Kap. F. II. 3. d. aa.

1045 S. ausführlich unter Kap. F. II. 3. a.

verlangt, dass der Arbeitgeber sich zunächst schützend vor den betreffenden Arbeitnehmer stellt und vorrangig sämtliche in Betracht kommende mildere Maßnahmen zum Druckabbau ergreift. Die Erfüllung dieser Fürsorgepflichten entscheidet darüber, ob der Kündigungsausspruch verhältnismäßig im Sinne des ultima-ratio-Prinzips gewesen ist. Das Schutzprogramm des § 12 Abs. 3, 4 AGG konkretisiert diese allgemeine Fürsorgeverpflichtung, wenn das abzuwehrende Drittverhalten zugleich eine Diskriminierung darstellt. Die AGG-rechtlichen Schutzpflichten sind dementsprechend als lex specialis zu werten. Ihre Erfüllung ist somit ausschlaggebend für die Frage der Einhaltung des ultima-ratio-Grundsatzes und damit für die Zulässigkeit des Kündigungsausspruchs. Wie dargelegt, ist es zumindest theoretisch möglich, dass der Druckausübende durch die Konfrontation mit dem diskriminierenden Gehalt seines Vorgehens von seiner Entlassungsforderung ablässt. Soweit eine solche Schutzmaßnahme im Einzelfall nicht von vornherein offensichtlich aussichtslos erscheint, muss die Druckkündigung im Falle ihres Nichtergreifens durch den Arbeitgeber folgerichtig als rechtswidrig gewertet werden.

Unabhängig davon bringt ein solches Konfrontationsgespräch auch dem Arbeitgeber Vorteile. Er kann hierdurch verdeutlichen, dass er sich von erkennbar verpönten Motiven des Dritten distanziert. Protokolliert er das Gespräch und damit seine ausdrückliche Ablehnung, kann sich dies im Rahmen des eigenen Benachteiligungsvorwurfs im Sinne von § 7 Abs. 1 AGG entlastend auswirken. Hierdurch kann ein Handeln „wegen“ eines Grundes im Sinne des § 1 AGG widerlegt werden.

Insgesamt ist zu beachten, dass eine inhaltliche Erweiterung des Prüfungsprogramms voraussetzt, dass die Schutzverpflichtungen aus § 12 Abs. 3, 4 AGG auch tatsächlich greifen. Wie bereits dargelegt, ist Anwendungsvoraussetzung in jedem Fall die objektive Erkennbarkeit der Benachteiligungshandlung des Dritten.[1046] Es ist insoweit zu prüfen, ob der Arbeitgeber den Dritten nach dem Grund für seine Entlassungsforderung gefragt hat. Offenbart der Druckausübende seine Handlungsmotive nicht, muss zudem geprüft werden, ob andere Anhaltspunkte bestehen, die auf eine verpönte Druckausübungsmotivation hindeuten. Ist dies der Fall, hat der Arbeitgeber gemäß § 12 Abs. 1 AGG weitere Nachforschungen anzustellen und bei Verfestigung des Verdachts entsprechende Schutzmaßnahmen zu ergreifen.

Verbirgt der Dritte hingegen seine diskriminierenden Motive erfolgreich, bleibt es bei den allgemeinen Abwehranforderungen in Fällen diskriminierungsfreier Druckkündigungen. Mangels Anwendbarkeit des § 12 Abs. 3, 4 AGG

1046 S. unter Kap. F. II. 3. b.

bestehen in solchen Fällen keine speziellen Fürsorgepflichten, die das bisherige Abwehrprogramm im Vorfeld des Kündigungsausspruchs verändern könnten.

III. Gesamtergebnis der rechtlichen Bewertung

Insgesamt ist festzuhalten, dass das Rechtsinstitut der Druckkündigung im Falle eines diskriminierenden Entlassungsverlangens nicht losgelöst von den Bestimmungen des AGG bzw. den europarechtlichen Vorgaben betrachtet werden kann. Das diskriminierende Verhalten des Dritten führt jedoch auch bei Berücksichtigung der Antidiskriminierungsvorgaben nicht zwingend zur Unwirksamkeit der echten Druckkündigung.

Geht man mit der Rechtsprechung von der Rechtmäßigkeit einer echten Druckkündigung als betriebsbedingte Kündigung aus, so ändert sich an ihrer grundsätzlichen Zulässigkeit auch im Falle eines diskriminierenden Entlassungsverlangens nichts. Denn die Kündigung selbst wird vom Arbeitgeber als Kündigungsberechtigten nicht „wegen" eines Grundes im Sinne des § 1 AGG ausgesprochen. Die Drittmotive können dem Arbeitgeber nicht zugerechnet werden. Die Kündigung selbst verstößt demnach nicht gegen § 7 Abs. 1 AGG.

Fälle „echten" Drucks mit diskriminierendem Hintergrund müssen sich an den Anforderungen des § 12 Abs. 3/4 AGG messen lassen.[1047] § 12 AGG erlangt insoweit ausnahmsweise bereits auf Ebene der Rechtmäßigkeitskontrolle einer Kündigung Bedeutung. Jedoch verlangen die europäischen Antidiskriminierungsvorgaben keine grenzenlose Abwehr. Die Grenze der Zumutbarkeit orientiert sich an der wirtschaftlichen Belastbarkeit des Arbeitgebers entsprechend der nationalen Gepflogenheiten. Die Zumutbarkeitsgrenze wird in diesem Kontext von der nationalen Rechtsprechung durch das Rechtsinstitut der echten Druckkündigung gezogen. Die Rechtmäßigkeitskriterien des BAG bestimmen mittelbar, wie weit die Reaktionspflicht des Arbeitgebers reicht. Dies bedeutet, dass die Antidiskriminierungsvorgaben im Falle verpönt motivierten Drucks keine völlige Neubewertung der bisherigen Rechtmäßigkeitskriterien von echten Druckkündigungen erfordern.[1048] Es bleibt weiterhin bei der Kündigungsmöglichkeit, wenn die konkrete Gefahr schwerer wirtschaftlicher Nachteile besteht.

Soweit der diskriminierende Gehalt des Drittverhaltens feststeht bzw. vom Arbeitgeber entsprechend seiner aus § 12 Abs. 1 AGG resultierenden Nachfrage- und Nachforschungspflicht ermittelt wurde, ergeben sich jedoch inhaltliche Änderungen im Hinblick auf das bisherige Prüfungsprogramm. § 12 Abs. 3 und 4

1047 Vgl. insoweit auch HK/*Griebeling*, § 626 BGB Rn. 101.

1048 Vgl. *Deinert*, RdA 2007, 275, 283.

AGG erweitern die von der Rechtsprechung bereits als Rechtmäßigkeitskriterium festgelegte Erfüllung der allgemeinen Fürsorgeverpflichtung. In Fällen diskriminierenden Drucks muss der Arbeitgeber den Druckausübenden ausdrücklich mit seinem gesetzeswidrigen Verhalten konfrontieren und sich von den AGG-widrigen Motiven distanzieren.

Insgesamt bleibt der „fade Beigeschmack“[1049], dass ein benachteiligendes Drittverhalten die Kündigung eines Arbeitnehmers allein aufgrund der wirtschaftlich bedingten Einflussmöglichkeiten des Außenstehenden ermöglicht. Dieser Beigeschmack ist jedoch ausschließlich dem Umstand geschuldet, dass solche ungerechtfertigten Entlassungsforderungen infolge einer extensiven Auslegung des betriebsbedingten Kündigungsgrundes von der Rechtsprechung legitimiert werden.[1050] Im Falle diskriminierenden Drittverhaltens werden die Schwächen einer solchen Vorgehensweise lediglich besonders deutlich.

Dies bedeutet jedoch nicht zugleich, dass der Verstoß gegen die Antidiskriminierungsrichtlinien generell unbestraft bleibt. Insoweit kommen insbesondere Schadensersatzansprüche des betroffenen Arbeitnehmers in Betracht. Konkrete Kompensationswege werden nachfolgend unter Kapitel G untersucht.

IV. Konkrete Folgen im Hinblick auf die nationalen Kündigungsbestimmungen

Wie dargelegt, bleibt es trotz des diskriminierenden Entlassungsverlangens des Dritten bei der sozialen Rechtfertigung der Druckkündigung. Auch verdrängt der AGG-Verstoß des Druckausübenden nicht den wichtigen Grund im Rahmen des § 626 Abs. 1 BGB.

Nur wenn die Fürsorgepflichten im Falle einer erkennbar verpönten Drittmotivation nicht um eine diskriminierungsspezifische Konfrontation erweitert werden, ist die Druckkündigung sozial ungerechtfertigt gemäß § 1 Abs. 2 KSchG bzw. rechtsunwirksam im Sinne des § 626 BGB.[1051]

Diese AGG-spezifischen Wertungen müssen auch auf die kündigungsrechtliche Bewertung anhand der zivilrechtlichen Generalklauseln (§§ 138, 242 BGB)

1049 Im Hinblick auf diskriminierende Kundenwünsche i.R.d. § 8 AGG *Thüsing*, Arbeitsrechtl. Diskriminierungsschutz, Rn. 334/708.

1050 So auch *Deinert*, RdA 2007, 275, 282.

1051 Vgl. zu den Anforderungen der diskriminierungsspezifischen Maßnahmen im Einzelnen unter Kap. F. II. 3. d. aa.

übertragen werden.[1052] Eine Kündigung kann regelmäßig nicht als sitten- oder treuwidrig eingestuft werden, wenn sie auf Tatsachen gestützt wird, die sich prinzipiell für eine Rechtfertigung nach § 1 Abs. 2 KSchG eignen.[1053] Zwar werden die Grundsätze von Treu und Glauben nicht durch das KSchG konsumiert.[1054] Jedoch können nur solche Umstände einen Verstoß gegen die Generalklauseln begründen, die nicht bereits einen Kündigungsausspruch im Sinne des KSchG decken würden.[1055] Erkennt man dementsprechend die von der Rechtsprechung entwickelten Wirksamkeitskriterien einer echten Druckkündigung an, müssen diese auch im Rahmen der §§ 138, 242 BGB gelten. Wie dargelegt, gelten die nationalen Grundsätze auch im Falle diskriminierenden Drucks fort und unterliegen lediglich in bestimmten Fällen inhaltlichen Erweiterungen.

Die AGG-Konformität des Druckkündigungsausspruchs stünde selbst dann nicht in Frage, wenn der Anwendungsbereich der Generalklauseln weitergezogen und der Fokus auf subjektive Umstände außerhalb des angeführten Kündigungsgrundes gelegt würde. Denn auch im Rahmen der §§ 138, 242 BGB können nur solche (inneren) Tatsachen maßgebende Berücksichtigung finden, die dem Arbeitgeber als dem zur Kündigung Berechtigten auch zugerechnet werden können.[1056] Wie dargelegt, kann dem Arbeitgeber das Drittverhalten in Druckkündigungsfällen regelmäßig nicht zur Last gelegt werden. Der Arbeitgeber stützt seine Kündigung auf die seinem Betrieb drohenden schweren Nachteile. Allein seine wirtschaftliche Drucksituation ist daher entscheidend für den Kündigungsausspruch. Die AGG-widrigen Motive des Dritten haben somit keine Bedeutung für die Kündigungsentscheidung. Soweit der Arbeitgeber nicht die verpönten Motive des Druckausübenden übernimmt, kann die Kündigung folglich auch nicht als sitten- oder treuwidrig gewertet werden.

1052 Wie bereits unter Kap. F. II. 2. c. bb. (2) (d) dargelegt, wird in dieser Arbeit im Falle diskriminierender Motive bereits eine AGG-konforme u. damit erweiterte Auslegung des § 1 Abs. 2 KSchG bzw. § 626 BGB befürwortet, sodass den Generalklauseln „nur" bei der Bewertung ordentlicher Kündigungen außerhalb des Anwendungsbereichs des KSchG Bedeutung zukommt.

1053 Vgl. BAG 23.9.1976 a.a.O. (Fn. 66); BAG 5.4.2001 – 2 AZR 185/00, AP § 242 BGB Nr. 13; BAG 28.8.2003 – 2 AZR 333/02, AP § 242 BGB Nr. 17; vgl. auch APS/*Preis*, Grundlagen J. Rn. 81.

1054 Vgl. BVerfG 27.1.1998 a.a.O. (Fn. 66); BAG 21.2.2001 a.a.O. (Fn. 66).; BAG 22.5.2003 a.a.O. (Fn. 66); anders noch BAG 30.11.1960 AP § 242 BGB Kündigung Nr. 2; BAG 14.5.1964 AP § 242 BGB Nr. 5.

1055 Vgl. BAG 5.4.2001 a.a.O. (Fn. 1053); BAG 28.8.2003 a.a.O. (Fn. 1053); vgl. auch *v.Hoyningen-Huene/Linck*, § 13 KSchG Rn. 83; *Löwisch/Spinner*, § 1 KSchG Rn. 81; KR/*Friedrich*, § 13 KSchG Rn. 234; Fiebig/Gallner/Nägele-*Gieseler*, § 13 KSchG Rn. 73.

1056 Vgl. *Diller*, NZA 2006, 569, 571, der ebenfalls auf die Person des AG abstellt.

V. Berücksichtigung dieser Lösung in unechten Druckkündigungsfällen (Beantwortung der unter Kap. E. aufgeworfenen Frage nach etwaigen Veränderungen im Rahmen der Interessenabwägung)

Wie bereits in Kapitel E angedeutet, empfiehlt es sich, das diskriminierende Verhalten des Druckausübenden im Rahmen der Bewertung der unechten Druckkündigung außen vor zu lassen. Auf diesem Wege wird jeglicher Anschein einer AGG-widrigen Einfärbung des Kündigungssachverhalts verhindert. Dies bedeutet jedoch nicht zwingend, dass die angedrohten wirtschaftlichen Schäden, die der Arbeitgeber zu befürchten hat, nicht mehr in die Interessenabwägung eingestellt werden dürfen.[1057]

Berücksichtigt man die in diesem Kapitel entwickelte Lösung in Fällen echter Druckkündigungen, muss konsequenter Weise auch in entsprechenden Situationen „unechten" Drucks zwischen dem diskriminierenden Kündigungsverlangen des Dritten und der wirtschaftlichen Zwangslage des Arbeitgebers unterschieden werden. Letztere ist lediglich (mittelbare) Folge des Drittverhaltens. Wie dargelegt, bedeutet eine Berücksichtigung der wirtschaftlichen Existenzgefährdung nicht zugleich eine AGG-widrige Infiltration des Kündigungsszenarios.[1058] Geht man davon aus, dass die in Aussicht gestellten finanziellen Schäden einen eigenständigen, von der Diskriminierung des Dritten losgelösten Kündigungsgrund darstellen, muss streng genommen auch im Rahmen der Bewertung unechter Druckkündigungen entsprechend differenziert werden. Dies hat zur Folge, dass zwar nicht das Entlassungsverlangen des Dritten, jedoch die hieraus erwachsenden wirtschaftlichen Gefahren für den Betrieb weiterhin im Rahmen der Interessenabwägung unechter Druckkündigungen berücksichtigt werden können.

Grundvoraussetzung für eine solche Übertragung der im Rahmen der Rechtmäßigkeitskontrolle echter Druckkündigungen mit diskriminierendem Hintergrund getroffenen Wertungen auf Fälle „unechten" Drucks ist jedoch die grundsätzliche Anerkennung des Rechtsinstituts der echten Druckkündigung im Sinne der Rechtsprechung. Wie dargelegt, bildet diese die Basis für die in diesem Kapitel vorgenommene Untersuchung.

1057 Anders insoweit *Deinert*, RdA 2007, 275, 280; KDZ/*Deinert*, § 1 KSchG Rn. 468.

1058 S. hierzu ausführlich unter Kap. F. II. 2. c. bb. (3) (c) bis (f).

VI. Vorteile der unter Kapitel B vertretenen Auffassung

Geht man wie in dieser Arbeit vertreten von der generellen Unzulässigkeit einer echten Druckkündigung als betriebsbedingte bzw. außerordentliche Kündigung aus, bestehen auch in AGG-rechtlicher Hinsicht erhebliche Vorteile. Wird ungerechtfertigter Abberufungsdruck im Allgemeinen als nicht ausreichend erachtet, um eine Kündigung zu begründen, gilt dies erst recht im Falle eines diskriminierend motivierten Entlassungsverlangens. Die Frage der Vereinbarkeit der Druckkündigungsgrundsätze mit den europäischen Antidiskriminierungsvorgaben stellt sich daher gar nicht erst.[1059] Folgt man der unter Kapitel B vertretenen Auffassung, besteht folglich schon kein Nährboden für die Durchsetzung diskriminierender Abberufungsmotive Dritter.

Im Rahmen des historischen Rückblicks wurde aufgezeigt, welche Gefahren eine diskriminierend motivierte Ausnutzung der Machstellung in arbeitsrechtlicher Hinsicht in sich birgt. Wie dargelegt, wurden in der NS-Zeit Arbeitsverhältnisse allein auf Grundlage rassistisch motivierten wirtschaftlichen bzw. behördlichen Drucks beendet.[1060] Tendenzen in diese Richtung kann entgegen gewirkt werden, indem man kündigungsrechtlich unbegründeten Entlassungsdruck wie vorliegend generell die Tauglichkeit als Kündigungsgrundlage abspricht.

Wie bereits in Kapitel B angesprochen, bedeutet die Unzulässigkeit einer echten Druckkündigung nicht zugleich, dass der Arbeitgeber schutzlos gestellt wird. Beendet der Druckausübende tatsächlich die Vertragsbeziehung zum Arbeitgeber, kann Letzterer finanzielle Verluste auf schadensersatzrechtlicher Ebene kompensieren. Neben Ansprüchen wegen Nichterfüllung des Vertrags aus § 280 Abs. 1 BGB kommen auch Ansprüche aus § 826 und § 823 Abs. 2 i.V.m. § 240 StGB sowie § 823 Abs. 1 BGB wegen Verletzung des Rechts am eingerichteten und ausgeübten Gewerbebetrieb in Betracht.

Soweit der Druckausübende diskriminierende Motive verfolgt, erscheint zudem eine analoge Anwendung der Beweiserleichterung des § 22 AGG zugunsten des Arbeitgebers naheliegend.[1061] Der Arbeitgeber ist in ähnlicher Weise wie der betroffene Beschäftigte regelmäßig nicht in der Lage, die verpönte Intention des Druckausübenden zu beweisen. Der Nachweis des Verstoßes gegen § 7 Abs. 1

1059 Die Frage der Vereinbarkeit stellt sich nach hier vertretener Auffassung nur i.R.d. Rechtmäßigkeitskontrolle einer ordentlichen Kündigung außerhalb des Anwendungsbereichs des KSchG; diesbzgl. kann jedoch auf die unter Kap. E. u. F. entwickelte Lösung verwiesen werden.

1060 S. bereits unter Kap. B. II. 2.

1061 Zur befürworteten weiten Auslegung des Anwendungsbereichs des § 22 AGG s. nachfolgend unter Kap. G. IV 1.

AGG ist jedoch maßgebend, um den diskriminierenden Hintergrund der Vertragsauflösung und damit die Rechtswidrigkeit des Drittverhaltens in schadensersatzrechtlicher Hinsicht zu belegen.

Im nachfolgenden Kapitel wird unter Punkt IV. 1. ausführlich auf die Frage des konkreten Anwendungsbereichs des § 22 AGG eingegangen.

G. Abwehr- bzw. Kompensationsmöglichkeiten des betroffenen Arbeitnehmers hinsichtlich der erfolgten Diskriminierung

Wie dargelegt, wirkt sich die Anerkennung der druckkündigungsrechtlichen Grundsätze der Rechtsprechung (mittelbar) auch auf die Beurteilung von Druckkündigungen, die einen diskriminierenden Hintergrund aufweisen, aus. Werden die speziellen Anforderungen des § 12 Abs. 3, 4 AGG eingehalten, kann eine Druckkündigung selbst im Falle „echten“, diskriminierenden Drucks gerechtfertigt sein. Wie bereits im Rahmen der Kapitel E und F angedeutet, sind jedoch Kompensationsmöglichkeiten des betroffenen Beschäftigten auf schadensersatzrechtlicher Ebene denkbar.

In Kapitel B wurde unter Gliederungspunkt V. bereits untersucht, inwieweit der Arbeitnehmer in üblichen Druckkündigungsszenarien Ersatz für den Verlust seines Arbeitsplatzes bzw. etwaige Persönlichkeitsverletzungen verlangen kann. Das nachfolgende Kapitel konzentriert sich auf die Frage, ob sich infolge der AGG-widrigkeit des Drittverhaltens diesbezüglich Besonderheiten ergeben.

Während in Kapitel B repressive Abwehrmittel des Arbeitnehmers im Vordergrund standen, liegt das Augenmerk der nachfolgenden Untersuchung zudem auf möglichen Abwehrmaßnahmen des Beschäftigten im Vorfeld des Kündigungsausspruchs.

I. Ausgangssituation

1. Unechte Druckkündigung mit diskriminierendem Hintergrund

Wie in Kapitel B festgestellt, kommen bereits im Falle diskriminierungsfreier Druckkündigungen Schadensersatzansprüche des betroffenen Arbeitnehmers in Betracht. Diese beschränken sich jedoch im Regelfall auf echte Druckkündigungskonstellationen. Unechte Druckkündigungen hingegen lösen zumeist keine Ersatzansprüche des Arbeitnehmers aus, da sich der Verlust des Arbeitsplatzes auf einen berechtigten Kündigungsgrund zurückführen lässt.[1062]

Anders ist dies jedoch, wenn die unechte Druckkündigung einen diskriminierenden Hintergrund aufweist. Wie dargelegt, muss in solchen Fällen zunächst

1062 S. unter Kap. B. V.

überprüft werden, ob der angeführte Kündigungsgrund möglicherweise AGG-widrig eingefärbt ist. Verstößt bereits der seitens des Druckausübenden angeführte Kündigungsgrund gegen § 7 Abs. 1 AGG, kann dieser folgerichtig nicht mehr zur Rechtfertigung des Kündigungsausspruchs herangezogen werden. Dies bedeutet jedoch nicht zugleich, dass der betroffene Beschäftigte in einem Kündigungsschutzprozess obsiegen wird. Denkbar ist nämlich, dass der Arbeitgeber sich nunmehr auf den wirtschaftlichen Druck des Dritten berufen wird und sich die unechte Druckkündigung damit in eine echte Druckkündigung wandelt. Wie dargelegt, entscheidet in solchen Fällen sodann die Handlungsmotivation des Außenstehenden über die Rechtmäßigkeitsanforderungen, die an die echte Druckkündigung zu stellen sind. Beruht das Entlassungsbegehren auf verpönten Motiven, müssen die üblichen Wirksamkeitskriterien der Rechtsprechung inhaltlich um die speziellen Anforderungen des § 12 Abs. 3, 4 AGG erweitert werden. Erfüllt der betreffende Arbeitgeber diese Voraussetzungen, ist der Kündigungsausspruch trotz seines diskriminierenden Hintergrundes regelmäßig nicht zu beanstanden. Denkbar sind jedoch etwaige Ersatzansprüche des Arbeitnehmers gegenüber dem Druckausübenden.

Da in dieser unechten Druckkündigungsvariante in gleichem Maße wie in Fällen „echten“ Drucks die diskriminierende Druckausübung des Dritten im Vordergrund steht, empfiehlt sich eine gemeinsame Untersuchung möglicher Abwehr- und Schadensersatzmöglichkeiten. Auf etwaige Besonderheiten bzw. Unterschiede wird im Rahmen des jeweiligen Untersuchungsabschnitts eingegangen.

2. Echte Druckkündigung mit diskriminierendem Hintergrund

In üblichen echten Druckkündigungsfällen beschränken sich die schadensersatzrechtlichen Zugriffsmöglichkeiten des Beschäftigten auf die Person des Druckausübenden als Anspruchsgegner. Sie sind zudem inhaltlich begrenzt: Zum Teil sind bereits die Anspruchsvoraussetzungen nicht gegeben, teilweise bestehen erhebliche Beweisprobleme.[1063]

Wie dargelegt, ändert der diskriminierende Gehalt der Druckausübung nichts an der Zulässigkeit des Kündigungsausspruchs. Dennoch drängt sich eine Neubewertung etwaiger Abwehr- und Kompensationsmittel auf. Die Drucksituation weist die Besonderheit auf, dass ihr eine rechtswidrige Motivation des Dritten zugrunde liegt. Insofern besteht ein nicht unerheblicher Unterschied zu den üb-

1063 S. unter Kap. B. V. 3.

lichen Druckkündigungsfällen, der insbesondere auch auf schadensersatzrechtlicher Ebene berücksichtigt werden muss. Schwerpunkt der nachfolgenden Beurteilung bildet daher die Diskriminierung des betreffenden Beschäftigten.

II. Konkrete Abwehrmöglichkeiten

Bevor etwaige schadensersatzrechtliche Besonderheiten in den Blick genommen werden, sind zunächst mögliche Abwehrmaßnahmen des Beschäftigten im Vorfeld des Kündigungsausspruchs zu untersuchen. Stehen ihm bereits Ansprüche zur Unterbindung des Drittverhaltens zu, kann er unter Umständen sogar den Verlust seines Arbeitsplatzes verhindern und muss nicht vollumfänglich auf Ersatzansprüche nach dem Schadenseintritt verwiesen werden.[1064]

1. Unterlassungs- / Leistungsansprüche

a. Zugriffsmöglichkeiten auf den Arbeitgeber

Primär in echten Druckkündigungsfällen erlangt das verpönte Drittverhalten entscheidende Bedeutung im Rahmen des Kündigungsausspruchs.[1065] Zur Abwehr des Arbeitsplatzverlustes kommt insoweit die Geltendmachung eines Unterlassungsanspruchs gegenüber dem Arbeitgeber in Betracht.

Denkbar wäre ein Berufen auf eine Verletzung des Persönlichkeitsrechts als Folge des diskriminierenden Drucks. Als mögliche Anspruchsgrundlagen kommen insoweit § 1004 Abs. 1 BGB bzw. § 7 Abs. 1 AGG in Betracht.[1066] Erst genannte Norm erfasst nach der herrschenden Meinung auch die in § 823 Abs. 1 BGB geschützten Rechtsgüter und damit grundsätzlich auch das allgemeine Persönlichkeitsrecht.[1067]

Ein rechtswidriger Eingriff seitens des Arbeitgebers kann jedoch nur dann bejaht werden, wenn dieser die verpönten Motive des Druckausübenden übernommen und somit seiner Kündigungsentscheidung zugrunde gelegt hat. Wie in

1064 Vgl. *Schleusener*, NZA 1999, 1078, 1082.

1065 S. ausführlich unter Kap. F. II. 2. a.

1066 Für einen eigenständigen verschuldensunabhängigen Unterlassungsanspruch aus § 7 AGG: KDZ/*Zwanziger*, 7. Aufl., § 7 AGG Rn. 4; Jauernig-*Mansel*, BGB, § 7 AGG, Rn. 6.

1067 Vgl. Palandt/*Bassenge*, § 1004 BGB Rn. 4; Jauernig/*Jauernig*, § 1004 BGB Rn. 2; MüKo-BGB/*Baldus*, Bd. VI, § 1004 BGB Rn. 9; vgl. auch BAG 27.11.1985 – 5 AZR 101/84, NJW 1986, 1065.

Kapitel F dargelegt, führt allein die Tatsache, dass der betriebsbedingte Kündigungsgrund auf einer diskriminierenden Handlungsweise des Druckausübenden beruht, nicht dazu, dass der Arbeitgeber bei Kündigungsausspruch selbst AGG-widrig handelt.[1068] Vor diesem Hintergrund ist ein Unterlassungsanspruch des Beschäftigten gegenüber dem Arbeitgeber regelmäßig mangels rechtswidriger Eingriffshandlung im Sinne des § 1004 Abs. 1 BGB bzw. mangels Verstoß gegen § 7 Abs. 1 AGG abzulehnen.

In Betracht kommt allenfalls ein Anspruch des Beschäftigten auf Ergreifen von Schutzmaßnahmen im Sinne des § 12 AGG, soweit die Druckkündigung noch nicht ausgesprochen wurde. Hierfür müsste grundsätzlich eine Leistungsklage gegen den Arbeitgeber erhoben werden.[1069] Erfolgsversprechend ist eine solche Vorgehensweise jedoch nur, wenn der Arbeitgeber zumutbare Abwehrmaßnahmen im Sinne der Norm noch nicht ergriffen hat. Wie dargelegt, stellen insbesondere die Zurückweisung der Abberufungsforderung des Dritten bzw. die Auflösung der Geschäftsbeziehungen keine angemessenen Maßnahmen dar, wenn durch sie der Betrieb schwerwiegenden wirtschaftlichen Nachteilen ausgesetzt wird.[1070] Infolge dieser Zumutbarkeitsgrenze kann der Arbeitsplatzverlust somit auch auf diesem Wege nicht über einen Zugriff auf den Arbeitgeber abgewehrt werden. Der Beschäftigte kann insoweit nur hoffen, dass mildere Abwehrmaßnahmen im Sinne von § 12 Abs. 3, 4 AGG, wie etwa die Konfrontation des Druckausübenden mit der Gesetzeswidrigkeit seines Verhaltens, bereits den Rückzug der Forderung bewirken.

Wenn der Beschäftigte allerdings Grund zur Annahme hat, dass sein Arbeitgeber bereits solche zumutbaren diskriminierungsspezifischen Schutzhandlungen unterlassen hat, kann er die Erfüllung dieser Maßnahmen im Wege einer Leistungsklage geltend machen.[1071] Zu beachten ist, dass der Anspruch regelmäßig lediglich auf Ausübung rechtsfehlerfreien Ermessens gerichtet ist.[1072] Dieser Entscheidungsspielraum muss im Klageantrag berücksichtigt werden, ohne dass jedoch zugleich das Gebot eines bestimmten Antrags verletzt wird.[1073]

In echten Druckkündigungsszenarien ist ferner zu berücksichtigen, dass ein Verstoß gegen die Pflichten aus § 12 Abs. 3, 4 AGG besondere Folgen auslöst.

1068 S. unter Kap. F. III.

1069 Vgl. *Mückl*, BB 2008, 1842, 1845; BAG 25.10.2007 a.a.O. (Fn. 979); krit. hierzu *Gehlhaar*, NZA 2009, 825, 826.

1070 S. ausführlich unter Kap. F. II. 3. e.

1071 So auch *Thüsing*, Arbeitsrechtl. Diskriminierungsschutz, Rn. 689/692; *Nollert-Borasio/Perreng*, § 12 AGG Rn. 15.

1072 Vgl. Schleusener/Suckow/Voigt-*Suckow*, § 12 AGG Rn. 53; *Adomeit/Mohr*, § 12 AGG Rn. 23; *Hey*, § 12 AGG Rn. 19; Wendeling-Schröder/Stein-*Stein*, § 12 AGG Rn. 31/48.

1073 Vgl. diesbzgl. Bedenken v. Wendeling-Schröder/Stein-*Stein*, § 12 AGG Rn. 27.

Wie bereits in Kapitel F erörtert, wirkt sich eine Verletzung des Fürsorgeprogramms in Fällen „echten" Drucks bereits auf Kündigungsebene aus. Dies hat zur Konsequenz, dass die Nichterfüllung von zumutbaren Abwehrhandlungen noch im Kündigungsschutzprozess erfolgreich geltend gemacht werden kann. Hat der Arbeitgeber nämlich tatsächlich versäumt, zumutbare Schutzmaßnahmen im Sinne des § 12 Abs. 3, 4 AGG zwecks Abbau des diskriminierenden Drucks zu ergreifen, ist die Kündigung infolge dieser Fürsorgepflichtverletzung ungerechtfertigt.[1074] Insofern ist der Arbeitnehmer nicht auf ein gerichtliches Vorgehen vor Kündigungsausspruch beschränkt.

b. Zugriffsmöglichkeiten auf den Dritten (Unterlassungsanspruch)

Als mögliche Abwehrmaßnahme des Beschäftigten gegenüber dem Druckausübenden kommt die gerichtliche Geltendmachung eines Unterlassungsanspruchs im Vorfeld der Realisierung des Entlassungsbegehrens in Betracht.

aa. Geltendmachung eines Unterlassungsanspruchs

Ein Unterlassungsanspruch des Beschäftigten gegenüber dem Druckausübenden ist grundsätzlich auch in diskriminierungsfreien Druckkündigungsszenarien denkbar, soweit man in dem ungerechtfertigten Druck bereits eine Verletzung des Rechts am Arbeitsplatz bzw. des allgemeinen Persönlichkeitsrechts erblickt.[1075] Wie dargelegt, entstehen allerdings Probleme, soweit der Dritte berechtigte Interessen wahrnimmt. Nicht jedes aus kündigungsrechtlicher Perspektive ungerechtfertigte Entlassungsbegehren bedeutet zugleich auch ein rechtswidriges Vorgehen im Sinne des § 823 Abs. 1 BGB bzw. § 1004 BGB.[1076]

Ist das Verhalten des Dritten diskriminierend motiviert, gelten Besonderheiten. Die Frage, ob das Recht am Arbeitsplatz ein sonstiges Recht im Sinne des § 823 Abs. 1 BGB darstellt, kann in solchen Konstellationen unbeantwortet bleiben. Infolge des verpönten Hintergrundes der Druckausübung steht nämlich bereits ein Eingriff in das Persönlichkeitsrecht des Arbeitnehmers im Raum.[1077]

Erfüllt das Kündigungsverlangen des Druckausübenden die Voraussetzungen des § 7 Abs. 1 AGG, kann sich der Diskriminierungstäter daher auch regelmäßig

---

1074 S. unter Kap. F. II. 3. e.

1075 Ähnlich auch *Schleusener*, NZA 1999, 1078, 1082.

1076 S. insoweit unter Kap. B. V. 2. a.

1077 Vgl. *Deinert*, AiB 2006, 741, 742; so auch BAG 22.1.2009 a.a.O. (Fn. 999).

nicht mehr auf die „Wahrnehmung berechtigter Interessen" berufen.[1078] Der Verstoß gegen das Benachteiligungsverbot des AGG legt folglich die Annahme einer rechtswidrigen Beeinträchtigung der Rechtsgüter des Benachteiligten im Sinne des § 1004 i.V.m. § 823 Abs. 1 BGB nahe.[1079]

Es kann in diesem Zusammenhang dahin stehen bleiben, ob § 7 Abs. 1 AGG bereits als eigenständige Anspruchsgrundlage für einen Unterlassungsanspruch verstanden werden kann oder ob auch im Falle einer Diskriminierung auf § 1004 Abs. 1 S. 2 BGB zurückgegriffen werden muss.[1080] Beide Regelungen unterliegen vergleichbaren Anforderungen. Nach ständiger Rechtsprechung wird das allgemeine Persönlichkeitsrecht als Recht des Einzelnen auf Achtung seiner Menschenwürde und Entfaltung seiner individuellen Persönlichkeit definiert.[1081] Die geschützten Merkmale des AGG zeichnen sich durch einen besonders engen Persönlichkeitsbezug aus. Obgleich etwa die Religion oder auch das Geschlecht theoretisch gewechselt werden können, wirken die Merkmale dennoch unveränderbar bzw. verkörpern eine gewisse Stetigkeit.[1082] Sie können als maßgebliche Faktoren für die Entwicklung der individuellen Persönlichkeit angesehen werden. Demzufolge stellt das Recht auf diskriminierungsfreie Behandlung einen der Persönlichkeit immanenten Wert dar.[1083] Wird ein geschütztes Merkmal als Anlass für eine Benachteiligung genommen, ist dieses Verhalten folglich in besonderem Maße geeignet, die Persönlichkeit des Betroffenen zu verletzen.[1084]

Dieser Auslegung steht nicht entgegen, dass das BAG in seiner Entscheidung vom 22.1.2009 betont hat, dass die Entschädigungsregelung des § 15 Abs. 2 AGG nicht zwingend eine erhebliche Verletzung des Persönlichkeitsrechts voraussetze.[1085] Die Ausführungen des BAG bezogen sich allein auf die Frage einer Übertragung des seitens der Rechtsprechung im Rahmen des § 823 Abs. 1 BGB

1078 S. hierzu für Fälle diskriminierungsfreier Druckkündigungsszenarien unter Kap. B. V. 2. g. bb.

1079 S. ausführlich zur Frage des rechtswidrigen Eingriffs in ein Rechtsgut i.S.d. § 823 Abs. 1 BGB nachfolgend unter Kap. G. III. 2. g.

1080 Für § 7 AGG als eigenständige Anspruchsgrundlage u.a. KDZ/*Zwanziger*, 7. Aufl., § 7 AGG Rn. 4; Jauernig-*Mansel*, BGB, § 7 AGG, Rn. 6; für ein Vorgehen über § 1004 BGB u.a. Palandt/*Weidenkaff*, § 7 AGG Rn. 7; *Nollert-Borasio/Perreng*, § 7 AGG Rn. 47.

1081 Vgl. BGH 25.5.1954 a.a.O. (Fn. 319); BGH 2.4.1957 – VI ZR 9/56, NJW 1957, 1146; BGH 19.9.1961 – VI ZR 259/60, NJW 1961, 2059; BGH 22.1.1985 – VI ZR 28/83, NJW 1985, 1617, 1618; BAG 16.5.2007 a.a.O. (Fn. 943); BGH 16.9.2008 – VI ZR 244/07, NJW 2009, 751, 752.

1082 *Högenauer*, S. 105.

1083 *Pärli/Caplazi/Suter*, S. 133; vgl. auch *Mästle*, NJW 2001, 3317, 3318.

1084 Vgl. BAG 14.3.1989 – 8 AZR 351/86, NZA 1990; 24, 25; vgl. auch Däubler/Bertzbach-*Deinert*, § 15 AGG Rn. 51.

1085 Vgl. BAG 22.1.2009 a.a.O. (Fn. 999).

entwickelten Kriteriums eines schwerwiegenden Eingriffs auf § 15 Abs. 2 AGG. Mit der Verneinung der Gleichsetzung des Eintritts eines immateriellen Schadens im Sinne des § 15 Abs. 2 AGG und einer erheblichen Persönlichkeitsverletzung sollte daher lediglich eine über den Wortlaut und Gesetzeszweck des § 15 Abs. 2 AGG hinausgehende Erweiterung der tatbestandlichen Entschädigungsvoraussetzungen verneint werden. Die Ausführungen des BAG zielten indes nicht darauf ab, den engen Bezug der Merkmale des § 1 AGG zum allgemeinen Persönlichkeitsrecht des betroffenen Beschäftigten in Frage zu stellen. Im Zentrum der Entscheidung stand vielmehr die Gewährleistung eines effektiven Diskriminierungsschutzes im Sinne der EuGH-Rechtsprechung.[1086] Erfolgen ungerechtfertigte Zurücksetzungshandlungen auf Grundlage einer persönlichen Eigenschaft im Sinne von § 1 AGG, liegt somit auch unter Berücksichtigung der BAG-Rechtsprechung ein Eingriff in das allgemeine Persönlichkeitsrecht des Diskriminierungsopfers nahe.

Dieser Zusammenhang zwischen einem Verstoß gegen § 7 Abs. 1 AGG und einer Persönlichkeitsverletzung wird letztlich auch durch den Zweck der europäischen Antidiskriminierungsrichtlinien bestätigt. Hiernach steht die Wahrung der Menschenwürde und der Persönlichkeit von Merkmalsträgern im Zentrum des Schutzauftrags.[1087] Folglich bedeutet ein Verstoß gegen § 7 Abs. 1 AGG zumeist auch eine Verletzung des allgemeinen Persönlichkeitsrechts und damit die Beeinträchtigung eines sonstigen Rechts im Sinne des § 1004 i.V.m. § 823 Abs. 1 BGB.[1088]

Ferner sind sowohl § 7 Abs. 1 AGG als auch § 1004 Abs. 1 BGB verschuldensunabhängig ausgestaltet.[1089] Hinzu kommt, dass nach herrschender Meinung auch im Rahmen eines Anspruchs aus § 1004 Abs. 1 S. 2 BGB eine Erstbegehungsgefahr ausreichend sein kann.[1090]

1086 Vgl. Anforderungen des EuGH 8.11.1990 (Dekker) a.a.O. (Fn. 712); EuGH 22.4.1997 (Draehmpaehl) a.a.O. (Fn. 457).

1087 Vgl. RL 2000/43/EG (4) a.a.O. (Fn. 356); RL 2000/78/EG (4), (9) a.a.O. (Fn. 371); RL 2002/73/EG (2), (3) a.a.O. (Fn. 363); RL 2004/113/EG (2), (3) a.a.O. (Fn. 366); auf die Frage, ob ein Verstoß gg. § 7 AGG zugleich einen schwerwiegenden Eingriff i.S.d. § 823 Abs. 1 BGB darstellt, wird i.R.d. der nachfolgenden Prüfung des § 823 Abs. 1 BGB unter Kap. G. III. 2. g. aa. eingegangen.

1088 Ähnlich auch Däubler/Bertzbach-*Deinert*, § 15 AGG Rn. 46/51; *Deinert*, AiB 2006, 741, 742; *Hey*, § 15 AGG Rn. 74; vgl. auch BAG 14.3.1989 a.a.O. (Fn. 1084), das jedoch im Nachhinein auf die Schwere der Verletzung eingeht.

1089 Vgl. Palandt/*Bassenge*, § 1004 BGB Rn. 13; MüKo-BGB/*Baldus*, Bd. VI, § 1004 BGB Rn. 89; *Nollert-Borasio/Perreng*, § 7 AGG Rn. 6.

1090 Vgl. u.a. BGH 27.5.1986 – VI ZR 169/85, NJW 1986, 2503, 2505; BGH 17.9.2004 – V ZR 230/03, NJW 2004, 3701; Palandt/*Bassenge*, § 1004 BGB Rn. 32; Jauernig/*Jauernig*, § 1004 BGB Rn. 11.

Überdies ermöglicht § 1004 Abs. 2 BGB eine Berücksichtigung der Rechtfertigungsgründe des AGG in gleichem Maße wie im Rahmen der Beurteilung eines Verstoßes gegen § 7 Abs. 1 AGG. Da die diskriminierende Vorgehensweise des Druckausübenden regelmäßig unter keinem rechtlichen Gesichtspunkt gerechtfertigt sein wird, stehen der Geltendmachung eines Unterlassungsanspruchs grundsätzlich keine Hindernisse im Weg. Infolge des diskriminierenden Entlassungsdrucks liegt ein Eingriff des Dritten in das Persönlichkeitsrecht des Beschäftigten nahe, ohne dass das Diskriminierungsopfer zur Duldung dieser Beeinträchtigung verpflichtet ist.[1091]

Man kann sich allenfalls vor dem Hintergrund der Druckkündigungs-Rechtsprechung fragen, inwieweit die arbeitsvertraglich begründete Fürsorgeverpflichtung des betreffenden Arbeitnehmers zum Schutze der betrieblichen Interessen seines Arbeitgebers der Geltendmachung eines Unterlassungsanspruchs gegenüber dem Druckausübenden entgegensteht.[1092]

Es ist zumindest möglich, dass sich durch die gerichtliche Geltendmachung des Unterlassungsanspruchs die Gefahr der Realisierung der wirtschaftlichen Nachteile durch den Dritten erhöht. Anders als bei Schadensersatzansprüchen, die einen repressiven Charakter aufweisen, wird durch den Unterlassungsanspruch unmittelbar in die Drucksituation zwischen Arbeitgeber und Außenstehendem eingegriffen; denkbar wäre insofern eine „Kurzschlussreaktion" des Druckausübenden und damit unter Umständen eine Gefährdung des Fortbestands des Betriebs.

Die seitens des BAG betonten Rücksichtnahmepflichten des Arbeitnehmers in Fällen „echten" Drucks können jedoch nicht soweit verstanden werden, dass dem betreffenden Arbeitnehmer eigene Abwehrhandlungen verwehrt bleiben. Auch wenn dem Arbeitgeber ein Druckkündigungsrecht zur Aufrechterhaltung seines Betriebs zugebilligt wird, kann dies nicht zugleich bedeuten, dass der Arbeitnehmer eigene Schutzmaßnahmen zur Wahrung seines allgemeinen Persönlichkeitsrechts und seines Arbeitsplatzes hinten anstellen muss. Fasst man die Schutzverpflichtung so weit und schließt einen Unterlassungsanspruch aus, würde dies die Entziehung effektiven Rechtsschutzes im Sinne des Art. 19 Abs. 4 GG bedeuten. Eine solche Verpflichtung wäre darüber hinaus mit dem Regelungsgehalt des § 16 Abs. 2 AGG unvereinbar.[1093] Die Rücksichtnahmepflicht gegenüber seinem unter Druck gesetzten Arbeitgeber kann folglich nicht soweit

1091 Vgl. auch Däubler/Bertzbach-*Deinert*, § 15 AGG Rn. 51.

1092 Vgl. diesbzgl. BAG 10.10.1957 a.a.O. (Fn. 60); BAG 11.2.1960 a.a.O. (Fn. 62); BAG 26.1.1962 a.a.O. (Fn. 62); BAG 18.9.1975 a.a.O. (Fn. 62); BAG 31.1.1996 a.a.O. (Fn. 3).

1093 Vgl. hierzu auch *Göpfert/Siegrist*, ZIP 2006, 1710, 1715.

gehen, dass der betreffende Arbeitnehmer in der Wahrnehmung seiner Unterlassungsrechte eingeschränkt wird.

bb. Realisierung des Unterlassungsanspruchs im einstweiligen Rechtsschutzverfahren

Vor dem Hintergrund der drohenden Kündigung bietet sich ein Vorgehen im einstweiligen Rechtsschutzverfahren an.[1094] Gemäß § 62 Abs. 2 ArbGG i.V.m. § 935 ZPO muss der Arbeitnehmer hierfür einen Verfügungsanspruch und einen Verfügungsgrund geltend machen.[1095] Während die erste Voraussetzung infolge der Persönlichkeitsverletzung durch § 1004 Abs. 1 S. 2 BGB erfüllt ist, erfordert der Verfügungsgrund eine besondere Dringlichkeit.[1096] Gemäß § 935 ZPO muss die Besorgnis bestehen, dass durch eine Veränderung des bestehenden Zustandes die Verwirklichung des Rechts einer Partei vereitelt oder wesentlich erschwert wird.[1097]

Infolge der diskriminierenden Druckausübung besteht die konkrete Gefahr des Kündigungsausspruchs und damit einer schwerwiegenden Persönlichkeitsverletzung sowie des Verlustes des Arbeitsplatzes. Die Durchsetzung des verpönten Entlassungsbegehrens bedeutet die Verwirklichung des Benachteiligungstatbestandes im Sinne des § 3 Abs. 1, 2 AGG durch den Dritten. Außerdem ist bereits der Tatbestand des § 3 Abs. 5 AGG erfüllt, sodass auch von einer konkreten Gefahr im Sinne einer „Schadensvertiefung“ gesprochen werden kann.[1098] Eine Rechtsvereitelung infolge der Vollendung der Diskriminierung steht aufgrund der wirtschaftlichen Einflussmöglichkeiten des Dritten auf den Arbeitgeber somit unmittelbar bevor. Wie dargelegt, ist der Kündigungsausspruch selbst AGG-rechtlich nicht zu beanstanden. Auch vor diesem Hintergrund kann dem Beschäftigten ein weiteres Abwarten regelmäßig nicht zugemutet werden. Die besondere Dringlichkeit im Sinne des § 935 ZPO ist folglich gegeben.

1094 So auch bzgl. „üblicher“ Druckkündigungssituationen *Schleusener*, NZA 1999, 1078, 1082.

1095 Zöller/*Vollkommer*, § 935 ZPO Rn. 1; vgl. auch LAG München 26.8.1992 – 5 TaBV 43/92, LAGE § 23 BetrVG 1972 Nr. 29; LAG Köln 23.8.1996 – 11 TaBV 53/96, AP § 23 BetrVG 1972 Nr. 29; LAG Hessen 20.11.2006 – 19 SaGa 1832/06, n.v.

1096 Zöller/*Vollkommer*, § 935 ZPO Rn. 10, § 937 Rn. 2; vgl. auch LAG Köln 23.8.1996 a.a.O. (Fn. 1095); LAG Köln 18.8.2000 – 12 Ta 189/00, NZA-RR 2001, 387; LAG Düsseldorf 1.6.2005 – 12 Sa 352/05, MDR 2005, 1419; *Reinhard/Kliemt*, NZA 2005, 545.

1097 Zöller/*Vollkommer*, § 935 ZPO Rn. 10; vgl. auch LAG Düsseldorf 1.6.2005 a.a.O. (Fn. 1096).

1098 S. hierzu unter Kap. C. IV. 2. d. cc.

cc. Praktische Besonderheiten

Trotz des Vorliegens sämtlicher Voraussetzungen für die Beanspruchung einstweiliger Unterlassung bestehen regelmäßig Probleme in praktischer Hinsicht. Entsprechend des BAG besteht im Fall einer Druckkündigung kein zwingendes Erfordernis einer Anhörung des Arbeitnehmers.[1099] Hieraus resultiert die Gefahr, dass der betreffende Beschäftigte erst von dem diskriminierendem Druck erfährt, wenn es schon zu spät für entsprechende Abwehrmaßnahmen ist.

Zwar liegt eine Beteiligung des Beschäftigten im Rahmen der Erörterung vorrangiger Fürsorgemaßnahmen nahe; dennoch bleiben die wahren Abberufungsmotive des Druckausübenden häufig verborgen.[1100] Zwar kann der Arbeitnehmer bereits gegen ein ungerechtfertigtes Kündigungsverlangen, unabhängig davon, ob es tatsächlich einen diskriminierenden Gehalt aufweist oder nicht, vorgehen.[1101] Es besteht jedoch die Gefahr, dass das Gericht das Recht am Arbeitsplatz als sonstiges Recht im Sinne des § 1004 Abs. 1 i.V.m. § 823 Abs. 1 BGB nicht anerkennen wird.

Insofern wird es für die Beurteilung des Unterlassungsanspruchs maßgeblich auf die Frage einer Verletzung des Persönlichkeitsrechts ankommen.[1102] Entscheidend hierfür sind Indizien, die auf eine AGG-widrige Druckausübung und damit auf einen ungerechtfertigten Eingriff in das Persönlichkeitsrecht des Beschäftigten schließen lassen. Denkbar ist etwa, dass der Arbeitnehmer bereits im Vorfeld des Druckkündigungsszenarios rassistische oder frauenfeindliche Äußerungen des Dritten bemerkt hat.

In Betracht kommt auch im Rahmen des einstweiligen Rechtsschutzverfahrens ein Rückgriff auf § 22 AGG. Nach dieser Bestimmung reicht es aus, wenn im Streitfall die Partei, die sich auf eine Benachteiligung beruft, Indizien beweist, die eine Benachteiligung vermuten lassen.[1103] Die Beweiserleichterung trägt dem Umstand Rechnung, dass sich das Vorliegen einer Diskriminierung in der Regel nicht ohne Rückgriff auf die inneren Handlungsmotive des Benachteiligenden beurteilen lässt. Diese subjektiven Umstände sind für den betreffenden Arbeitnehmer jedoch in der Regel nur schwer nachweisbar.[1104]

Zwar beruft sich der Beschäftigte in der vorliegenden Konstellation nicht unmittelbar auf eine Diskriminierung. Es darf jedoch nicht außer Acht gelassen

1099 Vgl. BAG 4.10.1990 a.a.O. (Fn. 3).

1100 Zur Nachfrage- bzw. Nachforschungspflicht des AG aus § 12 Abs. 1 AGG s. bereits unter Kap. F. II. 3. b.

1101 S. bereits unter Kap. B. V. 3.

1102 S. eigene Stellungnahme i.R.d. § 823 Abs. 1 BGB unter Kap. B. V. 2. g. aa. (3).

1103 Vgl. u.a. BAG 22.10.2009 a.a.O. (Fn. 425); *Bauer/Göpfert/Krieger*, § 22 AGG Rn. 12ff.

1104 Vgl. u.a. Däubler/Bertzbach-*Bertzbach*, § 22 AGG Rn. 5; *Grobys*, NZA 2006, 898, 899.

werden, dass die geschützten Merkmale des § 1 AGG besondere persönliche Merkmale des betreffenden Beschäftigten darstellen.[1105] Der Nachweis eines Merkmalsbezugs des Drittverhaltens ist folgerichtig entscheidend für die Annahme einer Persönlichkeitsverletzung, sodass insoweit zumindest von einer mittelbaren Berufung auf eine Benachteiligung im Sinne des § 3 AGG gesprochen werden kann. Ob die Beweiserleichterung des § 22 AGG jedoch auch nach dem Willen des Richtliniengebers auf solche außerhalb des AGG liegende Anspruchsgrundlagen anwendbar ist, wird nachfolgend unter Kapitel G. IV. 1 eingehend untersucht.[1106]

Infolge der Beantragung der einstweiligen Verfügung wird der Außenstehende letztlich gezwungen, seine Druckausübungsmotive offenzulegen. Seine konkrete Forderungsintention entscheidet darüber, ob sein Verhalten eine berechtigte Interessenwahrnehmung im Sinne der Rechtsprechung darstellt.[1107] Dies führt wiederum zu erheblichen Vorteilen aus Sicht des Beschäftigten. Zum einen entsteht hierdurch Rechtssicherheit, was das Greifen des arbeitgeberseitigen Pflichtenprogramms aus § 12 Abs. 3, 4 AGG angeht. Infolge der Kenntnisnahme im Rahmen des einstweiligen Rechtsschutzverfahrens wird das Abwehrprogramm nachweisbar aktiviert. Zum anderen fördert das frühzeitige Erkennen einer diskriminierenden Motivation im Rahmen eines gerichtlichen Verfahrens insbesondere die (nachträgliche) Realisierung von Schadensersatzansprüchen, wenn der Dritte seine Forderung nicht zurückzieht.

2. Anrufung der Beschwerdestelle (§ 13 AGG)

§ 13 AGG ermöglicht dem Beschäftigten einen weitere Abwehrmaßnahme in Form eines Beschwerderechts. Gemäß § 13 Abs. 1 S. 1 AGG können sich die Beschäftigten bei den zuständigen Stellen des Betriebs, des Unternehmens oder der Dienstelle beschweren, wenn sie sich im Zusammenhang mit ihrem Beschäftigungsverhältnis vom Arbeitgeber, von Vorgesetzten, anderen Beschäftigten oder Dritten wegen eines in § 1 AGG genannten Grundes benachteiligt fühlen. Die Norm ist als Spezialvorschrift im Hinblick auf Diskriminierungen zu verstehen, die jedoch nach herrschender Auffassung die allgemeinen Beschwerdemöglichkeiten nach §§ 84ff. BetrVG nicht einschränkt.[1108] Das Recht zur Beschwerde

1105 S. ausführlich hierzu nachfolgend unter Kap. G. III. 2. g.

1106 S. ausführlich hierzu unter Kap. G. IV. 1.

1107 Vgl. BAG 4.6.1998 a.a.O. (Fn. 261).

1108 So u.a. Däubler/Bertzbach-*Buschmann*, § 13 AGG Rn. 42; *Nollert-Borasio/Perreng*, § 13 AGG Rn. 1; vgl. auch *Fitting*, § 84 BetrVG Rn. 2.

ist bereits arbeitsvertraglich verankert und wird durch § 13 AGG lediglich institutionalisiert.[1109] Wie sich aus dem Regelungsgehalt dieser Norm und aus § 12 Abs. 5 S. 1 AGG ergibt, muss der Arbeitgeber zuständige Stellen für Beschwerden im Sinne des § 13 AGG benennen und bekannt geben.[1110] Die Einrichtung bzw. Benennung der Beschwerdestellen dient der Aufklärung von Diskriminierungs(verdachts)fällen und ermöglicht damit eine innerbetriebliche Streitbeilegung.[1111] Durch ihre Einschaltung können Erkenntnisse über ein benachteiligendes Verhalten gebündelt und mögliche Schwachstellen im Betrieb erkannt werden.[1112] Ist der betreffende Beschäftigte Arbeitnehmer im Sinne des § 5 BetrVG, hat er zudem die Möglichkeit, ein Mitglied des Betriebsrats zur Unterstützung oder Vermittlung im Rahmen des Beschwerdeverfahrens hinzuzuziehen.[1113]

Die Beschwerde unterliegt keiner bestimmten Form und ist auch nicht an eine Frist gebunden.[1114] Entscheidend ist, dass ein Beschäftigter sein subjektives Empfinden einer Benachteiligung seiner Person wegen eines verpönten Grundes im Sinne des § 1 AGG gegenüber der Beschwerdestelle kommuniziert.[1115] Die Frage, ob tatsächlich ein objektiver Verstoß gegen § 7 AGG vorliegt, erlangt erst im Rahmen der Begründetheitsprüfung Bedeutung.[1116]

Beschwerdegegner können neben dem Arbeitgeber insbesondere auch betriebsinterne oder betriebsexterne Dritte sein.[1117] Erfüllen Dritte einen Diskrimi-

---

1109 Vgl. BT-Drs. 16/1780, S. 38; vgl. auch Schleusener/Suckow/Voigt-*Suckow*, § 13 AGG Rn. 1; Wendeling-Schröder/Stein-*Stein*, § 13 AGG Rn. 1; *Grobys*, NJW-Spezial 2007, 417.

1110 Vgl. *Bauer/Göpfert/Krieger*, § 13 AGG Rn. 5; Däubler/Bertzbach-*Buschmann*, § 13 AGG Rn. 18; *Hey*, § 13 AGG Rn. 5; *Nollert-Borasio/Perreng*, § 13 AGG Rn. 2; Wendeling-Schröder/Stein-*Stein*, § 13 AGG Rn. 11; ausführlich hierzu *Grobys*, NJW-Spezial 2007, 417; *Oetker*, NZA 2008, 264, 267.

1111 Vgl. Däubler/Bertzbach-*Buschmann*, § 13 AGG Rn. 1; Schleusener/Suckow/Voigt-*Suckow*, § 13 AGG Rn. 2.

1112 Vgl. Wendeling-Schröder/Stein-*Stein*, § 13 AGG Rn. 13.

1113 *Nollert-Borasio/Perreng*, § 13 AGG Rn. 11; *Adomeit/Mohr*, § 13 AGG Rn. 28.

1114 Vgl. Däubler/Bertzbach-*Buschmann*, § 13 AGG Rn. 21; *Bauer/Göpfert/Krieger*, § 13 AGG Rn. 8; Schleusener/Suckow/Voigt-*Suckow*, § 13 AGG Rn. 11; Wendeling-Schröder/Stein-*Stein*, § 13 AGG Rn. 4.

1115 Vgl. *Adomeit/Mohr*, § 13 AGG Rn. 7; *Bauer/Göpfert/Krieger*, § 13 AGG Rn. 4; Däubler/Bertzbach-*Buschmann*, § 13 AGG Rn. 9; *Hey*, § 13 AGG Rn. 2.

1116 Däubler/Bertzbach-*Buschmann*, § 13 AGG Rn. 9; Schleusener/Suckow/Voigt-*Suckow*, § 13 AGG Rn. 5.

1117 Vgl. Schleusener/Suckow/Voigt-*Suckow*, § 13 AGG Rn. 8; Wendeling-Schröder/Stein-*Stein*, § 13 AGG Rn. 7; zu den diesbzgl. Unterschieden zwischen § 13 AGG u. § 84 BetrVG vgl. *Oetker*, NZA 2008, 264, 266.

nierungstatbestand, wirkt sich dies zudem auf die Pflichten des Arbeitgebers aus § 12 Abs. 3, 4 AGG aus.[1118]

Gemäß § 13 Abs. 1 S. 2 AGG ist die Beschwerde inhaltlich zu prüfen und das Ergebnis dem Beschwerdeführer mitzuteilen.[1119] Der Beschäftigte hat somit einen Anspruch auf Entgegennahme und Bescheidung seiner Beschwerde.[1120] Geht die zuständige Stelle von der Begründetheit der Beschwerde aus, setzt sie den Arbeitgeber von ihrem Prüfungsergebnis in Kenntnis und schlägt gegebenenfalls eine Reaktion vor.[1121] Der Arbeitgeber ist je nach konkreter Sachlage zur weiteren Aufklärung bzw. zu Abhilfehandlungen verpflichtet.[1122]

Der Anspruch auf Unterbindung der Diskriminierung resultiert jedoch nicht aus § 13 AGG, sondern richtet sich ausschließlich nach allgemeinen Regelungen.[1123] § 13 AGG ist demnach nicht als eigenständige materiell-rechtliche Eingriffsgrundlage zu verstehen. Handelt es sich etwa um Benachteiligungen durch andere Beschäftigte oder externe Dritte, ist allein § 12 Abs. 3, 4 AGG maßgebend.[1124]

Im Hinblick auf echte Druckkündigungsszenarien bedeutet dies Folgendes: Die Verpflichtung des Arbeitgebers zur Abwehr des diskriminierenden Entlassungsdrucks ist beschränkt auf zumutbare Maßnahmen. Wie dargelegt, ist die arbeitgeberseitige Zurückweisung des Kündigungsverlangens bzw. der Abbruch der Vertragsbeziehung zum Außenstehenden in typischen Druckkündigungssituationen unverhältnismäßig.[1125] Die Einreichung einer Beschwerde im Sinne des § 13 AGG ändert hieran nichts. Dennoch bringt dieser Rechtsbehelf Vorteile aus Arbeitnehmersicht: Zum einen erfolgt durch die Beschwerdeerhebung eine Dokumentation des Diskriminierungsverdachts. Diese Fixierung der Benachteiligung kann im Falle eines späteren gerichtlichen Vorgehens insbesondere

---

1118 Vgl. *Adomeit/Mohr*, § 13 AGG Rn. 14; *Schrader/Schubert*, Rn. 467; *Hey*, § 13 AGG Rn. 3; Däubler/Bertzbach-*Buschmann*, § 13 AGG Rn. 10; Wendeling-Schröder/Stein-*Stein*, § 13 AGG Rn. 2.

1119 Vgl. BT-Drs. 16/1780, S. 38; vgl. auch *Hey*, § 13 AGG Rn. 9; *Bauer/Göpfert/Krieger*, § 13 AGG Rn. 9; Schleusener/Suckow/Voigt-*Suckow*, § 13 AGG Rn. 34.

1120 *Nollert-Borasio/Perreng*, § 13 AGG Rn. 14.

1121 Vgl. Schleusener/Suckow/Voigt-*Suckow*, § 13 AGG Rn. 43; Wendeling-Schröder/Stein-*Stein*, § 13 AGG Rn. 18.

1122 Vgl. Däubler/Bertzbach-*Buschmann*, § 13 AGG Rn. 26; *Adomeit/Mohr*, § 13 AGG Rn 25.

1123 Vgl. Schleusener/Suckow/Voigt-*Suckow*, § 13 AGG Rn. 43; Wendeling-Schröder/Stein-*Stein*, § 13 AGG Rn. 18.

1124 Vgl. ErfK/*Schlachter*, § 13 AGG Rn. 2; Däubler/Bertzbach-*Buschmann*, § 13 AGG Rn. 29; Wendeling-Schröder/Stein-*Stein*, § 13 AGG Rn. 10; *Grobys*, NJW-Spezial 2007, 417.

1125 S. ausführlich unter Kap. F. II. 3. e.

Bedeutung auf Beweisebene erlangen.[1126] Zum anderen besteht die Möglichkeit, dass bereits ein vermittelndes Agieren der Beschwerdestelle den Druckausübenden von seinem AGG-widrigen Begehren abbringt.

Darüber hinaus kann der Beschäftigte durch die Beschwerde das Pflichtenprogramm des Arbeitgebers aus § 12 AGG in Gang setzen. Durch den Hinweis im Sinne des § 13 AGG erhält der Arbeitgeber häufig erstmals Kenntnis von Benachteiligungshandlungen zu Lasten eines seiner Beschäftigten.[1127] In Druckkündigungsfällen liegt insoweit eine besondere Situation vor, da der Druckausübende die maßgebliche Benachteiligungshandlung nicht gegenüber dem Diskriminierungsopfer, sondern gegenüber dem Arbeitgeber kommuniziert. Die Tatsache, dass der Arbeitgeber unmittelbar mit dem gerügten Drittverhalten konfrontiert wird, bedeutet aber nicht zugleich, dass er auch dessen diskriminierenden Gehalt erkennt. Insofern kann der betreffende Beschäftigte einen etwaigen Wissensvorsprung nutzen. Möglicherweise ist er bereits in der Vergangenheit mit rassistischen Bemerkungen des Druckausübenden konfrontiert worden, die nunmehr Indizien für eine verpönt motivierte Entlassungsforderung darstellen. Der Beschäftigte hat somit über die Beschwerdeeinlegung die Möglichkeit, den Arbeitgeber auf den diskriminierenden Gehalt des Druckkündigungssituation aufmerksam zu machen. Durch die Darlegung entsprechender Indizien kann der Beschäftigte ihm verdeutlichen, dass nicht „lediglich“ ein ungerechtfertigtes Entlassungsverlangen im Raum steht, sondern dieses darüber hinaus auch diskriminierender Natur ist.

Auch wenn durch die Beschwerdeeinlegung kein Einfluss auf die Zumutbarkeitsgrenze der Abwehrmittel im Sinne des § 12 Abs. 3, 4 AGG genommen werden kann, sichert § 13 AGG zumindest die Kenntnisnahme des Arbeitgebers von der AGG-widrigkeit des Drucks. Hierdurch wird die Pflicht zur Vornahme angemessener Schutzmaßnahmen, wie etwa eine diskriminierungsspezifische Konfrontation des Dritten, ausgelöst. Diese wiederum können unter Umständen dazu führen, dass der Druckausübende seine Forderung überdenkt und sie letztlich wieder zurückzieht.

Unterlässt der Arbeitgeber solche Abwehrhandlungen trotz des Hinweises auf die verpönte Druckintention, besteht zumindest in prozessualer Hinsicht ein Vorteil des Beschäftigten. Beruft er sich nämlich im Rahmen eines Kündigungsschutzprozesses auf die Verletzung der arbeitgeberseitigen Schutzverpflichtung, kann er infolge seines Sachvortrags im Rahmen des Beschwerdeverfahrens auch

---

1126 Die Dokumentation dient i.Ü. auch dem AG, denn dieser kann hierdurch nachweisen, dass er zumutbare Maßnahmen i.S.d. § 12 AGG ergriffen hat; zur Dokumentationspflicht im Allgemeinen vgl. *Hey*, § 13 AGG Rn. 10; Wendeling-Schröder/Stein-*Stein*, § 13 AGG Rn. 19.

1127 Vgl. Schleusener/Suckow/Voigt-*Suckow*, § 13 AGG Rn. 43.

die Kenntnis des Arbeitgebers von dem verpönten Gehalt der Kündigungsforderung nachweisen.[1128] Der Arbeitgeber kann sich sodann des Vorwurfs der Verletzung der speziellen Fürsorgeverpflichtung des § 12 Abs. 3, 4 AGG nicht mehr mit der Behauptung mangelnder Kenntnis von der Diskriminierung des betroffenen Arbeitnehmers entziehen.

3. Zwischenergebnis

Eine Leistungsklage auf Erfüllung der Fürsorgepflichten des Arbeitgebers aus § 12 Abs. 3, 4 AGG ist grundsätzlich möglich, jedoch ändert diese nichts an der generellen Möglichkeit des Druckkündigungsausspruchs.

Effektiver sind dagegen Abwehrmaßnahmen gegenüber dem Druckausübenden als Diskriminierungstäter. Der betroffene Beschäftigte kann die Unterlassung des verpönten Kündigungsverlangens im Wege eines einstweiligen Rechtsschutzverfahrens geltend machen. Infolge des diskriminierenden Gehalts des Drittverhaltens bestehen insoweit erhebliche Vorteile hinsichtlich des Nachweises einer Rechtsgutverletzung im Vergleich zu diskriminierungsfreien Fällen.

In unechten Druckkündigungsszenarien beschränken sich die Wirkungen eines Unterlassungsanspruchs allerdings lediglich auf die Abwehr der erfolgten Diskriminierung. Der drohende Arbeitsplatzverlust kann hierdurch regelmäßig nicht verhindert werden. Insoweit besteht nach wie vor ein rechtlich nicht zu beanstandender Kündigungsgrund.

Anders ist dies in Fällen „echten" Drucks. Selbst wenn der Beschäftigte nicht sicher ist, ob der Grund für die Druckausübung tatsächlich diskriminierender Natur ist, empfiehlt sich dennoch eine Vorgehensweise im Sinne des § 935 ZPO. Entscheidend ist, dass der Dritte hierdurch im Rahmen eines gerichtlichen Verfahrens gezwungen wird, seine Handlungsmotive darzulegen. Dies wiederum bringt dem Beschäftigten erhebliche Vorteile.

Darüber hinaus kann der Arbeitnehmer gemäß § 13 AGG die Beschwerdestelle einschalten, sobald er Kenntnis von dem diskriminierenden Hintergrund des Kündigungsbegehrens hat. Es ist nicht ausgeschlossen, dass eine vermittelnde Tätigkeit der Beschwerdestelle den Außenstehenden von seinem AGG-widrigen Begehren abbringt. Zudem wird die Kenntnisnahme des Arbeitgebers von dem diskriminierenden Gehalt des Drittverhaltens und damit das Greifen der Pflichten aus § 12 Abs. 3, 4 AGG sichergestellt.

1128 Vorausgesetzt der Vortrag des AN entspricht der objektiven Sachlage.

Das Beschwerdeverfahren ist nicht als vorgeschalteter bzw. vorrangiger Rechtsbehelf des Beschäftigten zu verstehen.[1129] Insbesondere steht § 13 AGG der sofortigen Geltendmachung anderer Ansprüche nicht im Wege.[1130] Denkbar ist auch die parallele Verfolgung unterschiedlicher Rechtsbehelfe. Vor dem Hintergrund des erheblichen Zeitdrucks in echten Druckkündigungsfällen ist dem Beschäftigten insbesondere die gleichzeitige Verfolgung seines Unterlassungsbegehrens im einstweiligen Rechtsschutzverfahren zu empfehlen.

III. Schadensersatzrechtliche Kompensationsmöglichkeiten

Ist die Druckkündigung bereits ausgesprochen, kommen neben allgemeinen kündigungsrechtlichen Reaktionsmöglichkeiten[1131] lediglich Schadensersatzansprüche des Arbeitnehmers in Betracht. Dies gilt nicht nur für Fälle „echten" Drucks. Zwar kann in unechten Druckkündigungsszenarien der Arbeitsplatzverlust nicht auf den verpönten Druck zurückgeführt werden; dennoch steht auch in diesen Konstellationen eine Diskriminierung im Raum, die möglicherweise einen ersatzfähigen (immateriellen) Schaden begründet.

1. Zugriffsmöglichkeiten auf den Arbeitgeber

Wie im Rahmen des Kapitels B festgestellt, scheiden Ersatzansprüche gegen den Arbeitgeber in diskriminierungsfreien Druckkündigungsfällen regelmäßig aus.[1132] Es stellt sich allerdings die Frage, ob dies auch in Druckkündigungsfällen gilt, die einen diskriminierenden Hintergrund aufweisen. Möglicherweise führen die speziellen Bestimmungen des AGG zu einer Neubewertung der Zugriffsmöglichkeiten.

1129 Vgl. BT-Drs. 16/1780, S. 37; vgl. auch Däubler/Bertzbach-*Buschmann*, § 13 AGG Rn. 53; *Hey*, § 13 AGG Rn. 11.

1130 Vgl. *Nollert-Borasio/Perreng*, § 13 AGG Rn. 9; Däubler/Bertzbach-*Buschmann*, § 13 AGG Rn. 53; Wendeling-Schröder/Stein-*Stein*, Vorb. § 13 AGG Rn. 3.

1131 S. insoweit ausführlich unter Kap. B. IV.; zu den Besonderheiten im Falle diskriminierenden Drucks s. unter Kap. E. III.; Kap. F. IV.

1132 S. ausführlich unter Kap. B. V. 3.

a. § 15 AGG

§ 15 AGG bildet die zentrale Kompensationsregelung des AGG und beruht ausweislich der Gesetzesbegründung auf Art. 15 der Richtlinie 2000/43/EG, Art. 17 der Richtlinie 2000/78/EG sowie auf Art. 6 und 8d der Richtlinie 76/207/EWG.[1133] Die Bestimmung verschafft dem benachteiligten Beschäftigten einen Ersatzanspruch gegen den Arbeitgeber wegen eines Verstoßes gegen das Diskriminierungsverbot des § 7 Abs. 1 AGG.[1134] Die Norm enthält mit § 15 Abs. 1 und Abs. 2 AGG zwei eigenständige Anspruchsgrundlagen. Während § 15 Abs. 1 AGG den Ersatz eines Vermögensschadens betrifft, ermöglicht § 15 Abs. 2 AGG eine Entschädigung für immaterielle Schäden.[1135]

Fraglich ist, ob § 15 AGG auch in (Druck-) Kündigungsszenarien anwendbar ist.

aa. Anwendbarkeitsproblem (§ 2 Abs. 4 AGG)

Nach den europarechtlichen Vorgaben sind die Mitgliedstaaten allgemein verpflichtet, wirksame, verhältnismäßige und abschreckende Sanktionen festzulegen.[1136] Die Antidiskriminierungsrichtlinien fordern – mit Ausnahme von Art. 6 Abs. 2 der Richtlinie 2002/73/EG[1137] – jedoch nicht, dass die Sanktion zwingend in Form einer zivilrechtlichen Schadensersatzregelung erfolgen muss. Insofern wird den Mitgliedstaaten ein gewisser Gestaltungsspielraum eingeräumt.[1138]

Teilweise wird vertreten, dass die europarechtliche Vorgabe einer wirksamen und abschreckenden Sanktion bereits durch die nationalen kündigungsrechtlichen Folgen gewährleistet sei.[1139] Die Unwirksamkeit einer diskriminierenden

1133 Vgl. BT-Drs. 16/1780, S. 38.

1134 Vgl. Däubler/Bertzbach-*Deinert*, § 15 AGG Rn. 1; Schleusener/Suckow/Voigt-*Voigt*, § 15 AGG Rn. 1; Wendeling-Schröder/Stein-*Stein*, § 15 AGG Rn. 4.

1135 Vgl. *Bauer/Göpfert/Krieger*, § 15 AGG Rn. 1.

1136 Vgl. Art. 15 RL 2000/43/EG a.a.O. (Fn. 369), Art. 17 RL 2000/78/EG a.a.O. (Fn. 371), Art. 6, 8d RL 76/207/EWG a.a.O. (Fn. 361) in der Fassung des Art. 1 RL 2002/73/EG a.a.O. (Fn. 363).

1137 Art. 6 Abs. 2 RL 76/207/EWG a.a.O. (Fn. 361) in der Fassung der RL 2002/73/EG a.a.O. (Fn. 363); vgl. hierzu sowie zur Vorgängerregelung § 611a BGB a.F. *Adomeit/Mohr*, § 15 AGG Rn. 9.

1138 Vgl. *Adomeit/Mohr*, § 15 AGG Rn. 8; Däubler/Bertzbach-*Deinert*, § 15 AGG Rn. 4; *Hey*, § 15 AGG Rn. 2; Wendeling-Schröder/Stein-*Stein*, § 15 AGG Rn. 16; anders hinsichtl. der RL 2000/78/EG u. 2000/43/EG *Högenauer*, S. 141f.

1139 So u.a. *Bauer/Göpfert/Krieger*, § 2 AGG Rn. 69/71; *Löwisch*, BB 2006, 2189, 2190; *Willemsen/Schweibert*, NJW 2006, 2583, 2584; *Sagan*, NZA 2006, 1257, 1250; so auch

Kündigung und die daraus resultierende Fortsetzung des Arbeitsverhältnisses seien ein angemessener Ersatz in Form der Naturalrestitution.[1140] § 2 Abs. 4 AGG verdeutliche, dass der Gesetzgeber eine doppelte Sanktion diskriminierender Kündigungen verhindern wolle.[1141] Die Norm schließe daher eine weitergehende Kompensation über 15 AGG aus.[1142]

Andere hingegen befürworten die Anwendbarkeit des § 15 AGG auf Kündigungsfälle.[1143] Nach dieser Auffassung beziehe sich der Ausschluss des § 2 Abs. 4 AGG lediglich auf die Frage der Wirksamkeit der Kündigung. § 15 AGG knüpfe aber davon losgelöst an die erfolgte Diskriminierung an.[1144]

Das BAG hat die Frage der Anwendbarkeit des § 15 AGG in Kündigungsfällen bisher ausdrücklich offen gelassen.[1145] Weder in seiner Grundsatzentscheidung vom 6.11.2008 noch in den nachfolgenden Urteilen besaß das Anwendbarkeitsproblem Entscheidungsrelevanz.[1146] Eine Tendenz der höchstrichterlichen Rechtsprechung kann jedoch der Entscheidung des 8. Senats des BAG vom 22.10.2009 zumindest im Hinblick auf § 15 Abs. 2 AGG entnommen werden.[1147] Das BAG lässt zwar auch in dieser Entscheidung im Ergebnis offen, ob bei einer (rechtsunwirksamen) Kündigung überhaupt ein Entschädigungsanspruch nach dem AGG in Betracht kommt. Zugleich betont es jedoch, dass eine Anwendung des § 15 Abs. 2 AGG in solchen Fällen jedenfalls nicht systemwidrig erschiene. Zur Begründung dieser Annahme verweist der 8. Senat auf die bisherige Rechtslage, wonach Entschädigungen für erlittene immaterielle Schäden im Falle einer Persönlichkeitsrechtsverletzung im Zusammenhang mit dem Ausspruch einer unwirksamen Kündigung etwa über § 823 BGB realisiert werden konnten.[1148]

Diller/Krieger/Arnold, NZA 2006, 887, 888 für Fälle, in denen die Kündigung ausschließlich auf einem diskriminierenden Motiv beruht.

1140 *Diller/Krieger/Arnold*, NZA 2006, 887, 888.

1141 *Sagan*, NZA 2006, 1257, 1250; vgl. auch ErfK/*Schlachter*, § 2 AGG Rn. 15

1142 Vgl. ErfK/*Schlachter*, § 2 AGG Rn. 17; *Adomeit/Mohr*, § 2 AGG Rn. 215f.; *Löwisch*, BB 2006, 2189, 2190; *Sagan*, NZA 2006, 1257, 1250; *Willemsen/Schweibert*, NJW 2006, 2583, 2584; *Hamacher/Ulrich*, NZA 2007, 657, 659; *Hanau*, ZIP 2006, 2189, 2192.

1143 So u.a. Däubler/Bertzbach-*Däubler*, § 2 AGG Rn. 262a/263; Schleusener/Suckow/Voigt-*Schleusener*, § 2 AGG Rn. 38; Wendeling-Schröder/Stein-*Stein*, § 2 AGG Rn. 50; Rust/Falke-*Bertelsmann*, § 2 AGG Rn. 263f.; *Richardi*, NZA 2006, 881, 886.

1144 Vgl. Wendeling-Schröder/Stein-*Stein*, § 2 AGG Rn. 49f., der den Ausschluss des § 2 Abs. 4 AGG ausschließlich auf die Wirksamkeitsbeurteilung beschränkt.

1145 Vgl. BAG 6.11.2008 a.a.O. (Fn. 635); BAG 28.4.2011 a.a.O. (Fn. 426).

1146 S. hierzu bereits unter Kap. D. II.

1147 Vgl. BAG 22.10.2009 a.a.O. (Fn. 425); vgl. auch *Löw*, BB 2010, 643f. (Anm. zu BAG 22.10.2009 – 8 AZR 642/08).

1148 Vgl. BAG 22.10.2009 a.a.O. (Fn. 425) mit Verweis auf BAG 24.10.2008 – 8 AZR 347/07, AP BGB § 611 Haftung des Arbeitgebers Nr. 42.

Auf die Frage, ob im Falle einer diskriminierenden Kündigung auch Vermögensschäden über § 15 Abs. 1 AGG geltend gemacht werden können, ist das BAG allerdings nicht eingegangen.

bb. Stellungnahme im Hinblick auf den Untersuchungsgegenstand

Die europäischen Antidiskriminierungsrichtlinien bezwecken den Schutz vor Benachteiligungen wegen bestimmter persönlicher Merkmale. Wie § 1 AGG verdeutlicht, sind diese größtenteils unabänderlich. Ein Verstoß gegen die Diskriminierungsverbote ist demnach in besonderem Maße geeignet, die Persönlichkeit des Betroffenen zu verletzen. Erfolgt eine Diskriminierung im Rahmen eines Kündigungsszenarios, ist die kündigungsrechtliche Unwirksamkeitsfolge regelmäßig nicht ausreichend, um eine Verletzung des allgemeinen Persönlichkeitsrechts zu kompensieren. Die Unwirksamkeitsfolge des Kündigungsrechts sanktioniert ausschließlich den fehlenden inhaltlichen Grund für eine Kündigung.[1149] Zur Verwirklichung der europäischen Vorgaben muss der diskriminierenden Motivation bzw. Wirkung des Handelns jedoch ein eigenständiger Wert beigemessen werden.[1150] Die Benachteiligung bedarf daher einer weitergehenden Sanktion.

Unabhängig davon besteht in echten Druckkündigungsfällen, die auf einem diskriminierenden Entlassungsverlangen beruhen, die Besonderheit, dass die Kündigung (infolge der Anerkennung der wirtschaftlichen Nachteile als tauglichen Kündigungsgrund) selbst nicht unwirksam ist. Die Gefahr eines Doppelschutzes, die im Rahmen der Ausschlussbestimmung des § 2 Abs. 4 AGG regelmäßig angeführt wird, besteht insoweit nicht.

Ob zur Kompensation der Schäden des betreffenden Beschäftigten jedoch tatsächlich auf § 15 Abs. 1/ 2 AGG als lex specialis gegenüber den allgemeinen Schadensersatzregelungen zurückgegriffen werden kann,[1151] muss im Hinblick auf den konkreten Untersuchungsgegenstand letztlich nicht entschieden werden. Denn die sachlichen Anforderungen der Norm sind in den typischen Druckkündigungssituationen, die einen diskriminierenden Hintergrund aufweisen, nicht erfüllt.

1149 Vgl. Rust/Falke-*Bertelsmann*, § 2 AGG Rn. 263.

1150 Vgl. auch *Deinert*, RdA 2007, 275, 277; *Kamanabrou*, RdA 2007, 199, 203ff.

1151 Für eine Einordnung des § 15 AGG als lex specialis-Regelung u.a. Däubler/Bertzbach-*Deinert*, § 15 AGG Rn. 24; ErfK/*Schlachter*, § 15 AGG Rn. 15; *Richardi*, NZA 2006, 881, 886; *Stoffels*, RdA 2009, 204, 214; dagegen u. für eine Anwendung allgemeiner SE-Regelungen (§ 280 BGB) *Adomeit/Mohr*, NJW 2009, 2255, 2256f.; KDZ/*Zwanziger*, AGG Rn. 66.

(1) Keine Zurechnungsmöglichkeit im Rahmen des § 15 Abs. 1 AGG

§ 15 Abs. 1 S. 1 AGG legt fest, dass der Arbeitgeber bei einem Verstoß gegen das Benachteiligungsverbot verpflichtet ist, den hierdurch entstandenen materiellen Schaden zu ersetzen.[1152] Grundvoraussetzung ist demnach eine Benachteiligung im Sinne von § 7 Abs. 1 AGG.[1153]

In Druckkündigungsfällen besteht die Besonderheit, dass die Diskriminierung nicht durch den Arbeitgeber, sondern ausschließlich durch den druckausübenden Dritten erfolgt. Auch wenn der Verlust des Arbeitsplatzes unmittelbar auf dem arbeitgeberseitigen Kündigungsausspruch beruht, ist diese Folge jedoch von dem Außenstehenden aus verpönten Motiven heraus erzwungen worden. Allein das Verhalten des Druckausübenden verstößt gegen § 7 Abs. 1 AGG. Die Druckkündigung selbst ist hingegen als AGG-konform zu werten.[1154]

Anhaltspunkte für ein Erstrecken der schadensersatzrechtlichen Haftung des Arbeitgebers auf Benachteiligungen, die durch andere Personen verübt wurden, bietet der Wortlaut lediglich in § 15 Abs. 1 S. 2 AGG. Gemäß Satz 2 besteht kein Schadensersatzanspruch, wenn der Arbeitgeber die Pflichtverletzung nicht zu vertreten hat.[1155] Diese Formulierung lehnt sich an § 280 Abs. 1 S. 2 BGB an, der eine Beweislastumkehr im Rahmen einer verschuldensabhängigen Haftung konstituiert.[1156] Dieses Erfordernis eines Verschuldens wirft jedoch europarechtliche Bedenken auf.[1157]

Zwar sehen die Antidiskriminierungsrichtlinien vor, dass die Mitgliedstaaten grundsätzlich selbst entscheiden können, welche konkreten Sanktionen sie im nationalen Recht vorsehen. Sie müssen jedoch hierbei die Rechtsprechung des EuGH beachten.[1158] Der EuGH hat im Hinblick auf § 611a BGB a.F. ausdrücklich entschieden, dass dem Erfordernis einer wirksamen und abschreckenden Sanktion nur dann Rechnung getragen werde, wenn die Haftung des Urhebers nicht von einem Verschulden oder nationalen Rechtfertigungsgründen abhängig

1152 Vgl. Däubler/Bertzbach-*Deinert*, § 15 AGG Rn. 18; *Nollert-Borasio/Perreng*, § 15 AGG Rn. 1; *Hey*, § 15 AGG Rn. 10.

1153 Vgl. *Bauer/Göpfert/Krieger*, § 15 AGG Rn. 14; Däubler/Bertzbach-*Deinert*, § 15 AGG Rn. 25; Schleusener/Suckow/Voigt-*Voigt*, § 15 AGG Rn. 29; *Deinert*, DB 2007, 398, 399.

1154 S. ausführlich unter Kap. F. III.

1155 Vgl. BT-Drs. 16/1780, S. 38.

1156 Vgl. Däubler/Bertzbach-*Deinert*, § 15 AGG Rn. 29; *Bauer/Göpfert/Krieger*, § 15 AGG Rn. 14.

1157 Vgl. Däubler/Bertzbach-*Deinert*, § 15 AGG Rn. 30; ErfK/*Schlachter*, § 15 AGG Rn. 4; *Hey*, § 15 AGG Rn. 5; Wendeling-Schröder/Stein-*Stein*, § 15 AGG Rn. 16; *Deinert*, DB 2007, 398, 399; anders u.a. *Bauer/Evers*, NZA 2006, 893.

1158 So auch *Hey*, § 15 AGG Rn. 2.

gemacht würde.[1159] Habe sich ein Mitgliedstaat für eine Sanktion entschieden, die sich in den Rahmen einer zivilrechtlichen Haftungsregelung einfüge, so müsse der Verstoß gegen das Diskriminierungsverbot für sich genommen ausreichen, um die volle Haftung des Arbeitgebers auszulösen.[1160] Anderenfalls fehle es an einer ausreichenden „Abschreckungs- und Sanktionswirkung".[1161] Das Erfordernis eines „Vertretenmüssens" im Rahmen des § 15 Abs. 1 AGG widerspricht daher den europäischen Vorgaben.[1162] Der EuGH hat ausdrücklich darauf hingewiesen, dass es nicht darauf ankomme, wie leicht der Verschuldensnachweis nach nationalem Recht zu erbringen sei.[1163]

Eine Kompensation dieser nationalen Abweichung durch die verschuldensunabhängige Entschädigungsregelung in § 15 Abs. 2 AGG – wie sie insbesondere der deutsche Gesetzgeber vorgesehen hat[1164] – ist nicht möglich.[1165] § 15 Abs. 2 AGG beschränkt sich ausschließlich auf den Ersatz eines Nichtvermögensschadens und deckt damit nur einen Teil der schadensrechtlichen Folgen einer Benachteiligung ab.[1166] Unterstellt man materielle Schadenspositionen weiterhin dem Erfordernis des Vertretenmüssens, ist ein verschuldensunabhängiger Schadensausgleich nicht „in vollem Umfang" und damit nicht entsprechend der europarechtlichen Vorgaben gewährleistet.[1167] § 15 Abs. 1 S. 2 AGG muss folglich als europarechtswidrig gewertet werden.

Dies bedeutet jedoch nicht zugleich auch eine uneingeschränkte Einstandspflicht des Arbeitgebers für Benachteiligungen seiner Mitarbeiter in ihrem Arbeitsumfeld durch Dritte.[1168] Weder die europäischen Antidiskriminierungsricht-

---

1159 Vgl. EuGH 8.11.1990 (Dekker) a.a.O. (Fn. 712); EuGH 22.4.1997 (Draehmpaehl) a.a.O. (Fn. 457); vgl. *Stoffels*, RdA 2009, 204, 207.

1160 Vgl. EuGH 22.4.1997 (Draehmpaehl), a.a.O. (Fn. 457); vgl. auch Wendeling-Schröder/Stein-*Stein*, § 15 AGG Rn. 16.

1161 Vgl. EuGH 22.4.1997 (Draehmpaehl) a.a.O. (Fn. 457); vgl. auch *Adomeit/Mohr*, § 15 AGG Rn. 13.

1162 Vgl. Beanstandung der Europ. Kommission v. 31.12.2008 a.a.O. (Fn. 613), AuR 2008 145, 147f.; so i.E. auch Däubler/Bertzbach-*Deinert*, § 15 AGG Rn. 30; *Thüsing*, Arbeitsrechtl. Diskriminierungsschutz, Rn. 545.

1163 Vgl. EuGH 22.4.1997 (Draehmpaehl) a.a.O. (Fn. 457).

1164 Vgl. BT-Drs. 16/1780, S. 38.

1165 So auch Däubler/Bertzbach-*Deinert*, § 15 AGG Rn. 30; a.A. *Bauer/Göpfert/Krieger*, § 15 AGG Rn. 15; Wendeling-Schröder/Stein-*Stein*, § 15 AGG Rn. 16.

1166 So auch *Thüsing*, Arbeitsrechtl. Diskriminierungsschutz, Rn. 545.

1167 Vgl. zum Erfordernis des Schadensausgleichs „in vollem Umfang" EuGH 2.8.1993 – C–271/91, EuZW 1993, 706; *Thüsing*, Arbeitsrechtl. Diskriminierungsschutz, Rn. 545; Däubler/Bertzbach-*Deinert*, § 15 AGG Rn. 30; *Stoffels*, RdA 2009, 204, 207.

1168 Vgl. *Willemsen/Schweibert*, NJW 2006, 2583, 2590; Wendeling-Schröder/Stein-*Stein*, § 15 AGG Rn. 6; hingegen nicht unterscheidend zwischen Verschulden u. Zurechnung v. Handlungssträngen *Willemsen/Schweibert*, NJW 2006, 2583, 2589; *Hey*, § 15 AGG Rn. 24.

linien noch die Rechtsprechung des EuGH gehen von einer solchen Gefährdungshaftung des Arbeitgebers aus.[1169] So hat der EuGH betont, dass die Sanktionen in einem angemessenen Verhältnis zum erlittenen Schaden stehen müssten.[1170] Zudem wird durch das ausdrückliche Abstellen auf den „Urheber" einer Benachteiligung deutlich, dass auch auf EU-Ebene zur Bejahung eines Schadensersatzanspruchs des Diskriminierungsopfers an ein steuerbares Verhalten des Anspruchsgegners angeknüpft wird.[1171] Entsprechend hat auch der nationale Gesetzgeber den ursprünglichen Entwurf einer weitergehenden schadensersatzrechtlichen Haftung des Arbeitgebers für Diskriminierungen Dritter im Rahmen des AGG verworfen.[1172] Es kommt demzufolge entscheidend darauf an, ob der Arbeitgeber als Urheber der Benachteiligung qualifiziert werden kann.

Weder die Antidiskriminierungsrichtlinien noch der EuGH definieren den Begriff des Urhebers. Naheliegend ist insofern ein Rückgriff auf die allgemeinen Zurechnungsnormen des nationalen Rechts (§§ 278; 31 BGB).[1173] § 278 BGB bzw. § 31 BGB geben nicht nur Aufschluss über die konkreten Haftungsvoraussetzungen für fremdes Verschulden, sondern regeln inzident auch die Anforderungen an eine Verhaltenszurechnung.[1174] Zudem entspricht eine solche Vorgehensweise dem Willen des nationalen Gesetzgebers, denn dieser hat im Rahmen der Gesetzesbegründung insbesondere auf § 278 BGB Bezug genommen.[1175]

Ein Erfüllungsgehilfe ist, wer im konkreten Fall mit dem Willen des Schuldners bei der Erfüllung einer diesem obliegenden Verbindlichkeit als seine Hilfsperson tätig wird.[1176] Hingegen bezieht sich der Begriff des verfassungsmäßig berufenen Vertreters in § 31 BGB auf eine Person, der bedeutsame, der Organisation wesensmäßige Funktionen zur selbständigen und eigenverantwortlichen Erfüllung zugewiesen sind.[1177]

1169 So auch *Stoffels*, RdA 2009, 204, 207; *Simon/Greßlin*, BB 2007, 1782.

1170 Vgl. EuGH 22.4.1997 (Draehmpaehl) a.a.O. (Fn. 457).

1171 So i.E. auch *Deinert*, AiB 2006, 741, 742; *Deinert*, DB 2007, 398, 399; vgl. auch *Hey*, § 15 AGG Rn. 25; *Simon/Greßlin*, BB 2007, 1782, 1783.

1172 Vgl. zu § 16 ADG-E BT-Drs. 15/4538, S. 7; *Deinert*, DB 2007, 398, 399; *Simon/Greßlin*, BB 2007, 1782, 1783.

1173 Ähnlich Däubler/Bertzbach-*Deinert*, § 15 AGG Rn. 26; *Hey*, § 15 AGG Rn. 19; vgl. auch Schleusener/Suckow/Voigt-*Voigt*, § 15 AGG Rn. 42; *Simon/Greßlin*, BB 2007, 1782, 1783; *Willemsen/Schweibert*, NJW 2006, 2583, 2590.

1174 So auch Wendeling-Schröder/Stein-*Stein*, § 15 AGG Rn. 5f.

1175 Vgl. BT-Drs. 16/1780, S. 38; vgl. auch *Hey*, § 15 AGG Rn. 24/29.

1176 St. Rspr.: vgl. u.a. BGH 21.4.1954 – VI ZR 55/53, BGHZ 13, 111; BGH 9.10.1986 – I ZR 138/84, DB 1987, 682; vgl. auch *Bauer/Göpfert/Krieger*, § 15 AGG Rn. 20; *Nollert-Borasio/Perreng*, § 15 AGG Rn. 7.

1177 St. Rspr.: BGH 30.10.1967 – VII ZR 82/65, NJW 1986, 391; BGH 21.9.1971 – VI ZR 122/70, NJW 1971, 334; BGH 5.3.1998 – III ZR 183/96, NJW 1998, 1854, 1856; vgl. auch

In den maßgeblichen Druckkündigungsfällen sind die Voraussetzungen für eine Zurechnung des Drittverhaltens nicht gegeben. Der Druckausübende handelt bei dem Ausspruch und der zwangsweisen Durchsetzung seines verpönten Entlassungsbegehrens weder als Erfüllungsgehilfe gemäß § 278 BGB noch als verfassungsmäßig berufener Vertreter im Sinne des § 31 BGB.

Eine Zurechnung des diskriminierenden Verhaltens betriebsexterner Dritter scheitert bereits daran, dass sich der Arbeitgeber regelmäßig nicht ihrer zur Erfüllung von Verbindlichkeiten bedient.[1178] Bei betriebsexternen Druckausübenden fehlt es daher regelmäßig an personalbezogenen Pflichten.[1179] Verlangt etwa eine Kundin die Kündigung eines ausländischen Arbeitnehmers wegen seiner ethnischen Herkunft, agiert sie bei Vornahme der Benachteiligungshandlung im Regelfall nicht im Pflichtenkreis des Arbeitgebers.

Geht der diskriminierende Entlassungsdruck von betriebsinternen Dritten, wie etwa von Kollegen, aus, besteht zwar der Unterschied, dass diese grundsätzlich im Pflichtenkreis des Arbeitgebers tätig werden und insofern je nach Einzelfall als Erfüllungsgehilfen qualifiziert werden können. Entscheidend ist jedoch, dass es regelmäßig an einem inneren Zusammenhang zwischen einer zu erfüllenden Verbindlichkeit gegenüber dem Arbeitgeber und der Benachteiligungshandlung der Druckausübenden fehlt. Gleiches gilt für verfassungsmäßig berufene Vertreter im Sinne des § 31 BGB. Auch diese handeln nicht in Ausführung der ihnen übertragenen Funktionen, wenn sie ihr diskriminierendes Kündigungsverlangen durch die Androhung von schweren wirtschaftlichen Nachteilen durchsetzen. Betriebsinterne Dritte, die (AGG-widrigen) Entlassungsdruck ausüben, handeln somit ebenfalls nicht im Rahmen ihres arbeitgeberseitig vorgegebenen Tätigkeitsfeldes. Sie agieren vielmehr in gleichem Maße eigenmächtig wie etwa druckausübende Geschäftspartner. Der Arbeitgeber kann die Verhaltensweise beider potentieller Tätergruppen nicht steuern und ist insofern auch nicht als Urheber der Diskriminierung anzusehen.

Eine schadensersatzrechtliche Haftung des Arbeitgebers ist allenfalls noch im Falle eines Verstoßes gegen die Schutzpflichten des § 12 AGG denkbar. Zweifelhaft ist jedoch, ob eine Verletzung der Organisations- bzw. Fürsorgepflichten

---

Bauer/Göpfert/Krieger, § 15 AGG Rn. 18; Wendeling-Schröder/Stein-*Stein*, § 15 AGG Rn. 8.

1178 So auch Wendeling-Schröder/Stein-*Stein*, § 15 AGG Rn. 9; *Simon/Greßlin*, BB 2007, 1782, 1788; vgl. auch BAG 25.5.2000 – 8 AZR 518/99, NJW 2000, 3369, 3371.

1179 Vgl. *Stoffels*, RdA 2009, 204, 208; *Willemsen/Schweibert*, NJW 2006, 2583, 2590; vgl. bei Einschaltung von externem Personal zur Personalsuche BAG 5.2.2004 a.a.O. (Fn. 460); BVerfG 21.9.2006 – 1 BvR 308/03, NZA 2007, 195; krit. hierzu *Adomeit/Mohr*, NJW 2007, 2522.

dem sachlichen Anwendungsbereich des § 15 AGG unterfällt.[1180] Wie bereits im Rahmen des Kapitels F festgestellt, bedeutet eine Verletzung der Schutzverpflichtung aus § 12 AGG nicht zugleich ein Verstoß des Arbeitgebers gegen § 7 Abs. 1 AGG.[1181] Ein solcher ist jedoch nach dem Wortlaut des § 15 Abs. 1 S. 1 AGG Grundvoraussetzung für die Ersatzregelung. Eine entsprechende Erweiterung des Wortlauts des § 15 AGG ist weder europarechtlich vorgesehen, noch besteht insoweit eine Schutzlücke. Der betreffende Beschäftigte kann Ersatz etwaiger kausaler Schäden insbesondere über §§ 280 Abs. 1, 241 Abs. 2 BGB i.V.m. § 12 AGG beanspruchen.[1182]

Unabhängig davon besteht in echten Druckkündigungsfällen die Besonderheit, dass die Erfüllung des Pflichtenprogramms der Absätze 3 und 4 des § 12 AGG bereits auf Ebene der Rechtmäßigkeitsbewertung der echten Druckkündigung zu berücksichtigen ist.[1183] Ist die echte Druckkündigung nach den allgemeinen kündigungsrechtlichen Bestimmungen gerechtfertigt, bedeutet dies im Falle diskriminierenden Drucks zugleich, dass der Arbeitgeber seine AGG-spezifischen Fürsorgepflichten im Sinne des ultima ratio-Prinzips erfüllt hat. Ein Verstoß gegen § 12 Abs. 3, 4 AGG scheidet damit denknotwendig aus.

(2) Keine Zurechnungsmöglichkeit im Rahmen des § 15 Abs. 2 AGG

§ 15 Abs. 2 AGG bezweckt den Ausgleich eines immateriellen Schadens, der dem Beschäftigten infolge der Benachteiligung entstanden ist.[1184] § 15 Abs. 2 AGG enthält keine dem Verschuldenserfordernis des § 15 Abs. 1 S. 2 AGG entsprechende Formulierung. Insoweit spricht bereits der Wortlaut des § 15

1180 Dafür *Bauer/Göpfert/Krieger*, § 15 AGG Rn. 17; *Schrader/Schubert*, Rn. 146; *Bauer/Evers*, NZA 2006, 893, 896; *Göpfert/Siegrist*, ZIP 2006, 1710, 1711; *Seel*, MDR 2006, 1321, 1323f.; *Müller-Bonanni/Sagan*, ArbRB 2007. 50; nicht eindeutig Wendeling-Schröder/Stein-*Stein*, § 15 AGG Rn. 6.

1181 S. ausführlich unter F. II 2. c. cc.; i.E. so auch *Simon/Greßlin*, BB 2007, 1782, 1784; Däubler/Bertzbach-*Deinert*, § 15 AGG Rn. 50a; *Hey*, § 15 AGG Rn. 18; *Kamanabrou*, RdA 2006, 321, 336.

1182 So i. E. auch *Nollert-Borasio/Perreng*, § 15 AGG Rn. 43; Wendeling-Schröder/Stein-*Stein*, § 12 AGG Rn. 28; Däubler/Bertzbach-*Deinert*, § 15 AGG Rn. 50a; Schleusener/Suckow/Voigt-*Voigt*, § 15 AGG Rn. 46; a.A. *Hoch*, BB 2007, 1732, 1733.

1183 S. bereits ausführlich unter Kap. F. II. 3. a.

1184 Vgl. *Nollert-Borasio/Perreng*, § 15 AGG Rn. 19; *Adomeit/Mohr*, § 15 AGG Rn. 34; *Bauer/Göpfert/Krieger*, § 15 AGG Rn. 31; *Hey*, § 15 AGG Rn. 60; vgl. zum tatbestandlichen Erfordernis eines Verstoßes gegen § 7 AGG auch BAG 22.1.2009 a.a.O. (Fn. 999); BAG 28.5.2009 a.a.O. (Fn. 554); BAG 24.9.2009 a.a.O. (Fn. 514); BAG 22.10.2009 a.a.O. (Fn. 425).

Abs. 2 AGG für eine verschuldensunabhängige Haftung.[1185] Dies ändert jedoch nichts an dem Erfordernis einer Urhebereigenschaft des Anspruchsgegners im Sinne des EuGH.[1186] Auch im Rahmen des § 15 Abs. 2 AGG muss die maßgebliche Handlung des Diskriminierungstäters dem Arbeitgeber angelastet werden können, um seine verschuldensunabhängige Haftung als Anspruchsgegner zu rechtfertigen.[1187] Der Verzicht auf eine gesetzlich vorgesehene Verschuldenszurechnung bedeutet nicht zugleich auch ein Verzicht auf das Erfordernis der Verhaltenszurechnung.[1188]

Ebenso wie im Rahmen des § 15 Abs. 1 AGG dargelegt, bietet sich zur Bestimmung des Urheberbegriffs auch hier die Anwendung der allgemeinen Zurechnungsregeln des BGB an.[1189] Weder § 278 BGB noch § 31 BGB ermöglichen jedoch eine haftungsrechtliche Zurechnung des diskriminierenden Verhaltens des Druckausübenden. Es kann insoweit auf die Ausführungen unter § 15 Abs. 1 AGG verwiesen werden.

cc. Zwischenergebnis

In Druckkündigungsfällen, die auf einem verpönten Entlassungsbegehren beruhen, kann dem Arbeitgeber das diskriminierende Drittverhalten im Regelfall nicht zugerechnet werden. Eine Haftung aus § 15 Abs. 1 und 2 AGG scheidet insofern aus.

b. §§ 280 Abs. 1, 241 Abs. 2 BGB i.V.m. § 12 AGG

Wie bereits in Kapitel B dargelegt, setzt ein Schadensersatzanspruch im Sinne des § 280 Abs. 1 BGB eine Verletzung von Pflichten voraus, die sich aus dem betreffenden Schuldverhältnis, vorliegend aus dem Arbeitsvertrag, ergeben.[1190] Unabhängig davon, ob das Druckkündigungsszenario auf einem diskriminierenden oder diskriminierungsfreien Entlassungsverlangen beruht, kommt allenfalls eine arbeitgeberseitige Verletzung von Schutzpflichten in Betracht.

1185 Vgl. BAG 22.1.2009 a.a.O. (Fn. 999); BAG 19.8.2010 – 8 AZR 530/09, NZA 2010, 1412, 1416, das die verschuldensunabhängige Haftung nach § 15 Abs. 2 AGG bestätigt.

1186 Vgl. EuGH 22.4.1997 (Draehmpaehl) a.a.O. (Fn. 457), BB 1481, 1484.

1187 So auch BAG 22.1.2009 a.a.O. (Fn. 999); vgl. auch *Simon/Greßlin*, BB 2007, 1782, 1783.

1188 Ähnlich auch *Willemsen/Schweibert*, NJW 2006, 2583, 2590.

1189 So auch Däubler/Bertzbach-*Deinert*, § 15 AGG Rn. 50; *Hey*, § 15 AGG Rn. 68/71; Wendeling-Schröder/Stein-*Stein*, § 15 AGG Rn. 36; *Simon/Greßlin*, BB 2007, 1782, 1784; anders *Mückl*, BB 2008, 1842, 1844.

1190 S. unter Kap. B. V. 1. a.

aa. § 12 Abs. 3, 4 AGG

Die allgemeine Fürsorgeverpflichtung aus § 241 Abs. 2 BGB wird im Falle diskriminierenden Kündigungsdrucks durch das AGG konkretisiert. So stellen die in § 12 Abs. 3, 4 AGG normierten Schutzpflichten besondere arbeitsvertragliche Nebenpflichten im Sinne von § 241 Abs. 2 BGB dar und können demnach als lex specialis verstanden werden.[1191]

Wie bereits im Kapitel F erörtert, wirkt sich allerdings eine Verletzung der diskriminierungsspezifischen Fürsorgepflichten in Fällen „echten" Drucks bereits auf Ebene der Wirksamkeitsbewertung der Kündigung aus.[1192] Dies ist dem Umstand geschuldet, dass die Rechtsprechung die Wahrung des arbeitsvertraglich begründeten Rücksichtnahme- und Schutzgebots bereits als Zulässigkeitskriterium im Sinne des ultima ratio-Prinzips zwingend voraussetzt.[1193] Ist der Druck des Dritten diskriminierend motiviert, erlangen demzufolge auch die speziellen Anforderungen von § 12 Abs. 3, 4 AGG Bedeutung für die Frage der Rechtfertigung des Kündigungsausspruchs.

Hat der Arbeitgeber im konkreten Fall das Pflichtenprogramm des § 241 Abs. 2 BGB i.V.m. § 12 Abs. 3, 4 AGG erfüllt, bedeutet dies somit nicht nur die Wirksamkeit der Druckkündigung[1194], sondern zugleich auch, dass ihm insoweit keine Pflichtverletzung im Sinne des § 280 Abs. 1 BGB vorgeworfen werden kann. Hingegen führt eine Verletzung der Fürsorgepflichten bereits zur Unwirksamkeit der Druckkündigung, sodass zumindest kein Arbeitsplatzverlust vorliegt, den es schadensersatzrechtlich zu ersetzen gelte.

Anderes gilt jedoch im Falle unechter Druckkündigungen, die auf einer diskriminierenden Abberufungsforderung beruhen. Da hier das Fehlverhalten des betreffenden Beschäftigten und nicht die diskriminierende Vorgehensweise des Druckausübenden Kündigungsgrundlage wird, wirken sich die Pflichten des Arbeitgebers aus 12 Abs. 3, 4 AGG in diesen Konstellationen folgerichtig auch nicht im Rahmen der Rechtmäßigkeitskontrolle der Kündigung aus.[1195] Unabhängig davon muss der Arbeitgeber jedoch auch in unechten Druckkündigungssituationen auf ein objektiv erkennbares diskriminierendes Verhalten eines betriebsinternen oder -externen Dritten reagieren. Eine Verletzung dieser diskri-

---

1191 S. bereits ausführlich unter Kap. F. II. 3. a.; vgl. auch *Hey*, § 15 AGG Rn. 122; Rust/Falke-*Falke*, § 12 AGG Rn. 6; Wendeling-Schröder-*Stein*, § 12 AGG Rn. 28.

1192 S. unter Kap. F. II. 3. a

1193 Vgl. BAG 10.10.1957 a.a.O. (Fn. 60); BAG 11.2.1960 a.a.O. (Fn. 62); BAG 26.1.1962 a.a.O. (Fn. 62); BAG 18.9.1975 a.a.O. (Fn. 62); BAG 19.6.1986 a.a.O. (Fn. 3); BAG 31.1.1996 a.a.O. (Fn. 3).

1194 Vorausgesetzt die übrigen Wirksamkeitskriterien sind ebenfalls erfüllt.

1195 S. ausführlich unter Kap. E. II. 2. b. bb.

minierungsspezifischen Fürsorgeverpflichtung in Form des Unterlassens erlangt dementsprechend zumindest auf Schadensersatzebene Bedeutung.

Voraussetzung für eine schadensersatzrechtliche Haftung des Arbeitgebers ist jedoch, dass die unterlassene Schutzmaßnahme kausal für den vom Beschäftigten behaupteten Schaden ist.[1196] Fraglich ist insbesondere, ob der Verlust des Arbeitsplatzes in unechten Druckkündigungsfällen eine kausale Schadensposition darstellt.

Zumindest in Konstellationen, in denen der Arbeitgeber den bestehenden Kündigungsgrund ohnehin, das heißt auch ohne das diskriminierende Druckverhalten des Dritten, zum Anlass für den Ausspruch der Kündigung genommen hätte, ist ein Kausalzusammenhang zwischen der Verletzung der Pflichten aus § 12 Abs. 3, 4 AGG und dem Verlust des Arbeitsplatzes zu verneinen.

Schwieriger gestaltet sich jedoch die Beurteilung in Fällen, in denen der Arbeitgeber an sich keine Kündigung des betreffenden Arbeitnehmers beabsichtigt hat. Wird sein Kündigungsentschluss erst durch das diskriminierende Druckverhalten des Dritten hervorgerufen und wehrt der Arbeitgeber dieses nicht im Sinne seiner Schutzverpflichtung nach § 12 Abs. 3, 4 AGG ab, liegt die Annahme eines Kausalzusammenhangs zwischen seinem pflichtwidrigen Verhalten und dem Verlust des Arbeitsplatzes nahe.

Zu beachten ist jedoch, dass die Schutzverpflichtung aus § 12 AGG nicht so weit geht, dass der Arbeitgeber den rechtlich nicht zu beanstandenen Kündigungsgrund allein wegen der diskriminierenden Handlungsintention des Dritten ignorieren muss.[1197] Insofern kann nicht an den Kündigungsausspruch selbst angeknüpft werden, um einen Kausalzusammenhang zum Verlust des Arbeitsplatzes zu begründen.

Unterlässt der Arbeitgeber jedoch im Vorfeld des Druckkündigungsausspruchs sonstige Schutz- bzw. Abwehrmaßnahmen im Sinne des § 12 AGG, stellt dies ein pflichtwidriges Unterlassen dar.[1198] Nach ständiger Rechtsprechung steht ein solches Unterlassen allerdings nur dann in einem Kausalzusammenhang zur konkret eingetretenen Schadensposition, wenn ein pflichtgemäßes Handeln den Eintritt des Schadens mit Sicherheit verhindert hätte.[1199]. Die bloße Wahr-

---

1196 Vgl. KDZ/*Zwanziger*, 7. Aufl., § 12 AGG Rn. 9; *Hey*, § 15 AGG Rn. 122; *Thüsing*, Arbeitsrechtl. Diskriminierungsschutz, Rn. 692.

1197 S. hierzu ausführlich unter Kap. E. II. 2. b. bb. (3).

1198 Zu den konkreten Schutzmaßnahmen in Fällen „unechten" Drucks s. bereits unter Kap. E. II. 2. b. bb.

1199 Vgl. u.a. BGH 30.1.1961 – III ZR 225/59, BGHZ 34, 206ff.; BGH 22.3.1990 – IX ZR 128/89, NJW 1990, 2128, 2129; BGH 17.10.2002 – IX ZR 3/01, NJW 2003, 295; vgl. auch Palandt/*Grüneberg*, Vorb. § 249 BGB Rn. 51.

scheinlichkeit der Verhinderung im Falle der Erfüllung der Pflicht ist hingegen nicht ausreichend, um einen Kausalzusammenhang zu begründen.[1200]

Vorliegend kommt es entscheidend darauf an, welche konkrete Schutzpflicht der Arbeitgeber verletzt hat. Hat er es beispielsweise versäumt, die Möglichkeit einer räumlichen Trennung des Dritten und des Diskriminierungsopfers zu nutzen, kann davon ausgegangen werden, dass bei Vornahme dieser gebotenen Handlung der Verlust des Arbeitsplatzes – zumindest zum konkreten Zeitpunkt – mit Sicherheit verhindert worden wäre. Anderes gilt jedoch für Abwehrmaßnahmen, deren Erfolg außerhalb des Einflussbereichs des Arbeitgebers liegt. Hat der Arbeitgeber es etwa unterlassen, den Druckausübenden auf den rechtswidrigen Gehalt seiner Kündigungsforderung hinzuweisen, kann nicht mit der gebotenen Sicherheit angenommen werden, dass der Dritte im Falle eines pflichtgemäßen Hinweises sein Druckverhalten tatsächlich eingestellt hätte. Zwar erhöht die Erfüllung der Schutzverpflichtung auch in solchen Konstellationen die Wahrscheinlichkeit, dass der Druckausübende seine Forderung überdenkt und zurückzieht; die Verhinderung des Verlustes des Arbeitsplatzes ist jedoch in den meisten Fällen nicht sicher.

Ist in der konkreten Fallkonstellation ein Kausalzusammenhang zwischen der Schutzpflichtverletzung und dem Arbeitsplatzverlust gegeben, schließt sich die Frage an, ob der geltend gemachte Schaden nach seiner Art und Entstehungsweise auch unter den Schutzzweck der verletzten Norm fällt.[1201]

§ 12 AGG bezweckt den Schutz vor Diskriminierungen der Beschäftigten durch betriebsinterne und betriebsexterne Personen.[1202] Die Bestimmung des § 2 Abs. 1 Nr. 2 AGG verdeutlicht zudem, dass grundsätzlich auch der Fortbestand des Arbeitsverhältnisses taugliches Schutzgut des Antidiskriminierungsrechts ist.[1203] Dennoch ist ein Schutzzweckzusammenhang in unechten Druckkündigungsfällen im Ergebnis zu verneinen. Zweck der Schutzverpflichtung des § 12 AGG ist die Abwehr von Nachteilen, die ein Beschäftigter gerade wegen eines Merkmals im Sinne des § 1 AGG erfährt. In unechten Druckkündigungsszenarien war der Arbeitsplatz des Beschäftigten jedoch schon vor der Ausübung des diskriminierenden Drittverhaltens und damit losgelöst von den AGG-rechtlich geschützten Merkmalen des Beschäftigten konkret gefährdet. Bei wertender Betrachtung stellt der Verlust des Arbeitsplatzes demnach keine diskriminierungsspezifische Folge dar.

1200 Vgl. BGH 19.2.1975 – VIII ZR 144/73, NJW 1975, 824, 825; OLG Karlsruhe 17.6.1999 – 4 U 132/98, NJW-RR 2000, 614; vgl. auch Palandt/*Grüneberg*, Vorb. § 249 BGB Rn. 51.

1201 Vgl. u.a. BGH 2.2.1988 – VI ZR 133/87, NJW 1988, 1383f.; BGH 18.11.2003 – VI ZR 385/02, NJW 2004, 356ff.

1202 Zum konkreten Gesetzeszweck des § 12 AGG s. bereits ausführlich unter Kap. C. V. 2. a.

1203 S. hierzu bereits unter Kap. D. I. 2.

Schadenspositionen, die aus dem Verlust des Arbeitsplatzes resultieren, stammen in unechten Druckkündigungsfällen somit nicht aus dem Bereich der Gefahren, zu deren Abwendung § 12 AGG erlassen worden ist.

Denkbar ist in solchen Fällen allenfalls die Geltendmachung einer Persönlichkeitsverletzung, die dem Beschäftigten infolge des unterbliebenen arbeitgeberseitigen Schutzes durch den Dritten zugefügt werden konnte. Die Verletzung des allgemeinen Persönlichkeitsrechts ist jedoch nicht von § 253 Abs. 2 BGB erfasst.[1204] Vielmehr richtet sich der Ersatz in solchen Fällen nach § 823 Abs. 1 BGB i.V.m. Art. 1 Abs. 1, Art. 2 Abs. 1 GG.[1205] Ein Schadensersatzanspruch aus § 280 Abs. 1 i.V.m. §§ 241 Abs. 2 BGB, 12 Abs. 3, 4 AGG scheidet daher regelmäßig aus.

bb. § 12 Abs. 1, 2 AGG

Die einzige Möglichkeit, die noch verbleibt, um eine vertragliche Schadensersatzverpflichtung des Arbeitgebers zu begründen, ist der Nachweis einer Pflichtverletzung im Sinne von § 12 Abs. 1, 2 AGG. Voraussetzung hierfür ist zunächst, dass es sich bei dem Diskriminierungstäter um einen betriebsinternen Druckausübenden handelt.[1206] Darüber hinaus muss der Arbeitgeber seine präventiven Organisationspflichten verletzt haben. Der allgemeine Präventionsauftrag in § 12 Abs. 1 AGG wird durch § 12 Abs. 2 AGG konkretisiert.[1207] So soll der Arbeitgeber gemäß § 12 Abs. 2 S. 1 AGG in geeigneter Art und Weise auf die Unzulässigkeit von Benachteiligungen hinweisen und darauf hinwirken, dass diese unterbleiben. Diese Verpflichtung gilt gemäß § 12 Abs. 2 S. 2 AGG als erfüllt, wenn der Arbeitgeber seine Beschäftigten in geeigneter Weise zum Zwecke der Verhinderung von Benachteiligungen geschult hat.[1208] Verletzt der Arbeitgeber seine Pflicht zu präventivem Diskriminierungsschutz, indem er etwa

1204 Vgl. BT-Drs. 14/7752, S. 25; vgl. auch Palandt/*Grüneberg*, § 253 BGB Rn. 10.

1205 Vgl. u.a. BGH 5.10.2004 – VI ZR 255/03, NJW 2005, 215; vgl. auch *Wagner*, NJW 2002, 2049, 2056.

1206 Anderes gilt nur im Hinblick auf die Nachfrage- bzw. Nachforschungspflicht des AG zur Ermittlung einer etwaigen diskriminierenden Druckausübungsmotivation; diese aus § 12 Abs. 1 AGG hergeleitete Pflicht trifft den AG sowohl gegenüber betriebsinternen als auch gegenüber betriebsexternen Dritten; s. ausführlich zu dieser Schutzverpflichtung unter Kap. F. II. 3. b.

1207 Vgl. BT-Drs. 16/1780, S. 37; vgl. auch Schleusener/Suckow/Voigt-*Suckow*, § 12 AGG Rn. 7; *Hoch*, BB 2007, 1732, 1735.

1208 Vgl. *Bauer/Göpfert/Krieger*, § 12 AGG Rn. 16; Däubler/Bertzbach-*Buschmann*, § 12 AGG Rn. 19; *Nollert-Borasio/Perreng*, § 12 AGG Rn. 5.

Schulungsmaßnahmen unterlässt, kann dies grundsätzlich zu einer Schadensersatzverpflichtung aus § 280 BGB führen.[1209]

Allerdings bestehen hier auch in echten Druckkündigungsfällen Schwierigkeiten im Hinblick auf den Nachweis eines kausalen Schadens.[1210] Der Beschäftigte müsste darlegen und beweisen, dass die unterlassene Schulung ursächlich für die Ausübung des diskriminierenden Entlassungsdrucks und den damit einhergehenden Arbeitsplatzverlust gewesen ist.[1211] Ein solcher Kausalzusammenhang zwischen dem pflichtwidrigen Unterlassen und der konkret eingetretenen Schadensposition kann jedoch nur dann angenommen werden, wenn ein pflichtgemäßes Handeln den Eintritt des Schadens mit Sicherheit verhindert hätte.[1212] Wie dargelegt, ist nach ständiger Rechtsprechung die bloße Wahrscheinlichkeit der Verhinderung hierfür nicht ausreichend.[1213] Im Falle des § 12 Abs. 2 S. 2 AGG kann nicht mit Sicherheit angenommen werden, dass ein geschulter Mitarbeiter das Gelernte auch tatsächlich beherzigt und es deshalb bei Durchführung einer solchen gar nicht erst zur Formulierung und Durchsetzung eines diskriminierenden Kündigungsverlangens gekommen wäre.[1214] Auch kann nicht von einer entsprechenden allgemeinen Lebenserfahrung ausgegangen werden, die einen Beweis des ersten Anscheins ermöglichen würde.[1215]

c. § 831 BGB

Wird der diskriminierende Kündigungsdruck von einem betriebsinternen Dritten ausgeübt, ist ferner an eine Haftung des Arbeitgebers aus § 831 BGB zu denken. Nach dieser Regelung haftet ein Geschäftsherr für Schäden, die ein von ihm eingesetzter Verrichtungsgehilfe einem Dritten widerrechtlich zufügt.[1216] Kann der betreffende Mitarbeiter im Einzelfall als weisungsgebundene Hilfsperson im Sinne dieser Norm qualifiziert werden, kommt es maßgeblich darauf an, ob der

---

1209 Vgl. Schleusener/Suckow/Voigt-*Suckow*, § 12 AGG Rn. 55.

1210 S. bereits zur Problematik im Falle der Verletzung v. Pflichten aus § 12 Abs. 3, 4 AGG in unechten Druckkündigungsfällen unter Kap. G. III. 1. b. aa.

1211 Vgl. *Simon/Greßlin*, BB 2007, 1782, 1784.

1212 Vgl. u.a. BGH 30.1.1961 a.a.O. (Fn. 1199); BGH 22.3.1990 a.a.O. (Fn. 1999); BGH 17.10.2002 a.a.O. (Fn. 1199); vgl. auch Palandt/*Grüneberg*, Vorb. § 249 BGB Rn. 51.

1213 Vgl. u.a. BGH 19.2.1975 a.a.O. (Fn. 1200); OLG Karlsruhe 17.6.1999 a.a.O. (Fn. 1200); vgl. auch Palandt/*Grüneberg*, Vorb. § 249 BGB Rn. 51.

1214 So auch *Simon/Greßlin*, BB 2007, 1782, 1784.

1215 So auch *Simon/Greßlin*, BB 2007, 1782, 1786; vgl. zu den Anforderungen Palandt/*Grüneberg*, Vorb. § 249 BGB Rn. 130ff.

1216 Vgl. Palandt/*Sprau*, § 831 BGB Rn. 1; MüKo-BGB/*Wagner*, Bd. V, § 831 BGB Rn. 11; Jauernig/*Teichmann*, § 831 BGB Rn. 1.

Schaden in Ausführung der Verrichtung eingetreten ist. Erforderlich ist demnach ein enger Zusammenhang zwischen der arbeitsvertraglichen Aufgabenwahrnehmung und der schädigenden Handlung.[1217]

Ein solcher Zusammenhang ist im Falle der Formulierung und zwangsweisen Durchsetzung eines diskriminierenden Entlassungsbegehrens zu verneinen. Das AGG-widrige Verhalten des Druckausübenden kann zwar eine Persönlichkeitsverletzung des betreffenden Arbeitnehmers bedeuten;[1218] entscheidend ist jedoch, dass diese keinen Bezug zu den anvertrauten Aufgaben des Verrichtungsgehilfen aufweist. Vielmehr handeln Beschäftigte außerhalb ihres Tätigkeitsfeldes, wenn sie sich an den Arbeitgeber wenden, um ihre verpönten Abberufungsgründe durchzusetzen.

d. § 823 Abs. 2 BGB i.V.m. § 12 AGG

Fraglich ist, ob sich der Arbeitgeber im Sinne des § 823 Abs. 2 BGB schadensersatzpflichtig macht.

Wie dargelegt, verstößt der Arbeitgeber selbst nicht gegen § 7 Abs. 1 AGG, wenn er die Druckkündigung trotz diskriminierender Kündigungsmotive des druckausübenden Dritten ausspricht.[1219] Als verletztes Schutzgesetz im Sinne des § 823 Abs. 2 BGB kommt daher allenfalls § 12 AGG in Betracht.

Ein Schutzgesetz liegt vor, wenn die Norm zumindest auch dazu dienen soll, den Einzelnen oder bestimmte Personenkreise vor der Verletzung eines konkreten Rechtsgutes zu schützen.[1220] Maßgebend sind Inhalt und Zweck des Gesetzes. Der Regelungsgehalt muss erkennbar mit der Gewährung eines individuellen Schadensersatzanspruchs in Einklang stehen.[1221]

§ 12 AGG entspricht diesen Anforderungen.[1222] Wie bereits dargelegt, bezweckt die Regelung den Schutz von Beschäftigten vor Diskriminierungen betriebsinterner bzw. -externer Dritter.[1223] Es sind ferner keine gesetzlichen An-

1217 Vgl. u.a. BGH 14.2.1989 – VI ZR 121/88, NJW-RR 1989, 723, 724; vgl. auch Palandt/*Sprau*, § 831 BGB Rn. 9; *Willemsen/Schweibert*, NJW 2006, 2583, 2590.

1218 S. unter Kap. G. III. 2. g. aa.

1219 S. unter Kap. E. III.; Kap. F. II. 2. d.

1220 Vgl. MüKo-BGB/*Wagner*, Bd. V, § 823 BGB Rn. 346; Palandt/*Sprau*, § 823 BGB Rn. 57; st. Rspr.: vgl. u.a. BGH 26.2.1993 a.a.O. (Fn. 288); BGH 11.1.2005 a.a.O. (Fn. 288).

1221 St. Rspr.: vgl. u.a. BGH 3.2.1987 – VI ZR 32/86, MDR 1987, 571f.; BGH 18.11.2003 a.a.O. (Fn. 1201); BGH 11.1.2005 a.a.O. (Fn. 288).

1222 So auch Däubler/Bertzbach-*Deinert*, § 15 AGG Rn. 138; Schleusener/Suckow/Voigt-*Suckow*, § 12 AGG Rn. 55; *Simon/Greßlin*, BB 2007, 1782, 1785; vgl. zur entsprechenden Einordnung des § 2 Abs. 1 BeschSchG *Mästle*, NJW 2001, 3317, 3318.

1223 S. unter Kap. C. IV. 2.

haltspunkte ersichtlich, die gegen eine schadensersatzrechtliche Haftung des Arbeitgebers im Falle eines Verstoßes gegen Pflichten im Sinne des § 12 AGG sprechen.

Unabhängig davon fehlt es jedoch in echten Druckkündigungsfällen regelmäßig an einem Verstoß des Arbeitgebers gegen § 12 Abs. 3, 4 AGG. Wie dargelegt, impliziert die Wirksamkeit der echten Druckkündigung zugleich die – wenn auch erfolglose – Vornahme der zumutbaren Schutzmaßnahmen im Sinne von § 12 Abs. 3, 4 AGG. Denkbar ist demnach allenfalls eine Verletzung der präventiven Schutzbestimmungen des § 12 AGG. Wie bereits ausgeführt, bestehen in diesem Zusammenhang jedoch erhebliche Probleme hinsichtlich des Nachweises eines kausalen Schadens.[1224]

Gleiches gilt im Rahmen unechter Druckkündigungen, die auf einem diskriminierenden Entlassungsverlangen beruhen. Auch hier wird die Ursächlichkeit der Unterlassung von Maßnahmen gemäß § 12 Abs. 1, 2 AGG für den konkreten Schaden häufig nicht belegbar sein.

Anders als im Falle echter Druckkündigungen wirkt sich jedoch ein Verstoß gegen § 12 Abs. 3, 4 AGG nicht bereits auf Ebene der Kündigungsbewertung aus. Insofern kann eine entsprechende Pflichtverletzung unabhängig von der rechtlichen Beurteilung der Kündigung vorliegen und einen Schadensersatzanspruch auslösen. Wie bereits dargelegt, bestehen jedoch auch in diesem Kontext Probleme hinsichtlich des Nachweises eines kausalen Schadens bzw. des Schutzzweckzusammenhangs, wenn der Beschäftigte Ersatz für den Verlust seines Arbeitsplatzes begehrt. Insoweit gilt das im Rahmen der Prüfung eines Anspruchs aus § 280 Abs. 1 BGB i.V.m. §§ 241 Abs. 2 BGB, 12 AGG Ausgeführte.[1225]

e. § 823 Abs. 1 BGB

In Betracht kommt letztlich ein Anspruch aus § 823 Abs. 1 BGB. Im Raum steht eine Verletzung des allgemeinen Persönlichkeitsrechts des Beschäftigten.

Wie bereits festgestellt, kann dem Arbeitgeber jedoch keine eigene Verletzungshandlung vorgeworfen werden. Weder kann dem Arbeitgeber das Verhalten noch das Verschulden des Druckausübenden zugerechnet werden.

Hinsichtlich des Vorwurfs eines Organisationsverschuldens infolge unterlassener Schutzmaßnahmen im Sinne des § 12 AGG kann ferner auf die Ausfüh-

---

1224 S. unter Kap. G. III. 1. b. bb.

1225 S. unter Kap. G. III. 1. b.

rungen zu § 280 Abs. 1 BGB i.V.m. §§ 241 Abs. 2 BGB, 12 AGG und § 831 BGB verwiesen werden.[1226]

f. Ergebnis

Ebenso wie im Rahmen diskriminierungsfreier Druckkündigungsszenarien existieren auch in Fällen diskriminierenden Drucks regelmäßig keine schadensersatzrechtlichen Zugriffsmöglichkeiten des Beschäftigten auf seinen Arbeitgeber. Entscheidend ist, dass der Arbeitgeber selbst nicht gegen § 7 Abs. 1 AGG verstößt und ihm das verpönte Verhalten des Druckausübenden auch in haftungsrechtlicher Hinsicht nicht zugerechnet werden kann.

Ein Verstoß gegen § 12 Abs. 3, 4 AGG ist im Falle einer wirksamen echten Druckkündigung ausgeschlossen. Im Falle einer unechten Druckkündigung ist dies zwar anders, jedoch steht der Geltendmachung eines Ersatzes für den Verlust des Arbeitsplatzes im Ergebnis die diskriminierungsfreie Kündigungsberechtigung des Arbeitgebers entgegen. Je nach Fallkonstellation lässt diese die Kausalität des Schadens bzw. den Schutzzweckzusammenhang entfallen.

Sowohl in echten als auch in unechten Druckkündigungsszenarien kommt je nach Einzelfall allenfalls ein Verstoß gegen § 12 Abs. 1, 2 AGG in Betracht. Voraussetzung ist insoweit, dass der AGG-widrige Entlassungsdruck von einem betriebsinternen Dritten ausgeübt wird, der nicht in geeigneter Weise gemäß § 12 Abs. 2 S. 2 AGG geschult oder in anderer Weise präventiv aus- bzw. fortgebildet wurde. Ein hierauf gestützter Schadensersatzanspruch scheitert allerdings regelmäßig an dem Nachweis eines kausalen Schadens.

Nachfolgend werden daher Ersatzansprüche des Beschäftigten gegen den Urheber der Diskriminierung näher in den Blick genommen.

2. Zugriffsmöglichkeiten auf den Druckausübenden

Wie bereits in Kapitel B dargelegt, ist ein schadensersatzrechtlicher Zugriff des Arbeitnehmers auf den Druckausübenden nicht ausgeschlossen.[1227] Es kann jedoch nicht jedes Entlassungsbegehren zugleich als rechtswidrig eingestuft werden, soweit es nicht auf Gründe gestützt wird, die ihrerseits eine tatsächlich aus-

1226 Vgl. bzgl. des Vorwurfs eines Organisationsverschuldens infolge unterlassener Schutzmaßnahmen *Deinert*, DB 2007, 398, 399.

1227 S. unter Kap. B. V. 2.

gesprochene Kündigung rechtfertigen.[1228] Ein derart hoher Maßstab würde den Kollegen oder Kunden „ungerechtfertigte Fesseln“[1229] anlegen. Entsprechend des BAG hat das Kündigungsverlangen allerdings die Grenze zur Rechtswidrigkeit im haftungsrechtlichen Sinne überschritten, wenn der Außenstehende nicht mehr aus objektiv berechtigten Interessen handelt.[1230]

a. § 15 AGG

Das AGG sieht keine schadensersatzrechtlichen Kompensationsmöglichkeiten eines Beschäftigten vor, wenn dieser von einem Dritten diskriminiert wurde. § 15 Abs. 1 AGG richtet sich ausweislich seines Wortlautes ausschließlich gegen den Arbeitgeber. Ein Anspruch aus § 15 Abs. 2 AGG scheidet ebenfalls wegen fehlender Passivlegitimation des Druckausübenden aus. Zwar beschränkt sich der Wortlaut des Absatzes 2 nicht wie in § 15 Abs. 1 AGG ausdrücklich auf einen bestimmten Anspruchsgegner, jedoch ergibt sich eine ausschließliche Arbeitgeberhaftung aus der Gesetzesbegründung sowie aus der Bezugnahme auf § 15 Abs. 1 AGG.[1231]

Insbesondere im Falle diskriminierenden Kündigungsdrucks kann sich diesbezüglich eines Gefühls von Ungerechtigkeit nicht verschlossen werden. Der Druckausübende ist infolge seiner wirtschaftlichen Übermachtstellung in der Lage, sein ungerechtfertigtes Entlassungsbegehren zu realisieren und damit eine Benachteiligung im Sinne des § 3 AGG zu begehen. Er hat quasi wie ein Arbeitgeber Einfluss auf den Fortbestand der Arbeitsverhältnisse. Dennoch sieht das AGG keine Haftungsregelung für ihn vor.[1232] Dies ist insbesondere vor dem Hintergrund, dass § 7 AGG sich nicht ausschließlich an den Arbeitgeber richtet, bedenklich. Wie in Kapitel C dargelegt, begrenzen auch die Antidiskriminierungsrichtlinien den potentiellen Täterbereich nicht auf die Person des Arbeitgebers.[1233]

Vor diesem Hintergrund drängt sich die Frage auf, ob der europäische Schutzauftrag nicht eine vergleichbare AGG-spezifische Haftung des Dritten erfordert. Zur Wahrung der Rechte des diskriminierten Beschäftigten wäre insofern eine

1228 Vgl. BAG 4.6.1998 a.a.O. (Fn. 261).

1229 BAG 4.6.1998 a.a.O. (Fn. 261); vgl. auch APS/*Dörner*, § 626 BGB Rn. 344; ErfK/*Oetker*, § 1 KSchG Rn. 187.

1230 Vgl. BAG 4.6.1998 a.a.O. (Fn. 261).

1231 Vgl. BT-Drs. 16/1780, S. 38; vgl. auch *Adomeit/Mohr*, § 15 AGG Rn. 1; Däubler/Bertzbach-*Deinert*, § 15 AGG Rn. 87; Schleusener/Suckow/Voigt-*Voigt*, § 15 AGG Rn. 28; *Hey*, § 15 AGG Rn. 13; Wendeling-Schröder/Stein-*Stein*, § 15 AGG Rn. 36.

1232 Vgl. hierzu allgemein auch *Adomeit/Mohr*, § 15 AGG Rn. 115.

1233 S. ausführlich unter Kap. C. II.

analoge Anwendung des § 15 AGG denkbar. Für eine solche spräche in jedem Fall die Anknüpfung an einen Verstoß gegen § 7 Abs. 1 AGG, dagegen allerdings der Umstand, dass das Regelungswerk insgesamt eindeutig auf das Rechtsverhältnis zwischen Arbeitgeber und Beschäftigtem zugeschnitten ist. In Betracht käme auch eine entsprechende Haftung über § 21 Abs. 2 AGG, da diese Anspruchsgrundlage die Haftung explizit an die Person des „Benachteiligenden" knüpft.

Ob jedoch tatsächlich von einer planwidrigen Regelungslücke ausgegangen werden kann, hängt maßgeblich davon ab, ob dem betreffenden Beschäftigten anderweitige Kompensationsmöglichkeiten zustehen. Die Frage nach einer entsprechenden Anwendung von AGG-rechtlichen Schadensersatznormen in Fällen, in denen ein Dritter seine diskriminierende Abberufungsforderung (zwangsweise) durchsetzt, kann demzufolge erst nach Bewertung der Erfolgsaussichten allgemeiner Ersatzansprüche beantwortet werden.

Es ist in jedem Fall anzunehmen, dass § 15 AGG insoweit nicht abschließend zu verstehen ist. Zur Gewährleistung der EU-Vorgabe eines umfassenden Diskriminierungsschutzes müssen anderweitige schadensersatzrechtliche Bestimmungen weiterhin anwendbar bleiben.[1234] Nur auf diesem Wege wird dem Benachteiligungsverbot im Hinblick auf sämtliche potentielle Täter Rechnung getragen. Wie der Grundgedanke des § 15 Abs. 5 AGG verdeutlicht, widerspricht ein Rückgriff auf die allgemeinen Ersatzregelungen des BGB auch nicht dem gesetzgeberischen Willen.

b. §§ 280ff. BGB

Eine Haftung des Druckausübenden aus §§ 280ff. BGB scheidet regelmäßig aus, weil es zumeist an einem Rechtsverhältnis zwischen ihm und dem betreffenden Beschäftigten fehlt.[1235]

In Betracht kommt insofern lediglich ein Schadensersatzanspruch auf Basis der Grundsätze eines Vertrags mit Schutzwirkung zugunsten Dritter.[1236] Insbesondere im Falle einer Druckausübung durch Kollegen ist eine entsprechende Qualifikation der betreffenden Arbeitsverträge denkbar. § 7 Abs. 3 AGG, der

1234 So auch *Deinert*, RdA 2007, 275, 281.

1235 S. bereits unter Kap. B. V. 2. b.; vgl. auch *Adomeit/Mohr*, § 7 AGG Rn. 25; *Hey*, § 7 AGG Rn. 3; Wendeling-Schröder/Stein-*Wendeling-Schröder*, § 8 AGG Rn. 42.

1236 S. ausführlich unter Kap. B. V. 2. b.; i.E. so auch Däubler/Bertzbach-*Däubler*, § 7 AGG Rn. 299; a.A. *Adomeit/Mohr*, § 7 AGG Rn. 25; *Bauer/Göpfert/Krieger*, § 7 AGG Rn. 7; Wendeling-Schröder/Stein-*Wendeling-Schröder*, § 8 AGG Rn. 42; *Hey*, § 7 AGG Rn. 3.

sich an sämtliche Beschäftigte richtet,[1237] bestätigt dies für Fälle diskriminierenden Drucks. Hiernach ist die Diskriminierung eines Beschäftigten durch einen Kollegen als Verletzung arbeitsvertraglicher Pflichten zu qualifizieren.[1238]

Letztlich kommt es jedoch entscheidend auf die individuellen Umstände des konkreten Arbeitsverhältnisses an. Insbesondere fehlt es vertraglichen Beziehungen des Arbeitgebers zu betriebsexternen Personen häufig an dem Schutzcharakter, der für eine Einbeziehung des betreffenden Arbeitnehmers erforderlich ist. Soweit eine vertragliche Geschäftsbeziehung nicht ausnahmsweise erkennbar auf die Betrauung des betreffenden Beschäftigten mit dem individuellen Vertragsgegenstand abzielt, stellen insbesondere Kundenverbindungen keine Verträge mit Schutzwirkung zugunsten Dritter dar.[1239] Der Fokus liegt somit auch im Falle diskriminierenden Drucks auf Ansprüchen aus unerlaubter Handlung.

c. § 823 Abs. 2 BGB i.V.m. § 7 Abs. 1 AGG

In Betracht kommt ein Schadensersatzanspruch des Beschäftigten aus § 823 Abs. 2 BGB i.V.m. § 7 Abs. 1 AGG.

aa. Vorliegen eines Schutzgesetzes

Zunächst muss es sich bei dem arbeitsrechtlichen Benachteiligungsverbot des AGG um ein Schutzgesetz im Sinne der Norm handeln. Wie im Rahmen der Zugriffsmöglichkeiten auf den Arbeitgeber ausgeführt, ist von einem Schutzgesetz auszugehen, wenn die betreffende Regelung zumindest auch dazu dienen soll, den Einzelnen oder bestimmte Personenkreise vor der Verletzung eines konkreten Rechtsgutes zu schützen.[1240] Der Regelungsgehalt des § 7 Abs. 1 AGG ist erkennbar darauf gerichtet, Beschäftigte im Sinne des § 6 AGG vor Eingriffen in ihr Persönlichkeitsrecht zu bewahren.[1241] Im Vordergrund steht demnach der Schutz von Individualinteressen.[1242] Wie § 15 AGG im Hinblick auf den Arbeitgeber als Anspruchsgegner verdeutlicht, ermöglicht das Benachteiligungsverbot

---

1237 S. insoweit bereits unter Kap. C. II.

1238 Vgl. *Adomeit/Mohr*, § 7 AGG Rn. 23; Däubler/Bertzbach-*Däubler*, § 7 AGG Rn. 294; KDZ/*Zwanziger*, 7. Aufl., § 7 AGG Rn. 8; Schleusener/Suckow/Voigt-*Schleusener*, § 7 AGG Rn. 81.

1239 S. ausführlich unter Kap. B. V. 2. b. bb.

1240 Vgl. u.a. BGH 11.1.2005 a.a.O. (Fn. 288); vgl. auch MüKo-BGB/*Wagner*, Bd. V, § 823 BGB Rn. 346; Palandt/*Sprau*, § 823 BGB Rn. 57.

1241 Vgl. hierzu auch *Bauer/Thüsing/Schunder*, NZA 2005, 32, 35; Däubler/Bertzbach-*Däubler*, § 7 AGG Rn. 2a.

1242 Vgl. insoweit *Stoffels*, RdA 2009, 204, 215.

dem individuell Betroffenen zudem eine schadensersatzrechtliche Kompensation. § 7 Abs. 1 AGG erfüllt somit sämtliche Anforderungen, die § 823 Abs. 2 BGB an ein Schutzgesetz stellt.[1243]

Der Umstand, dass das AGG mit § 15 AGG bereits selbst Ersatzansprüche an einen Verstoß gegen § 7 Abs. 1 AGG knüpft, steht der Geltendmachung eines Anspruchs aus § 823 Abs. 2 AGG nicht entgegen. Wie dargelegt, regelt § 15 AGG ausschließlich die Haftung des Arbeitgebers. Da sich das Diskriminierungsverbot jedoch auch an andere Personen als den Arbeitgeber richtet,[1244] kann nicht davon ausgegangen werden, dass eine Sanktion im Sinne der Richtlinien ausschließlich den Arbeitgeber treffen soll.[1245] Eine solche Einschränkung kann den europäischen Vorgaben nicht entnommen werden. Darüber hinaus bestätigen insbesondere Fälle diskriminierenden Kündigungsdrucks, dass eine Kompensation der Diskriminierung nicht zwingend über eine Inanspruchnahme des Arbeitgebers möglich ist. Im Übrigen verdeutlicht auch § 15 Abs. 5 AGG, dass sich das AGG einem Rückgriff auf allgemeine Ersatzregelungen nicht generell verschließt.[1246] Soweit die Diskriminierung wie vorliegend durch einen Dritten begangen wird, bedarf es zur Vermeidung von Schutzlücken folglich der Anwendung deliktischer Anspruchsgrundlagen.

bb. Verstoß gegen das Schutzgesetz / Rechtswidrigkeit

Wie bereits dargelegt, verstößt der Druckausübende gegen § 7 Abs. 1 AGG, soweit er sein Kündigungsverlangen (zumindest auch) auf einen Grund im Sinne des § 1 AGG stützt.[1247] Insbesondere in Fällen „unechten“ Drucks steht der Annahme eines Verstoßes gegen das Benachteiligungsverbots nicht entgegen, dass der Dritte seine Entlassungsforderung neben dem verpönten Motiv auch auf den tatsächlichen Kündigungsgrund stützt.[1248] Infolge der Durchsetzung seines diskriminierenden Kündigungsbegehrens begeht er je nach konkretem Sachverhalt eine unmittelbare oder mittelbare Benachteiligung bzw. eine Belästigung im

1243 So i.E. auch Däubler/Bertzbach-*Deinert* § 15 AGG Rn. 124; Wendeling-Schröder-*Stein*, § 12 AGG Rn. 28; Schleusener/Suckow/Voigt-*Voigt*, § 15 AGG Rn. 26; a.A. *Adomeit/Mohr*, § 15 AGG Rn. 110; *Bauer/Göpfert/Krieger*, § 7 AGG Rn. 7; *Thüsing*, Arbeitsrechtl. Diskriminierungsschutz, Rn. 562; *Stoffels*, RdA 2009, 204, 215.

1244 S. bereits ausführlich unter Kap. C. II.

1245 Anders hingegen *Adomeit/Mohr*, § 15 AGG Rn. 110; *Bauer/Göpfert/Krieger*, § 7 AGG Rn. 7; OLG Frankfurt a.M. 26.8.1999 – 15 U 103/97, NJW-RR, 976, 977 (bzgl. § 2 BeschSchG).

1246 Anders hingegen *Stoffels*, RdA 2009, 204, 215.

1247 S. unter Kap. C. IV. 3.

1248 S. unter Kap. E. II. 2. b. aa.

Sinne von § 3 AGG. Aufgrund seiner wirtschaftlichen Bedeutung für den Bestand des Betriebs ist er in der Lage, den Arbeitgeber quasi als Zurücksetzungswerkzeug zu benutzen.[1249]

Die Rechtswidrigkeit des Verstoßes wird durch die Verletzung des Schutzgesetzes indiziert.[1250] Entscheidend ist demnach, ob das Verhalten des Druckausübenden einem Rechtfertigungstatbestand des AGG unterfällt. Mit Ausnahme mittelbar diskriminierender Drucksituationen wird eine Rechtfertigung jedoch regelmäßig ausscheiden.

cc. Kausaler Schaden

Darüber hinaus muss der geltend gemachte Schaden durch die Verletzung des Schutzgesetzes verursacht worden sein.[1251] Primär wird der betroffene Beschäftigte Ersatz für den Verlust seines Arbeitsplatzes begehren.[1252] Dieser Schaden wird zumindest in echten Druckkündigungsfällen unzweifelhaft durch das diskriminierende Verhalten des Druckausübenden ausgelöst. Die Tatsache, dass der Arbeitgeber die Kündigung ausspricht, ändert hieran nichts. Wie dargelegt, handelt dieser lediglich aufgrund der Zwangssituation, die der Dritte durch seine Drohung hervorgerufen hat. Entscheidend für den Arbeitsplatzverlust ist insofern das Verhalten des Druckausübenden. Dieser setzt seine verpönte Entlassungsforderung durch, indem er den Arbeitgeber als eine Art Tatmittler einsetzt. Die Kündigung beruht somit maßgeblich auf dem Verstoß des Dritten gegen das Benachteiligungsverbot.[1253]

Problematischer ist der Kausalitätsnachweis hingegen in unechten Druckkündigungsfällen. Der Verlust des Arbeitsplatzes ist in diesen Konstellationen streng genommen Folge des kündigungsrelevanten Verhaltens des betreffenden Beschäftigten. Zwar realisiert der Dritte infolge der Druckausübung seine diskriminierenden Motive und verstößt damit auch in unechten Druckkündigungsszenarien gegen § 7 Abs. 1 AGG; dies bedeutet jedoch nicht zwingend, dass sich die

---

1249 S. unter Kap. C. IV. 3.

1250 Vgl. Palandt/*Sprau*, § 823 BGB Rn. 59; Jauernig/*Teichmann*, § 823 BGB Rn. 51; vgl. auch BGH 26.2.1993 a.a.O. (Fn. 288).

1251 Vgl. u.a. BGH 2.2.1988 a.a.O. (Fn. 1201); BGH 26.9.2005 – II ZR 380/03, NJW 2005, 3721, 3722; vgl. auch Palandt/*Sprau*, § 823 BGB Rn. 58; zu den konkreten Anforderungen an den Kausalzusammenhang i.R.v. deliktischen Ansprüchen LAG Rheinland-Pfalz 4.10.2005 – 5 Sa 140/05, GesR 2006, 552ff.

1252 Zur Bestimmung des konkreten Wertes des verlorenen Arbeitsplatzes kann § 10 KSchG herangezogen werden, vgl. Schleusener/Suckow/Voigt-*Voigt*, § 15 AGG Rn. 19.

1253 S. ausführlich unter Kap. C. IV. 3.; Kap. F. II. 2. d.

konkrete Schadensposition „Arbeitsplatzverlust“ tatsächlich auf die Verletzung des Schutzgesetzes zurückführen lässt.[1254]

dd. Schutzzweck der Norm

Der Geschädigte muss dem persönlichen Schutzbereich des Schutzgesetzes unterfallen. Dies ist vorliegend der Fall, soweit es sich um einen Beschäftigten im Sinne des § 6 Abs. 1 AGG handelt.

Fraglich ist jedoch, ob auch der konkret entstandene Schaden von dem sachlichen Anwendungsbereich des Schutzgesetzes erfasst wird. Hierfür muss der Verlust des Arbeitsplatzes zu den Schäden gehören, die durch die Norm verhindert werden sollen.[1255] Dies ist in echten Druckkündigungsfällen der Fall. Entsprechend der europäischen Vorgaben, die insbesondere in § 2 Abs. 1 Nr. 2 AGG ihren Niederschlag gefunden haben, bezweckt § 7 Abs. 1 AGG den Schutz vor Benachteiligungen im Arbeitsleben und damit auch vor einem diskriminierenden Arbeitsplatzverlust.[1256] Handlungen, welche die Verdrängung eines bestimmten Beschäftigten aus seinem Arbeitsverhältnis aus Gründen im Sinne des § 1 AGG bezwecken, unterfallen somit dem Schutzbereich des Benachteiligungsverbotes.[1257]

ee. Verschulden

Der Anspruch aus § 823 Abs. 2 BGB setzt ein Verschulden des Anspruchsgegners voraus. Dieses richtet sich primär nach den subjektiven Anforderungen des betreffenden Schutzgesetzes.[1258]

§ 7 Abs. 1 AGG ist grundsätzlich verschuldensunabhängig ausgestaltet.[1259] Wie dargelegt, lässt sich allerdings eine unmittelbare Benachteiligung faktisch nicht ohne Rückgriff auf die verpönte Motivation des Handelnden begründen.[1260] Sie impliziert daher regelmäßig ein vorsätzliches Handeln des Diskriminierungstäters. Demzufolge bestehen in der Regel auch keine Probleme hinsichtlich der

1254 S. insoweit bereits ausführlich unter Kap. G. III. 1. b. aa.

1255 Vgl. u.a. BGH 2.2.1988 a.a.O. (Fn. 1201); BGH 18.11.2003 a.a.O. (Fn. 1201); BGH 25.7.2005 – II ZR 390/03, NJW 2005, 3137, 3140.

1256 S. hierzu bereits unter Kap. D. I. 2.

1257 Ausführlich zur Frage der konkret zu ersetzenden Schadensposition bei Verletzung des allgemeinen Persönlichkeitsrechts s. nachfolgend unter Kap. G. III. 2. g. ee.

1258 Vgl. u.a. Erman/*Schiemann*, Bd. II, § 823 BGB Rn. 159; Palandt/*Sprau*, § 823 BGB Rn. 60.

1259 Vgl. u.a. *Nollert-Borasio/Perreng*, § 7 AGG Rn. 6.

1260 S. hierzu unter Kap. C. IV. 2. a. bb.

Begründung des subjektiven Unrechtsvorwurfs im Sinne von § 823 Abs. 2 S.2 BGB.[1261]

Anders ist dies jedoch im Falle mittelbar diskriminierenden Kündigungsdrucks. Zur Erfüllung des Tatbestandes des § 3 Abs. 2 AGG kommt es maßgeblich auf die Wirkung der betreffenden Maßnahme und nicht auf die Handlungsintention des Täters an.[1262] Wie § 823 Abs. 2 S. 2 BGB verdeutlicht, muss daher zumindest in Fällen mittelbar diskriminierenden Kündigungsdrucks auf den allgemeinen Verschuldensbegriff des § 276 BGB zurückgegriffen werden. Auch in diesen Fällen muss der Druckausübende den Verstoß gegen das Benachteiligungsverbot zumindest fahrlässig begangen haben. Wie Satz 2 verdeutlicht, stellt § 823 Abs. 2 BGB an den subjektiven Tatbestand weitergehende Anforderungen als das Schutzgesetz selbst.[1263]

ff. Zwischenergebnis

Im Falle der Realisierung eines diskriminierenden Entlassungsbegehrens kann der Beschäftigte von dem Druckausübenden regelmäßig Ersatz für den Verlust seines Arbeitsplatzes verlangen. Voraussetzung ist jedoch die Durchsetzung „echten" Drucks, da nur in diesen Fällen die konkrete Schadensposition auf dem Verstoß gegen § 7 Abs. 1 AGG beruht.

Darüber hinaus muss gemäß § 823 Abs. 2 S. 2 BGB zusätzlich geprüft werden, ob der Druckausübende die Verletzung des Benachteiligungsverbotes auch zu vertreten hat. Dieses Erfordernis erlangt insbesondere in Fällen mittelbar diskriminierenden Kündigungsdrucks Bedeutung.

d. § 823 Abs. 2 BGB i.V.m. §§ 185ff. StGB

In Kapitel B wurde dargelegt, dass die Geltendmachung eines Ersatzes für den Verlust des Arbeitsplatzes in den üblichen Druckkündigungsfällen nicht dem sachlichen Schutzbereich der §§ 185ff. StGB unterfällt.[1264] Fraglich ist, ob sich hieran im Falle eines diskriminierenden Gehaltes der Kündigungsforderung etwas ändert.

1261 Vgl. diesbzgl. auch Ausführungen i.R.d. Gesetzesbegründung BT-Drs. 1671780, S. 46

1262 S. hierzu unter Kap. C. IV. 2. b.

1263 Vgl. MüKo-BGB/*Wagner*, Bd. V, § 823 BGB Rn. 359; Palandt/*Sprau*, § 823 BGB Rn. 60; Erman/*Schiemann*, Bd. II, § 823 BGB Rn. 159; vgl. u.a. auch BGH 17.1.1984 – VI ZR 35/83, VersR 1984, 270, 271; BGH 19.11.1991 – VI ZR 171/91, NJW 1992, 1039, 1041.

1264 S. ausführlich hierzu unter Kap. B. V. 2. c.

Das BAG hat in seiner Entscheidung vom 22.1.2009 klar gestellt, dass die Verwirklichung der Tatbestände des § 3 Abs. 1 und 2 AGG nicht zwingend eine Herabwürdigung des Diskriminierungsopfers bedeuten.[1265] Im Falle „echten" diskriminierenden Entlassungsdrucks ist jedoch zu beachten, dass der Beschäftigte seinen Arbeitsplatz allein wegen eines persönlichen Merkmals im Sinne von § 1 AGG verliert, obwohl er die vertraglich geschuldete Arbeitsleistung einwandfrei erbracht hat. Aufgrund dieser Folgen, die das ungerechtfertigte Abstellen des Druckausübenden auf etwa die Religion oder das Geschlecht des Beschäftigten nach sich zieht, liegt die Annahme einer Missachtung bzw. Herabwürdigung durch den druckausübenden Diskriminierungstäter in Fällen „echten" AGG-widrigen Drucks nahe. Dies bestätigen auch die Ausführungen in Kapitel C, wonach das Verhalten des Druckausübenden je nach Fallgestaltung auch geeignet ist, eine Belästigung im Sinne des § 3 Abs. 3 AGG zu begründen. Handelt der Außenstehende aufgrund verpönter Motive, kann daher regelmäßig ein herabwürdigendes Verhalten, das sich im Verlust des Arbeitsplatzes manifestiert, angenommen werden.

Unabhängig davon werden letztlich jedoch auch in Fällen diskriminierenden Drucks die Tatbestände des §§ 185ff. StGB nicht zwingend erfüllt sein. Je nach Fallgestaltung bereiten die konkreten Anforderungen der §§ 185ff. StGB Schwierigkeiten.

Wie bereits in Kapitel B erörtert, wird der Dritte in der Regel keine Beleidigung unmittelbar gegenüber dem Arbeitnehmer aussprechen. Zur Erfüllung des Tatbestandes des § 185 StGB kommt es insofern maßgeblich darauf an, ob der diskriminierende Entlassungsdruck als Werturteil verstanden werden kann. Die Grenze zwischen herabsetzenden Werturteilen und Tatsachenbehauptungen lässt sich im Einzelfall jedoch nur schwer festlegen.[1266]

Handelt es sich im konkreten Druckkündigungsszenario um eine ehrverletzende Tatsachenbehauptung, kommen allenfalls die Tatbestände der üblen Nachrede oder der Verleumdung in Betracht. Der Arbeitgeber könnte insoweit grundsätzlich als Mitteilungsempfänger angesehen werden. Wie bereits dargelegt, setzen die Tatbestände der §§ 186, 197 StGB ferner die Behauptung einer nicht erweislich wahren bzw. einer unwahren Tatsache voraus.[1267] Eine solche wird der Druckausübende im Rahmen der Formulierung seiner Kündigungsforderung jedoch nicht zwingend aufstellen. Die Durchsetzung seines Entlassungsbegeh-

1265 Vgl. BAG 22.1.2009 a.a.O. (Fn. 999).

1266 Vgl. *Fischer*, § 186 StGB Rn. 3; vgl. u.a. auch BVerfG 9.10.1991 – 1 BvR 1555/88, MDR 1992, 526; BVerfG 8.5.2007 – 1 BvR 193/05, NJW 2008, 358, 359; BGH 3.2.2009 – VI ZR 36/07, NJW 2009, 1872ff.

1267 Zu den konkreten Voraussetzungen vgl. *Fischer*, § 186 StGB Rn. 2ff., § 187 StGB Rn. 2ff.

rens erfordert regelmäßig kein Anführen unwahrer Tatsachen. Bekanntlich sehen die Rechtmäßigkeitskriterien des BAG kein Begründungserfordernis für die Ausübung des Kündigungsdrucks vor. Insofern wird sich der Außenstehende in den meisten Fällen bedeckt halten und seine wahren Gründe für das Entlassungsbegehren nicht Preis geben.[1268]

Neben diesen einzelfallabhängigen Problemen auf Tatbestandsebene ist ferner zu berücksichtigen, dass den Beschäftigten als Verletzten die Darlegungs- und Beweislast hinsichtlich sämtlicher Tatbestandsmerkmale des Schutzgesetzes trifft. Aus diesen Gründen stellt §§ 823 Abs. 2 BGB i.V.m. §§ 185ff. StGB in den meisten Druckkündigungsfällen keine adäquate Zugriffsmöglichkeit dar.

e. § 824 BGB

Die Ausführungen im Rahmen des § 823 Abs. 2 BGB i.V.m. §§ 186, 187 StGB lassen sich auf § 824 BGB übertragen. Auch hier führt der diskriminierende Gehalt der Abberufungsforderung zu keiner Neubewertung der Anspruchsvoraussetzungen. Einer verpönten Druckausübungsmotivation ist nicht zugleich die Verbreitung einer unwahren Tatsache immanent.

f. § 826 BGB

In Betracht kommt jedoch ein Anspruch des Arbeitnehmers aus § 826 BGB. Hierzu müsste der Druckausübende infolge der Formulierung und Durchsetzung seines diskriminierenden Kündigungsverlangens gegen die guten Sitten verstoßen haben.

Wie bereits in Kapitel B erörtert, kommt es für die Bejahung der Sittenwidrigkeit eines zugefügten Schadens entscheidend darauf an, ob der Druckausübende die Entlassung des betreffenden Beschäftigten auf anstößige Weise verursacht hat.[1269] Aufgrund der schwerwiegenden Folgen, die der Verlust des Arbeitsplatzes für den Betroffenen auslöst, sind in jedem Fall hohe Anforderungen an eine mögliche Rechtfertigung des Drittverhaltens zu stellen. So fordert die Rechtsprechung, dass der Kündigungsdruck seinerseits durch objektiv nachvollziehbare Interessen des Druckausübenden gerechtfertigt sein muss, um die

1268 Ähnlich auch *Deinert*, RdA 2007, 275, 278.

1269 Vgl. u.a. BGH 2.2.1955, NJW 1955, 1272, 1274; Palandt/*Sprau*, § 826 BGB Rn. 4; vgl. auch MüKo-BGB/Wagner, Bd. V, § 826 BGB Rn. 8ff.; Jauernig/*Teichmann*, § 826 BGB Rn. 3; Erman/*Schiemann*, Bd. II, § 826 BGB Rn. 3; Staudinger/*Oechsler*, § 826 BGB Rn. 24ff.

Schadenszufügung zu legitimieren.[1270] Maßgeblich sind demzufolge die individuellen Umstände der Druckkündigungssituation.

Eine kündigungsrechtlich ungerechtfertigte Entlassungsforderung, die aufgrund verpönter Gründe im Sinne des § 1 AGG ausgesprochen und im Wege der Androhung von wirtschaftlichen Nachteilen durchgesetzt wird, ist mit dem Anstandsgefühl aller billig und gerecht Denkenden regelmäßig unvereinbar.[1271] Der Druckausübende weist zumindest in Fällen des § 3 Abs. 1 AGG eine verpönte Handlungsmotivation auf. Soweit sein Vorgehen nicht ausnahmsweise einem Rechtfertigungstatbestand des AGG unterfällt, kann er sich daher auch nicht auf eine Wahrnehmung objektiv nachvollziehbarer Interessen berufen. Der Arbeitsplatzverlust basiert in solchen Druckkündigungsszenarien somit auf einem sittenwidrigen Verhalten des Druckausübenden.[1272] Verwirklicht der Außenstehende den Tatbestand des § 3 Abs. 1 AGG, führt der diskriminierende Gehalt des Kündigungsverlangens folglich zu Vorteilen des Beschäftigten bei der Anspruchsbegründung.[1273]

Bedeutet das Entlassungsverlangen hingegen lediglich eine mittelbare Benachteiligung von beispielsweise weiblichen Beschäftigten, muss konkret überprüft werden, ob dieses Vorgehen durch einen Sachgrund im Sinne des § 3 Abs. 2 AGG gerechtfertigt ist. Ist dies der Fall, kann sich der Druckausübende folgerichtig auch auf eine objektiv nachvollziehbare Interessenwahrnehmung berufen. Diese schließt wiederum ein sittenwidriges Vorgehen im Sinne des § 826 BGB aus.

Erfüllt das Druckverhalten dagegen die Voraussetzungen einer unmittelbaren Diskriminierung, sind regelmäßig auch die subjektiven Anforderungen der Anspruchsgrundlage erfüllt. Wie bereits dargelegt, knüpft § 3 Abs. 1 AGG zwangsläufig an die inneren Beweggründe des Handelnden an, sodass die Erfüllung der Tatbestandsvoraussetzungen auf einen entsprechenden Vorsatz des Täters schließen lässt. Erzwingt der Dritte die Kündigung eines Beschäftigten aus verpönten Gründen und ohne Rücksicht darauf, dass dieser sich aus kündigungsrechtlicher Sicht einwandfrei verhalten hat, ist er sich der Art, Richtung und

---

1270 S. unter Kap. B. V. 2. a.

1271 Zur Verwerflichkeit des Missbrauchs einer Machtstellung bzw. der wirtschaftlichen Knebelung vgl. Jauernig/*Teichmann*, § 826 BGB Rn. 21/26.

1272 Zu den Kausalitätsproblemen bei „unechtem" diskriminierenden Druck s. bereits unter Kap. G. III. 1. b. aa. sowie III. 2. c. cc.

1273 Zur Frage der Übertragung der Beweiserleichterung aus § 22 AGG s. nachfolgend unter Kap. G. IV. 1.

Folgen des Schadens bewusst und nimmt ihren Eintritt billigend in Kauf.[1274] Der Druckausübende kennt in solchen Konstellationen regelmäßig sämtliche relevanten Tatsachen, die sein Verhalten als sittenwidrig erscheinen lassen.[1275] Zudem fokussiert er den Schadenseintritt willentlich, um seine diskriminierenden Interessen durchzusetzen.[1276]

Inhalt und Umfang des Ersatzes für den Verlust des Arbeitsplatzes bestimmen sich auch im Rahmen des § 826 BGB nach den Regelungen der §§ 249ff. BGB.

g. § 823 Abs. 1 BGB i.V.m. Art. 1 Abs. 1, Art. 2 Abs. 1 GG

Möglicherweise kann der Beschäftigte auch über § 823 Abs. 1 BGB gegen den Druckausübenden vorgehen.

aa. Rechtsgutverletzung

Im Vergleich zu üblichen Druckkündigungsfällen bedeutet ein diskriminierender Hintergrund aus Arbeitnehmersicht zunächst ein Vorteil hinsichtlich des Nachweises einer Rechtsgutverletzung. Die Streitfrage, ob das Recht am Arbeitsplatz ein sonstiges Recht im Sinne des § 823 Abs. 1 BGB darstellt oder nicht, kann in diesen Fällen unbeantwortet bleiben.[1277] Infolge des diskriminierenden Gehaltes der zwangsweisen Durchsetzung des Arbeitsplatzverlustes kann nämlich eine Verletzung des allgemeinen Persönlichkeitsrechts als sonstiges Recht im Sinne des § 823 Abs. 1 BGB bejaht werden.[1278]

Wie bereits im Rahmen des § 1004 BGB erörtert, weisen die Merkmale des § 1 AGG einen besonders engen Persönlichkeitsbezug auf.[1279] Wird der betreffende Beschäftigte auf Grundlage dieser geschützten Eigenschaften benachteiligt, liegt die Annahme eines Eingriffs in seine Persönlichkeit nahe.[1280] Dieser Zusammenhang von Diskriminierung und Persönlichkeitsverletzung wird auch

---

1274 Vgl. zu den konkreten Anforderungen an ein vorsätzliches Handeln MüKo/*Wagner*, Bd. V, § 826 BGB Rn. 25; Palandt/*Sprau*, § 826 BGB Rn. 10; Jauernig/*Teichmann*, § 826 BGB Rn. 4; Staudinger/*Oechsler*, § 826 BGB Rn. 75ff.

1275 Vgl. Palandt/*Sprau*, § 826 BGB Rn. 11; *Schleusener*, NZA 1999,1078, 1080.

1276 Vgl. diesbzgl. auch Gesetzesbegründung BT-Drs. 16/1780, S. 46.

1277 S. ausführlich unter Kap. B. V. 2. g. aa.; zur Problematik der Rechtsgutverletzung vgl. auch *Deinert*, AiB 1999, S. 112, 113 (Anm. zu BAG 4.6.1998 – 8 AZR 786/96).

1278 Vgl. parallel hierzu den Fall einer ungerechtfertigten Verdrängung aus dem Arbeitsverhältnis ArbG Cottbus 8.7.2009 – 7 CA 1960/08, PflR 2009, 608ff.

1279 S. bereits ausführlich unter Kap. G. II. 1. b. aa.

1280 So auch Däubler/Bertzbach-*Deinert*, § 15 AGG Rn. 51; Rust-Falke-*Bücker*, § 15 AGG Rn. 58.

durch die höchstrichterliche Rechtsprechung hinsichtlich § 611a BGB a.F. bestätigt. So hat das BAG im Falle einer ungerechtfertigten Ablehnung eines Bewerbers wegen des Geschlechts betont, dass hierdurch die Entfaltungsmöglichkeiten des betroffenen Merkmalsträgers beeinträchtigt würden. Das ungerechtfertigte Abstellen auf das Geschlecht im Rahmen eines Auswahlverfahrens führe zu einer Herabwürdigung der beruflichen Fähigkeiten des konkreten Merkmalsträgers. Die Verhinderung der angestrebten Tätigkeitsaufnahme bedeute zugleich eine Verringerung seiner Persönlichkeitsentwicklung und verletze ihn daher in seiner Würde als Person.[1281] Diese zu § 611a BGB a.F. entwickelte Rechtsprechung kann auch auf die übrigen Merkmale im Sinne des § 1 AGG übertragen werden. Die Antidiskriminierungsrichtlinien der EU haben insoweit für eine Gleichstellung gesorgt.

Wie bereits im Hinblick auf den Unterlassungsanspruch aus § 1004 BGB dargelegt, widerspricht die Annahme eines engen Zusammenhangs zwischen einem Verstoß gegen das Diskriminierungsverbot und einer Verletzung des allgemeinen Persönlichkeitsrechts auch nicht der neueren Rechtsprechung des BAG.[1282]

Überwiegend wird für die Bejahung eines Ersatzes infolge der Persönlichkeitsverletzung allerdings die Überschreitung einer gewissen Erheblichkeitsschwelle gefordert.[1283] Ersatzfähig sind hiernach nur immaterielle Schäden, die auf einem schwerwiegenden Eingriff in die Würde des Verletzten beruhen, dessen Folgen nicht in anderer Weise hinreichend kompensiert werden können.[1284] Hieran schließt sich die Frage an, ob ein Verstoß gegen § 7 Abs. 1 AGG „automatisch" eine schwere Persönlichkeitsverletzung darstellt. Das BAG hat in seiner Entscheidung vom 22.1.2009 strikt unterschieden zwischen einer ungerechtfertigten Benachteiligung im Sinne des § 15 Abs. 2 AGG und einer erheblichen Persönlichkeitsverletzung im Sinne des § 823 Abs. 1 BGB.[1285] Der Urteilsbegründung kann entnommen werden, dass zumindest die Tatbestände der Absätze 1 und 2 des § 3 AGG nicht zwingend eine Herabwürdigung des Diskriminierungsopfers implizieren.[1286] Zugleich darf jedoch die Intention des Gerichts nicht

1281 Vgl. BAG 14.3.1989 a.a.O. (Fn. 1084).

1282 S. hinsichtl. der Ausführungen des BAG 22.1.2009 a.a.O. (Fn. 999) ausführlich unter Kap. G. II. 1. b. aa.

1283 Vgl. *Hey*, § 15 AGG Rn. 77/123; Wendeling-Schröder/Stein-*Stein*, § 15 AGG Rn. 89; vgl. auch u.a. BAG 14.3.1989 a.a.O. (Fn. 1084).

1284 Vgl. *Bauer/Göpfert/Krieger*, § 7 AGG Rn. 8; Schleusener/Suckow/Voigt-*Voigt*, § 15 AGG Rn. 1; *Stoffels*, RdA 2009, 204, 215; vgl. auch u.a. BGH 15.12.1987 – VI ZR 35/87, NJW-RR 1988, 733; BGH 15.11.1994 – VI ZR 56/94, NJW 1995, 861, 864; BAG 14.3.1989 a.a.O. (Fn. 1084).

1285 Vgl. BAG 22.1.2009 a.a.O. (Fn. 999).

1286 Vgl. BAG 22.1.2009 a.a.O. (Fn. 999).

übersehen werden. Im Zentrum der konkreten Entscheidung stand die Frage, ob die Anspruchsvoraussetzungen des § 15 Abs. 2 AGG im Sinne der Rechtsprechung zu § 823 Abs. 1 BGB zu erweitern sind. Die Ablehnung einer solchen Übertragung der bisherigen ungeschriebenen Grundsätze diente allein der effektiven Durchsetzung von Entschädigungsansprüchen gegenüber Diskriminierungstätern.[1287] Das BAG ist indes nicht darauf eingegangen, wie Konstellationen zu bewerten sind, in denen die Diskriminierungstäter wie vorliegend nicht in den persönlichen Anwendungsbereich der AGG-rechtlichen Ersatzbestimmungen fallen.

Für eine Gleichsetzung des Verstoßes gegen § 7 AGG mit einem erheblichen Eingriff in das allgemeine Persönlichkeitsrecht spricht in solchen Konstellationen zunächst der Grundsatz der Einheit der Rechtsordnung. Zudem würde eine einheitliche Bewertung in jedem Fall die Durchsetzung der europäischen Schutzvorgaben fördern.[1288] Ob letztere jedoch eine derartige Auslegung zwingend erfordern, kann zumindest in echten Druckkündigungsfällen, die auf einem unmittelbar diskriminierenden Abberufungsverlangen fußen, dahinstehen bleiben. In diesen behandelt der Druckausübende den betreffenden Beschäftigten typischerweise in besonders missachtender Weise, sodass die geforderte Schwere des Eingriffs gegeben ist. Auch verdeutlichen dies die konkreten Folgen des Verstoßes gegen § 7 Abs. 1 AGG. Ebenso wie das BAG in der zitierten Entscheidung zu § 611a BGB a.F. einen schwerwiegenden Eingriff bejaht, wenn ein Beschäftigter allein wegen seines Geschlechts nicht eingestellt wird, muss ein solcher im Umkehrschluss auch im Falle einer verpönt motivierten Verdrängung vom Arbeitsplatz angenommen werden.[1289] Nicht nur die Verhinderung einer beruflichen Tätigkeitsaufnahme, sondern auch die Beendigung eines Arbeitsverhältnisses impliziert eine Verringerung der Persönlichkeitsentwicklung, wenn diese auf Grundlage eines Merkmals im Sinne des § 1 AGG erfolgt. Die Intensität des Eingriffs ist in beiden Konstellationen vergleichbar und verletzt den Betroffenen daher in gleichem Maße in seiner Würde als Person.

Es ist insoweit unerheblich, ob der Arbeitsplatzverlust durch den Arbeitgeber oder einen Dritten verursacht wurde. In Druckkündigungsszenarien maßt sich der Diskriminierungstäter quasi Befugnisse an, die nach dem Gesetz nur dem Arbeitgeber zustehen. Entscheidend ist demnach, dass der Druckausübende aus Sicht des Beschäftigten im Sinne eines Über-Unterordnungsverhältnisses agiert. Streng genommen hat der Dritte sogar noch mehr Einflussmöglichkeiten auf die

---

1287 S. hierzu bereits unter Kap. G. II. 1. b. aa.

1288 Für eine solche Gleichsetzung u.a. Rust/Falke-*Bücker*, § 15 AGG Rn. 58; dagegen u.a. *Adomeit/Mohr*, § 15 AGG Rn. 107.

1289 Vgl. BAG 14.3.1989 a.a.O. (Fn. 1084).

Entfaltung seiner beruflichen Entwicklung als ein Arbeitgeber, da er eine Kündigung sogar ohne Vorliegen eines Kündigungsgrundes herbeiführen kann. Die Durchsetzung eines diskriminierenden Entlassungsverlangens bedeutet somit regelmäßig eine erhebliche Persönlichkeitsverletzung im Sinne des § 823 Abs. 1 BGB.

In Fällen mittelbar diskriminierenden Entlassungsdrucks gestaltet sich die Begründung der besonderen Schwere des Eingriffs hingegen schwieriger. Im Gegensatz zu den Fällen des § 3 Abs. 1 AGG weist der Druckausübende in solchen Konstellationen regelmäßig keine verpönte Handlungsmotivation auf. Er ist sich der diskriminierenden Wirkung seines Vorgehens nicht zwingend bewusst, was prinzipiell auch die Intensität des Eingriffs abschwächen kann.[1290] Jedoch darf nicht übersehen werden, dass die Verletzungshandlung im Falle mittelbar diskriminierenden Kündigungsdrucks ebenfalls zum Arbeitsplatzverlust führt. Die Folgen des Handelns treffen den Beschäftigten demnach in gleichem Maße schwer.

Löst die konkrete Abberufungssituation eine schwerwiegende Persönlichkeitsverletzung des betreffenden Beschäftigten aus, bestehen im Übrigen auch keine anderweitigen Ausgleichsmöglichkeiten. Wie bereits dargelegt, kann gegenüber dem Arbeitgeber regelmäßig nicht wegen des Verlustes des Arbeitsplatzes vorgegangen werden.[1291] Ferner bestehen weder vertragliche noch AGG-rechtliche Ersatzregelungen, die einen Zugriff auf den Druckausübenden ermöglichen.[1292] Hat dieser sein Kündigungsverlangen durchgesetzt, kann eine Befriedigung insbesondere auch nicht mehr über § 1004 Abs. 1 BGB erreicht werden.

bb. Verletzungshandlung / haftungsbegründende Kausalität

Wie dargelegt, verletzt der Druckausübende in der Regel das allgemeine Persönlichkeitsrecht des Beschäftigten, indem er sein diskriminierendes Entlassungsverlangen unter Einsatz von Nötigungsmitteln durchsetzt. Diese Verletzungshandlung kann nicht hinweg gedacht werden, ohne dass die eingetretene Rechtsverletzung entfiele. Das Handeln des Druckausübenden ist somit kausal für die Rechtsgutbeeinträchtigung im Sinne der Conditio-sine-qua-non-Formel.

Ferner liegt die eingetretene Rechtsgutverletzung auch nicht außerhalb allgemeiner Lebenserfahrung.[1293] Wird die Kündigung eines bestimmten Arbeitneh-

---

1290 Vgl. BAG 14.3.1989 a.a.O. (Fn. 1084); BGH 15.11.1994 a.a.O. (Fn. 1284); vgl. auch *Adomeit/Mohr*, § 15 AGG Rn. 116.

1291 S. bereits ausführlich unter Kap. G. III. 1. f.

1292 S. bereits ausführlich unter Kap. G. III. 2. a./b.

1293 Zum Erfordernis einer adäquaten Kausalität vgl. Palandt/*Grüneberg*, Vorb. § 249 BGB Rn. 26; MüKo-BGB/*Oetker*, Bd. II, § 249 BGB Rn. 104ff.

mers beispielsweise allein aufgrund seiner ethnischen Herkunft erzwungen, liegt die Verursachung einer Persönlichkeitsverletzung im Allgemeinen nahe. Gleiches gilt auch hinsichtlich der anderen AGG-rechtlich geschützten Merkmale. Auch hier kann ein adäquater Kausalzusammenhang angenommen werden, soweit die Forderung des Druckausübenden entsprechend motiviert ist.

Der Umstand, dass die Beendigung des Arbeitsverhältnisses streng genommen unmittelbar durch den Arbeitgeber herbeigeführt ist, weil dieser die Kündigung ausspricht, durchbricht den Zurechnungszusammenhang nicht.[1294] Wie bereits dargelegt, agiert der Arbeitgeber allein infolge des Drucks quasi als Tatmittler des Dritten. Insbesondere handelt der Arbeitgeber selbst nicht wegen eines Merkmals im Sinne des § 1 AGG, sodass ihm folgerichtig auch kein Eingriff in das Persönlichkeitsrecht vorgeworfen werden kann.[1295] Die konkrete Rechtsgutbeeinträchtigung lässt sich demnach maßgeblich auf die zwangsweise Durchsetzung der verpönt motivierten Entlassungsforderung zurückführen. Die Gefahr der Rechtsgutbeeinträchtigung, welche der Dritte durch sein AGG-widriges Verhalten begründet, hat sich folglich auch im konkreten Verletzungserfolg verwirklicht.[1296]

cc. Widerrechtlichkeit

Wie in Kapitel B ausgeführt, handelt es sich bei einem Eingriff in das Persönlichkeitsrecht um einen offenen Tatbestand.[1297] Als solcher erfordert er eine positive Feststellung der Widerrechtlichkeit des Eingriffs in Form einer besonderen Güter- und Interessenabwägung.[1298] Entscheidend im Rahmen der Interessenabwägung sind insbesondere Motiv und Zweck des Eingriffs.[1299]

Wie bereits im Rahmen des § 826 BGB festgestellt, kann sich der Druckausübende regelmäßig nicht auf die Wahrnehmung objektiv nachvollziehbarer Interessen berufen, wenn der Eingriff zum Zwecke der Durchsetzung seiner diskri-

---

1294 Zur Begrenzung der Haftung durch den Schutzzweck der Norm vgl. Palandt/*Grüneberg*, Vorb. § 249 BGB Rn. 29; MüKo-BGB/*Oetker*, Bd. II, § 249 BGB Rn. 115ff; vgl. auch BGH 18.11.2003 a.a.O. (Fn. 1201).

1295 S. unter Kap. F. II. 2. d.

1296 S. unter Kap. G. III. 2. c. cc.

1297 S. unter Kap. B. V. 2. g. bb.

1298 Vgl. Palandt/*Sprau*, § 823 BGB Rn. 25/95; BGH 2.4.1957 a.a.O. (Fn. 1081); krit. Anm. hierzu *Neumann-Duesberg*, NJW 1957, 1276; BGH 12.10.1993 – VI ZR 23/93, NJW 1994, 126; BAG 4.6.1998 a.a.O. (Fn. 261); vgl. auch BGH 30.9.2003 – VI ZR 89/02, NJW 2004, 596;

1299 Vgl. Palandt/*Sprau*, § 823 BGB Rn. 99; vgl. auch BAG 14.3.1989 a.a.O. (Fn. 1084); BGH 15.11.1994 a.a.O. (Fn. 1284).

minierenden Motive erfolgt.[1300] Soweit sich etwa ein Kunde auf seine grundrechtlich geschützte unternehmerische Handlungsfreiheit oder ein Belegschaftsteil auf ihre Meinungsfreiheit beruft, müssen diese Schutzgüter zumindest im Falle unmittelbar diskriminierenden Drucks regelmäßig zurücktreten.

Entsprechend der Ausführungen des EuGH in der Rechtssache „Dekker", wonach das Erfordernis einer wirksamen Sanktion nicht durch nationale Rechtfertigungsgründe umgangen werden darf, kann der persönlichkeitsverletzende Eingriff des Druckausübenden folgerichtig nur über die Rechtfertigungstatbestände des AGG legitimiert werden.[1301] Diese sind jedoch im Falle unmittelbar diskriminierenden Entlassungsdruck zumeist nicht einschlägig.

dd. Verschulden

Weiterhin setzt ein Anspruch aus § 823 Abs. 1 BGB ein Verschulden des Handelnden voraus.[1302]

Wie bereits im Rahmen des § 826 BGB ausgeführt, kann in Fällen unmittelbar diskriminierenden Entlassungsdrucks regelmäßig eine bewusste Inkaufnahme der Rechtsgutverletzung angenommen werden.[1303] Bei einer mittelbar diskriminierenden Kündigungsforderung ist dies anders, da § 3 Abs. 2 AGG kein bewusstes Anknüpfen an ein Merkmal im Sinne des § 1 AGG voraussetzt. Im letzt genannten Fall muss daher anhand der konkreten Druckkündigungssituation überprüft werden, ob dem Druckausübenden zumindest ein Fahrlässigkeitsvorwurf gemacht werden kann.

Die Frage nach einer etwaigen Übertragung von gesetzlichen Haftungserleichterungen stellt sich im Falle diskriminierenden Kündigungsdrucks regelmäßig nicht. Wird der Druck von Kollegen des betreffenden Arbeitnehmers ausgeübt, scheidet insbesondere auch ein Rückgriff auf § 105 Abs. 1 SGB VII aus. Diese Haftungsbeschränkung greift bereits deshalb nicht, weil das schädigende Verhalten typischerweise nicht in einem hinreichenden Zusammenhang mit der geschuldeten betrieblichen Tätigkeit steht.[1304] Ferner stellt der Eingriff des Druckausübenden in das Persönlichkeitsrecht kein Versicherungsfall dar. Im Übrigen

1300 Insoweit kann auf die Ausführungen zu § 826 BGB verwiesen werden.

1301 Vgl. EuGH 8.11.1990 (Dekker) a.a.O. (Fn. 712); vgl. auch EuGH 22.4.1997 (Draehmpaehl) a.a.O. (Fn. 457).

1302 Vgl. Palandt/*Sprau*, § 823 BGB Rn. 40; Jauernig/*Teichmann*, § 823 BGB Rn. 58.

1303 Vgl. diesbzgl. auch Gesetzesbegründung BT-Drs. 16/1780, S. 46.

1304 So auch Wendeling-Schröder/Stein-*Wendeling-Schröder*, § 7 AGG Rn. 44

erleidet der betreffende Arbeitnehmer auch keinen Personenschaden im Sinne der Bestimmung.[1305]

ee. Ersatzfähiger Schaden / haftungsausfüllende Kausalität

Durch den diskriminierenden Entlassungsdruck ist der betroffene Beschäftigte in seiner Würde als Person verletzt worden. Hieran schließt sich die Frage an, welche Schadenspositionen von dem sachlichen Schutzbereich des allgemeinen Persönlichkeitsrechts erfasst werden. Die Rechtsprechung unterscheidet im Allgemeinen zwischen Eingriffen in den ideellen und den vermögenswerten Bestandteil des Persönlichkeitsrechts.[1306] Während der ideelle Teil eine Geldentschädigung hinsichtlich immaterieller Einbußen ermöglicht, erlaubt der vermögenswerte Teil den Ersatz materieller Schadenspositionen. Letzterer ist jedoch von der Rechtsprechung hauptsächlich in Konstellationen, in denen kennzeichnende Persönlichkeitsmerkmale ungerechtfertigt für kommerzielle Zwecke genutzt wurden, bemüht worden.[1307] In anderen Fällen wird der Ersatz materieller Schadenspositionen regelmäßig abgelehnt.[1308] Wie bereits in Kapitel B dargelegt, bezieht sich die restriktive Haltung der Rechtsprechung insbesondere auch auf die Geltendmachung eines Ersatzes für den Verlust des Arbeitsplatzes.[1309] Die Ersatzpflicht beschränkt sich in solchen Fällen somit häufig auf die Entschädigung eines etwaigen immateriellen Schadens.[1310]

In Druckkündigungsfällen mit diskriminierendem Hintergrund bestehen jedoch insoweit Besonderheiten. Eine gesetzlich geschützte Eigenschaft des betreffenden Beschäftigten wird zum Anknüpfungspunkt für die zwangsweise Durchsetzung seiner Entlassung. Eine solche Benachteiligung im Sinne des § 7 Abs. 1 AGG impliziert dementsprechend die Verwirklichung des tatbestandlichen Erfolges der Persönlichkeitsverletzung.[1311] Letzt Genannte manifestiert sich quasi im Verlust des Arbeitsplatzes und damit in einer materiellen Schadenspositi-

---

1305 Vgl. auch Däubler/Bertzbach-*Deinert*, § 15 AGG Rn. 146.

1306 Vgl. u.a. BGH 1.12.1999 a.a.O. (Fn. 319); BGH 26.10.2006 a.a.O. (Fn. 319); BGH 29.10.2009 – I ZR 65/07, NSW § 22 KUG (BGH-intern).

1307 Vgl. u.a. BGH 1.12.1999 a.a.O. (Fn. 319); BGH 26.10.2006 a.a.O. (Fn. 319); BGH 5.6.2008 – I ZR 96/07, NJW 2008, 3782ff.

1308 Vgl. u.a. BGH 19.9.1961 a.a.O. (Fn. 1081); vgl. auch Anm. hierzu v. *Bußmann*, GRUR 1962, 107f.

1309 S. ausführlich unter Kap. B. V. 2. g. aa. (1).

1310 Vgl. u.a. BGH 30.1.1996 a.a.O. (Fn. 306), NJW 1996, 1131, 1134; BAG 16.5.2007 a.a.O. (Fn. 943); LAG Rheinland-Pfalz 4.10.2005 a.a.O. (Fn. 1251); vgl. auch *Stoffels*, RdA 2009, 204, 215.

1311 Vgl. auch Däubler/Bertzbach-*Deinert*, § 15 AGG Rn. 51.

on.[1312] Entscheidend ist folglich der unmittelbare Zusammenhang von Persönlichkeitsverletzung und Arbeitsplatzverlust, der durch den Regelungsgehalt des AGG geschaffen wird. Eine Benachteiligung im Sinne des § 7 Abs. 1 AGG bedeutet infolge des Abstellens auf ein Merkmal im Sinne des § 1 AGG ein Eingriff in die Persönlichkeit des Beschäftigten, wenn dieser wie vorliegend in herabwürdigender Weise zurückgesetzt wird.[1313] Insofern kann in diesen Fällen ausnahmsweise ein haftungsausfüllender Kausalitätszusammenhang zwischen Rechtsgutverletzung und dem materiellen „Zurücksetzungs-Schaden" bejaht werden.

Selbst wenn hierin eine Überdehnung des vermögenswerten Bestandteils des allgemeinen Persönlichkeitsrechts gesehen wird, bleibt die Möglichkeit der Geltendmachung einer entsprechenden immateriellen Entschädigung. Diese beruht auf dem Schutzauftrag des Art. 1 i.V.m. Art. 2 Abs. 1 GG und ergibt sich unmittelbar aus § 823 Abs. 1 BGB.[1314]

Wie dargelegt, sind die einschränkenden Anforderungen der Rechtsprechung in den maßgeblichen Druckkündigungskonstellationen gewahrt. Es handelt sich regelmäßig um einen schwerwiegenden Eingriff, der nicht auf andere Weise befriedigend ausgeglichen werden kann.

Im Falle einer Diskriminierung erfolgt der Ersatz immaterieller Schäden zwar primär unter dem Gesichtspunkt der Genugtuung und der Prävention, jedoch bleibt der Gedanke des Schadensausgleichs auch hier nicht völlig außen vor.[1315] Die Höhe der Entschädigung beurteilt sich anhand der konkret erlittenen Persönlichkeitsverletzung.[1316] Bemessungsfaktor ist demnach insbesondere auch ihre Intensität.[1317] So muss unter anderem berücksichtigt werden, welche Folgen das diskriminierende Verhalten des Dritten für den betreffenden Beschäftigten hat. Insoweit kann sich im Rahmen der Bemessung des Ersatzes folgerichtig auch nicht dem Umstand verschlossen werden, dass der Beschäftigte infolge des dis-

---

1312 Ausführlich zu den Bemessungskriterien für den Wert eines Arbeitsplatzes vgl. *Wendeling-Schröder*, DB 1999, 1012, 1015f.

1313 Ähnlich auch *Deinert*, AiB 2006, 741, 742; zum Erfordernis einer Herabwürdigung vgl. BAG 22.1.2009 a.a.O. (Fn. 999).

1314 Vgl. BVerfG 25.8.2005 – 1 BvR 2165/00, NJW 2006, 595; Palandt/*Sprau*, § 823 BGB Rn. 124; MüKo-BGB/*Wagner*, Bd. V, § 823 BGB Rn. 179.

1315 Vgl. *Walker*, NZA 2009, 5, 8; Palandt/*Sprau*, § 823 BGB Rn. 124; vgl. auch u.a. BGH 5.12.1995 – VI ZR 332/94, NJW 1996, 984; BGH 5.10.2004 a.a.O. (Fn. 1205); BVerfG 25.8.2005 a.a.O. (Fn. 1314).

1316 Vgl. u.a. BGH 30.1.1996 a.a.O. (Fn. 306); BAG 16.5.2007 a.a.O. (Fn. 943); vgl. auch Palandt/*Sprau*, § 823 BGB Rn. 124.

1317 Vgl. u.a. BGH 5.10.2004 a.a.O. (Fn. 1205); OLG Köln 19.1.2010 – I–24 U 51/09, 24 U 51/09, MDR 2010, 384, 385; vgl. auch *Hey*, § 15 AGG Rn. 79; vgl. auch zur entsprechenden Vorgehensweise i.R.d. § 15 Abs. 2 AGG BAG 22.1.2009 a.a.O. (Fn. 999).

kriminierenden Verhaltens des Dritten von seinem Arbeitsplatz verdrängt wurde. Die Verletzung der Persönlichkeit und der Arbeitsplatzverlust sind auch insofern nicht trennbar, da sie auf ein und derselben Schädigungshandlung basieren.

Im Rahmen der Berechnung der Entschädigungshöhe kann zur Bestimmung des konkreten Wertes des verlorenen Arbeitsplatzes unter anderem § 10 KSchG herangezogen werden.[1318] Darüber hinaus sind auch mögliche psychische Beeinträchtigungen des Opfers zu berücksichtigen.

h. Zwischenergebnis / Auswirkungen auf die Frage einer analogen Anwendung des § 15 AGG

Die Ersatzmöglichkeiten des Beschäftigten beschränken sich auch in Fällen diskriminierenden „echten" Drucks weiterhin auf den Druckausübenden als Anspruchsgegner. Mit Ausnahme der dargestellten Konstellationen im Hinblick auf § 12 AGG stehen dem Beschäftigten insbesondere keine Schadensersatzansprüche gegen seinen Arbeitgeber zu.

Dieses Ergebnis entspricht auch dem Schutzzweck des AGG. Der Dritte ist derjenige, der die Diskriminierung infolge seiner wirtschaftlichen Übermachtstellung verwirklicht. Der Arbeitgeber hingegen handelt bei Kündigungsausspruch nicht wegen eines Grundes im Sinne des § 1 AGG. Entsprechend der EuGH-Rechtsprechung ist somit ausschließlich der Druckausübende als Urheber der ungerechtfertigten Zurücksetzung anzusehen. Folgerichtig müssen ihn auch die entsprechenden Konsequenzen seines rechtswidrigen Vorgehens treffen.[1319]

Liegt der echten Druckkündigung ein diskriminierend motiviertes Entlassungsverlangen zugrunde, verbessern sich zudem die Zugriffsmöglichkeiten des Arbeitnehmers auf den Dritten.[1320] Infolge der verpönten Handlungsintention kann regelmäßig nicht mehr von einer berechtigten Interessenwahrnehmung des Dritten ausgegangen werden. Anders als in üblichen Druckkündigungsfällen lässt sich nämlich infolge des diskriminierenden Hintergrundes die Sittenwidrigkeit des Drucks sowie die Widerrechtlichkeit des Eingriffs in das allgemeine Persönlichkeitsrecht leichter begründen.[1321]

Ferner entstehen auch Erleichterungen im Rahmen der Bestimmung des ersatzfähigen Schadens im Sinne des § 823 Abs. 1 BGB. Das diskriminierende Verhalten des Druckausübenden verletzt den betreffenden Beschäftigten regel-

1318 Vgl. Schleusener/Suckow/Voigt-*Voigt*, § 15 AGG Rn. 19; ausführlich zu den Bemessungskriterien für den Wert eines Arbeitsplatzes vgl. *Wendeling-Schröder*, DB 1999, 1012, 1015f.

1319 So auch *Deinert*, RdA 2007, 275, 281.

1320 Wie dargelegt, bestehen jedoch in Fällen mittelbaren Drucks weiterhin Zugriffsprobleme.

1321 So auch *Deinert*, RdA 2007, 275, 281.

mäßig schwerwiegend in seiner Persönlichkeit. Dieser Eingriff manifestiert sich unmittelbar im Verlust des Arbeitsplatzes. Infolge der Verknüpfung von Persönlichkeitsverletzung und Zurücksetzung im Sinne des Arbeitsplatzverlustes, die durch die Regelungsgehalte der §§ 1, 3 und 7 AGG geschaffen wird, ist der eingetretene Schaden im Rahmen der Bemessung der Höhe des Ersatzes zwingend zu berücksichtigen.

Darüber hinaus eröffnet der Verstoß gegen das arbeitsrechtliche Diskriminierungsverbot des AGG eine weitere Zugriffsmöglichkeit über § 823 Abs. 2 BGB i.V.m. § 7 Abs. 1 AGG.

Es spricht folglich vieles dafür, die eingangs gestellte Frage nach einer analogen Anwendung der AGG-rechtlichen Haftungsregelungen gegenüber dem Druckausübenden zu verneinen. Aufgrund der deliktischen Ersatz- und Entschädigungsmöglichkeiten liegt die Annahme einer Regelungslücke fern. Auch wenn die nationale Rechtsprechung einen Entschädigungsanspruch nach § 823 BGB von dem Vorliegen einer schwerwiegenden Persönlichkeitsverletzung abhängig macht, während § 15 Abs. 2 AGG eine solche Erheblichkeitsschwelle nicht vorsieht, wirkt sich dieser Unterschied jedoch in Druckkündigungsfällen nicht aus.[1322] Aufgrund der schweren Folgen, die der Eingriff des Druckausübenden für den betreffenden Beschäftigten auslöst, nämlich den Verlust des Arbeitsplatzes auf Grundlage eines persönlichkeitsprägenden Merkmal, ist regelmäßig von einer schwerwiegenden Verletzung auszugehen.

Darüber hinaus bedeutet die Anspruchsvoraussetzung der Rechtswidrigkeit im Rahmen deliktischer Anspruchsgrundlagen nicht zwingend ein Haftungsdefizit im Vergleich zu § 15 AGG. Vielmehr kann dieses Kriterium des § 823 BGB europarechtskonform dahingehend ausgelegt werden, dass im Falle einer Persönlichkeitsverletzung, die durch einen Verstoß gegen § 7 AGG verwirklicht wurde, ausschließlich die speziellen Rechtfertigungstatbestände des AGG als Rechtfertigungsmöglichkeiten herangezogen werden können.

Ein Schutzdefizit tritt allerdings im Rahmen eines Vergleichs der deliktischen Haftung des Druckausübenden mit der des Arbeitgebers aus § 15 AGG zu Tage: Anders als die AGG-rechtliche Anspruchsgrundlage setzen §§ 823ff. BGB zwingend ein Verschulden des Handelnden voraus.[1323] Der unmissverständliche Wortlaut der deliktischen Anspruchsgrundlagen steht einer europarechtskonformen Auslegung insoweit entgegen.

1322 Vgl. hierzu BAG 22.1.2009 a.a.O. (Fn. 999).

1323 Dieser Unterschied entsteht nur, wenn § 15 Abs. 1/2 AGG wie vorliegend richtlinienkonform dahingehend ausgelegt wird, dass die Haftung insgesamt verschuldensunabhängig ist; s. hierzu ausführlich unter Kap. G. III. 1. a. bb.

Blickt man auf die Rechtsprechung des EuGH in den Fällen „Dekker" und „Draehmpaehl", wirft der Unterschied Zweifel an der Wirksamkeit der Sanktion des diskriminierenden Drittverhaltens auf. Wie dargelegt, genügt hiernach eine schadensersatzrechtliche Sanktion den europäischen Vorgaben nur, wenn sie verschuldensunabhängig ausgestaltet ist.[1324]

In Kapitel C. II. wurde bereits dargelegt, dass sich der europäische Schutzauftrag nicht nur an den Arbeitgeber richtet, sondern auch die Abwehr von Diskriminierungen durch Dritte umfasst. Insofern liegt eine Übertragung der benannten Haftungsgrundsätze des EuGH hinsichtlich der Sanktionierung des Drittverhaltens nahe.

Zugleich darf jedoch nicht außer Acht gelassen werden, dass die Rechtsprechung erkennbar auf die Frage der Haftung des Arbeitgebers zugeschnitten ist. Auch wenn der EuGH in den benannten Entscheidungen vom „Urheber" der Benachteiligung spricht, muss dennoch berücksichtigt werden, dass diese Formulierung ausschließlich im Kontext zu § 611a BGB a.F. verwendet wurde. Ob der EuGH auch im Falle einer Diskriminierung durch eine andere Person als den Arbeitgeber eine verschuldensunabhängige Haftung dieses Dritten voraussetzt, kann seinen Ausführungen in den Fällen „Dekker" und „Draehmpaehl" zumindest nicht zwingend entnommen werden.

Zwar deuten die Richtlinien in eine solche Richtung, da diese bei der Forderung nach wirksamen, verhältnismäßigen und abschreckenden Sanktionen nicht nach dem Täter differenzieren. In diesem Kontext darf jedoch nicht übersehen werden, dass die Person des Arbeitgebers auch im Rahmen der europäischen Vorgaben an verschiedenen anderen Stellen in den Vordergrund des arbeitsrechtlichen Antidiskriminierungsauftrags gestellt wird.[1325] Möglich wäre insofern auch, dass seine Stellung und Funktion im Rahmen des Arbeitsverhältnisses strengere Haftungsanforderungen erfordert bzw. legitimiert als beispielsweise im Falle einer Diskriminierung durch Kollegen.

Aufgrund des allgemeinen Wortlauts der Richtlinien ist letztlich eine gerichtliche Vorlage dieser Auslegungsfrage an den EuGH nach Art. 267 AEUV (ex-Art. 234 EGV) unumgänglich. Nur auf diesem Weg lässt sich abschließend klären, welche konkreten Anforderungen an eine wirksame Sanktion des diskriminierenden Drittverhaltens zu stellen sind, wenn dieses dem Arbeitgeber nach nationalen Grundsätzen nicht zugerechnet werden kann. Wie bereits im Rahmen

---

1324 Vgl. EuGH 8.11.1990 (Dekker) a.a.O. (Fn. 712); EuGH 22.4.1997 (Draehmpaehl) a.a.O. (Fn. 457), BB 1997, 1481, 1482.

1325 Wie Art. 1 Abs. 5, 8b Abs. 3, 4 RL 2002/73/EG a.a.O. (Fn. 363) u. Art. 2 Abs. 2, Art. 5, Art. 11, Art. 13 RL 2000/78/EG a.a.O. (Fn. 371) verdeutlichen, wird seine Person besonders hervorgehoben; so i.E. auch Schleusener/Suckow/Voigt-*Voigt*, § 15 AGG Rn. 10/41; für eine alleinige Verantwortung des AG *Adomeit/Mohr*, § 15 AGG Rn. 110.

des Kapitels G. II. 1. ausgeführt, koppelt auch der EuGH die Arbeitgeberhaftung maßgeblich an die Urhebereigenschaft. Zwar definiert er den Begriff des Urhebers nicht; es liegt dennoch fern, dass der EuGH nun eine Lösung wählen wird, wonach der Arbeitgeber für sämtliche Diskriminierungen durch Dritte haften soll. Naheliegender ist insofern eine eigenständige Sanktion gegenüber dem Diskriminierungstäter, wenn dieser bei Vornahme der Benachteiligungshandlung außerhalb des Pflichtenkreises des Arbeitgebers agiert. Kommt der EuGH in diesem Kontext zu dem Ergebnis, dass seine Ausführungen in den Fällen „Dekker" und „Draehmpaehl" auch für die Haftung eines Dritten gelten, ist sodann der nationale Gesetzgeber gefragt. Denkbar wäre eine Ergänzung des § 15 AGG um eine nachrangige Haftungsbestimmung für Dritte, deren Verhaltensweisen dem Arbeitgeber nicht zugerechnet werden können. Wie bereits angedeutet, wäre zur Überbrückung auch eine analoge Anwendung des § 21 AGG möglich, wonach derjenige haftet, der die Benachteiligung begangen hat. Der EuGH hat insoweit betont, dass zur Wahrung der europäischen Vorgaben sämtliche Auslegungsmöglichkeiten im Hinblick auf das gesamte nationale Recht ausgeschöpft werden müssen.[1326]

i. Fazit

Der Beschäftigte kann auf den Druckausübenden grundsätzlich über §§ 823ff. BGB zugreifen. Zudem ist zumindest im Falle diskriminierenden Drucks, der von Kollegen ausgeht, ein Anspruch aus § 280 Abs. 1 BGB i.V.m. den Grundsätzen eines Vertrags mit Schutzwirkung zugunsten Dritter denkbar. Dies bestätigt der Regelungsgehalt des § 7 Abs. 3 AGG.

Ob darüber hinaus auch eine verschuldensunabhängige Haftung im Sinne der EuGH-Rechtsprechung erforderlich ist, kann aufgrund des allgemeinen Wortlautes der Richtlinien nur im Rahmen eines Vorlageverfahrens vor dem EuGH abschließend geklärt werden. Fälle diskriminierenden „echten" Entlassungsdrucks verdeutlichen, dass eine entsprechende Anwendung dieser Grundsätze auf Dritte, deren Verhalten dem Arbeitgeber nicht zugerechnet werden kann, sinnvoll wäre.

Im Übrigen wird die Rechtsverfolgung des Beschäftigten in Druckkündigungssituationen durch die subjektiven Anforderungen nicht zwingend faktisch beeinträchtigt. Die Feststellung des schuldhaften Handelns im Rahmen § 823 Abs. 2 i.V.m. § 7 Abs. 1 AGG bzw. § 823 Abs. 1 BGB wirft nämlich zumindest in Fällen unmittelbar diskriminierenden Entlassungsdrucks regelmäßig keine

1326 Vgl. EuGH 27.6.2000 – C–240/98 bis C–244/98 (Oceano Grupo Editorial und Salvat Editores), Slg. 2000, I–4941; EuGH 5.10.2004 (Pfeiffer) a.a.O. (Fn. 647) sowie Anm. hierzu v. *Meinel*, BB 2004, 2352, 2359; vgl. auch BAG 22.1.2009 a.a.O. (Fn. 999).

Probleme auf, da bereits der Tatbestand des § 3 Abs. 1 AGG eine verpönte Zurücksetzungsmotivation und damit ein vorsätzliches Handeln impliziert.

Die Frage, ob das AGG-widrige Verhalten des Druckausübenden auch zu einer Veränderung der bisherigen Beweisprobleme führt, wird nachfolgend untersucht.

IV. Weitere AGG-spezifische Besonderheiten

In Kapitel B wurden bereits prozessuale Besonderheiten erörtert, die sich im Falle der kündigungsschutzrechtlichen Abwehr einer Druckkündigung ergeben.[1327] Die nachfolgende Untersuchung konzentriert sich daher auf AGG-spezifische Problembereiche.

1. Beweislastverteilung, § 22 AGG

a. Allgemein

Die Regelung des § 22 AGG dient der Umsetzung der Vorgaben von Art. 4 der Beweislastrichtlinie 97/80/EG[1328], deren Inhalt Eingang in Art. 8 der Richtlinie 2000/43/EG, Art. 10 der Richtlinie 2000/78/EG und Art. 10 der Richtlinie 2004/113/EG gefunden hat.[1329] Hiernach werden die Mitgliedstaaten aufgefordert, durch geeignete Maßnahmen zu gewährleisten, dass im Falle der gerichtlichen Glaubhaftmachung von Tatsachen durch das potentielle Diskriminierungsopfer, die das Vorliegen einer Benachteiligung vermuten lassen, die Gegenseite zu beweisen hat, dass keine Verletzung des Gleichbehandlungsgrundsatzes vorgelegen hat.[1330]

In diesem Sinne ist die Verteilung der Beweislast im Rahmen des § 22 AGG zu verstehen.[1331] Nach § 22 AGG reicht es aus, wenn im Streitfall die Partei, die sich auf eine Benachteiligung beruft, Indizien beweist, die eine Benachteiligung

---

1327 S. ausführlich hierzu unter Kap. B. IV./V.

1328 RL 97/80/EG v. 15.12.1997, ABl. EG 1998 Nr. L 14 S. 6.

1329 Vgl. *Bauer/Göpfert/Krieger*, § 22 AGG Rn. 2; *Adomeit/Mohr*, § 22 AGG Rn. 10; *Hey*, § 22 AGG Rn. 1ff.; Rust/Falke-*Falke*, § 22 AGG Rn. 10ff.; *Windel*, RdA 2007, 1, 2.

1330 Vgl. Art. 8 RL 2000/43/EG a.a.O. (Fn. 369), Art. 10 RL 2004/113/EG a.a.O. (Fn. 366) u. Art. 10 RL 2000/78/EG a.a.O. (Fn. 371).

1331 Zur Problematik des neu gefassten Wortlauts vgl. u.a. Däubler/Bertzbach-*Bertzbach*, § 22 AGG Rn. 3; *Grobys*, NZA 2006, 898; *Bauer/Evers*, NZA 2006, 893, 895; *Windel*, RdA 2007, 1.

vermuten lassen.[1332] Entsprechend der europarechtlichen Vorgaben genügt bereits die Darlegung von objektiven Anhaltspunkten, die eine Benachteiligung überwiegend wahrscheinlich erscheinen lassen.[1333] Gelingt dies, trägt sodann die andere Partei die Darlegungs- und Beweislast dafür, dass kein Verstoß gegen das Benachteiligungsverbot vorgelegen hat.[1334]

§ 22 AGG enthält keine vollständige Beweislastumkehr, sondern eine Beweiserleichterung in Form einer Beweismaßabsenkung. Diese bezieht sich nach überwiegender Auffassung lediglich auf den Nachweis der Kausalität des Benachteiligungsgrundes.[1335] Das Tatbestandsmerkmal „wegen" lässt sich regelmäßig nicht ohne Rückgriff auf die inneren Motive des Handelnden beurteilen.[1336] Solche subjektiven Umstände sind für das Diskriminierungsopfer in den meisten Fällen nur schwer nachweisbar, sodass § 22 AGG insoweit Abhilfe schaffen soll.[1337]

Wie bereits dargelegt, bereitet der Kausalitätsnachweis auch in Fällen diskriminierenden Entlassungsdrucks Probleme. Aufgrund des Umstandes, dass der Druckausübende nach den Grundsätzen der Rechtsprechung sein Kündigungsverlangen nicht begründen muss, kann er diskriminierende Motive leicht verbergen. Im Falle der Anwendung des § 22 AGG würde es ausreichen, wenn der betreffende Beschäftigte Tatsachen darlegt, aus denen sich Rückschlüsse auf die Handlungsintention ziehen lassen. Denkbar sind insoweit etwa diskriminierende Äußerungen des Dritten im Vorfeld der Druckausübung.[1338]

1332 Vgl. u.a. BAG 22.10.2009 a.a.O. (Fn. 425).

1333 Vgl. BT-Drs 16/2022, S. 13; vgl. auch Däubler/Bertzbach-*Bertzbach*, § 22 AGG Rn. 20f.; *Mückl*, BB 2008, 1842; LAG Baden-Württemberg 18.6.2007 – 4 Sa 14/07, AE 2007, 323; BAG 5.2.2004 a.a.O. (Fn. 460).

1334 Vgl. *Bauer/Göpfert/Krieger*, § 22 AGG Rn. 12f; *Bauer/Evers*, NZA 2006, 893, 895; *Willemsen/Schweibert*, NJW 2006, 2583, 2591; vgl. auch BAG 22.10.2009 a.a.O. (Fn. 425).

1335 So u.a. *Bauer/Göpfert/Krieger*, § 22 AGG Rn. 6; *Boemke/Danko*, § 10 Rn. 6; ErfK/*Schlachter*, § 22 AGG Rn. 2; Rust/Falke-*Falke*, § 22 AGG Rn. 43; Schleusener/Suckow/Voigt-*Voigt*, § 22 AGG Rn. 19; *Grobys*, NZA 2006, 898, 900; *Klumpp*, NZA 2005, 848, 852; *Mückl*, BB 2008, 1842; vgl. auch BT-Drs. 16/2022, S. 13; bzgl. § 611a Abs. 1 S. 3 BGB: vgl. BAG 5.2.2004 a.a.O. (Fn. 460); a.A. *Deinert*, DB 2007, 398, 402; *Windel*, RdA 2007, 1, 2; Däubler/Bertzbach-*Bertzbach*, § 22 AGG Rn. 16ff. mit Verweis auf EuGH-Rechtsprechung.

1336 Vgl. u.a. BAG 28.4.2011 a.a.O. (Fn. 456); zu den Besonderheiten bei mittelbaren Benachteiligungen s. unter Kap. C. IV. 2. b.

1337 Vgl. Däubler/Bertzbach-*Bertzbach*, § 22 AGG Rn. 5; *Adomeit/Mohr*, § 22 AGG Rn. 4; *Hey*, § 22 AGG Rn. 13; Rust/Falke-*Falke*, § 22 AGG Rn. 2; *Grobys*, NZA 2006, 898, 899.

1338 Vgl. Däubler/Bertzbach-*Bertzbach*, § 22 AGG Rn. 42a/46.

Fraglich ist jedoch, ob die Beweiserleichterung des § 22 AGG auch außerhalb der Anspruchsgrundlagen des AGG greift.[1339] Dies ist zum einen entscheidend für die Frage der Beweislast im Rahmen der deliktischen Schadensersatzansprüche sowie des Unterlassungsanspruchs des Beschäftigten gegenüber dem Druckausübenden nach § 1004 BGB.

Zum anderen hat die Frage auch Auswirkungen auf die Beurteilung des diskriminierenden Hintergrundes einer Druckkündigung im Rahmen eines Kündigungsschutzverfahrens. Auch in diesem Zusammenhang ist bedeutsam, inwieweit der Arbeitnehmer verpflichtet ist, den diskriminierenden Hintergrund und damit die inhaltliche Erweiterung des Fürsorgepflichtenprogramms im Sinne von § 12 Abs. 3, 4 AGG zu beweisen.

Beide potentiellen Anwendungsbereiche stehen vor unterschiedlichen Hürden: Während in deliktsrechtlicher Hinsicht ausschließlich geklärt werden muss, ob § 22 AGG auch außerhalb des AGG einschlägig ist, konzentriert sich die Frage der Anwendbarkeit im Rahmen der Kündigungsbewertung zudem auf die Auslegung des § 2 Abs. 4 AGG.

b. Anwendbarkeit im Rahmen deliktischer Schadensersatzansprüche und des Unterlassungsanspruchs aus § 1004 BGB

Der Wortlaut des § 22 AGG bezieht sich allgemein auf Fälle, in denen das Vorliegen einer Benachteiligung wegen eines in § 1 AGG genannten Grundes streitig ist, ohne dass hierbei ein bestimmter Streitgegenstand gefordert wird. Insbesondere enthält die Regelung keine ausdrücklichen Einschränkungen im Hinblick auf spezifische Verfahrens- oder Klagearten.[1340]

Trotz dieses weiten Wortlautes will ein Teil der Literatur § 22 AGG auf außerhalb des AGG bestehende Anspruchsgrundlagen nicht anwenden.[1341] Begründet wird dies unter anderem mit der systematischen Stellung der Norm.[1342]

1339 Dafür u.a. Rust/Falke-*Falke*, § 22 AGG Rn. 39; Däubler/Bertzbach-*Bertzbach*, § 22 AGG Rn. 22e; MüKo-BGB/*Thüsing*, Bd. I/2, § 22 AGG Rn. 5; eingeschränkt auch Wendeling-Schröder/Stein-*Stein*, § 22 AGG Rn. 9; dagegen u.a. *Windel*, RdA 2007, 1, 8; *Hey*, § 22 AGG Rn. 108.

1340 Vgl. insoweit auch *Windel*, RdA 2007, 1, 7; Däubler/Bertzbach-*Bertzbach*, § 22 AGG Rn. 22a.

1341 So u.a. *Adomeit/Mohr*, § 22 AGG Rn. 17; *Bauer/Göpfert/Krieger*, § 22 AGG Rn. 5; KDZ/*Zwanziger*, AGG Rn. 73; Schleusener/Suckow/Voigt-*Voigt*, § 22 AGG Rn. 10f.; *Simon/Greßlin*, BB 2007, 1782, 1786; *Windel*, RdA 2007, 1, 7; *Stoffels*, RdA 2009, 204, 214.

1342 Vgl. *Bauer/Göpfert/Krieger*, § 22 AGG Rn. 5; Schleusener/Suckow/Voigt-*Voigt*, § 22 AGG Rn. 10; *Windel*, RdA 2007, 1, 7.

Zudem wird teilweise angeführt, dass die Verweisung in § 16 Abs. 3 AGG überflüssig wäre, wenn § 22 AGG für alle Anspruchsgrundlagen gelten würde, die an einen Verstoß gegen § 7 Abs. 1 AGG anknüpfen.[1343] Im Übrigen wird auch auf den Regelungsgehalt des § 15 Abs. 5 AGG verwiesen.[1344]

Die Annahme eines solch engen Anwendungsbereichs des § 22 AGG widerspricht jedoch den europäischen Vorgaben. Die eingangs benannten Richtlinien betonen einheitlich in allgemeiner Form, dass eine Änderung der Regeln für die Beweislastverteilung geboten sei, sobald ein glaubhafter Anschein einer Diskriminierung bestehe.[1345] Ziel ist hiernach allein die Gewährleistung einer wirksamen Anwendung des Gleichbehandlungsgrundsatzes in Form einer einheitlichen Erleichterung der prozessualen Anforderungen für die klagende Partei.[1346] Die Frage einer Verletzung des Gleichbehandlungsgrundsatzes stellt sich jedoch nicht zwingend nur bei Rechtsstreitigkeiten, die auf Grundlage eines AGG-spezifischen Anspruchs geführt werden. Wie die Problematik in Fällen diskriminierenden Entlassungsdrucks verdeutlicht, erlangt die Frage einer Verletzung der AGG-rechtlichen Diskriminierungsverbote auch im Rahmen anderer Anspruchsgrundlagen entscheidende Bedeutung.

Obwohl der Druckausübende aufgrund seiner wirtschaftlichen Machtstellung in der Lage ist, die Tatbestände des § 3 Abs. 1, 2, 5 AGG zu verwirklichen, sieht das AGG dennoch keine Haftungsregelung für ihn vor. Setzt der Druckausübende seine diskriminierende Kündigungsforderung durch, ist der betreffende Beschäftigte nach dem Willen des nationalen Gesetzgebers auf allgemeine zivilrechtliche Schadensersatzregelungen beschränkt.[1347] Begrenzt man die Beweiserleichterungen des § 22 AGG in arbeitsrechtlicher Hinsicht nun ausschließlich auf § 15 AGG, entstünden erhebliche Schutzlücken. Wie bereits dargelegt, beschränkt sich § 15 AGG auf die Haftung des Arbeitgebers. Es ist jedoch kein sachlicher Grund erkennbar, weshalb Beschäftigte im Falle einer Benachteiligung durch Dritte in beweisrechtlicher Hinsicht weniger Schutz erfahren sollten.

Die mit den Richtlinien erstrebte Vereinheitlichung der Beweisanforderungen würde untergraben, wenn ein Mitgliedstaat durch die Ausklammerung bestimmter Ansprüche bzw. bestimmter Anspruchsgegner aus dem AGG indirekt über deren Reichweite entscheiden könnte.[1348] Bei Legitimation eines solchen Vorge-

---

1343 So *Adomeit/Mohr*, § 22 AGG Rn. 17; *Grobys*, NZA 2006, 898, 899.

1344 So *Bauer/Göpfert/Krieger*, § 22 AGG Rn. 5; *Adomeit/Mohr*, § 22 AGG Rn. 17.

1345 Vgl. Däubler/Bertzbach-*Bertzbach*, § 22 AGG Rn. 22b; Rust/Falke-*Falke*, § 22 AGG Rn. 39; MüKo-BGB/*Thüsing*, Bd. I/2, § 21 AGG Rn. 73.

1346 Vgl. RL 2004/113/EG (22) a.a.O. (Fn. 366); RL 2000/43/EG (21) a.a.O. (Fn. 369); RL 2000/78/EG (31) a.a.O. (Fn. 371).

1347 S. hierzu die Ausführungen im vorangegangenen Punkt III. 2. h.

1348 Vgl. auch Rust/Falke-*Falke*, § 22 AGG Rn. 39.

hens könnte jeder Mitgliedstaat über eine bestimmte gesetzliche Verortung der Beweiserleichterung zugleich dessen Anwendungsbereich beeinflussen. Einer solchen Gefahr von Wertungswidersprüchen kann nur durch eine Erstreckung des Anwendungsbereichs der Beweislastregelung auf sämtliche Streitfälle, denen die Frage einer Diskriminierung zugrundeliegt, entgegengewirkt werden.[1349]

Wie der Fall diskriminierenden Entlassungsdrucks verdeutlicht, müssen dem Diskriminierungsopfer somit auch im Rahmen der §§ 823ff. BGB und des § 1004 BGB erleichterte Beweisanforderungen hinsichtlich der Merkmalskausalität und damit hinsichtlich des Nachweises einer Persönlichkeitsverletzung zugute kommen.

c. Anwendbarkeit im Rahmen eines Kündigungsschutzprozesses

Die Frage eines Verstoßes gegen § 7 Abs. 1 AGG ist auch im Rahmen der Rechtmäßigkeitsbewertung der Druckkündigung von Bedeutung. Nur wenn feststeht, dass der wirtschaftliche Druck des Dritten diskriminierend motiviert ist, erweitert sich die Fürsorgeverpflichtung des Arbeitgebers im Sinne des § 12 Abs. 3/4 AGG. In diesen Fällen erfordert das ultima-ratio-Prinzip, dass im Vorfeld des Kündigungsausspruchs auch diskriminierungsspezifische Abwehrmaßnahmen ergriffen wurden.[1350]

Wird der Anwendungsbereich des § 22 AGG wie vorliegend als eröffnet angesehen, soweit die Frage einer Diskriminierung im Raum steht, müssen die Beweiserleichterungen grundsätzlich auch im Rahmen eines Kündigungsschutzprozesses greifen. Anders als bei der Beurteilung der Reichweite des § 22 AGG im Rahmen allgemeiner Schadensersatzansprüche stellt sich jedoch hier die Frage der Vereinbarkeit einer solchen Vorgehensweise mit § 2 Abs. 4 AGG.

Das BAG hat bisher ausdrücklich offen gelassen, ob bzw. inwieweit neben den Diskriminierungsverboten auch andere Bestimmungen des AGG im Rahmen der Kündigungsbewertung einzubeziehen sind.[1351] Knüpft man jedoch an die Ausführungen des 2. Senats in seiner Entscheidung vom 6.11.2008 zu § 7 AGG an, so ist zumindest eine entsprechende Anwendung der Beweiserleichterung naheliegend. § 22 AGG bezieht sich auf den Tatbestand des Diskriminierungsverbotes und damit auf einen entsprechend der Entscheidung zu berücksichti-

1349 Vgl. insoweit auch *Grobys*, NZA 2006, 898, 899.

1350 S. ausführlich hierzu unter Kap. F. II. 3. e.

1351 Vgl. BAG 6.11.2008 a.a.O. (Fn. 635); BAG 28.4.2011 a.a.O. (Fn. 456); vgl. auch *Lingemann/Beck*, NZA 2009, 577; *Adomeit/Mohr*, NJW 2009, 2255, 2256.

genden Regelungsbereich des AGG.[1352] Die Kündigungsschutzregel des § 1 Abs. 3 S. 3 KSchG wird hierdurch auch nicht verdrängt, sondern lediglich hinsichtlich des Nachweises des verpönten Gehaltes einer Kündigung modifiziert. Die Gefahr der Entstehung eines zweiten Kündigungsrechts, die entsprechend des BAG durch § 2 Abs. 4 AGG verhindert werden soll, wird durch eine solche Vorgehensweise folglich nicht ausgelöst.

Darüber hinaus wird erst durch die Anwendung der Beweiserleichterung eine tatsächliche Beachtung des Diskriminierungsschutzes im Rahmen des Kündigungsrechts gewährleistet. Beließe man es hingegen bei der allgemeinen Darlegungs- und Beweislastverteilung, bestünde in einer Vielzahl der Fälle die Gefahr, dass der Arbeitnehmer den Merkmalsbezug der Kündigung nicht nachweisen könnte. Wie dargelegt, sind die inneren Handlungsmotive des Täters für ihn regelmäßig nur schwer belegbar.

Entsprechend der Rechtsprechung des EuGH erstrecken sich die Antidiskriminierungsrichtlinien und damit auch die hierin enthaltenen allgemeinen Bestimmungen zur Beweislast auf Kündigungen.[1353] Die seitens des BAG befürwortete richtlinienkonforme Auslegung des § 2 Abs. 4 AGG muss sich demzufolge auch auf eine entsprechende Anwendung des § 22 AGG im Rahmen von Kündigungsschutzprozessen erstrecken, soweit die Frage eines Verstoßes gegen § 7 Abs. 1 AGG im Raum steht.[1354] Anderenfalls würde den europarechtlichen Vorgaben nicht ausreichend Rechnung getragen.[1355]

2. Fristerfordernis des § 15 Abs. 4 AGG

Gemäß § 15 Abs. 4 S. 1 AGG müssen Schadensersatz- bzw. Entschädigungsansprüche nach § 15 Abs. 1 oder 2 AGG innerhalb einer Frist von zwei Monaten schriftlich geltend gemacht werden, es sei denn, die Tarifvertragsparteien haben

1352 So auch *Schwarze*, JA 2009, 463, 465 (Anm. zu BAG 6.11.2008 – 2 AZR 523/07); vgl. auch Wendeling-Schröder/Stein-*Stein*, § 2 AGG Rn. 61.

1353 Vgl. EuGH 11.7.2006 (Chacón Navas) a.a.O. (Fn. 425); *Windel*, RdA 2007, 1, 8; hinsichtl. der Relevanz des § 22 AGG in Kündigungsfällen vgl. Rust/Falke-*Bertelsmann*, § 2 AGG Rn. 248; ErfK/*Schlachter*, § 2 AGG Rn. 17.

1354 So i.E. auch Däubler/Bertzbach-*Bertzbach*, § 22 AGG Rn. 22a; vgl. auch *Windel*, RdA 2007, 1, 8; gegen eine Geltung in Kündigungsschutzprozessen Schleusener/Suckow/Voigt-*Voigt*, § 22 AGG Rn. 13.

1355 Vgl. Art. 3 Abs. 1 c der RL 2000/43/EG a.a.O. (Fn. 369), RL 2000/78/EG a.a.O. (Fn. 371) u. der RL 2002/73/EG a.a.O. (Fn. 363); EuGH 11.7.2006 (Chacón Navas) a.a.O. (Fn. 425).

etwas anderes vereinbart.[1356] Die Frist beginnt grundsätzlich ab Kenntnis von der Benachteiligung zu laufen.[1357] An diese materielle Ausschlussfrist schließt sich gemäß § 61b Abs. 1 ArbGG eine Klagefrist von drei Monaten.[1358] Insofern kann insgesamt von einer zweistufigen Ausschlussfrist gesprochen werden.[1359]

Fraglich ist, ob das Fristerfordernis des § 15 Abs. 4 AGG auch für Schadensersatzansprüche außerhalb des AGG gilt. Eine derart weite Auslegung des Absatzes 4 hätte unter Umständen auch Auswirkungen auf die Geltendmachung der Ansprüche des Beschäftigten gegenüber dem Druckausübenden.

Dem Wortlaut und der systematischen Stellung nach ist die Regelung eindeutig auf Ansprüche aus § 15 Abs. 1 und 2 AGG begrenzt.[1360] Dennoch befürworten Teile der Literatur eine entsprechende Anwendung des Absatzes 4 im Rahmen allgemeiner zivilrechtlicher Schadensersatzregelungen, soweit diese eine Diskriminierung im Sinne des § 7 Abs. 1 AGG zum Gegenstand haben.[1361] Argumentiert wird insoweit mit der Gefahr des Unterlaufens des Zwecks der zeitlichen Begrenzung, wenn der benachteiligte Beschäftigte wegen des Verstoßes gegen § 7 Abs. 1 AGG über andere Rechtsvorschriften auch noch nach Ablauf der Zweimonatsfrist vorgehen könne.[1362]

Dem kann zunächst entgegengehalten werden, dass eine solche Gefahr tatsächlich nur dann entsteht, wenn § 15 AGG als lex specialis qualifiziert wird. Versteht man den AGG-spezifischen Ersatzanspruch hingegen bei Vorliegen seiner Voraussetzungen als abschließend, kann eine Konkurrenzsituation mit allgemeinen Rechtsvorschriften gar nicht erst entstehen.[1363] Hinzu kommt, dass in Konstellationen, in denen das Diskriminierungsopfer gegen einen Dritten

---

1356 Vgl. u.a. BAG 27.1.2011 – 8 AZR 580/09, NJW 2011, 2070, 2071; KDZ/*Zwanziger*, 7. Aufl., § 15 AGG Rn. 23; *Thüsing*, Arbeitsrechtl. Diskriminierungsschutz, Rn. 555; *Hey*, § 15 AGG Rn. 114; *Nollert-Borasio/Perreng*, § 15 AGG Rn. 32; *Willemsen/Schweibert*, NJW 2006, 2583, 2591; zur Frage der Europarechtskonformität des Fristerfordernisses vgl. auch EuGH 8.7.2010 (Bulicke) a.a.O. (Fn. 657); BAG 24.9.2009 a.a.O. (Fn. 514).

1357 Vgl. u.a. *Willemsen/Schweibert*, NJW 2006, 2583, 2591.

1358 Vgl. BAG 27.1.2011 a.a.O. (Fn. 1356); *Bauer/Göpfert/Krieger*, § 15 AGG Rn. 57; Däubler/Bertzbach-*Deinert*, § 15 AGG Rn. 98; Schleusener/Suckow/Voigt-*Voigt*, § 15 AGG Rn. 79.

1359 Vgl. Däubler/Bertzbach-*Deinert*, § 15 AGG Rn. 98; *Nollert-Borasio/Perreng*, § 15 AGG Rn. 33; KDZ/*Zwanziger*, 7. Aufl., § 15 AGG Rn. 26.

1360 So auch Däubler/Bertzbach-*Deinert*, § 15 AGG Rn. 97; Wendeling-Schröder/Stein-*Stein*, § 15 AGG Rn. 66.

1361 So u.a. Schleusener/Suckow/Voigt-*Voigt*, § 15 AGG Rn. 70; *Adomeit/Mohr*, § 15 AGG Rn. 74; *Bauer/Göpfert/Krieger*, § 15 AGG Rn. 49; *Bauer/Evers*, NZA 2006, 893, 897; *Simon/Greßlin*, BB 2007, 1782, 1786; offenlassend *Willemsen/Schweibert*, NJW 2006, 2583, 2592.

1362 So u.a. *Bauer/Göpfert/Krieger*, § 15 AGG Rn. 67; *Simon/Greßlin*, BB 2007, 1782, 1786.

1363 Vgl. Wendeling-Schröder/Stein-*Stein*, § 15 AGG Rn. 88; Schleusener/Suckow/Voigt-*Voigt*, § 15 AGG Rn. 70.

vorgeht, dessen Verhalten dem Arbeitgeber nicht zugerechnet werden kann, ein Anspruch aus § 15 Abs. 1/2 AGG nicht gegeben ist. In solchen Fällen bleibt eine Anspruchskonkurrenz unabhängig von der dogmatischen Einordnung des § 15 AGG aus.

Darüber hinaus ist der angeführte Beschleunigungsgedanke des § 15 Abs. 4 AGG vom Gesetzgeber ausdrücklich zum Schutze des Arbeitgebers herangezogen worden.[1364] Das Fristerfordernis soll die in § 22 AGG geregelte Beweislastverteilung berücksichtigen.[1365] Auch wenn vorliegend eine Erstreckung der Beweiserleichterung auf Ansprüche außerhalb des AGG befürwortet wurde, bedeutet dies jedoch nicht zwingend eine Übertragung des Fristerfordernisses. Entscheidend ist die gesetzgeberische Begründung für den Bezug zu § 22 AGG. So heißt es in der Gesetzesbegründung, dass es dem Arbeitgeber nicht zugemutet werden könne, die im Streitfall erforderliche Dokumentation über Einstellungsverfahren und ähnliches bis zum Ablauf der allgemeinen Verjährungsfrist aufzubewahren.[1366] Anderenfalls wäre er gezwungen, unter anderem auch sämtliche Bewerbungsunterlagen für drei Jahre aufzuheben.[1367]

Einen solchen Dokumentationsaufwand trifft den Druckausübenden jedoch nicht. Seine diskriminierende Vorgehensweise in Form der Äußerung und Durchsetzung seiner Entlassungsforderung löst keine unzumutbaren Aufbewahrungsanstrengungen aus. Seine Situation ist insofern nicht vergleichbar mit der eines Arbeitgebers. Das Fristerfordernis des § 15 Abs. 4 AGG ist folglich nicht nur nach seinem Wortlaut und seiner systematischer Stellung auf die Person des Arbeitgebers zugeschnitten, sondern auch nach dem Willen des nationalen Gesetzgebers. Im Vergleich dazu weist § 22 AGG keine entsprechenden Auslegungsbeschränkungen auf. Insbesondere steht die Beweislastregelung in einem eigenständigen Regelungsabschnitt und ist zudem auch nach ihrem Wortlaut nicht auf eine Arbeitgeberhaftung begrenzt. Im Gegensatz zum Fristerfordernis lässt sich die Übertragung der Beweiserleichterung des § 22 AGG zudem auf entsprechend weit gefasste europäische Vorgaben zurückführen. Aus der Erstreckung des § 22 AGG auf deliktische Ersatzansprüche des Beschäftigten gegen den Druckausübenden lässt sich somit nicht auch eine Pflicht zur entsprechenden Übertragung des Fristerfordernisses folgern.

Im Übrigen würde eine Ausdehnung des § 15 Abs. 4 AGG auf allgemeine Rechtsvorschriften ein Verstoß gegen das Verschlechterungsverbot bedeuten.[1368]

1364 Vgl. BT-Drs. 16/1780, S. 38.
1365 Vgl. BT-Drs. 16/1780, S. 38.
1366 Vgl. BT-Drs. 16/1780, S. 38.
1367 Vgl. *Hey*, § 15 AGG Rn. 117.
1368 So i.E. auch Wendeling-Schröder/Stein-*Stein*, § 15 AGG Rn. 95.

Der Gesetzgeber hat den Anwendungsbereich des § 15 AGG bewusst auf den Arbeitgeber als ausschließlichen Anspruchsgegner zugeschnitten und ihn nicht etwa auch auf andere potentielle Diskriminierungstäter erstreckt.[1369] Dem Opfer einer Diskriminierung, die durch Dritte verübt wurde und dem Arbeitgeber nicht angelastet werden kann, bleibt ein Vorgehen über § 15 Abs. 1, 2 AGG daher verwehrt. Würde man die innerhalb des § 15 AGG konstituierte einschränkende Frist dennoch extensiv auslegen, bedeutete dies eine ungerechtfertigte Schlechterstellung eines solchen Diskriminierungsopfers. Das Fristerfordernis des § 15 Abs. 4 AGG gilt folglich weder direkt noch analog, wenn der betroffene Beschäftigte Schadensersatz nach den allgemeinen zivilrechtlichen Bestimmungen gegenüber dem Druckausübenden geltend macht.[1370]

V. Ergebnis

Auch im Falle einer echten Druckkündigung, die einen diskriminierenden Hintergrund aufweist, beschränken sich die Schadensersatzansprüche regelmäßig auf den druckausübenden Dritten als Anspruchsgegner. Im Unterschied zu üblichen Druckkündigungsfällen ermöglicht der AGG-widrige Gehalt jedoch insgesamt einen verbesserten Zugriff über die deliktischen Anspruchsgrundlagen. Der Nachweis einer Rechtsgutverletzung bzw. eines Schutzgesetzverstoßes wird insbesondere auch durch eine Erstreckung der europarechtlich vorgegebenen Beweiserleichterung nicht unerheblich erleichtert.[1371]

Darüber hinaus schafft § 12 AGG eine Zugriffsmöglichkeit gegenüber dem Arbeitgeber. In echten Druckkündigungsszenarien wird eine Verletzung der Absätze 3 und 4 jedoch bereits die Unwirksamkeit der Kündigung auslösen, sodass zumindest der Arbeitsplatzverlust ausbleibt.

Erlangt der betreffende Beschäftigte frühzeitig Kenntnis von dem diskriminierenden Kündigungsverlangen des Dritten, hat er zudem die Möglichkeit, den Druck bereits vor Ausspruch der Kündigung zu bekämpfen. Neben der Einschaltung der Beschwerdestelle rechtfertigt die drohende Gefahr der Durchsetzung der diskriminierenden Forderung insbesondere die Geltendmachung eines Unterlassungsanspruchs gegenüber dem Druckausübenden im einstweiligen Rechts-

---

1369 Vgl. BT-Drs. 16/1780, S. 38.

1370 Ebenso insbes. für deliktische Ansprüche des AN gegen seinen AG: Däubler/Bertzbach-*Deinert*, § 15 AGG Rn. 97; ErfK/*Schlachter*, § 15 AGG Rn. 13; *Thüsing*, Arbeitsrechtl. Diskriminierungsschutz, Rn. 557; vgl. auch *Stoffels*, RdA 2009, 204, 214.

1371 Zur Frage der Europarechtskonformität der verschuldensabhängigen Haftung des Druckausübenden s. bereits unter Kap. G. III. 2 h./i.

schutzverfahren. Anknüpfungspunkt ist auch hier das allgemeine Persönlichkeitsrecht des betreffenden Beschäftigten, das infolge des diskriminierenden Verhaltens des Druckausübenden konkret gefährdet ist. Dem Arbeitnehmer kommt auch insoweit die Beweiserleichterung des § 22 AGG zu Gute. Denkbar ist, dass sich der Dritte infolge des gerichtlichen Eilverfahrens und der vor Augen geführten drohenden Schadensersatzansprüche zum Rückzug seiner Forderung entscheidet.[1372] Eine Verdrängung des Arbeitnehmers aus seinem Arbeitsverhältnis könnte hierdurch verhindert werden.

Insgesamt schaffen die verbesserten Abwehr- und Schadensersatzmöglichkeiten gegenüber dem Druckausübenden das notwendige Gegengewicht zu der unter Kapitel F entwickelten Lösung. Auf diesem Wege werden letztlich im Sinne der nationalen Rechtsprechung sowohl die Belange des Arbeitgebers als auch die Interessen des Arbeitnehmers berücksichtigt. Der Arbeitgeber wird weiterhin vor einer schwerwiegenden finanziellen Schädigung seines Betriebs bewahrt. Insbesondere wird ihm ein Drittverhalten nicht angelastet, welches in den typischen Konstellationen außerhalb seines Einflussbereichs bzw. nationaler Zurechnungsnormen liegt. Infolge des AGG-widrigen Gehaltes der Drucksituation kann jedoch zugleich der betroffene Beschäftigte den Verlust seines Arbeitsplatzes gegenüber dem Diskriminierungstäter effektiver durchsetzen. Diese Lösung entspricht auch der Rechtsprechung des EuGH, da diese bei der Frage der Haftung ebenfalls an den Begriff des Urhebers einer Diskriminierung anknüpft. Vorliegend ist dies allein der Druckausübende, da nur er „wegen" eines Merkmals im Sinne des § 1 AGG handelt.

1372 So auch *Schleusener*, NZA 1999, 1078, 1082; *Insam*, S. 139.

H. Mögliche Präventionsmaßnahmen zur Verhinderung der Entstehung diskriminierenden Entlassungsdrucks

Um Diskriminierungen im Beruf entgegenzuwirken, ist es von Vorteil, deren Eintritt bereits im Voraus durch präventive Maßnahmen zu vermeiden, als auf eine nachträgliche Kompensation zu verweisen.[1373] Wie bereits in Kapitel G dargelegt, kann der betreffende Beschäftigte einen Unterlassungsanspruch im einstweiligen Rechtsschutzverfahren gegen den Druckausübenden geltend machen, wenn dieser seine Entlassung aus diskriminierenden Motiven fordert.[1374] Darüber hinaus wäre es jedoch von Vorteil, wenn Schutzmöglichkeiten bestünden, die zeitlich vorher greifen und damit schon die Entstehung des diskriminierenden Entlassungsdrucks verhindern könnten. Der effektivste Weg wäre sicherlich, objektiv ungerechtfertigtem und damit zwangsläufig auch AGG-widrigem Druck seine bisherige Anerkennung als Kündigungsgrund zu versagen.[1375] Bleibt es jedoch weiterhin bei der höchstrichterlichen Rechtsprechung, ist es primär an dem Arbeitgeber, Vorkehrungen zur Vermeidung eines Druckkündigungsszenarios zu treffen.[1376] Im Nachfolgenden wird daher untersucht, welche Präventivmaßnahmen konkret ergriffen werden können, um Außenstehende von einem rechtswidrigen Eingriff in das Arbeitsverhältnis abzuhalten.

Der Entstehung diskriminierenden Entlassungsdrucks kann grundlegend auf zwei Weisen präventiv entgegenwirkt werden. Zum einen kommen diskriminierungsspezifische Vorkehrungen in Betracht. Darüber hinaus sind auch vorbeugende Maßnahmen denkbar, die sich allgemein auf die Bekämpfung von Konfliktsituationen und damit auf die Unterbindung von Drucksituationen konzentrieren.

1373 BT-Drs. 16/1780, S. 37.

1374 S. unter Kap. G. II. 1. b.

1375 So bereits ausführlich unter Kap. B. III. 2. b. sowie unter Kap. F. VI.

1376 Zu den Präventionsmöglichkeiten des nationalen Gesetzgebers s. nachfolgend unter Kap. H. III.

I. AGG-spezifische Präventionsmaßnahmen

Als Anknüpfungspunkt für mögliche Schutzvorkehrungen bietet sich zunächst das Antidiskriminierungsrecht an, da in diesem ein vorbeugender Benachteiligungsschutz bereits gesetzlich verankert ist. Die Antidiskriminierungsrichtlinien und entsprechend auch das AGG fordern ausdrücklich zur Prävention auf und ermöglichen insoweit auch eine Orientierung an den exemplarisch aufgeführten Schutzmaßnahmen.

1. Europäische Vorgaben und Mitwirkungsauftrag des AGG

Zur Gewährleistung eines umfassenden Diskriminierungsschutzes fordert die EU ihre Mitgliedsstaaten auf, „geeignete Maßnahmen zur Förderung des sozialen Dialogs zwischen Arbeitgebern und Arbeitnehmern zu treffen, mit dem Ziel, die Verwirklichung des Gleichbehandlungsgrundsatzes durch Überwachung der betrieblichen Praxis, durch Tarifverträge, Verhaltenskodizes, Forschungsarbeiten oder durch einen Austausch von Erfahrungen und bewährten Lösungen voranzubringen.“[1377]

In diesem Sinne verpflichtet der deutsche Gesetzgeber den Arbeitgeber in § 12 Abs. 1 S. 2 AGG zu vorbeugenden Schutzmaßnahmen zugunsten seiner Beschäftigten. Denkbar sind sowohl organisatorische Vorkehrungen als auch Aufklärungsmaßnahmen.[1378] § 12 Abs. 2 AGG verdeutlicht, dass der Präventionsgedanke insbesondere im Rahmen der beruflichen Aus- und Fortbildung zu verfolgen ist. Die Regelung kann insoweit auch als Orientierungshilfe herangezogen werden, wenn es um die Frage präventiver Maßnahmen zur Verhinderung diskriminierenden Entlassungsdrucks geht.

Ferner werden in § 17 Abs. 1 AGG neben dem Arbeitgeber auch die Tarifvertragsparteien, Beschäftigte und ihre Vertretungen zur Mitwirkung an der Verwirklichung des Gleichbehandlungsgrundsatzes im Rahmen ihrer Handlungsmöglichkeiten aufgefordert.[1379]

1377 Art. 11 RL 2000/43/EG a.a.O. (Fn. 369), Art. 13 RL 2000/78/EG a.a.O. (Fn. 371); vgl. auch *Busch/Kocher/Welkoborsky*, S. 63.

1378 Vgl. BT-Drs. 16/1780, S. 37; vgl. auch *Thüsing*, Arbeitsrechtl. Diskriminierungsschutz, Rn. 683; *Müller-Bonanni/Sagan*, ArbRB 2007, 50, 51.

1379 Vgl. *Bauer/Göpfert/Krieger*, § 17 AGG Rn. 1; Däubler/Bertzbach-*Buschmann*, § 17 AGG Rn. 4; Schleusener/Suckow/Voigt-*Schleusener*, § 17 AGG Rn. 1; vgl. auch *Nollert-Borasio/Perreng*, § 17 AGG Rn. 1, die betonen, dass gemäß § 17 i.V.m. § 12 AGG ein bewusstes Zusammenwirken von allen Beteiligten zur praktischen Umsetzung des AGG erwartet wird.

Welche Präventivvorkehrungen im Einzelnen tatsächlich geeignet und erforderlich sind, um einen wirksamen Diskriminierungsschutz im betreffenden Betrieb zu gewährleisten, liegt grundsätzlich im Ermessen der Schutzverpflichteten. Maßgebend sind insbesondere die individuellen betrieblichen Umstände.[1380] Neben der jeweiligen Art des Betriebs und seiner innerbetrieblichen Personalstrukturen sollte auch die konkrete Ausgestaltung der Geschäftsbeziehungen zu betriebsexternen Personen berücksichtigt werden.[1381]

2. Konkrete Präventivmaßnahmen

a. Geeignete Präventivmaßnahmen gegenüber betriebsinternen Dritten

Zur Sicherstellung des gesetzlichen Antidiskriminierungsauftrags orientieren sich deutsche Unternehmen vermehrt an US-amerikanischen Compliance-Systemen.[1382] Der Begriff „Compliance" steht für die Einhaltung oder Erfüllung bestimmter gesetzlicher Anforderungen durch entsprechende organisatorische und rechtliche Maßnahmen.[1383] Compliance-Systeme verfolgen demnach den Zweck, Verstöße des Unternehmens sowie ihrer Beschäftigten gegen gesetzliche Ge- und Verbote präventiv zu verhindern.[1384] Da Compliance in arbeitsrechtlicher Hinsicht vor allem der Umsetzung von Fürsorgepflichten dient, bieten sich entsprechende Programme zur Verhütung von diskriminierenden Verhaltensweisen der Beschäftigten an.[1385]

Ähnlich wie § 12 Abs. 2 AGG sehen häufig auch Compliance-Systeme eine Prävention in Form von Mitarbeiter-Schulungen vor. Daneben wird die Gefahr von Gesetzesverstößen insbesondere durch die Aufstellung von Verhaltensregeln bekämpft.[1386] Wie dargelegt, sieht auch der EG-Richtliniengeber Verhaltenskodi-

---

1380 Vgl. Däubler/Bertzbach-*Buschmann*, § 12 AGG Rn. 21; Rust/Falke-*Falke*, § 12 AGG Rn. 10; Schleusener/Suckow/Voigt-*Suckow*, § 12 AGG Rn. 16; vgl. auch *Bauer/Göpfert/Krieger*, § 12 AGG Rn. 8.

1381 So auch Rust/Falke-*Falke*, § 12 AGG Rn. 11.

1382 Vgl. *Mengel/Hagemeister*, BB 2006, 2466.

1383 Vgl. *Adomeit/Mohr*, § 12 AGG Rn. 13; *Wybitul*, BB 2009, 1582; *Mengel/Hagemeister*, BB 2006, 2466; vgl. auch *Fitting*, § 87 BetrVG Rn. 71.

1384 Vgl. *Adomeit/Mohr*, § 12 AGG Rn. 13; *Wybitul*, BB 2009, 1582.

1385 Ähnlich *Adomeit/Mohr*, § 12 AGG Rn. 13; *Wisskirchen/Jordan/Bissels*, DB 2005, 2190, 2191; *Mengel/Hagemeister*, BB 2006, 2466, 2467.

1386 Sog. Code of Business Conduct and Ethics; vgl. entsprechende Verpflichtung v. gelisteten US-amerikanischen Unternehmen durch die New Yorker Börse: Section 303 A 10 New York Stock Exchange's Listed Company Manual; vgl. hierzu auch Däubler/Bertzbachzes grundsätzlich als taugliches Mittel zur Verhinderung von Diskriminierungen im Betrieb an.[1387]

aa. Schulungen

Der nationale Gesetzgeber hebt in § 12 Abs. 2 AGG die berufliche Fort- und Weiterbildung besonders hervor, wenn es um die Frage des präventiven Diskriminierungsschutzes geht. Wie Satz 2 verdeutlicht, werden insbesondere Schulungen als taugliches Mittel eingestuft, um die Beschäftigten zu einem AGG-konformen Verhalten anzuhalten.[1388] Auch einer diskriminierenden Drucksituation unter Kollegen kann möglicherweise durch entsprechende Schulungsmaßnahmen entgegengewirkt werden.[1389]

Eine Schulung erweist sich regelmäßig als geeignete Diskriminierungsvorkehrung, soweit in ihr insbesondere auf Vorurteilen beruhende Benachteiligungen bewusst gemacht werden. Der Schulende muss die Mitarbeiter zu einer Kontrolle des eigenen Verhaltens und größerer Sensibilität motivieren.[1390] Bedeutsam für die erfolgreiche Aktivierung eines Antidiskriminierungsbewusstseins in der Belegschaft ist zunächst deren Interaktionsmöglichkeit mit dem Referenten.[1391] Können die Mitarbeiter AGG-rechtliche relevante Probleme unmittelbar klären und wird ihnen die Gelegenheit eingeräumt, Fragen zu stellen, fördert dies die tatsächliche Auseinandersetzung mit der Regelungsmaterie. Rundbriefen, Handbüchern, Aushängen bzw. der Einstellung von Informationen zum AGG in das Intranet fehlt es hingegen an einem solchen unmittelbaren Kommunikationselement. Sie sind daher im Regelfall nicht gleichsam effektiv und sollten nur als Begleitmaßnahmen eingesetzt werden.[1392]

Buschmann, § 12 AGG Rn. 15; *Adomeit/Mohr*, § 12 AGG Rn. 13; *Mengel/Hagemeister*, BB 2006, 2466, 2467.

1387 Vgl. Art. 11 RL 2000/43/EG a.a.O. (Fn. 369); Art. 13 RL 2000/78/EG a.a.O. (Fn. 371).

1388 Sog. training defense: vgl. hierzu *Göpfert/Siegrist*, ZIP 2006, 1710, 1716f.; zur Definition des Schulungsbegriffs vgl. u.a. Rust/Falke-*Falke*, § 12 AGG Rn. 20; Schleusener/Suckow/Voigt-*Suckow*, § 12 AGG Rn. 15; *Hoch*, BB 2007, 1732, 1735.

1389 Eine Mitbestimmungspflicht des BR kann sich insbes. aus § 98 Abs. 6 BetrVG ergeben; vgl. hierzu auch Däubler/Bertzbach-*Buschmann*, § 12 AGG Rn. 19; *Hey*, § 12 AGG Rn. 11; *Müller-Bonanni/Sagan*, ArbRB 2007, 50, 51f.

1390 Vgl. Rust/Falke-*Falke*, § 12 AGG Rn. 23; *Nollert-Borasio/Perreng*, § 12 AGG Rn. 5; Schleusener/Suckow/Voigt-*Suckow*, § 12 AGG Rn. 15.

1391 So auch Rust/Falke-*Falke*, § 12 AGG Rn. 20; Schleusener/Suckow/Voigt-*Suckow*, § 12 AGG Rn. 15; Wendeling-Schröder/Stein-*Stein*, § 12 AGG Rn. 17; differenzierend nach Betriebsgröße *Hoch*, BB 2007, 1732, 1736.

1392 Ähnlich Däubler/Bertzbach-*Buschmann*, § 12 AGG Rn. 21; Rust/Falke-*Falke*, § 12 AGG Rn. 19f.; Schleusener/Suckow/Voigt-*Suckow*, § 12 AGG Rn. 15; anders *Wisskirchen*, DB

Darüber hinaus ist ein genauer Hinweis des Schulenden auf die unzulässigen Benachteiligungsgründe, diskriminierende Handlungsformen und deren rechtliche Konsequenzen zweckdienlich.[1393] Den Beschäftigten kann anhand von Beispielen verdeutlicht werden, welche Verhaltensweisen ungerechtfertigte Benachteiligungen in sich bergen. Ferner sollte ausdrücklich auf die drohenden Konsequenzen für Diskriminierungstäter aufmerksam gemacht werden.[1394] In diesem Kontext kann auch auf die AGG-widrigkeit diskriminierender Kündigungsforderungen eingegangen werden.

Art, Umfang und Inhalt der Schulungen sollten sich prinzipiell an Gefahrenpotenzialen orientieren.[1395] Diskriminierender Abberufungsdruck kann sowohl von Führungspersonal als auch von sonstigen Beschäftigten ausgehen, wenn diese sich zu einer wirtschaftlich bedrohlichen Gruppe zusammenschließen. Wie in den Kapiteln F und G dargelegt, sind in solchen Situationen die Reaktionsmöglichkeiten des Arbeitgebers begrenzt und die Folgen für das Opfer schwerwiegend.[1396] Das Gefahrenpotenzial dieser Diskriminierungskonstellationen kann daher insgesamt als hoch eingestuft werden. Eine Thematisierung empfiehlt sich insbesondere in Schulungsveranstaltungen, an denen Mitarbeiter aus konfliktsensiblen Arbeitsbereichen teilnehmen. Gleiches gilt für Schulungstermine, in denen Beschäftigte anwesend sind, die bereits in der Vergangenheit in Streitigkeiten verwickelt waren, die eine diskriminierungsrechtliche Relevanz besaßen. Werden diesen Mitarbeitern unter anderem die schadensersatzrechtlichen Konsequenzen einer diskriminierenden Entlassungsforderung frühzeitig vor Augen geführt, kann die Entstehung einer konkreten Drucksituation möglicherweise verhindert werden.

bb. Verhaltensregeln

(1) Inhaltliche Ausgestaltung

Werden vertragliche Regelungen geschaffen, welche die Beschäftigten ausdrücklich zu einem diskriminierungsfreien Verhalten untereinander auffordern, bestätigen diese Regeln zunächst die Annahme einer arbeitsvertraglichen Schutzwir-

---

2006, 1491, 1496; vgl. ausführlich zur Erstellung eines AGG-Intranet bzw. Internetportals *Zielke/Stauf*, AiB 2007, 104, 106.

1393 Ähnlich Wendeling-Schröder/Stein-*Stein*, § 12 AGG Rn. 17; *Schrader*, DB 2006, 2571, 2578; *Wisskirchen*, DB 2006, 1491, 1496; *Hoch*, BB 2007, 1732, 1735.

1394 So auch Rust/Falke-*Falke*, § 12 AGG Rn. 23; *Hey*, § 12 AGG Rn. 10; *Wisskirchen*, DB 2006, 1491, 1496; *Hoch*, BB 2007, 1732, 1735.

1395 *Adomeit/Mohr*, § 12 AGG Rn. 17.

1396 S. unter Kap. F. III. sowie unter Kap. G. III. 2. g. aa.

kung zugunsten der übrigen Arbeitnehmer.[1397] Derartige Verhaltensvorgaben ermöglichen jedoch nicht nur einen verbesserten schadensersatzrechtlichen Zugriff des betreffenden Opfers über die Grundsätze des Vertrags mit Schutzwirkung zugunsten Dritter, sie eignen sich zudem auch zur präventiven Unterbindung von betriebsinternen Diskriminierungen.

In der Praxis orientieren sich deutsche Unternehmen hierfür vermehrt an US-amerikanischen „Codes of Business Conducts and Ethics“ und verabschieden zum Zwecke eines vorbeugenden Diskriminierungsschutzes vergleichbare Richtlinien bzw. Kodizes.[1398] Adressat solcher Bestimmungen sind im Regelfall sämtliche Mitarbeiter des Unternehmens. Die benannten Regelungswerke haben den Vorteil, dass sie unternehmens- und themenspezifisch ausgestaltet werden können und dabei eine bestimmte Einstellung des Arbeitgebers verdeutlichen.[1399] So kann den Beschäftigten durch die schriftliche Fixierung eines AGG-Verhaltenskodexes das ernsthafte Interesse ihres Arbeitgebers an einem diskriminierungsfreien Betriebs- bzw. Unternehmensklima vor Augen geführt werden. Zur Erreichung dieses Ziels sollten die Richtlinien über die einzelnen verpönten Merkmale des AGG sowie über mögliche diskriminierende Verhaltensweisen der Beschäftigten informieren.[1400] Zudem betont ein ausdrückliches Verbot diskriminierender Handlungen die ablehnende Haltung des Unternehmens gegenüber Diskriminierungstätern.[1401] Neben der Verpflichtung, jede Benachteiligung aus den in § 1 AGG genannten Gründen zu unterlassen, sollte – ebenso wie im Rahmen von Schulungen – auch auf die arbeitsrechtlichen Konsequenzen einer Pflichtverletzung verwiesen werden.[1402]

Zur Verhinderung diskriminierenden Entlassungsdrucks empfiehlt sich eine Konkretisierung des Pflichtenkatalogs dahingehend, dass diese Benachteiligungsform im Anschluss an das allgemeine Diskriminierungsverbot explizit benannt und untersagt wird.[1403] Zur Verdeutlichung der Auswirkungen einer Zuwiderhandlung sollten auch die drohenden Schadensersatzverpflichtungen

---

1397 S. hierzu ausführlich unter Kap. B. V. 2. b. aa. sowie unter Kap. G. III. 2. b.

1398 Vgl. *Schrader*, DB 2006, 2571, 2578; *Wybitul*, BB 2009, 1582; *Zielke/Stauf*, AiB 2007, 104, 105; zur Bewertung v. Ethik-Richtlinien in Frankreich vgl. *Junker*, BB 2005, 602ff.

1399 Vgl. Däubler/Bertzbach-*Buschmann*, § 12 AGG Rn. 15; *Schneider/Sittard*, NZA 2007, 654, *Rieble/Schul*, RdA 2006, 339.

1400 So auch *Schrader*, DB 2006, 2571, 2578; *Boemke/Danko*, § 8 Rn. 24.

1401 Ähnlich *Göpfert/Siegrist*, ZIP 2006, 1710, 1716f.; *Schneider/Sittard*, NZA 2007, 654, 656.

1402 Vgl. auch Rust/Falke-*Falke*, § 12 AGG Rn. 24; eine Auflistung konkreter Anforderungen an Verhaltenskodizes, die zur Erfüllung der Verpflichtung aus § 12 Abs. 1, 2 AGG erstellt werden, erfolgt bei *Schneider/Sittard*, NZA 2007, 654, 655; vgl. auch Formulierungsbsp. „diskriminierungsfreier Arbeitsplatz“ in Beck'sches Formularbuch ArbR/*Walenta*, S. 1346f.

1403 Ähnlich zur Regelungsmaterie „Mobbing“ *Mengel/Hagemeister*, BB 2006, 2466, 2469.

des druckausübenden Diskriminierungstäters gegenüber seinem Opfer erwähnt werden.

Bei der Ausgestaltung dieses speziellen Unterlassungsgebots muss jedoch die Verpflichtung des Arbeitgebers zur Wahrung der Grundrechte seiner Mitarbeiter berücksichtigt werden.[1404] Für die Frage der Haftung eines Druckausübenden kommt es nach nationaler Rechtsprechung entscheidend auf das Kriterium der berechtigten Interessenwahrnehmung an.[1405] Überwiegen die Grundrechte des Fordernden im Rahmen einer Verhältnismäßigkeitsprüfung, ist sein Verhalten in haftungsrechtlicher Hinsicht gerechtfertigt. Wie dargelegt, überwiegt allerdings in Fällen AGG-widrigen Abberufungsdrucks regelmäßig der Persönlichkeitsschutz des Diskriminierungsopfers. Eine Ausnahme hiervon ist allenfalls im Falle eines mittelbar benachteiligenden Drittverhaltens denkbar, soweit die tatbestandliche Rechtfertigungsmöglichkeit des § 3 Abs. 2 AGG greift.[1406]

Vor diesem Hintergrund empfiehlt sich eine entsprechende Einschränkung des Verbotes diskriminierenden Entlassungsdrucks sowie des Hinweises auf mögliche Schadensersatzverpflichtungen im Rahmen des Verhaltenskodexes. So kann die Untersagung der Ausübung verpönten Kündigungsdrucks nochmals explizit begrenzt werden auf Fälle, in denen eine Rechtfertigung ausscheidet.[1407] In gleicher Weise sollte auch der Hinweis auf die drohende Ersatzpflicht des Druckausübenden eingeschränkt werden.

Darüber hinaus muss bei der Formulierung der Verhaltensregeln darauf geachtet werden, dass sich die Unterlassungsverpflichtung konkret auf das diskriminierende Druckverhalten bezieht. Die Gefahr der Realisierung wirtschaftlicher Nachteile hingegen kann vertraglich nicht eingedämmt werden. Vielmehr ist jeder einzelne Beschäftigte bereits von Gesetzes wegen berechtigt, ein Arbeitsverhältnis durch eine Eigenkündigung aufzulösen. Zwar können Kündigungsregelungen grundsätzlich unter Beachtung des § 622 Abs. 5 AGG vertraglich modifiziert werden. Ein beiderseitiger Ausschluss des ordentlichen Kündigungsrechts wird jedoch im Regelfall nicht im Interesse des Arbeitgebers liegen.[1408] Zudem bestünde immer noch die Möglichkeit einer außerordentlichen Kündigung der druckausübenden Beschäftigten, sodass die wirtschaftlichen Folgen eines möglichen Druckkündigungsszenarios auch bei entsprechenden vertraglichen Erschwerungen der Kündigungsmöglichkeiten nie vollständig ausgeschlos-

1404 Vgl. auch Däubler/Bertzbach-*Buschmann*, § 12 AGG Rn. 16; *Fitting*, § 87 BetrVG Rn. 71; zur Frage der Zumutbarkeit v. konkretisierenden Verhaltensanweisungen *Borgmann*, NZA 2003, 352, 354.

1405 Vgl. BAG 4.6.1998 a.a.O. (Fn. 261).

1406 S. ausführlich hierzu unter Kap. G. III. 2. c. ee.; G. III. 2. f.; G. III. 2. g. cc./dd.

1407 Möglich wäre eine „es sei denn“ – Formulierung.

1408 So auch *Insam*, S. 139f.

sen wären. Die Verhaltensregeln sollten demzufolge ausschließlich an der Ausübung diskriminierend motivierten Entlassungsdrucks und damit an dem AGG-widrigen Gehalt einer solchen Abberufungsforderung anknüpfen.

(2) Umsetzung

Fraglich ist, auf welche Weise die Verbindlichkeit der Verhaltensregeln für die Beschäftigten begründet werden kann. In Betracht kommt zunächst eine arbeitsvertragliche Umsetzung.[1409] Im Arbeitsvertrag können nicht nur die Hauptpflichten der Arbeitsparteien, sondern insbesondere auch deren Nebenpflichten präzisiert bzw. ausgeweitet werden. Aus § 241 Abs. 2 BGB resultieren gewisse Rücksichtnahme- und Schutzpflichten der Arbeitnehmer. So besteht unter anderem eine Verpflichtung zur Wahrung der betrieblichen Ordnung.[1410] Die Auferlegung eines AGG-konformen Verhaltens im Betrieb kann demzufolge als Konkretisierung dieser allgemeinen Nebenverpflichtung verstanden werden. Gleiches gilt für die spezielle Untersagung von diskriminierenden Entlassungsforderungen, die unter Einsatz von Nötigungsmitteln formuliert werden. Eine solche Bestimmung bezieht sich insbesondere auch auf die arbeitsvertragliche Nebenpflicht der Arbeitnehmer, Schäden von ihrem Arbeitgeber im Rahmen des Möglichen abzuwenden.[1411] Derartige AGG-bezogenen Verhaltensregeln begründen zudem keine unangemessene Benachteiligung der Arbeitnehmer, sondern ermöglichen vielmehr einen diskriminierungsfreien Umgang im Betrieb bzw. Unternehmen.[1412] Werden entsprechende Bestimmungen daher im Rahmen eines Formulararbeitsvertrags vereinbart, ist davon auszugehen, dass sie einer Inhaltskontrolle im Sinne der §§ 307ff. BGB stand halten.[1413]

Im Falle von Neueinstellungen kann der Arbeitgeber die betreffenden Arbeitsverträge grundsätzlich einseitig um den AGG-spezifischen Verhaltenskodex ergänzen.[1414] Möglich ist insoweit eine Aufnahme des Richtlinientextes als Bestandteil des Arbeitsvertrags oder aber in Form einer Bezugnahmeklausel bzw. Verweisung im Rahmen des Arbeitsvertrags. Dagegen benötigt der Arbeitgeber für eine Präzisierung der bestehenden Arbeitsverträge die Zustimmung der be-

1409 Vgl. Rust-Falke-*Falke*, § 12 AGG Rn. 24; *Meyer*, NJW 2006, 3605, 3607.

1410 Vgl. *Preis*, IndividualArbR § 27 II. 4; *Schuster/Darsow*, NZA 2005, 273.

1411 Vgl. *Preis*, IndividualArbR § 27 II. 2. c.; ErfK/*Preis*, § 611 BGB Rn. 744; *Schuster/Darsow*, NZA 2005, 273; zur Reichweite der Treuepflicht des AN vgl. auch *Borgmann*, NZA 2003, 352, 354.

1412 S. unter Kap. H. I. 2. a. bb. (1).

1413 Vgl. hierzu ErfK/*Preis*, §§ 305–310 BGB Rn. 25f.; Palandt/*Grüneberg*, § 310 BGB Rn. 51; *Meyer*, NJW 2006, 3605, 3607.

1414 Auf Beteiligungsrechte des BR wird nachfolgend eingegangen.

troffenen Beschäftigten, es sei denn, es liegen die Voraussetzungen für eine Änderungskündigung vor.[1415]

Vor diesem Hintergrund drängt sich die Frage auf, ob nicht bereits eine Einführung auf Grundlage des Direktionsrechts des Arbeitgebers möglich ist. Gemäß § 106 GewO kann der Arbeitgeber die Ordnung und das Verhalten der Arbeitnehmer im Betrieb nach billigem Ermessen festlegen und ihre Leistungspflicht näher bestimmen.[1416] Soweit arbeitsvertraglich oder kollektivrechtlich nichts Gegenteiliges festgelegt wurde, ist der Arbeitgeber berechtigt, die im Arbeitsvertrag regelmäßig nur allgemein beschriebenen Verhaltenspflichten zu konkretisieren.[1417] Entscheidend für die einseitige Weisungsbefugnis nach § 106 GewO ist der konkrete Regelungsbereich, der ausgefüllt werden soll. Dieser muss zwingend innerhalb des arbeitsvertraglich begründeten Pflichtenprogramms der Beschäftigten liegen.[1418] Ein hinreichender Bezug zum Arbeitsverhältnis besteht nicht nur im Falle der einseitigen Regelung der Arbeitsleistung, sondern auch bei Weisungen, die das betriebliche Ordnungsverhalten der Arbeitnehmer betreffen.[1419] Wie dargelegt, können Kodizes, die den Beschäftigten ein diskriminierendes Verhalten untersagen, als Konkretisierungen der arbeitsvertraglichen Schutzpflichten eingestuft werden. Ihre Einführung ist zudem durch die Ermessenbestimmung des § 12 Abs. 1, 2 AGG gerechtfertigt. Insofern ist eine Vorgehensweise über § 106 GewO grundsätzlich möglich. Zur Verdeutlichung der Verbindlichkeit könnte im Rahmen des Kodexes abschließend darauf hingewiesen werden, dass die aufgeführten Verhaltensregelungen Bestandteil des Arbeitsverhältnisses sind und Verstöße gegen die einzelnen Verpflichtungen des Regelungswerkes nicht geduldet werden.[1420]

Darüber hinaus muss der Arbeitgeber sicherstellen, dass seine Weisung den Beschäftigten auch zugeht.[1421] Dies kann über die Aufforderung zur Abgabe einer schriftlichen Bestätigung des Empfangs des Verhaltenskodexes erreicht werden. In der Literatur wird eine entsprechende Verpflichtung der Arbeitnehmer vielfach aus allgemeinen Rechtsgedanken, wie etwa dem Grundsatz von

1415 Vgl. *Borgmann*, NZA 2003, 352, 354; *Meyer*, NJW 2006, 3605, 3608.

1416 Vgl. *Wisskirchen/Jordan/Bissels*, DB 2005, 2190; *Schuster/Darsow*, NZA 2005, 273.

1417 Vgl. *Schuster/Darsow*, NZA 2005, 273; *Borgmann*, NZA 2003, 352, 354; *Meyer*, NJW 2006, 3605, 3608.

1418 Vgl. APS/*Künzl*, § 2 KSchG Rn. 52; *Wisskirchen/Jordan/Bissels*, DB 2005, 2190; *Borgmann*, NZA 2003, 352, 353; vgl. auch *Meyer*, NJW 2006, 3605, 3608.

1419 Vgl. APS/*Künzl*, § 2 KSchG Rn. 52; *Schuster/Darsow*, NZA 2005, 273; vgl. auch LAG Schleswig-Holstein 26.10.1995 – 4 Sa 467/95, BB 1996, 222.

1420 Vgl. Beck'sches Formularbuch ArbR/*Walenta*, S. 1351.

1421 Vgl. BAG 23.9.1986 – 1 AZR 83/85, NZA 1987, 250; vgl. auch *Borgmann*, NZA 2003, 352, 354.

Treu und Glauben, hergeleitet.[1422] Zusätzlich kann auch im Rahmen des Regelungswerkes darauf hingewiesen werden, dass das Nichtlesen oder die Nichtanerkennung der empfangenen Verhaltensregeln die Beschäftigten nicht von ihrer Verantwortung für dessen Einhaltung befreit.[1423]

Wählt man eine arbeitsvertragliche bzw. weisungsrechtliche Umsetzungsform, müssen im Falle des Bestehens eines Betriebsrates jedoch etwaige Mitwirkungsrechte berücksichtigt werden.[1424] Werden im Rahmen des Kodexes konkrete Verhaltenspflichten festgelegt, kommt insbesondere der Tatbestand des § 87 Nr. 1 BetrVG in Betracht.[1425] Hiernach sind Fragen der Ordnung des Betriebs und des betrieblichen Verhaltens der Arbeitnehmer mitbestimmungspflichtig. Nach der Rechtsprechung des BAG bezieht sich der Tatbestand ausschließlich auf das Ordnungsverhalten der Arbeitnehmer, nicht hingegen auf deren Arbeitsverhalten.[1426] Dienen Maßnahmen der unmittelbaren Konkretisierung der Arbeitspflicht, werden sie folglich als mitbestimmungsfrei gewertet.[1427]

Diese Rechtsprechung hat das BAG auch im Hinblick auf Ethik-Richtlinien bestätigt. So führt es in seiner Entscheidung vom 22.7.2008 aus, dass der Betriebsrat gemäß § 87 Abs. 1 Nr. 1 BetrVG zu beteiligen sei, soweit der Arbeitgeber durch Ethik-Richtlinien das Ordnungsverhalten der Arbeitnehmer regeln wolle.[1428] Kein Mitbestimmungsrecht bestehe dagegen bei Verhaltensregelungen, mit denen lediglich die geschuldete Arbeitsleistung konkretisiert werden solle. Ebenso scheide Nr. 1 aus, wenn die Bestimmungen lediglich die Unternehmensphilosophie wiedergeben bzw. die Unternehmensziele beschreiben.[1429] Das BAG betont des Weiteren, dass das Mitbestimmungsrecht an einzelnen Verhaltensre-

---

1422 Vgl. *Borgmann*, NZA 2003, 352, 354; *Schneider/Sittard*, NZA 2007, 654, 657.

1423 Vgl. Formulierungsbeispiel in Beck'sches Formularbuch ArbR/*Walenta*, S. 1351.

1424 Vgl. Däubler/Bertzbach-*Buschmann*, § 12 AGG Rn. 15; *Kolle/Deinert*, AuR 2006, 177f.; *Meyer*, NJW 2006, 3605, 3608; vgl. auch BAG 28.5.2002 – 1 ABR 32/01, NZA 2003, 166, 167f.

1425 Richardi/*Richardi*, § 87 BetrVG Rn. 199; vgl. auch *Borgmann*, NZA 2003, 352, 355; *Wisskirchen*, DB 2006, 1491, 1497; *Junker*, BB 2005, 602, 604; *Meyer*, NJW 2006, 3605, 3608.

1426 Vgl. u.a. BAG 24.3.1981 – 1 ABR 32/78, NJW 1982, 404; BAG 18.11.1994 – 1 ABR 22/94, DB 1994, 2351; BAG 18.4.2000 – 1 ABR 22/99, DB 2000, 2227; BAG 11.6.2002 – 1 ABR 46/01, NZA 2002 1299f.; BAG 22.7.2008 – 1 ABR 40/07 , NZA 2008, 1248, 1254; vgl. auch Richardi/*Richardi*, § 87 BetrVG Rn. 178; *Fitting*, § 87 BetrVG Rn. 65; GK/*Wiese*, § 87 BetrVG Rn. 197; MünchArbR/*Matthes*, Bd. II, § 243 Rn. 2.

1427 Vgl. u.a. BAG 11.6.2002 a.a.O. (Fn. 1426); BAG 27.1.2004 – 1 ABR 7/03, NZA 2004, 556, 557; BAG 22.7.2008 a.a.O. (Fn. 1426); vgl. auch DKK/*Klebe*, § 87 BetrVG Rn. 42.

1428 Vgl. BAG 22.7.2008 a.a.O. (Fn. 1426).

1429 Vgl. BAG 22.7.2008 a.a.O. (Fn. 1426), NZA 2008, 1248, 1253; vgl. auch DKK/*Klebe*, § 87 BetrVG Rn. 50.

geln des Kodexes nicht notwendig ein Mitbestimmungsrecht an dem Gesamtwerk begründe.[1430]

Folgt man dieser Rechtsprechung, kommt es entscheidend darauf an, ob die einzelnen Teile und Passagen einer getrennten Betrachtung zugänglich sind.[1431] Soweit die Festlegungen im Rahmen der Richtlinie nicht ausnahmsweise in einem unauflösbaren Gesamtzusammenhang stehen, müssen sie folglich gesondert darauf überprüft werden, ob sie Mitbestimmungsrechte im Sinne des BetrVG auslösen.[1432] Die bloße Wiedergabe des AGG-Wortlautes ist entsprechend des BAG grundsätzlich mitbestimmungsfrei.[1433] Soweit jedoch wie vorliegend explizit auf den Fall diskriminierenden Abberufungsdrucks eingegangen wird, kommt eine Beteiligung des Betriebsrates im Sinne des § 87 Abs. 1 Nr. 1 BetrVG in Betracht.

Die Untersagung der Ausübung von Kündigungsdruck, der auf ein verpöntes Merkmal gestützt wird, betrifft insbesondere den Bereich des betrieblichen Zusammenlebens und -wirkens der Beschäftigten untereinander und damit das Ordnungsverhalten.[1434] Zugleich darf jedoch nicht übersehen werden, dass diskriminierende Handlungsweisen bereits AGG-rechtlich verboten sind. Insoweit liegt ein Ausschluss des Mitwirkungsrechts gemäß § 87 Abs. 1 Eingangshalbsatz BetrVG nahe. § 12 AGG verpflichtet den Arbeitgeber zudem, die Einhaltung des Benachteiligungsverbotes durchzusetzen. Nach dem BAG können die Betriebsparteien diese Verpflichtung des Arbeitgebers weder abmildern noch relativieren.[1435] Die Ausführungen des BAG betrafen allerdings das Verbot sexueller Belästigungen, also einen ausdrücklich im AGG aufgeführten Benachteiligungstatbestand. Die Durchsetzung benachteiligenden Entlassungsdrucks durch Kollegen bildet hingegen eine Ausnahmekonstellation im Rahmen des Gleichbehandlungsrechts und wird daher im Gesetzestext auch nicht explizit erwähnt. In den meisten Fällen besitzen Arbeitskollegen nämlich keine entsprechende (wirt-

1430 Vgl. BAG 22.7.2008 a.a.O. (Fn. 1426), NZA 2008, 1248, 1252; vgl. auch GK/*Wiese*, § 87 BetrVG Rn. 227.

1431 Vgl. BAG 22.7.2008 a.a.O. (Fn. 1430).

1432 So auch *Borgmann*, NZA 2003, 352, 355; *Schuster/Darsow*, NZA 2005,273, 274; *Junker*, BB 2005, 602, 604; *Wisskirchen/Jordan/Bissels*, DB 2005, 2190, 2191; *Meyer*, NJW 2006, 3605, 3609; *Kolle/Deinert*, AuR 2006, 177, 182; vgl. auch ArbG Wuppertal 15.6.2005 – 5 BV 20/05, DB 2005, 1800; LAG Düsseldorf 14.11.2005 – 10 TaBV 46/05, NZA-RR 2006, 81.

1433 Vgl. BAG 22.7.2008 a.a.O. (Fn. 1430).

1434 Vgl. zum Begriff „Ordnungsverhalten" u.a. DKK/*Klebe*, § 87 BetrVG Rn. 42; *Fitting*, § 87 BetrVG Rn. 63; Richardi/*Richardi*, § 87 BetrVG Rn. 184ff.; GK/*Wiese*, § 87 BetrVG Rn. 171ff.

1435 Vgl. BAG 22.7.2008 a.a.O. (Fn. 1430), NZA 2008, 1248, 1256; so i.E. auch *Kolle/Deinert*, AuR 2006, 177, 183; *Wisskirchen/Jordan/Bissels*, DB 2005, 2190, 2191.

schaftliche) „Zurücksetzungsmacht“ und sind somit nicht in der Lage, die Tatbestände des § 3 Abs. 1, 2, 5 AGG zu erfüllen. Es ist daher nicht ausgeschlossen, dass die höchstrichterliche Rechtsprechung anders ausfällt, wenn die Beispiele diskriminierender Verhaltensweisen Ausnahmefälle darstellen bzw. einer entsprechenden Auslegung des Gesetzeswortlautes bedürfen. Hinzu kommt, dass die Untersagung diskriminierenden Entlassungsdrucks nicht nur den Diskriminierungsschutz der Beschäftigten bezweckt. Vielmehr betrifft diese Verhaltensregelung auch die Interessen des Arbeitgebers, da dieser vor einer Nötigungssituation bzw. schweren wirtschaftlichen Gefahren bewahrt werden soll.

Letztlich können Streitigkeiten über die Mitbestimmungspflichtigkeit einzelner Verhaltensregeln durch die Aufstellung des Gesamtwerkes im Rahmen einer Betriebsvereinbarung vermieden werden.[1436] So kann der Arbeitgeber dem Betriebsrat den Abschluss einer Betriebsvereinbarung zum Schutze der Beschäftigten vor unzulässigen Benachteiligungen vorschlagen und in diesem Kontext die Bedeutung der Hervorhebung diskriminierenden Abberufungsdrucks erläutern. Vorteil einer solchen Vorgehensweise ist zunächst, dass sie unmittelbare Rechte und Pflichten für sämtliche Mitarbeiter schafft, ohne dass es einer Überprüfung der Verhaltensregeln anhand der §§ 305ff. BGB bedarf.[1437] Zudem fördert eine kollektivrechtliche Vereinbarung nicht nur den gesetzlichen Präventionsauftrag im Sinne der §§ 12, 17 AGG sowie des § 75 BetrVG,[1438] sondern auch eine vertiefte Auseinandersetzung sämtlicher Beteiligter mit der AGG-rechtlichen Regelungsmaterie.[1439]

Darüber hinaus kann im Rahmen der Verhandlungen mit dem Betriebsrat erwogen werden, dem Regelungswerk eine Sanktionsklausel mit Betriebsbußenordnung hinzuzufügen.[1440] Möglich wäre auch die Festlegung einer konkreten Geldbuße für Fälle diskriminierenden Entlassungsdrucks.

cc. Zwischenergebnis

Sowohl Schulungen als auch Verhaltensregeln eignen sich grundsätzlich zum vorbeugenden Schutz vor diskriminierenden Verhaltensweisen betriebsinterner

1436 Hinsichtl. der mitbestimmungsfreien Tatbestände handelt es sich dann um eine freiwillige BV; vgl. diesbzgl. auch *Wisskirchen/Jordan/Bissels*, DB 2005, 2190; *Borgmann*, NZA 2003, 352, 355.

1437 Vgl. Palandt/*Grüneberg*, § 310 BGB Rn. 51.

1438 Vgl. insoweit *Schrader*, DB 2006, 2571, 2576f., der ein Formulierungsbeispiel für eine Antidiskriminierungs-BV aufführt.

1439 So auch *Meyer*, NJW 2006, 3605, 3609; Beck'sches Formularbuch ArbR/*Walenta*, S. 1354.

1440 Vgl. Beck'sches Formularbuch ArbR/*Walenta*, S. 1366; vgl. zu Betriebsbußen u.a. MünchArbR/*Matthes*, Bd. II, § 243 Rn. 19ff.; Staudinger/*Richardi*, § 611 BGB Rn. 567.

Personen. Allein die Wiedergabe des Gesetzeswortlautes reicht jedoch nicht aus, um die Mitarbeiter zu größerer Sensibilität zu motivieren. Erforderlich ist vielmehr die Konkretisierung der Tatbestände des § 3 AGG anhand von Beispielen.

In der bisherigen AGG-Präventionspraxis wird zumeist lediglich der Begriff der (sexuellen) Belästigung über den Gesetzeswortlaut hinaus konkretisiert.[1441] Dies ist dem Umstand geschuldet, dass es Kollegen im Regelfall an einer Zurücksetzungsbefugnis im Sinne der § 3 Abs. 1, 2, 5 AGG fehlt. Fälle diskriminierenden Kündigungsdrucks durchbrechen diesen Grundsatz und sind deshalb besonders erwähnenswert. Sie verdeutlichen, dass eine Zurücksetzungsmacht ausnahmsweise auch von Kollegen ausgehen kann, wenn diese etwa infolge des Zusammenschlusses mit anderen Beschäftigten eine (wirtschaftlich bedeutsame) Machtstellung gegenüber dem Arbeitgeber und damit auch gegenüber dem Diskriminierungsopfer erlangen.[1442] Zur Verdeutlichung des spezifischen Unrechtsgehalts diskriminierenden Abberufungsdrucks sollten diese Konstellation daher explizit thematisiert werden. Zwar können den Beschäftigten letztlich Eigenkündigungen nicht untersagt werden. Es besteht jedoch die Möglichkeit, dass ein Hinweis auf die drohenden schadensersatzrechtlichen Konsequenzen einer diskriminierend motivierten Druckausübung Mitarbeiter von einem entsprechenden Verhalten abhält.

Da ein betriebsinternes Entlassungsverlangen nach der Rechtsprechung des BAG in der Regel erst bei einem Zusammenschluss von mehreren Arbeitnehmern wirtschaftlich bedrohlich und damit druckkündigungsrechtlich relevant wird, sollte ferner sichergestellt werden, dass die Präventionsmaßnahme sämtliche Mitarbeiter des Betriebs erreicht.[1443] Es empfiehlt sich eine Wiederholung der Schulung und damit auch des Hinweises auf die AGG-widrigkeit diskriminierenden Entlassungsdrucks in bestimmten zeitlichen Abständen.[1444] Ferner sollte dafür gesorgt werden, dass neue Mitarbeiter umgehend geschult werden bzw. den Verhaltenskodex zur Kenntnis nehmen.[1445]

1441 Vgl. Formulierungsbsp. Beck'sches Formularbuch ArbR/*Walenta*, S. 1346f.; vgl. auch *Thüsing*, Arbeitsrechtl. Diskriminierungsschutz, Rn. 683; *Rühl/Schmid/Viethen*, S. 80; Wendeling-Schröder/Stein-*Stein*, § 12 AGG Rn. 8f.

1442 S. hierzu bereits ausführlich unter Kap. C. V. 2. c.

1443 Vgl. Rust/Falke-*Falke*, § 12 AGG Rn. 21; *Adomeit/Mohr*, § 12 AGG Rn. 19; *Wisskirchen*, DB 2006, 1491 1496.

1444 So auch Rust/Falke-*Falke*, § 12 AGG Rn. 28; Däubler/Bertzbach-*Buschmann*, § 12 AGG Rn. 21; Schleusener/Suckow/Voigt-*Suckow*, § 12 AGG Rn. 16; gegen das Erfordernis einer Wiederholung i.R.d. § 12 Abs. 2 S. 2 AGG *Hoch*, BB 2007, 1732, 1736.

1445 Vgl. auch Rust/Falke-*Falke*, § 12 AGG Rn. 21; *Göpfert/Siegrist*, ZIP 2006, 1710, 1717.

b. Geeignete Präventivmaßnahmen gegenüber betriebsexternen Dritten

Der präventive Zugriff auf betriebsexterne Dritte gestaltet sich schwieriger, da es regelmäßig an vergleichbaren Einwirkungsmöglichkeiten fehlt.[1446] So ist eine AGG-Schulung von Kunden, Lieferanten oder etwa Aufsichtsbehörden gesetzlich nicht vorgesehen und auch im Übrigen nur schwer umsetzbar. In Betracht kommen allenfalls Informationsbroschüren bzw. -veranstaltungen für Geschäftspartner, innerhalb derer die Bedeutung des Diskriminierungsschutzes und konkret die AGG-widrigkeit diskriminierender Entlassungsforderungen verdeutlicht werden könnte.[1447]

In der Literatur wird zudem die Errichtung von Internet-Portalen und Blogs befürwortet, um Außenstehenden das Antidiskriminierungsanliegen des Unternehmens näher zu bringen.[1448] Eine solche Präventivmaßnahme ermöglicht eine AGG-spezifische Kommunikation zwischen Unternehmen und Kunden bzw. anderen Geschäftspartnern, da diese auf der Internetplattform Konflikte ansprechen und Fragen stellen können.[1449]

Insgesamt ist jedoch zweifelhaft, ob betriebsexterne Personen umfangreichere Informationsangebote des betreffenden Betriebs bzw. Unternehmens annehmen werden. Anders als im Rahmen eines Arbeitsverhältnisses besteht insbesondere keine Verpflichtung Außenstehender zur Teilnahme an AGG-rechtlichen Aufklärungsveranstaltungen. Der Arbeitgeber kann gegenüber betriebsexternen Personen nicht auf ein § 106 GewO entsprechendes Weisungsrecht zurückgreifen. Demzufolge kann auch von Seiten des Unternehmens nicht sichergestellt werden, dass sämtliche potentielle Diskriminierungstäter tatsächlich erreicht werden.[1450]

Vor diesem Hintergrund erscheint eine Realisierung des Präventionsanliegens auf vertraglicher Ebene erfolgsversprechender. Entsprechend arbeitsvertraglicher Verhaltensregelungen kann der Arbeitgeber nämlich auch gegenüber betriebsexternen Dritten eine Pflicht zur benachteiligungsfreien Vertragsdurchführung vereinbaren.[1451] Das der jeweiligen Geschäftsbeziehung zugrunde liegende Ver-

1446 Vgl. *Barth*, BB 2009, 2646, 2650; *Bauer/Göpfert/Krieger*, § 12 AGG Rn. 28; vgl. auch Däubler/Bertzbach-*Buschmann*, § 12 AGG Rn. 21; *Hey*, § 12 AGG Rn. 26; *Müller-Bonanni/Sagan*, ArbRB 2007, 50, 52.

1447 Vgl. allgemein hierzu Schleusener/Suckow/Voigt-*Suckow*, § 12 AGG Rn. 32.

1448 So *Zielke/Stauf*, AiB 2007, 104, 106.

1449 Vgl. *Zielke/Stauf*, AiB 2007, 104, 106, die den Unternehmens-Blog als eine Art Frühwarnsystem beschreiben.

1450 Entsprechend beschränkt sich auch die Entlastungsmöglichkeit des § 12 Abs. 2 S. 2 AGG ausschließlich auf betriebsinterne Personen.

1451 Vgl. auch ErfK/*Schlachter*, § 12 AGG Rn. 2; *Barth*, BB 2009, 2646, 2650.

tragswerk sollte daher ebenso wie der Arbeitsvertrag um AGG-spezifische Regelungen ergänzt werden. In solchen Antidiskriminierungsklauseln kann der Arbeitgeber zunächst sein Schutzanliegen sowie seine ablehnende Haltung gegenüber Verstößen gegen die Diskriminierungsverbote des AGG darlegen. Sodann sollte der Vertragspartner konkret verpflichtet werden, jegliche Verhaltensweisen gegenüber Mitarbeitern, die mit deren Rasse, ethnischer Herkunft, Geschlecht, Religion, Weltanschauung, Behinderung, Alter oder sexueller Identität in Zusammenhang stehen, zu unterlassen.[1452] Zur Verhinderung verpönten Entlassungsdrucks empfiehlt sich wiederum eine explizite Erwähnung dieser Diskriminierungsform im Anschluss an die allgemeine Unterlassungspflicht. Zur Abschreckung sollte auch im Rahmen der Geschäftsbeziehungen zusätzlich auf die drohenden schadensersatzrechtlichen Konsequenzen hingewiesen werden. Um die vertragliche Verpflichtung effektiver zu gestalten, bietet sich zudem die Aufnahme einer Vertragsstrafe im Sinne des § 339 S. 2 BGB für den Fall des Verstoßes gegen die AGG-spezifische Unterlassungspflicht an.[1453]

Auch wenn diese Maßnahmen grundsätzlich geeignet sind, das Risiko diskriminierenden Abberufungsdrucks einzudämmen, darf folgendes nicht übersehen werden: Ein Kunde ist im Regelfall nicht verpflichtet, seine (Folge-) Aufträge einem bestimmten Betrieb zukommen zu lassen. Lässt er sich auf eine Geschäftsbeziehung ein, in der eine diskriminierende Druckausübung vertraglich untersagt ist, besteht aus Arbeitgebersicht die Gefahr, dass der Kunde im Falle der Ablehnung eines Mitarbeiters sofort den Geschäftskontakt abbrechen wird. Dem Arbeitgeber würde die Möglichkeit der Abwendung des Verlustes eines wirtschaftlich bedeutsamen Kundenkontaktes genommen, wenn ein Entlassungsbegehren gar nicht erst formuliert würde. Denkbar ist auch, dass der betriebsexterne Dritte laufende Vertragsbeziehungen (außerordentlich) kündigt. Dem Arbeitgeber selbst wird daher häufig nicht geholfen sein, wenn er die Formulierung einer rechtswidrigen Abberufungsforderung vertraglich explizit untersagt.

Die Gefahr einer sofortigen Vertragsbeendigung besteht zwar grundsätzlich auch bei entsprechenden Regelungen gegenüber betriebsinternen Personen. Diesen wird jedoch tendenziell mehr an der Aufrechterhaltung ihres Arbeitsverhältnisses liegen als dem Kunden an einer Auftragsbeziehung. Insofern ist das arbeitgeberseitige Risiko von wirtschaftlichen Schäden gegenüber betriebsexternen Geschäftspartnern in der Regel höher.

Auf der anderen Seite ist jedoch auch nicht ausgeschlossen, dass die vertragliche Unterlassungsverpflichtung das Interesse der Kunden an einer frühzeitigen

1452 Vgl. Formulierungsbsp. bei *Barth*, BB 2009, 2646, 2650f.

1453 Vgl. *Schrader/Schubert*, Rn. 145; Schleusener/Suckow/Voigt-*Suckow*, § 12 AGG Rn. 10; zu den Anforderungen des § 339 BGB vgl. u.a. Palandt/*Grüneberg*, § 339 BGB Rn. 1ff.

Beilegung von Konfliktsituationen fördert. In der Praxis werden häufig wirtschaftliche Faktoren maßgebend für die konkrete Vertragsgestaltung sein. Ist ein Großkunde etwa aufgrund der Marktmacht seines Vertragspartners ebenso wie dieser auf den konkreten Geschäftskontakt angewiesen, wird es ihm daran gelegen sein, Drucksituationen zu vermeiden. Da auch für den betriebsexternen Dritten die Auflösung der Beziehung wirtschaftliche Nachteile bedeutet, liegt die Annahme nahe, dass er die Geschäftsbeziehung auch im Falle eines vertraglichen Ausschlusses (diskriminierenden) Entlassungsdrucks nicht übereilt beenden wird.

II. Weitere Präventionsmöglichkeiten (Analyse, Mediation, räumliche Trennung)

Zur Verhinderung diskriminierender Entlassungsforderungen empfiehlt sich ferner eine Analyse der konkreten innerbetrieblichen Verhältnisse sowie der Kontakte von Beschäftigten zu Kunden.[1454] Wird die Analyse der betrieblichen Kommunikationsstruktur nicht nur auf Diskriminierungsgefahren, sondern allgemein auf mögliche Konfliktherde erstreckt, können auch anderweitige potentielle Druckkündigungssituationen verhütet werden. So empfiehlt sich etwa eine regelmäßige Beobachtung von Key Accounts-Beziehungen oder des Umgangs von Kollegen untereinander. Werden hierbei Spannungen oder auch betriebsinterne Gruppenbildungen festgestellt, ermöglicht dies dem Arbeitgeber den gezielten Einsatz von individuellen Präventivmaßnahmen. Insbesondere in größeren Unternehmen kann eine statistische Erfassung bisher eingetretener Konfliktfälle sowie möglicher (AGG-spezifischer) Neugefährdungen von Beschäftigten hilfreich sein, um entsprechende Vorkehrungen treffen zu können.[1455]

Zur Erforschung möglicher Ursachen eignet sich ferner eine frühzeitige Befragung potentieller Opfer.[1456] Verfestigten sich auf diesem Wege konkrete Anzeichen für AGG-spezifische oder auch sonstige Ungereimtheiten in bestimmten Kollegen- bzw. Kundenbeziehungen, sollte der Arbeitgeber schnellstmöglich Vermittlungsgespräche zwischen den Beteiligten anregen. Die Zuspitzung eines

1454 Vgl. *Wisskirchen*, DB 2006, 1491, 1498; *Göpfert/Siegrist*, ZIP 2006, 1710, 1716f.; *Boemke/Danko*, § 8 Rn. 24; vgl. auch *Ponschab/Dendorfer*, Beilage 2 BB 2001/Heft 16, 1, 2.

1455 Vgl. zu den Begriffen „diversity controlling“ u. „diversity strategy“ *Wisskirchen*, DB 2006, 1491, 1498; *Busch/Kocher/Welkoborsky*, S. 64; Rust/Falke-*Falke*, § 12 AGG Rn. 12.

1456 Vgl. Rust-Falke-*Falke*, § 12 AGG Rn. 24; *Schrader*, DB 2006, 2571, 2578, der in diesem Zusammenhang die Erforderlichkeit eines sensiblen Umgangs des AG mit dem potentiellen Diskriminierungsopfer betont.

Konflikts zu einem Druckkündigungsszenario kann möglicherweise unterbunden werden, wenn die Konfliktparteien auf diese Weise frühzeitig an der Erörterung möglicher Lösungswege beteiligt werden. Werden Gespräche bereits bei Feststellung erster Unstimmigkeiten in Kollegen- bzw. Kundenbeziehungen initiiert, sind die „Fronten" oftmals noch nicht verhärtet. Die Erfolgschancen einer Vermittlung sind in einem frühen Stadium des Konflikts daher häufig wesentlich höher als innerhalb eines Druckkündigungsszenarios.

In Fällen eines bereits verfestigten Streitverhältnisses kann zudem die Einschaltung eines Mediators angeregt werden.[1457] Ein Mediator ist ein neutraler Dritter, der im Rahmen eines freiwilligen, außergerichtlichen Konfliktbeilegungsverfahrens zwischen den streitenden Parteien vermittelt.[1458] Der Mediator hat keine Entscheidungsmacht. Er unterstützt vielmehr die Betroffenen bei der einvernehmlichen Konfliktbewältigung, indem er unter anderem bestimmte Kommunikationstechniken einsetzt und damit ein lösungsorientiertes Gespräch ermöglicht.[1459] Denkbar ist, dass die Beteiligten gegenüber einer solchen neutralen Person eher bereit sind, ihre tatsächlichen Handlungsmotive offen zu legen. Überdies eignet sich Mediation insbesondere in Fällen, in denen wie vorliegend vielfältige divergierende Interessenlagen bestehen, die im Rahmen einer individuellen Lösung in Einklang gebracht werden sollen.[1460] Sprechen etwa speziell trainierte Berater mit den Betroffenen eines potenziellen Druckkündigungsszenario, können sie den Beteiligten unter anderem auch die Gefahren des Konflikts für den Betrieb vor Augen führen und so auf ein Überdenken der jeweiligen Positionen hinwirken.[1461] Darüber hinaus kann im Einzelfall auch die frühzeitige Beratung mit einer betrieblichen Beschwerdestelle hilfreich sein, um (diskriminierende) Drucksituationen zu verhindern.[1462]

Klingen etwa erste Spannungen zwischen einem Großkunden und einem ihm zugewiesenen Beschäftigten an und bleiben auch Vermittlungsgespräche erfolglos, sollten auch etwaige Umsetzungsoptionen frühzeitig mit dem betreffenden Beschäftigten erörtert werden. Möglicherweise kann das potentielle Opfer eines Druckkündigungsszenarios aus der konfliktträchtigen Kundenbeziehung herausgenommen und ihm ein anderer Kundenkontakt zugewiesen werden.

1457 Vgl. *Göpfert/Siegrist*, ZIP 2006, 1710, 1713; *Schrader*, DB 2006, 2571, 2579.

1458 Schaub/*Koch*, ArbR von A-Z, Stichwort „Mediation"; vgl. zur historischen Entwicklung der außergerichtlichen Streitbeilegung *Kramer*, NZA 2005, 135, 136.

1459 Vgl. *Fritz*, NJW 2008, 2312, 2313; *Henkel*, NZA 2000, 929, 930.

1460 Vgl. zu den Vorteilen eines Mediationsverfahrens *Ponschab/Dendorfer*, Beilage 2 BB 2001/Heft 16, 1f.; vgl. auch *Fritz*, NJW 2008, 2312, 2314.

1461 Vgl. *Ponschab/Dendorfer*, Beilage 2 BB 2001/Heft 16, 1, 4.

1462 Ähnlich auch *Insam*, S. 141.

Handelt es sich um betriebsinterne Konfliktpotenziale, sollte der Arbeitgeber zudem umgehend eine „Parteien“-Bildung unter den Kollegen zu durchbrechen versuchen. Bei Feststellung erster (merkmalsbezogener) Ungereimtheiten innerhalb einer Abteilung sollten neben Vermittlungsgesprächen auch hier frühzeitig räumliche Trennungsmöglichkeiten erwogen werden.

III. Prävention auf Gesetzesebene

Druckspezifische Präventivmaßnahmen können nicht nur durch den Arbeitgeber, sondern letztlich auch durch den nationalen Gesetzgeber erfolgen. In Betracht kommt insoweit eine explizite Aufnahme von Fällen verpönt motivierter Druckausübung im Rahmen des AGG. Wie unter Kapitel C dargelegt, lassen sich zwar Fälle faktischer Weisungsmacht bereits unter den Begriff der Anweisung im Sinne des § 3 Abs. 5 AGG sowie im Falle der Forderungsdurchsetzung je nach Einzelfall unter die weiteren Tatbestände des § 3 AGG subsumieren.[1463] Eine ausdrückliche Benennung diskriminierend motivierter Druckausübung im Rahmen des § 3 AGG würde jedoch den Vorteil bringen, dass potentiellen Tätern der Unrechtsgehalt einer Ausnutzung wirtschaftlicher Weisungsmacht unmittelbar und unmissverständlich vor Augen geführt würde. Der Entstehung verpönt motivierten Entlassungsdrucks könnte effektiver verhindert werden, wenn Druckausübende bereits auf Gesetzesebene unmittelbar adressiert würden.

Im Einzelnen könnte sich eine derartige Gesetzesänderung am britischen Antidiskriminierungsrecht orientieren. Vor Inkrafttreten des „Equality Act“, einem einheitlichen Gleichbehandlungsgesetz, am 1.10.2010 existierten in Großbritannien verschiedene Antidiskriminierungsgesetze zu den einzelnen Diskriminierungsmerkmalen.[1464] In diesen hatte der britische Gesetzgeber die Diskriminierungsverbote im Hinblick auf Fälle, in denen eine Person einen Dritten dazu bestimmt, eine Benachteiligungshandlung gegenüber einem Beschäftigten zu begehen, konkretisiert. Neben dem Ausnutzen rechtlicher Befugnisse zwecks Durchsetzung diskriminierender Motive wurde in mehreren der Einzelgesetze ausdrücklich auch die Möglichkeit wirtschaftlicher Druckausübung themati-

---

1463 S. hierzu ausführlich unter Kap. C. IV. 3.

1464 Die Regierung des Vereinigten Königreichs brachte am 24.4.2009 den Entwurf eines einheitlichen Gleichbehandlungsgesetzes, namentlich den „Equality Bill“, ein. Mit ihm sollten sämtliche Einzelgesetze überarbeitet u. zusammengeführt werden, um ein integriertes Gleichstellungs- u. Antidiskriminierungsrecht in GB zu ermöglichen. Der Equality Act trat sodann am 1.10.2010 in Kraft. Zum vorherigen Diskriminierungsschutz in GB vgl. Henssler/Braun-*Harth/Taggart*, S. 517f.

siert.[1465] So untersagten sections 39f. des Sex Discriminination Act 1975, sections 30f. des Race Relations Act 1976 sowie section 16 C des Disability Discrimination Act 1995 einer Person, die über eine Anordnungsbefugnis („authority") oder über sonstigen Einfluss gegenüber einem anderen verfügt, Letzteren zu einer diskriminierenden Handlung anzuleiten bzw. anzustiften.[1466] Unter der Überschrift „pressure to discriminate" wurde in section 40 des Sex Discriminination Act 1975 sowie in section 30 des Race Relations Act 1976 explizit ausgeführt, dass es gesetzeswidrig ist, einen anderen durch das Angebot eines Vorteils oder durch das Androhen eines Nachteils zu einer Benachteiligungshandlung gegenüber einem Dritten zu veranlassen.[1467] Bereits der Versuch der Durchsetzung der diskriminierenden Motive über das Mittel des wirtschaftlichen Drucks reichte hiernach aus, um den Benachteiligungstatbestand zu erfüllen.[1468]

Fasst man den AGG-Wortlaut entsprechend dieser britischen Bestimmungen, könnte sowohl gegenüber potentiellen betriebsinternen als auch gegenüber etwaigen betriebsexternen Druckausübenden eine abschreckende Wirkung erzeugt werden.

Eine solche Konkretisierung hätte zudem keine Auswirkungen auf die Beurteilung des Verhaltens des Angewiesenen. Insbesondere bedeutet die explizite Untersagung diskriminierenden Drucks nicht zugleich, dass das Verhalten des unter Druck Gesetzten hierdurch gerechtfertigt ist. In Fällen verpönt intendierten Abberufungsdrucks bleibt es insoweit vielmehr bei den unter Kapitel F dargelegten Grundsätzen. Entscheidend für die Beurteilung des Kündigungsausspruchs durch den Arbeitgeber ist nach wie vor seine konkrete Handlungsmotivation. Insbesondere können auch die Druckkündigungsgrundsätze des BAG weiterhin berücksichtigt werden, wenn es um die Ermittlung des Kündigungsgrundes bzw. der Zumutbarkeit von Abwehrhandlungen des Arbeitgebers geht. Eine Konkretisierung des deutschen Gesetzeswortlautes würde sich folglich allein auf die Beurteilung des Drittverhaltens auswirken.

1465 Vgl. *Holland/Burnett*, Employment Law, S. 132; *Selwyn*, Law of Employment, S. 146.

1466 Eine gerichtliche Verfolgung war nach diesen Bestimmungen allerdings nur über die Equal Opportunities Commission (EOC) / Commission for Racial Equality (CRE) / Equality and Human Rights Commission (EHRC) möglich.

1467 Vgl. entsprechende Regelung in section 16 C des Disability Discrimination Act 1995; vgl. auch Commission For Racial Equality v Imperial Society of Teachers of Dancing 1983 ICR 473; Commission For Racial Equality v Martin-Laval & Anor [1994] UKEAT 218 92 2705.

1468 Vgl. Selwyn, Law of Employment, S. 146; vgl. auch Commission For Racial Equality v Imperial Society of Teachers of Dancing 1983 ICR 473; Commission For Racial Equality v Martin-Laval & Anor [1994] UKEAT 218 92 2705.

IV. Fazit

Neben dem europäischen Richtliniengeber betont auch der nationale Gesetzgeber die Bedeutung eines vorbeugenden arbeitsrechtlichen Diskriminierungsschutzes, indem er den Arbeitgeber gemäß § 12 Abs. 1 S. 2 AGG explizit zur Prävention verpflichtet. Die exemplarische Benennung unterschiedlicher Schutzmaßnahmen im Rahmen der europäischen Vorgaben sowie des AGG kann insoweit auch als Orientierungshilfe für mögliche Vorkehrungen des Arbeitgebers zum Schutze der Beschäftigten vor diskriminierendem Abberufungsdruck herangezogen werden.

Nutzt ein Dritter seine wirtschaftliche Machtstellung zur Durchsetzung diskriminierender Entlassungsmotive, liegt die Rechtswidrigkeit seines Verhaltens auf der Hand. Der Druckausübende kann den Eingriff in das Persönlichkeitsrecht des betroffenen Beschäftigten im Regelfall nicht mit der Berufung auf eine berechtigte Interessenwahrnehmung rechtfertigen. Versucht der Arbeitgeber ein solches AGG-widriges Vorgehen durch entsprechende Präventivmaßnahmen zu unterbinden, besteht demzufolge grundsätzlich nicht die Gefahr eines unzulässigen Eingriffs in die Rechte des Außenstehenden.

Neben Schulungs- und Informationsveranstaltungen erweist sich vor allem eine regelmäßige Analyse der Kommunikation und des Umgangs in Kollegen- bzw. Kundenbeziehungen als geeignetes Präventionsmittel. Werden konkrete Konfliktpotentiale festgestellt, können frühzeitig lösungsorientierte Vermittlungsgespräche – ggf. unter Einschaltung eines Mediators – initiiert und damit eine Zuspitzung des Konflikts zu einer echten Druckkündigungssituation rechtzeitig unterbunden werden.

Darüber hinaus sollte insbesondere in größeren Unternehmen die Erstellung eines AGG-Verhaltenskodexes in Betracht gezogen werden. Durch ein solches Regelungswerk kann nicht nur die Haltung des Arbeitgebers verdeutlicht, sondern auch das Bewusstsein der Beschäftigten für ungerechtfertigte Benachteiligungen geschärft werden. Zur Veranschaulichung des Regelungsgehaltes des AGG empfiehlt sich ein Anführen von Beispielen für die unterschiedlichen Erscheinungsformen diskriminierender Verhaltensweisen im Rahmen des Kodexes. In diesem Kontext sollte der Arbeitgeber nicht nur den Belästigungsbegriff konkretisieren, sondern auch ausdrücklich auf die Problematik diskriminierenden Entlassungsdrucks und dessen schadensersatzrechtliche Folgen aufmerksam machen.

Darüber hinaus können auch im Rahmen von Geschäftsbeziehungen zu betriebsexternen Personen Verpflichtungen zu einer benachteiligungsfreien Vertragsdurchführung vereinbart werden. Erwägt der Arbeitgeber zudem eine ausdrückliche Untersagung AGG-widrigen Abberufungsdrucks, muss auf die konkrete Formulierung der Verhaltenspflicht geachtet werden. Dem Dritten kann ebenso wie den Beschäftigten ein Gebrauch machen von (außerordentlichen) Kündigungsmöglichkeiten nicht untersagt werden. Insofern kann der Eintritt von wirtschaftlichen Nachteilen regelmäßig nicht unterbunden werden. Anknüpfungspunkt für eine vertragliche Unterlassungspflicht ist vielmehr das Stellen einer diskriminierenden Entlassungsforderung bzw. das Ausnutzen der wirtschaftlichen Übermacht zwecks Durchsetzung von diskriminierenden Motiven.

Ob eine solche vertragliche Regelung aus Arbeitgebersicht im Einzelfall sinnvoll ist und ob der konkrete Vertragspartner sich hierauf einlassen wird, hängt unter anderem von der Marktmacht des betreffenden Betriebs bzw. von seiner Bedeutung für den konkreten Kunden ab.

Insgesamt sollte der Arbeitgeber bedenken, dass Präventionsmaßnahmen zur Unterbindung von Diskriminierungen nicht nur im Interesse seiner Mitarbeiter liegen, sondern sich auch auf die Funktionsfähigkeit des Betriebs positiv auswirken.[1469]

Werden Unstimmigkeiten und Benachteiligungsgefahren frühzeitig entgegen gewirkt, kann nicht nur ein Absinken der Leistungsbereitschaft und -fähigkeit der betroffenen Beschäftigten verhindert werden.[1470] Darüber hinaus kann insbesondere auch eine Eskalation des Konflikts und damit eine druckkündigungsrechtliche Zwangssituation des Arbeitgebers unterbunden werden. Zwar kann sich der Arbeitgeber einer solchen Drucksituation theoretisch durch den Ausspruch einer echten Druckkündigung entziehen; im Regelfall wird er jedoch kein Interesse daran haben, als „Marionette“ zur Realisierung einer von dritter Seite intendierten Diskriminierung eingesetzt zu werden. Neben der Gefahr von Schadensersatzansprüchen wiegt möglicherweise auch der Verlust des betreffenden Beschäftigten aus Sicht des Betriebs bzw. Unternehmens schwer. Darüber hinaus besteht die Gefahr einer Beschädigung der Glaubwürdigkeit der eigenen Antidiskriminierungspolitik.[1471] Der Arbeitgeber sollte folglich auch aus Eigeninteresse möglichst frühzeitig Vorkehrungen zur Gewährleistung eines konflikt- und insbesondere diskriminierungsfreien Arbeitsumfelds treffen.

Darüber hinaus sollte auch an den Gesetzgeber appelliert werden, diskriminierenden Entlassungsdruck ausdrücklich im Rahmen der Benachteiligungsformen des AGG hervorzuheben.

1469 So auch *Nollert-Borasio/Perreng*, § 12 AGG Rn. 2.

1470 Vgl. *Ponschab/Dendorfer*, Beilage 2 BB 2001/Heft 16, 1, 2.

1471 Vgl. Rust/Falke-*Falke*, § 12 AGG Rn. 56; *Müller-Bonanni/Sagan*, ArbRB 2007, 50, 52.

I. Wesentliche Ergebnisse

1. Während die Zulässigkeit einer unechten Druckkündigung im Allgemeinen nicht zu beanstanden ist, bestehen hingegen erhebliche Bedenken gegen die Anerkennung des Rechtsinstituts der echten Druckkündigung. Entgegen der Auffassung des BAG ist eine echte Druckkündigung ausschließlich in Gestalt einer ordentlichen Kündigung außerhalb des Anwendungsbereichs des Kündigungsschutzgesetzes zulässig.

2. Ein Druckkündigungsszenario kann infolge eines diskriminierenden Drittverhaltens eine AGG-rechtlich bedeutsame Einfärbung erhalten. Entsprechend der europäischen Vorgaben richtet sich der arbeitsrechtliche Antidiskriminierungsauftrag des § 7 AGG nicht nur an den Arbeitgeber, sondern auch an betriebsinterne bzw. -externe Dritte.

Soweit das Kündigungsverlangen des Außenstehenden auf einem verpönten Merkmal beruht, können verschiedene Benachteiligungsformen des § 3 AGG erfüllt sein. Neben dem Tatbestand der Belästigung kann eine auf Gründen des § 1 AGG basierende Entlassungsforderung sowohl eine unmittelbare als auch eine mittelbare Benachteiligung begründen. Die wirtschaftliche Machtstellung des Druckausübenden ermöglicht den Einsatz des Arbeitgebers als unmittelbares „Zurücksetzungswerkzeug" und damit die Durchsetzung des verpönten Abberufungsbegehrens. Eine faktische Benachteiligungsmacht ist insoweit mit rechtlichen Zurücksetzungsbefugnissen gleichzusetzen.

Betrachtet man die Formulierung der verpönten Entlassungsforderung isoliert, stellt diese gegenüber dem Arbeitgeber zudem eine Anweisung im Sinne des § 3 Abs. 5 AGG dar.

3. Die Rechtmäßigkeit der Druckkündigung selbst muss ebenfalls im Lichte der Diskriminierungsverbote beurteilt werden. Überträgt man die Grundsätze des BAG zu § 2 Abs. 4 AGG auf den speziellen Fall einer Druckkündigung, widerspricht die Ausschlussregelung auch nicht einer Berücksichtigung des Regelungsgehaltes des § 12 AGG.

4. Eine unechte Druckkündigung kann ihre AGG-rechtliche Relevanz sowohl durch einen entsprechend eingefärbten Kündigungsgrund als auch allein auf Grundlage eines diskriminierenden Druckverhaltens des Dritten erhalten.

AGG-rechtlich bedeutsam sind insbesondere Fälle, in denen die kündigungsrelevante Eigenschaft bzw. Verhaltensweise des Beschäftigten einen objektiv zwingenden Merkmalsbezug aufweist. Ist bereits der Kündigungsgrund mit § 7 Abs. 1 AGG unvereinbar, muss dieser Verstoß zwingend in die allgemeine Wirksamkeitsbewertung der Kündigung einfließen. Im Falle einer unechten Druckkündigung bedeutet dies jedoch nicht deren Unwirksamkeit, sondern eine zweite Rechtmäßigkeitskontrolle auf Basis des wirtschaftlichen Drucks.

Ist der tatsächlich vorliegende Kündigungsgrund mit den Diskriminierungsverboten vereinbar, übt der Dritte den Entlassungsdruck aber aus diskriminierenden Motiven aus, ändert dies grundsätzlich nichts an der Wirksamkeit des Kündigungsausspruchs.

Auch wirkt sich die Frage der Erfüllung des Pflichtenprogramms aus § 12 Abs. 3, 4 AGG in Fällen unechter Druckkündigungen nicht im Rahmen der Kündigungsbewertung aus. Im Übrigen können die von § 12 AGG generell geforderten Schutzmaßnahmen nicht so weit verstanden werden, dass sie den Arbeitgeber zwingen, einen objektiv vorliegenden Kündigungsgrund zu ignorieren.

5. Ein verpöntes Kündigungsmotiv ist unabhängig von der objektiven Rechtfertigung einer Kündigung im Rahmen ihrer Rechtmäßigkeitskontrolle zu berücksichtigen, soweit die Diskriminierung den wahren bzw. faktisch (mit-) entscheidenden Handlungsgrund bildet. In solchen Fällen sind die objektiv rechtfertigenden Umstände nicht imstande, den offensichtlich AGG-widrigen Gehalt der Kündigung zu überdecken.

Im Rahmen der kündigungsrechtlichen Wirksamkeitskontrolle kommt es jedoch auch in Fällen „echten“ Entlassungsdrucks ausschließlich auf die Motivation desjenigen an, der die Kündigung ausspricht. Im typischen Druckkündigungsszenario handelt der Arbeitgeber nicht wegen eines Grundes im Sinne des § 1 AGG. Zwar ist die Druckausübung anders als in unechten Druckkündigungsszenarien maßgeblich für die Betriebsbedingtheit der Kündigung und erlangt damit zumindest mittelbare Bedeutung; allein durch die Berücksichtigung des Drucks im Rahmen des betriebsbedingten Kündigungsgrundes verstößt der Arbeitgeber jedoch nicht gegen § 7 Abs. 1 AGG. Entscheidend ist, dass allein die Auswirkungen des Drittverhaltens, nicht der konkrete Handlungsanlass des Druckausübenden Kündigungsgrundlage werden.

Der einzige Berührungspunkt von verpönter Drittforderung und Kündigung besteht darin, dass sich der Außenstehende zur Durchsetzung der angestrebten Zurücksetzung des betreffenden Arbeitnehmers unter Einsetzung von Drohmitteln der Person des Arbeitgebers quasi als verlängerten Arm bedient. Die Vorgehensweise ist vergleichbar mit den typischen Konstellationen einer mittelbaren Täterschaft im Sinne des StGB.

6. Ein Verstoß gegen § 12 Abs. 3, 4 AGG wirkt sich auf die Wirksamkeitsbewertung einer echten Druckkündigung mit diskriminierendem Hintergrund aus. Soweit der diskriminierende Gehalt des Drittverhaltens offenkundig ist bzw. durch entsprechende Nachfragen und Nachforschungen des Arbeitgebers im Sinne seiner Schutzverpflichtung aus § 12 Abs. 1 AGG ermittelt wurde, ergeben sich inhaltliche Änderungen im Hinblick auf das bisherige kündigungsrechtliche Prüfungsprogramm.

§ 12 Abs. 3 und 4 AGG erweitern die von der Rechtsprechung bereits als Rechtmäßigkeitskriterium festgelegte Erfüllung der allgemeinen Fürsorgeverpflichtung, wenn das abzuwehrende Drittverhalten zugleich eine Diskriminierung darstellt. Die AGG-rechtlichen Schutzpflichten können insoweit als lex specialis zu § 241 Abs. 2 BGB verstanden werden.

In Fällen diskriminierenden Drucks muss der Arbeitgeber den Druckausübenden ausdrücklich mit seinem gesetzeswidrigen Verhalten konfrontieren und sich von den AGG-widrigen Motiven distanzieren. Die Erfüllung dieser AGG-spezifischen Fürsorgehandlungen ist ausschlaggebend für die Frage der Einhaltung des ultima-ratio-Grundsatzes und damit für die Zulässigkeit der Druckkündigung.

§ 12 Abs. 3, 4 AGG steht jedoch der generellen Möglichkeit des Ausspruchs einer echten Druckkündigung nicht im Weg. Erkennt man das Rechtsinstitut der echten Druckkündigung entsprechend der Grundsätze des BAG an, ist selbst im Falle eines verpönt motivierten Entlassungsverlangens der Kündigungsausspruch weiterhin möglich. Soweit schwere wirtschaftliche Nachteile für den Betrieb drohen, zwingt § 12 AGG den Arbeitgeber nicht, die diskriminierende Forderung des Druckausübenden zu ignorieren und den Kündigungsausspruch zu verweigern.

Das Kriterium der Angemessenheit öffnet über den Verhältnismäßigkeitsgrundsatz insoweit die Tore für eine Berücksichtigung der Arbeitgeberinteressen. Eine Einschränkung der Schutzverpflichtung des Arbeitgebers ist mit den Antidiskriminierungsrichtlinien vereinbar. Auch diese greifen zur Bestimmung des Handlungsspektrums des Arbeitgebers auf das Kriterium der Belastbarkeit sowie nationale Gepflogenheiten zurück.

Ein Blick auf die jeweiligen Folgen einer diskriminierungsfreien Druckkündigung und einer solchen auf Grundlage diskriminierenden Drucks verdeutlicht zudem, dass die Beendigung des Arbeitsverhältnisses nicht der Diskriminierung, sondern vielmehr der allgemeinen Anerkennung der Zulässigkeit einer Druckkündigung geschuldet ist. Im Falle diskriminierenden Drittverhaltens werden die Schwächen einer solchen Vorgehensweise lediglich besonders deutlich.

7. In echten Druckkündigungsfällen, die auf einem diskriminierenden Entlassungsbegehren beruhen, beschränken sich die Ersatzmöglichkeiten des Beschäftigten weiterhin auf den Druckausübenden als Anspruchsgegner. Der Arbeitgeber haftet im Regelfall nicht für das diskriminierende Verhalten des Dritten. § 15 AGG begründet keine Gefährdungshaftung, sondern entsprechend des EuGH eine Urheberhaftung. Allein der Druckausübende ist als Urheber anzusehen. Insbesondere scheidet auch eine Zurechnung des Drittverhaltens nach nationalen Bestimmungen aus.

Hat der Arbeitgeber im konkreten Fall das Pflichtenprogramm des § 241 Abs. 2 BGB i.V.m. § 12 Abs. 3, 4 AGG erfüllt, bedeutet dies nicht nur die Wirksamkeit der Druckkündigung, sondern zugleich auch, dass ihm insoweit keine Pflichtverletzung im Sinne des § 280 Abs. 1 BGB vorgeworfen werden kann. Hingegen führt eine Verletzung der Fürsorgepflichten bereits zur Unwirksamkeit der echten Druckkündigung, sodass zumindest kein Arbeitsplatzverlust eintritt, den es schadensersatzrechtlich zu ersetzen gilt.

8. Liegt der echten Druckkündigung ein diskriminierend motiviertes Abberufungsverlangen zugrunde, verbessern sich die Zugriffsmöglichkeiten des Beschäftigten auf den Druckausübenden. Anders als in üblichen Druckkündigungsfällen lässt sich infolge des diskriminierenden Hintergrundes die Sittenwidrigkeit des Drucks sowie die Widerrechtlichkeit des Eingriffs in das allgemeine Persönlichkeitsrecht leichter begründen. Gleiches gilt für den Nachweis einer vertraglichen Schutzwirkung zugunsten des gekündigten Beschäftigten, soweit der diskriminierende Druck durch Kollegen verübt wird. Infolge der verpönten Handlungsintention kann regelmäßig nicht mehr von einer berechtigten Interessenwahrnehmung des Dritten ausgegangen werden.

Handelt der Druckausübende aus Gründen im Sinne des § 1 AGG, bestehen im Vergleich zu diskriminierungsfreien Fällen ferner erhebliche Vorteile hinsichtlich der Geltendmachung einer Rechtsgutverletzung. Der Verstoß gegen § 7 Abs. 1 AGG begründet infolge der Herabwürdigung des Beschäftigten durch den Druckausübenden eine Persönlichkeitsverletzung im Sinne des § 823 Abs. 1 BGB. Der Nachweis eines solchen Eingriffs wird zudem durch eine Erstreckung der europarechtlich vorgegebenen Beweiserleichterung nicht unerheblich erleichtert. § 22 AGG ist entsprechend anzuwenden, soweit die Frage eines Verstoßes gegen § 7 Abs. 1 AGG von Bedeutung ist.

Darüber hinaus entstehen auch Erleichterungen im Rahmen der Bestimmung des ersatzfähigen Schadens im Sinne des § 823 Abs. 1 BGB. Das diskriminierende Verhalten des Dritten verletzt den Beschäftigten regelmäßig schwerwiegend in seiner Persönlichkeit. Dieser Eingriff manifestiert sich unmittelbar im Verlust des Arbeitsplatzes. Infolge der Verknüpfung von Persönlichkeitsverletzung und Zurücksetzung im Sinne des Arbeitsplatzverlustes, die durch den Regelungsgehalt des § 7 AGG geschaffen wird, ist der eingetretene materielle Schaden im Rahmen der Bemessung der Höhe des Ersatzes zwingend zu berücksichtigen.

Darüber hinaus eröffnet der Verstoß gegen das arbeitsrechtliche Diskriminierungsverbot des AGG eine weitere Zugriffsmöglichkeit über § 823 Abs. 2 BGB i.V.m. § 7 Abs. 1 AGG.

9. Ein Schutzdefizit, das der Vergleich der deliktischen Haftung des Druckausübenden mit der des Arbeitgebers aus § 15 AGG hervorbringt, ist in dem zwingenden Verschuldenserfordernis der §§ 823ff. BGB zu sehen.

Bei Berücksichtigung der Rechtsprechung des EuGH wirft der Unterschied Zweifel an der Wirksamkeit der Sanktion des diskriminierenden Drittverhaltens auf.

Im Wege einer gerichtlichen Vorlage an den EuGH nach Art. 267 AEUV kann abschließend geklärt werden, welche konkreten Anforderungen an eine wirksame Sanktion des diskriminierenden Drittverhaltens zu stellen sind, wenn dieses dem Arbeitgeber nach nationalen Grundsätzen nicht zugerechnet werden kann.

10. Erlangt der Beschäftigte frühzeitig Kenntnis von der diskriminierenden Forderung des Dritten, hat er zudem die Möglichkeit, den Druck bereits vor Ausspruch der Kündigung zu bekämpfen.

Neben der Einschaltung der Beschwerdestelle rechtfertigt die drohende Gefahr des Arbeitsplatzverlustes insbesondere die Geltendmachung eines Unterlassungsanspruchs gegenüber dem Druckausübenden im einstweiligen Rechtsschutzverfahren. Denkbar ist, dass sich der Dritte infolge des gerichtlichen Eilverfahrens und der vor Augen geführten drohenden Schadensersatzansprüche zum Rückzug seiner Forderung entscheidet.

In unechten Druckkündigungsszenarien beschränken sich die Wirkungen eines Unterlassungsanspruchs allerdings lediglich auf die Abwehr der erfolgten Diskriminierung. Die Bekämpfung der Diskriminierung kann aber den drohenden Arbeitsplatzverlust regelmäßig nicht verhindern, denn insoweit besteht nach wie vor ein rechtlich nicht zu beanstandender Kündigungsgrund.

11. Insgesamt schaffen die verbesserten Abwehr- und Schadensersatzmöglichkeiten gegenüber dem Druckausübenden das notwendige Gegengewicht zu der kündigungsrechtlichen Lösung des BAG. Auf diesem Wege werden letztlich

sowohl die Belange des Arbeitgebers als auch die Interessen des Beschäftigten berücksichtigt. Der Arbeitgeber wird weiterhin vor einer schwerwiegenden finanziellen Schädigung seines Betriebs im Sinne der nationalen Rechtsprechung bewahrt. Insbesondere wird ihm ein Drittverhalten nicht angelastet, das außerhalb seines Einflussbereichs bzw. nationaler Zurechnungsnormen liegt. Infolge des AGG-widrigen Gehaltes der Drucksituation kann jedoch zugleich der Beschäftigte den Verlust seines Arbeitsplatzes gegenüber dem Diskriminierungstäter effektiver durchsetzen. Darüber hinaus verstärken § 12 Abs. 3, 4 AGG die Fürsorgeanforderungen des Arbeitgebers zugunsten seiner Beschäftigten.

Diese Lösung entspricht auch der Rechtsprechung des EuGH, da diese bei der Frage der Haftung ebenfalls an den Begriff des Urhebers einer Diskriminierung anknüpft. Vorliegend ist dies allein der Druckausübende, da nur er „wegen" eines Merkmals im Sinne des § 1 AGG handelt.

12. Sowohl Schulungen als auch Verhaltensregeln eignen sich grundsätzlich zum vorbeugenden Schutz vor diskriminierenden Verhaltensweisen betriebsinterner Personen. Zur Verdeutlichung des spezifischen Unrechtsgehalts diskriminierenden Abberufungsdrucks sollte diese Konstellation explizit thematisiert werden. Darüber hinaus können auch im Rahmen von Geschäftsbeziehungen zu betriebsexternen Personen Verpflichtungen zu einer benachteiligungsfreien Vertragsdurchführung vereinbart werden.

Dem externen Dritten kann ebenso wie den Beschäftigten ein Gebrauch machen von eigenen (außerordentlichen) Kündigungsmöglichkeiten nicht untersagt werden. Anknüpfungspunkt für eine vertragliche Unterlassungspflicht sind daher nicht die wirtschaftlichen Folgen, sondern vielmehr der diskriminierende Gehalt des Druckverhaltens.

Letztlich kann eine präventive Schutzwirkung auch durch eine Konkretisierung des AGG-Wortlautes durch den nationalen Gesetzgeber erzielt werden. Die explizite Erwähnung einer verpönt motivierten Druckausübung im Rahmen des § 3 AGG wäre grundsätzlich geeignet, die Entstehung diskriminierenden Entlassungsdrucks zu unterbinden.

Abkürzungsverzeichnis

AA	Arbeitsrecht aktiv (Zeitschrift)
a.A.	Anderer Ansicht
a.a.O.	am angegebenen Ort
Abl. EG	Amtsblatt der Europäischen Gemeinschaften
ADG	Antidiskriminierungsgesetz
AE	Arbeitsrechtliche Entscheidungen (Entscheidungssammlung)
AEUV	Vertrag über die Arbeitsweise der Europäischen Union
a.F.	alte Fassung
AG	Arbeitgeber
AGG	Allgemeines Gleichbehandlungsgesetz
AiB	Arbeitsrecht im Betrieb (Zeitschrift)
Alt.	Alternative
AN	Arbeitnehmer
AP	Arbeitsrechtliche Praxis (Entscheidungssammlung)
APS	Ascheid/Preis/Schmidt (Großkommentar zum Kündigungsrecht)
ArbeitsR	Arbeitsrecht
ArbG	Arbeitsgericht
ArbGG	Arbeitsgerichtsgesetz
ArbR	Arbeitsrecht
ArbRB	Der Arbeits-Rechts-Berater (Zeitschrift)
ARS	Arbeitsrechts-Sammlung – Entscheidungen des Reichsarbeitsgerichts und des Reichsehrengerichtshofs, der Landesarbeitsgerichte, Arbeitsgerichte und Ehrengerichte
AuR	Arbeit und Recht (Zeitschrift)
Az.	Aktenzeichen
BAG	Bundesarbeitsgericht
BB	Betriebs-Berater (Zeitschrift)
BErzGG	Bundeserziehungsgeldgesetz
BeschSchG	Beschäftigungsschutzgesetz
BetrVG	Betriebsverfassungsgesetz
BGB	Bürgerliches Gesetzbuch
BGBl.	Bundesgesetzesblatt

BGH	Bundesgerichtshof
BGHZ	Entscheidungssammlung des BGH in Zivilsachen
BR	Betriebsrat
BR-Drs.	Drucksache des Deutschen Bundesrates
BRG	Betriebsrätegesetz
Bsp.	Beispiel
BT-Drs.	Drucksache des Deutschen Bundestages
BuW	Betrieb und Wirtschaft (Zeitschrift)
BV	Betriebsvereinbarung
BVerfG	Bundesverfassungsgericht
BVerfGE	Sammlung der Entscheidungen des BVerfG
BVerfGK	Kammerentscheidungen des BVerfG (Sammlung)
CFR	Code of Federal Regulations
Cir.	Circuit
DB	Der Betrieb (Zeitschrift)
DKK	Däubler/Kittner/Klebe (Kommentar zum BetrVG)
DStR	Deutsches Steuerrecht (Zeitschrift)
EAT	Employment Appeal Tribunal
EEOC	U.S. Equal Employment Opportunity Commission
EG	Europäische Gemeinschaft
EGV	Vertrag zur Gründung der Europäischen Gemeinschaft
Einl.	Einleitung
ErfK	Erfurter Kommentar
EuGH	Gerichtshof der Europäischen Gemeinschaften
EuZA	Europäische Zeitschrift für Arbeitsrecht
EuZW	Europäische Zeitschrift für Wirtschaftsrecht
EWG	Europäische Wirtschaftsgemeinschaft
EzA	Entscheidungssammlung zum Arbeitsrecht
F.2.d. / F.3.d.	Federal Reporter (Entscheidungssammlung)
F. Supp.	Federal Supplement (Entscheidungssammlung)
FA	Fachanwalt Arbeitsrecht (Zeitschrift)
GB	Großbritannien
GG	Grundgesetz
GesR	Gesundheitsrecht (Zeitschrift)
GK-BetrVG	Gemeinschaftskommentar zum BetrVG
GRUR	Gewerblicher Rechtsschutz und Urheberrecht (Zeitschrift)
HK	Handkommentar Arbeitsrecht (Däubler/Hjort/Hummel/Wolmerath)
ICR	Industrial Case Reports (Zeitschrift)
i.E.	im Ergebnis

i.R.	im Rahmen
i.R.d.	im Rahmen des
IRLR	Industrial Relations Law Reports (Zeitschrift)
i.R.v.	im Rahmen von
i.S.d.	im Sinne des
i.Ü.	im Übrigen
i.V.m.	in Verbindung mit
JA	Juristische Arbeitsblätter (Zeitschrift)
JuS	Juristische Schulung (Zeitschrift)
JZ	Juristenzeitung (Zeitschrift)
KDZ	Kittner/Däubler/Zwanziger (Kommentar zum Kündigungsschutzrechts)
KR	Gemeinschaftskommentar zum Kündigungsschutzgesetz
krit.	kritisch
KSchG	Kündigungsschutzgesetz
LAG	Landesarbeitsgericht
LAGE	Entscheidungen der Landesarbeitsgerichte
LG	Landgericht
Lit.	Literatur
MDR	Monatsschrift für Deutsches Recht
MüKo	Münchener Kommentar
MünchArbR	Münchener Handbuch zum Arbeitsrecht
MuSchG	Gesetz zum Schutz der erwerbstätigen Mutter (Mutterschutzgesetz)
NJW	Neue Juristische Wochenschrift
NJW-RR	NJW-Rechtsprechungs-Report
NStZ	Neue Zeitschrift für Strafrecht
NStZ-RR	NStZ-Rechtsprechungs-Report Strafrecht
n.v.	nicht amtlich veröffentlicht
NVwZ	Neue Zeitschrift für Verwaltungsrecht
NZA	Neue Zeitschrift für Arbeitsrecht
NZA-RR	NZA-Rechtsprechungsreport Arbeitsrecht (Zeitschrift)
NZG	Neue Zeitschrift für Gesellschaftsrecht
OLG	Oberlandesgericht
PFlR	PflegeRecht (Zeitschrift)
RAG	Reichsarbeitsgericht
RdA	Recht der Arbeit (Zeitschrift)
RGBl.	Reichsgesetzblatt
RL	Richtlinie
Rn.	Randnummer

Rspr.	Rechtsprechung
S.	Seite; Satz
SGB VII	Sozialgesetzbuch Siebtes Buch – Gesetzliche Unfallversicherung
SGB IX	Sozialgesetzbuch Neuntes Buch – Rehabilitation und Teilhabe behinderter Menschen
Slg.	Sammlung von Entscheidungen, Gesetzen etc.
st.	ständig(e)
StGB	Strafgesetzbuch
str.	streitig
StrafR AT	Strafrecht Allgemeiner Teil
StV	Der Strafverteidiger (Zeitschrift)
UK	United Kingdom
U.S.	Supreme Court of the United States
u.U.	unter Umständen
v.	vom; von; versus
VersR	Versicherungsrecht (Zeitschrift)
Vorb.	Vorbemerkung
ZESAR	Zeitschrift für europäisches Sozial- und Arbeitsrecht
ZfA	Zeitschrift für Arbeitsrecht
ZIP	Zeitschrift für Wirtschaftsrecht
ZPO	Zivilprozessordnung

Literaturverzeichnis

Adomeit, Klaus: Political correctness – jetzt Rechtspflicht!, NJW 2006, S. 2169ff., zitiert: *Adomeit*, NJW 2006, S.

Adomeit, Klaus; Mohr, Jochen: Kommentar zum Allgemeinen Gleichbehandlungsgesetz, Stuttgart 2007, zitiert: *Adomeit/Mohr*, § Rn.

Adomeit, Klaus; Mohr, Jochen: Verantwortung von Unternehmen für diskriminierende Stellenanzeigen durch Dritte, NJW 2007, S. 2522ff., zitiert: *Adomeit/ Mohr*, NJW 2007, S.

Adomeit, Klaus; Mohr, Jochen: Rechtsgrundlagen und Reichweite des Schutzes vor diskriminierenden Kündigungen, NJW 2009, S. 2255ff., zitiert: *Adomeit/ Mohr*, NJW 2009, S.

Annuß, Georg: Das Allgemeine Gleichbehandlungsgesetz im Arbeitsrecht, BB 2006, S. 1629ff., zitiert: *Annuß*, BB 2006, S.

Ascheid, Reiner; Preis, Ulrich; Schmidt, Ingrid: Kündigungsrecht, Großkommentar zum gesamten Recht der Beendigung von Arbeitsverhältnissen, 3. Auflage, München 2007, zitiert: APS/*Bearbeiter*, § Rn.

Backmeister, Thomas; Trittin, Wolfgang; Mayer, Udo: Kündigungsschutzgesetz mit Nebengesetzen, Kommentar zum Kündigungsschutzgesetz und weiteren wichtigen Vorschriften des Kündigungsrechts, 4. Auflage, München 2009, zitiert: *Backmeister/Trittin/Mayer*, § Rn.

Baeck, Ulrich; Winzer, Thomas: Anmerkung zum Urteil des BAG vom 6.11.2008 – 2 ARZ 523/07: Geltung des AGG für den Kündigungsschutz/Sozialauswahl, NZG 2009, S. 461, zitiert: *Baeck/Winzer*, NZG 2009, S. (Anm. zu BAG 6.11.2008 – 2 ARZ 523/07)

Barth, Tobias: Arbeitsrechtliche Einfühlungsverhältnisse rechtssicher gestalten, BB 2009, S. 2646ff., zitiert: *Barth*, BB 2009, S.

Bauer, Jobst-Hubertus; Evers, Malte: Schadensersatz und Entschädigung bei Diskriminierung – Ein Fass ohne Boden?, NZA 2006, S. 893ff., zitiert: *Bauer/ Evers*, NZA 2006, S.

Bauer, Jobst-Hubertus; Göpfert, Burkhard; Krieger, Steffen: AGG – Allgemeines Gleichbehandlungsgesetz, Kommentar, 3. Auflage, München 2011, zitiert: *Bauer/Göpfert/Krieger*, § Rn.

Bauer, Jobst-Hubertus; Thüsing, Gregor; Schunder, Achim: Entwurf eines Gesetzes zur Umsetzung europäischer Antidiskriminierungsrichtlinien, NZA 2005, S. 32ff., zitiert: *Bauer/Thüsing/Schunder*, NZA 2005, S.

Bayreuther, Frank: Kündigungsschutz im Spannungsfeld zwischen Gleichbehandlungsgesetz und europäischem Antidiskriminierungsrecht, DB 2006, S. 1842ff., zitiert: *Bayreuther*, DB 2006, S.

Beck'sches Formularbuch: Arbeitsrecht, 2. Auflage, München 2009, zitiert: Beck'sches Formularbuch ArbR/*Bearbeiter*, S.

Benecke, Martina: Altersgruppen und Punktetabellen bei der Sozialauswahl – Neue BAG-Rechtsprechung zu Kündigungsschutz und Europarecht, AuR 2009, S. 326ff., zitiert: *Benecke*, AuR 2009, S.

Berkowsky, Wilfried: Die personen- und verhaltensbedingte Kündigung, 4. Auflage, München 2005, zitiert: *Berkowsky*, Die pers.- u. verhaltensbed. K. § Rn.

Berkowsky, Wilfried: Die betriebsbedingte Kündigung, 6. Auflage, München 2008, zitiert: *Berkowsky*, Die betriebsbed. K., § Rn.

Berkowsky, Wilfried: Kündigungsschutz außerhalb des KSchG – Eine Herausforderung für die Praxis, NJW 2009, S. 113ff., zitiert: *Berkowsky*, NJW 2009, S.

Blaese, Dietrich: Die arbeitsrechtliche Druckkündigung, DB 1988, S. 178ff., zitiert: *Blaese*, DB 1988, S.

Boemke, Burkhard; Danko, Franz-Ludwig: AGG im Arbeitsrecht, Berlin 2007, zitiert: *Boemke/Danko*, § Rn.

Borgmann, Bernd: Ethikrichtlinien und Arbeitsrecht, NZA 2003, S. 352ff., zitiert: *Borgmann*, NZA 2003, S.

Breucker, Marius: Die Druckkündigung im Sport, NZA 2008, S. 1046ff., zitiert: *Breucker*, NZA 2008, S.

Brors, Christiane: Trial und Error im Diskriminierungsschutz: Die Rechtsprechung zum amerikanischen Arbeitsrecht im Jahr 2001 bis 2002, RdA 2003, S. 223ff., zitiert: *Brors*, RdA 2003, S.

Busch, Sebastian; Kocher, Eva; Welkoborsky, Horst: Das Allgemeine Gleichbehandlungsgesetz, Benachteiligung verhindern – Gleichstellung fördern, Frankfurt a.M. 2009, zitiert: *Busch/Kocher/Welkoborsky*, S.

Busemann, Andreas; Schäfer, Horst: Kündigung und Kündigungsschutz im Arbeitsverhältnis, 5. Auflage, Berlin 2006, zitiert: *Busemann/Schäfer*, Rn.

Bußmann, Kurt: Anmerkung zum Urteil des BGH vom 19.9.1961 – VI ZR 259/60, GRUR 1962, 107f., zitiert: *Bußmann*, GRUR 1962, S. (Anm. zu BGH 19.9.1961 – VI ZR 259/60)

Däubler, Wolfgang: Was bedeutet „Diskriminierung“ nach neuem Recht?, ZfA 2006, S. 479ff., zitiert: *Däubler*, ZfA 2006, S.

Däubler, Wolfgang; Bertzbach, Martin: Allgemeines Gleichbehandlungsgesetz, Handkommentar, 2. Auflage, Baden-Baden 2008, zitiert: Däubler/Bertzbach-*Bearbeiter*, § Rn.

Däubler, Wolfgang; Hjort, Jens Peter; Hummel, Dieter; Wolmerath, Martin: Arbeitsrecht, Individualarbeitsrecht mit kollektiv-rechtlichen Bezügen, Handkommentar, 2. Auflage 2010, zitiert: HK/*Bearbeiter*, § Rn.

Däubler, Wolfgang; Kittner, Michael; Klebe, Thomas; Wedde, Peter: BetrVG – Betriebsverfassungsgesetz mit Wahlordnung und EBR-Gesetz, 12. Auflage, Frankfurt a.M. 2010, zitiert: DKK/*Bearbeiter*, § Rn.

Deinert, Olaf: Schadensersatz wegen Druckkündigung, Anmerkung zum Urteil des BAG vom 4.6.1998 – 8 AZR 786/96, AiB 1999, S. 112ff., zitiert: *Deinert*, AiB 1999, S. (Anm. zu BAG 4.6.1998 – 8 AZR 786/96)

Deinert, Olaf: Diskriminierungen sind Persönlichkeitsrechtsverletzungen, AiB 2006, S. 741ff., zitiert: *Deinert*, AiB 2006, S.

Deinert, Olaf: Anwendungsprobleme der arbeitsrechtlichen Schadenersatzvorschriften im neuen AGG, DB 2007, S. 398ff., zitiert: *Deinert*, DB 2007, S.

Deinert, Olaf: Die Druckkündigung im Lichte der Diskriminierungsverbote, RdA 2007, S. 275ff., zitiert: *Deinert*, RdA 2007, S.

Diller, Martin: „Gesuchte“ Kündigungsgründe, NZA 2006, S. 569ff., zitiert: *Diller*, NZA 2006, S.

Diller, Martin; Krieger, Steffen; Arnold, Christian: Kündigungsschutzgesetz plus Allgemeines Gleichbehandlungsgesetz, Sind Arbeitnehmer in Zukunft doppelt vor Kündigungen geschützt?, NZA 2006, S. 887ff., zitiert: *Diller/Krieger/Arnold*, NZA 2006, S.

Duden: Das Synonymwörterbuch, 4. Auflage, Mannheim 2007, zitiert: *Duden*, Das Synonymwörterbuch, S.

Düwell, Franz Josef: Die Neuregelung des Verbots der Benachteiligung wegen Behinderung im AGG, BB 2006, S. 1741ff., zitiert: *Düwell*, BB 2006, S.

Ebert, Christoph: Das „Recht am Arbeitsplatz“ – ein sonstiges Recht im Sinne des § 823 Abs. 1 BGB?, Pfaffenweile 1990, zitiert: *Ebert*, S.

Eckert, Michael: Blick ins Arbeitsrecht, DStR 2009, S. 979ff., zitiert: *Eckert*, DStR 2009, S.

Edenfeld, Stefan: Anmerkung zum Urteil des BAG vom 4.6.1998 – 8 AZR 786/96, AP § 823 BGB Nr. 7, zitiert: *Edenfeld*, AP § 823 BGB Nr. 7 (Anm. zu BAG 4.6.1998 – 8 AZR 786/96)

Erfurter Kommentar: zum Arbeitsrecht, 11. Auflage, München 2011, zitiert: ErfK/*Bearbeiter*, § Rn.

Erman, Walter; Westermann, Harm P.: Handkommentar zum BGB, Bände 1 und 2, 12. Auflage, Köln 2008, zitiert: Erman/*Bearbeiter*, Bd. I/II, § Rn.

Fiebig, Stefan; Gallner, Inken; Nägele, Stefan: Kündigungsschutzrecht, Handkommentar, 3. Auflage, Baden-Baden 2007, zitiert: Fiebig/Gallner/Nägele-*Bearbeiter*, § Rn.

Fischer, Thomas: Strafgesetzbuch und Nebengesetze, 58. Auflage, München 2011, zitiert: *Fischer*, § Rn.

Fitting, Karl; Engels, Gerd; Schmidt, Ingrid; Trebinger, Yvonne; Linsenmaier, Wolfgang: Betriebsverfassungsgesetz mit Wahlordnung – Handkommentar, 25. Auflage, München 2010, zitiert: *Fitting*, § Rn.

Freckmann, Anke: Betriebsbedingte Kündigungen und AGG – was ist noch möglich?, BB 2007, S. 1049ff., zitiert: *Freckmann*, BB 2007, S.

Freund, Georg: Erfolgsdelikt und Unterlassen, Zu den Legitimationsbedingungen von Schuldspruch und Strafe, Köln (u.a.), 1992, zitiert: *Freund*, § Rn.

Frister, Helmut: Die Struktur des „voluntativen Schuldelements", Zugleich eine Analyse des Verhältnisses von Schuld und positiver Generalprävention, Berlin 1993, zitiert: *Frister*, Kap. Rn.

Fritz, Roland: Der verpasste Königsweg im Bankkonflikt: Mediation, NJW 2008, S. 2312ff., zitiert: *Fritz*, NJW 2008, S.

Galperin, Hans: Die Arbeitsverhältnisse Entnazifizierter, Die Rechtslage in der US-Zone, DB 1949, S. 335f., zitiert: *Galperin*, DB 1949, S.

Gamillscheg, Franz: Anmerkung zum Urteil des BAG vom 19.6.1986 – 2 AZR 563/85, AP § 1 KSchG 1969 Betriebsbedingte Kündigung Nr. 33, zitiert: *Gamillscheg*, AP § 1 KSchG 19969 Betriebsbedingte Kündigung Nr. 33 (Anm. zu BAG 19.6.1986 – 2 AZR 563/85)

Gaul, Björn; Niklas, Thomas: Keine Altersdiskriminierung durch Sozialauswahl mit Altersgruppen, NZA-RR 2009, S. 457ff., zitiert: *Gaul/Niklas*, NZA-RR 2009, S.

Gehlhaar, Daniel: § 12 III AGG und der Anspruch des belästigten Arbeitnehmers auf Ergreifung (bestimmter?) Schutzmaßnahmen, NZA 2009, S. 825ff., zitiert: *Gehlhaar*, NZA 2009, S.

Gemeinschaftskommentar: Betriebsverfassungsgesetz, Band II, 9. Auflage, München 2010, zitiert: GK-BetrVG/*Bearbeiter*, § Rn.

Göller, Irmgard: Die Entwicklung des Kündigungsschutzrechts in Deutschland, Dissertation, Universität Freiburg 1974, zitiert: *Göller*, S.

Göpfert, Burkhard; Siegrist, Carolin: Diskriminierungsverdacht: Über den richtigen Umgang mit arbeitsrechtlichen Diskriminierungsfällen, ZIP 2006, S. 1710ff., zitiert: *Göpfert/Siegrist*, ZIP 2006, S.

Grobys, Marcel: Die Beweislast im Anti-Diskriminierungsprozess, NZA 2006, S. 898ff., zitiert: *Grobys*, NZA 2006, S.

Grobys, Marcel: Organisationsmaßnahmen des Arbeitgebers nach dem neuen Allgemeinen Gleichbehandlungsgesetz, NJW 2006, S. 2950ff., zitiert: *Grobys*, NJW 2006, S.

Grobys, Marcel: Die Beschwerde nach § 13 AGG, NJW-Spezial 2007, S. 417ff., zitiert: *Grobys*, NJW-Spezial 2007, S.

Grunewald, Benno: Mobbing – arbeitsrechtliche Aspekte eines neuen Phänomens, NZA 1993, S. 1071ff., zitiert: *Grunewald*, NZA 1993, S.

Hamacher, Anno; Ulrich, Christoph: Die Kündigung von Arbeitsverhältnissen nach Inkrafttreten und Änderung des AGG, NZA 2007, S. 657ff., zitiert: *Hamacher/Ulrich*, NZA 2007, S.

Hanau, Peter: Das Allgemeine Gleichbehandlungsgesetz (arbeitsrechtlicher Teil) zwischen Bagatellisierung und Dramatisierung, ZIP 2006, S. 2189ff., zitiert: *Hanau*, ZIP 2006, S.

Hein, Ekkehardt: AGG x KSchG = Europa²? – Die Kündigung zwischen allgemeinem und besonderem Kündigungsschutz, Allgemeinem Gleichbehandlungsgesetz und Europarecht, NZA 2008, S. 1033ff., zitiert: *Hein*, NZA 2008, S.

Henkel, Wolfram: Elemente der Mediation im arbeitsgerichtlichen Verfahren, dargestellt am Modell des Kündigungsschutzprozesses, NZA 2000, S. 929ff., zitiert: *Henkel*, NZA 2000, S.

Henssler, Martin; Braun, Axel: Arbeitsrecht in Europa, 2. Auflage, Köln 2007, zitiert: Henssler/Braun-*Bearbeiter*, S.

Herschel, Wilhelm: Druckkündigung und Schadensausgleich, RdA 1953, S. 41f., zitiert: *Herschel*, RdA 1953, S.

Herschel, Wilhelm: Schutz der Betriebszugehörigkeit im Wandel der Zeiten, DB 1973, S. 80ff., zitiert: *Herschel*, DB 1973, S.

Hey, Thomas: Kommentar zum AGG, Frankfurt a.M. 2009, zitiert: *Hey*, § Rn.

Hoch, Sebastian: Wer nicht schult, zahlt? – Schulungen nach dem Allgemeinen Gleichbehandlungsgesetz, BB 2007, S. 1732ff., zitiert: *Hoch*, BB 2007, S.

Högenauer, Nikolaus: Die europäischen Richtlinien gegen Diskriminierung im Arbeitsrecht. Analyse, Umsetzung und Auswirkung der Richtlinien 2000/43/EG und 2000/78/EG im deutschen Arbeitsrecht Hamburg 2002, zitiert: *Högenauer*, S.

Holland, James; Burnett, Stewart: Employment Law, Legal Practice Course Guides, Oxford 2008, zitiert: *Holland/Burnett*, Employment Law, S.

Horn, Kristian: Arbeitsrechtlicher Kündigungsschutz und Europarecht, Zur Europarechtskonformität des § 2 IV AGG unter Berücksichtigung der Bestimmungen zum allgemeinen und besonderen Kündigungsschutz, Baden-Baden 2009, zitiert: *Horn*, S.

Hoyningen-Huene, Gerrick v.; Linck, Rüdiger: Kündigungsschutzgesetz, 14. Auflage, München 2007, zitiert: *v.Hoyningen-Huene/Linck*, § Rn.
Hüllen, Helgard van: Die Druckkündigung des Arbeitsvertrags, Dissertation, Universität Münster 1970, zitiert: *v.Hüllen*, S.
Husmann, Manfred: Die Richtlinien der Europäischen Union, NZS 2010, S. 655, zitiert: *Husmann*, NZS 2010, S.

Insam, Alexander: Eingriffe Dritter in das Arbeitsverhältnis – Mobbing, Druckkündigung und Headhunting, Berlin 2004, zitiert: *Insam*, S.
Insam, Alexander: Ist die Druckkündigung nur als außerordentliche Kündigung zulässig?, DB 2005, 2298ff., zitiert: *Insam*, DB 2005, S.

Jarass, Hans; Pieroth, Bodo: Grundgesetz für die Bundesrepublik Deutschland, Kommentar, 11. Auflage, München 2011, zitiert: Jarass/Pieroth-*Bearbeiter*, Art. Rn.
Jauernig, Othmar: Bürgerliches Gesetzbuch mit Allgemeinen Gleichbehandlungsgesetz (Auszug), 13. Auflage, München 2009, zitiert: Jauernig/*Bearbeiter*, § Rn.
Junker, Abbo: Konzernweite „Ethikrichtlinien" und nationale Betriebsverfassungen, BB 2005, S. 602ff., zitiert: *Junker*, BB 2005, S.

Kamanabrou, Sudabeh: Europarechtskonformer Schutz vor Benachteiligungen bei Kündigungen, RdA 2007, S. 199ff., zitiert: *Kamanabrou*, RdA 2007, S.
Kittner, Michael; Däubler, Wolfgang; Zwanziger, Bertram: Kündigungsschutzrecht, Kommentar für die Praxis, 7. Auflage, Frankfurt a.M. 2008, zitiert: KDZ/*Bearbeiter*, 7. Aufl., § Rn
Kittner, Michael; Däubler, Wolfgang; Zwanziger, Bertram: Kündigungsschutzrecht, Kommentar für die Praxis, 8. Auflage, Frankfurt a.M. 2011, zitiert: KDZ/*Bearbeiter*, § Rn.
Kittner, Michael; Kohler, Thomas C.: Kündigungsschutz in Deutschland und den USA, Beilage 4 zu BB 2000 Heft 13, S. 1ff., zitiert: *Kittner/Kohler*, Beilage 4 BB 2000/Heft 13, S.
Klein, Oliver: Das Untermaßverbot – Über die Justiziabilität grundrechtlicher Schutzpflichterfüllung, JuS 2006, S. 960ff., zitiert: *Klein*, JuS 2006, S.
Klumpp, Steffen: Diskontinuität und ihre Folgen für das Antidiskriminierungsrecht, NZA 2005, S. 848ff., zitiert: *Klumpp*, NZA 2005, S.
Kock, Martin: Allgemeines Gleichbehandlungsgesetz – Überblick über die arbeitsrechtlichen Regelungen, MDR 2006, S. 1088ff., zitiert: *Kock*, MDR 2006, S.

Kock, Martin: Anmerkung zum Urteil des EuGH v. 11.7.2006 – C–13/05 (Chacón Navas), ZIP 2006, S. 1551ff., zitiert: *Kock*, ZIP 2006, S. (Anm. zu EuGH 11.7.2006 – C–13/05)

König, Wilhelm: Zur näheren Bestimmung des wichtigen Grundes bei der außerordentlichen Kündigung durch den Arbeitgeber, RdA 1969, S. 8ff., zitiert: *König*, RdA 1969, S.

Körner, Marita: Diskriminierung von älteren Arbeitnehmern – Abhilfe durch das AGG?, NZA 2008, S. 497ff., zitiert: *Körner*, NZA 2008, S.

Kolle, Tina; Deinert, Olaf: Liebe ist Privatsache – Grenzen einer arbeitsvertraglichen Regelung zwischenmenschlicher Beziehungen, AuR 2006, S. 177ff., zitiert: *Kolle/Deinert*, AuR 2006, S.

KR Gemeinschaftskommentar: zum Kündigungsschutzgesetz und zu sonstigen kündigungsschutzrechtlichen Vorschriften, 7. Auflage, München 2004, zitiert: KR/*Bearbeiter*, 7. Aufl., § Rn.

KR Gemeinschaftskommentar: zum Kündigungsschutzgesetz und zu sonstigen kündigungsschutzrechtlichen Vorschriften, 9. Auflage, Köln 2009, zitiert: KR/*Bearbeiter*, § Rn.

Kramer, Barbara: Mediation als Alternative zur Einigungsstelle im Arbeitsrecht?, NZA 2005, S. 135ff., zitiert: *Kramer*, NZA 2005, S.

Krause, Rüdiger: Antidiskriminierungsrecht und Kundenpräferenzen, in: Gegen den Strich, Festschrift für Klaus Adomeit, Hrsg. Hanau/Thau/ Westermann, Köln 2008, S. 377ff., zitiert: *Krause*, FS Adomeit 2008, S.

Lettl, Tobias: Der arbeitsrechtliche Kündigungsschutz nach den zivilrechtlichen Generalklauseln, NZA-RR 2004, S. 57ff., zitiert: *Lettl*, NZA-RR 2004, S.

Lingemann, Stefan; Beck, Charlotte: Auswahlrichtlinie, Namensliste, Altersgruppenbildung und Altersdiskriminierung, NZA 2009, S. 577ff., zitiert: *Lingemann/Beck*, NZA 2009, S.

Linneweber, Axel: Aktuelle Entwicklungen im Europäischen Arbeitsrecht 2009/2010, ZESAR 2010, S. 454ff., zitiert: *Linneweber*, ZESAR 2010, S.

Linsenmaier, Wolfgang: Das Verbot der Diskriminierung wegen des Alters, Sonderbeilage zu RdA 2003 Heft 5, S. 22ff., zitiert: *Linsenmaier*, Sonderbeilage RdA 2003/Heft 5, S.

Liu, Shih-Hao: Arbeitsrechtliche Diskriminierung durch Arbeitnehmer, Europäische Hochschulschriften, Frankfurt a.M. 2002, zitiert: *Liu*, S.

Lobinger, Thomas: Fehlende Diskriminierungsopfer, klagende Verbände und fragwürdige Kundenerwartungen, Urteil des Europäischen Gerichtshofs vom 10.7.2008 in der Rechtssache Feryn, EuZA Band 2 (2009), München 2009, S. 365ff., zitiert: *Lobinger*, EuZA 2009, S.

Löw, Hans-Peter: Anmerkung zum Urteil des BAG vom 22.10.2009 – 8 AZR 642/08), BB 2010, S. 643f., zitiert: *Löw*, BB 2010, S. (Anm. zu BAG 22.10.2009 – 8 AZR 642/08)
Löwisch, Manfred: Grenzen der ordentlichen Kündigung in kündigungsschutzfreien Betrieben, BB 1997, S. 782ff., zitiert: *Löwisch*, BB 1997, S.
Löwisch, Manfred: Kündigen unter dem AGG, BB 2006, S. 2189ff., zitiert: *Löwisch*, BB 2006, S.
Löwisch, Manfred; Spinner, Günter: Kommentar zum Kündigungsschutzgesetz, 9. Auflage, Heidelberg 2004, zitiert: *Löwisch/Spinner*, § Rn.

Mästle, Tobias: § 2 Beschäftigungsschutzgesetz als Schutzgesetz i.S. von § 823 II BGB, NJW 2001, S. 3317ff., zitiert: *Mästle*, NJW 2001, S.
Maier-Reimer, Georg: Das Allgemeine Gleichbehandlungsgesetz im Zivilrechtsverkehr, NJW 2006, S. 2577ff., zitiert: *Maier-Reimer*, NJW 2006, S.
Mayer-Maly, Theo: Druck und Recht im Arbeitsrecht, RdA 1979, S. 356ff., zitiert: *Mayer-Maly*, RdA 1979, S.
Meinel, Gernod: Anmerkung zum Urteil des EuGH vom 5.10.2004 – C–397/01 (Pfeiffer), BB 2004, 2352, 2359ff., zitiert: *Meinel*, BB 2004, S. (Anm. zu EuGH 5.10.2004 – C–397/01)
Mengel, Anja; Hagemeister, Volker: Compliance und Arbeitsrecht, BB 2006, S. 2466ff., zitiert: *Mengel/Hagemeister*, BB 2006, S.
Meyer, Uwe: Ethikrichtlinien internationaler Unternehmen und deutsches Arbeitsrecht, NJW 2006, S. 3605ff., zitiert: *Meyer*, NJW 2006, S.
Mohr, Jochen: Die Sozialauswahl gem. § 1 Abs. 3 KSchG zwischen Kündigungs- und Diskriminierungsschutz, ZfA 2007, S. 361ff., zitiert: *Mohr*, ZfA 2007, S.
Mückl, Patrick: Erfolgreiche Taktik im Diskriminierungsprozess, BB 2008, S. 1842ff., zitiert: *Mückl*, BB 2008, S.
Müller, Gerhard: Das Problem des allgemeinen Kündigungsschutzes in der Rechtsprechung der Arbeitsgerichte, DRZ 1948, S. 122ff., zitiert: *Müller*, DRZ 1948, S.
Müller-Bonanni, Thomas; Sagan, Adam: Organisationspflichten des Arbeitgebers nach dem AGG, ArbRB 2007, S. 50ff., zitiert: *Müller-Bonanni/Sagan*, ArbRB 2007, S.
Münchener Handbuch: zum Arbeitsrecht, Band 1, Individualarbeitsrecht I, 3. Auflage, München 2009, zitiert: MünchArbR/*Bearbeiter*, Bd. I § Rn.
Münchener Handbuch: zum Arbeitsrecht, Band 2, Kollektivarbeitsrecht / Sonderformen, 3. Auflage, München 2009, zitiert: MünchArbR/*Bearbeiter*, Bd. II § Rn.

Münchener Handbuch: zum Arbeitsrecht, Band 3, Individualarbeitsrecht II, 2. Auflage, München 2000, zitiert: MünchArbR/*Bearbeiter*, 2. Auflage, Bd. III § Rn.
Münchener Kommentar: zum Bürgerlichen Gesetzbuch, Band 1, 2. Halbband, 5. Auflage, München 2007, zitiert: MüKo-BGB/*Bearbeiter*, Bd. I/2, § Rn.
Münchener Kommentar: zum Bürgerlichen Gesetzbuch, Band 2, 5. Auflage, München 2006, zitiert: MüKo-BGB/*Bearbeiter*, Bd. II, § Rn.
Münchener Kommentar: zum Bürgerlichen Gesetzbuch, Bände 4 bis 6, 5. Auflage, München 2009, zitiert: MüKo-BGB/*Bearbeiter*, Bd. IV/V/VI, § Rn.

Neumann-Duesberg, Horst: Anmerkung zum Urteil des BGH vom 2.4.1957 – VI ZR 9/56, NJW 1957, S. 1276ff., zitiert: *Neumann-Duesberg*, NJW 1957, S.
Nollert-Borasio, Christiane; Perreng, Martina: Allgemeines Gleichbehandlungsgesetz (AGG), Basiskommentar zu den arbeitsrechtlichen Regelungen, 3. Auflage, Frankfurt a.M. 2011, zitiert: *Nollert-Borasio/Perreng*, § Rn.

Oetker, Hartmut: Ausgewählte Probleme zum Beschwerderecht des Beschäftigten nach § 13 AGG, NZA 2008, S. 264ff., zitiert: *Oetker*, NZA 2008, S.

Palandt: Bürgerliches Gesetzbuch, 70. Auflage, München 2011, zitiert: Palandt/ *Bearbeiter*, § Rn.
Pärli, Kurt; Caplazi, Alexandra; Suter, Caroline: Recht gegen HIV/Aids-Diskriminierung im Arbeitsverhältnis, Eine rechtsvergleichende Untersuchung zur Situation in Kanada, Grossbritannien, Frankreich, Deutschland und der Schweiz, Bern 2007, zitiert: *Pärli/Caplazi/Suter*, S.
Pieroth, Bodo; Schlink, Bernhard: Grundrechte Staatsrecht II, 27. Auflage, Heidelberg 2011, zitiert: *Pieroth/Schlink*, § Rn.
Poelmann, Friedrich: Die Arbeitsverhältnisse Entnazifizierter – Nur eine wirksame Kündigung beendet das Arbeitsverhältnis, DB 1949, S. 287f., zitiert: *Poelmann*, DB 1949, S.
Ponschab, Reiner; Dendorfer, Renate: Mediation in der Arbeitswelt – eine ökonomisch sinnvolle Perspektive, Beilage 2 zu BB 2001 Heft 16, S. 1ff., zitiert: *Ponschab/Dendorfer*, Beilage 2 BB 2001/Heft 16, S.
Preis, Ulrich: Arbeitsrecht, Individualarbeitsrecht, 3. Auflage, Köln 2009, zitiert: *Preis*, IndividualArbR §
Preis, Ulrich: Arbeitsrecht und „unbegrenzte Auslegung“, NJW 1998, S. 1889ff., zitiert: *Preis*, NJW 1998, S.
Preis, Ulrich: Verbot der Altersdiskriminierung als Gemeinschaftsgrundrecht, Der Fall „Mangold“ und die Folgen, NZA 2006, S. 401ff., zitiert: *Preis*, NZA 2006, S.

Preis, Ulrich: Diskriminierungsschutz zwischen EuGH und AGG (Teil II), ZESAR 2007, S. 308ff., zitiert: *Preis*, ZESAR 2007, S.

Rahmstorf, Frank: Die Druckkündigung des Arbeitsverhältnisses, München 1998, zitiert: *Rahmstorf*, S.

Reinhard, Barbara; Kliemt, Tina: Die Durchsetzung arbeitsrechtlicher Ansprüche im Eilverfahren, NZA 2005, S. 545ff., zitiert: *Reinhard/Kliemt*, NZA 2005, S.

Richardi, Reinhard: Betriebsverfassungsgesetz mit Wahlordnung, 12. Auflage, München 2010, zitiert: Richardi/*Bearbeiter*, § Rn.

Richardi, Reinhard: Neues und Altes – Ein Ariadnefaden durch das Labyrinth des Allgemeinen Gleichbehandlungsgesetzes, NZA 2006, S. 881ff., zitiert: *Richardi*, NZA 2006, S.

Richter, Cornelius: Die überwachungsrechtliche Druckkündigung, Aachen 2007, zitiert: *Richter*, S.

Rieble, Volker; Schul, Asusa: Arbeitsvertragliche Bezugnahme auf Betriebsvereinbarungen, RdA 2006, S. 339ff., zitiert: *Rieble/Schul*, RdA 2006, S.

Riesenhuber, Karl: Die Rechtsbeziehungen zwischen Arbeitnehmern, JZ 1999, S. 711ff., zitiert: *Riesenhuber*, JZ 1999, S.

Rolfs, Christian: Allgemeine Gleichbehandlung im Mietrecht, NJW 2007, S. 1489ff., zitiert: *Rolfs*, NJW 2007, S.

Rudolf, Beate; Mahlmann, Matthias: Gleichbehandlungsrecht, Handbuch, Baden- Baden 2007, zitiert: Rudolf/Mahlmann-*Bearbeiter*, § Rn.

Rühl, Wolfgang; Schmid, Matthias; Viethen, Hans Peter: Allgemeines Gleichbehandlungsgesetz (AGG), München 2007, zitiert: *Rühl/Schmid/Viethen*, S.

Rust, Ursula; Falke, Josef: AGG, Kommentar, Berlin 2007, zitiert: Rust/Falke-*Bearbeiter*, § Rn.

Sagan, Adam: Die Sanktion diskriminierender Kündigungen nach dem Allgemeinen Gleichbehandlungsgesetz, NZA 2006, S. 1257ff., zitiert: *Sagan*, NZA 2006, S.

Sargeant, Malcolm; Lewis, David: Employment Law, 4. Auflage, Harlow 2008, zitiert: *Sargeant/Lewis*, Employment Law, S.

Schaub, Günter; Koch, Ulrich: Beck-Rechtsberater, Arbeitsrecht von A-Z, Rund 650 Stichwörter zum aktuellen Recht, 18. Auflage, München 2008, zitiert: *Schaub/Koch*, ArbR von A-Z, Stichwort

Schiefer, Bernd: Betriebsbedingte Kündigung: „Antidiskriminierungskündigungsschutz", Namensliste, Punkteschema und Altersgruppenbildung, DB 2009, S. 733ff., zitiert: *Schiefer*, DB 2009, S.

Schiek, Dagmar: Diskriminierung wegen „Rasse“ oder „ethnischer Herkunft“ – Probleme der Umsetzung der RL 2000/43/EG im Arbeitsrecht, AuR 2003, S. 44ff., zitiert: *Schiek*, AuR 2003, S.
Schiek, Dagmar: Gleichbehandlungsrichtlinien der EU – Umsetzung im deutschen Arbeitsrecht, NZA 2004, S. 873ff., zitiert: *Schiek*, NZA 2004, S.
Schlachter, Monika: Methoden der Rechtsgewinnung zwischen EuGH und der Arbeitsgerichtsbarkeit, ZfA 2007, S. 249ff., zitiert: *Schlachter*, ZfA 2007, S.
Schleusener, Aino; Suckow, Jens; Voigt, Burkhard: AGG – Kommentar zum Allgemeinen Gleichbehandlungsgesetz, 3. Auflage, Neuwied 2011, zitiert: Schleusener/Suckow/Voigt-*Bearbeiter*, § Rn.
Schleusener, Axel: Rechtsschutzmöglichkeiten bei einer Druckkündigung gegenüber dem Druckausübenden – Zugleich zum Recht am Arbeitsplatz als sonstigem Recht i.S. des § 823 I BGB, NZA 1999, S. 1078ff., zitiert: *Schleusener*, NZA 1999, S.
Schneider, David; Sittard, Ulrich: Ethikrichtlinien als Präventivmaßnahmen i. S. des § 12 AGG?, NZA 2007, S. 654ff., zitiert: *Schneider/Sittard*, NZA 2007, S.
Schrader, Peter: Gestaltungsmöglichkeiten des Arbeitgeber nach Inkrafttreten des AGG, DB 2006, S. 2571ff., zitiert: *Schrader*, DB 2006, S.
Schrader, Peter; Schubert, Jens: Das AGG in der Beratungspraxis, 2. Auflage, Baden-Baden 2009, zitiert *Schrader/Schubert*, Rn.
Schunder, Achim: Geltung des Allgemeinen Gleichbehandlungsgesetzes bei Kündigungen, NJW-Spezial 2009 Heft 8, S. 242f., zitiert: *Schunder*, NJW-Spezial 2009, S.
Schuster, Doris-Maria; Darsow, Ingebjörg: Einführung von Ethikrichtlinien durch Direktionsrecht, NZA 2005, S. 273ff., zitiert: *Schuster/Darsow*, NZA 2005, S.
Schwarze, Roland: Kündigung und Diskriminierungsverbote, Anmerkung zum Urteil des BAG v. 6.11.2008 – 2 AZR 523/07, JA 2009, S. 463ff., zitiert: *Schwarze*, JA 2009, S. (Anm. zu BAG 6.11.2008 – 2 AZR 523/07)
Schwerdtner, Peter: Arbeitsrecht I, Individualarbeitsrecht, München 1976, zitiert: *Schwerdtner*, ArbR I Rn.
Seel, Henning: AGG – Schadensersatz für Diskriminierungen im Bewerbungsverfahren, MDR 2006, S. 1321ff., zitiert: *Seel*, MDR 2006, S.
Selwyn, Norman: Selwyn's Law of Employment, 14. Auflage, Oxford 2006, zitiert: Selwyn, Law of Employment, S.
Simon, Oliver; Greßlin, Martin: AGG: Haftung des Arbeitgebers bei Benachteiligungen durch Beschäftigte und Dritte, BB 2007, S. 1782ff., zitiert: *Simon/Greßlin*, BB 2007, S.
Staudingers, J. von: Kommentar zum Bürgerlichen Gesetzbuch mit Einführungsgesetz und Nebengesetzen, Buch 2, Recht der Schuldverhältnisse, Einleitung

zum Schuldrecht, §§ 241–243, Neubearbeitung, Berlin 2009, zitiert: Staudinger/*Bearbeiter*, § Rn.

Staudingers, J. von: Kommentar zum Bürgerlichen Gesetzbuch mit Einführungsgesetz und Nebengesetzen, Buch 2, Recht der Schuldverhältnisse, §§ 328–345, Neubearbeitung, Berlin 2009, zitiert: Staudinger/*Bearbeiter*, § Rn.

Staudingers, J. von: Kommentar zum Bürgerlichen Gesetzbuch mit Einführungsgesetz und Nebengesetzen, Buch 2, Recht der Schuldverhältnisse, §§ 611–615, Neubearbeitung, Berlin 2005, zitiert: Staudinger/*Bearbeiter*, § Rn.

Staudingers, J. von: Kommentar zum Bürgerlichen Gesetzbuch mit Einführungsgesetz und Nebengesetzen, Buch 2, Recht der Schuldverhältnisse, §§ 616–630, Neubearbeitung, Berlin 2002, zitiert: Staudinger/*Bearbeiter*, § Rn.

Staudingers, J. von: Kommentar zum Bürgerlichen Gesetzbuch mit Einführungsgesetz und Nebengesetzen, Buch 2, Recht der Schuldverhältnisse, §§ 823 E–I, 824, 825; ProdHaftG, Teilband 2, Neubearbeitung, Berlin 2009, zitiert: Staudinger/*Bearbeiter*, § Rn.

Staudingers, J. von: Kommentar zum Bürgerlichen Gesetzbuch mit Einführungsgesetz und Nebengesetzen, Buch 2, Recht der Schuldverhältnisse, §§ 826–829; ProdHaftG, Neubearbeitung, Berlin 2009, zitiert: Staudinger/*Bearbeiter*, § Rn.

Stahlhacke, Eugen; Preis, Ulrich; Vossen, Reinhard: Kündigung und Kündigungsschutz im Arbeitsverhältnis, Handbuch, 10. Auflage, München 2010, zitiert: Stahlhacke/Preis/Vossen-*Bearbeiter*, Rn.

Steiner, Gerhard: Die arbeitsrechtliche Druckkündigung, Dissertation, Hamburg 1969, zitiert: *Steiner*, S.

Stoffels, Markus: Grundprobleme der Schadensersatzverpflichtung nach § 15 Abs. 1 AGG, RdA 2009, S. 204ff., zitiert: *Stoffels*, RdA 2009, S.

Stückmann, Roland; Kohlepp, Christina: Verhältnismäßigkeitsgrundsatz und „ultima-ratio-Prinzip“ im Kündigungsrecht, Richterliche Praxis ohne dogmatische Begründung, RdA 2000, S. 331ff., zitiert: *Stückmann/Kohlepp*, RdA 2000, S.

Thüsing, Gregor: Arbeitsrechtlicher Diskriminierungsschutz, Das neue Allgemeine Gleichbehandlungsgesetz und andere arbeitsrechtliche Benachteiligungsverbote, München 2007, zitiert: *Thüsing*, Arbeitsrechtl. Diskriminierungsschutz, Rn.

Thüsing, Gregor: Europäisches Arbeitsrecht, München 2008, zitiert: *Thüsing*, Europ. ArbeitsR, § Rn.

Thüsing, Gregor: Zulässige Ungleichbehandlung weiblicher und männlicher Arbeitnehmer – Zur Unverzichtbarkeit i.S. des § 611a Abs. 1 S. 2 BGB, RdA 2001, S. 319ff., zitiert: *Thüsing*, RdA 2001, S.

Thüsing, Gregor: Der Fortschritt des Diskriminierungsschutzes im Europäischen Arbeitsrecht, ZfA 2001, S. 397ff., zitiert: *Thüsing*, ZfA 2001, S.
Thüsing, Gregor: Das Arbeitsrecht der Zukunft? – Die deutsche Umsetzung der Anti-Diskriminierungsrichtlinien im internationalen Vergleich, Sonderbeilage zu NZA 2004 Heft 22, S. 3ff., zitiert: *Thüsing*, Sonderbeilage NZA 2004/Heft 22, S.
Thüsing, Gregor: Europarechtlicher Gleichbehandlungsgrundsatz als Bindung des Arbeitgebers?, ZIP 2005, S. 2149ff., zitiert: *Thüsing*, ZIP 2005, S.
Thüsing, Gregor: Anmerkung zum Urteil des ArbG Osnabrück v. 5.2.2007 – 3 Ca 778/06, BB 2007, S. 1506ff., zitiert: *Thüsing*, BB 2007, S.
Tödtmann, Ulrich; Schauer, Michael: Die Kündigung des Arbeitsverhältnisses – Ein Überblick über die Rechtslage in Deutschland, anderen europäischen Ländern und den USA, NZA 2003, S. 1187ff., zitiert: *Tödtmann/Schauer*, NZA 2003, S.

Voßkuhle, Andreas: Grundwissen – Öffentliches Recht: Der Grundsatz der Verhältnismäßigkeit, JuS 2007, S. 429ff., zitiert: *Voßkuhle*, JuS 2007, S.

Walker, Wolf-Dietrich: Der Entschädigungsanspruch nach § 15 Absatz II AGG, NZA 2009, S. 5ff., zitiert: *Walker*, NZA 2009, S.
Waltermann, Raimund: Besonderheiten der Haftung im Arbeitsverhältnis, JuS 2009, S. 193ff., zitiert: *Waltermann*, JuS 2009, S.
Wank, Rolf: Diskriminierung in Europa – Die Umsetzung der europäischen Antidiskriminierungsrichtlinien aus deutscher Sicht, Sonderbeilage zu NZA 2004 Heft 22, S. 16ff., zitiert: *Wank*, Sonderbeilage NZA 2004/Heft 22, S.
Wenckebach, Johanna: Anmerkung zum Urteil des ArbG Bielefeld v. 25.4.2007 – 6 Ca 2886/0, AuR 2008, S. 70ff., zitiert: *Wenckebach*, AuR 2008, S. (Anm. zu ArbG Bielefeld 25.4.2007 – 6 Ca 2886/06)
Wendeling-Schröder, Ulrike: Der Wert des entgangenen Arbeitsplatzes – Anmerkungen zur gesetzlichen Neuregelung der Entschädigung im Fall einer geschlechtsspezifischen Diskriminierung beim Zugang zur Beschäftigung, DB 1999, S. 1012ff., zitiert: *Wendeling-Schröder*, DB 1999, S.
Wendeling-Schröder, Ulrike; Stein, Alex: Allgemeines Gleichbehandlungsgesetz, Kommentar, München 2008, zitiert: Wendeling-Schröder/Stein-*Bearbeiter*, § Rn.
Wessels, Johannes; Beulke, Werner: Strafrecht Allgemeiner Teil, Die Straftat und ihr Aufbau, 40. Auflage, Heidelberg 2010, zitiert: *Wessels/Beulke*, StrafR AT § Rn.

Willemsen, Heinz-Josef; Schweibert, Ulrike: Schutz der Beschäftigten im Allgemeinen Gleichbehandlungsgesetz, NJW 2006, S. 2583ff., zitiert: *Willemsen/ Schweibert*, NJW 2006, S.

Windel, Peter: Der Beweis diskriminierender Benachteiligungen, RdA 2007, S. 1ff., zitiert: *Windel*, RdA 2007, S.

Wisskirchen, Gerlind: Der Umgang mit dem Allgemeinen Gleichbehandlungsgesetz – Ein „Kochrezept" für Arbeitgeber, DB 2006, S. 1491ff., zitiert: *Wisskirchen*, DB 2006, S.

Wisskirchen, Gerlind; Jordan, Christopher; Bissels, Alexander: Arbeitsrechtliche Probleme bei der Einführung internationaler Verhaltens- und Ethikrichtlinien (Codes of Conduct/Codes of Ethics), DB 2005, S. 2190ff., zitiert: *Wisskirchen/Jordan/Bissels*, DB 2005, S.

Wüllenweber, Joachim: Die Entwicklung des Kündigungsschutzrechts seit dem Ersten Weltkrieg, Dissertation, Universität Köln 1965, zitiert: *Wüllenweber*, S.

Wybitul, Tim: Das neue Bundesdatenschutzgesetz: Verschärfte Regelungen für Compliance und interne Ermittlungen, BB 2009, S. 1582ff., zitiert: *Wybitul*, BB 2009, S.

Zielke, Hans-Jürgen; Stauf, Michael: Umsetzungshilfen zu § 12 AGG: Maßnahmen und Pflichten des Arbeitgebers unter Kosten- und Risikooptimierungsgesichtspunkten, AiB 2007, S. 104ff., zitiert: *Zielke/Stauf*, AiB 2007, S.

Zöller, Richard: Zivilprozessordnung, Kommentar, 28. Auflage, Köln 2010, zitiert: Zöller/*Bearbeiter*, § Rn.

Schriften zum Recht der Arbeit

Herausgegebenvon Olaf Deinert / Rüdiger Krause

Das Arbeitsrecht regelt die Bedingungen, unter denen durch Kooperation von Arbeitgebern und Arbeitnehmern wirtschaftliche Werte geschaffen und die daraus entstehenden Erträge verteilt werden. Dabei muss sich das Arbeitsrecht in einem immer stärkeren Maße den Herausforderungen einer globalisierten Ökonomie einerseits und sich ständig verändernden gesellschaftlichen Anschauungen andererseits stellen. Das Arbeitsrecht nimmt daher eine zentrale Rolle in der Struktur moderner Industrie- und Dienstleistungsgesellschaften ein. Kein anderes Rechtsgebiet steht deshalb so stark im Spannungsfeld der politischen und sozialen Kräfte sowie zugleich im Blickpunkt der Öffentlichkeit. Die Reihe „Schriften zum Recht der Arbeit" soll die wissenschaftliche Auseinandersetzung mit dem Arbeitsrecht und dem betrieblichen Sozialrecht fördern, indem sie einen Rahmen für einschlägige Publikationen schafft. Sie vereint vorwiegend Dissertationen zu diesen Themen, die mit mindestens „cum laude" bewertet worden sind.

Manuskriptvorschläge sind in Papierform an die Herausgeber zu richten: Professor Dr. Olaf Deinert / Professor Dr. Rüdiger Krause, Institut für Arbeitsrecht, Georg-August-Universität Göttingen, Platz der Göttinger Sieben 5, 37073 Göttingen.

Band 1 Elisa Maria Wolf: Druckkündigungen mit diskriminierendem Hintergrund. 2012.

www.peterlang.de